CTET
ब्रह्मास्त्र

PAPER 1 & 2

CDP & SUBJECT PEDAGOGY with 1000+ MCQ's

[First Edition - 2024]

BILINGUAL BOOK

अध्ययन मंत्र पब्लिकेशन
68, Mall Road, Kingsway Camp, Near GTB Nagar
Metro Station, Gate No. 3, Delhi-110009

CTET BRAHMASTRA

Complete Study Book

ISBN : 978-93-93326-77-5

by ROHIT VAIDWAN

Medium : Bilingual

Translation by: Content Team Adhyayan Mantra

Publication No. 122

Published by

Adhyayan Mantra Publications

(68, Mall Road, Kingsway Camp, Near GTB Nagar

Metro Station, Gate No. 3, Delhi-110009)

Email: ampublicationsdelhi@gmail.com

First Edition – 2024

Thank You

Hope you are happy with your purchase !

We sincerely appreciate the trust and confidence you have in us. We will make sure we continue to put your needs first.

Every child's suggestions and feedbacks matters to us, please share your valuable feedback on Amazon

It will give a positive motivation for new editions.

You are the reason Adhyayan Mantra does what it does !

Thank you for the confidence that you've placed in us.

Rohit Vaidwan

Please give your valuable feedback on

amazon

PREFACE

CTET Brahmastra Book has been well-planned and methodically structured as an effective and focused resource. The book has a fine blend of the usual but necessary material you will find in any book for the examinations, along with some well researched and useful features that students could use to prepare for best results. An important feature of the book is that it consists of theory and relevant questions from the original CTET papers. along with Subject Pedagogy of all subjects. For instance, we have provided theory & question bank that consists of all MCQs that were asked in the CTET.

We must confess that bringing out such a theory & practice book where collection, verification, and assessment of the material is a huge task, has been a group effort. The team behind this effort is a gifted squad of researchers, who went through the entire process meticulously, without losing steam at any phase, and keeping in mind the timelines and all qualitative aspects of publishing a book. Despite our best efforts at the desk-level, a few errors may have unintentionally crept in the book. We request that such blemishes must not be ignored but brought forward to us, so that we may rectify these in our next editions.

Suggestions for improving the book in any way are most welcome.

For any feedback and suggestions mail us at: **ampublicationsdelhi@gmail.com**

For any doubts and queries regarding any questions and answers given in this book follow our

YOUTUBE Channel (ADHYAYAN MANTRA)
Telegram Channel:- Adhyayan Mantra

We wish all the aspirants the very best.

Publisher

CONTENT

S.I. No. Topic .... Page No.

PART-I

CHILD DEVELOPMENT & PEDAGOGY / बाल विकास एवं शिक्षाशास्त्र

PART-II

SUBJECT PEDAGOGY / विषय शिक्षाशास्त्र

PART-III

CTET CDP PYQ'S

PART-IV

PRACTICE MCQ'S

PART - I

CHILD DEVELOPMENT & PEDAGOGY

बाल विकास एवं शिक्षाशास्त्र

CHAPTER

1

GROWTH & DEVELOPMENT
वृद्धि एंव विकास

Growth / वृद्धि

The increase in the weight and size (length and weight) of the body and body parts is called growth. / शरीर व शारीरिक अंगो के भार एवं आकार (लम्बाई तथा वजन) मे होने वाली बढ़ोतरी को वृद्धि कहा जाता है।

- Growth is a narrow concept that deals only with physical development. / वृद्धि एक संकुचित प्रत्यय है, जो केवल शारीरिक विकास से सम्बंधित होती है।
- Growth is quantitative/numerous, that is, the changes occurring under growth can be measured, so growth is measurable. / वृद्धि मात्रात्मक/परिमाणात्मक/संख्यात्मक होती है, अर्थात वृद्धि के अन्तर्गत होने वाले परिवर्तनों को मापा जा सकता है, अतः वृद्धि मापनीय होती है।
- Growth is a process that lasts for a certain time, growth in all organisms occurs only for a certain time, after a certain time growth stops. / वृद्धि एक निश्चित समय तक चलने वाली प्रक्रिया है, सभी जीवों मे वृद्धि एक निश्चित समय तक ही होती है उसके बाद वृद्धि होना रूक जाती है।
- **For example:** The height of girls can increase till 16-18 years and the height of boys can increase till 18-22, after that the height increasing is stops. / **जैसे:** लडकियों की लम्बाई 16–18 वर्ष तक तथा लडकों की लम्बाई 18–22 तक बढ़ सकती है, इसके बाद लम्बाई बढना रूक जाती है।

Development / विकास

Development is a comprehensive process/concept that starts from the prenatal stage (embryonic stage) and continues till death. / विकास एक व्यापक सम्प्रत्यय है, जो जन्म पूर्व अवस्था (भ्रूणावस्था) से ही प्रारंभ हो जाता है तथा मृत्यु पर्यन्त तक चलता रहता है।

- As a result of development, new abilities, and traits appear in the individual. / विकास के परिणाम स्वरूप व्यक्ति मे नई योग्यताओं, क्षमताओं तथा लक्षणों का प्रकटीकरण होता है।
- In development, along with the physical side, it is related to the mental, social, emotional, cognitive, moral aspects. / विकास में शारीरिक पक्ष के साथ-साथ मानसिक,सामाजिक,संवेगात्मक,संज्ञानात्मक, नैतिक पक्षों से सम्बंधित होता होता है।
- Growth is also included in development, so development is "quantitative and qualitative". / विकास में वृद्धि भी सम्मिलित रहती है, इसलिए विकास "मात्रात्मक एवं गुणात्मक" होता है।

Difference between Growth and Development / वृद्धि और विकास में अंतर

Growth / वृद्धि	Development / विकास
Increase in size-quantitative changes / आकार में बढ़ोतरी - मात्रात्मक परिवर्तन	Changes are form and shape-qualitative changes/रूप और आकार में परिवर्तन-गुणात्मक परिवर्तन
Physical changes / शारीरिक परिवर्तन	Overall changes / समग्र परिवर्तन
A part of development / विकास का एक भाग	Changes as a whole. / संपूर्ण रूप से बदलता है।
Stops with maturity/परिपक्वता के साथ रूक जाता है	Continues lifelong / जीवन भर चलता रहता है।
Observable and also measurable / देखने योग्य और मापने योग्य	Not totally observable and measurable / पूरी तरह से देखने योग्य और मापने योग्य नहीं

Principles of Development / विकास के सिद्धांत

- **Principle of Continuity:** Development follows the principle of continuity which starts with conception and ends with death. It is a never-ending process in life. / **निरंतरता का सिद्धांत:** विकास निरंतरता के सिद्धांत का पालन करता है, जो गर्भाधान से शुरू होता है और मृत्यु पर समाप्त होता है। यह जीवन में कभी न खत्म होने वाली प्रक्रिया है।
- **Principle of Individual Differences:** It says that every individual is unique in himself/herself as the heredity and environmental factors make him/her different from others. / **व्यक्तिगत भिन्नताओं का सिद्धांत:** यह कहता है कि प्रत्येक व्यक्ति अपने आप में अद्वितीय है क्योंकि आनुवंशिकता और पर्यावरणीय कारक उसे दूसरों से अलग बनाते हैं।
- **Principle of Generality to Specificity:** The development process starts with general responses shown by the child as s/he passes through the later stages s/he starts exhibiting specific behaviors. / **सामान्यता से विशिष्टता का सिद्धांत:** विकास प्रक्रिया बच्चे द्वारा दिखाए गए सामान्य प्रतिक्रियाओं से शुरू होती है जैसे ही वह बाद के चरणों से गुजरता है, वह विशिष्ट व्यवहार प्रदर्शित करना शुरू करता है।
- **Principle of Interrelation:** The development of an individual is reflected through the balanced interrelation of all the aspects of life. Development in any aspect affects the other aspect also. / **अंतर्संबंध का सिद्धांत:** एक व्यक्ति का विकास जीवन के सभी पहलुओं के संतुलित अंतर्संबंध के माध्यम से परिलक्षित होता है। किसी भी पहलू में विकास दूसरे पहलू को भी प्रभावित करता है।
- **Principle of Interaction:** The principle of interaction suggests that an individual is the product of heredity and environment. In other words, the interaction takes place within and outside forces of the child. / **अंतःक्रिया का सिद्धांत:** अंतःक्रिया का सिद्धांत बताता है कि एक व्यक्ति आनुवंशिकता और पर्यावरण का उत्पाद है। दूसरे शब्दों में, अंतःक्रिया बच्चे की शक्तियों के भीतर और बाहर होती है।
- **Principle of Differentiation in Rate:** Differentiation in the rate indicates that individuals differ in the rate of development. There is a difference in the rate of development in girls and boys like girls grow faster than boys at the early stage of development. / **दर में अंतर का सिद्धांत:** दर में अंतर यह दर्शाता है कि व्यक्ति विकास की दर में भिन्न हैं। लड़कियों और लड़कों में विकास की दर में अंतर होता है जैसे कि विकास के शुरुआती चरण में लड़कियों में तुलना में लड़कों की तुलना में तेजी से विकास होता है।
- **Principle of Integration:** The principle of Integration refers to the integration of various aspects of development like physical, mental, emotional, social, and moral. / **एकीकरण का सिद्धांत:** एकीकरण का सिद्धांत विकास के विभिन्न पहलुओं जैसे शारीरिक, मानसिक, भावनात्मक, सामाजिक और नैतिक के एकीकरण को संदर्भित करता है।

- **Principle of Predictability:** Development is predictable i.e. with the help of the uniformity of the pattern and sequence of development, we can predict the behavior to a great extent of a child in one or more aspects in a particular stage of her/his growth and development. / **पूर्वानुमेयता का सिद्धांत:** विकास का अनुमान लगाया जा सकता है अर्थात विकास के स्वरूप और अनुक्रम की एकरूपता की सहायता से, हम बच्चे के विकास और विकास के एक विशेष चरण में एक या अधिक पहलुओं में व्यवहार का काफी हद तक अनुमान लगा सकते हैं।

Sequential pattern of development can be seen in two directions / विकास के अनुक्रमिक स्वरूप को दो दिशाओं में देखा जा सकता है

- **Cephalo-caudal sequence:** It means that development spreads over the body from head to foot, i.e. individual begins to grow from head region downwards. / **शीर्षगामी अनुक्रम:** इसका अर्थ है कि विकास शरीर में सिर से पैर तक फैलता है, अर्थात व्यक्ति सिर के क्षेत्र से नीचे की ओर बढ़ने लगता है।
  - **For example,** The child first gain control on her head, then she could catch hold of objects, sit, crawl, and later she could stand and walk. / **उदाहरण के लिए,** बच्चा पहले अपने सिर पर नियंत्रण हासिल करता है, फिर वह वस्तुओं को पकड़ता है, वह बैठ सकता है, रेंग सकता है और बाद में फिर वह खड़ा होकर चल सकता है।

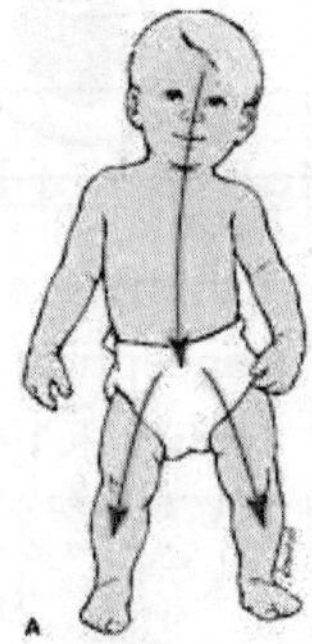
A

- **Proximodistal sequence**: It means that the development proceeds from the central part of the body towards the peripheries. In this sequence, the spinal cord of the individual develops first, and then outward development takes place. / **अधोगामी अनुक्रम:** इसका अर्थ है कि विकास शरीर के मध्य भाग से परिधि की ओर बढ़ता है। इस क्रम में पहले व्यक्ति की रीढ़ की हड्डी का विकास होता है और उसके बाद बाहरी विकास होता है।
  - **For example,** the child could use her arms before her hands and use her hands before she could control the movement of her fingers. / **उदाहरण के लिए,** बच्चा अपने हाथों से पहले अपनी बाहों का उपयोग कर सकता है और अपनी उंगलियों की गति को नियंत्रित करने से पहले अपने हाथों का उपयोग कर सकता है।

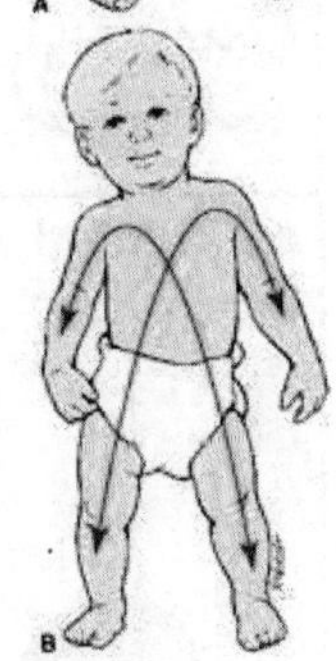
B

Domains of Development / विकास के विभिन्न क्षेत्र

Physical development / शारीरिक विकास	It refers to the physical changes that occur in humans throughout life. / यह जीवन भर मनुष्यों में होने वाले शारीरिक परिवर्तनों को संदर्भित करता है।
Cognitive development / संज्ञानात्मक विकास	It refers to the development of the ability to reason, think, perceive and solve a problem. / यह किसी समस्या को तर्क करने, सोचने, समझने और हल करने की क्षमता के विकास को संदर्भित करता है।
Social development / सामाजिक विकास	It refers to the development of social skills and values across the lifespan. / यह जीवन भर सामाजिक कौशल और मूल्यों के विकास को संदर्भित करता है।
Emotional development / संवेगात्मक विकास	It refers to the development of the ability to control and manage one's own emotions as well as those of others. / यह अपनी और दूसरों की भावनाओं को नियंत्रित और प्रबंधित करने की क्षमता के विकास को संदर्भित करता है।

Language development / भाषा विकास	It refers to the development of the ability to understand, perceive and use language. / यह भाषा को समझने, देखने और उपयोग करने की क्षमता के विकास को संदर्भित करता है।

Stages of development / विकास के चरण

Prenatal / प्रसवपूर्व 	• The period from the conception to the birth of the child is known as the **'Prenatal period'**. / गर्भधारण से लेकर बच्चे के जन्म तक की अवधि को **'प्रसवपूर्व अवधि'** के रूप में जाना जाता है।
Infancy / शैशवावस्था 	• A rapid rate of development is the characteristic of this stage. / विकास की तीव्र गति इस अवस्था की विशेषता है। • This period is characterized by one of the tremendous stages of motor development. / इस अवधि को गत्यात्मक विकास के जबरदस्त चरणों में से एक की विशेषता है। • The child begins to gain specific muscle control so as to enable him to do some voluntary movements. / बच्चा विशिष्ट मांसपेशी नियंत्रण प्राप्त करना शुरू कर देता है ताकि वह कुछ स्वैच्छिक गतिविधियों को करने में सक्षम हो सके।
Childhood / बाल्यावस्था  	• The period of childhood usually occurs during the age of 2 to 12 years which is further divided as early childhood (2-6 years) and later childhood (6-12 years). / बाल्यावस्था की अवधि आमतौर पर 2 से 12 वर्ष की आयु के दौरान होती है जिसे आगे पूर्व बाल्यावस्था (2-6 वर्ष) और उत्तर बाल्यावस्था (6-12 वर्ष) के रूप में विभाजित किया जाता है। • **Early childhood: / पूर्व बाल्यावस्था:** ▪ The brain continues to grow rapidly, achieving 90 percent of its full weight. / मस्तिष्क अपने सम्पूर्ण भार का 90 प्रतिशत प्राप्त करते हुए तेजी से बढ़ता रहता है। ▪ Hand preference (whether left-handed or right-handed) is established at this period. / इस अवधि में प्रत्यक्ष वरीयता (चाहे बाएं हाथ या दाएं हाथ) स्थापित की जाती है। • **Later childhood: / उत्तर बाल्यावस्था:** ▪ Children learn motor skills like throwing and running. / बच्चे फेंकना और दौड़ना जैसे गत्यात्मक कौशल सीखते हैं। ▪ The child's thinking develops rapidly and his/her store of information grows at a fast pace. / बच्चे के चिंतन का तेजी से विकास होता है और उसकी सूचनाओं का भंडार तेज गति से बढ़ता है। ▪ School-age children develop closer ties with their peers. / विद्यालयी आयु के बच्चे अपने साथियों के साथ घनिष्ठ संबंध विकसित करते हैं।

Adolescence / किशोरावस्था 	• It is considered to be a Transitional period between childhood and adulthood. / इसे बाल्यावस्था और वयस्कता के बीच एक परिवर्तनकालीन अवधि माना जाता है। • Girls tend to enter adolescence earlier than boys. / लड़कियों का किशोरावस्था में प्रवेश लड़कों की अपेक्षा पहले होता है। • The children develop the ability to think in abstract terms. / बच्चे अमूर्त शब्दों में चिंतन की क्षमता विकसित करते हैं।

Debates of Growth and Development / वृद्धि एंव विकास के वाद-विवाद

1. Nature vs. Nurture / प्रगति बनाम पोषण

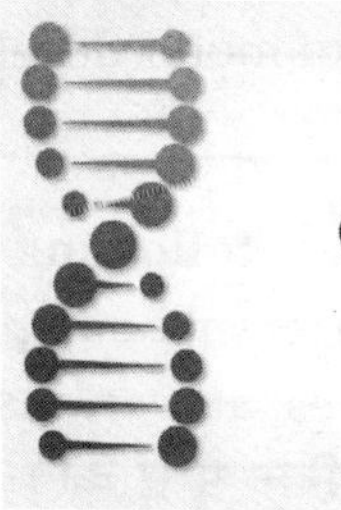

OR

- The term 'Nature' stands for what comes to children through genetic influences and heredity, / शब्द 'प्रगति' का अर्थ है कि आनुवंशिक प्रभावों और आनुवंशिकता के माध्यम से बच्चों में क्या आता है।
- On the other hand, **the** term 'Nurture' stands for the influence of the environment on child development, i.e. all the contextual factors that influence who we are, including our perceptions of early childhood, our social relationships and the society around us. / दूसरी ओर, 'पोषण' शब्द का अर्थ बाल विकास पर पर्यावरण के प्रभाव से है, अर्थात् वे सभी संदर्भ कारक जो हम पर प्रभाव डालते हैं, जिनमें प्रारंभिक बचपन की धारणाएं, हमारे सामाजिक रिश्ते और हमारे आसपास का समाज शामिल हैं।

2. Continuity vs discontinuity / निरंतर बनाम अनिरंतरता

- The continuous-discontinuous issue addresses how developmental events manifest a smooth progression across the life stages (continuity) or a series of distinct stages (discontinuity). / निरंतर-अनिरंतरता यह बताती है कि कैसे विकासात्मक घटनाएं जीवन के चरणों (निरंतरता) या अलग-अलग चरणों (अनिरंतरता) की एक श्रृंखला में एक सहज प्रगति को प्रकट करती हैं।
- 'Discontinuity' in the developmental process refers to new ways of understanding the world that emerge during the process of development./ विकासात्मक प्रक्रिया में 'अनिरंतरता असंतता' दुनिया को समझने के नए तरीकों को संदर्भित करती है, जो विकास की प्रक्रिया के दौरान उभरती हैं।
- The discontinuity approach gives rise to "stage theories" / असंबद्धता दृष्टिकोण "चरण सिद्धांतों" को जन्म देता है।

Factors Influencing Growth and Development / वृद्धि और विकास को प्रभावित करने वाले कारक

1. **Internal Factors / आंतरिक कारक**
   - Heredity factors / आनुवंशिक कारक
   - Biological or constitutional factors / जैविक या शारीरिक कारक
   - Emotional factors / भावनात्मक कारक
2. **External factors / बाह्य कारक**
   - **Environment in the womb of the mother:** Physical and mental health, Single child or multiple children, quality and quantity of nutrition, Normal or abnormal delivery, accident to the baby. / **माँ के गर्भ में वातावरण:** शारीरिक और मानसिक स्वास्थ्य, एकल बच्चा या एकाधिक बच्चे, पोषण की गुणवत्ता और मात्रा, सामान्य या असामान्य प्रसव, गर्भाशय में बच्चे को नुकसान या दुर्घटना।
   - **Environment available after birth:** Accidents and incidents, quality of physical environment, medical care and nourishment, social and cultural environment. / **जन्म के बाद उपलब्ध पर्यावरण:** दुर्घटनाएं और घटनाएं, भौतिक पर्यावरण की गुणवत्ता, चिकित्सा देखभाल और पोषण, सामाजिक और सांस्तिक वातावरण।

TEST YOURSELF

1. Which of the following principle suggests that different body parts deelop at different rates at various stages of development? / निम्न में से कौन-सा नियम यह सुझाव देता है कि शरीर के विभिन्न अंग विकास के विभिन्न चरणों में भिन्न भिन्न दरों से विकसित होते हैं?

CTET PAPER 1 [11st Jan 2022]

(a) Development is unidimensional. / विकास एकआयामी होता है।
(b) Development is unidirectional. / विकास एकदिशायी होता है।
(c) Development is a discontinuous process. / विकास एक असतत प्रक्रिया है।
(d) Direction of development is prx imodistal and cephalocaudal / विकास की दिशा अधोगामी एवं शीर्षगामी है।

2. Which principle of development does the following example illustrate. The dev elopment of a child does not take a s traight path, it turns back and then moves forward again. / "बच्चे का विकास एक सीधा पथ नही है, यह आगे बढ़ता है फिर पीछे मुड़ता है फिर आगे बढ़ता है।" उपरोक्त वाक्य विकास के किस सिद्धान्त को दर्शाता है?

CTET PAPER 2 [22nd Dec 2021]

(a) Principle of uniformity / एकरूपता सिद्धान्त
(b) Principle of spiral advancement / चक्रीय बढोत्तरी
(c) Development is uni-directional / एक-दिशायी विकास
(d) Development is discontinuous. / fodkl dh lrrghurk

3. Contemporary theorists consider 'Ch ildhood' / समकालीन सिद्धान्त 'बचपन' को .... मानते हैं-

CTET PAPER 2 [23rd Dec 2021]

(a) as a social construction / एक सामाजिक संरचना
(b) as a scared period in all cultures / सभी संस्तियों में पवित्र काल
(c) as a period of great stress and anxiety / बहुत अधिक तनाव और चिंता काल
(d) as a period of development till the age of puberty. / किशोरावस्था तक का विकास काल

4. As per contemporary perspectives, the course of child development is. / समकालीन विचारधाराओं के अनुसार, बाल विकास की प्रक्रिया-

CTET PAPER 1 [3rd Jan 2022]

(a) uniform across children and specific mil estones are definitely achieved by all children as they reach a certain age. / सभी बच्चों के लिए एक समान है और सभी बच्चे एक निश्चित आयु तक आते-आते विशिष्ट निर्धारित लक्ष्य अवश्य प्राप्त कर लेते हैं।
(b) multi directional since children grow up in varying contexts. / बहुआयामी है क्योंकि बच्चे विभिन्न प्रकार के संदर्भो में पलते-बढ़ते हैं।
(c) completely unpredictable even though development is uni-directional for all. /का पूर्वानुमान बिल्कुल नहीं लगाया जा सकता, यद्यपि विकास सभी के लिए एक दिशात्मक होता है।
(d) determined solely by hereditary information received from parents. / सिर्फ माता-पिता से प्राप्त आनुवंशिक गुणों द्वारा ही निर्धारित होती है।

5. Development of children proceeds from ……… to ……/ बच्चों के विकास का क्रम-

CTET PAPER 1 [6th Jan 2022]

(a) abstract; concrete / अमूर्त से मूर्त की तरफ होता है।
(b) general; specific / सामान्य से विशिष्ट की ओर होता है।
(c) toe; head / पैरों से सिर की ओर होता है।
(d) extremities; centre / हाथ-पैर से केंद्र की ओर होता है।

6. Development ………. / विकास ……….

CTET PAPER 2 [3rd Jan 2022]

(a) proceeds from centre of the body in an outward direction. / शरीर के मध्य से बाहर की दिशा में होता है।
(b) development proceeds from bottom to top. / नीचे से ऊपर की ओर होता है।
(c) is unidimensional. / एक आयामी है।
(d) is not influenced by environmental efforts. / वातावरणीय कारकों से प्रभावित नहीं होता है।

7. Assertion (A): Children are unable to learn optimally when they are und ernourished or unwell. / कथन (A): बच्चे सही ढंग से नहीं सीख पाते अगर वह अस्वस्थ या अल्पपोषित हैं।
Reason (R): All domains of development are inter-related-physical development has an impact on cognitive development. / तर्क (R): विकास के सभी आयाम परस्पर रूप से जुड़े हुए हैं शारीरिक विकास, संज्ञानात्मक विकास को प्रभावित करता है।
Ch oose the correct option. / सही विकल्प चुनें।

CTET PAPER 2 [5th Jan 2022]

(a) Both (A) and (R) are true and (R) is the cor rect explanation of (A) / (A) और (R) दोनों सही हैं और (R) सही व्याख्या करता है (A) की।
(b) Both (A) and (R) are true but (R) is not the correct explanation of (A) / (A) और (R) दोनों सही हैं लेकिन (R) सही व्याख्या नहीं है (A) की।
(c) (A) is true but (R) is false. / (A) सही है लेकिन (R) गलत है।
(d) Both (A) and (R) are false. / (A) और (R) दोनों गलत है।

8. Development is dependent upon / विकास निम्न में से किस पर निर्भर है?
(i) Genetic make up / आनुवंशिक बनावट
(ii) Physical Environment / भौतिक वातावरण
(iii) Socio-cultural factors / सामाजिक - सांस्तिक कारक
Ch oose the correct option. / सही विकल्प चुनें।

CTET PAPER 1 [7th Jan 2022]

(a) (i), (ii) (b) (ii), (iii)
(c) (i), (iii) (d) (i), (ii), (iii)

9. Developmental changes. / विकासात्मक परिवर्तन-

CTET PAPER 1 [8th Jan 2022]

(a) occur at a universal pace in children across cultures. / सभी संस्कृतियों के बच्चों में सार्वभौमिक गति से होते हैं।
(b) occur at a very fast pace till middle chi ldhood and then stop. / मध्य बाल्यकाल तक बहुत तेज गति से होते हैं और फिर रुक जाते हैं।
(c) always occur in a linear manner and are unidimensional. /हमेशा एक रैखिक तरीके से होते हैं और एक आयामी होते हैं।
(d) are an interplay of hereditary factors and environmental influences. / वंशानुगत कारकों और पर्यावरणीय प्रभावों की परस्पर क्रिया हैं।

10. Development is. / विकास ………… है।

CTET PAPER 1 [21th Dec 2021]

(a) uni-dimensional / एक-आयामी
(b) uni-directional / एक दिशायी
(c) modifiable / में बदलाव किया जा सकता
(d) totally genetically pre-programmed / अनुवांशिकता द्वारा पूर्ण रूप से पूर्व निर्धारित

11. Choose the correct statement about dev elopment. / विकास के विषय में सही वक्तव्य चुनिये।

CTET PAPER 1 [24th Dec 2021]

(a) Development is unidirectional and uni dimensional. / विकास एक दिशायी और एक आयामी होता है।
(b) Development is modifiable. / विकास परिवर्तनीय है।
(c) Development is totally genetically pro grammed. / विकास पूर्ण रूप से आनुवांशिकता से योजनाबद्ध है।
(d) Individuals achieve developmental milestones at the same age and pace. /सभी व्यक्ति एक ही आयु और गति से विकास के पड़ावं को प्राप्त करते हैं।

12. Which of the following is an example of use of gross motor skills? / निम्नलिखित में से कौन-सा स्थूल कौशल के उपयोग का एक उदाहरण है?

CTET PAPER 1 [4th Jan 2022]

(a) Balancing on one foot / एक पैर पर संतुलन करना
(b) Squeezing a pea / एक मटर को उंगलियों से दबाना
(c) Turning pages of a book / किताब के पन्ने पलटना
(d) Holding a pencil / पेंसिल पकड़ना

13. Assertion (A): Delay in physical dev elopment of children can be attributed entirely to their genetic-make-up./अभिकथन (A): बच्चों के शारीरिक विकास में देरी के लिए पूरी तरह से उनकी आनुवंशिक बनावट को जिम्मेदार ठहराया जा सकता है।

Reason (R): Hereditary factors are solely responsible for physical development of chi ldren. / कारण (R): बच्चों के शारीरिक विकास के लिए वंशानुगत कारक ही उत्तरदायी होते।

Ch oose the correct option. / सही विकल्प चुनें।

CTET PAPER 1 [5th Jan 2022]

(a) Both (A) and (R) are true and (R) is the cor rect explanation of (A) /(A) और (R) दोनों सही हैं और (R) सही व्याख्या करता है (A) की।
(b) Both (A) and (R) are true but (R) is not the correct explanation of (A) / (A) और (R) दोनों सही हैं, लेकिन (R) सही व्याख्या नहीं है (A) की।
(c) (A) is true but (R) is false. /(A) सही है, लेकिन (R) गलत है।

(d) Both (A) and (R) are false. / (A) और (R) दोनों गलत है।

14. Which domain of development relates to intellectual abilities such as attention, memory, problem solving, imagination and creativity? / विकास के किस क्षेत्र का संबंध बौद्धिक सामर्थ्यों जैसे कि ध्यान, स्मृति, समस्या समाधान कल्पना और रचना करने से है?

CTET PAPER 1 [22th Dec 2021]

(a) Emotional domain / संवेगात्मक क्षेत्र
(b) Cognitive domain / संज्ञानात्मक क्षेत्र
(c) Social domain / सामाजिक क्षेत्र
(d) Physical domain / शारीरिक क्षेत्र

15. As an infant Raghav was deprived of personal affection. In his late childhood he found considerate teachers. Yet, he has issues trusting people and lacks cou rage to take risks. Which issue of dev elopment aptly describes Raghav's case? / राघव जब शिशु था तब उसे माता-पिता के स्नेह से वंचित रहना पड़ा। बाल्यावस्था के आगे के चरण में उसे बहुत संवेदनशील अध्यापक मिले। फिर भी उसे लोगों पर विश्वास करने में परेशानी होती है और वह जोखिम लेने का साहस नहीं दिखा पाता। राघव के विषय में विकास का कौन-सा मुद्दा एकदम स्पष्ट रूप से वर्णित होता है?

CTET PAPER 1 [29th Dec 2021]

(a) Continuity-discontinuity issue / निरन्तरता – अनिरन्तरता का मुद्दा
(b) Early- later experiences issue / आरंभिक – बाद के अनुभवों का मुद्दा
(c) Nature-nurture issue / प्रकृति – पालन – पोषण का मुद्दा
(d) Uniformity - individuality issue / एकरूपता – वैयक्तिकता का मुद्दा

ANSWER KEY													
1.	D	2.	B	3.	A	4.	B	5.	B	6.	A	7.	A
8.	D	9.	D	10.	C	11.	B	12.	A	13.	D	14.	B
15.	A												

CHAPTER

2

HEREDITY AND ENVIRONMENT
आनुवंशिकता एंव पर्यावरण

"Heredity × Environment × Time = Development level of an individual personality" / "आनुवंशिकता × पर्यावरण × समय = एक व्यक्ति के व्यक्तित्व का विकास स्तर" **- Ross / रॉस**

"Individual is the result of multiplication (product) between Heredity and Environment" / "व्यक्ति आनुवंशिकता और पर्यावरण के बीच गुणन के उत्पाद का परिणाम है।" **-Woodworth / वुडव**

Meaning of Heredity / आनुवंशिकता का अर्थ

- Heredity is the sum total of the traits potentially present in the fertilized ovum. / आनुवंशिकता, निषेचित अंडाणु में उपस्थित संभावित विशेषताओं का सम्पूर्ण योग है।
- Child has inherited from the parents is called heredity. / सभी विशेषताएं जिन्हे बच्चे ने अभिवावकों से वंशानुगत प्राप्त किया है, आनुवंशिकता कहलाती है।
- The union of male and female germ cells causes fertilization of the ovum. / नर और मादा कोशिकाओं के मिलन से अंडाणु निषेचित होता है।
- The fertilized egg is known as zygote. / निषेचित अंडे को युग्मनज के रूप में जाना जाता है।
- Zygote-46 chromosomes-(23 from Female and 23 from Male) / जाइगोट/युग्मनज 46 गुणसूत्र (23 - महिला से और 23 पुरुष से)
- Each chromosome contains about 40 to 100 genes. / प्रत्येक गुणसूत्र में लगभग 40 से 100 जीन होते हैं।

Meaning of Environment / पर्यावरण का अर्थ

- Environment means the totality of the stimuli that impinge on the organism from without whatever found around the individual may be called by the term environment. / पर्यावरण का अर्थ उन उत्तेजनाओं की समग्रता से है, जो कुछ भी जीव के आस-पास पाया जाता है, उसे पर्यावरण कहा जा सकता है।

Laws of Heredity / अनुवांशिकता का नियम

There are some rules of heredity which are as follows / वंशानुक्रम के कुछ नियम हैं, जो निम्न हैं

1. The Law of Resemblance / समानता का नियम

- This means that just as there are mothers and fathers, so are their children. In this way if the parents are intelligent then the children will also be intelligent. / इससे तात्पर्य है की जैसे माता और पिता होते है वैसी ही उनकी संतान होती है। इस प्रकार से यदि माता-पिता बुद्धिमान है तो बच्चे भी बुद्धिमान होगें।
- If either mother or father is short in stature, then the child will also be found to be short in stature./ यदि माता या पिता में कोई कद में छोटा है तो संतान भी कद में छोटे ही पायी जाएगी।

2. Law of Variation / भिन्नता का नियम

- The meaning of this rule is that whatever the color, form, stature of the parents, the children are not like them. / इस नियम से तात्पर्य यह है कि माता-पिता का रंग रूप, कद-काठी जो भी है, संतान उनके समान नहीं होती।
- Although there will be some similarities, it will be difficult to spot them. The offspring will be different from their parents but still they will be considered to be affected by heredity. / हालाँकि कुछ समानताएं होंगी मगर उनको जान पाना मुश्किल होगा। संतान अपने माता-पिता से भिन्न होगी मगर फिर भी ये वंशानुक्रम से प्रभावित माने जायेंगे।
- By this rule, it was found that both the first and second law are opposite to each other./इस नियम द्वारा यह पाता लगा कि पहला और दूसरा नियम दोनों एक दूसरे के विरोधी हैं।

3. Law of Regression / प्रत्यागमन का नियम

- This theory was propounded by Sorenson. / इस सिद्धांत का प्रतिपादन तो सोरेन्सन ने किया था।
- But later this principle was adopted by the Mendel, Sorenson noted that a child of a parent with a strong intelligence may have a less sharp IQ, and children of gifted parents may be less gifted. / मगर इस सिद्धांत को बाद में मैडल ने अपना लिया। सोरेन्सन ने इसके लिए कहा कि तीव्र बुद्धि वाले माताख्पिता के बच्चे की बुद्धि कम तीव्र हो सकती है। और प्रतिभाशाली माता-पिता के बच्चे कम प्रतिभाशाली हो सकते हैं।
- Hence this tendency is called regression./अतः यही प्रवृति प्रत्यागम कहलती है।

Educational Implications of Heredity and Environment / वंशानुक्रम और पर्यावरण के शैक्षणिक निहितार्थ

The understanding of heredity and environment has a massive influence on human development. Human development is the result of both heredity and environment. /वंशानुक्रम और पर्यावरण की समझ का मानव विकास पर व्यापक प्रभाव पड़ता है। मानव विकास वंशानुक्रम और पर्यावरण दोनों का परिणाम है।

The knowledge of heredity and environment helps the teacher in various ways which are discussed here under. / वंशानुक्रम और पर्यावरण का ज्ञान शिक्षक को विभिन्न तरीकों से मदद करता है, जिनकी यहां चर्चा की गई है।

(i) Knowledge of heredity and environment helps the teacher to know the individual needs and abilities of the children. / वंशानुक्रम और पर्यावरण का ज्ञान शिक्षक को बच्चों की व्यक्तिगत जरूरतों और क्षमताओं को जानने में मदद करता है।

(ii) It helps to provide proper guidance and counselling to his children in the field of educational, vocational and personal. / यह शैक्षिक, व्यावसायिक और व्यक्तिगत क्षेत्र में अपने बच्चों को उचित मार्गदर्शन और परामर्श प्रदान करने में मदद करता है।

(iii) It helps the teacher to classify the students as gifted, normal or slow learner and average different types of education for them. / यह शिक्षक को बच्चों को प्रतिभावान, सामान्य या धीमे अध्ययन कर्त्ता के रूप में वर्गीगत करने में मदद करता है तथा उनके लिए विभिन्न प्रकार के शिक्षण को व्यवस्थित करने में मदद करता है।

(iv) It helps the teacher to provide better learning environment in the school. / यह शिक्षक को विद्यालय में बेहतर शिक्षण वातावरण प्रदान करने में मदद करता है।

Individual Differences / वैयक्तिक भिन्नता

Individual differences or personality differences means the differences of one man from other in color, physique, special ability, interest, nature, achievement and other virtues of man. There is no person in the world, which is completely like the other. Even the similarity is not found between two sons of one parent. / वैयक्तिक भिन्नता या व्यक्तिगत भेद का अर्थ एक व्यक्ति का दूसरे व्यक्ति से रूप, रंग, शारीरिक गठन, विशिष्ट योग्यताओं, बुद्धि, रुचि, स्वभाव, उपलब्धियों तथा व्यक्तित्व के अन्य गुणों आदि में भिन्नता से है। संसार में ऐसा कोई भी व्यक्ति नहीं है जो किसी दूसरे व्यक्ति से पूर्ण रूप से मिलता-जुलता हो। एक परिवार में एक ही माता-पिता के दो पुत्र या जुड़वाँ भाई-बहनों में भी समानता नहीं पाई जाती।

The Bases of Individual Differences: The important bases of individual differences are following— / **वैयक्तिक भिन्नता के आधार:** वैयक्तिक भिन्नता के प्रमुख आधार निम्नलिखित हैं-

(1) Heredity (2) Environment. / (1) वंशानुक्रम, (2) पर्यावरण।

Factors Affecting Individual Differnces / व्यक्तिगत भिन्नता को प्रभावित करने वाले कारक

1. **Personality**: Personality can be defined as the study of the characteristics and distinctive traits of an individual, the inter-relations between them and the way in which a person responds and adjusts to other people and situations. / **व्यक्तित्व:** व्यक्तित्व के भिन्न-भिन्न गुण एवं विशेषताओं के अध्ययन व्यक्तित्व के रूप में परिभाषित कर सकते हैं व्यक्तित्व को किसी व्यक्ति की खूबियों और उसमें मौजूद विशिष्ट लक्षणों के रूप में परिभाषित किया जा सकता है। इसके अन्तर्गत उन सम्बन्धों और अन्त:क्रिया को रखा जा सकता जो एक व्यक्ति दूसरे लोगों और परिस्थितियों से बनाता है।
2. **Demographic Factors:** The demographic factors are socio economic background, education, nationality, race, age, sex, etc. (The study of demographic factors is significant as it is one of the factors influencing Individual differences.) / **जनसांख्यिकीय कारक:** जनसांख्यिकीय कारक सामाजिक आर्थिक पृष्ठभूमि, शिक्षा, राष्ट्रीयता, नस्ल, आयु, लिंग आदि हैं। (जनसांख्यिकीय कारकों का अध्ययन महत्वपूर्ण है क्योंकि यह व्यक्तिगत मतभेदों को प्रभावित करने वाले कारकों में से एक है।)
3. **Abilities and Skills**: The physical capacity of an individual to do something can be termed as ability. Skill can be defined as the ability to act in a way that allows a person to perform well. The individual behaviour and performance is highly influenced by ability and skills. A person can perform well if his abilities and skills are matched with the work requirement. / **योग्यता एवं कौशल:** किसी कार्य को करने के लिए व्यक्ति की शारीरिक क्षमता भी महत्त्वपूर्ण है। कौशल को बेहतर प्रदर्शन के रूप में परिभाषित किया जा सकता है। व्यक्तिगत व्यवहार और प्रदर्शन उच्च क्षमता एवं कौशल से प्रभावित है। किसी संगठन से जुड़ा व्यक्ति इस रूप में बेहतर प्रदर्शन कर सकता है कार्य की आवश्यकतानुसार उसमें क्षमता एवं योग्यता है। एक प्रबंधक, किसी कर्मचारी की क्षमता और कौशल को, कार्य की आवश्यकता में बेहद महत्त्वपूर्ण तत्व मानता है।
4. **Attitude:** According to psychologists, attitude can be defined as a tendency to respond favourably or unfavourably to certain objects, persons or situations. The factors such as family, society, culture, peers and organisational factors influence the formation of attitude. Individuals can perform better if they form a positive attitude. / **मनोवृनि:** एक निश्चित उद्देश्य हेतु मनोवृत्ति को व्यक्तियों या परिस्थितियों के अनुकूल अथवा प्रतिकूल प्रतिक्रियात्मक रुझान के रूप में परिभाषित किया जा सकता है। कारक जैसे-परिवार, समाज, संस्ति, सहयोगी एवं संस्थात्मक कारक मनोवृत्ति के गठन को प्रभावित करते हैं। संस्थाओं में ऐसे प्रबंधकों की आवश्यकता है जो अध्ययन करके अलग-अलग कार्यों की आवश्यकतानुरूप वातावरण तैयार करें जिससे कर्मचारियों के लिए सकारात्मक माहौल तैयार हो।

5. **Perception:** The cognitive process meant for interpreting the environmental stimuli in a meaningful way is referred to as perception. Every individual on the basis of his/her reference can organize and interpret environmental stimuli. There are many factors that influence the perception of an individual. The study of perception plays important role. Individuals can likely to perform better if they are going to perceive it in a positive way. / **धारणाः** सार्थक ढंग से पर्यावरणीय उद्दीपकों की व्याख्या करने के लिए संज्ञानात्मक प्रक्रिया को धारणा के रूप में संदर्भित किया जा सकता है। प्रत्येक व्यक्ति अपने आधार पर पर्यावरणीय उद्दीपकों को व्यवस्थिति एवं व्याख्यायित कर सकता है। कुछ और कारक हैं जो व्यक्ति की धारणा को प्रभावित करते हैं। धारणा अथवा दृष्टिकोण का अध्ययन प्रबंध कों के लिए महत्त्वपूर्ण भूमिका निभाता है। प्रबंधकों के लिए यह महत्त्वपूर्ण है कि कार्य के अनुकूल वातावरण बनाएँ जो कर्मचारियों को सुखद अनुभव प्रदान करे।

TEST YOURSELF

1. Which of the following is definitely predetermined by genetics/heredity? / इनमें से कौन-सा पूर्णतः अनुवांशिकी द्वारा पूर्व निर्धारित होता है?

CTET PAPER 1 [21th Dec 2021]

(a) Choice of friends / मित्रों का चयन
(b) Colour of the eyes / आँखों का रंग
(c) Academic success / शैक्षणिक सफलता
(d) Interest in studies / शिक्षा में रुचि

2. Development of children is a result of. / बच्चों का विकास इनमें से किसका परिणाम है?

CTET PAPER 1 [22th Dec 2021]

(a) only heredity. / केवल अनुवांशिकता का
(b) only environment. / केवल वातावरण का
(c) schooling and education. / विद्यालय और शिक्षा का
(d) interaction between heredity and environment. / अनुवांशिकता और वातावरण के बीच परस्पर अंतः क्रिया का

3. _________ refers to the complex forces of the physical and social world that influence a child's experience during the course of her development. / निम्नलिखित में से कौन-सा कारक भौतिक एवं सामाजिक दुनिया की जटिल शक्तियों को संबोधित करता है जो किसी बालिका के अनुभवों को उसके विकास के दौरान प्रभावित करते हैं?

CTET PAPER 1 [30th Dec 2021]

(a) Nature / प्रगति
(b) Heredity / आनुवांशिकता
(c) Nurture / लालन-पालन
(d) Chromosomes / क्रोमोजोम

4. Which of the following traits are determined solely by heredity? / निम्नलिखित में से कौन-सी प्रवृत्तिधगुण पूर्णतः आनुवांशिक है?
(i) Colour of eyes / आंखों का रंग
(ii) Intelligence / बुद्धि
(iii) Moral development / नैतिक विकास
(iv) Social skills / सामाजिक कौशल

CTET PAPER 1 [31th Dec 2021]

(a) (i) (b) (ii)
(c) (i), (ii) (d) (i), (ii), (iii)

5. The interplay of environment and hereditary factors is responsible for. / वातावरण व आनुवंशिक कारकों की परस्पर क्रिया किसके लिए जिम्मेदार है?

CTET PAPER 2 [11th Jan 2022]

(a) only physical development / केवल शारीरिक विकास
(b) only cognitive development / केवल संज्ञानात्मक विकास
(c) physical and cognitive development / शारीरिक व संज्ञानात्मक विकास

(d) physical, social and cognitive development / शारीरिक, सामाजिक व संज्ञानात्मक विकास

6. Cognitive development among children is the result of./ बच्चों में संज्ञानात्मक विकास किसका परिणाम है?

CTET PAPER 2 [24th Dec 2021]

(a) only heredity / केवल अनुवांशिकता का।
(b) only environment / केवल वातावरण का।
(c) interaction of heredity and environment / अनुवांशिकता और वातावरण की पारस्परिक क्रिया का।
(d) only economic factors / केवल आर्थिक कारकों का।

7. Which one of the following statements is true about the role of heredity and the environment? / आनुवंशिकता और पर्यावरण की भूमिका के बारे में निम्नलिखित में से कौन सा कथन सत्य है?

CTET Dec 2018 Paper I

(a) Certain aspects of development are influenced more by heredity and others more by the environment. / विकास के कुछ पहलू आनुवंशिकता से अधिक प्रभावित होते हैं और अन्य पर्यावरण से अधिक प्रभावित होते हैं।
(b) A child's ability to learn and perform is completely decided by the genes. / एक बच्चे की सीखने और प्रदर्शन करने की क्षमता पूरी तरह से जीन द्वारा तय की जाती है।
(c) Good care and a nutritious diet can fight off any disorder a child is born with. / अच्छी देखभाल और पौष्टिक आहार बच्चे के जन्म के किसी भी विकार से लड़ सकता है।
(d) The environment plays a significant role only in the child's language development. / पर्यावरण केवल बच्चे के भाषा विकास में महत्वपूर्ण भूमिका निभाता है।

8. Which of the following is NOT an effective strategy to cater to individual differences in the class? / निम्नलिखित में से कौन-सी रणनिति कक्षा में व्यक्तिगत मतभेदों को पूरा करने के लिए प्रभावी नहीं है?

CTET PAPER 1 [5th Jan 2022]

(a) Reflect on one's verbal and non-verbal communication /अपने मौखिक और गैर-मौखिक संचार पर विचार
(b) Recognize and respect differences / मतभेदों को पहचानें और सम्मान करें
(c) Use diverse pedagogical strategies / विविध शैक्षिणिक मतभेदों का प्रयोग करें
(d) Identify deficits in students and correct them / छात्रों में कमियों को पहचानें और उन्हें ठीक करें

9. What kind of pedagogy would enable a teacher to cater to individual differences among learners in her class? / किस प्रकार का शिक्षाशास्त्र एक शिक्षक को अपनी कक्षा में व्यक्तिगत विभित्रताओं का ध्यान रखने में मदद करेगा?

CTET PAPER 1 [6th Jan 2022]

(a) Standard and uniform / मानकीग्त व एक समान
(b) Totally centered around exams / पूरी तरह से परीक्षाओं पर केन्द्रित
(c) Totally centered around textbooks / पूरी तरह से पाठ्यपुस्तकों पर केन्द्रित
(d) Engaging and contextual / संलग्न व संदर्भित

10. Which of the following is an effective strategy to cater to cultural and linguistic differences in the class? / कक्षा में संस्ति व भाषायी भिन्नताओं को ध्यान में रखते हुए कौन-सी नीति प्रभावी होगी?

CTET PAPER 1 [8th Jan 2022]

(a) Follow standardized and rigid curriculum / मानकीग्त व कठोर पाठ्यचर्या का पालन करना।
(b) Adopt the method of direct instruction /प्रत्यक्ष निर्देश के तरीकों का उपयोग।

(c) Promote competitive spirit in the classroom / कक्षा में प्रतिस्पर्धा की भावना को बढ़ावा देना।

(d) Recognize that differences are not defects / विभित्रताओं को अभाव के रूप में न देखना।

11. To cater to individual differences in her class a primary school teacher should. / कक्षा में वैयक्तिक भित्रताओं को संभालने हेतु एक प्राथमिक शिक्षिका को निम्न में से क्या करना चाहिए?

CTET PAPER 1 [23th Dec 2021]

(a) make strict rules for everyone in class and punish the children who disobey her / कक्षा में सबके लिए कड़े नियम बनाने चाहिए और उसकी अवज्ञा करने वाले बच्चों को दंडित करना चाहिए।

(b) focus on standardized 'paper-pencil' as the primary way of assessment. / प्राथमिक स्तर पर पेपर-पेंसिल आधारित मानक परीक्षण का उपयोग करना चाहिए।

(c) have uniform curriculum and pace of learning for all. / सभी के लिए समान पाठ्यक्रम और अधिगम गति निर्धारित करनी चाहिए।

(d) provide diverse learning experiences to students. / विद्यार्थियों को अधिगम के विविध अवसर प्रदान करने चाहिए।

12. What pedagogical strategies should schools adapt to address individual differences among students? / विद्यार्थियों में पाई जाने वाली वैयक्तिक भित्रताओं को संबोधित करने के लिए विद्यालयों को किस तरह की शिक्षणशास्त्रीय युक्तियाँ अपनानी चाहिए?

CTET PAPER 1 [28th Dec 2021]

(a) Follow uniform curriculum and assessment for all students. / सभी विद्यार्थियों के लिए एक समान पाठ्यचर्या और आकलन अपनाना।

(b) Categorize children based on their cognitive abilities and teach them in separate sections. / विद्यार्थियों को उनकी संज्ञानात्मक योग्यताओं के आधार पर वर्गीगत करना और उन्हें पृथक अनुभागों में पढ़ाना।

(c) Cater to the individual needs of children by being flexible. / लचीलेपन का भाव रखते हुए बच्चों की वैयक्तिक भित्रताओं को पोषित करना।

(d) Ensure that all individual differences among the children are removed. / यह सुनिश्चित करना कि सभी बच्चों की वैयक्तिक भित्रताओं को दूर किया जाए।

13. What pedagogical strategies should schools adopt to cater to individual differences among learners? / अधिगमकर्ताओं में व्यक्तिगत विभित्रताओं को संबोधित करने के लिए स्कूलों को क्या करना चाहिए?

CTET PAPER 2 [8th Jan 2022]

(a) Removing all differences among the learners / अधिगमकर्ताओं के बीच सभी विभित्रताओं को हटा देना चाहिए।

(b) Dismissing all differences among the learners / अधिगमकर्ताओं के बीच सभी विभिन्नताओं को खारिज कर देना चाहिए।

(c) Treating all learners in the same manner irrespective of their individual needs / सभी अधिगमकर्ताओं की व्यक्तिगत जरूरतों को अनदेखा कर उन्हें समान रूप से देखना चाहिए।

(d) Catering to individual needs by preparing individualized education plans / उनकी व्यक्तिगत जरूरतों के अनुसार व्यक्तिगत शिक्षा योजना बनानी चाहिए।

14. In a classroom with diverse group of students, a teacher should / एक ऐसी कक्षा जिसमें विद्यार्थियों का समूह विविधता पूर्ण हो, उसमें अध्यापक को क्या करना चाहिए?

CTET PAPER 2 [27th Dec 2021]

(a) advocate and celebrate individual differences. / वैयक्तिक विभित्रताओं को पक्षपोषित और सम्मानित करना चाहिए।

(b) try to reduce individual differences. / वैयक्तिक विभिन्नताओं को कम करने की कोशिश करनी चाहिए।

(c) ignore individual differences. / वैयक्तिक विभिन्नताओं को अनदेखा करना चाहिए।

(d) consider individual differences as the primary obstacle in the process of teaching learning. / शिक्षण अधिगम की प्रक्रिया में वैयक्तिक विभिन्नताओं को मुख्य बाधा समझना चाहिए।

15. In order to cater to individual differences in her classroom a teacher should./ अपनी कक्षा की व्यक्तिगत विभिन्नताओं को संबोधित करने के लिए, एक अध्यापिका को क्या करना चाहिए?

(i) point out the economic background and caste of all learners in the class. / कक्षा के सभी अधिगमकर्ताओं की आर्थिक पृष्ठभूमि और जाति की ओर इशारा करना।

(ii) give learners opportunities to share their experiences in the class and value them. / अधिगमकर्ताओं को अपने अनुभव साझा करने के मौके देना और उन्हें महत्व देना।

(iii) intentionally exclude diverse cultural perspectives in the class. / जानबूझकर विविध सांस्तिक परिप्रेक्ष्यों का कक्षा में बहिष्कार करके।

Choose the correct option. / सही विकल्प चुनें।

CTET PAPER 2 [29th Dec 2021

(a) (ii)
(b) (i), (iii)
(c) (ii)] (iii)
(d) (i), (ii), (iii)

ANSWER KEY

1.	B	2.	D	3.	C	4.	A	5.	D	6.	C	7.	A
8.	D	9.	D	10.	D	11.	D	12.	C	13.	D	14.	A
15.	A												

CHAPTER

3

COGNITIVE DEVELOPMENT
संज्ञानात्मक विकास

Jean Piaget / जीन पियाज

Cognitive development refers to the way children learn and process information. It includes improvement in attention, perception, language, thinking, memory, and reasoning. / **संज्ञानात्मक विकास** से तात्पर्य बच्चों के सीखने और सूचनाओं को संसाधित करने के तरीके से है। इसमें ध्यान, धारणा, भाषा, सोच, स्मृति और तर्क में सुधार शामिल है।

According to Piaget's cognitive developmental theory, our thoughts and reasoning are part of adaptation. Cognitive development follows a definite sequence of stages. **Piaget described four major stages of cognitive development:/ पियाजे के संज्ञानात्मक विकास सिद्धांत के अनुसार,** हमारे विचार और तर्क अनुकूलन का हिस्सा हैं। संज्ञानात्मक विकास चरणों के एक निश्चित क्रम का अनुसरण करता है। **पियाजे ने संज्ञानात्मक विकास के चार प्रमुख चरणों का वर्णन किया है:**

1. Sensory-motor stage (Birth- 2 years) / संवेदी-गामक चरण (जन्म- 2 वर्ष)
2. Pre-operational stage (2-7 years) / पूर्व-संक्रियात्मक चरण (2-7 वर्ष)
3. Concrete operational stage (7-11 years) /मूर्त संक्रियात्मक चरण (7-11 वर्ष)
4. Formal operational stage (11+ years) / औपचारिक संक्रियात्मक चरण (11+ वर्ष)

Trick
SPCF

Sensory-Motor Stage / संवेदी-गामक अवस्था

- During this stage, babies up to 2 years learn through their senses. / इस अवस्था के दौरान, 2 वर्ष तक के बच्चे अपनी इन्द्रियों के माध्यम से सीखते हैं।
- They learn about their environment and who belongs to it. / वे अपने वातवरण और चीजें इनसे कैसे संबंधित है, के बारे में सीखते हैं।
- One of the primary lessons learned in the sensorimotor stage is **object permanence.** Object permanence is the concept that things do not vanish from existence if they are no longer in plain sight. / संवेदी-गामक अवस्था में सीखे गए प्राथमिक ज्ञानों में से एक वस्तु स्थिरता है। **वस्तु स्थिरता** वह संकल्पना है कि यदि वस्तु समतल दृष्टि में मौजूद नहीं हैं, तो भी वे उस स्थिति में लुप्त नहीं होती हैं।

This stage can be divided into six separate sub-stages as given below:/ इस अवस्था को छह अलग-अलग उप-अवस्थाओं में विभाजित किया जा सकता है, जो नीचे दिया गया है:

- **Reflexes (0-1 month):** The **child understands the environment** purely through inborn reflexes such as sucking and looking./ **प्रतिक्रिया (0 -1 महीना): बच्चा** चूसना और देखने जैसे जन्मजात क्रियाओं के माध्यम से शुद्ध रूप से **वातवरण को समझता है।**

- **Primary Circular Reactions (1-4 months):** Between one and four months, the child works on an action of his own which serves as a stimulus to which it responds with the same action, and around and around we go./ **प्रारंभिक वृत्तीय अनुक्रिया (1 – 4 महीना):** एक और चार महीने के बीच बच्चा अपने स्वयं की क्रिया पर कार्य करता है जो उन कार्यों के लिए उत्तेजना के रूप में कार्य करता है जिसके लिए वह समान क्रिया के साथ प्रतिक्रिया देता है और सभी क्रियाएँ हमारे चारों ओर होती है।
- **Secondary Circular Reactions (4-8 months):** The child becomes more focused on the world and begins to intentionally repeat an action to trigger a response in the environment./ **गौण वृत्तीय अनुक्रिया (4 – 8 महीना):** बच्चा दुनिया पर अधिक केंद्रित हो जाता है और वातवरण में प्रतिक्रिया का पता लगाने के लिए एक क्रिया को जानबूझकर दोहराना शुरू कर देता है।
- **Coordination of Secondary Reactions (8-12 months):** Develop certain focuses on the demand object. Responses become more coordinate and complex. / **गौण अनुक्रियाओं का समन्वय (8 – 2 महीना):** जिज्ञासा की वस्तुओं पर विशिष्ट ध्यान विकसित करता है। अनुक्रियाएँ अधिक समन्वय और जटिल हो जाती है।
- **Tertiary Circular Reactions (12-18 months):** Children begin a period of trial-and-error experimentation during this sub-stage. / **तृतीय वृत्तीय अनुक्रिया (12 – 18 महीना):** बच्चे के साथ इस उप-अवस्था के दौरान प्रयास और त्रुटि प्रयोग की अवधि शुरू हो जाती है।
- **Early Representational Thought (18-24 months):** Children begin to develop symbols to represent events or objects in the world in the final sensory-motor sub-stage./ **प्रारंभिक प्रतिनिधानात्मक सोच (18 – 24 महीना):** बच्चे अंतिम संवेदी-पेशीय उप-अवस्था में दुनिया में घटनाओ या वस्तुओं को दर्शाने के लिए प्रतीकों को विकसित करना शुरू कर देते हैं।

Pre-Operational Stage / पूर्व-संक्रियात्मक अवस्था

- In this stage, children learn through symbolic learning./इस अवस्था में बच्चे प्रतीकात्मक अधिगम के माध्यम से सीखते हैं।
- **Symbolic learning** is stimulated through language development and imitative or imaginative play. A child may give human characteristics to inanimate objects./ **प्रतीकात्मक अधिगम** भाषा विकास और अनुकरणशील या कल्पनाशील खेल के माध्यम से प्रेरित होता है। एक बच्चा निर्जीव वस्तुओं को मानवीय विशेषताएं दे सकता है।
- During the preoperational stage, the child has **egocentric thinking**. This means that they lack the ability to see outside of their own perspective without being prompted by reward. / पूर्व-संक्रियात्मक अवस्था के दौरान बच्चे में **आत्मकेंद्रित सोच** होती है। इसका अर्थ है कि उनमें किसी इनाम द्वारा प्रेरित किये बिना उनके स्वयं के दृष्टिकोण के बाहर देखने की क्षमता की कमी होती है।
- The child also tends to not be able to understand that situations, actions, or issues can be altered or reversed. / बच्चा यह भी समझने में सक्षम नहीं होता है कि स्थितियों, कार्यों, या मुद्दों को बदला जा सकता है या प्रतिवर्त किया जा सकता है।
- **Preoperational stage (2-7 yrs):** It is categorized **into two parts** / **पूर्व संक्रियात्मक अवस्था** (**2-7 वर्ष**): इसे **दो भागों** में वर्गीत किया गया है:
    - **Pre-conceptual stage (2-4 yrs):** In this, they began to **pretend play; egocentrism and animism** are controlled./ **पूर्व संक्रियात्मक अवस्था (2-4 वर्ष):** इसमें, वे **नाटक** करना शुरू कर देते हैं; **अहंकेंद्रवाद और जीववाद** को नियंत्रित किया जाता है।

- **Intuitive (4-7 yrs):** In this, the child begins to be **curious, wants to use primitive reasoning** to know the things work./ **अंतर्ज्ञान (4-7 वर्ष):** इसमें बच्चा जिज्ञासु होने लगता है, **काम की चीजों को जानने के लिए मौलिक तर्क** का उपयोग करना चाहता है।

Concrete Operational Stage / मूर्त संक्रियात्मक अवस्था

- In this stage, a child has begun **to develop logic and concrete reasoning skills.** Children in the concrete operational stage are able to quantify and organize./ इस अवस्था में, बच्चा तर्क और **मूर्त तर्क कौशल विकसित करना शुरू कर देता है।** मूर्त संक्रियात्मक अवस्था में बच्चे मात्रा निर्धारित करने और व्यवस्थित करने में सक्षम होते हैं।
- Their egocentric thinking diminishes. They are able to understand the perspective of another person. / उनकी आत्मकेंद्रित सोच कम हो जाती है। वे दूसरे व्यक्ति के दृष्टिकोण को समझने में सक्षम होते हैं।
- Children in the concrete stage are able to understand and relate to relational terms. Relational terms, like time, size, space, and distance, are more easily understood and conceptualized in this stage./ मूर्त संक्रियात्मक अवस्था में बच्चे संबंधपरक शब्दों को समझने और उनसे संबंधित होने में सक्षम होते हैं। समय, आकार, स्थान और दूरी जैसे संबंधपरक शब्द इस अवस्था में अधिक आसानी से समझे जाते हैं और अवधारणा बनाते हैं।
- **Transitivity/सकर्मकता:** One of the important processes that develop is that of **transitivity**, which refers to the ability to **recognize relationships among various things in a serial order.** / विकसित होने वाली महत्वपूर्ण प्रक्रियाओं में से एक सकर्मकता है, जो एक **क्रम में विभिन्न चीजों के बीच संबंधों को पहचानने की क्षमता को संदर्भित करती है।**
- **Seriation:** It refers to the ability to sort objects or situations according to any characteristic, **such as size, color, shape, or type.** For example, the child would be able to look at his plate of mixed vegetables and eat everything except the brussels sprouts./ **क्रमबद्ध:** यह किसी भी विशेषता, जैसे **आकार, रंग, या प्रकार** के अनुसार वस्तुओं या स्थितियों को क्रमबद्ध करने की क्षमता को संदर्भित करती है। उदाहरण के लिए, बच्चा मिश्रित सब्जियों की अपनी थाली को देख सकेगा और अंकुरित चीजों को छोड़कर सब कुछ खा सकेगा।
- **Conservation:** Conservation is one of Piaget's developmental accomplishments, in which the child understands that changing the form of a substance or object does not change its amount, overall volume, or mass./ **संरक्षण:** संरक्षण पियाजे की विकासात्मक उपलब्धियों में से एक है, जिसमें बच्चा यह समझता है कि किसी पदार्थ या वस्तु का रूप बदलने से उसकी मात्रा, समग्र आयतन या द्रव्यमान नहीं बदलता है।

Formal operational stage / औपचारिक संक्रियात्मक अवस्था

- The formal operational stage is the final stage of Piaget's theory of development. In this stage, a child develops the ability to utilize **abstract thinking.** /अमूर्त संक्रियात्मक अवस्था, पियाजे के विकास के सिद्धांत की अंतिम अवस्था है। इस अवस्था में बच्चे **अमूर्त सोच** का प्रयोग करने की क्षमता को विकसित करते हैं।
- They are able to consider different perspectives, opinions, and concepts to draw conclusions. / वे निष्कर्ष निकालने के लिए विभिन्न दृष्टिकोणों, विचारों और अवधारणाओं पर विचार करने में सक्षम होते हैं।
    - Children in the formal operational stage are **able to use abstract thought.** They use abstract thought to solve problems. In the formal operational stage, a child's skills are fine-tuned./ अमूर्त संक्रियात्मक अवस्था में बच्चे **अमूर्त सोच का प्रयोग करने में** सक्षम होते हैं। वे समस्याओं को हल करने के लिए अमूर्त सोच का प्रयोग करते हैं। अमूर्त संक्रियात्मक अवस्था में बच्चे का कौशल पूर्ण वर्णित होता है।

- This makes the following forms of thought easy to use for drawing conclusions and solving problems/ यह निष्कर्ष निकालने और समस्याओं को हल करने के लिए विचार के निम्नलिखित रूपों को आसान बनाता है:

- Deductive logic / निगमनात्मक तर्क
- Hypothetical situations / परिकल्पित स्थिति
- Problem-solving through the organization of information / जानकारी के संगठन के माध्यम से समस्या-समाधान

The factors which Piaget considered essential for cognitive development are:/ पियाजे ने जिन कारकों को संज्ञानात्मक विकास के लिए आवश्यक माना वे निम्नलिखित हैं:

- **Schemas:** Piaget called the schema the basic building block of intelligent behavior, a way of organizing knowledge. A schema can be defined as a set of linked mental representations of the world, which we use both to understand and to respond to situations./ **स्कीमा:** पियाजे ने स्कीमा को बुद्धिमान व्यवहार का बुनियादी निर्माण खंड, ज्ञान को व्यवस्थित करने का एक रूप कहा है। एक स्कीमा को विश्व के जुड़े हुए मानसिक अभ्यावेदन के एक समूह के रूप में परिभाषित किया जा सकता है, जिसका उपयोग हम स्थितियों को समझने और प्रतिक्रिया करने के लिए करते हैं।
- **Adaptation**: Adaptation is a process through which living beings adjust to their environment. Just as human beings adapt to the environment, their thinking also adapts to the changes they experience. Two basic processes are involved in adaptation: Assimilation and Accommodation./ **अनुकूलन:** अनुकूलन एक ऐसी प्रक्रिया है जिसके माध्यम से जीव अपने पर्यावरण के साथ तालमेल बिठाते हैं। जैसे मनुष्य पर्यावरण के अनुकूल होते हैं, वैसे ही उनका चिंतन भी उन परिवर्तनों के अनुकूल होता है जो वे अनुभव करते हैं। अनुकूलन में दो बुनियादी प्रक्रियाएं: समावेश और समायोजन शामिल हैं।
  1. **Assimilation:** It refers to the process by which new objects and events are grasped or incorporated within the scope of existing schemes or structures. / **आत्मसात्करण:** यह उस प्रक्रिया को संदर्भित करता है जिसके द्वारा मौजूदा योजनाओं या संरचनाओं के क्षेत्र में नई वस्तुओं और घटनाओं को समझा या शामिल किया जाता है।
  2. **Accommodation:** It is the process through which the existing schemes or structure is modified to meet the resistance to straightforward grasping or assimilation of a new object or event./ **समायोजन:** यह वह प्रक्रिया है जिसके माध्यम से किसी नई वस्तु या घटना को सीधे पकड़ने या आत्मसात करने के प्रतिरोध को पूरा करने के लिए मौजूदा योजनाओं या संरचना को संशोधित किया जाता है।
- **Equilibrium / संतुलन:** The cognitive stability or balance arrived by the processes of assimilation and accommodation is the equilibrium obtained./ आत्मसात और सामंजस्य की प्रक्रियाओं द्वारा आने वाली संज्ञानात्मक स्थिरता या संतुलन प्राप्त संतुलन है।
- **Physical experience:** It is accepted that there can be no knowledge development without relating objects. within the environment. An individual acquires knowledge not by passively copying objects in the environment but by acting upon them. For example, when the child learns from the perceptual properties of objects, by noting their weight, color of the harness, it is physical experience or first-hand information./ **भौतिक अनुभव:** यह स्वीकार किया जाता है कि वस्तुओं के संबंध के बिना ज्ञान का विकास नहीं हो सकता है। पर्यावरण के भीतर एक व्यक्ति पर्यावरण में वस्तुओं की निष्क्रिय रूप से नकल करके नहीं बल्कि उन पर कार्य करके ज्ञान प्राप्त करता है। उदाहरण के लिए, जब बच्चा वस्तुओं के अवधारणात्मक गुणों से सीखता है, तो उनके वजन, दोहन के रंग को ध्यान में रखते हुए, यह भौतिक अनुभव या प्रत्यक्ष जानकारी है।

Lev Vygotsky / लेव वाइगोत्स्की

Lev Vygotsky, a Russian psychologist and a contemporary of Jean Piaget proposed a theory of cognitive development known as 'Socio-Cultural Theory. He believed that the society and culture of the children play a vital role in the development of their cognition. / **लेव वायगोत्स्की ने संज्ञानात्मक विकास के** एक सिद्धांत का प्रस्ताव दिया जिसे 'सामाजिक-सांस्कृतिक सिद्धांत' के रूप में जाना जाता है। उनका मानना था कि बच्चों का समाज और संस्ति बच्चों के संज्ञानात्मक विकास में महत्वपूर्ण भूमिका निभाते हैं।

Vygotsky's theory of Socio-Cultural Development, he states that the skills children learn first are related to interactions with others and they then take that information and use it within themselves / सामाजिक-सांस्कृतिक विकास के वायगोत्स्की सिद्धांत में, उन्होंने कहा कि बच्चे जो कौशल पहले सीखते हैं, वे दूसरों के साथ परस्पर क्रिया से संबंधित होते हैं और वे फिर उस जानकारी को प्राप्त करते हैं और इसका उपयोग अपने भीतर करते हैं।

According to Vygotsky, there are three main factors that affect the learning of the child and these are- Social interaction, Culture, and Language / वायगोत्स्की के अनुसार, बच्चे के अधिगम को प्रभावित करने वाले तीन मुख्य कारक हैं और ये हैं- सामाजिक अंत: क्रिया, संस्गति और भाषा:

1. **Social interaction:** Children try to interact with people. **Example**: Peer groups, family members, etc. / **सामाजिक अंत: क्रिया:** बच्चे लोगों के साथ अंत: क्रिया करने की कोशिश करते हैं। **उदाहरण:** सहकर्मी समूह, परिवार के सदस्य, आदि।
2. **Culture:** Children adopt the culture by interaction. / **संस्कृति:** बच्चे अंत: क्रिया द्वारा संस्कृति को अपनाते हैं।
3. **Language:** Children can easily intimate their primary language through interaction or communication./ बच्चे बातचीत या संचार के माध्यम से अपनी प्राथमिक भाषा को आसानी से बता सकते हैं।

Vygotsky also proposed three basic needs of students during learning, these are: / **वायगोत्स्की** ने भी सीखने के दौरान छात्रों की तीन बुनियादी जरूरतों का प्रस्ताव रखा, ये निम्न हैं:

Sky's Zone of Proximal Development

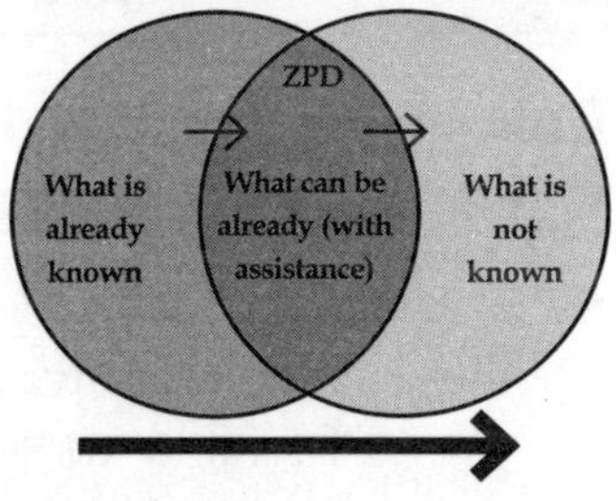

1. **Zone of Proximal Development:** It is the gap between the actual developmental level of a person as determined by independent problem-solving, and the levels of potential development as determined through problem-solving under adult guidance or in collaboration with more capable peers. It also includes scaffolding./ **निकटवर्ती विकास का क्षेत्र:** यह एक व्यक्ति के वास्तविक विकास के स्तर के बीच की खाई है जो स्वतंत्र समस्या को हल करने के द्वारा निर्धारित की जाती है, और संभावित विकास के स्तर को वयस्क के मार्गदर्शन में या अधिक सक्षम साथियों के साथ समस्या-समाधान के माध्यम से निर्धारित किया जाता है। इसमें ढांचा-निर्माण भी शामिल है।

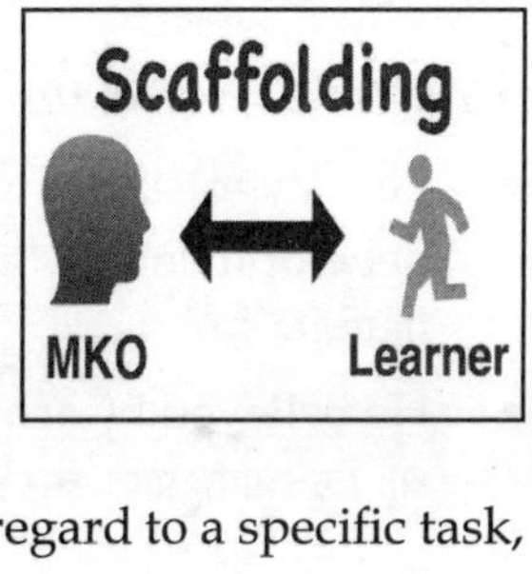

2. **Scaffolding:** Scaffolding is the term, given by Vygotsky, in which he proposed that the temporary help given by the teachers, family, friends, etc. to the children in his learning. / **पाड़:** वायगोत्स्की द्वारा दिया गया शब्द पाड़ है, जिसमें उन्होंने प्रस्ताव दिया कि शिक्षकों, परिवार, दोस्तों, आदि द्वारा बच्चों को उनके अधिगम में अस्थायी मदद दी जाए।
3. **MKO (more knowledgeable others):** Vygotsky defined the "**More Knowledgeable Other**" **(MKO)** as anyone who has a better understanding or a higher ability level than the learner, particularly in regard to a specific task,

concept, or process. MKO could be teachers, parents, tutors, and even peers./ **वायगोत्स्की ने "दूसरों से अधिक जानकार अन्य" (MKO)** को किसी ऐसे व्यक्ति के रूप में परिभाषित किया जिसके पास सीखने वाले की तुलना में, खासकर किसी विशिष्ट कार्य, अवधारणा या प्रक्रिया के संबंध में बेहतर समझ या उच्च क्षमता स्तर है। **MKO** शिक्षक, माता-पिता, अनुशिक्षक और यहां तक कि साथी भी हो सकते हैं।

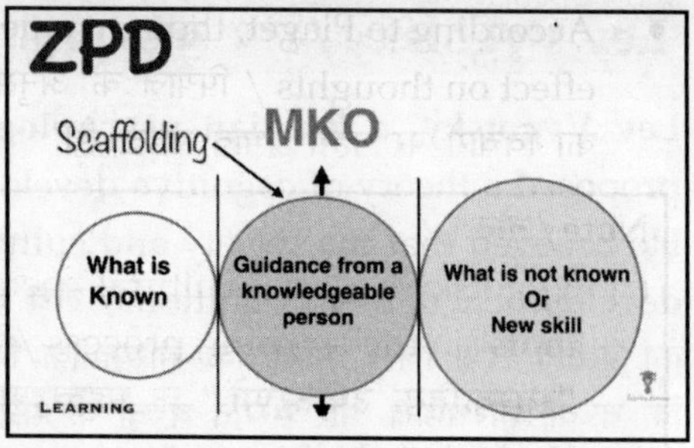

Three Stages of Language / भाषा के तीन चरण

In his "Socio-cultural Theory", Vygotsky also proposed the **three stages of language** that a child progresses through while developing cognitively. These stages are:/ अपने "सामाजिक-सांस्कृतिक सिद्धांत" में, वायगोत्स्की ने भाषा के तीन चरणों का भी प्रस्ताव रखा, जो एक बच्चा संज्ञानात्मक रूप से विकसित होने के दौरान आगे बढ़ता है। ये चरण निम्नलिखित हैं:

Social speech / सामाजिक वाक	It refers to the external communication to talk with other people./ यह अन्य लोगों के साथ बात करने के लिए बाहरी संचार को संदर्भित करता है।
Private speech / निजी वाक	It refers to internal communication by which children direct themselves. It is a mechanism to turn shared knowledge into personal knowledge./ यह आंतरिक संचार को संदर्भित करता है जिसके द्वारा बच्चे स्वयं को निर्देशित करते हैं। यह साझा ज्ञान को व्यक्तिगत ज्ञान में बदलने का एक तंत्र है।
Inner speech / आंतरिक वाक	It arose when private speech goes underground and is transformed into silent inner speech. / यह तब उत्पन्न हुआ जब निजी वाक भूमिगत हो गया और मौन आतरिक वाक में बदल गया।

Role of Socio-cultural environment in cognitive development / संज्ञानात्मक विकास में सामाजिक-सांस्कृतिक वातावरण की भूमिका:

- This theory implies the idea that social interaction is a primary cause and plays a crucial role in the learner's cognitive development. / यह सिद्धांत का तात्पर्य है कि सामाजिक संपर्क एक प्राथमिक कारण है और यह शिक्षार्थी के संज्ञानात्मक विकास में महत्वपूर्ण भूमिका निभाता है।
- Children learn through interaction and collaboration with skilled and knowledgeable people./ बच्चे कुशल और जानकार लोगों के साथ बातचीत और सहयोग के माध्यम से सीखते हैं।

Vygotsky's view on Language / भाषा पर व्यगोत्स्की का दृष्टिकोण

- Lev Vygotsky emphasized that the acquisition of speech is the major activity in cognitive development./ लिव वायगोत्स्की ने इस बात पर जोर दिया कि वाणी का अधिग्रहण संज्ञानात्मक विकास में प्रमुख गतिविधि है।
- He believed by acquiring language, the child modifies its higher mental functions / उनका मानना था कि भाषा प्राप्त करने से, बच्चा अपने उच्च मानसिक कार्यों को संशोधित करता है।

- According to Piaget, thought emerges first and According to Vygotsky, language has profound effect on thoughts / पियाजे के अनुसार विचारों का उदय सबसे पहले होता है और वायगोत्स्की के अनुसार भाषा का विचारों पर गहरा प्रभाव पड़ता है।

Note / नोट:

(i) Vygotsky's social-cultural perspective of learning emphasizes importance of **"cultural tools"** in the learning process / लेव वायगोत्सकी का सामाजिक-सांस्कृतिक परिप्रेक्ष्य, अधिगम प्रक्रिया में **"सांस्कृतिक उपकरणों"** के महत्व पर जोर देता है।

(ii) Vygotsky's believe in **"reciprocal teaching"** in which it allow creation of dialogue between students and teacher. / वायगोत्स्की **"पारस्परिक शिक्षण"** में विश्वास करते हैं जिसमें यह छात्रों और शिक्षक के बीच संवाद बनाने की अनुमति देता है।

TEST YOURSELF

1. **Naseema, a 5 year old is certain that rolling out a ball of clay into a snake creates more clay. According to Jean Piaget what is the reasoning behind her thinking? / पाँच वर्षीय नसीमा को यह लगता है कि चिकनी मिट्टी के गोले को यदि दबा कर एक साँप के रूप में परिवर्तित करें तो चिकनी मिट्टी बढ़ जाती है। जीन पियाजे के अनुसार उसकी इस सोच के पीछे कौन-सा तर्क है?**

CTET PAPER 1 [15th Jan 2022]

(a) Animistic thinking / जीववाद
(b) Centration / केन्द्रीयता
(c) Hypothetic - deductive reasoning / परिकल्पित निगमनात्मक
(d) Transitive Inference/संक्रमक परिणाम निकलना

2. **Ruchi is shown three pencils and she observes that pencil A is longer than pencil B and pencil B is longer than pencil C. When Ruchi infers that A is longer pencil than C, which characteristic of Jean Piaget's cognitive development is she demonstrating? / रुचि को तीन पेंसिलें दिखाई जाती हैं और वह देखती है कि पेंसिल A, पेंसिल B से लंबी है और पेंसिल B, पेंसिल C से लंबी है। जब रुचि ने अनुमान लगाया कि A, C से लंबी पेंसिल है, तो वह जीन पियाजे के संज्ञानात्मक विकास की किस विशेषता का प्रदर्शन कर रही है?**

CTET PAPER 1 [3rd Jan 2022]

(a) Seriation / क्रमबद्धता
(b) Conservation / संरक्षण
(c) Transitive thought / सकर्मक अनुमान
(d) Hypothetico - deductive reasoning / परिकल्पना आधारित निगमनात्मक तर्क

3. **At which stage do children have an animistic view of the larger world and believe that the trees and plants as well as moving clouds and rolling stones can have motives and intentions? / किस स्तर पर बच्चों में अपने आस-पास की दुनिया के बारे में एक जीववादी दृष्टिकोण होता है और वे मानते हैं कि पेड़पौधों और चलते हुए बादलों और लुढ़कते पत्थरों की मंशाएँ और इरादे हो सकते हैं?**

CTET PAPER 1 [4th Jan 2022]

(a) Sensori-motor/ संवेदी गामक
(b) Pre-operational / पूर्व संक्रियात्मक
(c) Concrete operational / मूर्त संक्रियात्मक
(d) Formal operational / अमूर्त संक्रियात्मक

4. **The cognitive ability that comes in preoperational period is. / पूर्व-संक्रियात्मक अवस्था में कौन-सी संज्ञानात्मक क्षमता आती है?**

CTET PAPER 1 [5th Jan 2022]

(a) Ability for abstracting thing / अमूर्त सोच की क्षमता
(b) Ability of goal-directed behaviour / लक्ष्य-निर्देशित व्यवहार की क्षमता
(c) Ability to take other's perspective / दूसरे का नजरिया लेने की क्षमता
(d) Hypo-thetico deductive thinking / परिकल्पनात्मक निगमनात्मक सोच की क्षमता

5. Which one of the following developmental theory advocates that 'cognitive development precedes symbolic language development in a child'? / निम्नलिखित में से कौन-सा विकास-सिद्धांत इस बात का समर्थन करता है कि बच्चे में संज्ञानात्मक विकास सांकेतिक भाषा विकास का पूर्वगामी है?

CTET PAPER 1 [20th Dec 2021]

(a) Piaget's cognitive development theory / पियाजे का संज्ञानात्मक-विकास सिद्धांत
(b) Vygotsky's socio-cultural theory / वायगोत्स्की का सामाजिक सांस्कृतिक सिद्धांत
(c) Erikson's theory of psychosocial development / एरिक्सन का मनोवैज्ञानिक - सामाजिक सिद्धांत
(d) Bandura's social learning theory / बैन्डुरा का सामाजिक-अधिगम सिद्धांत

6. Children in _______ stage can solve problems mentally but the problems themselves have to be related to materials and not symbols. / _______ में बच्चे मानसिक रूप से समस्याओं को हल कर सकते हैं लेकिन समस्याओं को स्वयं सामग्री से संबंधित होना चाहिए, न कि प्रतीकों से।

CTET PAPER 2 [1st Jan 2022]

(a) formal operational / अमूर्त संक्रियात्मक अवस्था।
(b) concrete operational / मूर्त संक्रियात्मक अवस्था।
(c) sensori - motor / संवेदी-गामक अवस्था।
(d) pre-operational / पूर्व संक्रियात्मक अवस्था।

7. According to Jean Piaget's theory of cognitive development, in which stage children gain the ability to seriate objects in a specified order? / जीन पियाजे के संज्ञानात्मक सिद्धांत के अनुसार, बच्चे किस अवस्था में वस्तुओं को कहे गए क्रम में लगाने की योग्यता पा लेते हैं?

CTET PAPER 2 [3rd Jan 2022]

(a) Sensory motor / सांवेदिक पेशीय
(b) Pre operational / पूर्व संक्रियात्मक
(c) Concrete operational / मूर्त संक्रियात्मक
(d) Formal operational / अमूर्त संक्रियात्मक

8. According to Jean Piaget, an ongoing process which refines and transforms mental structures is called _______ / जीन पियाजे के अनुसार, एक सतत प्रक्रिया जो मानसिक संरचनाओं को परिष्कृत और परिवर्तित करती है, _______ कहलाती है।

CTET PAPER 2 [3rd Jan 2022]

(a) Deferred Imitation / नकल उतारने जैसा व्यवहार
(b) Object Permanence / वस्तु-स्थायित्व
(c) Assimilation / समावेशन
(d) Equilibration / संतुलीकरण

9. According to Piaget, the unfolding of biological changes that are genetically programmed is called. / पियाजे के अनुसार आनुवंशिक रूप से क्रमादेशित जैविक परिवर्तनों का होना क्या कहलाता है?

CTET PAPER 2 [4th Jan 2022]

(a) equilibration / संतुलन
(b) adaption / अनुकूलन
(c) maturation / परिपक्वता
(d) social transmission / सामाजिक प्रसारण

10. According to Piaget, at which of the following stages does a child begin to think logically about abstract propositions? / जीन पियाजे के अनुसार निम्नलिखित में से किस चरण में एक बच्चा

अमूर्त प्रस्तावों के बारे में तार्किक रूप से सोचने लगता है?

CTET PAPER 2 [6th Jan 2022]

(a) Sensori-motor stage (Birth - 02 years) / ज्ञानेन्द्रिय अवस्थाधसंवेदी-गामक (जन्म से 2 वर्ष)
(b) Pre-operational stage (02-07 years) / पूर्ण संक्रियात्मक अवस्था (2 से 7 वर्ष)
(c) Concrete operational stage (07-11 years) / मूर्त संक्रियात्मक अवस्था (7 से 11 वर्ष)
(d) Formal operational stage (11 years and above) / औपचारिक अमूर्त संक्रियात्मक (11 वर्ष और उससे अधिक)

11. According to Jean Piaget, what are the most important characteristics of a teacher? / जीन पियाजे के अनुसार शिक्षक के सबसे महत्वपूर्ण गुण क्या हैं?

CTET PAPER 2 [7th Jan 2022]

(a) Inflexibility and Autocracy / अनम्यता और निरंकुशता
(b) Authoritativeness and Rigidity / आधिकारिकता और कठोरता
(c) Domination and instruction / प्रभुत्व और निर्देश
(d) Flexibility and mobility / लचीलापन और गतिशीलता

12. Who emphasized that individual development cannot be understood without reference to the social and cultural context? / निम्न में से किसने जोर दिया की व्यक्तिगत विकास को सामाजिक और सांस्कृतिक सन्दर्भ के बिना नहीं समझा जा सकता?

CTET PAPER 1 [10th Jan 2022]

(a) Lev Vygotsky / लेव वायगोत्सकी
(b) Jean Piaget / जीन पियाजे
(c) B. F. Skinner / बी. एफ. स्किनर
(d) Lawrence Kohlberg / लॉरेंस कोहलबर्ग

13. According to Lev Vygotsky learning is-/ लेव वायगोत्स्की के अनुसार अधिगम क्या है?

CTET PAPER 1 [11th Jan 2022]

(a) An active process of constructing knowledge / ज्ञान के निर्माण की सक्रिया
(b) A passive process of reception of knowledge / ज्ञान प्राप्ति करने की एक निष्क्रीय प्रक्रिया
(c) A function of drill and practice / अभ्यास व दोहराव की प्रक्रिया
(d) A function of stimulus-response associations / उद्दीपन-प्रतिक्रया के संबंधों की प्रक्रिया

14. In the concept of Zone of proximal development proposed by Lev Vygotsky, the term 'Proximal' indicates that the assistance provided ________ learners current competence. / लेव वायगोत्सकी के 'निकटस्थ विकास का क्षेत्र' सिद्धान्त में शब्दावली 'निकटस्थ' दर्शाती है कि दी गई सहायता शिक्षार्थी की वर्तमान दक्षता की तुलना में-

CTET PAPER 1 [28th Dec 2021]

(a) goes just below / कुछ नीचे है।
(b) goes just beyond / कुछ ऊपर है।
(c) is linear with / उसी स्तर पर है।
(d) is far beyond / बहुत ऊपर है।

15. In Lev Vygotsky's theory, physical items such as calculator, computer as well as intellectual frameworks such as language are called. / लेव वायगोत्स्की के सिद्धान्त में भौतिक वस्तुएं जैसे कैल्कुलेटर, कंप्यूटर के साथ-साथ बौद्धिक ढाँचे जैसे - भाषा क्या कहलाते हैं?

CTET PAPER 2 [10th Jan 2022]

(a) figuration materials / आलंकारिक सामग्री
(b) cultural tools / सांस्कृतिक उपकरण
(c) concept maps / अवधारणा मानचित्र
(d) memory aids / स्मृति सहायक

16. Physical tools such as ______ and ______ aid and influence our cognitive development as per Lev Vygotsky. / लेव वायगोत्स्की के अनुसार भौतिक उपकरण जैसे कि ______ और ______ हमारे संज्ञानात्मक विकास में मदद और प्रभावित करते हैं।

CTET PAPER 2 [11th Jan 2022]

(a) schemas; maps / स्कीमा; नक्शे
(b) schemas; language / स्कीमा; भाषा
(c) maps; calculator / नक्शे; कैल्कुलेटर
(d) schemas; calculator / स्कीमा; कैल्कुलेटर

17. In Lev Vygotsky's view, private speech. / लेव वायगोत्सकी के विचार में, निजी वाक्-

CTET PAPER 2 [11th Jan 2022]

(a) serves an important social function. / एक महत्त्वपूर्ण सामाजिक कार्य करता है।
(b) hinders cognitive development of children. / बच्चों के संज्ञानात्मक विकास में बाधा डालता है।
(c) illustrative egocentric thinking of children. / बच्चों की अहंकारी सोच को दर्शाता है।
(d) does not have any cognitive function. / कोई संज्ञानात्मक कार्य नहीं करता है।

18. According to Lev Vygotsky which of the following is NOT an appropriate pedagogy to promote cognitive development? / लेव वायगोत्स्की के अनुसार निम्नलिखित में से कौन-सी शिक्षाशास्त्रीय प्रणाली संज्ञानात्मक विकास को बढ़ावा देने के लिए सही नहीं है?

CTET PAPER 2 [12th Jan 2022]

(a) Guided exchanges / निर्देशित आदान-प्रदान
(b) Comprehensive discussions / व्यापक चर्चाएँ
(c) Collaborative learning / सहयोगात्मक अधिगम
(d) Reproduction and recall / दोहराव व स्मरण करना

19. According to Lev Vygotsky, the basis of learning is. / लेव वायगोत्सकी के अनुसार सीखने का आधार क्या है?

CTET PAPER 2 [17th Jan 2022]

(a) Social interaction / सामाजिक अंत: क्रिया
(b) Reinforcement / पुनर्बलन
(c) Drill and practice / दोहराव व अभ्यास
(d) Changes in the structures of schemas / स्कीम की संरचना में परिवर्तन

20. Rekha provided a map of India with landforms and rivers to her students and encouraged them to make initiative guesses about the location of major cities in it. Her approach to teachinglearning is. / रेखा ने अपनी छात्राओं को भारत का मानचित्र दिया और अंतर्जान अनुमान के आधार पर मुख्य नगरों के स्थान बताने को उत्साहित किया। उसका यह शिक्षण अवबोध का उपागम क्या कहलाएगा?

CTET PAPER 2 [22nd Dec 2021]

(a) Rote memorisation / रटना
(b) Discovery learning / खोज शिक्षण
(c) Direct instruction / अभिनव अनुदेशन
(d) Expository teaching / अनावृत शिक्षण

ANSWER KEY

1.	B	2.	C	3.	B	4.	B	5.	A	6.	B	7.	C
8.	D	9.	C	10.	D	11.	D	12.	A	13.	A	14.	B
15.	B	16.	C	17.	A	18.	D	19.	A	20.	B		

4

MORAL DEVELOPMENT
नैतिक विकास

Moral development is the process through which children develop proper attitudes and behaviours toward other people in society, based on social and cultural norms, rules, and laws. / **नैतिक विकास** वह प्रक्रिया है जिसके माध्यम से बच्चे सामाजिक और सांस्तिक मानदंडों, नियमों और कानूनों के आधार पर समाज के अन्य लोगों के प्रति उचित व्यवहार विकसित करते हैं।

Therefore, it is important for the teacher to develop proper moral values in their learners. / इसलिए, शिक्षक के लिए जरूरी है कि वे अपने बच्चों में उचित नैतिक मूल्यों का विकास करें।

Jean Piaget / जीन पियाजे

In Piaget's (1935/1965) views, the child enters a **new stage of moral development** when he enters the stage of **concrete operations** at age 6 or 7. **/** पियाजे के (1935/1965) में, बच्चा **नैतिक विकास की एक नई अवस्था** में प्रवेश करता है जब वह 6 या 7 साल की आयु में **मूर्त संक्रिया** की अवस्था में प्रवेश करता है

Piaget Divided Moral Development into 2 stages / पियाजे ने नैतिक विकास को दो चरणों में विभाजित किया है

1. Heteronomous Morality or Moral Realism / विषम नैतिकता या नैतिक यथार्थवाद
2. Stage of Autonomous Morality or Morality of Cooperation: / स्वायत्त नैतिकता या सहयोग की नैतिकता का चरण:

Heteronomous (5-10 years) / विषमलैंगिक (10-5 वर्ष)	**Autonomous (10 Years and Up) / स्वायत्त (10 वर्ष और अधिक)**
It is also called Moral Realism / इसे नैतिक यथार्थवाद भी कहा जाता है।	It is also called Morality of Cooperation / इसे सहयोग की नैतिकता भी कहा जाता है
Come from authority: "eternal and unchangeable." / अधिकार से आती है: "शाश्वत और अपरिवर्तनीय।"	Co-constructed with others. Rules are rational / दूसरों के साथ सह-निर्माण किया। नियम तर्कसंगत हैं
Centered on one perspective / एक दृष्टिकोण पर केन्द्रित	Decentered; able to consider multiple perspectives / विकेन्द्रित; अनेक दृष्टिकोणों पर विचार करने में सक्षम
Motivation for action not considered / क्रिया के लिए प्रेरणा पर विचार नहीं किया गया	Motivation for action considered / क्रिया के लिए प्रेरणा पर विचार किया गया

Focus on behavior outcomes / व्यवहार के परिणामों पर ध्यान दें	Does not focus on behavior outcomes / व्यवहार के परिणामों पर ध्यान केंद्रित नहीं करता
Confuses natural misfortune with punishment for moral misdeed / प्राकृतिक दुर्भाग्य को नैतिक दुष्कर्म की सजा के साथ भ्रमित करता है	Does not confuse natural misfortune with punishment / सजा के साथ प्रागतिक दुर्भाग्य को भ्रमित नहीं करता
Expiatory punishment; punishment for the sake of punishment / प्रायश्चितात्मक सजा; सजा के लिए सजा	Reciprocal punishment the punishment should fit the crime / पारस्परिक दंड, दंड अपराध के अनुरूप होना चाहिए

Lawrence Kohlberg / लॉरेंस कोहल्बर्ग

Lawrence Kohlberg, an American psychologist, has propounded the **"Theory of Moral Development"**. He has made **a systematic study of moral development** in his theory that is **categorized into 3 levels and 6 stages.** / एक अमेरिकी मनोवैज्ञानिक **लॉरेंस कोहलबर्ग** ने **'नैतिक विकास के सिद्धांत'** का प्रस्ताव दिया। उन्होंने अपने सिद्धांत में नैतिक विकास का एक व्यवस्थित अध्ययन प्रस्तुत किया है जिसे **3 स्तरों और 6 अवस्थाओं** में वर्गीग्त किया गया है।

Some important concepts of Kohlberg moral development theory / कोहलबर्ग नैतिक विकास सिद्धांत की कुछ महत्वपूर्ण अवधारणाएं

1. **Moral Realism:** Rules are fixed and rigid we cannot break the rules. if we break the rules we get punishment. / **नैतिक यथार्थवाद:** नियम स्थिर और कठोर होते हैं हम नियमों को नहीं तोड़ सकते। अगर हम नियम तोड़ते हैं तो हमें सजा मिलती है।

   Example: If you break the traffic signal rules you get punishment / **उदाहरण:** यदि आप ट्रैफिक सिग्नल के नियम तोड़ते हैं, तो आपको सजा मिलती है

2. **Moral Cooperation:** If your intention is right you can break the rules / **नैतिक सहयोग:** यदि आपका इरादा सही है तो आप नियम तोड़ सकते हैं

   Example: If you break the traffic signal rules by allowing the ambulance to pass through. / उदाहरण: यदि आप एम्बुलेंस को गुजरने की अनुमति देकर ट्रैफिक सिग्नल के नियम तोड़ते हैं।

3. **Moral Dilemma:** Confusion between the right and wrong / **नैतिक दुविधा:** सही और गलत के बीच भ्रम।

   Example: You have an SSC, Bank and Teaching Exam on the same day you might have confused to choose the right one / **उदाहरण:** आपके पास उसी दिन एसएससी, बैंक और शिक्षण परीक्षा है, हो सकता है कि आप सही चुनाव करने में भ्रमित हों।

4. **Moral Reasoning:** It is a thinking process involved in the judgement of question of right and wrong / **नैतिक तर्क:** यह सही और गलत के प्रश्न के निर्णय में शामिल एक सोच प्रक्रिया है
   Example: Vote for the right Politician is moral reasoning. / **उदाहरण:** सही राजनेता को वोट देना नैतिक तर्क है।

Kohlberg's Theory of Moral Development

Pre-conventional / पूर्व-परंपरागत	Obedience and punishment/ आज्ञाकारिता और सजा	Based on avoiding punishment, a focus on the consequences of actions, rather than intentions; intrinsic deference to authority / सजा से बचने के आधार पर, विचारों के अलावा कार्यों के परिणामों पर ध्यान देना; अधिकार के लिए आंतरिक सम्मान
	Individualism and exchange/ व्यक्तिवाद और विनिमय	The "right" behaviours are those that are in the best interest of oneself, **tit for tat mentality /** "सही" व्यवहार वे हैं जो स्वयं के सर्वोत्तम हित में हैं, जैसे मानसिकता के लिए शीर्षक आदि।
Conventional / परंपरागत	Interpersonal relationships / पारस्परिक सम्बन्ध	Good boy/ Good girl attitude sees individuals as filling social roles / अच्छा लड़का/अच्छी लड़की का व्यवहार व्यक्तियों की सामाजिक भूमिकाओं को भरने के रूप में देखता है।
	Authority and social order / प्राधिकरण और सामाजिक व्यवस्था	Law and order as highest ideals,/ कानून और व्यवस्था सर्वोच्च आदर्शों के रूप में, देखता है।
Post-conventional / उत्तर -परंपरागत	Social contract / सामाजिक अनुबंध	Begin to learn other's have different values; the realization that law is contingent on culture / दूसरों के भिन्न -भिन्न मूल्य हैं;यह सीखना शुरू करना; यह महसूस कराया जाता है कि कानून संस्गति पर निर्भर है।
	Universal principle / सार्वभौमिक सिद्धांत	Develop internal moral principle / आंतरिक नैतिक सिद्धांत विकसित करना।

Carol Gilligan / कैरल गिलिगन

- **Gilligan's** work on moral development focuses on how women's morality is influenced by social interactions and relationships. / नैतिक विकास पर **गिलिगन** का शोध इस बात पर केंद्रित है कि सामाजिक अंत:क्रिया और संबंधों से महिलाओं की नैतिकता कैसे प्रभावित होती है।
- She further stated that women form their moral and ethical foundation based on how their decisions will affect others. / उन्होंने आगे कहा कि महिलाएं अपनी नैतिक और सदाचारी नींव इस आधार पर बनाती हैं कि उनके फैसले दूसरों को कैसे प्रभावित करेंगे।
- Carol Gilligan states that the post-conventional level of moral thinking can be dealt based on the two types of thinking. Gilligan's theory is based on the **two main ideas, the care-based morality (usually found in women) and the justice-based morality (usually found in men).** / कैरोल गिलिगन का कहना है कि नैतिक सोच के बाद के पारंपरिक स्तर का दो प्रकार के चिंतन के आधार पर सामना किया जा सकता है। गिलिगन का सिद्धांत **दो मुख्य विचारों देखभाल-आधारित नैतिकता (आमतौर पर महिलाओं में पाई जाती है) और न्याय-आधारित नैतिकता (आमतौर पर पुरुषों में पाई जाती है) पर आधारित है।**
- She argues that the difference between men and women is the product of social influences and gender conditioning. / उनका तर्क है कि पुरुषों और महिलाओं के बीच का अंतर सामाजिक प्रभावों और लिंग अनुकूलन का उत्पाद है।
- She emphasizes that women's ways of thinking are often undervalued compared to men. / वह इस बात पर जोर देती हैं कि पुरुषों की तुलना में अक्सर महिलाओं के सोचने के तरीके को कम आंका जाता है।
- She based her theory on the ethics of caring mentioning women's concerns. / उन्होंने महिलाओं की चिंताओं का उल्लेख करते हुए देखभाल की नैतिकता पर अपना सिद्धांत आधारित किया।
- Gilligan argues that Women appear to be deficient in moral development when measured by the Kohlberg scale. / गिलिगन का तर्क है कि कोहलबर्ग पैमाने द्वारा मापे जाने पर महिलाओं में नैतिक विकास की कमी दिखाई देती है।
- Empirical research of Carol Gilligan has shown that the justice orientation is overrepresented in males and that the care orientation is overrepresented in females. / करोल गिलिगन के अनुभवजन्य शोध से पता चला है कि न्याय अभिविन्यास पुरुषों में अधिक प्रतिनिधित्व करता है और देखभाल अभिविन्यास महिलाओं में अधिक प्रतिनिधित्व करता है।
- Moral judgements with Kohlberg measures entail a justice bias. / कोहलबर्ग के उपायों के साथ नैतिक निर्णय एक न्याय पूर्वाग्रह की आवश्यकता होती है।

Note / नोट:

1. First theory on moral development was given by Piaget / नैतिक विकास पर पहला सिद्धांत पियाजे ने दिया था
2. Carol Gilligan Criticized Kohlberg on the basis on gender sampling i.e. men biased / कैरोल गिलिगन ने लैंगिक नमूनाकरण अर्थात पुरुषों के पक्षपाती होने के आधार पर कोहलबर्ग की आलोचना की

TEST YOURSELF

1. According to Lawrence Kohlberg, what is the primary basis for 7-8 year old children's moral decision? / लॉरेन्स कोहलबर्ग के अनुसार, सात-आठ वर्षीय बच्चों में नैतिक निर्णय लेने का आधार क्या है?

CTET PAPER 1 [15th Jan 2022]

(a) Social order maintenance / सामाजिक व्यवस्था बनाए रखना
(b) Social - contract maintenance / सामाजिक अनुबन्ध बनाए रखना
(c) Punishment and obedience / दण्ड और आज्ञापालन
(d) Universal Ethical Principal / सार्वभौमिक नैतिक सिद्धांत

2. Which of the following stage is NOT proposed by Lawrence Kohlberg in his theory of Moral reasoning? / निम्नलिखित में से कौन-सा चरण, लारेंस कोहलबर्ग द्वारा दिए गए नैतिक विकास के सिद्धांत में शामिल नहीं है?

CTET PAPER 1 [3rd Jan 2022]

(a) Conventional stage / पारंपरिक चरण
(b) Unconventional stage / अपारंपरिक चरण
(c) Post Conventional stage / उत्तर-पारंपरिक चरण
(d) Pre Conventional stage / पूर्व-पारंपरिक चरण

3. Which of the following is a correctly matched pair? / निम्नलिखित में से कौन-सा सही सुमेलित युग्म है?

CTET PAPER 1 [4th Jan 2022]

(a) Punishment and Obedience orientation - Laws are not fixed but can be changed for the good of the society. / सजा और आज्ञाकारिता अभिविन्यास - कानून तय नहीं हैं अपितु समाज की भलाई के लिए बदला जा सकता है।
(b) Good-Boy-Good-girl orientation - one earns approval by being nice. / अच्छा लड़का - अच्छी लड़की अभिविन्यास - दूसरों के साथ भला बनकर अनुमोदन अर्जित करता है।
(c) Law and Order Orientation - Ethical principles are self-chosen than on the basis of the value of human rights. / कानून और व्यवस्था अभिविन्यास - मानव अधिकारों के मूल्य के आधार पर नैतिक सिद्धांतों को स्वयं चुना जाता है।
(d) Social Contract orientation - Physical consequences of an action determine whether it is good/bad. / सामाजिक अनुबंध अभिविन्यास - किसी क्रिया के भौतिक परिणाम यह निर्धारित करते हैं कि यह अच्छा है या बुरा।

4. At which stage of Lawrence Kohlberg's theory of moral development do children ignore the intention of others and instead focus on the fear of authority and negative consequences? / लॉरेंस कोहलबर्ग के नैतिक विकास के सिद्धांत के किस चरण में बच्चे दूसरों के इरादों की उपेक्षा करता हैं और इसके बजाय अधिकार और नकारात्मक परिणामों के डर पर ध्यान केंद्रित करते हैं?

CTET PAPER 1 [5th Jan 2022]

(a) Punishment and Obedience orientation / सजा और आज्ञाकारिता अभिविन्यास
(b) Good-Boy & Good-girl orientation / अच्छा-लड़का और अच्छी-लड़की अभिविन्यास
(c) Law and Order orientation / कानून और व्यवस्था अभिविन्यास
(d) Social Contract orientation / सामाजिक अनुबंध अभिविन्यास

5. At which stage of Lawrence Kohlberg's moral development theory do individuals reason that human rights and justice is most important even if they go

against the societal laws? / लॉरेन्स कोहलबर्ग द्वारा प्रतिपादित नैतिक विकास के किस स्तर पर व्यक्ति यह तर्क करते हैं कि मानवाधिकार व न्याय सबसे जरूरी है, भले ही वह सामाजिक कानून के खिलाफ हो?

CTET Paper 1 - 6th Jan 2022

(a) Obedience and Punishment Orientation / आज्ञापालन एवं दंड अभिविन्यास
(b) Good boy-good girl orientation / अच्छा लड़का - अच्छी लड़की अभिविन्यास
(c) Authority and social-order maintaining orientation / अधिकारिता एवं सामाजिक क्रम व्यवस्था अभिविन्यास
(d) Universal Ethical Principles orientation / सार्वभौमिक नैतिक सिद्धान्त अभिविन्यास

6. **Pooja tells her friend that we should follow class rules else the teacher will not allow us to play outside. Pooja is at which stage of moral development according to Lawrence Kohlberg? / पूजा अपनी दोस्त को कहती है कि हमें कक्षा के नियमों का पालन करना चाहिए वरना शिक्षिका हमें बाहर खेलने की अनुमति नहीं देगी। पूजा, लॉरेंस कोहलबर्ग के नैतिक विकास के किस चरण में है?**

CTET PAPER 1 [17th Jan 2022]

(a) Obedience and Punishment Oriented / आज्ञापालन एवं दण्ड अभिविन्यास
(b) Good boy-good girl orientation / अच्छा लड़का-अच्छी लड़की अभिविन्यास
(c) Authority and social-order maintaining orientation / अधिकारिकता एवं सामाजिक क्रम व्यवस्था अभिविन्यास
(d) Universal Ethical Principles orientation / सार्वभौमिक नैतिक सिद्धान्त अभिविन्यास

7. **In Kohlberg's moral development theory, stage 3 at level 2, conventional morality is referred to as. / कोहलबर्ग के भौतिक-विकास सिद्धांत में दूसरे स्तर "पारंपरिक नैतिकता" की तीसरी अवस्था को क्या कहा जाता है?**

CTET PAPER 1 [21th Dec 2021]

(a) The obedience and punishment orientation / आज्ञापालक और दण्ड अभिविन्यास
(b) "Good boy-good girl" orientation / ''अच्छा लड़का'' ''अच्छी लड़की'' अभिविन्यास
(c) The Law and order orientation / कानून और आदेशपालन अभिविन्यास
(d) The Social contract and individual rights orientation / सामाजिक समझौते और व्यक्तिगत आधार अभिविन्यास

8. **On the basis if children's responses to Heinz dilemma, Lawrence Kohlberg has proposed specific developmental stages of. / 'हाइन्स की दुविधा' पर बच्चों की प्रतिक्रिया के आधार पर लॉरेंस कोहलबर्ग ने किस विकास की विभित्र अवस्थाओं को प्रतिपादित किया है?**

CTET PAPER 1[22th Dec 2021]

(a) Moral Development / नैतिक विकास
(b) Social Development / सामाजिक विकास
(c) Psychological Development / मनोवैज्ञानिक विकास
(d) Personal Development / व्यक्तिगत विकास

9. **Eight year old Rohit reasons stealing is wrong because stealing behaviour can lead to his rejection by others. As per Lawrence Kohlberg's theory of moral development, which stage is he displaying? / आठ वर्षीय रोहित को लगता है कि चोरी करना गलत है क्योंकि चोरी करने के व्यवहार की वजह से दूसरे लोग उसे निष्कासित कर देंगे। लोरेंस कोहलबर्ग द्वारा दिए नैतिक विकास के सिद्धांत के अनुसार वह किस चरण को प्रदर्शित करता है?**

CTET PAPER 1 [23th Dec 2021]

(a) 'Good boy'-'good girl' orientation / अच्छा लड़का अच्छी लड़की उन्मुखीकरण

(b) Punishment and disobedience orientation / दंड और आज्ञाकारिता उन्मुखीकरण
(c) Social order orientation / सामाजिक व्यवस्था उन्मुखीकरण
(d) Universal ethical principles / सार्वभौमिक नैतिक सिद्धांत

10. Carol Gilligan critiqued that Lawrence Kohlberg's theory of moral development devalues feminine morality that emphasizes. / कैरोल गिलिगन ने लॉरेंस कोहलबर्ग के नैतिक विकास की समालोचना करते हुए तर्क रखा कि कोहलबर्ग नारीवादी नैतिकता जो .... पर जोर देती है, को नकारते हैं।

CTET PAPER 2 [12th Jan 2022]

(a) An ethic of care / देखभाल की नैतिकता
(b) Moral ideals / नैतिक आदर्शों
(c) An ethic of justice / न्याय की नैतिकता
(d) Concerns for the societal good / सामाजिक अच्छाई की चिंता

11. As per Lawrence Kohlberg, children's moral reasoning is controlled by external rewards or punishments in which stage? / लॉरेन्स कोहलबर्ग के अनुसार बच्चों का नैतिक चिंतन बाह्य पुरस्कार और दंड द्वारा किस स्तर में नियंत्रित होता है?

CTET PAPER 2 [21st Dec 2021]

(a) Pre conventional / पूर्व-पारंपरिक
(b) Conventional / पारंपरिक
(c) Post conventional / उत्तर पारंपरिक
(d) Moral relativism / नैतिक सम्बन्धवाद

12. Carol Gilligan. / कैरोल गिलीगन-

CTET PAPER 2 [24th Dec 2021]

(a) argued that feminine morality emphasises an "ethic of care" that is devalued in Kohlberg's theory of moral development. / का तर्क है कि कोहलबर्ग के नैतिकता सिद्धांत में, नारीवादी-नैतिकता जो 'देखभाल के आचार' पर बल देती है जिसकी अवहेलना की गयी है।
(b) agreed with the conception of 'care' and 'justice' as presented in Kohlberg's theory. / ने कोहलबर्ग के सिद्धांत में 'देखभाल' और 'न्याय' के विचार से सहमत हैं।
(c) Critiqued that Kohlberg did not refer to Piaget's theory of moral development. / आलोचना करती हैं कि कोहलबर्ग ने पियाजे के नैतिक विकास के सिद्धांत का संदर्भ नहीं लिया है।
(d) expanded upon Kohlberg's theory of moral development to include 2 more stages. / ने कोहलबर्ग के नैतिक सिद्धांत का 2 स्तर और जोड़कर विस्तार किया है।

13. According to Lawrence Kohlberg at which stage of moral reasoning is a child who reasons that Heinz should obey the law as it is his duty as a citizen and if no one is allowed to steal even Heinz should not be allowed? / लॉरेंस कोहलबर्ग के अनुसार कोई बच्चा नैतिक चिन्तन के किस स्तर पर है अगर वह बच्चा यह तर्क देता है कि हीन्ज को कानून का पालन करना चाहिए क्योंकि यह एक नागिरक के रूप में उसका कर्तव्य है और अगर किसी को भी चोरी करने की इजाजत नहीं है, तब हीन्ज को भी ऐसा करने की स्वीगति नहीं दी जानी चाहिए?

CTET PAPER 2 [27th Dec 2021]

(a) The instrumental purpose orientation / यान्त्रिक- उद्देश्य अभिमुखता
(b) Law and order orientation / कानून और व्यवस्था अभिमुखता
(c) Social contract orientation / सामाजिक अनुबंध की अभिमुखता
(d) Punishment-obedience orientation / दण्ड और आज्ञापालन अभिमुखता

14. Which of the following describes 'Universal ethical principle orientation' stage of moral development proposed by Lawrence Kohlberg? / लारेंस कोहलबर्ग द्वारा दिए गए नैतिक विकास में 'सार्वभौमिक नैतिक सिद्धांत अभिनवीकरण' किसमें सही वर्णित है-

CTET PAPER 2 [28th Dec 2021]

(a) Satisfying personal needs / व्यक्तिगत आवश्यकताओं की पूर्ति

(b) Maintaining the affection and approval of friends and relatives / मित्रों और सम्बन्धियों का स्नेह और स्वीगति बनाए रखना।

(c) Abstract universal principles that are valid for all humanity. / अमूर्त सार्वभौमिक सिद्धांत जो सम्पूर्ण मानवता के लिए मान्य हो।

(d) A duty to uphold laws and rules for their own sake. / स्वयं के लिए कानून और नियमों को उचित ठहराना।

15. Lawrence Kohlberg- / लॉरेंस कोहलबर्ग के विषय में कौन सा विकल्प सही है?

CTET PAPER 2 [30th Dec 2021]

(a) did not refer to Piaget's theory of moral development. / वे पियाजे के सिद्धान्त को उद्धत नहीं करते।

(b) proposed six stages of moral development organised into two general levels. / वे नैतिक विकास के छह: स्तरों को दो चरणों में समेट देते है।

(c) conducted research on children by presenting them with a hypothetical situation & 'Heinz dilemma.' / उन्होंने बच्चों को ''हिन्ज की दुविधा'' की काल्पनिक स्थिति देकर शोध किया है।

(d) argues that morality in girls and boys progresses differently in the course of their cognitive development. / उनका मानना है कि संज्ञानात्मक विकास क्रम में लड़के और लड़कियों में नैतिकता का विकास भिन्न भिन्न होता है।

ANSWER KEY													
1.	C	2.	B	3.	B	4.	A	5.	D	6.	A	7.	B
8.	A	9.	A	10.	A	11.	A	12.	A	13.	B	14.	C
15.	C												

CHAPTER

5

LANGUAGE DEVELOPMENT
भाषा विकास

Language is the primary means of communication for humans and the learning of a second language is important for various reasons including understanding different cultures, better communication with people from different backgrounds, and even landing a job./ भाषा मनुष्यों के लिए संचार का प्राथमिक साधन है और दूसरी भाषा सीखना विभिन्न कारणों से महत्वपूर्ण है, जिसमें विभिन्न संस्कृतियों को समझना, विभिन्न पृष्ठभूमि के लोगों के साथ बेहतर संचार और यहां तक कि नौकरी प्राप्त करना भी शामिल है।

Language development is the process through which a person develops and learns a language throughout infancy and childhood, which typically refers to a person's first or primary language. / **भाषा विकास** वह प्रक्रिया है जिसके माध्यम से एक व्यक्ति शैशवावस्था और बाल्यावस्था में एक भाषा विकसित करता है और सीखता है, जो आमतौर पर किसी व्यक्ति की पहली या प्राथमिक भाषा को संदर्भित करती है।

- Language development in the early years supports the ability of your child to communicate and express and understand feelings./ प्रारंभिक वर्षों में भाषा का विकास आपके बच्चे की भावनाओं को संप्रेषित करने और व्यक्त करने और समझने की क्षमता का समर्थन करता है।
- Language development is the process by which children come to understand and communicate language during early childhood. /भाषा विकास वह प्रक्रिया है जिसके द्वारा बच्चे बाल्यावस्था में भाषा को समझने और संवाद करने के लिए प्रयोग करते हैं।
- It also supports your child's thinking ability and helps them develop and maintain relationships. / यह आपके बच्चे की सोचने की क्षमता का भी समर्थन करता है और उन्हें संबंधों को विकसित करने और बनाए रखने में मदद करता है।
- It introduces the child to the social world Language development lays the foundation for the reading and writing skills in children as they enter and progress through school./ यह बच्चे को सामाजिक दुनिया से परिचित कराता है। भाषा विकास बच्चों में पढ़ने और लिखने के कौशल की नींव रखता है क्योंकि वे स्कूल में प्रवेश करते हैं और प्रगति करते हैं।
- Language is the foundation for all social interactions, having problems communicating can cause frustration both for you as a parent, but more importantly for your child./ भाषा सभी सामाजिक अंत:क्रियाओं का आधार है, संवाद करने में समस्या होने से माता-पिता के रूप में आप दोनों के लिए निराशा हो सकती है, लेकिन यह आपके बच्चे के लिए अधिक महत्वपूर्ण है।

Theories of Language Development / भाषा विकास के सिद्धांत

1. **Noam Chomsky: Noam Chomsky**, known as the **father of modern linguistics**, has made a crucial contribution in the field of linguistics./ **नोआम चॉम्स्की:** आधुनिक भाषाविज्ञान के जनक के रूप में जाने जाने वाले नोआम चॉम्स्की ने भाषाविज्ञान के क्षेत्र में महत्वपूर्ण योगदान दिया है।

- According to Chomsky, an innate capacity to acquire language is the result of our uniquely human biological inheritance which is called **'Language Acquisition Device'.** / चॉम्स्की के अनुसार, भाषा प्राप्त करने की एक सहज क्षमता हमारे विशिष्ट मानव जैविक विरासत का परिणाम है जिसे '**भाषा अधिग्रहण डिवाइस**' कहा जाता है।

Language acquisition device is a hypothetical tool in a child's brain that makes learners able to:/ भाषा अधिग्रहण डिवाइस बच्चे के मस्तिष्क में एक काल्पनिक उपकरण है, जो शिक्षार्थियों को निम्न में सक्षम बनाता है:

- Acquire and produce language. / भाषा का अधिग्रहण और उत्पादन
- Learn and assimilate language easily./ आसानी से भाषा सीखना और इस्तेमाला करना।
- Analyze language and extract basic rules. / भाषा का विश्लेषण करना और बुनियादी नियम निकालना।
- Encode the grammatical structure of language. / भाषा की व्याकरणिक संरचना को कूटबद्ध करना।

Other important concepts given by Noam Chomsky / नोआम चोमस्की द्वारा दी गई अन्य महत्वपूर्ण अवधारणाएँ

- **Innate ability:** He strongly believes that children born with an innate knowledge of grammar that serves as the basis for all language acquisition. / **सहज क्षमता:** वह दृढ़ता से मानता है कि व्याकरण के जन्मजात ज्ञान के साथ पैदा हुए बच्चे जो सभी भाषा अधिग्रहण के लिए आधार के रूप में कार्य करते हैं।
- **Generative grammar:** According to Chomsky it refers to a finite set of rules to generate sentences and can be used to produce more sentences in that language./ **जनक व्याकरण:** चॉम्स्की के अनुसार यह वाक्यों को उत्पन्न करने के लिए नियमों के एक सीमित सेट को संदर्भित करता है और इसका उपयोग उस भाषा में अधिक वाक्यों का उत्पादन करने के लिए किया जा सकता है।
- **Universal grammar:** Chomsky›s universal grammar suggests that all children have an innate ability to acquire, understand, and develop grammar. / **सार्वभौमिक व्याकरण:** चॉम्स्की के अनुसार यह वाक्यों को उत्पन्न करने के लिए नियमों के एक सीमित सेट को संदर्भित करता है और इसका उपयोग उस भाषा में अधिक वाक्यों का उत्पादन करने के लिए किया जा सकता है।

2. **Stephen Krashen:** Stephen Krashen is an expert in the field of linguistics with a specialization in theories of language acquisition and development. He gave the Theory of Second language Acquisition which is widely known and well-accepted. / **स्टीफन क्रैशन:** स्टीफन क्रैशन भाषा विज्ञान के क्षेत्र में एक विशेषज्ञ हैं, जो भाषा अधिग्रहण और विकास के सिद्धांतों में विशेषज्ञता रखते हैं। उन्होंने द्वितीय भाषा अधिग्रहण का सिद्धांत दिया जो व्यापक रूप से जाना जाता है और अच्छी तरह से स्वीकार किया जाता है।

Krashen's theory of second language acquisition consists of five main hypotheses/दूसरी भाषा अधिग्रहण के क्रैशन के सिद्धांत में पांच मुख्य परिकल्पनाएं शामिल हैं

1. The Acquisition-Learning hypothesis / अधिग्रहण-सीखने की परिकल्पना
2. The Monitor hypothesis;/ मॉनिटर परिकल्पना;
3. The Input hypothesis;/ इनपुट परिकल्पना
4. The Affective Filter hypothesis;/ प्रभावी निस्पंदन परिकल्पना;
5. The Natural Order hypothesis/ प्राकृतिक आदेश परिकल्पना।

It can be said that Stephen Krashen gave the terms acquisition, observation, natural, input, dominant hypothesis in his theory of second language learning./ यह कहा जा सकता है कि स्टीफन क्रैशन ने दूसरी भाषा सीखने के अपने सिद्धांत में अधिग्रहण, अवलोकन, प्रागतिक, इनपुट, प्रमुख परिकल्पना दी थी।

TEST YOURSELF

1. **Assertion (A): A print rich environment in a primary classroom is essential for language development of children. / कथन (A): बच्चों के भाषायी विकास के लिए प्राथमिक स्तर की कक्षाओं में मुद्रित समृद्ध परिवेश आवश्यक है।**
Reason (R): Emotions play an important role in learning. / कारण (R): भावनाओं की अधिगम में महत्वपूर्ण भूमिका है।
Choose the correct option. / सही विकल्प चुनें।

CTET PAPER 1 [30th Dec 2021]

(a) Both (A) and (R) are true and (R) is the correct explanation of (A) / (A) और (R) दोनों सही और (R) सही व्याख्या करता है (A) की।
(b) Both (A) and (R) are true but (R) is not the correct explanation of (A) / (A) और (R) दोनों सही हैं लेकिन (R) सही व्याख्या नहीं है (A) की।
(c) (A) is true but (R) is false. / (A) सही है लेकिन (R) गलत है।
(d) Both (A) and (R) are false. / (A) और (R) दोनों गलत हैं।

2. **Which one of the following developmental theory advocates that 'cognitive development precedes symbolic language development in a child' ? / निम्नलिखित में से कौन सा विकास-सिद्धांत इस बात का समर्थन करता है कि बच्चे में संज्ञानात्मक विकास सांकेतिक भाषा विकास का पूर्वगामी है?**

CTET Paper 1 [20th Dec 2021]

(a) Piaget's cognitive development theory / पियाजे का संज्ञानात्मक-विकास सिद्धांत
(b) Vygotsky's socio-cultural theory / वायगोत्स्की का सामाजिक सांस्तिक सिद्धांत
(c) Erikson's theory of psychosocial development / एरिक्सन का मनोवैज्ञानिक - सामाजिक सिद्धांत
(d) Bandura's social learning theory / बैन्डुरा का सामाजिक-अधिगम सिद्धांत

3. **In the views of Lev Vygotsky. / लेव वाइगोत्स्की के विचार में-**

CTET PAPER [15th Jan 2022]

(a) Cognition is independent of language. / संज्ञान भाषा से स्वतंत्र है।
(b) Cognitive development guides language development. / संज्ञानात्मक विकास भाषा के विकास को निर्देशित करता है।
(c) Language facilitate cognitive development. / भाषा संज्ञानात्मक विकास को सुगम बनाती है।
(d) Cognitive development is not related to language development. / संज्ञानात्मक विकास, भाषा के विकास से संबंधित नहीं है।

4. **Which of the following statements correctly describes the relationship between language and thought as per the socio-constructivist perspective?/ निम्नलिखित में से कौन-सा कथन सामाजिक-रचनात्मक हष्टिकोण के अनुसार भाषा और विचार के बीच संबंध का सही वर्णन करता है?**

CTET PAPER 2 [1st Jan 2022]

(a) Language determines thought. / भाषा, विचार निर्धारित करती है।
(b) Thought is governed and directed by language. / विचार भाषा द्वारा शासित और निर्देशित होता है।
(c) Relationship between language and thought is bi-directional. / भाषा और विचार के बीच संबंध द्वि-दिशात्मक है।
(d) Language and thought are independent cognitive capabilities. / भाषा और विचार स्वतंत्र संज्ञानात्मक क्षमताएँ हैं।

5. **Which of the following statements about language and thought is correct from a Vygotskian perspective? / भाषा और संज्ञान**

के बारे में कौन सा कथन वाइगोत्स्की प्ररिप्रेक्ष्य से सही है?

CTET Paper 2 [21st Jan 2022]

(a) Language facilitates development of higher mental functions. / उच्च मानसिक क्रियाओं के विकास को भाषा सुसाधित करती है।

(b) Language hinders development of cognitive faculties. / भाषा से संज्ञानात्मक प्रक्रियाओं के विकास में बाधा आती है।

(c) Language does not play any role in cognitive development. / भाषा की संज्ञानात्मक विकास में कोई भूमिका नहीं है।

(d) Thought occurs independent of language development. / संज्ञान, भाषा से स्वतंत्र रूप से विकसित होता है।

6. Which of the following practice will hinder the successful inclusion of students with speech the language disorders?/निम्नलिखित में से कौन-सा अभ्यास भाषण और भाषा विकारों वाले विद्यार्थियों के सफल समावेशन में बाधा उत्पन्न करेगा?

CTET PAPER 2 [17th Jan 2022]

(a) Break tasks and assignments to short, easy-tomanage steps. / कार्यों और दत्तकार्यों को छोटे, आसानी से प्रबंधित चरणों में विभाजित करना।

(b) Discourage the use of visuals to support expressive language skills. / अभिव्यंजक भाषा कौशल का समर्थन करने के लिए दृश्यों के उपयोग को हतोत्साहित करना।

(c) Use of pre-planning strategies for oral and written tasks. / मौखिक और लिखित कार्यों के लिए पूर्व-नियोजित रणनीतियों का उपयोग करना।

(d) Reduce auditory and visual distractions in the classroom. / कक्षा में श्रवण और दृश्य विकर्षणों को कम करना।

7. Assertion (A): In a language classroom, teacher should provide audio books along with text materials. / कथन (A): भाषा शिक्षण के दौरान, एक अध्यापिका को लिखित सामग्री के साथ-साथ श्रवण पुस्तकें भी उपलब्ध करवानी चाहिए।

Reason (R): Multiple options of representation cater to needs of diverse learners such as those with reading related disorders. / तर्क (R): प्रस्तुतिकरण के विविध विकल्प, विभित्र अधिगमकर्ताओं की जरूरतों को पूरा कर पाते हैं। (जैसे कि पठन विकारों से जुझते विद्यार्थी)

Choose the correct option. / सही विकल्प चुनें।

CTET PAPER 1 [3rd Jan 2022]

(a) Both (A) and (R) are true and (R) is the correct explanation of (A). / (A) और (R) दोनों सही हैं और (R), (A) की सही व्याख्या करता है।

(b) Both (A) and (R) are true but (R) is not the correct explanation of (A). / (A) और (R) दोनों सही हैं और (R), (A) की सही व्याख्या नहीं करता है।

(c) (A) is true and (R) is false. / (A) सही है लेकिन (R) गलत है।

(d) Both (A) and (R) are false. / (A) और (R) दोनों सही हैं।

8. Which of the following statements about language and cognitive development is correct? / भाषा व संज्ञानात्मक विकास के बारे में निम्नलिखित में से कौनसा कथन सही है?

CTET Paper 2 [17th Jan 2022]

(a) Language plays an important role in cognitive development. / भाषा की संज्ञानात्मक विकास में महत्त्वपूर्ण भूमिका है।

(b) Language does not play an important role in cognitive development. / भाषा की संज्ञानात्मक विकास में कोई भूमिका नहीं है।

(c) Language hinder the process of cognitive development. / भाषा, संज्ञानात्मक विकास की प्रक्रियाओं में बाधा उत्पत्र करती है।

(d) Language and cognitive development are independent processes. / भाषा और संज्ञानात्मक विकास स्वंतत्र प्रक्रियाएँ हैं।

9. ………… is a 'sensitive period' pertaining to language development. / भाषा विकास के संदर्भ में 'संवेदनशील अवस्था' कौन सी है?

CTET Paper 1 [20th Dec 2021]

(a) Pre-natal period / जन्मपूर्व का समय
(b) Early childhood period / प्रारंभिक अवस्था
(c) Middle childhood / मध्य बचपन
(d) Adolescence / युवावस्था

10. Assertion (A): Children acquire language since they are genetically predisposed to do so and the environment does not play any role in it. / अभिकथन (A): बच्चे भाषा को सीखने के लिए आनुवांशिक रूप से प्रवृत्त होते हैं एवं पर्यावरण इसमें कोई भूमिका नहीं निभाता है।

Reasons (R): Language development is a product of only heredity. / कारण (R): भाषायी विकास केवल आनुवांशिकता का ही उत्पाद है।

Choose the correct option. / सही विकल्प चुनें-

CTET PAPER 1 [28th Dec 2021]

(a) Both (A) and (R) are true and (R) is the correct explanation of (A) / (A) और (R) दोनों सही हैं और (R) सही व्याख्या करता है (A) की।
(b) Both (A) and (R) are true but (R) is not the correct explanation of (A) / (A) और (R) दोनों सही हैं, लेकिन (R) सही व्याख्या नहीं है (A) की।
(c) (A) is true but (R) is false / (A) सही है, लेकिन (R) गलत है।
(d) Both (A) and (R) are false. / (A) और (R) दोनों गलत हैं।

11. Language development among children gets influenced by. / बच्चों में भाषा विकास किससे प्रभावित होता है?

CTET PAPER 1 [21th Jan 2022]

(a) Genetics only. / केवल आनुवंशिकता से
(b) Environment only. / केवल पर्यावरण से
(c) Genetics as well as environment. / आनुवंशिकता एवं पर्यावरण दोनों से
(d) Neither genetics nor environment. / ना आनुवंशिकता से ना पर्यावरण से

12. Assertion (A): Language development takes place only during infancy and hence adequate stimulation should be given only till infancy. / कथन (A): भाषा विकास केवल शैशवावस्था के दौरान होती है और इसलिए केवल शैशवावस्था तक ही उपयुक्त उद्दीपन प्रदान करना चाहिए

Reason (R): Negative environment during early years do not have any long term consequences. / तर्क (R): शुरूआती वर्षों के दौरान अनुभव किए गए नकारात्मक वातावरण का दीर्घकालिक प्रभाव नहीं होता।

Choose the correct option. / सही विकल्प चुनें।

CTET PAPER 2 [30th Dec 2021]

(a) Both (A) and (R) are true and (R) is the correct explanation of (A) / (A) और (R) दोनों सही है और (R) सही व्याख्या करता है (A) की।
(b) Both (A) and (R) are true but (R) is not the correct explanation of (A) / (A) और (R) दोनों सही है, लेकिन (R) सही व्याख्या नहीं है (A) की।
(c) (A) is true but (R) is false. / (A) सही है, लेकिन (R) गलत है।
(d) Both (A) and (R) are false. / (A) और (R) दोनों गलत हैं।

13. Which of the following statements about the use of mother tongue by learners in the classrooms is correct? / विद्यार्थियों द्वारा कक्षा में मातृ-भाषा के इस्तेमाल के संदर्भ में कौन सा कथन सही है?

CTET Paper 2 [28th Dec 2021]

(a) Schools should prescribe only one standard language for use in the classroom across all classes. / स्कूल को सारी कक्षाओं में केवल एक मानक भाषा का इस्तेमाल निर्धारित करना चाहिए।

(b) Schools should build a culture of respecting languages of all learners. / स्कूल को सभी विद्यार्थियों की भाषाओं का सम्मान करने की संस्कृति अपनानी चाहिए।

(c) Schools should prescribe 'English' as the medium of instruction at all levels. / स्कूल को सभी स्तर पर अंग्रेजी को निर्देशन की भाषा निर्धारित करनी चाहिए।

(d) Schools should discourage learners from expressing in their mother tongue by imposing fines. / विद्यार्थियों को अपनी मातृभाषा में अभिव्यक्ति से हतोत्साहित करने के लिए स्कूल को जुर्माना करना चाहिए।

14. As children enter the school. / जब बच्चे स्कूल में प्रवेश करते हैं-

CTET May 2016 Paper 1

(a) They should be allowed to speak in their mother tongue since expression is important. / उन्हें अपनी मातृभाषा में बोलने की अनुमति दी जानी चाहिए क्योंकि अभिव्यक्ति महत्वपूर्ण है।

(b) They should be fined for not speaking in the language of the school. / स्कूल की भाषा में न बोलने पर उन पर जुर्माना लगाना चाहिए।

(c) They should be told categorically that school has a different language and they should not speak in their mother tongue at all. / उन्हें स्पष्ट रूप से बताया जाना चाहिए कि स्कूल की एक अलग भाषा है और उन्हें अपनी मातृभाषा में बिल्कुल भी नहीं बोलना चाहिए।

(d) Their parents should be told to use the language of the school only at home. / उनके माता-पिता को घर पर भी स्कूल की भाषा का प्रयोग करने के लिए कहा जाना चाहिए।

15. To ensure learning of first-generation school goers, teachers should. / अपनी पीढ़ी से पहली बार स्कूल जाने वाले विद्यार्थियों की शिक्षा के लिए एक शिक्षिका को क्या करना चाहिए?

CTET Paper 2 [21st Dec 2021]

(a) instill the fear of failure in them so that they work under stress and anxiety. / इनमें असफलता का डर पैदा करना चाहिए ताकि यह दबाव व तनाव में काम करें।

(b) familiarize the learners with the language and culture of the school while respecting their culture. / इनकी संस्कृति का सम्मान करते हुए इन्हें स्कूल की भाषा व संस्कृति से परिचित करवाना चाहिए।

(c) make separate sections for them since these children would negatively influence the other children. / इनके लिए अलग कक्षा बनानी चाहिए ताकि यह दूसरे विद्यार्थियों पर नकारात्मक प्रभाव न डाल पायें।

(d) have no exceptions from them since many of them are 'uneducable'. / इनसे कोई अपेक्षा नहीं रखनी चाहिए क्योंकि इनमें से बहुत से विद्यार्थी शिक्षण के लायक नहीं हैं।

ANSWER KEY													
1.	B	2.	A	3.	C	4.	C	5.	A	6.	B	7.	A
8.	A	9.	B	10.	D	11.	C	12.	D	13.	B	14.	A
15.	B												

6

LEARNING
अधिगम

Nature of Learning / अधिगम का स्वरूप

Learning is an extensive word. Learning depends on the inborn responses. Being inspired by the inborn instinct, a man does whatever activities there are for the adjustment of his situation. According to the Psychologists- Learning is a mental process. A mental process is expressed by the behaviour. A human behaviour is changed and refined on the basis of the experiences in his behaviour. / अधिगम एक व्यापक शब्द है। अधिगम जन्मजात प्रतिक्रियाओं पर आधारित होता है। व्यक्ति जन्मजात प्रवृत्तियों से प्रेरित होकर जो भी क्रियाएँ करता है, वह अपनी परिस्थितियों से समायोजन स्थापित करने के लिए होती हैं। मनोवैज्ञानिकों के अनुसार अधिगम एक मानसिक प्रक्रिया है। मानसिक प्रक्रिया की अभिव्यक्ति व्यवहारों के द्वारा होती है। मानव-व्यवहार अनुभवों के आधार पर परिवर्तित और परिमार्जित होता रहता है।

Features of Learning Process / अधिगम प्रक्रिया की विशिष्टताएँ

The following characteristics of learning process are highlighted: / अधिगम प्रक्रिया की निम्नलिखित विशिष्टताएँ प्रकाशित होती हैं-

1. **Learning is universal:** Learning is such a process, which happens in the living beings in all the times and all the places. Wherever there is a being, place and time, the process of learning will take place. Human being keeps on engaging in doing something every time. / **अधिगम सार्वभौमिक है:** अधिगम एक ऐसी प्रक्रिया है जो सभी समयों और स्थानों में तथा सभी जीवों के द्वारा घटित रहती है। जहाँ प्राणी है, स्थान है व समय है वहाँ अधिगम की प्रक्रिया अवश्य होगी। प्राणी प्रत्येक समय कुछ न कुछ क्रिया करता ही रहता है।
2. **Learning is change:** The change that happens in the behaviour of child is learning. Learning is that process, by which the change will appear in the child. By the learning, the sequence of changes and re- changes move on, by which child becomes the outcome of the changes. / **अधिगम परिवर्तन है:** बालक के व्यवहार में होने वाला परिवर्तन अधिगम है। अधिगम वह प्रक्रिया है जिससे बालक में परिवर्तन परिलक्षित होंगे। अधिगम द्वारा परिवर्तन और पुनर्परिवर्तन की शृंखला चलती रहती है जिससे बालक परिवर्तनों का परिणाम बन जाता है।
3. **Learning is development:** The development of child is possible by the process of learning. The contribution of learning in the whole development of child is so much important, that learning becomes the synonym of development. The Psychologists have considered that the personality of child is developed in form of progressive changes and refinement, which is possible by the process of learning. Learning is seen in the form of development. / **अधिगम विकास है:** बालक का विकास अधिगम प्रक्रिया के द्वारा ही होता है। बालक के सर्वांगीण विकास में अधिगम का इतना

अधिक योगदान होता है कि विकास अधिगम का पर्याय बन जाता है। वैसे भी मनोवैज्ञानिकों ने माना है कि प्रगतिशील परिवर्तन और संशोधन के रूप में बालक के व्यक्तित्व का विकास होता है जो अधिगम की प्रक्रिया द्वारा सम्पन्न होती है। विकास के रूप में अधिगम दृष्टिगोचर होता है।

4. **Learning is Purposive:** It is necessary to have some purpose for learning. The goal of learning could be attained by purpose only. Purposiveness decides the aim of learning, and provides the direction to the responses. / **अधिगम प्रयोजनपूर्ण है:** अधिगम के लिए किसी प्रयोजन का होना आवश्यक है। प्रयोजनपूर्वक ही अधिगम का लक्ष्य होता है। प्रयोजन अधिगम का लक्ष्य निर्धारित करता है और अनुक्रियाओं को दिशा प्रदान करता है।
5. **Learning is continuous:** Learning is neither limited to any age, or any period. Rather, it continues throughout the life. / **अधिगम निरन्तर है:** अधिगम किसी आयु तक सीमित नहीं रहता और न ही किसी काल विशेष तक सीमित रहता है। अपितु यह सतत् आजीवन चलता रहता है।
6. **Learning is creative:** It is the tendency of human nature, to do some creative work. Thus, doing such work is learning, which he manifests in the form of thoughts and actions. Creativity encourages man, by initiative towards learning. / **अधिगम रचनात्मक है:** मनुष्य की स्वाभाविक प्रवृत्ति है कि वह कुछ रचनात्मक कार्य करे। इस प्रकार के कार्य को करना अधिगम है जिसे वह विचारों एवं कार्यों के रूप में साकार करता है। रचनात्मकता व्यक्ति को स्वक्रिया के द्वारा अधिगम की ओर उन्मुख करती है।
7. **Learning is a relationship between stimuli and responses:** To establish the right and desirable responses with any stimuli is learning. On the basis of this fact, Psychologists have delivered the word 'relational' in the study of learning. / **अधिगम उत्तेजना तथा अनुक्रिया के मध्य एक सम्बन्ध है:** किसी उत्तेजना के साथ सही अथवा वांछित अनुक्रिया का सम्बन्ध स्थापित करना ही अधिगम है। इसी बात के आधार पर मनोवैज्ञानिकों ने अधिगम के अध्ययन में 'सम्बन्धवाद' का प्रतिपादन किया है।
8. **Learning is related with cognitive, affective and conative domains:** Whatever a man learns, its field is cognitive, affective and co-native. And learning is related with cognitive, affective and co-native fields, he collects knowledge, feelings and collects skill to do activities. / **अधिगम ज्ञानात्मक, प्रभावात्मक तथा क्रियात्मक पक्ष से सम्बन्धित है:** मनुष्य जो कुछ सीखता है उसका क्षेत्र ज्ञानात्मक, प्रभावात्मक और क्रियात्मक होता है। अतः अधिगम ज्ञानात्मक, प्रभावात्मक तथा क्रियात्मक पक्ष से सम्बन्धित होता है। वह ज्ञान संग्रह करता है, भावनाओं को ग्रहण करता है तथा क्रियाओं को करने हेतु दक्षताओं को भी संकलित करता है।
9. **Learning is Transferable:** A person can use the same skills and solutions of the problem in the other similar problems, which he has learnt in any situation. Means, learning transfers. Thus, learning is transferable. / **अधिगम स्थानान्तरणीय है:** एक प्रकार की परिस्थिति में सीखे गये कौशलों अथवा समस्या के समाधानों का उपयोग व्यक्ति मिलती-जुलती दूसरी परिस्थितियों में कर लेता है, अर्थात् अधिगम का स्थानान्तरण हो जाता है। इस प्रकार अधिगम स्थानान्तरणीय है।
10. **Learning is a process:** From the psychological point of view learning is a process, which moves on in a living environment. This process is seen, in the fulfillment of the need, under the condition of stimuli- responses, in obtaining the goal, in obtaining the success in the adjustment, and in the stabilization of behaviour and practical change. / **अधिगम प्रक्रिया है:** मनोवैज्ञानिक दृष्टि से अधिगम एक प्रक्रिया है जो जीव वातावरण के मध्य चलती रहती है। यह प्रक्रिया उत्तेजक-अनुक्रिया की दशाओं में आवश्यकता की पूर्ति, लक्ष्य की प्राप्ति, समायोजन में सफलता की प्राप्ति, व्यावहारिक परिवर्तन तथा सही व्यवहारों के स्थायीकरण में दिखाई देती है।

1. Pavlov's Conditioned Theory / पॉवलव का अनुकूलित प्रत्यावर्तन सिद्धांत

I. P. Pavlov delivered the conditioned reflex theory (1849-1936). He was the native of Russia and a famous scientist. He was provided Nobel Prize in 1904 for doing the work on the digestion process. He published two books, Conditioned Reflex and Lectures on Conditioned Reflex. This theory is known by the name of Connected Reflex, Connected Variation, and Conditioned Response. But on the basis of the experiment, done by Pavlov on the dog, this theory has been given the name of 'Classical Conditioned Theory'. On the basis of nature of this theory it has also been given the name of 'Response Bond Theory'. / अनुकूलित प्रत्यावर्तन सिद्धान्त का प्रतिपादन आई. पी. **पावलॉव** (1849-1936) ने किया। वह रूस का निवासी एवं प्रसिद्ध शरीर वैज्ञानिक था। उसे 1904 में पाचन प्रक्रिया पर किये गये कार्यों के लिए नोबुल पुरस्कार प्रदान किया गया था। उसने दो पुस्तकें Conditioned Reflexes तथा Lectures on Conditioned Reflexes प्रकाशित कराईं। इस सिद्धान्त को सम्बद्ध प्रत्यावर्तन, सम्बन्ध प्रतिक्रिया, अनुकूलित अनुक्रिया आदि नामों से जाना जाता है, किन्तु पावलॉव द्वारा किये गये कुत्ते पर प्रयोग के उदाहरण पर आधारित सिद्धान्त को **'शास्त्रीय अनुकूलन सिद्धान्त'** का नाम दिया गया है।

Pavlov's Conditioned Reflex Theory / पावलॉव का अनुकूलित प्रत्यावर्तन सिद्धान्त

Pavlov's Classical Experiment: Pavlov did his experiment on a dog in a laboratory. During this experiment, food was given to a dog on a certain time everyday. Seeing the food the salivation of dog began to excrete. The presentation of food was a Unconditioned stimulus and the process of salivation by this stimulation was a Unconditioned response. Pavlov rang the bell in the second time, which was conditioned stimulus, and the alertness of dog and twisting the ears with this stimulation was an conditioned response. After this Pavlov rang the bell along with the presenting the food, means Unconditioned or conditioned stimulus presented together, as a response the dog salivated. This was the only response of both stimuli. This process was repeated in the laboratory many times, by which food and bell means, unconditioned or conditioned stimulus connected reflexes were conditioned. Now in the third round Pavlov only rang the bell, means only conditioned stimulus, but did not present food even then dog salivated. Here it is an important thing that food as a stimulus substituted bell as a stimulus. This is the learning of substitution. Which Pavlov named conditioned reflex. Now a days psychologists named the Pavlov conditioned Reflex Theory Classical theory. / **पावलॉव का शात्रीय प्रयोग-पावलॉव:** ने अपना प्रयोग एक प्रयोगशाला में एक कुत्ते पर किया। इस परीक्षण में एक कुत्ते को प्रतिदिन एक निश्चित समय पर भोजन दिया जाता था। भोजन को देखकर कुत्ते की लार टपकने लगती थी। भोजन की प्रस्तुति एक स्वाभाविक उत्तेजक और इस उत्तेजक से लार का टपकना स्वाभाविक अनुक्रिया थी। पावलॉव ने दूसरे समय में घंटी बजाई जो एक अस्वाभाविक उत्तेजक ओर इस उत्तेजना से कुत्ते का चौकन्ना होना, कान खड़ा करना आदि अस्वाभाविक अनुक्रिया थी। इसके पश्चात् पावलॉव ने भोजन की प्रस्तुति और घंटी की आवाज एक साथ की अर्थात् स्वाभाविक और अस्वाभाविक उत्तेजक एक साथ प्रस्तुत किये गये जिससे अनुक्रिया के रूप में कुत्ते ने लार टपकाई। यह दोनों उत्तेजकों की एक अनुक्रिया थी। यह क्रम पावलॉव ने प्रयोगशाला में कई बार दुहराया जिसके द्वारा भोजन और घण्टी अथवा स्वाभाविक उत्तेजक और अस्वाभाविक उत्तेजक सम्बद्ध प्रत्यावर्तित अथवा अनुकूलित हो गई। अब तीसरे चरण में पावलॉव ने केवल घण्टी की आवाज की अर्थात् केवल अस्वाभाविक उत्तेजक प्रस्तुत नहीं किया, भोजन प्रस्तुत नहीं किया, तो भी कुत्ते ने लार टपका दी। यहाँ यह बात महत्त्वपूर्ण है कि भोजन रूपी उत्तेजक घण्टी रूपी उत्तेजक में स्थानापन्न हो गई। यही स्थानापन्न अधिगम है जिसे **पावलॉव** ने अनुकूलित प्रत्यावर्तन का नाम दिया। आज के मनोवैज्ञानिकों ने **पावलॉव** के अनुकूलित प्रत्यावर्तन को शास्त्रीय अनुकूलिन की संज्ञा दी है।

The above description of Pavlov can be defined in the following column— / **पावलॉव** के प्रयोग के उपर्युक्त वर्णन को निम्नांकित तालिका से स्पष्ट किया जा सकता है-

1. U.C.S. (भोजन) = U.C.R. (लार)
2. C.S. (घंटी) + U.C.S. (भोजन) = U.C.R. (लार)
3. C.S. (घंटी) = C.R. (लार)

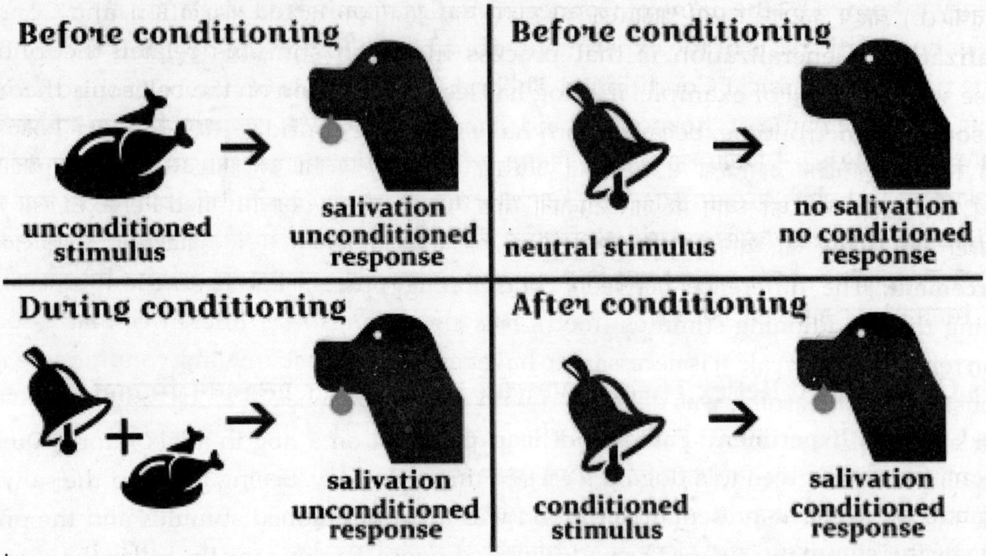

Extinction: Pavlov stopped the presentation of conditioned and unconditioned stimuli on the basis of time closeness in his further experiments, means only the bell was rung but food was not presented consequently, dog stopped the salivation process on sound of the bell. This was called extinction. / **विलोपन- पावलॉव:** ने अपने आगे के प्रयोगों में अनुकूलित तथा अनानुकूलित उत्तेजनाओं को काल सामीप्य के आधार पर एक साथ प्रस्तुत करना बन्द कर दिया। अर्थात् केवल घण्टी बजाई जाती थी और भोजन नहीं प्रस्तुत किया जाता था जिससे कुछ दिनों के पश्चात् घण्टी की ध्वनि पर कुत्ते ने लार टपकाना बन्द कर दिया। इसे पावलॉव ने विलोपन प्रक्रिया की संज्ञा दी है।

Spontaneous Recovery: It is seen in the observation of extinction related experiments that conditioning never finishes completely; rather the capability to counter is developed in the conditioning process. According to **Morgan** and **King**—"Extinction is a process of learning to inhibit the response acquired in conditioning." / **तात्कालिक पुनराप्ति:** विलोपन सम्बन्धी प्रयोगों के निरीक्षण ां में देखा गया कि अनुकूलन पूर्णत: समाप्त नहीं हो जाता, बल्कि अनुकूलित प्रक्रिया में प्रतिरोधन क्षमता का विकास हो जाता है। **मॉर्गन एवं किंग** (Morgan and King) के अनुसार "विलोपन अनुकूलन द्वारा अधिगृहीत अनुक्रिया का प्रतिरोधन करने की अधिगम प्रक्रिया है।"

Example: When food and bell are not presented altogether, it is seen the salivation of dog is stopped on the sound of bell. This process is extinction. But after presenting the food and bell sound in the time closeness again, the dog starts the salivation upon hearing the sound of the bell- This is Spontaneous Recovery. / **उदाहरण:** जब भोजन और घंटी एक साथ नहीं दी जाती है, तो ऐसा देखा जाता है कि घंटी की आवाज से कुत्ते की लार निकलना बंद हो जाती है। यह प्रक्रिया विलोपन है। लेकिन भोजन और घण्टी की आवाज फिर से नजदीक आने पर पेश करने के बाद घण्टी की आवाज सुनकर कुत्ते के मुंह से लार निकलने लगती है- यह स्पॉन्टेनियस रिकवरी है।

Inhibition: Inhibition is that process in the function of establishing conditioning, in which any other stimulus originates inhibition in the response. It can be caused by two reasons— (a) Internal Reason— in which any internal inhibition element does work, and (b) External Reason—in which any external inhibition element of environment does work. / **प्रतिरोधन:** प्रतिरोधन, अनुकूलन स्थापित करने की क्रिया में, वह प्रक्रिया है जिसमें कोई अन्य उत्तेजना अनुकूलित अनुक्रिया में प्रतिरोध उत्पन्न कर दे। प्रतिरोधन दो कारणों से हो सकता है- (a) आन्तरिक कारण- जिसमें कोई आन्तरिक प्रतिरोधक तत्व क्रियाशील होता है, तथा (b) बाह्य कारण- जिसमें वातावरण का बाहरी कोई प्रतिरोधक तत्व क्रियाशील होता है।

Generalization: Generalization is that process in which stimulus related to conditioning response seems same. For example, if a dog has learnt salivation on the bell sound, he salivates on the sound of metronome, because both have the same sound. / **सामान्यीकरण:** सामान्यीकरण वह प्रक्रिया है जिसमें अनुकूलित अनुक्रिया से सम्बन्धित उत्तेजना से मिलती जुलती उत्तेजना उसी के समान प्रतीत होती है। उदाहरणार्थ यदि कुत्ता घण्टी की ध्वनि पर लार टपकाना सीख गया है, तो वह मेट्रानोम की ध्वनि पर भी लार टपकाता है, क्योंकि घण्टी और मेट्रोनोम की ध्वनि मिलती-जुलती है।

Reinforcement: The difference between conditioning process and extinction process is only presenting the conditioning stimulus (food). It is clear from these differences that association is going on reinforced or weak. It is necessary to have reinforcement for making conditioning response. A famous theory of learning was developed with the experiment of Pavlov's theory. Psychologist **Skinner** and **Hull** have forced this side of learning, so their theory was called reinforcement. / **पुर्नबलन:** अनुकूलन प्रक्रिया और विलोपन प्रक्रिया में जो अन्तर है वह घण्टी की ध्वनि के बाद अनुकूलित उत्तेजक (भोजन) के प्रस्तुत करने का है। इस अन्तर से स्पष्ट होता है कि साहचर्य दृढ़ (सबल) हो रहा है, या दुर्बल। अनुकूलित अनुक्रिया को बनाने के लिए पुर्नबलन का होना आवश्यक है। पावलॉव के प्रयोग से अधिगम के एक प्रसिद्ध सिद्धान्त 'पुर्नबलन के सिद्धान्त' का निर्माण हुआ। मनोवैज्ञानिक **स्किनर** और **हल** महोदय ने अधिगम के इसी पक्ष (प्रबल या पुर्नबलन) पर जोर दिया है, इसलिए उनके सिद्धान्तों को पुर्नबलन का सिद्धान्त कहा गया है।

Thus people learn by the conditioned reflex process. This connectionism is the main reason for the different habits like-fear, hatred, love, in children. For example- Child's fear from the darkness is not natural, but it happens when he is connected with the unnatural stimulus. Practically a Psychologist Watson did an experiment on the child, who had not fear from the animals and pleased much playing with the rabbits. One day when he was playing with the rabbit, a fearful sound was sounded. Child was frightened with it. This sound was repeated many times when he played with the rabbits. After some time he began to frighten even seeing the rabbit, when sound was not present at all. / इसी प्रकार व्यक्ति अनुकूलित प्रत्यावर्तन क्रिया द्वारा अधिगम करते हैं। बालकों में भय, घृणा, प्रेम तथा आदतों का कारण यह सम्बन्धीकरण होता है। उदाहरणार्थ- बालक का अंधेरे या जानवर से भयभीत होना स्वाभाविक नहीं है, बल्कि अस्वाभाविक उत्तेजकों से सम्बन्धित या अनुकूलित होने के कारण है। व्यवहारवादी मनोवैज्ञानिक वाटसन ने एक शिशु पर यह परीक्षण किया, जो जानवरों से नहीं डरता था और खरगोश के साथ खेलने से बड़ा प्रसन्न होता था। एक दिन जब वह खरगोश के साथ खेल रहा था तो एक डराने वाली ध्वनि की गई। इससे बालक डर गया। इस ध्वनि को जब वह खरगोश के साथ खेलता था तो कई बार दुहराया गया। कुछ दिनों के पश्चात् वह खरगोश को देखकर उस समय भी डरने लगा जबकि डरावनी ध्वनि नहीं की जाती थी।

Importance of Classical Conditioned Theory in Education / शिक्षा में शास्त्रीय अनुकूलन सिद्धान्त की उपयोगिता एवं महत्त्व

1. More advantage can be taken in the education of the child by the connectionism process. In the childhood many actions are related to the peculiar things and continue to adolescence. For

example if a child is uninterested, hates, fears any peculiar thing and person, in the stage of adolescent his behaviour is same towards the same things. Connectionism should be used carefully for the learning of good habits for the children. / बालकों की शिक्षा में सम्बद्धीकरण की क्रिया द्वारा अधिक लाभ उठाया जा सकता है। बाल्यावस्था में बहुत सी क्रियाएँ किसी विशेष वस्तु से सम्बद्ध हो जाती हैं और बड़े होने पर भी वह रहती हैं, उदाहरणार्थ- यदि बालक में किसी विशेष वस्तु या व्यक्ति के प्रति किसी कारणवश अरुचि, घृणा या भय उत्पन्न हो जाता है तो बड़े होने पर भी बालक उस प्रकार की वस्तु या व्यक्ति के प्रति उसी प्रकार की प्रतिक्रिया करता है। बालकों को सदैव अच्छी बातें सिखाने के लिए सम्बद्धीकरण का प्रयोग सतर्कता से करना चाहिए।

2. This method helps in removing bad habits and in changing the conduct and behaviour. / यह विधि बुरी आदतों के निवारण, आचरण तथा व्यवहार बदलने में सहायता करती है।
3. With the help of this method phobia related mental diseases can be cured. / इस विधि की सहायता से भय सम्बन्धी मानसिक रोगों का उपचार किया जा सकता है।
4. For the establishment of discipline, the theory of reward and punishment is also depended on it. / अनुशासन स्थापित करने के दण्ड एवं पुरस्कार के सिद्धान्त इसी विधि पर आधारित हैं।
5. This method helps children in the social awareness and adjustment with the environment. / यह विधि बालकों के समाजीकरण में तथा वातारण में समायोजन करने में सहायता देती है।

2. Operant Conditioning / क्रियाप्रसूत अनुबंधन

BF Skinner, an American psychologist proposed the **Theory of operant conditioning** in 1938. **B. F. Skinner's** experiments on operant conditioning won him worldwide fame. Skinner defined operant conditioning as the process of learning that elicits operant behavior. /बी एफ स्किनर, एक अमेरिकी मनोवैज्ञानिक ने 1938 में क्रियाप्रसूत अनुबन्धन सिद्धांत का प्रस्ताव रखा था। बी.एफ. स्किनर के क्रियाप्रसूत अनुबन्धन पर किए गए प्रयोगों ने उन्हें दुनिया भर में प्रसिद्धि दिलाई। स्किनर ने क्रियाप्रसूत अनुबन्धन को अधिगम की प्रक्रिया के रूप में परिभाषित किया है जो क्रियात्मक व्यवहार को प्रभावित करती है।

- Operant conditioning can be defined as a principle of learning in which behavior is maintained or changed through its positive or negative consequences./ क्रियाप्रसूत अनुबन्धन को अधिगम के सिद्धांत के रूप में परिभाषित किया जा सकता है जिसमें व्यवहार को उसके सकारात्मक या नकारात्मक परिणामों के माध्यम से बनाए रखा या बदला जाता है।
- The basic principles of operant conditioning are that when a behavior occurs and is followed by reinforcement, it is more likely to occur again in the future /क्रियाप्रसूत अनुबन्धन के मूल सिद्धांत यह हैं कि जब कोई व्यवहार होता है और उसके बाद पुनर्बलन होता है, तो भविष्य में उसके फिर से होने की संभावना अधिक होती है।
- Reinforcement is the key element in Skinner's S-R theory. A reinforcement is anything that strengthens the desired response. It could be a reward, verbal praise, good grade, etc. This theory also covers negative reinforcement- any stimulus that results in the increased frequency of a response when it is withdrawn (different from adverse stimulus - punishment - which result in reduced response). / स्किनर के S-R सिद्धांत में पुनर्बलन प्रमुख तत्व है। एक पुनर्बलन वह है जो वांछित प्रतिक्रिया को मजबूत करता है। यह एक पुरस्कार, मौखिक प्रशंसा, अच्छा ग्रेड, आदि हो सकता है। इस सिद्धांत में नकारात्मक पुनर्बलन भी शामिल है- कोई भी उद्दीपक जिसके परिणामस्वरूप प्रतिक्रिया की आवृत्ति में वृद्धि स्किनर ने क्रियाप्रस्तुत अनुबंधन को सीखने की प्रक्रिया के रूप में परिभाषित किया है, जो क्रियाप्रसूत व्यवहार को प्रभावित करती है।

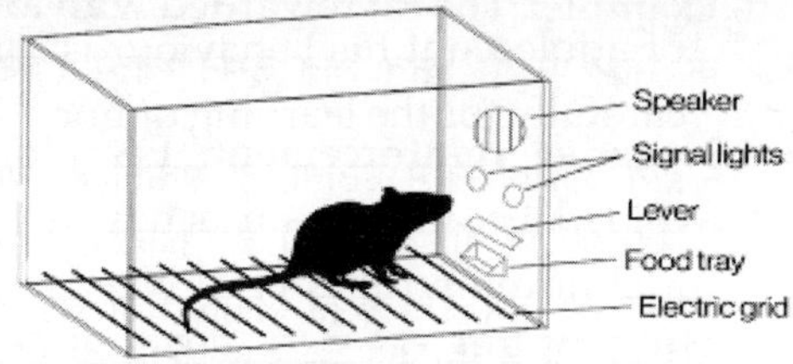

- Skinner defined operant conditioning as the process of learning that elicits operant behavior. Type R conditioning involves operant behavior, and emphasis is on the response. Type R conditioning is also called operant conditioning./ इसके आधार पर अनुबंधन दो प्रकार का होता है, जो कि टाइप S और टाइप R हैं। स्किनर ने क्रियाप्रस्तुत अनुबंधन को सीखने की प्रक्रिया के रूप में परिभाषित किया है जो क्रियाप्रसूत व्यवहार को प्रभावित करती है। टाइप R अनुबंधन में संचालक व्यवहार शामिल है, और प्रतिक्रिया पर जोर दिया जाता है। टाइप R अनुबंधन को क्रिया-प्रसूत अनुबंधन भी कहा जाता है।

Experiment / प्रयोग

- In his classic experiment, Skinner placed a semi-starved **rat** in the box./ अपने शास्त्रीय प्रयोग में, स्किनर ने पिंजरे में एक अर्ध-भूखा चूहा रखा था।
- There was a lever that, after being pressed, released a mechanism to deliver a pellet of food to the rat. / एक हत्था था जिसे दबाए जाने के बाद, चूहे को भोजन की एक गोली पहुंचाने के लिए एक तंत्र जारी किया गया था।
- Initially, the rat is engaged in a number of random behaviours like walking, sniffing and scratching. / प्रारंभ में, चूहा चलने, सूँघने और खरोंचने जैसे कई यादृच्छिक व्यवहारों में लगा हुआ था।
- None of these helped to get the food. At some point in time, the rat accidentally hit the lever and the food was delivered./ इनमें से किसी ने भी भोजन प्राप्त करने में मदद नहीं मिली। किसी समय, चूहा गलती से हत्थे से टकरा गया और खाना पहुच गया।
- Of course, for the semi-starved rat, this was a big reward./ बेशक, अर्ध-भूखे चूहे के लिए, यह एक बड़ा पुरुस्कार था।

In Skinner's other famous experiment, a **pigeon** pecks the red ball and gets food. Because of food (reinforcement), the pigeon is likely to peck the same ball again and again. / स्किनर के अन्य प्रसिद्ध प्रयोग में, एक कबूतर लाल गेंद को चोंच मारता है और भोजन प्राप्त करता है। भोजन (पुनर्बलन) के कारण, कबूतर एक ही गेंद को बार-बार चोंच मार सकता है।

Reinforcement / पुनर्बलन

Responses from the environment that increase the probability of a behavior being repeated. Whenever you see a behavior persisting or increasing over time, you can assume the consequences of that behavior are reinforcers for the individual involved. The reinforcement process can be diagrammed as follows: / सुदृढीकरण पर्यावरण से प्रतिक्रियाएं जो व्यवहार के दोहराए जाने की संभावना को बढ़ाती हैं। जब भी आप किसी व्यवहार को समय के साथ निरंतर या बढ़ते हुए देखते हैं, तो आप मान सकते हैं कि उस व्यवहार के परिणाम व्यक्ति के लिए पुष्टकारक हैं। सुदृढीकरण प्रक्रिया निम्नानुसार आरेखित की जा सकती है:

- **Positive reinforcement:** A behavior that is associated with a positive consequence or desirable outcome in the past will increase the chances of the behavior occurring again. This is called positive reinforcement./ **सकारात्मक सुदृढीकरण:** एक व्यवहार जो अतीत में एक सकारात्मक परिणाम या वांछनीय परिणाम के साथ जुड़ा हुआ है, व्यवहार के फिर से होने की संभावना को बढ़ा देगा। इसे सकारात्मक सुदृढीकरण कहा जाता है।

Example: The rat rewarded with food when he pressed the lever (button) / **उदाहरण:** चूहे ने भोजन के साथ पुरस्त किया जब उसने लीवर (बटन) दबाया

- **Negative reinforcement:** Learning can also take place if an undesirable consequence is avoided because of an action taken. This is called negative reinforcement. It can be used for children with Special Needs. / **नकारात्मक सुदृढीकरण:** अगर किसी कार्रवाई के कारण अवांछित परिणाम से बचा जाता है, तो सीखना भी हो सकता है। इसे नकारात्मक सुदृढीकरण कहा जाता है। इसका उपयोग विशेष आवश्यकता वाले बच्चों के लिए किया जा सकता है।

Example: The rat get electric shocks produced by floor by pressing the lever (button) / **उदाहरण:** चूहे को लीवर (बटन) दबाने से फर्श से उत्पन्न बिजली के झटके लगते हैं।

Punishment / दंड

- **Positive punishment** is when a child gets punished for avoiding some action. /सकारात्मक दंड तब होता है जब बच्चे को कुछ कार्रवाई से बचने के लिए दंडित किया जाता है।
- **Negative punishment** is when a child gets ignored to avoid certain behavior./ नकारात्मक दंड तब होता है जब एक बच्चे को कुछ व्यवहार से बचने के लिए अनदेखा किया जाता है।

Shaping / गठन

- In such a procedure **reinforcement is applied** to responses that are increasingly closer to the desired behavior./ ऐसी प्रक्रिया में उन प्रतिक्रियाओं पर पुर्नबलन लागू किया जाता है, जो वांछित व्यवहार के अधिक निकट होते जा रहे हैं।
- Shaping refers to the **gradual forming of the behavior**. / आकार देने से तात्पर्य व्यवहार के क्रमिक गठन से है
- It is a step-by-step method to teach complex behavior. It is commonly used in teaching skills to mentally retardates / यह जटिल व्यवहार सिखाने की स्तर-दर-स्तर विधि है। यह सामान्यतौर पर मानसिक रूप से मंद लोगों को कौशल सिखाने में उपयोग किया जाता है।

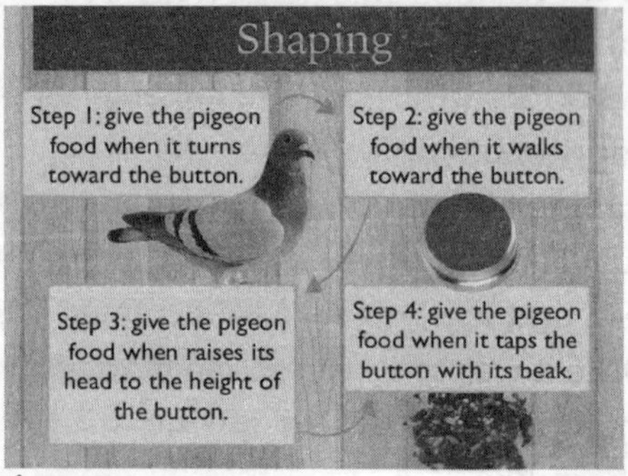

3. Trial and Error / त्रुटि एंव प्रयास

Thorndike's Stimulus- Response Bond Theory / थार्नडाइक का उद्दीपक-अनुक्रिया अनुबन्ध सिद्धान्त

Edward L. Thorndike, in his book 'Animal Intelligence', in 1898, delivered famous connectionism. The meaning of connectionism in learning psychology is to make connection between stimulus and response. In the connectionism, connection is established between stimulus and response. / **एडवर्ड एल. थार्नडाइक** ने अपनी पुस्तक 'एनीमल इन्टेलीजेन्स' 1898 में प्रसिद्ध 'सम्बन्धवाद' का प्रतिपादन किया। अधिगम मनोविज्ञान के क्षेत्र में 'सम्बंधवाद' का तात्पर्य है उद्दीपक के साथ अनुक्रिया का सम्बन्ध बनाना। सम्बन्धवाद में उद्दीपक तथा अनुक्रिया के मध्य सम्बन्ध स्थापित किया जाता है।

According to Thorndike connection is established between stimulus and response. Symbolically it is expressed by S→R. Thorndike has presented the rules of learning on the basis of S→R bonds.

In his book 'Educational Psychology' he has written widely about this theory in the educational field. / थार्नडाईक के सिद्धान्त के अनुसार उद्दीपक तथा अनुक्रिया में संयोग स्थापित होता है। इनको संकेत रूप में उ0→अनु0 (S→R) द्वारा प्रदर्शित किया जाता है। (S→R) अनुबन्धनों के आधार पर अधिगम के नियमों को थार्नडाइक ने प्रस्तुत किया है। अपनी पुस्तक Educational Psychology में उसने शैक्षिक क्षेत्र में इस सिद्धान्त का व्यापक उल्लेख किया है।

The chief characteristics of Stimulus-Response Bond Theory / उद्दीपक-अनुक्रिया अनुबन्ध सिद्धान्त की मुख्य विशेषताएँ

(1) Bonding between stimulus and response is learning. / उद्दीपक तथा अनुक्रिया के मध्य अनुबन्धन स्थापित हो जाना ही अधिगम है।

(2) Thorndike's theory has given a scientific base to the learning process in the field of education psychology. / थार्नडाइक के सिद्धान्त ने शिक्षा मनोविज्ञान के क्षेत्र में अधिगम प्रक्रिया को एक वैज्ञानिक आधार प्रदान किया है।

(3) This theory is a form of associate theory. / यह सिद्धान्त साहचर्य सिद्धान्त का ही एक रूप है।

Thorndike Experiment / थार्नडाइक प्रयोग

Thorndike's scientific use was done by keeping a cat in a case, which has been called a puzzle box. This was an easy experiment. The cage was prepared in such way that the door was opened by pulling a string or pressing a switch. A fish was kept outside of the cage. A hungry cat was kept inside the cage. Seeing the fish and finding it she did such attempts many times, so that she could come out and eat it. In its attempt of coming outside, cat did many acts as- jumping, moving claws, wandering here and there and to pounce. In this jumping suddenly the claw of the cat was put on the string and the door was opened. Coming out, cat got success in eating the fish. Thorndike imprisoned the cat again, cat retried coming outside for eating the fish, but this time doing a less leaping and jumping in comparison of earlier, she got success in drawing the string and coming out. Thorndike saw in such types of experiments in further series the useless trials of cat became less, and she got success in coming out and eating the fish in a few minutes. The errors were less. Once it was seen, that, as soon as the cat was kept in the cage, without doing any mistakes, pulling the string the cat came outside of the case and ate the fish. With the observations of this experiment, Thorndike concluded that by developing direct connection with the right response towards the stimulus, cat learnt coming out. / **थार्नडाइक का शास्त्रीय प्रयोग** एक बिल्ली को एक पिंजड़े, जिसे 'पहले पेटी' (Puzzle Box) कहा गया है, मैं रखकर किया गया। यह एक सरल प्रयोग था। पिंजड़ा इस प्रकार बनाया गया था कि एक डोरी के खींचने या एक बटन के दबाने से पिंजड़े का दरवाजा खुल जाता था। पिंजड़े के बाहर मछली रखी गई थी। एक भूखी बिल्ली को पिंजड़े में रखा तो वह मछली को देख उसे पाने के लिए उसने कई ऐसे प्रयास किये जिससे कि वह बाहर आकर मछली खा सके। बाहर निकलने के प्रयास में बिल्ली ने कई व्यवहार किये, जैसे उछल-कूद, पंजे चलाना, इधर-उधर घूमना, छपटाना आदि। इस उछल-कूद में अचानक किसी प्रकार बिल्ली का पंजा डोरी पर पड़ गया और पिंजड़े का दरवाजा खुल गया। बिल्ली बाहर निकल अपनी भूख मिटाने में सफल हो गई। थार्नडाइक ने पुनः बिल्ली को पिंजड़े में बन्द कर दिया। बिल्ली पुनः मछली खाने के लिए बाहर आने का प्रयास करने लगी, किन्तु इस बार उसने पहले की अपेक्षा कम उछल-कूद करते हुए और कम समय में डोरी खींचकर बाहर आने में सफलता प्राप्त कर ली। इस प्रकार के प्रयोग के कई क्रम में थार्नडाइक ने यह देखा कि अगले क्रमों में बिल्ली के निरर्थक प्रयास कम होते गये और कम समय में वह बाहर निकलने और मछली खाने में सफल होने लगी। त्रुटियाँ कम होती गई। एक बार यह देखा गया कि बिल्ली को पिंजड़े मे रखते ही बिल्ली ने बिना त्रुटि किए डोरी खींची और बाहर आ गईं और मछली खा गई। प्रयोग के निरीक्षणों से **थार्नडाइक** ने यह

निष्कर्ष निकाला कि उद्दीपक के प्रति सही अनुक्रिया के साथ सम्बन्ध (Connection) का प्रत्यक्ष निर्माण कर बिल्ली ने पिंजड़े से बाहर निकलना सीख लिया।

According to Thorndike, it was necessary to have two things for learning the method of coming out by cat (*i*) it being hungry of cat- It was necessary that cat would be motivated for learning so that she could do attempt (*ii*) To have a fish-so that she could take its food. Thorndike delivered his rule on the basis of this experiment, which explains the development in the learning of both animal and man, in stimulus response bond structure. / थार्नडाइक के अनुसार बिल्ली द्वारा बाहर निकलने की विधि का अधिगम करने के लिए दो बातों का होना आवश्यक था-(i) बिल्ली का भूखा होना-यह इसलिए आवश्यक था कि बिल्ली अधिगम हेतु अभिप्रेरित रहे जिससे वह प्रयास कर सके, और (ii) भोजन (मछली) का होना-जिससे वह भूख मिटा सके। **थार्नडाइक** ने इस प्रयोग के आधार पर अधिगम के नियमों का प्रतिपादन किया जो पशु तथा मानव दोनों के अधिगम में उ0 - अनु0 अनुबन्ध सरंचना (S-R Bond Structure) के निर्माण की व्याख्या करते हैं।

Thorndike's Laws of Learning: Different psychologists have discovered the laws of learning, after experimenting on the animals by laboratory method. But Thorndike has got the credit of making series of laws of learning. / **थार्नडाइक के अधिगम के नियम:** विभिन्न मनोवैज्ञानिकों ने प्रयोगशाला विधि द्वारा पशुओं पर परीक्षण करके अधिगम के नियमों की खोज की है। किन्तु अधिगम के नियमों को क्रमबद्ध करने का श्रेय **थार्नडाइक** को ही है।

(A) Primary Laws of Learning / अधिगम के मुख्य नियम

(1) Law of Readiness / तत्परता का नियम

(2) Law of exercise / अभ्यास का नियम

(3) Law of Effect / प्रभाव का नियम

(B) Secondary Laws of Learning / अधिगम के गौण नियम

(1) Law of Multiple Responses / बहु अनुक्रिया का नियम

(2) Law of Mental set or Attitude / मानसिक स्थिति अथवा मनोवृत्ति का नियम

(3) Law of Prepotency of Elements / तत्वों की पूर्व समर्थता का नियम

(4) Law of Response by Analogy / सादृश्यता द्वारा अनुक्रिया का नियम

(5) Law of Associative Shifting / साहचर्य परिवर्तन का नियम

(A) Primary Laws of Learning / अधिगम के मुख्य नियम

Thorndike has said the following three laws of learning– / थार्नडाइक ने अधिगम के प्रमुख रूप से निम्नलिखित तीन नियम बताए हैं-

1. **Law of readiness:** This law means that when learner is ready for learning, he can learn, otherwise he can't. He gets ready for learning. In order to give education to a child firstly a teacher should develop such conditions which originate interest and curiosity in a child and he will be prepared for learning. / **तत्परता का नियम:** इस नियम का अर्थ है कि जब अधिगम करने वाला अधिगमी (Learner) अधिगम के लिए तत्पर या तैयार (Ready) होता है, तभी अधिगम कर सकता है, अन्यथा नहीं। अधिगम के लिए उसे तैयार करना पड़ता है। बालक को शिक्षा देते समय शिक्षक को सर्वप्रथम अधिगम के लिये ऐसी परिस्थितियाँ उत्पन्न करनी चाहिए जिससे कि बालक में रुचि और जिज्ञासा जाग्रत हो सके और वह अधिगम के लिए तैयार हो जाए।

2. **Law of Exercise:** Law of exercise says that under a situation, in order to determine a right response, that response should be repeated again and again. Which learning process we repeat

many times, we learn it easily. Learning can be made easy by exercise. / **अभ्यास का नियमः** अभ्यास का नियम यह बताता है कि एक परिस्थिति में सही अनुक्रिया को दृढ़ करने के लिए उस अनुक्रिया को बार-बार दुहराया जाए। जिस अधिगम क्रिया की हम कई बार पुनरावृत्ति करते हैं उसे हम शीघ्र ही अधिगम कर लेते हैं। अभ्यास से अधिगम को सुगम बनाया जा सकता है।

There are the two aspects of law of exercise – / अभ्यास के नियम के दो रूप हैं-

(i) **Law of Use / उपयोग का नियम**

(ii) **Law of disuse / अनुपयोग का नियम**

(i) **Law of Use:** Whichever work is exercised again and again, is learnt easily. As a poem is repeated again and again to remember it. In the same way for learning riding bicycle, a child has to try many times, he falls and get wounded, but at last he learns riding bicycle. Painting, typing, learning music, playing any game etc can be learnt by using and exercise. / **उपयोग का नियमः** जिस कार्य का अभ्यास बार-बार किया जाता है, वह सरलातापूर्वक शीघ्र सीख लिया जाता है। कविता याद करने के लिए उसे बार-बार दुहराना पड़ता है। इसी प्रकार साईकिल चलाना सीखने के लिए बालक को अनेक बार प्रयास करने पड़ते हैं, वह गिरता भी है चोट भी खाता है। अन्त में अभ्यास के द्वारा वह बिना गिरे साईकिल चलाने लगाता है। चित्रकारी, टाइप करना, संगीत सीखना, कोई खेल खेलना आदि को अभ्यास और उपयोग करके ही सीखा जा सकता है।

(ii) **Law of disuse:** This law is quite opposite to the law of use. If learnt work is not practiced or used, a man forgets it. For example – A man can not play or sing after leaving the practice of singing and playing. A player cannot play properly, when he comes in the play ground after a long time. Thus, the same thing can be said in the learning process, as- Success can be obtained in maths after doing daily practice. In brief, it can be said whichever work is not done or repeated for a long time, it is not remembered. It is called the law of disuse./ **अनुपयोग का नियमः** यह नियम उपयोग के नियम के विपरीत है। यदि सीखे हुए कार्य का अभ्यास या उपयोग नहीं किया जाता है जो व्यक्ति उसे भूल जाता है। उदाहरणार्थ- गाने और बजाने का अभ्यास छोड़ देने पर व्यक्ति नहीं गा-बजा सकता। खिलाड़ी बहुत दिनों बाद यदि खेल के मैदान में खेलने आता है तो वह ठीक से खेल नहीं पाता। यही बात पढ़ने-लिखने के लिए भी कही जा सकती है, जैसे- गणित का नित्य अभ्यास करने पर ही सफलता मिलती है। संक्षेप में यह कहा जा सकता है कि जिस कार्य को बहुत समय तक किया या दुहराया नहीं जाता, वह याद नहीं रहता है- इसी को अनुपयोग का नियम कहते हैं।

3. **Law of Effect:** This law is also called the law of satisfaction or dissatisfaction. If after doing some work we get satisfaction, we want to do that work again and again. The law of reward and punishment in the education indicates this side, if after doing any work child gets reward he wants to do it again and again, and by doing any work if he gets punishment, he does not want to do that work, so he does not learn it. This law, in the education can be used psychologically. It is the duty of a teacher that he should develop such situation for the learning of a child so that he could get success, and feel satisfaction and pleasure. For whichever work does a child get appreciated, he learns that work soon. All the laws of learning are depend and internally related to each other. / **प्रभाव का नियमः** इस नियम को सन्तोष या असन्तोष का नियम भी कहा जाता है। जिस कार्य को करने के उपरान्त हमें संतोष या सुख मिलता है, उसे हम बार-बार करना चाहते हैं। शिक्षा में पुरस्कार और दण्ड देने का नियम इसी ओर संकेत करता है। जिस कार्य को करने से बालक को पुरस्कार मिलता है, उसे वह बार-बार करना चाहता है। किन्तु जिस कार्य को करने के लिए दण्ड मिलता है उसे वह नहीं करना चाहता, अतः उसे वह नहीं सीखता। इस नियम का प्रयोग शिक्षा में मनोवैज्ञानिक ढंग सें किया

जा सकता है। शिक्षक को चाहिए कि वह बालक के लिए अधिगम की ऐसी परिस्थिति का निर्माण करे जिससे उसे सफलता प्राप्त हो सके और संतोष व सुख की अनुभूति हो। बालकों को जिस कार्य के लिए प्रशंसा मिलती है, उसे वे शीघ्र सीख जाते हैं। अधिगम के उपर्युक्त सभी नियम एक दूसरे पर आधारित तथा आन्तरिक रूप से सम्बन्धित हैं।

4. Social Learning Theory / सामाजिक अधिगम सिद्धांत

Albert Bandura proposed Social Learning Theory. He emphasized on how children learn from surroundings and cognitive factors. He described how a child is influenced by observing imitating and modeling othe rs. / **अल्बर्ट बंडुरा ने सामाजिक अधिगम सिद्धांत का प्रतिपादन किया।** उन्होंने इस बात पर जोर दिया कि बच्चे किस तरह से परि वेश और संज्ञानात्मक कारकों से सीखते हैं। उन्होंने बताया कि कैसे एक बच्चा दूसरों की नकल और प्रतिरूप को देखकर प्रभावित होता है।

In this kind of learning / इस प्रकार के अधिगम में-

- Human beings learn social behaviors, therefore, it is sometimes called social learning./ व्यक्ति सामाजिक व्यवहार सीखता है, इसलिए इसे कभी-कभी सामाजिक अधिगम भी कहा जाता है।
- They observe others and emulate their behavior. This form of learning is called modelling. / वे दूसरों का निरीक्षण करते हैं और अपने व्यवहार का अनुकरण करते हैं। अधिगम के इस रूप को मॉडलिंग (प्रतिरूपण) कहा जाता है।
- Observational learning observers acquire knowledge by observing the model's behavior, but performance is influenced by the model's behavior is rewarded or punished. / अवलोकन अधिगम में पर्यवेक्षक प्रतिमान के व्यवहार को देखकर ज्ञान प्राप्त करते हैं, लेकिन प्रदर्शन प्रतिमान के व्यवहार को पुरस्त या दंडित करने से प्रभावित होता है।

Steps of Social Learning / सामाजिक अधिगम की प्रक्रिया

The social learning theory of 'Albert Bandura' emphasizes that the process of social learning consists of four steps (respectively) including: / अल्बर्ट बंडुरा' के सामाजिक अधिगम सिद्धांत में इस पर बल दिया गया है कि सामाजिक अधिगम की प्रक्रिया में चार चरण (क्रमशः) शामिल हैं:

Attention / ध्यान	It refers to the process of paying attention to the model to observe in order to learn. / यह सीखने के क्रम में अवलोकन करने के लिए मॉडल पर ध्यान देने की प्रक्रिया को संदर्भित करता है।
Retention / प्रतिधारण	It refers to the process of recalling the learned activity for later use./ यह बाद में उपयोग के लिए सीखी गई गतिविधि को दोहराने की प्रक्रिया को संदर्भित करता है।
Reproduction / पुनरुत्पादन	It refers to the process of performing or reproducing the learned action. / यह सीखने की क्रिया को करने या पुनः पेश करने की प्रक्रिया को संदर्भित करता है।
Motivation / अभिप्रेरणा	It refers to the process of motivating learners to repeat the observational learning. / यह शिक्षार्थियों को प्रेक्षणात्मक अधिगम को दोहराने के लिए प्रेरित करने की प्रक्रिया को संदर्भित करता है।

Albert Bandura constructed an experiment entitled "Bobo Doll Behaviour: A Study of Aggression."/ अल्बर्ट बंदुरा ने "बोबो डॉल बिहेवियर: ए स्टडी ऑफ अग्रेसन" नामक एक प्रयोग का निर्माण किया।

In this experiment Bandura exposed a group of children to a video, featuring violent and aggressive actions. For the experiment Bandura made of a film of one of his students, a young woman, essentially beating up a bobo doll. / इस प्रयोग में बंदुरा ने बच्चों के एक समूह को हिंसक और आक्रामक कार्यों की विशेषता वाले एक वीडियो से अवगत कराया। प्रयोग के लिए बंदुरा ने अपने छात्रों में से एक की फिल्म बनाई, एक युवा महिला, एक बोबो गुड़िया की पिटाई कर रही थी।

- Bobo doll is an inflatable, egg-shaped balloon creature with a weight in the bottom that makes it bob back up when you knock him down. The woman punched the clown, shouting "sockeroo!" She kicked it, sat on it, hit with a little hammer, and so on, shouting various aggressive phrases. Bandura showed this film to groups of kindergartners who, as you might predict, liked it a lot. / बोबो गुड़िया एक फुलाए जाने योग्य, अंडे के आकार का गुब्बारा प्राणी है, जिसके तल में वजन है जिसे जब आप उसे नीचे गिराते हैं तो वह वापस ऊपर की ओर उठ जाती है। महिला ने "सॉकरू!", और इसी तरह, विभिन्न आक्रामक वाक्यांशों को चिल्लाते हुए जोकर को घूंसा मारा। उसने उसे लात मारी, उस पर बैठ गई, हथौड़े से प्रहार किया। बंदुरा ने इस फिल्म को किंडरगार्टनर्स (छोटे बच्चों) के समूहों को दिखाया, जैसा कि आप अनुमान लगा सकते हैं, उन्हें यह बहुत पसंद आया।
- Bandura did a large number of variations on the study: The model was rewarded or punished in a variety of ways, the kids were rewarded for their imitations, the model was changed to be less attractive or less prestigious, and so on./बंदुरा ने अध्ययन पर बड़ी संख्या में परिवर्तन किए: मॉडल को विभिन्न तरीकों से पुरस्त या दंडित किया गया, बच्चों को उनकी नकल के लिए पुरस्त किया गया, मॉडल को कम आकर्षक या कम प्रतिष्ठित होने के लिए बदल दिया गया, और इसी तरह आगे भी हुआ।

Modelling / मॉडलिंग

- In addition to other mechanisms social learning involves 'imitation' of the role models which is a process by which individuals learn new behavior by observing others, also called modelling or observational learning. / अन्य तंत्रों के अलावा सामाजिक शिक्षण में आदर्श की 'नकल' शामिल होती है जो एक ऐसी प्रक्रिया है जिसके द्वारा व्यक्ति दूसरों को देखकर नया व्यवहार सीखते हैं, जिसे मॉडलिंग या अवलोकन अधिगम भी कहा जाता है।
- In this process, no direct reinforcement is involved. / इस प्रक्रिया में, कोई प्रत्यक्ष पुनर्बलन शामिल नहीं है।
- For example, one learns to respect and disrespect different persons in his/her environment due to habit formation and attitudes. / उदाहरण के लिए, कोई व्यक्ति आदत बनाने और व्यवहार के कारण अपने वातावरण में विभिन्न व्यक्तियों का सम्मान करना और उनका अपमान करना सीखता है।

5. Insight Theory / अंतर्दृष्टि सिद्धांत

- German psychologists Wertheimer, Kohler, Koffka, and Lewin have studied the nature of perception and are the leaders of gestalt psychology. Wertheimer is considered the father of gestalt psychology. / जर्मन मनोवैज्ञानिक वर्दीमेर, कोहलर, कोफ्का और लेविन ने धारणा की प्रगति का अध्ययन किया है और ये गेस्टाल्टवाद के प्रवर्तक हैं। वर्दीमेर को गेस्टाल्ट मनोविज्ञान का जनक

- "Gestalt" is a German noun for which there is no English word equivalent. The nearest English translation of "Gestalt" is "configuration" or more simply "an organized whole". Gestalt psychologists consider the process of learning as a gestalt - an organized whole. / "गेस्टाल्ट" एक जर्मन संज्ञा है जिसके लिए कोई समकक्ष हिंदी शब्द नहीं है। "गेस्टाल्ट" का निकटतम हिंदी अनुवाद "विन्यास" या अधिक सरल रूप से "एक संगठित संपूर्ण" है। गेस्टाल्ट मनोवैज्ञानिकों ने अधिगम की प्रक्रिया को गेस्टाल्ट के एक संगठित संपूर्ण के रूप में माना जाता है।
- The 'Insight Theory of Learning' or 'Learning by insight' is promoted by Wolfgang Kohler, a Gestalt theorist. / 'सूझ द्वारा अधिगम' या 'अंतर्दृष्टि से अधिगम' को गेस्टाल्ट सिद्धांतकार वोल्फगैंग कोहलर ने बढ़ावा दिया है।
- In his theory, he has proposed the term 'Insight' that doesn't take place with trial & error, rather than it is a sudden reorganization of experience./ अपने सिद्धांत में, उन्होंने 'अंतर्दृष्टि' शब्द का प्रस्ताव किया है जिसका अर्थ परीक्षण और त्रुटि नहीं है, बल्कि यह अनुभव के अचानक पुनर्गठन से है।

Experiment / प्रयोग

Kohler demonstrated the following experiment based on insight / कोहलर ने परिज्ञान पर आधारित निम्नलिखित प्रयोग का प्रदर्शन किया:

- He kept chimpanzees in a closed room where food was kept out of their reach, and items like boxes, stick was there./ उन्होंने चिम्पांजी को एक बंद कमरे में रखा जहां भोजन को उसकी पहुंच से दूर रखा गया था, और बक्से, छड़ी जैसी चीजें वहां छोड़ी गयी थीं।
- The chimpanzee would roam inside the room to reach the food. / चिम्पांजी भोजन तक पहुंचने के लिए कमरे के अंदर घूमते रहता था।
- They would 'suddenly' stand on a box and use the stick to bring food close to them./ वे एक बक्शे पर अचानक खड़े हो जाते हैं और छड़ी का उपयोग भोजन को उनके करीब लाने की कोशिश करते थे।

- It should be noted that it was not the result of trial and error instead, the chimpanzee suddenly came up with the idea to use boxes and stick./ यह ध्यान दिया जाना चाहिए कि यह परीक्षण और त्रुटि का परिणाम नहीं था, चिम्पांजी को अचानक बक्से और छड़ी का उपयोग करने का विचार आया था।

Transfer of Learning / अधिगम का स्थानांतरण

Transfer of learning is the application of knowledge gained from completing one task to help solve a different but related, problem. / अधिगम का सकारात्मक स्थानांतरण एक अलग लेकिन संबंधित समस्या को हल करने में मदद करने के लिए एक कार्य को पूरा करने से प्राप्त हुए ज्ञान का अनुप्रयोग है।

There are three types of learning / अधिगम के तीन प्रकार हैं:

(i) Positive transfer of learning: Positive transfer of learning is when learning on one task does facilitate learning another. / **अधिगम का सकारात्मक स्थानांतरण:** अधिगम का सकारात्मक स्थानांतरण तब होता है जब एक कार्य द्वारा सीखा गया ज्ञान, अन्य कार्य को सीखने में सुविधा प्रदान करता है।

For example / उदाहरण के लिए-

- A person who can read and write Telugu trying to learn Kannada. /एक व्यक्ति जो तेलगु पढ़ और लिख सकता है कन्नड़ सीखने का प्रयास कर रहा है।

- Learning of cycle riding helping helps positively in leading of bike riding. / साइकिल चलाने का ज्ञान बाद में सकारात्मक रूप से बाइक चलाना सीखने में मदद करता है।
- When a pupil masters simple grammatical rules he is enabled to speak correct English, write competently, and study other subjects in English as well. / जब कोई छात्र सरल व्याकरणिक नियमों में महारत हासिल कर लेता है तो वह सही अंग्रेजी बोलने, सक्षम रूप से लिखने और अंग्रेजी में अन्य विषयों का अध्ययन करने में सक्षम होता है।

(ii) Negative transfer of learning: When one learning interferes with others, it is called negative transfer of learning. / **अधिगम का नकारात्मक स्थानांतरण:** जब एक शिक्षा अन्य के साथ हस्तक्षेप करती है, तो इसे प्रशिक्षण का नकारात्मक स्थानांतरण कहा जाता है।

उदाहरण: लेफ्ट-हैंड ड्राइव करने वाले वाहन राइट-हैंड ड्राइव अधिगम में बाधा डालते हैं।

Example: Left-hand drive vehicles hindering the learning of right-hand drive. / **उदाहरण:** लेफ्ट-हैंड ड्राइव करने वाले वाहन राइट-हैंड ड्राइव अधिगम में बाधा डालते हैं।

- The habit of speaking Hindi hinders to use English in communication. / हिंदी बोलने की आदत संचार में अंग्रेजी का उपयोग करने में बाधा उत्पन्न करती है।

(iii) Zero transfer of learning / अधिगम का शून्य स्थानांतरण: When previous learning has no influence on learning or performance in a later situation. / जब पिछली शिक्षा का बाद की स्थिति में अधिगम या प्रदर्शन पर कोई प्रभाव नहीं पड़ता है।

Example: Ability to do bowling has nothing to do with batting. / **उदाहरण:** गेंदबाजी करने की क्षमता का बल्लेबाजी से कोई संबंध नहीं है।

- Knowledge of history in no way affects the learning of bicycle riding. / किसी भी तरह से इतिहास का ज्ञान सीखने की साइकिल की सवारी को प्रभावित नहीं करता है।

Factors affecting the transfer of learning / अधिगम के हस्तांतरण को प्रभावित करने वाले कारक

- **Will-power:** It is also referred to as the readiness to learn. It affects the individual's efforts in the training process. The more willpower, the more will be the transfer of learning. / **इच्छा शक्ति:** इसे अधिगम की तत्परता भी कहा जाता है। यह प्रशिक्षण प्रक्रिया में व्यक्ति के प्रयासों को प्रभावित करता है। जितनी अधिक इच्छा शक्ति होगी, उतना ही अधिक अधिगम का हस्तांतरण होगा।
- **Proper environment:** For learning to take place, a stimulating environment is required that facilitates the learning process. / **उचित वातावरण:** सीखने के लिए एक प्रेरक वातावरण की आवश्यकता होती है, जो सीखने की प्रक्रिया को सुविधाजनक बनाता है।
- **Maturation:** It is an essential element of learning as the student must acquire basic physical as well as cognitive skills to learn a new behavior. / **परिपक्वता:** यह अधिगम का एक अनिवार्य तत्व है क्योंकि छात्र को एक नया व्यवहार सीखने के लिए मूल शारीरिक और साथ ही संज्ञानात्मक कौशल प्राप्त करना चाहिए।
- **Fatigue:** It does not help the transfer of learning to proceed rather it decreases the transfer of learning. / **थकान:** यह अधिगम के हस्तांतरण को आगे बढ़ने में मदद नहीं करता है बल्कि यह अधिगम के हस्तांतरण को कम करती है।

TEST YOURSELF

1. **Assertion (A): To ensure meaningful learning, it is essential to connect new materials with something the child already knows. / कथन (A): अर्थपूर्ण अधिगम के लिए, नई सामग्री को बच्चे के मौजूदा ज्ञान से जोड़ना जरूरी है।**

Reason (R): Learning occurs in a linear manner. / तर्क (R): अधिगम एकरेखीय तरीके से होता है।

Choose the correct option. / सही विकल्प चुनें।

CTET PAPER 2 [3rd Jan 2022]

(a) Both (A) and (R) are true and (R) is the correct explanation of (A) / (A) और (R) दोनों सही हैं और (R) सही व्याख्या करता है (A) की।

(b) Both (A) and (R) are true but (R) is not the correct explanation of (A) / (A) और (R) दोनों सही हैं लेकिन (R) सही व्याख्या नहीं है (A) की।

(c) (A) is true but (R) is false. / (A) सही है लेकिन (R) गलत है।

(d) Both (A) and (R) are false. / (A) और (R) दोनों गलत हैं।

2. **Which of the following form of learning, a teacher should emphasize upon: / निम्न में से अधिगम की कौन-सी तकनीक पर एक अध्यापिका को बल देना चाहिए?**

CTET PAPER 2 [3rd Jan 2022]

(a) Learning through stimulus-response / उद्दीपक-प्रतिक्रिया द्वारा अधिगम

(b) Learning through process of structured enquiry / संरचनाबद्ध अन्वेषण की प्रक्रिया द्वारा अधिगम

(c) Learning through rote-memorisation / रट्टा-मार सीखना

(d) Learning to achieve more marks than others / दूसरों से ज्यादा अंक प्राप्त करने के लिए सीखना

3. **Learning is most effective and meaningful when / अधिगम सबसे अधिक प्रभावशाली और अर्थपूर्ण होगा, अगर:**

CTET PAPER 2 [3rd Jan 2022]

(a) it occurs in contextualised manner / यह संदर्भित रूप में हो।

(b) learners are performance-oriented / अधिगमकर्ता प्रदर्शन-अभिमुखी हो।

(c) learners are motivated by intrinsic factors / अधिगमकर्ता बाह्य कारकों से अभिप्रेरित हो।

(d) information is presented in disconnected chunks / जानकारी असंबंधित खण्डों में प्रस्तुत की जाए।

4. **Which of the following is correct in context of learning? / अधिगम के संदर्भ में निम्नलिखित में से कौन-सा कथन सही है?**

CTET PAPER 2 [4th Jan 2022]

(a) Students learn best when they participate in culturally irrelevant activities. / छात्र सबसे अच्छा तब सीखते हैं जब वे सांस्तिक रूप से अप्रासंगिक गतिविधियों में भाग लेते हैं।

(b) Students learn best when they participate in meaningful activities. / सार्थक गतिविधियों में भाग लेने पर छात्र सबसे अच्छा सीखते हैं।

(c) Students learn least when they participate in culturally relevant activities. / छात्र सबसे कम तब सीखते हैं जब वे सांस्तिक रूप से प्रासंगिक गतिविधियों में भाग लेते हैं।

(d) Students learn least when they participate in meaningful activities. / विद्यार्थी सबसे कम सीखते हैं जब वे सार्थक गतिविधियों में भाग लेते हैं।

5. **In order to enhance problem solving skills of students, which of the following**

is a good strategy? / छात्रों के समस्या समाधान कौशल को बढ़ाने के लिए, निम्नलिखित में से कौन-सी एक अच्छी रणनीति है?

CTET PAPER 2 [4th Jan 2022]

(a) Create situations that demands application of knowledge. / ऐसे परिस्थितियाँ बनाएँ जिनमें ज्ञान के अनुप्रयोग की माँग हो।
(b) Give a list of facts to rote-memorize. / रटने-याद करने के लिए तथ्यों की एक सूची दें।
(c) Instruct students to copy written information from board. / छात्रों को बोर्ड पर लिखी जानकारी की नकल करने का निर्देश दें।
(d) Teach content for getting good marks in exams. / परीक्षा में अच्छे अंक प्राप्त करने के लिए विषयवस्तु पढ़ाएँ।

6. To address the diverse learning needs of the students, which of the following is a barrier? / विद्यार्थियों की सीखने की विविध जरूरतों को पूरा करने के लिए, निम्नलिखित में से कौन एक बाधा है?

CTET PAPER 2 [5th Jan 2022]

(a) Engagement in the activities in multiple ways / गतिविधियों में कई तरह से संलग्र होना
(b) Expression of opinion in multiple ways / कई तरह से राय की अभिव्यक्ति
(c) Labeling and ranking of students in multiple ways / कई तरीकों से विद्यार्थियों की नामीकरण और क्रमीकरण
(d) Representation of information in multiple ways / कई तरीकों से सूचना का प्रतिनिधित्व

7. Anita watches a youtube video to understand the process of baking a cake and then bakes a cake following exact steps. Which kind of learning is taking place in this case? / अनीता केक बनाने की प्रक्रिया को समझने के लिए एक यूट्यूब विडियो को देखती है और फिर बिल्कुल उसी तरह चरण अपनाकर एक केक बनाती है। इस तरह के सीखने की प्रक्रिया को क्या कहेंगे?

CTET PAPER 2 [6th Jan 2022]

(a) Classical conditioning / शास्त्रीय अनुकूलन
(b) Observational learning / अवलोकन अधिगम
(c) Insightful learning / अंतर्दृष्टिपूर्ण अधिगम
(d) Operant conditioning / क्रिया-प्रसूत अनुकूलन

8. Assertion (A): For meaningful learning to take place, it is important that children feel loved and valued / अभिकथन (A): अर्थपूर्ण अधिगम के लिए जरूरी है कि बच्चे समझें कि उन्हें प्यार व सम्मान दिया जा रहा है।
Reason (R): Emotions play a significant role in condition / तर्क (R): अधिगम में संवेग एक बहुत महत्त्वपूर्ण भूमिका निभाते हैं।
Choose the correct option. / सही विकल्प चुनें।

CTET PAPER 2 [6th Jan 2022]

(a) Both (A) and (R) are true and (R) is the correct explanation of (A) / (A) और (R) दोनों सही हैं और (R) सही व्याख्या करता है (A) की।
(b) Both (A) and (R) are true but (R) is not the correct explanation of (A) / (A) और (R) दोनों सही हैं, लेकिन (R) सही व्याख्या नहीं है (A) की।
(c) (A) is true but (R) is false / (A) सही है, लेकिन (R) गलत है।
(d) Both (A) and (R) are false / (A) और (R) दोनों गलत हैं।

9. Learning becomes effective and relevant when: / सीखना प्रभावी और प्रासंगिक हो जाता है जब:

CTET PAPER 2 [8th Jan 2022]

(a) New content is disconnected with previous knowledge / नई विषयवस्तु पिछले ज्ञान से संबंधित ना की जाए।

(b) Passive imitation is repeated several times by students / विद्यार्थियों द्वारा निष्क्रिय नकल कई बार दोहराई जाती है।
(c) Students are actively involved in process of meaning-making / विद्यार्थी अर्थ-निर्माण की प्रक्रिया में सक्रिय रूप से शामिल होते हैं।
(d) Students' responses are conditioned using certain stimulus / विद्यार्थियों की प्रतिक्रियाएं कुछ उत्तेजनाओं का उपयोग करके अनुबंधित की जाती हैं।

10. Assertion (A): Teachers should encourage children to work individually and discourage cooperation. / अभिकथन (A): शिक्षिका को बच्चों को व्यक्तिगत रूप से काम करने के लिए प्रोत्साहित करना चाहिए व सहयोग करने से हतोत्साहित करना चाहिए।
Reason (R): Collaboration is a highly ineffective strategy in a classroom with diverse learners. / कारण (R): विविध शिक्षार्थियों वाली कक्षा में सहयोग एक अत्यधिक अप्रभावी रणनीति है।
Choose the correct option. / सही विकल्प चुनें।

CTET PAPER 2 [11th Jan 2022]

(a) Both (A) and (R) are true and (R) is the correct explanation of (A) / (A) और (R) दोनों सही हैं और (R) सही व्याख्या करता है (A) की।
(b) Both (A) and (R) are true but (R) is not the correct explanation of (A) / (A) और (R) दोनों सही हैं लेकिन (R) सही व्याख्या नहीं है (A) की।
(c) (A) is true but (R) is false. / (A) सही है लेकिन (R) गलत है।
(d) Both (A) and (R) are false. / (A) और (R) दोनों गलत है।

11. Which of the following is a correctly matched pair of appropriate accommodation strategy with respective to inclusion of students with the specific learning preferences? / निम्नलिखित में से कौन-सा विकल्प दी गयी विशिष्ट अधिगम वरीयता वाले विद्यार्थियों के समावेशन हेतु यथोचित संयोजन रणनीति का सही युग्म है?

CTET PAPER 2 [11th Jan 2022]

(a) Kinesthetic: Read material aloud to them / गतिसंवेदी: सामग्री को जोर से पढ़ना।
(b) Auditory: Highlight main points in books/notes / श्रवण: पुस्तकों/नोट्स से मुख्य अंशों को चिह्नित करना।
(c) Tactile: Ask for oral summaries of material / स्पर्शनीय: सामग्री के मौखिक सारांश के लिए पूछना।
(d) Visual: Use maps and flows charts to organize materials / दृश्य: विषयवस्तु को व्यवस्थित करने के लिए मानचित्र और प्रवाह चार्ट का उपयोग करना।

12. The establishment of a ……… and ……… atmosphere is an essential part of learning at school. / ……… और ……… वातावरण की स्थापना विद्यालयों में अधिगम का एक अनिवार्य हिस्सा है।

CTET PAPER 2 [11th Jan 2022]

(a) collaborative, co-operative / सहयोगात्मक, सहकारात्मक
(b) competitive, boring / प्रतिस्पर्धात्मक, उबाऊ
(c) constructive, mechanical / रचनात्मक, यांत्रिक
(d) threatening, challenging / भयपूर्ण, चुनौतीपूर्ण

13. To encourage meaningful learning students should be motivated to set ……… goals rather than ……… goals. / विद्यार्थियों के सार्थक शिक्षण के लिए उत्साहित करने के लिए उन्हें उद्देश्य रूप में ……… के स्थान पर ……… लिए प्रेरित करना चाहिए।

CTET PAPER 2 [21st Dec 2021]

(a) learning, performance / अवबोध, उपलब्धि
(b) performance, learning / उपलब्धि, अवबोध

(c) failure avoiding, failure accepting / असफलता ना होने देने, असफलता स्वीकारना

(d) failure accepting, failure avoiding / असफलता स्वीकारना, असफलता न होने देना

14. Students learn best by ……… / विद्यार्थी सर्वोत्तम रूप से कब सीखते हैं?

CTET PAPER 2 [27th Dec 2021]

(a) Meaningful engagement with context / विषयवस्तु के साथ अर्थपूर्ण सलंग्र से

(b) Passively following verbal instructions of teachers / अध्यापिका के मौखिक निर्देशों का निष्क्रिय पालन करके

(c) Copying and imitating actions of others / दूसरे के व्यवहार की नकल और अनुकरण करके

(d) Rote memorising the given content / दी गई विषयवस्तु का रट्टा मार के

15. The kind of learning in which children learn through imitation of others is called. / अधिगम का वह रूप जिसमें बच्चे दूसरों की नकल करके सीखते हैं, क्या कहलाता है?

CTET PAPER 2 [29th Dec 2021]

(a) Social learning / सामाजिक अधिगम

(b) Behavioristic learning / व्यवहारवादी अधिगम

(c) Discovery learning / अन्वेषण अधिगम

(d) Humanistic learning / मानवतावादी अधिगम

ANSWER KEY

1.	C	2.	B	3.	A	4.	B	5.	A	6.	C	7.	B
8.	A	9.	C	10.	D	11.	D	12.	A	13.	B	14.	A
15.	A												

CHAPTER

7

SOCIALIZATION
समाजीकरण

Socialization / समाजीकरण

The process of learning to internalize the values and norms into itself or the mode of learning to live in society is called the process of socialization. / शब्द "समाजीकरण" सामाजिक कौशल प्राप्त करने के तरीके या मूल्यों और परंपराओं को आत्मसात करने के लिए अधिगम की प्रक्रिया को संदर्भित करता है।

It may be defined more comprehensively as a life-long process of inculcation whereby an individual learns the principles, values, and symbols of the social system in which he participates and the expression of those values and norms in the roles he enacts. / इसे अधिक व्यापक रूप से सतत चलने वाली प्रक्रिया के रूप में परिभाषित किया जा सकता है जिसके द्वारा एक व्यक्ति उस सामाजिक व्यवस्था के सिद्धांतों, मूल्यों और प्रतीकों को सीखता है जिसमें वह भाग लेता है और उन मूल्यों और मानदंडों की अभिव्यक्ति को व्यक्त करता है।

Characteristics of socialization / समाजीकरण की विशेषताएं

- It is a lifelong process, it occurs throughout life. / यह सतत चलने वाली प्रक्रिया है, यह जीवन पर्यन्त चलती रहती है।
- The roles a person enacts are the expressions of his social nature. / एक व्यक्ति की भूमिकाएँ उसके सामाजिक स्वभाव की अभिव्यक्ति होती हैं।
- Socialization is not a learner process, a learner should have to cover multiple aspects. / समाजीकरण एक अधिगम की प्रक्रिया ही नहीं है, बल्कि इसमें एक शिक्षार्थी के कई पहलुओं को शामिल करना चाहिए।
- The learner learns social values much by direct involvement in the social cultures, society, groups, etc. / शिक्षार्थी सामाजिक मूल्यों को सामाजिक संस्तियों, समाज, समूहों आदि में प्रत्यक्ष रूप से शामिल करके बहुत कुछ सीखतें हैं।
- The norms of society are gained by directly/informally involvement in society, this process is much better than learning through formal agencies./ समाज में भागीदारी, चाहे औपचारिक रूप से हो या अनौपचारिक रूप से, सामाजिक मानदंडों को प्राप्त करने में मदद करती है। यह प्रक्रिया औपचारिक संस्थाओं के माध्यम से सीखने की तुलना में बहुत उत्तम है।
- The nature of what one communicates in society is determined by the influence of one's interaction with society./ समाज में जो कुछ भी संप्रेषण करते हैं उसकी प्रगति समाज के साथ उसकी अन्त:क्रिया के प्रभाव से निर्धारित होती है।

Principles of Socialization / समाजीकरण के सिद्धांत

- To make new members of society familiar with social traditions, manners, customs, etc./ सामाजिक परंपराओं, शिष्टाचार, रीति-रिवाज आदि से समाज के नए सदस्यों को परिचित कराना।

- To prepare the members of the society to adapt to the constantly changing environment / समाज के सदस्यों को लगातार बदलते परिवेश के अनुकूल बनाने के लिए तैयार करना।
- To lead to education through a process of social interaction / सामाजिक संपर्क की प्रक्रिया के माध्यम से शिक्षा का नेतृत्व करना।
- To study the various types of social relationships and their impact on individual development./ विभिन्न प्रकार के सामाजिक संबंधों और व्यक्तिगत विकास पर उनके प्रभाव का अध्ययन करना।
- To control the teaching-learning process to achieve the personality development of every single child./ प्रत्येक एकल बच्चे के व्यक्तित्व विकास को प्राप्त करने के लिए शिक्षण-अधिगम प्रक्रिया को नियंत्रित करना।

Types of socialization / समाजीकरण के प्रकार

1. Primary Socialization / प्राथमिक समाजीकरण	It happens during infancy and childhood. It refers to the process where the child becomes socialized through the family in the early childhood years. / यह शैशवास्था और बाल्यावस्था के दौरान होता है। यह उस प्रक्रिया को संदर्भित करता है जहां बच्चे को बचपन के वर्षों में परिवार के माध्यम से समाजीग्त किया जाता है। • This highlights that the key agent in the process of primary socialization is the family. / यह रेखांकित करता है कि प्राथमिक समाजीकरण की प्रक्रिया में प्रमुख माध्यम परिवार है। • **Example,** a very young child in a family has little knowledge of his culture. It is through the family that the child gets to know what is accepted and what is not in a particular society./ **उदाहरण:** एक परिवार में बहुत छोटे बच्चे को अपनी संस्मति का बहुत कम ज्ञान होता है। परिवार के माध्यम से ही एक बच्चे को पता चलता है कि किसी विशिष्ट समाज में क्या स्वीकार्य है और क्या नहीं।
2. Secondary Socialization / द्वितीयक समाजीकरण	It occurs once the infant passes into the childhood phase and continues into maturity. It refers to the process that begins in the later years through agencies such as neighbourhood, school and peer groups. / यह तब होता है जब बच्चा बाल्यावस्था के चरण में गुजरता है और परिपक्वता में जाता है। यह उस प्रक्रिया को संदर्भित करता है, जो बाद के वर्षों में पड़ोस, विद्यालय और सहकर्मी समूहों जैसे माध्यम से शुरू होता है। • During this phase more than the family, some other agents of socialization like the neighbourhood, school and peers' group begin to play a role in socializing the child./ परिवार से अधिक इस चरण के दौरान, पड़ोस, स्कूल और दोस्तों के समूह जैसे समाजीकरण के कुछ अन्य माध्यम बच्चे को सामाजिक बनाने में भूमिका निभाने लगते हैं। • **Example**: Schools help children in learning the importance of social cohesion and unity and inculcating the informal cues about social roles through interaction. / **उदाहरण:** विद्यालय बच्चों को मूल्यों, मानदंडों और परंपराओं को प्राप्त करने में तथा बातचीत के माध्यम से सामाजिक भूमिकाओं के बारे में अनौपचारिक संकेतों को विकसित करने में मदद करते हैं।
3. Development Socialization / विकासात्मक समाजीकरण	It is the process of learning behavior in a social institution or developing social skills / यह एक सामाजिक संस्था में व्यवहार सीखने या सामाजिक कौशल विकसित करने की प्रक्रिया है।

4. Anticipatory Socialization /प्रत्याशात्मक समाजीकरण	It refers to the mental rehearsals, concrete plans, and subtle changes in values and perceptions that a significant change in social roles about to occur / यह मानसिक पूर्वाभ्यास, मूर्त योजनाओं और मूल्यों और धारणाओं में सूक्ष्म परिवर्तन को संदर्भित करता है, जो सामाजिक भूमिकाओं में एक महत्वपूर्ण परिवर्तन होने वाला है।
5. Re-socialization / पुनः समाजीकरण	It refers to the process of discarding former behavior pattern and accepting new ones as part of a transition in one's life. This occurs throughout the human life./ यह पूर्व व्यवहार स्वरुप को त्यागने और एक के जीवन में परिवर्तन के भाग के रूप में नए लोगों को स्वीकार करने की प्रक्रिया को संदर्भित करता है। यह पूरे मानव जीवन में होता है।

- **Social development in infancy:** As an infant, strong ties are established between the child and his/her caretaker, generally mother, father, or family members. / **शैशवावस्था में सामाजिक विकास:** एक शिशु के रूप में, बच्चे और उसकी देखभाल करने वाले (आमतौर पर माँ, पिता, या परिवार के सदस्य) के बीच मजबूत संबंध स्थापित होते हैं।
- **Social development in early childhood:** At this stage, most children typically begin to: / **पूर्व बाल्यवस्था में सामाजिक विकास:** पूर्व बाल्यवस्था में सामाजिक विकास:
  - Develop friendships with other kids / अन्य बच्चों के साथ मित्रत
  - Compare themselves to other children and adults/ खुद की तुलना दूसरे बच्चों और बड़ों से
  - Understand other people's thoughts and feelings / दूसरे लोगों के विचारों और भावनाओं की समझ
  - Initiate or join in play with other children and makeup games / अन्य बच्चों और मेकअप गेम्स के साथ खेलने की पहल
  - Show an understanding of right and wrong / सही और गलत की समझ
  - Listen while others are speaking/ दुसरो को बोलते हुए सुनना
- **Social development during late childhood:** At this stage, he learns to get along with his age-mates. / **उत्तर बाल्यावस्था के दौरान विकासात्मक कार्य:** इस स्तर पर, वह अपनी उम्र के साथियों के साथ मिलना सीखता है।
  - From the above, we can conclude that the social development of a child actually begins in early childhood. / उपरोक्त से, हम यह निष्कर्ष निकाल सकते हैं कि बच्चे का सामाजिक विकास वास्तव में पूर्व बाल्यवस्था में शुरू होता है।

TEST YOURSELF

1. Lots of cues about 'gender appropriate' ways of behaving come from films and advertisements. This highlights the role of ______as a ______agency of socialization. / फिल्मों और विज्ञापनों से व्यवहार के जेंडर उपयुक्त तरीकों के बारे में बहुत संकेत मिलते हैं। यह समाजीकरण की______संस्था के रूप में ______की भूमिका पर प्रकाश डालता है।

CTET PAPER 1 [5th Jan 2022]

(a) media; primary / मीडिया; प्राथमिक
(b) media; secondary / मीडिया; द्वितीयक
(c) school; primary / स्कूल; प्राथमिक
(d) school; secondary / स्कूल; द्वितीयक

2. Which of the following is an agency of primary socialization of children? / निम्न में से बच्चों के प्राथमिक समाजीकरण की संस्था कौन-सी है?

CTET PAPER 1 [7th Jan 2022]

(a) Books and magazine / किताबें और पत्रिकाएँ
(b) Media / मीडिया
(c) Religious institutions / धार्मिक संस्थान
(d) Family / परिवार

3. _______and _______are the secondary agencies for socialisation of children. / _______और _______बच्चों के सामाजीकरण के द्वितीयक कारक हैं।

CTET PAPER 1 [10th Jan 2022]

(a) family; neighbourhood / परिवार; आस-पड़ोस
(b) religion; parents / धर्म; अभिभावक
(c) school; religion / स्कूल; धर्म
(d) family; school / परिवार; स्कूल

4. _______is responsible for primary socialization of children. / _______बच्चों के प्राथमिक सामाजीकरण के लिए जिम्मेदार है।

CTET PAPER 1 [12th Jan 2022]

(a) School / स्कूल
(b) Religious institutions / धार्मिक संस्थान
(c) Mass media / मास गीडिया
(d) Family / परिवार

5. Children learns the knowledge, skills, values, customs of the society by- / बच्चे अपने समाज के बारे में ज्ञान, रहने के कौशल, मूल्य, रीतियाँ किससे सीखते हैं?
(i) neighbourhood / आस-पड़ोस
(ii) religion / धर्म
(iii) school / स्कूल
(iv) peer group / समकक्षीय समूह

CTET PAPER 1 [17th Jan 2022]

(a) (i), (iii)
(b) (i), (iv)
(c) (i), (iii), (iv)
(d) (i), (ii), (iii), (iv)

6. Which of the following are primary socializing agencies for children? / निम्नलिखित में से कौन सी बच्चों के समाजीकरण की प्राथमिक संस्थाएं हैं?

CTET PAPER 1 [30th Dec 2021]

(a) School and neighbourhood / स्कूल एवं पास-पड़ोस
(b) Family and media / परिवार और संचार माध्यम
(c) Neighbourhood and teachers / पास पड़ोस एवं शिक्षक
(d) Family and neighbourhood / परिवार एवं पास-पड़ोस

7. Schools teach new behaviours and rules to children and expect them to act accordingly. The school is acting as an agency of ______ socialisation. / विद्यालय बच्चों को नए व्यवहार और नियम सिखाते हैं और उनसे इसी अनुरूप क्रिया की अपेक्षा करते हैं। विद्यालय समाजीकरण की ______संस्था के रूप में कार्य कर रहा है।

CTET PAPER 1 [31th Dec 2021]

(a) primary / प्राथमिक
(b) constructive / संरचनात्मक
(c) secondary / द्वितीय
(d) analytic / विश्लेषक

8. Which of the following is primary agent of socialisation for children ? / निम्नलिखित में से कौन-सा बच्चों के समाजीकरण का प्राथमिक कारक है?

CTET Paper 1 [21st Jan 2022]

(a) Books and magazines / पुस्तकें और पत्रिकाएँ
(b) Immediate family / निकटस्थ परिवार
(c) Parent's work place / माता-पिता का कार्यस्थल
(d) Staff at hospital / अस्पताल के कर्मचारी

9. ______ refers to the learning that children undergo when they enter social institutions such as school. / सीखने की वह प्रक्रिया क्या कहलाती है जिसमें बच्चे स्कूल जैसी सामाजिक संस्थाओं में प्रवेश करके सीखते हैं?

CTET PAPER 1 [21th Dec 2021]

(a) Maturation / परिपक्वता

(b) Passive socialisation / निष्क्रिय समाजीकरण
(c) Primary socialisation / प्राथमिक समाजीकरण
(d) Secondary socialisation / द्वितीयक समाजीकरण

10. Process of primary socialisation begins from______/प्राथमिक समाजीकरण की प्रक्रिया किस अवस्था से शुरु हो जाती है?

CTET PAPER 2 [27th Dec 2021]

(a) infancy / शैशवावस्था
(b) childhood / बाल्यावस्था
(c) adolescence / किशोरावस्था
(d) adulthood / प्रौढ़ावस्था

11. _______ is a primary and _______ is a secondary agent of socialization. / _______ समाजीकरण का प्राथमिक और______ समाजीकरण का द्वितीयक कारक है।

CTET PAPER 1 [15 Jan 2022]

(a) family, school / परिवार, विद्यालय
(b) media, family / मीडिया, परिवार
(c) school, media / विद्यालय, मीडिया
(d) media, neighbourhood / मीडिया, पास पड़ोस

12. Secondary socialisation maps the period in ______when the child begins to attend formal institutions such as the school. / बच्चों का द्वितीयक _______समाजीकरण की अवस्था में प्रारंभ हो जाता है जब वह स्कूल जैसे औपचारिक संस्थानों में जाना शुरू कर देते हैं।

CTET PAPER 2 [17th Jan 2022]

(a) infancy / शैशवस्था
(b) early childhood / पारंपरिक बाल्यावस्था
(c) middle childhood / माध्यमिक बाल्यावस्था
(d) adolescence / किशोरावस्था

13. Which of the following statements about socialization is correct? / निम्नलिखित कथनों में से कौन सा कथन समाजीकरण के संदर्भ में सही है?

CTET PAPER 2 [21st Jan 2022]

(a) Families and schools are major contributors to socialization but there are other agencies such as media and peers who have an important role. / परिवार और स्कूल समाजीकरण में प्रमुख योगदान देते हैं लेकिन मीडिया और सहपाठी जैसे अन्य संस्थान भी हैं, जो महत्वपूर्ण भूमिका निभाते हैं।
(b) Schools are the primary agency of socialization of children. / स्कूल बच्चों के प्राथमिक समाजीकरण के प्रमुख संस्थान हैं।
(c) Media is not a very significant agency of socialization of children. / मीडिया बच्चों के समाजीकरण का महत्वपूर्ण संस्थान नहीं है।
(d) Religious institutions do not play any role in socialization of children. / बच्चों के समाजीकरण में धार्मिक संस्थाएं किसी भी तरह की भूमिका नहीं निभाती हैं।

14. Which of the following statements about socialization of children is correct? / बच्चों के समाजीकरण के संदर्भ में कौन-सा कथन सही है?

CTET PAPER 2 [11th Jan 2022]

(a) Media is an agency of primary socialization. / मीडिया समाजीकरण की प्राथमिक संस्था है।
(b) Media is an agency of secondary socialization. / मीडिया समाजीकरण की द्वितीयक संस्था है।
(c) Media is an important part of the child's microsystem. / मीडिया बच्चे के सूक्ष्म तंत्र का अभिन्न हिस्सा है।
(d) Media is not an agency of socialization. / मीडिया समाजीकरण की संस्था नहीं है।

15. Socialization is a / समाजीकरण –

CTET PAPER 2 [12th Jan 2022]

(a) simple process of passing on customs and ritual of the society. /समाज के रीति-रिवाजों को पारित करने की एक सरल प्रक्रिया है।

(b) complex process that takes places in overt as well as covert manner. / जटिल प्रक्रिया है जो प्रत्यक्ष और अप्रत्यक्ष दोनों रूप से होती है।

(c) linear process that happens in an orderly manner. / व्यवस्थित तरीके से होने वाली रैखिक प्रक्रिया है

(d) formal process that is planned by the family only. / औपचारिक प्रक्रिया है, जो केवल परिवार द्वारा नियोजित होती है।

ANSWER KEY													
1.	B	2.	D	3.	C	4.	D	5.	D	6.	D	7.	C
8.	B	9.	D	10.	A	11.	A	12.	B	13.	A	14.	B
15.	B												

CHAPTER

8

INCLUSIVE EDUCATION
समावेशी शिक्षा

Inclusive Education (IE) is a new approach towards educating children with disabilities and **learning difficulties with that of normal ones** within the same roof. It brings all students together in one classroom and community, regardless of their strengths or weaknesses in any area, and seeks to maximize the potential of all students./ **समावेशी शिक्षा (IE)** एक ही छत के भीतर विकलांग बच्चों और सीखने की कठिनाइयों के साथ सामान्य बच्चों को शिक्षित करने की दिशा में एक नया दृष्टिकोण है। यह किसी भी क्षेत्र में उनकी क्षमता या कमजोरियों की परवाह किए बिना सभी छात्रों को एक कक्षा और समुदाय में एक साथ लाता है, और सभी छात्रों की क्षमता को अधिकतम करने का प्रयास करता है।

Inclusive education means education for all children in school. Classrooms and schools have students coming from different places and intersections of society. To accommodate the diversity of our population and make education more inclusive, certain practices and infrastructure must be in place. / **समावेशी शिक्षा** का अर्थ 'विद्यालय में सभी बच्चों के लिए शिक्षा' है। कक्षाओं और विद्यालयों में समाज के विभिन्न स्थानों और चौराहों से आने वाले विद्यार्थी होते हैं। हमारी आबादी की विविधता को समायोजित करने और शिक्षा को अधिक समावेशी बनाने के लिए, कुछ प्रथाओं और संरचनाओं को अपने स्थान पर होना चाहिए।

Objectives of Inclusive Education / समावेशी शिक्षा के उद्देश्य

- **Improving access to learning:** To provide more equitable access to education and educational resources. This improves the representation of all segments of the population and promotes education for all diverse students. / **अभिगम में सुधार:** शिक्षा और शैक्षिक संसाधनों तक अधिक समान अभिगम प्रदान करना। यह जनसंख्या के सभी वर्गों के प्रतिनिधित्व में सुधार करता है और सभी विविध छात्रों के लिए शिक्षा को बढ़ावा देता है।
- **Ensuring the same opportunities for everyone:** By providing education to all, we ensure everyone can have the same opportunities for growth and development. /**सभी के लिए समान अवसर को सुनिश्चित करना:** सभी को शिक्षा प्रदान करके, हम यह सुनिश्चित करते हैं कि सभी को वृद्धि और विकास के समान अवसर मिल सकें।

- **Holistic development:** It has been noted that children with special perform better when they sit with regular students rather than in separate classes. / **समग्र विकास:** यह देखा गया है कि विशेष वर्ग के बच्चे अलग-अलग कक्षाओं के अलावा नियमित छात्रों के साथ बैठने पर बेहतर प्रदर्शन करते हैं।
- **Improved participation:** Inclusive classrooms promote the participation of every student. And this culminates in higher participation of diverse people on the larger scale of things in the country as well as fostering self-reliance in taking care of themselves. / **बेहतर भागीदारी:** समावेशी कक्षाएं प्रत्येक छात्र की भागीदारी को बढ़ावा देती हैं। और यह देश में बड़े पैमाने पर विविध लोगों की उच्च भागीदारी के साथ-साथ स्वयं की देखभाल करने में आत्मनिर्भरता को बढ़ावा देने में परिणामित होता है।
- **Better infrastructure:** Inclusive education promotes building infrastructure which is disability friendly as well as ensuring access to information, opportunities, and social acceptance for students with special needs. / **श्रेष्ठ संरचना:** समावेशी शिक्षा संरचना के निर्माण को बढ़ावा देती है जो दिव्यांगता के अनुकूल होने के साथ-साथ विशेष आवश्यकता वाले छात्रों के लिए सूचना, अवसरों और सामाजिक स्वीगति तक पहुँच को सुनिश्चित करता है।
- **Facilitating empowerment:** When students are able to make their own decisions, work towards their development and contribute to the larger community, this promotes the feeling of empowerment. /**सशक्तिकरण की सुविधा:** जब विद्यार्थी अपने निर्णय को लेने में सक्षम होते हैं, अपने विकास की दिशा में काम करते हैं और बड़े समुदाय में योगदान करते हैं, यह सशक्तिकरण की भावना को बढ़ावा देता है।

Basic Principles of Inclusive Education / समावेशी शिक्षा के मूल सिद्धांत

- Equity and equal opportunities for all. / सभी के लिए समानता और समान अवसर।
- Well constructed educational plan. / अच्छी तरह से शैक्षिक योजना का निर्माण करना।
- Use of multilingualism as a resource./ संसाधन के रूप में बहुभाषावाद का उपयोग।
- Use of specific pedagogical strategies./ विशिष्ट शैक्षणिक रणनीतियों का उपयोग।
- Sensitization towards individual differences/ व्यक्तिगत भिन्नता के प्रति संवेदनशीलता।

Special education needs (SEN) / विशेष शिक्षा आवश्यकताओं (SEN)

Special education needs (SEN) mean specially designed instruction for children with the above-mentioned challenges in all settings such as classrooms, home, workplace, public places, the street, and rehabilitation homes, etc./ **विशेष शिक्षा आवश्यकताओं (SEN)** का अर्थ कक्षाओं, घर, कार्यस्थल, सार्वजनिक स्थानों, गली और पुनर्वास घरों आदि जैसी सभी व्यवस्थाओं में उपर्युक्त चुनौतियों वाले बच्चों के लिए विशेष रूप से प्रारूपित किया गया निर्देश है

- Special Educational Needs (SEN) refer to learners with learning, physical, and developmental disabilities; behavioral, emotional, and communication disorders; and learning deficiencies./ विशेष शैक्षिक आवश्यकताएँ (SEN), शारीरिक और विकासात्मक अक्षमताओं; व्यवहार, भावनात्मक और संचार विकार; और अधिगम अक्षमता वाले शिक्षार्थियों को संदर्भित करती हैं।
- Children's Special Educational Needs (SEN) are met through certain methodologies of special education./बच्चों की विशेष शैक्षिक आवश्यकताओं (SEN) को विशेष शिक्षा की कुछ पद्धतियों के माध्यम से पूरा किया जाता है।
- When children/ students with SEN study in general classrooms with their peers, the arrangement is called 'inclusive education./ छात्र अपने साथियों के साथ सामान्य कक्षाओं में पढ़ते हैं, तो इस व्यवस्था को 'समावेशी शिक्षा' कहा जाता है।

- **Children** with special needs are children who have some difficulties which come in the way of their being able to function adequately in the family, community, or school. / विशेष आवश्यकता वाले बच्चे वे बच्चे होते हैं जिन्हें कुछ कठिनाइयाँ होती हैं जो उनके परिवार, समुदाय या स्कूल में पर्याप्त रूप से कार्य करने में सक्षम होने के मार्ग में आती हैं।
- The difficulty may be physical, cognitive, language, social, emotional, or psychological. / कठिनाई शारीरिक, संज्ञानात्मक, भाषा, सामाजिक, भावनात्मक या मनोवैज्ञानिक हो सकती है।
- CWSN children need special or extra inputs to help them overcome their difficulties./ CWSN बच्चों को उनकी कठिनाइयों को दूर करने में मदद करने के लिए विशेष या अतिरिक्त इनपुट की आवश्यकता होती है।
- They are taught through a different approach that includes / उन्हें एक अलग उपागम के माध्यम से पढ़ाया जाता है जिसमें शामिल हैं:
  1. Diversity of curriculum. / पाठ्यचर्या की विविधता
  2. Development of sports and extracurricular activities./ खेल और पाठ्येतर गतिविधियों का विकास।
  3. Different teaching methods./ विभिन्न शिक्षण विधियां।
  4. Using different resources according to the needs of the students such as the use of braille script or audio-visuals./ छात्रों की आवश्यकताओं के अनुसार विभिन्न संसाधनों का उपयोग करना जैसे ब्रेल लिपि या श्रव्य-दृश्य सामग्रियों का उपयोग।
- Training for special activities is not a necessary teaching method for children with special needs./ विशेष आवश्यकता वाले बच्चों के लिए विशेष गतिविधियों के लिए प्रशिक्षण एक आवश्यक शिक्षण विधि नहीं है।
  - It can be given to students who are exceptionally well in a particular field./ यह उन छात्रों को दिया जा सकता है जो किसी विशेष क्षेत्र में असाधारण रूप से अच्छे हैं।

Some Common Learning Disabilities in Children / बच्चों में कुछ सामान्य सीखने की अक्षमता:

Disability / अक्षमता	Related / संबंधित
Dyscalculia / डिसकेल्कुलिया	Calculation/ गणना
Dysgraphia / डिसग्राफिया	Writing / लेखन
ADHD / एडीएचडी	Attention Deficit Hyperactivity Disorder/ ध्यान भाव सक्रियता विकार
Dyslexia/ पठनवैफल्य	Reading/ पढ़ना
Autism/ पठनवैफल्य	Social Interaction/ सामाजिक संबंध

The benefits of inclusion for students with SEN are as follows/ SEN वाले छात्रों के लिए समावेशन के लाभ इस प्रकार हैं:

- Spending the school day alongside normal children provides many opportunities for social interaction that would not be available in segregated settings./ सामान्य बच्चों के साथ स्कूल के दिन बिताने से सामाजिक संपर्क के कई अवसर मिलते हैं जो अलग-अलग व्यवस्था में उपलब्ध नहीं होंगे।
- Children with SEN have appropriate models of behaviour. They can observe and imitate the socially acceptable behaviour of the students without SEN./ विशेष शिक्षा आवश्यकता वाले बच्चों के व्यवहार के उपयुक्त मॉडल होते हैं। वे विशेष शिक्षा आवश्यकता के बिना छात्रों के सामाजिक रूप से स्वीकार्य व्यवहार का निरीक्षण और अनुकरण कर सकते हैं।

- Attending inclusive schools increases the probability that students with SEN will continue to participate in a variety of integrated settings throughout their lives/समावेशी स्कूलों में भाग लेने से यह संभावना बढ़ जाती है कि विशेष शिक्षा आवश्यकता वाले छात्र अपने पूरे जीवन में विभिन्न प्रकार की एकीग्त व्यवस्था में भाग लेते रहेंगे।
- It values the diversity, each child brings to the classroom and facilitates all with equal opportunities to learn and grow. It improves the quality and making provisions of education for all./ यह विविधता को महत्व दती है, प्रत्येक बच्चे को कक्षा में लाती है और सभी को सीखने और बढ़ने के समान अवसर प्रदान करती है। यह गुणवत्ता में सुधार करती है और सभी के लिए शिक्षा का प्रावधान करती है।

Backwardness / पिछड़ापन

Backwardness is an individualistic problem and differs from person to person. A child is called backward when his educational achievement is below the level of his natural abilities. The cause can be ranging from many physical, mental, and personal conditions./ पिछड़ापन एक व्यक्तिवादी समस्या है और एक व्यक्ति से दूसरे व्यक्ति में भिन्न होती है। एक बच्चे को पिछड़ा तब कहा जाता है जब उसकी शैक्षिक उपलब्धि उसकी प्रागतिक क्षमताओं के स्तर से कम हो। इसका कारण कई शारीरिक, मानसिक और व्यक्तिगत स्थितियों हो सकती है।

Causes of Backwardness / पिछड़ेपन के कारण

- **Defective eyesight,** hearing, speech defects, or chronic disease or illness are some physical causes./ दोषपूर्ण दृष्टि, श्रवण, वाक् दोष, या पुरानी बीमारी या विकार कुछ शारीरिक कारण हैं।
- Mental deficiency is also one of the causes of backwardness. Some children are born with some inherent defects in their brain system or with some intellectual sub-normality / मानसिक कमी भी पिछड़ेपन का एक कारण है। कुछ बच्चे अपने मस्तिष्क प्रणाली में कुछ अंतर्निहित दोषों के साथ या कुछ बौद्धिक उप-सामान्यता के साथ पैदा होते हैं।
- **Poverty,** broken homes and divorce between father and mother, Presence of stepfather or mother in the house, or bad company are some social and environmental causes. / गरीबी, टूटे घर और पिता और माता के बीच तलाक, घर में सौतेले पिता या माता की उपस्थिति, या बुरी संगत कुछ सामाजिक और पर्यावरणीय कारण हैं।
- The school is also responsible for backwardness as due to inefficient and untrained teachers lead to a **defective curriculum./** स्कूल पिछड़ेपन के लिए भी जिम्मेदार है क्योंकि अकुशल और अप्रशिक्षित शिक्षकों के कारण दोषपूर्ण पाठ्यक्रम होता है।

Evaluation system / मूल्यांकन प्रणाली:

- The evaluation system followed by the school is also a contributing factor./ विद्यालय द्वारा अपनाई जाने वाली मूल्यांकन प्रणाली भी एक योगदान कारक है।
- A diversified evaluation system is required to evaluate diverse learners. / विविध शिक्षार्थियों के मूल्यांकन के लिए एक विविध मूल्यांकन प्रणाली की आवश्यकता है।
- The evaluation system followed in countries like India is still a barrier to inclusion./ भारत जैसे देशों में अपनाई जाने वाली मूल्यांकन प्रणाली अभी भी समावेशन में एक बाधा है।
- The school can develop a diversified evaluation system that fits all learners with different styles and abilities. / विद्यालय एक विविध मूल्यांकन प्रणाली विकसित कर सकता है जो सभी शिक्षार्थियों को विभिन्न शैलियों और क्षमताओं के साथ समायोजित होती है।

Readiness of the teacher / शिक्षक की तैयारी:

- The readiness to work with all children, especially those with disabilities is reflected in the attitude of the teacher towards inclusive education, and greatly affects the social interaction of students with special needs in the school./ सभी बच्चों के साथ कार्य करने की तत्परता, विशेष रूप से विकलांग बच्चों के लिए, समावेशी शिक्षा के प्रति शिक्षक के रवैये में परिलक्षित होता है, और विद्यालय में विशेष आवश्यकता वाले छात्रों के सामाजिक संपर्क को बहुत प्रभावित करता है।
- The attitude of a teacher is the driving force behind the learning environment. / एक शिक्षक की मनोवृत्ति अधिगम परिवेश के पीछे प्रेरक शक्ति है।
- When the teacher possesses a positive attitude towards all learners and their inclusion process, students feel welcomed and motivated to be a part of such a learning environment automatically. / जब शिक्षक सभी शिक्षार्थियों और उनकी समावेशन प्रक्रिया के प्रति सकारात्मक दृष्टिकोण रखता है, तो छात्र स्वचालित रूप से ऐसे अधिगम परिवेश का हिस्सा बनने के लिए स्वागत और प्रेरित महसूस करते हैं।

Learner's attitude / शिक्षार्थी की मनोवृत्ति:

- The attitude of a child towards receiving education in the general classes is a contributing factor to placement in inclusive education./ सामान्य कक्षाओं में शिक्षा प्राप्त करने के प्रति एक बच्चे की मनोवृत्ति समावेशी शिक्षा में नियुक्ति के लिए एक महत्वपूर्ण कारक है।
- Children with disabilities often carry the burden of stigmatization and discrimination which develops a negative attitude towards being in the midst of normal people./ दिव्यांग बच्चे अक्सर कलंक और भेदभाव का बोझ ढोते हैं जो सामान्य लोगों के बीच रहने के प्रति नकारात्मक दृष्टिकोण विकसित करता है।
- So, the educational choices of such children are often limited to special schools where they can receive education along with children who are disabled as well/ इसलिए, ऐसे बच्चों के शैक्षिक विकल्प अक्सर विशेष विद्यालयों तक सीमित होते हैं जहां वे विकलांग बच्चों के साथ-साथ शिक्षा प्राप्त कर सकते हैं।

TEST YOURSELF

1. **Inclusive Education requires: / समावेशी शिक्षा के लिए क्या जरूरी है?**

CTET PAPER 1 [4th Jan 2022]

(a) Flexible pedagogies / लचीला शिक्षाशास्त्र
(b) Inaccessible building / अगम्य इमारत
(c) Rigid mindsets / अनम्य मानसिकता
(d) Standardized curriculum / मानकीगत पाठ्यक्रम

2. **For successful inclusion of students belonging to diverse cultural backgrounds, which of the following should be avoided by the teacher? / विविध सांस्कृतिक पृष्ठभूमि के विद्यार्थियों को सफलतापूर्वक सम्मिलित करने के लिए शिक्षक को निम्नलिखित में से किससे बचना चाहिए?**

CTET PAPER 1 [6th Jan 2022]

(a) Acknowledge and respect every student. / हर विद्यार्थी को पहचानें और उसका सम्मान करें।
(b) Give priority to the experiences of dominant groups. / प्रभुत्वशाली समूहों के अनुभवों को प्राथमिकता हैं।
(c) Incorporate diversity in the content of teaching. / शिक्षण की सामग्री में विविधता शामिल करें।
(d) Practice cultural sensitivity in classroom. / कक्षा में सांस्तिक संवेदनशीलता का अभ्यास करें।

3. **In an inclusive classroom: / एक समावेशी कक्षा में:**

CTET PAPER 1 [10th Jan 2022]

(a) students are passive recipients of content of knowledge. / विद्यार्थी ज्ञान सामग्री के निष्क्रिय प्राप्तकर्ता हैं।
(b) students grow and develop in an equitable manner. / विद्यार्थी समतापूर्ण तरीके से बढ़ते और विकसित होते हैं।
(c) students get discriminated in access to technology. / प्रौद्योगिकी के उपयोग में विद्यार्थियों के साथ भेदभाव किया जाता है।
(d) students overcome the barriers to learning completely on their own. / विद्यार्थी पूरी तरह से अपने दम पर ही अधिगम में आने वाली बाधाओं को दूर करते हैं।

4. Which of the following creates barrier to inclusion of students from marginalized groups? / निम्नलिखित में से कौन हाशिए के समूहों के विद्यार्थियों को शामिल करने में बाधा उत्पन्न करता है?

CTET PAPER 1 [11th Jan 2022]

(a) Access to Educational spaces / शैक्षिक स्थानों तक पहुँच
(b) Equity in rights / अधिकारों में समता
(c) Opportunity to participate / भाग लेने का अवसर
(d) Social Stigma / सामाजिक वर्तिकाग्र

5. Which of the following practice will hinder the successful inclusion of 'auditory learners'? / निम्नलिखित में से कौन-सा अभ्यास 'श्रवण विद्यार्थियों' के सफल समावेशन में बाधा उत्पत्र करेगा?

CTET PAPER 1 [11th Jan 2022]

(a) Allow students to think aloud to themselves. / विद्यार्थियों को अपने आप से बात करके सोचने दें।
(b) Give students written rather than oral tests. / विद्यार्थियों को मौखिक परीक्षा के बजाय लिखित परीक्षा दें।
(c) Place assignment directions on tape to use later. / बाद में उपयोग करने के लिए टेप पर दत्तकार्यों के निर्देश रखें।
(d) Provide verbal instructions for assignments. / दत्तकार्यों के लिए मौखिक निर्देश दें।

6. Inclusive Education requires: / समावेशी शिक्षा में किसकी आवश्यकता है?

CTET PAPER 1 [12th Jan 2022]

(a) Conductive learning environment / सीखने का अनुकूल माहौल
(b) Labelling of students / विद्यार्थियों का नामीकरण
(c) Segregation of students / विद्यार्थियों का अलगाव
(d) Strengthening of stereotypes / रूढ़िवादों को मजबूत बनाना

7. By inclusion of the language and culture of the disadvantaged and marginalised groups within the school curriculum a teacher can ensure. / वंचित और हाशिये पर स्थित समूहों की भाषा और संस्गति को स्कूली पाठ्यक्रम में समावेशित करने से एक अध्यापक क्या सुनिश्चित कर सकता है?

CTET PAPER 1 [16th Dec 2021]

(a) equality in education / शिक्षा में समानता
(b) equity in education / शिक्षा में साम्यता
(c) sympathy for the underprivileged groups / सुविधावंचित समूहों के प्रति सहानुभूति
(d) vocational education specially for under privileged groups / विशेषत: सुविधावंचित समूहों के लिए व्यवसायिक शिक्षा

8. In a class comprising of culturally diverse students, which of the following should be avoided by a teacher? / सांस्कृतिक रूप से विविध विद्यार्थियों वाली कक्षा में एक शिक्षक को निम्नलिखित में से किससे बचना चाहिए?

CTET PAPER 1 [17th Jan 2022]

(a) Bringing examples from diverse cultures in the discussion / चर्चा में विविध संस्कृतियों के उदाहरण लाना।

(b) Developing curriculum and teaching style suitable to dominant culture / प्रभावी संस्कृति के लिए उपयुक्त पाठ्यक्रम और शिक्षण शैली विकसित करना।
(c) Encouraging students to share unique features of their culture / विद्यार्थियों को अपनी संस्कृति की अनूठी विशेषताओं को साझा करने के लिए प्रोत्साहित करना।
(d) Promoting a culture of respect and acceptance among students / विद्यार्थियों के बीच सम्मान और स्वीकृति की संस्कृति को बढ़ावा देना।

9. Which of the following is a principle of inclusion? / निम्न में से कौन सा समावेश का नियम है?

CTET PAPER 1 [20th Dec 2021]

(a) Discrimination / विभेदन (भेदभाव)
(b) Standardized instruction / मानकीकृत अनुदेश
(c) Acceptance of individual differences / व्यक्तिगत भिन्नताओं को स्वीकार करना
(d) Segregation and labelling / पृथक्करण और नामांकित करना

10. _____is NOT a principle of inclusive teaching. / निम्न में से कौन सा समावेशी अध्यापन का सिद्धांत नहीं है?

CTET PAPER 1 [23th Dec 2021]

(a) Equity / समता
(b) Segregation and labelling / पृथकीकरण और नामीकरण
(c) Systematic adaptation to diversity / विभित्रताओं के अनुसार तंत्र अनुकूलन
(d) Acceptance of individual differences / व्यक्तिगत विविधताओं को अपनाना

11. Which of the following does not characterise inclusion? / इनमें से कौन-सी विधि समावेशन के अनुरूप नहीं है-

CTET PAPER 1 [24th Dec 2021]

(a) Welcoming and celebrating diversity- / विविधता को सराहना और महत्व देना।
(b) Enabling children's self-esteem and confidence to learn. / सब बच्चों में स्वाभिमान और सीखने के लिए आत्मविश्वास बढ़ाना।
(c) Removing physical, social and attitudanal barriers. / शारीरिक, सामाजिक और प्रवृत्ति-संबंधी बाधाओं को दूर करना।
(d) Having separate school for children with hearing impairment. / श्रवण अक्षमता वाले बच्चों के लिए अलग विद्यालय का प्रावधान।

12. Which of the following practice promotes inclusion in education? / निम्नलिखित में से कौन-सी प्रथा शिक्षा में समावेशन को बढ़ावा देती है?

CTET PAPER 2 [1st Jan 2022]

(a) Corporal punishment to students / छात्रों को शारीरिक दण्ड
(b) Learning for competitive exams / प्रतियोगी परीक्षाओं के लिए सीखना
(c) Respect for diversity / विविधता का सम्मान
(d) Standardized curriculum / मानकीगत पाठ्यक्रम

13. Use of multimedia for communication will help inclusion of: / संचार के लिए बहुमाध्यम के उपयोग से निम्नलिखित में से किसके समावेशन में मदद मिलेगी?

CTET PAPER 2 [15th Jan 2022]

(i) students with intellectual difficulties / बौद्धिक चुनौतियों वाले छात्र
(ii) students with giftedness / प्रतिभाशाली छात्र
(iii) students with Autism / स्वलीनता वाले छात्र
(iv) students with Dyslexia / पठन-वैकल्य वाले छात्र

(a) (i) (b) (ii), (iii)
(c) (i), (ii), (iv) (d) (i), (ii), (iii), (iv)

14. Which of the following will hinder inclusion of learners from disadvantaged

and deprived groups? / निम्न में से कौन-सा सुविधाहीन और वंचित समूहों के शिक्षार्थियों को शामिल करने में बाधा उत्पन्न करेगा?

CTET PAPER 2 [4th Jan 2022]

(a) Flexible Curriculum / लचीला पाठ्यक्रम
(b) Decontextualized content / गैर-प्रासंगिक सामग्री
(c) Learner-centered pedagogy / शिक्षार्थी केन्द्रित शिक्षाशास्त्र
(d) Comprehensive evaluation / व्यापक मूल्यांकन

15. Use of diverse pedagogical strategies by the teachers will help in inclusion of: / शिक्षकों द्वारा विविध शैक्षणिक रणनीतियों के उपयोग से निम्नलिखित में से किसके समावेशन में मदद मिलेगी?

(i) students with speech impairment / वाक्बाधित वाले छात्र
(ii) students with visual impairment / दृष्टिबाधित छात्र
(iii) students with giftedness / प्रतिभाशाली छात्र
(iv) creative students / सृजनात्मक छात्र

CTET PAPER 2 [4th Jan 2022]

(a) (i) (b) (ii), (iii)
(c) (i), (ii), (iv) (d) (i), (ii), (iii), (iv)

ANSWER KEY													
1.	A	2.	B	3.	B	4.	D	5.	B	6.	A	7.	B
8.	B	9.	C	10.	B	11.	D	12.	C	13.	D	14.	B
15.	D												

9

PROGRESSIVE EDUCATION
प्रगतिशील शिक्षा

John Dewey, an American philosopher has proposed the concept of **'Progressive Education'** which emphasizes that **learning takes place only through 'hands-on' approach** so the students must interact with their environment to adapt and learn. / **जॉन डीवी**, एक अमेरिकी दार्शनिक ने **'प्रगतिशील शिक्षा'** की अवधारणा का प्रस्ताव दिया है। प्रगतिशील शिक्षा' जो इस बात पर बल देती है कि **शिक्षण केवल 'करके-सीखना'** दृष्टिकोण से होता है इसलिए छात्रों को अपने वातावरण के साथ अनुकूलन और अधिगम के लिए अंत: क्रिया करनी चाहिए।

Progressive classroom is a part of progressive education that believes in the capability and potential of every child. / **प्रगतिशील कक्षा** प्रगतिशील शिक्षा का एक भाग है जो हर बच्चे की क्षमता में विश्वास करती है।

1. In a progressive classroom ample opportunities should be provided for construction of knowledge as progressive education / प्रगतिशील शिक्षा के रूप में ज्ञान के निर्माण के लिए एक प्रगतिशील कक्षा में पर्याप्त अवसर प्रदान किए जाने चाहिए, क्योकि ये:
2. emphasizes to enhance skills and understanding of the learners by engaging with the contents and experiences / सामग्री और अनुभवों से जुड़कर शिक्षार्थियों के कौशल और समझ को बढ़ाने पर जोर देता है।
3. promotes **"learning by doing"** to make children self-reliant and productive to use their knowledge and talents effectively./ बच्चों को उनके ज्ञान और प्रतिभा को प्रभावी ढंग से उपयोग करने के लिए आत्मनिर्भर और उत्पादक बनाने के लिए **"करके सीखने"** को बढ़ावा देता है।
4. ensures the active participation of students by working in a group and applying practical knowledge to complete an activity./ एक समूह में काम करके और एक गतिविधि को पूरा करने के लिए व्यावहारिक ज्ञान लागू करके छात्रों की सक्रिय भागीदारी सुनिश्चित करता है।

'Progressive Education' Promotes / 'प्रगतिशील शिक्षा' निम्नलिखित को बढ़ावा देती है:

- Critical thinking / विवेचनात्मक सोच
- Problem-solving skills / समस्या समाधान कौशल
- Active engagement of students / छात्रों द्वारा सक्रिय जुड़ाव
- Development of social and communicative skills / सामाजिक और संचार कौशल विकसित करता है

<u>According to John Dewey / जॉन डेवी के अनुसार</u>

- "Education is not preparation for life; education is life itself." It is through education that you can change the face of the world. A school is a place where children explore a new world and society, so school reflects society and the natural world. / "शिक्षा जीवन की तैयारी नहीं है; शिक्षा ही

जीवन है।" शिक्षा के माध्यम से ही आप दुनिया का चेहरा बदल सकते हैं। स्कूल एक ऐसी जगह है जहाँ बच्चे एक नई दुनिया और समाज की खोज करते हैं, इसलिए स्कूल समाज और प्रागतिक दुनिया को दर्शाता है।

- Progressive Education is a "social need and function", as a "process of living and growth" which includes both social and individual aspects that are mutually dependent on each other. / एक "सामाजिक आवश्यकता और कार्य" के रूप में प्रगतिशील शिक्षा, "जीवन और विकास की प्रक्रिया" के रूप में जिसमें सामाजिक और व्यक्तिगत दोनों पहलू शामिल हैं जो एक दूसरे पर परस्पर निर्भर हैं।

Characteristics of Progressive Classroom/ प्रगतिशील कक्षा की विशेषताएँ:

- In a progressive classroom, children are assessed while doing activities/tasks. It allows children to develop their own understanding and knowledge of the world based on their own experiences and reflections. It does not give importance to silent listening only. / एक प्रगतिशील कक्षा में गतिविधियों/कार्यों को करते हुए बच्चों का मूल्यांकन किया जाता है। यह बच्चों को अपने स्वयं के अनुभवों और प्रतिबिंबों के आधार पर दुनिया की अपनी समझ और ज्ञान विकसित करने की अनुमति देती है। यह केवल मौन श्रवण को ही महत्व नहीं देती है।
- It respects the individual differences among learners as it helps in planning course material and training programs and also matching teaching and learning styles for better academic results. / यह शिक्षार्थियों के मध्य व्यक्तिगत भिन्नताओ का सम्मान करती है क्योंकि यह पाठ्यक्रम सामग्री और प्रशिक्षण कार्यक्रमों की योजना बनाने में मदद करती है और बेहतर शैक्षणिक परिणामों के लिए शिक्षण और अधिगम की शैलियों में संबंध स्थापित करती है।
- **Collaborative learning:** It teaches children the emotional intelligence and social skills they will need to operate in groups, have healthy relationships, and live happy and successful lives. / **सहयोगात्मक अधिगम:** यह बच्चों को भावनात्मक बुद्धि और सामाजिक कौशल सिखाता है जिनकी उन्हें समूहों में काम करने, अच्छे संबंध रखने और खुशहाल और सफल जीवन जीने के लिए आवश्यकता होगी।
- It focuses on experiential learning, not on marks. / यह अंकों पर नहीं, बल्कि अनुभवात्मक शिक्षा पर केंद्रित है।
- It gives a strong emphasis on problem-solving and critical thinking. / यह समस्या-समाधान और आलोचनात्मक चिंतन पर बल देता है।

Feature of Progressive Education / प्रगतिशील शिक्षा की विशेषता

- Education for society and democracy./ समाज और लोकतंत्र के लिए शिक्षा
- Collaborative and cooperative learning./ सहयोगिता पूर्ण अधिगम और सहकारी अधिगम
- Learning as opposed to rote knowledge. / रटकर सीखने के विपरीत ज्ञान अर्जित करना
- Emphasis on lifelong learning and social skills. / आजीवन सीखने और सामाजिक कौशल पर जोर
- Flexible time-table and seating arrangement / लचीली समय- सारणी और बैठने की व्यवस्था
- Integrated curriculum focused on thematic units. / एकीगत पाठ्यक्रम विषयगत इकाइयों पर केंद्रित है
- De-emphasize textbooks, emphasize multiple resources./ पाठ्यपुस्तकों पर जोर न दें, अनेक संसाधनों पर जोर दें।

Note / नोट:

(i) John Dewey is known as Father of Progressive Education / जॉन डेवी को प्रगतिशील शिक्षा के जनक के रूप में जाना जाता है

(ii) John Dewey wrote a famous born "Democracy & Education" /जॉन डेवी ने प्रसिद्ध पुस्तक "डेमोक्रेसी एंड एजुकेशन" लिखी।

TEST YOURSELF

1. **Which of the following characterizes a progressive classroom? / एक प्रगतिशील कक्षा की निम्न में से कौन-सी विशेषता है?**

CTET PAPER 1 [15t Jan 2022]

(a) Focus on drill and practice / ड्रिल और अभ्यास पर जोर देना
(b) Ability-based fixed segregation / योग्यता आधारित स्थायी अलगाव
(c) Collaborative Learning / सहयोगिता पूर्ण अधिगम
(d) Use of rewards and punishment / पुरस्कार और दण्ड का प्रयोग

2. **A teacher in a progressive classroom should believe that. / किसी प्रगतिवादी कक्षा के बारे में एक अध्यापिका का क्या विश्वास होना चाहिए?**

CTET PAPER 1 [3rd Jan 2022]

(a) Class should always be in strict control and only teacher should dictate instruction. / कक्षा हमेशा कठोर नियन्त्रण में रहे और सिर्फ अध्यापक को निर्देश देने चाहिए।
(b) Learning takes place only in the classroom. / अधिगम केवल कक्षा में ही होता है।
(c) Learners bring a rich variety of experiences with them in the classroom. / कक्षा में विद्यार्थी अपने साथ विविध प्रकार के समृद्ध अनुभव लाते हैं।
(d) Learners learn most meaningfully only through drill and practice. / विद्यार्थी केवल ड्रिल और अभ्यास के माध्यम से ही सबसे अधिक सार्थकता से सीखते हैं।

3. **In a progressive classroom, learning. / एक प्रगतिशील कक्षा में, अधिगम–**

CTET PAPER 1 [3rd Jan 2022]

(a) is a simple process. / एक सरल प्रक्रिया है।
(b) is a social process. / एक सामाजिक प्रक्रिया है।
(c) can take place only through formal instruction. / केवल औपचारिक अनुदेश द्व ारा ही हो सकता है।
(d) is conditional upon exams. / परीक्षाओं पर प्रतिबंधात्मक है।

4. **Discussions in groups and positive teacher student relationships characterize a. / समूहों में चर्चा करना और सकारात्मक शिक्षक –छात्र संबंध किस कक्षा कक्ष की विशेषता है?**

CTET PAPER 1 [7th Jan 2022]

(a) Progressive classroom. / प्रगतिशील कक्षाकक्ष
(b) Textbook-centric classroom. / पाठ्यपुस्तक केन्द्रित कक्षाकक्ष
(c) Behaviouristic classroom. / व्यवहारवादी कक्षाकक्ष
(d) Teacher-centric classroom. / शिक्षक केन्द्रित कक्षाकक्ष

5. **Which of the following characterizes as a progressive classroom? / निम्नलिखित में से क्या एक प्रगतिशील कक्षा की विशेषता है?**

CTET PAPER 1[8th Jan 2022]

(a) Teacher completely controls the class. / शिक्षिका पूरी तरह से कक्षा को नियंत्रित करती है।
(b) Participation of children is minimal. / बच्चों की भागीदारी न्यूनतम है।
(c) Children are assessed while doing activities/ tasks./ गतिविधियाँधकार्य करते समय बच्चों का मूल्यांकन किया जाता है।
(d) Timetable and seating arrangement are fixed. / समय सारणी और बैठने की व्यवस्था तय है।

6. **In a progressive classroom, learning. / एक प्रगतिशील कक्षा में, अधिगम–**

CTET PAPER 1 [10th Jan 2022]

(a) takes place through interaction and dialogue. / अंत: क्रिया व संवाद द्वारा होता है।
(b) is a one-way transmission from the teacher to the learners. / शिक्षकों से अधिगमकर्ताओं द्वारा एकतरफा प्रसारण के रूप में होता है।
(c) takes place through passive reception. / निष्क्रिय अभिग्रहण द्वारा होता है।
(d) is the responsibility of the learners only and teachers do not have any role. / केवल अधिगमकर्ताओं की जिम्मेदारी है व शिक्षिकों की कोई भूमिका नहीं है।

7. In progressive education- / प्रगतिशील शिक्षा में-

CTET PAPER 1 [11th Jan 2022]

(a) learning has a social character. / सीखने का स्वरूप सामाजिक होता है।
(b) textbooks are the only source of knowledge. / पाठ्यपुस्तकें सीखने का एकमात्र स्रोत हैं।
(c) seating arrangement is totally fixed. / बैठने की व्यवस्था पूरी तरह से तय होती है।
(d) curriculum is standardized. / पाठ्यचर्या मानकीग्त होती है।

8. The classroom environment of progressive classroom will NOT have which of the following attitudes? / निम्नलिखित में से कौन-सी अभिवृति, एक प्रगतिशील कक्षीय माहौल के अनुसार है?

CTET PAPER 1 [16th Dec 2021]

(a) Involvement of children in decision making / निर्णय निर्धारण में बच्चों की सहभागिता
(b) Creation of a fear-free learning environment / भय-मुक्त अधिगम वातावरण की संरचना
(c) Assessing individual differences of learners / विद्यार्थियों की व्यक्तिगत भिन्नताओं का ध्यान रखना
(d) Maintaining external discipline by the teacher / अध्यापक द्वारा बाह्य-अनुशासन कायम करना

9. Which of the following assessment strategies would you NOT use in a progressive classroom? / एक प्रगतिशील कक्षा में निम्न में से कौन-सी मूल्यांकन विधि का इस्तेमाल नहीं होता होगा?

CTET PAPER 1 [16th Dec 2021]

(a) Use of reflective journals by teachers / अध्यापकों द्वारा मननशील जरनल का इस्तेमाल
(b) Self assessment and peer assessment / स्व-मूल्यांकन एवं समकक्षी-मूल्यांकन
(c) Reliance on norm-referenced assessment only / केवल मानक-निर्देशित मूल्यांकन पर आश्रय
(d) Creation of student portfolios / विद्यार्थियों के पोर्टफोलियो तैयार करना

10. In a progressive classroom-/ एक प्रगतिशील कक्षा में:

CTET PAPER 1 [22th Dec 2021]

(a) Teaching is textbook-centric. / शिक्षण पाठ्यपुस्तक केन्द्रित होता है।
(b) Emphasis is placed on summative assessment. / योगात्मक परीक्षा पर बल दिया जाता है।
(c) Learners play an active part in their learning. / विद्यार्थी अध्ययन में सक्रिय भूमिका निभाते हैं।
(d) Teachers uses rewards and punishment to direct children's learning. / अध्यापक दण्ड और पुरस्कार द्वारा छात्रों के शिक्षण को दिशा देता है।

11. Curricular goals in progressive education emphasise-/ प्रगतिशील शिक्षा में पाठ्यचर्या के उद्देश्य .... को महत्व देते हैं।

CTET PAPER 1 [27th Dec 2021]

(a) rote-memorisation. / रटन-स्मृति
(b) conformity to authority. / सत्ता के प्रति अनुकूलता

(c) critical thinking. / आलोचनात्मक चिंतन
(d) recall and drill. / प्रत्यास्मरण और सतत अभ्यासधड़िल

12. A progressive classroom- / एक प्रगतिशील कक्षा-

CTET PAPER 1 [21th Jan 2022]

(a) gives primacy to silent listening only. / केवल मूक श्रवण को प्राथमिकता देता है।
(b) respects individual differences among learners. / अधिगमकर्ताओं की व्यक्तिगत विभिन्ताओं का सम्मान करता है।
(c) is marks - oriented. / अंक-उन्मुख होता है।
(d) is based on behaviouristic principles of learning. / अधिगम के व्यवहारवादी सिद्धांतों पर निर्धारित होता है।

13. Which of the following defines a progressive classrooms? / निम्नलिखित में से कौन-सा प्रगतिशील कक्षा को परिभाषित करता है?

CTET PAPER 2 [5th Jan 2022]

(a) Learning for exams / परीक्षाओं के लिए सीखना
(b) Focus on experiential learning / अनुभवात्मक अधिगम पर बल
(c) Decontextualized curriculum / गैर-संदर्भित पाठ्यचर्या
(d) Teacher centric pedagogy / शिक्षक-केन्द्रित शिक्षाशास्त्र

14. In a school based on progressive principles, school holidays coincide with tribal festivals and the weekly holiday is in tune with the local weekly bazaar- This illustrates ________/ प्रगतिशील सिद्धांतों पर आधारित एक विद्यालय में विद्यालय की छुट्टियाँ और जनजातीय-त्यौहार एक ही समय पड़ते हैं तथा साप्ताहिक अवकाश भी साप्ताहिक बाजार वाले दिन होते हैं। यह क्या दर्शाता है?

CTET PAPER 2 [6th Jan 2022]

(a) regressive school practices / पिछड़ी विद्यालय प्रथाएँ
(b) flexibility of school organization / विद्यालय व्यवस्था में लचीलापन
(c) cultural discontinuity between school and home / घर और विद्यालय में सांस्तिक असतता
(d) ignorance towards children's education / विद्यार्थियों की शिक्षा के प्रति अनभिज्ञता

15. In a progressive classroom-/ एक प्रगतिशील कक्षा में-

CTET PAPER 2 [7th Jan 2022]

(a) children's participation is minimal. / बच्चों की भागीदारी न्यूनतम है।
(b) children memorize facts given in the textbooks. / बच्चे पाठ्यपुस्तक में दिए गए तथ्य को याद करते हैं।
(c) children work both individually and in groups. / बच्चे व्यक्तिगत और समूह दोनों में काम करते हैं।
(d) children are assessed through paper-pencil tests only. / बच्चों का मूल्यांकन पेपर-पेंसिल टेस्ट के जरिए ही किया जाता है।

ANSWER KEY													
1.	C	2.	C	3.	B	4.	A	5.	C	6.	A	7.	A
8.	D	9.	C	10.	C	11.	C	12.	B	13.	B	14.	B
15.	C												

10

LEARNING DISABILITY
अधिगम अक्षमता

Learning Disability / अधिगम की अक्षमता

Learning Disability is an umbrella term that encompasses a variety of specific kinds of learning problems. Children with learning disabilities experience difficulty in learning and using certain skills namely reading, writing, listening, etc./ अधिगम अक्षमता एक शब्द है जिसमें कई प्रकार की विशिष्ट प्रकार की अधिगम की समस्याएं शामिल हैं। अधिगम की अक्षमता वाले बच्चे पढ़ने, लिखने, सुनने आदि जैसे कुछ कौशल सीखने और उपयोग करने में कठिनाई का अनुभव करते हैं।

Learning disability word was first coined by Samuel Kirk / लर्निंग डिसेबिलिटी शब्द सबसे पहले सैमुअल किर्क द्वारा दिया गया था

- Learning disabilities are diagnosed particularly when children start going to schools and are engaged in academic activities with other children in the school. / अधिगम की अक्षमता का निदान विशेष रूप से तब किया जाता है जब बच्चे स्कूल में जाना शुरू करते हैं और स्कूल में अन्य बच्चों के साथ शैक्षणिक गतिविधियों में संलग्न होते हैं।
- Academic skill acquisition involves one or more of the basic psychological processes, such as attention, perception, memory, logical thinking, and so on. / शैक्षणिक कौशल के अर्जन में बुनियादी मनोवैज्ञानिक प्रक्रियाओं में से एक या अधिक जैसे कि ध्यान, धारणा, स्मृति, तार्किक सोच, और इसी तरह अन्य शामिल हैं।
- When there is some deficit in these basic processes, it may be seen in the imperfect ability to listen, think, speak, read, write, spell, or do mathematical calculations. / जब इन बुनियादी प्रक्रियाओं में कुछ कमी होती है, तो यह गणितीय गणना सुनने, सोचने, बोलने, पढ़ने, लिखने, वर्तनी करने की अपूर्ण क्षमता के रूप में देखी जा सकती है।
- Learning disabilities mean a heterogeneous group of conditions wherein there is a deficit in processing language, spoken or written, that may manifest itself as a difficulty to comprehend, speak, read, write, spell, or do mathematical calculations and includes such conditions as perceptual disabilities, dyslexia, dysgraphia, dyscalculia, dyspraxia, and developmental aphasia'. / अधिगम अक्षमता का अर्थ परिस्थितियों के एक विषम समूह से है, जिसमें बोली जाने वाली या लिखित भाषा को संसाधित करने में कमी होती है, जो खुद को समझने,बोलने, पठन, लेखन, वर्तनी या गणितीय गणना करने में कठिनाई के रूप में प्रकट हो सकती है और इसमें अवधारणात्मक अक्षमता, पठन वैकल्य, लेखन वैकल्य, गुणज वैकल्य, गतिसमन्वय वैकल्य और विकासात्मक भाषाघात' जैसी स्थितियां शामिल हैं।
- Specific learning disability is defined as a disorder in the psychological processes involved in understanding or in using spoken or written language / विशिष्ट अधिगम अक्षमता को मौखिक या लिखित भाषा को समझने या उपयोग करने में शामिल मनोवैज्ञानिक प्रक्रियाओं में एक विकार के रूप में परिभाषित किया गया है

- A learner who is suffering from this disorder although have average or above average intelligence but has an imperfect ability to read, listen, speak, write, spell, or do mathematical calculations and concentrate. / एक शिक्षार्थी जो इस विकार से पीड़ित है, हालांकि औसत या उससे अधिक औसत बुद्धि है, लेकिन पढ़ने, सुनने, बोलने, लिखने, वर्तनी करने या गणितीय गणना करने और ध्यान केंद्रित करने की अपूर्ण क्षमता है।
- Learning disability is variable in state/ सीखने की अक्षमत परिवर्तनशील है।

1. Dyslexia / पठन वैकल्प

- Dyslexia is associated with the **'Reading disorder'** as it refers to difficulty in Reading, Writing, and Spelling. / डिस्लेक्सिया **'पठन विकार'** से जुड़ा है क्योंकि यह पढने, लिखने और वर्तनी में एक कठिनाई को संदर्भित करता है।
- Dyslexia is the most common learning disability **(Reading disorder)** which makes learners / डिस्लेक्सिया सबसे सामान्य अधिगम अक्षमता **(पठन विकार)** है, जो शिक्षार्थियों को बनाता है:
- Confuse with the same shapes and sounds of the alphabet./ वर्णमाला के समान आगतियों और ध्वनियों के साथ भ्रमित होने में।
- Unable to read, interpret, and understand letters and words./ अक्षरों और शब्दों को पढ़ने, व्याख्या करने और समझने में असमर्थ होने में।
- Bewilder in identifying and relating speech sounds with letters and words. / अक्षरों और शब्दों के साथ भाषण की पहचान करने और संबंधित ध्वनियों में घबराहट महसूस करने में।

2. Dysgraphia / लेखन वैकल्य

- **Dysgraphia** is a writing disability. There are many signs which will indicate that the learner may have dysgraphia. For example, a learner with dysgraphia may / लेखन वैकल्य एक लेखन अक्षमता है। ऐसे कई लक्षण हैं जो यह संकेत देंगे कि शिक्षार्थी को डिस्ग्राफिया हो सकता है। उदाहरण के लिए, डिस्ग्राफिया वाला एक शिक्षार्थी हो सकता है:

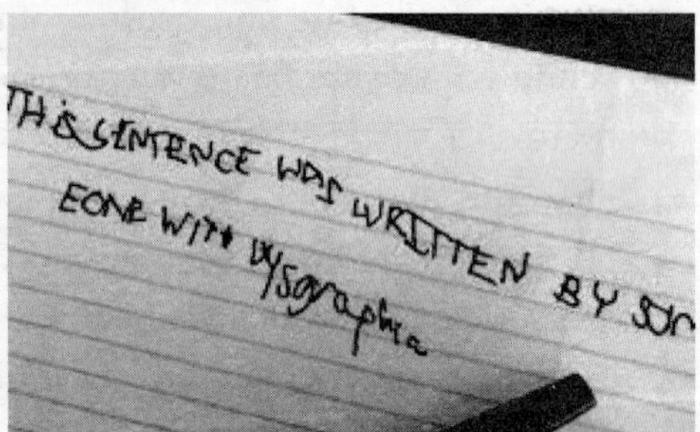

- Have difficulty in writing correct spellings / सही वर्तनी लिखने में कठिनाई होती है
- Show poor spatial planning on paper (misuse of lines and margins) / कागज पर खराब स्थानिक योजना दिखती हैं (लाइनों और हाशिये का दुरुपयोग)
- Mix uppercase and lowercase letters have trouble forming letters (inconsistent form and size) / बड़े (अपरकेस) और छोटे (लोअरकेस) अक्षरों को मिश्रित कर देना, अक्षरों को बनाने में परेशानी होती है (असंगत रूप और आकार)
- Have trouble writing on lines have difficulty organizing ideas /लाइनों पर लिखने में परेशानी होती है विचारों को व्यवस्थित करने में कठिनाई होती है।
- Have trouble thinking and writing at the same time./ एक ही समय में सोचने और लिखने में परेशानी होना।

3. **Dyscalculia / गुणज वैकल्य**

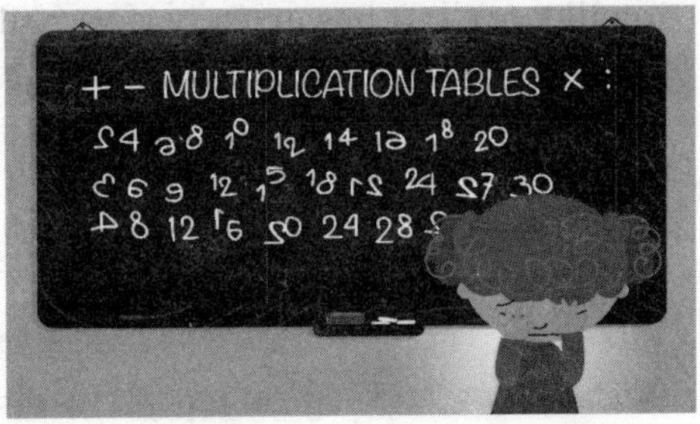

- Dyscalculia is a mathematical disability. In this disability, the learner has difficulty in learning or comprehending mathematics./ गुणज वैकल्य एक गणितीय अक्षमता है। इस अक्षमता में शिक्षार्थी को गणित सीखने या समझने में कठिनाई होती है।
- There are many signs which would indicate that the learner may have dyscalculia./ ऐसे कई संकेत हैं, जो इंगित करते हैं कि शिक्षार्थी को गुणज वैकल्य हो सकता है।
- **Example:** A learner with dyscalculia may:/ **उदाहरण:** गुणज वैकल्य वाला शिक्षार्थी को हो सकता है
- Have trouble in counting have trouble arranging the things in order or sequence shows the difficulty in understanding fractions/ उन्हें गणना करने में परेशानी होती है। वस्तुओ को क्रम या अनुक्रम में व्यवस्थित करने में परेशानी होती है। भिन्नों को समझने में कठिनाई को प्रदर्शित करते हैं।
- Does not understand how to use steps in a mathematical operation. / उन्हें यह समझ में नहीं आता है कि गणितीय संक्रिया में चरणों का उपयोग कैसे किया जाता है।
- Have trouble understanding the concepts of months, weeks, days, etc./ उन्हें महीनों, सप्ताहों, दिनों आदि की अवधारणाओं को समझने में कठिनाई होती है।
- **Have trouble adding, subtracting**, multiplying, or dividing/ उन्हें जोड़ने, घटाने, गुणा करने या भाग देने में परेशानी होती है।

4. **Dyspraxia / गत्यात्मक वैकल्प**

- It is a motor skills disorder that is caused due to low birth weight and premature birth. It may be caused due to a family history of dyspraxia./ यह एक गत्यात्मक कौशल विकार है जो कम वजन और समय से पहले जन्म के कारण होता है। यह डिस्प्रेक्सिया के पारिवारिक इतिहास के कारण हो सकता है।
- It affects the fine and gross motor skills of a child. The child with dyspraxia will have / यह एक बच्चे के सूक्ष्म और सकल गत्यात्मक कौशल को प्रभावित करता है। डिस्प्रैक्सिया वाले बच्चे में:
- Poor eye-hand coordination, lack of rhythm when dancing. / खराब आंख-हाथ समन्वय, नृत्य करते समय लय की कमी होती है।
- Problem in balancing body postures and integration of two sides of the body./ शरीर की मुद्राओं को संतुलित करने और शरीर के दो पक्षों के एकीकरण में समस्या होती है।
- The tendency to fall or bump on things and people because of poor balance and posture./ खराब संतुलन और मुद्रा के कारण चीजों और लोगों पर गिरने या टकरा जाने की प्रवृत्ति होती है।
- There is **no cure for dyspraxia** but a number of therapies can make it easier for the child to cope up with their problems./ डिस्प्रेक्सिया का कोई इलाज नहीं है लेकिन कई उपचारों से बच्चे को अपनी समस्याओं का सामना करना आसान हो सकता है।

5. **Dysphasia / भाषा विकार**

- A language disorder that affects a person's ability to communicate. / एक भाषा विकार जो किसी व्यक्ति की संवाद करने की क्षमता को प्रभावित करता है।
- It can occur suddenly after a stroke or head injury or develop slowly from a growing brain tumor or disease./ यह अचानक स्ट्रोक या सिर की चोट के बाद हो सकता है या मस्तिष्क के बढ़ते ट्यूमर या बीमारी से धीरे-धीरे विकसित हो सकता है।
- Aphasia affects a person's ability to express and understand written and spoken language./ अस्वरता किसी व्यक्ति की लिखित और बोली जाने वाली भाषा को व्यक्त करने और समझने की क्षमता को प्रभावित करता है।

- Once the underlying cause is treated, the main treatment for aphasia is speech therapy. / एक बार अंतर्निहित कारण का इलाज किया जाता है, वाचाघात के लिए मुख्य उपचार भाषण चिकित्सा है।

6. **Attention Deficit Hyperactivity Disorder (ADHD) / अटेंशन-डेफिसिट हाइपरएक्टिविटी डिसऑर्डर**

- **Attention-Deficit Hyperactivity Disorder (ADHD):** It is a type of developmental or behavioural disorder whose essential feature is a persistent pattern of inattention, hyperactivity and impulsivity that is more frequent and severe than is typically observed in individuals at a comparable level of development./ **अटेंशन-डेफिसिट हाइपरएक्टिविटी डिसऑर्डर (ADHD):** यह एक प्रकार का विकासात्मक या व्यवहार संबंधी विकार है, जिसकी अनिवार्य विशेषता असावधानी, अतिसक्रियता और आवेग का एक निरंतर स्वरुप है, जो आमतौर पर विकास के तुलनीय स्तर पर व्यक्तियों में देखा जाता है।

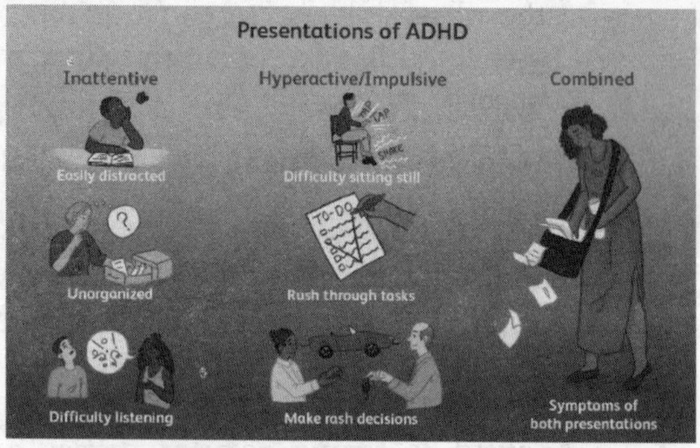

Typical Behaviours Associated with ADHD are / ADHD के साथ जुड़े विशिष्ट व्यवहार हैं:

- Poorly sustained attention in all situations/ सभी स्थितियों में खराब ध्यान
- Diminished persistence in tasks not having immediate consequences/ कार्यों में तत्काल परिणाम न होने से हठ
- Impulsivity / आवेगपूर्वकता
- More active or **restless** than normal children/ सामान्य बच्चों की तुलना में अधिक सक्रिय या बेचैन
- Difficulty in adhering to the rules and regulations/ नियमों और विनियमों का पालन करने में कठिनाई

7. **Autism Spectrum Disorder (ASD) / ऑटिस्टिक स्पेक्ट्रम डिसऑर्डर:**

- Autism spectrum disorder (ASD) is a complex developmental condition that involves persistent challenges in social interaction, speech, and nonverbal communication and restricted/repetitive behaviours. The effects of ASD and the severity of symptoms are different in each person. /ऑटिज्म स्पेक्ट्रम डिसऑर्डर (ASD) एक जटिल विकासात्मक स्थिति है जिसमें सामाजिक संपर्क, भाषण और अशाब्दिक संचार और प्रतिबंधित / दोहरावदार व्यवहार में लगातार चुनौतियां शामिल हैं। एएसडी के प्रभाव और लक्षणों की गंभीरता प्रत्येक व्यक्ति में भिन्न होती है।

8. **Obsessive Compulsive Disorder / मनोग्रसित-बाध्यता विकार**

- **Obsessive-compulsive disorder (OCD)** is characterized by the occurrence of unwanted, intrusive obsessive thoughts and distressing images which are usually accompanied by compulsive behaviors. Compulsive behaviors are carried out either to undo or neutralize the obsessions or to prevent the occurrence of some dreadful event./ **मनोग्रसित-बाध्यता विकार (OCD)** में अवांछित, हस्तक्षेप करने वाले बाध्य विचारों और परेशान करने वाली छवियों की घटना की विशेषता होती है, जो आमतौर पर बाध्यकारी व्यवहार के साथ होते हैं। बाध्य व्यवहार या तो मनोग्रसित या प्रभावहीन करने के लिए या किसी भयानक घटना को रोकने के लिए किए जाते हैं।

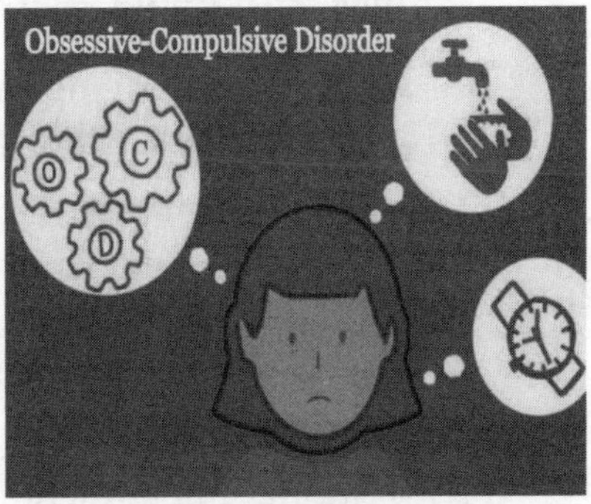

TEST YOURSELF

1. **A child is facing regular difficulty in writing. She also experiences a challenge in formation of alphabets and spacing of words. These characteristics hints towards which of the following learning disability? / एक बच्ची लिखाई में निरंतर कठिनाई का सामना करती है। उसे अक्षर बनाने और शब्दों के बीच अंतराल करने में चुनौती महसूस होती है। यह लक्षण किस अधिगम विकार की ओर इशारा करते हैं?**

CTET PAPER 1 [15t Jan 2022]

(a) Dyslexia / पठन वैकल्य
(b) Dysgraphia / आलेख वैकल्य
(c) Dyscalculia / गणन वैकल्य
(d) Attention Deficit Hyperactivity Disorder / ध्यान एवं अतिसक्रियता विकार

2. **To support inclusion of student having Dyscalculia, it is important to: / गुणजवैकल्य से जूझते छात्र के समावेशन हेतु निम्न में से क्या महत्वपूर्ण है?**

CTET PAPER 1 [3rd Jan 2022]

(a) set strict time constraints to finish task. / कार्य पूर्ण करने के लिए सख्त समय बाध्यताएं निश्चित करना
(b) provide visual calculators and math apps to student. / विद्यार्थी को दृश्य-आधारित परिकलन (कैलकुलेटर) और गणित-संबंधी प्रयोज्यता उपलब्ध करवाना

(c) include additional content to over shadow relevant in text context. / पाठ्यांश में मौजूद प्रसंगोचित जानकारी को निष्प्रभ करने के लिए अतिरिक्त विषयवस्तु जोड़ देना
(d) use only standardized ways for assessing student's learning. / विद्यार्थी के अधिगम के आकलन के लिए सिर्फ मानकीगत तरीकों का इस्तेमाल करना

3. Which of the following is a correctly matched pair of appropriate accommodation strategy for inclusion of students which specified disability? / निम्नलिखित में से कौन-सा विकल्प दी गई दिव्यांगता और संबंधित छात्रों के समावेशन हेतु यथोचित संयोजन रणनीति का सही युग्म है?

CTET PAPER 1 [4th Jan 2022]

(a) Dyscalculia: Provision of calculator / गुणजवैकल्य: कैलकुलेटर का प्रावधान
(b) Dyslexia: Assigning lengthy written assignments / पठनवैकल्य: लंबे-लंबे लिखित कार्य सौंपना
(c) Hearing Impairment: Giving audio tapes / श्रवण दोष: ऑडियो टेप देना
(d) Visual Impairment: Providing picture books / दृश्य हानि: चित्रों वाली पुस्तकें उपलब्ध कराना

4. Which of the following is a correctly matched pair of appropriate accommodation strategy for inclusion of students with the specified disability? / निम्नलिखित में से कौन-सा विकल्प दी गयी दिव्यांगता और सम्बंधित विद्यार्थियों के समावेशन हेतु यथोचित संयोजन रणनीति का सही युग्म है?

CTET PAPER 1 [7th Jan 2022]

(a) Attention Deficit Hyperactivity DisorderShow long-duration movies / ध्यान न्यूनता अतिक्रियाशीलता विकार: लंबी अवधि की फिल्में दिखाएँ।
(b) Autism-Stick to same schedule as much as possible / स्वलीनता: जितना हो सके एक ही समयसारणीध दिनचर्या।
(c) Dyscalculia-Give questions based on complex computation / पठन वैकल्य: जटिल गणना पर आधारित प्रश्न दें।
(d) Speech impairment-Accept only oral form of assessment / वाकबाधिता: मूल्यांकन के केवल मौखिक रूप को स्वीकार करें।

5. Which of the following behaviour is an identifier of Dyslexia? / निम्नलिखित में से कौन-सा व्यवहार पठन वैकल्य की पहचान है?

CTET PAPER 1[8th Jan 2022]

(a) Writing b as d, 21 as 12 / b को d के रूप में लिखना -21 को 12
(b) Low attention span and high physical activity / कम ध्यान अवधि और अत्यधिक शारीरिक गतिविधि
(c) Frequent mood swings / बार-बार स्वभाव बदलना
(d) Abusive behaviour / अपमानजनक व्यवहार

6. Students having Autism can be identified by challenges they face in: / वो विद्यार्थी जिन्हें स्वलीनता है, उनकी पहचान उनके सामने आने वाली किस क्षेत्र की चुनौती से की जा सकती है?

CTET PAPER 1[8th Jan 2022]

(a) expressive and receptive communication / अभिव्यंजक और ग्रहणशील संचार में चुनौती
(b) following a fixed routine / एक निश्चित दिनचर्या का पालन करने में चुनौती
(c) memorization of information / सूचना को याद रखने में चुनौती
(d) gross motor skills / स्थूल गत्यात्मक कौशल में चुनौती

7. Raju writes '61' as '16' and often gets confused between the letters 'b' and 'd'. These are primary characteristics of- / राजू 61 के स्थान पर 16 लिखता है और इ और क अक्षरों में अक्सर भ्रमित होता है। यह किसके प्राथमिक लक्षण हैं?

CTET PAPER 1 [21th Dec 2021]

(a) Dyslexia / पठन वैकल्य
(b) Autism spectrum disorder / स्वलीनता क्रम विकार
(c) Learned helplessness / शैक्षिक असहायता
(d) Dysgraphia / लेखन वैकल्य

8. Rajan appears to be lost in his world as he avoids eye contact with others and plays alone with a feather throughout the day. Rajan's behaviour is indicating towards which of the following disorder? / राजन अपनी ही दुनिया में खोया हुआ प्रतीत होता है, वह दूसरे लोगों से नेत्र-संपर्क नहीं करता और सारा दिन एक पंख के साथ अकेले खेलता रहा है। राजन का यह व्यवहार निम्न में से किस विकार की ओर संकेत करता है?

CTET PAPER 1 [24th Dec 2021]

(a) Muscular dystrophy / मांसपेशीय दुर्विकार
(b) Autism Spectrum Disorder / स्वलीन क्रम विकार
(c) Dyscalculia / गुणज वैकल्य
(d) Dysphoria / गति समन्वय वैकल्य

9. Difficult in making omissions, reversals and substitution while reading text is an indication of / विषयवस्तु को पढ़ते समय शब्दों को हटाने, उलटकर लिखने और बदलकर लिखने में कठिनाई आना किस विकार की तरफ इशारा करता है?

CTET PAPER 1 [24th Dec 2021]

(a) Dysonia / विमर्श वैकल्य
(b) Dyslexia / वाचन वैकल्य
(c) Dyscalculia / गुणज वैकल्य
(d) Dysphoria / उत्साह वैकल्य

10. A child with locomotion disability joins a primary school- Which of the following would not be a facilitative strategy for inclusion of the child within school? / एक गीत-विषयक अक्षम विद्यार्थी एक प्राथमिक विद्यालय में दाखिला लेती है। निम्न में से कौन सी पद्धति इस बच्ची के स्कूल में समावेश को सुसाध्य करने में सहायक नहीं होगी?

CTET PAPER 2 [20th Dec 2021]

(a) Provision of allocating class on the ground floor / विद्यालय की निचली मंजिल पर कक्षा को क्रियान्वन करने का प्रावधान करना।
(b) Empathy-building among peers / समकक्षियों में समानुभूति की भावना का विकास करना।
(c) Appropriate infrastructural modifications / आधारभूत संरचनाओं में उपयुक्त बदलाव करना।
(d) Showing sympathy for the lack of ability / अक्षमता के प्रति सहानुभूति जताना।

11. Which of the following disability causes challenges in paying attention and sustaining long duration involvement in tasks? / निम्नलिखित में से कौन-सी दिव्यांगता ध्यान देने और कार्यों में लंबी अवधि की भागीदारी को बनाए रखने में चुनौतियों का कारण बनती है?

CTET PAPER 2 [15th Jan 2022]

(a) Attention Deficit Hyperactivity Disorder / ध्यान अवधान अतिक्रियाशीलता विकार
(b) Dysgraphia / लेखन-वैकल्य
(c) Dyslexia / पठन-वैकल्य
(d) Visual Impairment / हष्टि क्षति

12. A student is unable to pay attention in class, becomes distracted easily, can't sit in the assigned seat, fidgets and loses things. These characteristics are indicative of / एक विद्यार्थी कक्षा में ध्यान नहीं दे पाता है, आसानी से दूसरी ओर आकर्षित हो जाता है, नियुक्त स्थान पर नहीं बैठ पाता है, बेचौन रहता है और वस्तुएँ खो देता है। ये गुण निम्न में से किसके संकेतक हैं?

CTET PAPER 2 [3rd Jan 2022]

(a) Attention Deficit Hyperactivity disorder / अवधान न्यूनता अतिसक्रियता विकार
(b) Visual impairment / दृश्य बाधिता
(c) Dyslexia / वाचन वैकल्य
(d) Dysgraphia / लेखन वैकल्य

13. Which of the following disability cause challenges in reading and comprehending the written materials? / निम्नलिखित में से कौन-सी विकलांगता लिखित सामग्री को पढ़ने और समझने में चुनौतियों का कारण बनती है?

CTET PAPER 2 [4th Jan 2022]

(a) Locomotor disability / गतिमान दिव्यांगता
(b) Hearing impairment / श्रवण बाधिता
(c) Dyscalculia / गुणजवैकल्य
(d) Dyslexia / पठनवैकल्य

14. Which of the following learning disability directly affects communication skills and comprehension abilities? / निम्नलिखित में से कौन-सी अधिगम अक्षमता सीधे संचार कौशल और समाविष्ट करने की क्षमता को प्रभावित करती है?

CTET PAPER 2 [5th Jan 2022]

(a) Dyscalculia / गुणज वैकल्य
(b) Dysgraphia / लेखन वैकल्य
(c) Dysphoria / उत्साह वैकल्य
(d) Dysphasia / गति-समन्वय वैकल्य

15. To unsure successful inclusion of students with Dysgraphia, it is important to: / लेखन वैकल्य वाले विद्यार्थियों का सफल समावेश सुनिश्चित करने के लिए, यह महत्वपूर्ण है कि:

CTET PAPER 2 [5th Jan 2022]

(a) allow use of audio recorder or a laptop in class / कक्षा में ऑडियो रिकॉर्डर या लैपटॉप के उपयोग की अनुमति दें।
(b) extensively use written tests for assessment / मूल्यांकन के लिए लिखित परीक्षाओं का व्यापक रूप से उपयोग करें।
(c) make it compulsory to write on plain/ unruled sheets /सादे/अनियमित कागज-पत्रों पर लिखना अनिवार्य करें।
(d) set fixed timeline to finish the given work / दिए गए कार्य को पूरा करने के लिए अटल समय-सीमा निर्धारित करें।

ANSWER KEY

1.	B	2.	B	3.	A	4.	B	5.	A	6.	A	7.	A
8.	B	9.	B	10.	D	11.	A	12.	A	13.	D	14.	D
15.	A												

11

GENDER
लिंग

Gender is a **social construct** that impacts attitudes, roles, responsibilities, and behaviour patterns of boys and girls, men, and women in all societies. Increasing attention has been given to the importance of achieving gender equality in education. It rejected the underlying biological distinction word **"sex"** and the expression **"sexual inequality"**, which appears as **"an ideological shield for maintaining domination"**. / **लिंग एक सामाजिक सरंचना** है, जो सभी समाजों में लड़कों और लड़कियों, पुरुषों और महिलाओं के व्यवहार, भूमिका, जिम्मेदारियों और व्यवहार के स्वरुप को प्रभावित करती है। शिक्षा में लैंगिक समानता हासिल करने के महत्व पर ध्यान दिया गया है। यह अंतर्निहित जैविक भेद **"लिंग"** शब्द और अभिव्यक्ति **''लैंगिक असमानता"** को नकारता है, जो **"प्रभुत्व बनाए रखने के लिए एक वैचारिक ढाल"** के रूप में प्रकट होता है।

Gender-Related Terminologies / लैंगिक से संबंधित शब्दावली

1. **Gender equality** is when people of all genders have equal rights, responsibilities, and opportunities. Everyone is affected by gender inequality - women, men, trans, and gender diverse people, children, and families. Societies that value women and men as equal are safer and healthier. Gender equality is a human right./ **लैंगिक समानता** तब है जब सभी लिंगों के लोगों को समान अधिकार, जिम्मेदारियां और अवसर मिले। प्रत्येक लिंग महिला, पुरुष, ट्रांस, और लिंग विविध लोग, बच्चे और परिवारअसमानता से प्रभावित होता है। महिलाओं और पुरुषों को समान मान देने वाले समाज अधिक सुरक्षित और स्वस्थ हैं। लैंगिक समानता एक मानव अधिकार है।
2. **Gender Stereotype** A stereotype is a cluster of beliefs usually lacking a rational basis regarding the members of some group. The word 'stereotype' was first used by Walter Lipman in his book "Public Opinion". A stereotype is a belief about some particular trait being prevalent among all members of a social group. / **लैंगिक रूढ़िवादिता** एक रूढ़िवादिता, धारणाओं का एक समूह है जिसमें आमतौर पर किसी समूह के सदस्यों के संबंध में तर्कसंगत आधार नहीं होता है। शब्द 'रूढ़िवादिता' (stereotype) का प्रयोग पहली बार वाल्टर लिपमैन ने अपनी पुस्तक 'पब्लिक ओपिनियन (Public Opinion)' में किया था। एक रूढ़िवादिता एक सामाजिक समूह के सभी सदस्यों के बीच किसी विशेष गुण के विद्यमान होने के बारे में एक धारणा है।
3. **Gender sensitivity** is the process by which people are made aware of how gender plays a role in life through their treatment of others. Gender sensitivity training is used to educate people, usually, employees, to become more aware of and sensitive to gender in their lives or workplaces. / **लैंगिक संवेदनशीलता** वह प्रक्रिया है जिसके द्वारा लोगों को इस बात से अव गत कराया जाता है कि दूसरों के साथ उनके व्यवहार के माध्यम से लिंग जीवन में कैसे भूमिका निभाता है। लैंगिक संवेदनशीलता प्रशिक्षण का इस्तेमाल लोगों, आमतौर पर कर्मचारियों को उनके जीवन या कार्यस्थलों में लिंग के प्रति अधिक जागरूक और संवेदनशील बनने के लिए शिक्षित करने के लिए किया जाता है।

4. **Gender Parity** it is an equal number or proportion of girls and boys accessing educational opportunities, hence, it is measurable. Although simple, gender parity may be easier to measure, gender equality encompasses a wider concept, of which gender parity is only a part. It is the opposite of gender sensitivity. / **लैंगिक समानता** शैक्षिक अवसरों तक पहुँचने वाली लड़कियों और लड़कों की समान संख्या या अनुपात, इसलिए, यह मापने योग्य है। हालांकि सरल, लैंगिक समानता को मापना आसान हो सकता है, लैंगिक समरूपता में एक व्यापक अवधारणा शामिल है, जिसमें से लैंगिक समानता केवल एक हिस्सा है।

5. **Gender analysis** is referred to identifies the inequalities that arise from the different roles of men and women, and analyzes the consequences of these inequalities for their lives, health, and well-being./ **लैंगिक विश्लेषण** को पुरुषों और महिलाओं की विभिन्न भूमिकाओं से उत्पन्न होने वाली असमानताओं की पहचान करने के लिए संदर्भित किया जाता है, और उनके जीवन, स्वास्थ्य और कल्याण के लिए इन असमानताओं के परिणामों का विश्लेषण किया जाता है।

6. **Gender bias** is a preference or prejudice toward one gender over the other. Bias can be conscious or unconscious and may manifest in many ways, both subtle and obvious. Gender bias is behaviour that shows favouritism toward one gender over another. Most often, gender bias is the act of favouring men and/or boys over women and/or girls / **लैंगिक पक्षापात** एक लिंग के प्रति दूसरे लिंग के प्रति वरीयता या पूर्वाग्रह है। पूर्वाग्रह सचेत या अचेतन हो सकता है और कई तरह से प्रकट हो सकता है, सूक्ष्म और स्पष्ट दोनों। जेंडर पूर्वाग्रह वह व्यवहार है जो एक लिंग के प्रति दूसरे लिंग के प्रति पक्षपात दिखाता है। अक्सर, लिंग पूर्वाग्रह महिलाओं और/या लड़कियों पर पुरुषों और/या लड़कों का पक्ष लेने का कार्य है।

7. **Gender Diversity** refers to the extent to which a person's gender identity, role, or expression differs from the cultural norms prescribed for people of a particular sex. Gender Diversity most commonly refers to an equal ratio of men and women. / **लिंग विविधता** उस सीमा को संदर्भित करती है जिस हद तक किसी व्यक्ति की लिंग पहचान, भूमिका या अभिव्यक्ति किसी विशेष लिंग के लोगों के लिए निर्धारित सांस्तिक मानदंडों से भिन्न होती है। लिंग विविधता सबसे अधिक पुरुषों और महिलाओं के समान अनुपात को संदर्भित करती है।

8. **Gender Conformity** is when one›s gender identity, gender expression, and sex are matched according to the social norm.When someone confirms one's behaviour and appearance for the social expectations and acceptance of one's group, it is also an example of gender conformity and gender roles placed on us. / **लिंग अनुरूपता** तब होती है जब किसी की लिंग की पहचान, लिंग की अभिव्यक्ति और लिंग का सामाजिक मानदंड के अनुसार मिलान किया जाता है। जब कोई व्यक्ति किसी व्यक्ति के समूह की सामाजिक अपेक्षाओं और स्वीगति के लिए उसके व्यवहार और उपस्थिति की पुष्टि करता है, तो यह भी लिंग अनुरूपता और लैंगिक भूमिकाओं का उदाहरण है।

Gender roles / लिंग भूमिका	Economic, political, and social roles and responsibilities that are separate for men and women in culture. / आर्थिक, राजनीतिक और सामाजिक भूमिकाएं और जिम्मेदारियां जो संस्ति में पुरुषों और महिलाओं के लिए अलग-अलग हैं।
Gender equalities / लैंगिक समानताएँ	Absence of discrimination on the basis of a person's sex in authority, opportunities, allocation of resources or benefits, and access to services / प्राधिकरण, अवसरों, संसाधनों या लाभों के आवंटन, और सेवाओं तक पहुंच में किसी व्यक्ति के लिंग के आधार पर भेदभाव की अनुपस्थिति

Gender parity / लैंगिक समानता	The same number of boys and girls receive educational services at different levels and in diverse forms. / समान संख्या में लड़के और लड़कियां विभिन्न स्तरों पर और विविध रूपों में शिक्षा सेवाएं प्राप्त करते हैं।
Gender awareness / लिंग संबंधी जागरूकता	To understanding the socially determined differences between men and women, and that these influence access to and control of resources. / पुरुषों और महिलाओं के बीच सामाजिक रूप से निर्धारित मतभेदों को समझने के लिए, और ये कि ये संसाधनों की पहुंच और नियंत्रण को प्रभावित करते हैं।
Gender equity / लिंग समानता	Being fair to women and men to redress historical disadvantages that have prevented men and women from having equal access to rights and privileges./ महिलाओं और पुरुषों के लिए ऐतिहासिक नुकसानों का निवारण करना उचित है, जिन्होंने पुरुषों और महिलाओं को अधिकारों और विशेषाधिकारों के लिए समान पहुंच रखने से रोका है।
Gender sensitivity / लिंग संवेदनशीलता	The ability to perceive existing gender differences and issues, and to incorporate these into strategies and actions / मौजूदा लिंग अंतर और मुद्दों को देखने की क्षमता, और इन्हें रणनीतियों और कार्यों में शामिल करना
Gender analysis / लिंग विश्लेषण	Identifies the inequalities that arise from the different roles of men and women, and analyzes the consequences of these inequalities. / पुरुषों और महिलाओं की विभिन्न भूमिकाओं से उत्पन्न होने वाली असमानताओं की पहचान करता है, और इन असमानताओं के परिणामों का विश्लेषण करता है।

TEST YOURSELF

1. A teacher holds the perception that boys are more intelligent and risk taking and girls are obedient and sincere and treats them accordingly. This is an example of. / एक शिक्षिका यह धारणा रखती है की लड़के अधिक बुद्धिमान और जोखिम लेने वाले होते हैं और लड़कियाँ आज्ञाकारी और ईमानदार होती हैं और उनके अनुसार व्यवहार करती हैं। यह किसका उदाहरण है?

CTET PAPER 1 [4th Jan 2022]

(a) gender bias / जेंडर पक्षपात
(b) gender constancy / जेंडर स्थिरता
(c) gender equity / जेंडर समता
(d) gender equality / जेंडर समानता

2. Boys are often gifted cars and mechanical blocks while girls are gifted dolls and drawing supplies to play with. This inappropriate practice illustrates./ लड़कों को उपहार में खेलने के लिए अक्सर कार और यांत्रिक ब्लॉक लड़कियों को गुड़िया व चित्रकारी के संसाधन दिए जाते हैं। यह अनुपयुक्त प्रथा क्या दर्शाती है?

CTET PAPER 1 [7th Jan 2022]

(a) gender constancy / जेंडर स्थिरता
(b) gender equity / जेंडर समता
(c) gender bias / जेंडर पक्षपात
(d) gender empowerment / जेंडर सशक्तिकरण

3. A teacher always asks boys to do tasks such as moving the furniture and girls to keep the class tidy and decorated. This perception is not appropriate because this is an example of. / एक शिक्षक हमेशा लड़कों को फर्नीचर को हिलाने जैसे कार्य करने के लिए कहता है और लड़कियों को कक्षा को साफ सुथरा रखने के लिए। यह धारणा उपयुक्त नहीं है, क्योंकि यही .... का उदाहरण है?

CTET PAPER 1 [12th - Jan 2022]

(a) gender stereotype / जेंडर रूढ़िवादिता
(b) gender identity / जेंडर पहचान
(c) gender stability / जेंडर स्थिरता
(d) gender equality / जेंडर समानता

4. "Men generally think with their heads and women with their hearts". This statement reflects: / "पुरूष सामान्यत: दिमाग से सोचते हैं और महिलाएं अपने ह्दय से सोचती हैं।" यह कथन क्या दर्शाता है?

CTET PAPER 1 [16th Dec 2021]

(a) gender discrimination / लैंगिक विभेदीकरण
(b) gender stereotypes / लैंगिक रूढ़िवाद
(c) genetic differences between two sexes / दोनों लिंगों के बीच आनुवांशिक भेद
(d) gender constancy / लैंगिक स्थिरता

5. Dolls and pink dresses are usually associated with girls while cars and blue dresses are usually associated with boys. This is a demonstration of. / लड़कियों को गुलाबी कपड़ों और गुड़ियों से जोड़ा जाता है और लड़कों को नीले कपड़ों एवं कारों से जोड़ा जाता है। यह किस को दर्शाता है?

CTET PAPER 1 [21th Dec 2021]

(a) gender constancy / जेंडर निरंतरता
(b) gender empowerment / जेंडर सशक्तिकरण
(c) gender diversity / जेंडर विविधता
(d) gender stereotyping / जेंडर रूढ़िवादिता

6. Use of gender neutral language and discussing gender as a social construct rather than being biologically determined would. / जेंडर तटस्थ भाषा का प्रयोग व जेंडर के एक सामाजिक संरचना (बजाए आनुवंशिकता द्वारा निर्धारित) होने पर चर्चा करने से-

CTET PAPER 2 [4th Jan 2022]

(a) promote gender discrimination. / जेंडर भेदभाव को बढ़ावा मिलेगा।
(b) reinforce gender bias. / जेंडर पक्षपात सुदढ़ होंगे।
(c) encourage gender conformity. / जेंडर अनुपालन का प्रोत्साहन होगा।
(d) challenge gender stereotyping. / जेंडर रूढ़िवादिता को चुनौती मिलेगी।

7. Which of the following is NOT a correct strategy for a teacher to address gender stereotyping in a middle school classroom? / निम्नलिखित में से कौन सी रणनीति एक शिक्षक द्वारा माध्यमिक कक्षाओं में जेंडर रूढ़िवादिता को संबोधित करने के लिए सही नहीं है?

CTET PAPER 2 [8th Jan 2022]

(a) Discuss gender as a social construction. / जेंडर की एक सामाजिक संरचना के रूप में चर्चा करना।
(b) Encourage non-sexist behaviours. / गैर-लिंगवादी व्यवहार को प्रोत्साहित करना।
(c) Discuss portrayal of women and men in textbooks critically. / पाठ्यपुस्तकों में पुरुषों और महिलाओं के चित्रण की समालोचना करते हुए चर्चा करना।
(d) Encourage boys to take up maths and science and girls to take up language. / लड़कों को गणित और विज्ञान एवं लड़कियों को भाषा विषय लेने के लिए प्रोत्साहित करना।

8. .... is reflected in the perception that girls will do well in languages but will perform poorly in mathematics and science. / लड़कियाँ भाषा में अच्छा प्रदर्शन करेंगी परन्तु गणित व विज्ञान में खराब - यह अवधारणा क्या दर्शाती है?

CTET PAPER 2 [10th Jan 2022]

(a) Gender equity / जेंडर समता
(b) Gender equality / जेंडर असानता
(c) Gender identity / जेंडर अस्तित्व
(d) Gender stereotype / जेंडर रूढ़िवादिता

9. In many cases, young girls rather than boys are expected to perform household

chores and sibling care in the absence of their mothers. This is an example of .... / अधिकांशतः यह देखा गया है कि माताओं की अनुपस्थिति में लड़कों की अपेक्षा लड़कियों से घरेलू कार्यों को करने व छोटे भाई-बहनों की देखभाल की अपेक्षा की जाती है। यह .... का उदाहरण है।

CTET PAPER 2 [21st Jan 2022]

(a) gender stereotype / जेंडर रूढ़िवादिता
(b) gender equity / जेंडर निष्पक्षता
(c) gender equality / जेंडर समानता
(d) gender relevance / जेंडर प्रासंगिकता

10. How can a teacher promote gender stereotype flexibility in her classroom? / एक शिक्षिका अपनी कक्षा में जेंडर रूढ़िवादिता में लचीलेपन को कैसे बढ़ावा देगी?

CTET PAPER 2 [21st Dec 2021]

(a) By encouraging girls towards 'feminine' traits and roles; and boys towards 'masculine'. / लड़कियों की 'स्त्रीयावी' व लड़कों को 'पुरुषवादी' विशेषताओं को और प्रोत्साहित करके।
(b) By giving gender specific learning tasks to boys and girls that they are genetically programmed for. / लड़कों व लड़कियों को अलग अधिगम कार्य देकर जिसके लिए वह आनुवांशिक रूप से तैयार हैं।
(c) By having gender appropriate expectationsgirls to excel in languages and boys in maths. / जेंडर उपयुक्त अपेक्षाएं रखकर - लड़कियाँ भाषा में अच्छा करेंगी व लड़के भाषा में।
(d) By presenting role models of people in 'nonstereotypical sex roles'. / व्यक्तियों को गैर रूढ़िवादी भूमिकाओं में प्रस्तुत करके।

11. To break gender stereotypes carried by students, a teacher should: / विद्यार्थियों द्वारा ग्रहित जेंडर रूढ़िवादों को भंग करने के लिए, एक अध्यापिका को क्या करना चाहिए?

CTET PAPER 2 [23rd Dec 2021]

(a) let students carry on with those stereotypes / विद्यार्थियों को उन रूढ़िवादों के साथ रहने देना चाहिए।
(b) share various examples that challenge those stereotypes / ऐसे विविध उदाहरण साझा करने चाहिए जो उन रूढ़िवादों को चुनौती दे।
(c) make fun of students who express such stereotypes /जो विद्यार्थी ऐसे रूढ़िवादों को व्यक्त करते हैं उनका मजाक उड़ाना चाहिए।
(d) reduce their marks in assessment of academic domain / अकादमिक क्षेत्रों के आकलन में उनके अंक कम कर देने चाहिए।

12. Gender roles are- / जेंडर भूमिकाएँ .... हैं।

CTET PAPER 1 [15t Jan 2022]

(a) learned behaviour. / अधिग्रहित व्यवहार
(b) inmate behaviour. / जन्मजात व्यवहार
(c) biological constructions. / जैविक संरचनाएँ
(d) genetically determined. / आनुवंशिक निर्धारित

13. Assertion (A): Maths teachers should very low expectations from girls in a classroom. / कथन: गणित के शिक्षकों को लड़कियों से कक्षा में बहुत कम अपेक्षा रखनी चाहिए।

Reason (R): Girls do not have the genetic abilities to understand mathematics. / तर्क: लड़कियों में गणित को समझाने की आनुवंशिक क्षमता नहीं होती।

Choose the correct option. / सही विकल्प चुनें।

CTET PAPER 1 [10th Jan 2022]

(a) Both (A) and (R) are true and (R) is the correct explanation of (A) / (A) और (R) दोनों सही हैं और (R) सही व्याख्या करता है (A) की।
(b) Both (A) and (R) are true but (R) is not the correct explanation of (A) / (A) और (R) दोनों सही हैं लेकिन (R) सही व्याख्या नहीं है (A) की।
(c) (A) is true but (R) is false. / (A) सही है लेकिन (R) गलत है।

(d) Both (A) and (R) are false. / (A) और (R) दोनों गलत हैं।

14. Sex is ……… while gender is …………. / लिंग ………… है, जबकि जेंडर………… है।

CTET PAPER 2 [17th Jan 2022]

(a) biological; socially constructed / जैविक; सामाजिक संरचना

(b) socially constructed; biological / सामाजिक संरचना; जैविक

(c) cultural; social / सांस्कृतिक; सामाजिक

(d) social; cultural / सामाजिक; सांस्कृतिक

15. Which of the following will be helpful in reducing gender disparities in middle school? / माध्यमिक विद्यालयों में लिंग भेद को दूर करने हेतु निम्न में से कौन-सा कदम मददगार रहेगा?

CTET PAPER 2 [24th Dec 2021]

(a) Promoting gender segregated seating arrangements / जेंडर-आधारित आसन व्यवस्था को बढ़ावा देना।

(b) Focusing on conformist gender roles / जेंडर-अनुवृती भूमिकाओं पर बल देना।

(c) Encouraging gender - stereotype flexibility / जेंडर-रूढ़िवादों में लचीलेपन को बढ़ावा देना।

(d) Modelling gender typing / जेंडर-प्रारूपों का प्रतिरूपण करना।

ANSWER KEY

1.	A	2.	C	3.	A	4.	B	5.	D	6.	D	7.	D
8.	D	9.	A	10.	D	11.	B	12.	A	13.	D	14.	A
15.	C												

12

EMOTIONS
संवेग

Definition of Emotions / संवेग की परिभाषा

Human beings experience happiness, sadness, fear, anger, love, jealousy, hatred etc. in their daily life. He behaves like this with some excitement. This state is called emotions. / मनुष्य अपने रोजाना की जिंदगी में सुख,दुख,भय, क्रोध,प्रेम, ईर्ष्या, घृणा आदि का अनुभव करता है। वह ऐसा व्यवहार किसी उत्तेजना वस करता है। यह अवस्था संवेग कहलाती है।

According to Woodworth "Emotion is the excited state of a person." / वुडवर्थ के अनुसार, संवेग, व्यक्ति की उत्तेजित दशा है।

Type of Emotions / संवेगो का प्रकार:

Basic instinct birth behaviour has three sides / संवेग के प्रकार , मूल प्रवृत्ति जन्म व्यवहार के तीन पक्ष होते है

- Cognitive / ज्ञानात्मक
- Emotional / भावात्मक
- Functional / क्रियात्मक

Components of Emotions / संवेगों के घटक

- Emotional feelings / संवेगात्मक भावनाएं
- Physical changes / शारीरिक परिवर्तन
- Behaviour modification / व्यवहार में बदलाव
- Emotional expression / संवेगात्मक अभिव्यक्ति

Factors affecting emotional development of children,it includes the following factors / बच्चों के संवेगात्मक विकास को प्रभावित करने वाले कारक इसके अंतर्गत निम्न कारक तत्व आते हैं

- Heredity / वंशानुक्रम
- Family / परिवार
- Mental ability of intelligence / बुद्धि की मानसिक योग्यता
- Fatigue / थकान
- Parent's point of view / माता-पिता का दृष्टिकोण
- Social status / सामाजिक स्थिति
- Child's health / बालक का स्वास्थ्य
- Social acceptance / सामाजिक स्वीकृति
- School and teachers / विद्यालय व शिक्षक

Importance of Emotions in Education / संवेगों का शिक्षा में महत्व

What is the importance of emotions in classroom teaching in school, let us understand it from the following points. /संवेगों का कक्षा शिक्षण में विद्यालय में क्या महत्व है चलिए इसको निम्न बिंदुओं से समझते हैं-

- Interest in the lesson can be generated by awakening the children's emotions. / बालकों के संवेग को जगाकर पाठ में उनकी रुचि उत्पन्न की जा सकती है।
- By getting knowledge of the emotions of the students, success can be achieved in designing the appropriate curriculum. / विद्यार्थियों के संवेगों का ज्ञान प्राप्त करके उपयुक्त पाठ्यक्रम का निर्माण करने में सफलता प्राप्त किया जा सकता है।
- The teacher can pave the way for the mental powers of the children and inspire them to become more active in their studies. / शिक्षक बालकों की मानसिक शक्तियों के मार्ग को प्रशस्त करके उन्हें अपने अध्ययन में अधिक क्रियाशील बनने की प्रेरणा प्रदान कर सकता है।
- The teacher can refine the emotions of the children and give them the ability to behave in a society friendly manner. / शिक्षक बालकों के संवेगों को परिष्त करके उनको समाज के अनुकूल व्यवहार करने की क्षमता प्रदान कर सकता है।
- By awakening suitable emotions in children, they can be inspired to do great works. / बच्चों में उपयुक्त संवेगों को जागृत करके उनको महान कार्यों को करने की प्रेरणा दी जा सकती है।

TEST YOURSELF

1. Fear among students: / छात्रों में भय का भाव:

CTET PAPER 1 [4th Jan 2022]

(a) improve learning significantly. / अधिगम में काफी सुधार करता है।
(b) is detrimental to learning. / अधिगम के लिए हानिकारक है।
(c) is essential to learning. / अधिगम के लिए आवश्यक है।
(d) does not have any impact on learning. / अधिगम पर कोई प्रभाव नहीं डालता है।

2. Which of the following is likely to cause pride among students? / निम्नलिखित में से कौन सी स्थिति विद्यार्थियों में गर्व का कारण बन सकती हैं?

CTET PAPER 1 [6th Jan 2022]

(a) When failure is seen as caused by oneself / जब असफलता का कारण स्वयं को माना जाता है।
(b) When failure is seen as caused by others / जब असफलता का कारण दूसरों को माना जाता है।
(c) When success is seen as caused by oneself / जब सफलता का कारण स्वयं को माना जाता है।
(d) When success is seen as caused by others / जब सफलता का कारण दूसरों को माना जाता है।

3. Tanvi practices deep breathing just before the onset of examination- She is ______using strategy to cope with anxiety. / परीक्षा के शुरू होने से पहले, तन्वी गहरे-लंबे श्वास भरती है। दुश्चिन्ता से निपटने के लिए वह ______ तकनीक का इस्तेमाल कर रही है।

CTET PAPER 1 [23th Dec 2021]

(a) Problem solving / समस्या समाधान
(b) Emotion management / भाव नियमन
(c) Avoidance / परिहार्यता
(d) Denial / खंडन

4. Students are likely to experience the emotion of _____when they attribute internal factors to explain their success at a task. / अगर विद्यार्थी अपने कार्य की सफलता

को आंतरिक कारणों पर आरोपित करते हैं, तो उनमें _____ की भावना उत्पन्न होगी।

CTET PAPER 1 [15th Jan 2022]

(a) Shame / शर्म (b) Anger / गुस्सा
(c) Pride / गर्व (d) Anxiety/उत्कण्ठा

5. Which emotion would discourage students from learning? / कौन सा संवेग विद्यार्थियों को अधिगम में हतोत्साहित करेगा?

CTET PAPER 2 [30th Dec 2021]

(a) Pride / गर्व
(b) Joy / आनंद
(c) Hope / उम्मीद
(d) Boredom / बोरियत

6. A student is likely to experience _____ when attribution for success is considered internal and _____ when attribution for failure is considered external. / जब एक विद्यार्थी को _____ का अहसास होगा, यदि वह सफलता का आरोपण आंतरिक मानता है और _____ का अहसास होगा यदि वह असफलता का आरोपण बाह्य मानता है।

CTET PAPER 1 [10th Jan 2022]

(a) Anxiety, Relief / दुश्चिन्ता, राहत
(b) Shame, Gratitude / शर्म, आभार
(c) Pride, Anger / गर्व, क्रोध
(d) Gratitude, Joy / आभार, प्रसन्नता

7. By encouraging students to reflect on their cognitive abilities to reach a specified goal, a teacher is facilitating the development of: / एक निर्दिष्ट लक्ष्य तक पहुँचने के लिए विद्यार्थियों को उनकी संज्ञानात्मक क्षमताओं पर चिंतन करने के लिए प्रोत्साहित करके, एक शिक्षक निम्नलिखित में से किसके विकास को सुगम बना रहा है?

CTET PAPER 1 [11th Jan 2022]

(a) Declarative knowledge / घोषणात्मक ज्ञान
(b) Procedural knowledge/प्रतिक्रियात्मक ज्ञान
(c) Meta-cognition / अधिसंज्ञा
(d) Rote-memorisation / रट कर याद रखना

8. Which of the following set of attributions on success or failure on a task is likely to cause increase in students' motivation and attempts to engage in similar tasks in the future? / किसी कार्य की सफलता या विफलता पर निम्नलिखित में से कौन-सा आरोपण भविष्य में विद्यार्थियों की प्रेरणा और समरूपी कार्यों में संलग्न होने के प्रयासों में वृद्धि कर पाएगा?

CTET PAPER 2 [5th Jan 2022]

(a) External, Non-controllable / बाहरी, गैर - नियंत्रणीय
(b) External, Stable / बाहरी, स्थिर
(c) Internal, Stable / आंतरिक, स्थिर
(d) Internal, Controllable / आंतरिक, नियंत्रणीय

9. Which of the following set of attributions on success or failure on a task is likely to cause decline in students' motivation and attempts to engage in similar tasks in the future? / किसी कार्य की सफलता या विफलता पर निम्नलिखित में से कौन-सा आरोपण भविष्य में विद्यार्थियों की प्रेरणा और इसी तरह के कार्यों में संलग्न होने के प्रयासों में गिरावट का कारण बन सकता है?

CTET PAPER 2 [8th Jan 2022]

(a) Stable, uncontrollable /स्थिर, गैर-नियंत्रणीय
(b) Unstable, controllable / अस्थिर, नियंत्रणीय
(c) Internal, controllable / आंतरिक, नियंत्रणीय
(d) Internal, unstable / आंतरिक, अस्थिर

10. Students are eager and motivated to learn when teachers: / विद्यार्थी अधिगम के प्रति आतुर और अभिप्रेरित होते हैं जब अध्यापक:

CTET PAPER 2 [23rd Dec 2021]

(a) Put them under stress and pressure to perform well in test. / उन पर परीक्षण में अच्छा करने का तनाव और दबाव डाले।
(b) Offer rewards for 'success' and punishment for 'failures' / सफलता पर पुरस्कार और असफलता पर दण्ड दे।

(c) Have complete control over the learning process. / अधिगम प्रक्रिया को पूरी तरह अपने नियंत्रण में रखें।

(d) Engage the learners and make them an integral part of the teaching & learning process / अधिगमकर्ताओं को संलगित करें और उन्हें अध्यापनअधिगम प्रक्रिया का अहम् हिस्सा बनाएं।

ANSWER KEY

1.	B	2.	C	3.	B	4.	C	5.	D	6.	C	7.	C
8.	D	9	A	10.	D								

13

CREATIVITY
सृजनात्मकता

- Creativity is the process by which inventive and original thoughts become a reality. / सृजनात्मकता वह प्रक्रिया है जिसके द्वारा आविष्कारशील और मूल विचार वास्तविक बन जाते हैं।
- It is a skill that those who are innovative, tenacious, and creative possess./ यह एक ऐसा कौशल है, जो परिवर्तनात्मक, दृढ़ और सृजनात्मक लोगों के पास होता है।
- A cognitive skill known as creativity allows one to come up with something new by taking a different approach./ सृजनात्मकता के रूप में जाना जाने वाला एक संज्ञानात्मक कौशल एक अलग दृष्टिकोण लेकर कुछ नया करने की अनुमति देता है।
- It is associated with divergent thinking, which describes a method of problem-solving that uses multiple approaches/ यह अपसारी चिन्तन से सम्बंधित है, जो समस्या-समाधान की एक विधि का वर्णन करता है, जो कई दृष्टिकोणों का उपयोग करता है।
- It is goal-directed thinking, which is uncommon, fresh, and practical. It also incorporates brainstorming and unconventional thinking./ यह लक्ष्य-निर्देशित चिन्तन है, जो असामान्य, ताजा और व्यावहारिक है। इसमें मानसिक उद्वेलन और अपरंपरागत चिन्तन भी शामिल है।
- **Creative children** are individuals who excel in a variety of areas, including artistic and creative work, leadership qualities, great powers of observation, etc. These children think differently and are naturally curious, which might make the classroom feel tedious to them at times because they pick things up more quickly than kids their own age./ **सृजनात्मक बालक** वे बालक होते हैं जो कलात्मक और सृजनात्मक कार्यों, नेतृत्व गुणों, अवलोकन की महान शक्तियों आदि सहित विभिन्न क्षेत्रों में उत्पष्टता प्राप्त करते हैं। ये बालक अलग तरह से चिन्तन करते हैं और स्वाभाविक रूप से जिज्ञासु होते हैं, जो कक्षा के अन्य बालकों को कभी-कभी थकान अनुभव करा सकता है क्योंकि वे अपनी आयु के बालकों की तुलना में वस्तुओं को अधिक तेजी से समझते हैं

  Creativity is related to the concept of **'divergent thinking'** as creativity to the ability to identify or prepare original and divergent solutions to problems. / सृजनात्मकता का संबंध **'अपसारी चिंतन'** की अवधारणा से सृजनात्मकता के रूप में समस्याओं के मूल और भिन्न समाधानों को पहचानने या तैयार करने की क्षमता से है।

Divergent thinking refers to / अपसारी चिंतन का अर्थ निम्न है

- A way of solving problems with more than one approach. / एक से अधिक दृष्टिकोण के साथ समस्याओं को हल करने का एक तरीका।
- An act of working with open-ended questions using creativity / सृजनात्मकता का उपयोग करते हुए मुक्त अंत वाले प्रश्नों के साथ काम करने का एक कार्य।

- A process that includes brainstorming, out-of-the-box thinking, etc. / एक प्रक्रिया जिसमें मस्तिष्क उद्वेलन, विषय से हटकर सोचना आदि शामिल हैं।
- The ability possessed by the people who are creative, persistent, and imaginative. / सृजनात्मक, निरंतर और कल्पनाशील लोगों की क्षमता।

Trait (Ability) of a Creative Child / सृजनात्मक बालक की योग्यता

- Abstracting ability / अमूर्त योग्यता
- Fluency & Flexibility / धाराप्रवाहिता और लचीलापन
- Originality & Novelty / मौलिकता और नवीनता
- Freedom in thought / विचार में स्वतंत्रता

Characteristics of Creative Children / एक सृजनात्मक बालक की विशेषता

- Perceive the relationship between impossible things. / असंभव वस्तुओं के बीच के संबंध को समझना।
- Interested, outgoing, and ambitious by nature. / स्वभाव से इच्छुक, मिलनसार और महत्वाकांक्षी होते हैं।
- Think swiftly and come up with fresh solutions to challenges./ तेजी से चिन्तन और चुनौतियों का नया समाधान निकालना।
- Bring creative and imaginative ideas to life./ सृजनात्मक और कल्पनाशील विचारों को जीवन में उतारना।
- When putting innovative ideas into practice, try new things and are eager to learn and take risks. / परिवर्तनात्मक विचारों को व्यवहार में लाते समय, नई वस्तुओं को आजमाना और अधिगम और जोखिम लेने के लिए उत्सुक होते हैं।
- In a variety of circumstances, use divergent and unconventional thinking. / विभिन्न परिस्थितियों में अपसारी और अपरंपरागत चिन्तन का प्रयोग करना।

Components of Creativity / सृजनात्मकता के घटक

- **Guilford (1986)** considered creative thinking as involving divergent thinking, which consists of four elements such as fluency, flexibility, originality, and elaboration. / **गिलफोर्ड (1986)** ने सृजनात्मक सोच को अपसारी सोच के रूप में माना, जिसमें प्रवाह, नम्रता, मौलिकता और विस्तार जैसे चार तत्व शामिल हैं।

Fluency / प्रवाह	• Fluency is a component of creativity that signifies the smooth flow or vibration of substance or emotion that resonates with a unique symbol or norm. / प्रवाह सृजनात्मकता का एक घटक है जो पदार्थ या भावना के सहज प्रवाह या कंपन को दर्शाता है, जो एक अद्वितीय प्रतीक या आदर्श के साथ प्रतिध्वनित होता है।
Flexibility / लचीलापन	• It refers to the ability to produce a large variety of ideas such as thinking of varied uses of a particular object. / यह एक विशिष्ट वस्तु के अलग-अलग प्रयोगों की सोच जैसे विचारों की एक बड़ी किस्म उत्पादित करने की क्षमता को संदर्भित करता है। • For example, list the different ways of using a rope or a newspaper./ उदाहरण के लिए, रस्सी या अखबार का उपयोग करने के अलग-अलग तरीकों की सूची।

Originality / मौलिकता	• The number of statistically infrequent ideas; shows an ability to produce uncommon or unique responses. / सांख्यिकीय संक्रामक विचारों की संख्या; असामान्य या अद्वितीय प्रतिक्रियाओं का उत्पादन करने की क्षमता दर्शाता है। • It is the ability to produce ideas that are unusual, statistically infrequent, and not obvious. / यह उन विचारों को उत्पन्न करने की क्षमता है, जो असामान्य, सांख्यिकीय रूप से निराधार और स्पष्ट नहीं हैं।
Elaboration / विस्तार	• The number of added ideas; demonstrates the subject's ability to develop and elaborate ideas. / जोड़े गए विचारों की संख्या; विचारों को विकसित करने और विस्तृत करने के लिए विषय की क्षमता को दर्शाता है। • For example, what would happen if no sleep is required?/ उदाहरण के लिए, यदि नींद की कोई आवश्यकता नहीं है, तो क्या होगा?

Stages of Creativity / सृजनात्मकता की अवस्था

Graham Wallas (1926) outlined the creative thinking process into four stages / ग्राहम वालेस (1926) ने रचनात्मक विचार प्रक्रिया को चार चरणों में वर्गीगत किया:

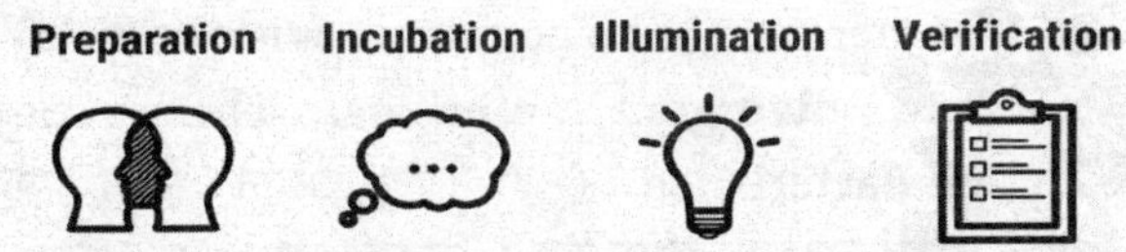

1. **Preparation:** It involves collecting information regarding a problem in order to solve it through trial and error, recalling personal experiences, and investigating in all possible directions./ **तैयारी:** इसमें परीक्षण और त्रुटि के माध्यम से हल करने के लिए एक समस्या के बारे में जानकारी एकत्र करना, व्यक्तिगत अनुभवों को याद करना और सभी संभावित दिशाओं में जांच करना शामिल है।
2. **Incubation:** It is a slow process in which the individual sinks into the unconscious and reflects on the problem. In this stage, individuals forget irrelevant information or unsuccessful attempts and engage with the task effectively./ **उद्भवन:** यह एक धीमी प्रक्रिया है, जिसमें व्यक्ति बेसुध हो जाता है और समस्या को दर्शाता है। इस चरण में, व्यक्ति अप्रासंगिक जानकारी या असफल प्रयासों को भूल जाते हैं और कार्य को प्रभावी ढंग से करते हैं।
3. **Illumination:** It is the stage the individual is most active and conscious. It is in this stage that an insight to the problem is experienced suddenly and a new idea or solution emerges./ **प्रदीपन:** यह वह चरण है जब व्यक्ति सबसे अधिक सक्रिय और सचेत है। यह इस चरण में है कि समस्या का एक अंतर्दृष्टि अचानक अनुभव होता है और एक नया विचार या समाधान निकलता है।
4. **Verification:** This stage might involve modifications to the solution reached in the previous stage by adding or subtracting, or making new connections. The final solution achieved is tested in reality. If the solution does not apply to the problem then the whole process is repeated./ **सत्यापन:** इस चरण में नए कनेक्शनों को जोड़कर या घटाकर या बनाकर पिछले चरण में पहुंचे समाधान में संशोधन शामिल हो सकते हैं। प्राप्त अंतिम समाधान वास्तविकता में परीक्षण किया गया है। यदि समस्या पर समाधान लागू नहीं होता है, तो पूरी प्रक्रिया को दोहराया जाता है।

TEST YOURSELF

1. **The ability to think about something in novel and unusual ways and coming up with unique solutions to a problem is called- / किसी चीज के विषय में नूतन तथा असाधारण रूप से सोचना और समस्या के निदान के लिए अनोखे समाधान ढूंढने की क्षमता क्या कहलाती है?**

CTET PAPER 1 [24th Dec 2021]

(a) Impulsivity / आवेगशीलता
(b) Reversibility / प्रतिवर्तनता
(c) Hyperactivity / अतिक्रियाशीलता
(d) Creativity / सृजनात्मकता

2. **Bindu is very enthusiastic to do projects on her own- She comes up with original and divergent solutions. These are characteristics of- / बिंदु अपने आप से परियोजनाओं पर कार्य करने के लिए बहुत उत्साहित रहती है। वह मौलिक एवं अभिसारी समाधानों को खोज कर लाती है। ये गुण किसकी ओर संकेत करते हैं?**

CTET PAPER 1 [27th Dec 2021]

(a) egocentrism / स्वकेंद्रीयता
(b) creativity / सृजनात्मकता
(c) extrinsic motivation / बाह्य अभिप्रेरणा
(d) cognitive delay / संज्ञानात्मक विलंबता

3. **Creativity in a classroom can be encouraged by providing opportunities for students to: / कक्षा में सृजनात्मकता को बढ़ावा देने के लिए, विद्यार्थियों को कैसे अवसर प्रदान करने चाहिए?**

CTET PAPER 1 [16 Dec 2021]

(a) join special achievement sections / विशिष्ट उपलब्धि वर्ग में सम्मेलन के
(b) encouraging original discovery and thinking / मौलिक खोज और सोच को बढ़ाने के
(c) developing good test&taking skills / परीक्षा देने के बेहतर कौशल विकसित करने के
(d) learning convergent thinking / अभिसारिक सोच सीखने के

4. **Which of the following is NOT an identifying characteristic of student with 'creativity'? / निम्नलिखित में से कौन-सी 'सृजनात्मक' विद्यार्थी की पहचान संबंधी विशेषता नहीं है?**

CTET PAPER 1 [17th Jan 2022]

(a) Higher order problem solving / उच्च क्रम समस्या समाधान
(b) Convergent thinking / अभिसारी सोच
(c) Novel Innovation / नवाचारी प्रयोग
(d) Strong sense of curiosity / जिज्ञासा की प्रबल भावना

5. **Which of the following practices will support creativity in a classroom? / निम्न में से कौन-सी शिक्षा प्रणाली कक्षा में सृजनात्मकता में सहायक होगी?**

(i) acceptance of imaginative answers / कल्पनाशील उत्तरों को स्वीकारना
(ii) emphasis on brainstorming / विचार मंथन पर बल देना
(iii) emphasis on convergent thinking / अभिसारी चिन्तन पर बल देना
(iv) tolerance to dissent / असहमति के प्रति सहनशीलता

CTET PAPER 1 [20th Dec 2021]

(a) i, ii
(b) i, ii, iii
(c) ii, iv
(d) i, ii, iv

6. **Fluency, elaboration and flexibility are characteristics of- / प्रवाह, विस्तारीकरण और लचीलापन निम्न में से किसके लक्षण हैं?**

CTET PAPER 1 [23th Dec 2021]

(a) Egocentricism / आत्म केन्द्रीकरण
(b) External motivation / बाह्य-अभिप्रेरणा
(c) Creativity / सृजनात्मकता
(d) Functional fixedness / कार्यात्मक-अटलता

7. Creativity among children can be facilitated: / बच्चों में सृजनात्मकता को किस प्रकार सुसाध्य किया जा सकता है?

CTET PAPER 1 [21th Jan 2022]

(a) by encouraging exploration. / अन्वेषण को प्रोत्साहित करके।
(b) through teacher - centric pedagogy. / अध्यापक केंद्रित शिक्षाशास्त्र द्वारा।
(c) by drill and repetition. / लगातार अभ्यास और दोहराकर।
(d) through imitation only. / केवल अनुकरण द्वारा।

8. Choosing activities that provide scope for insightful and divergent answers promote …………… / ऐसी गतिविधियों का चयन जिसमें अन्तः दृष्टि और विविध प्रकार के उत्तर देने की संभावनाएं हैं, वे किसे समुन्तत करती हैं?

CTET Paper 2 [3rd Jan 2022]

(a) rote memorisation / रटकर याद करना
(b) creativity / सृजनात्मकता
(c) frustration / कुण्ठा
(d) competition / प्रतिस्पर्धा

9. Which of the following is NOT a characteristic of student with 'creativity'? / निम्नलिखित में से क्या 'सृजनात्मकता' वाले विद्यार्थी की विशेषता नहीं है?

CTET PAPER 2 [5th Jan 2022]

(a) Their problem-solving skills are of higher order / उनकी समस्या को सुलझाने का कौशल उच्च कोटि का होता है।
(b) They can solve problems through divergent ways / वे विभित्र तरीकों से समस्याओं का समाधान कर सकते हैं।
(c) They have low sense of curiosity to learn new topics / उनमें नए विषयों को सीखने की जिज्ञासा कम होती है।
(d) They often come up with novel ideas and innovations / वे अक्सर नए विचारों और नवाचारों के साथ आते हैं।

10. Traits such as divergent thinking, originality in ideas and potential for novel production are associated with …………… / अपसारी चिंतन, विचारों में मौलिकता और नव उत्पादन जैसी विशिष्टताएँ निम्न में से किससे संबंधित हैं?

CTET PAPER 2 [23rd Dec 2021]

(a) Creativity / सृजनात्मकता
(b) Learning Disability / अधिगम विकार
(c) Autism / स्वलीनता
(d) Attention Deficit Hyperactivity Disorder / अवधान न्यूनता अतिक्रियाशीलता विकार

11. Which of the following is NOT an important factor of creativity? / निम्नलिखित में से कौन सा सृजनात्मक का महत्त्वपूर्ण कारक नहीं है?

CTET PAPER 2 [23rd Dec 2021]

(a) Originality / मौलिकता
(b) Convergent Thinking / अभिसारी चिंतन
(c) Fluency / प्रवाह
(d) Flexibility / लचीलापन

12. In order to cater to the needs of students with high creativity, a teacher should avoid activities which promotes: / उच्च सृजनात्मक वाले विद्यार्थियों की आवश्यकताओं को पूरा करने के लिए, एक शिक्षिका को ऐसी गतिविधियों से बचना चाहिए जो निम्नलिखित में से किसे बढ़ावा देती है?

CTET PAPER 2 [12th Jan 2022]

(a) Convergent thinking / अभिसरण सोच
(b) Curiosity to learn / सीखने की जिज्ञासा
(c) Originality of ideas / विचारों की मौलिकता
(d) Problem solving skills / समस्या समाधान कौशल

13. A teacher can identify creative children in her class by- / एक शिक्षिका अपनी कक्षा में सृजनात्मक विद्यार्थियों की पहचान कैसे कर सकती हैं?

CTET PAPER 2 [22nd Dec 2021]

(a) their ability to think convergently / उनकी अभिसारी सोच की क्षमता के आधार पर

(b) their popularity among peers / समकक्षियों के बीच उनकी प्रसिद्धि को आंककर

(c) their innovative style of thinking / उनकी मौलिक सोच के आधार पर

(d) their selection of simple and recall based tasks. / उनके सरल व प्रत्यास्मरण आधारित क्रियाकलापों के चुनाव के आधार पर

14. Critical thinking in children can be promoted by asking questions such as- / किस तरह के प्रश्न पूछकर बच्चों में समालोचनात्मक सोच को बढ़ावा दिया जा सकता है?

CTET PAPER 1 [5th Jan 2022]

(a) In which year was the Forest Rights Act passed? / वन अधिकार अधिनियम किस वर्ष पारित किया गया था?

(b) What is the sum of three angles of a triangle? / त्रिभुज के तीनों कोणों का योग क्या होता है?

(c) Name the various layers of earth's atmosphere. / पृथ्वी के वायुमंडल की विभिन्न परतों के नाम लिखिए।

(d) Design an experiment prove that seeds need air for germination. / बीजों को अंकुरण के लिए हवा की आवश्यकता होती है, सिद्ध करने के लिए एक प्रयोग की रूपरेखा तैयार कीजिए?

15. Which of the following questions promotes critical thinking? / निम्नलिखित में से कौन-सा प्रश्न समालोचनात्मक सोच को बढ़ावा देगा?

CTET PAPER 1 [10th Jan 2022]

(a) Draw a diagram of solar system- / सौर प्रणाली का आरेख बनाओ।

(b) Multiply 328 by 984- / 328 को 984 से गुणा करो।

(c) In which year was the Right to Education Act passed? / शिक्षा का अधि कार अधिनियम किस वर्ष में पारित किया गया था?

(d) Analyse the various ways in which urbanisation and globalisation effect people of different socio-economic strota. / शहरीकरण और वैश्वीकरण के विभिन्न सामाजिक-आर्थिक स्तर के लोगों पर अलग-अलग प्रभाव का विश्लेषण करें।

ANSWER KEY

1.	D	2.	B	3.	B	4.	B	5.	D	6.	C	7.	A
8.	B	9.	C	10.	A	11.	B	12.	A	13.	C	14.	D
15.	D												

14 BLOOM TAXONOMY
ब्लूम टैक्सोनॉमी

- This model is proposed in 1956 and named after Benjamin Bloom, an educational psychologist at the University of Chicago. / यह मॉडल 1956 में प्रस्तावित है और इसका नाम शिकागो विश्वविद्यालय के एक शैक्षिक मनोवैज्ञानिक बेंजामिन ब्लूम के नाम पर रखा गया है।
- This is actually a hierarchy model to classify the teaching and instructional objectives into a specific level of complexity / यह वास्तव में शिक्षण और निर्देशात्मक उद्देश्यों को एक विशिष्ट स्तर की जटिलता में वर्गीगत करने के लिए एक पदानुक्रम मॉडल है।
- There are three major domains - Cognitive domain, Affective domain, and Psychomotor domain / तीन प्रमुख क्षेत्र हैं- संज्ञानात्मक क्षेत्र, भावात्मक क्षेत्र, और मनोक्रियात्मक क्षेत्र
- The components of all domains are divided into specific levels / सभी क्षेत्रों के घटकों को विशिष्ट स्तरों में विभाजित किया गया है
- Before starting teaching educator set some objectives to achieve the learning goal / शिक्षण शुरू करने से पहले शिक्षक ने सीखने के लक्ष्य को प्राप्त करने के लिए कुछ उद्देश्य निर्धारित किए हैं।

1. Cognitive domain / संज्ञानात्मक क्षेत्र	• Those educational objectives are included that are concerned with knowledge, recogn ition, recall, and cater to the development of intellectual abilities and skills./ उन शैक्षिक उद्देश्यों को शामिल किया जाता है, जो ज्ञान, मान्यता, स्मरण से संबंधित हैं और बौद्धिक क्षमताओं और कौशल के विकास को पूर्ण करते हैं • In this domain, only those objectives are included which are concerned with the intellectual abilities and skills of the learner./ इस क्षेत्र में केवल उन्हीं उद्देश्यों को शामिल किया जाता है जो शिक्षार्थी की बौद्धिक क्षमताओं और कौशल से संबंधित होते हैं।
2. Conative or psychomotor domain / मनोक्रियात्मक क्षेत्र	• This domain helps in the development of skills./ यह क्षेत्र कौशल के विकास में मदद करता है। • The training of physical activities is the main objective of this domain. / शारीरिक गतिविधियों का प्रशिक्षण इस क्षेत्र का मुख्य उद्देश्य है। • For example, the students can draw a graph or paint a picture. / उदाहरण के लिए, छात्र एक ग्राफ बना सकते हैं या एक चित्र बना सकते हैं।

3. Affective Domain / भावात्मक पक्ष:	• It is also known as the domain of emotional response. / इसे भावनात्मक प्रतिक्रिया के क्षेत्र के रूप में भी जाना जाता है। • These objectives aim to **develop certain interests, attitudes, appreciation, and values** among pupils. / इन उद्देश्यों का उद्देश्य विद्यार्थियों के बीच कुछ रुचियों, दृष्टिकोण, प्रशंसा और मूल्यों को विकसित करना है । • At the lowest level, a student simply pays attention to a certain idea. At the highest level, the student adopts an idea or a value and acts consistently with that idea. / सबसे निचले स्तर पर, एक छात्र केवल एक निश्चित विचार पर ध्यान देता है। उच्चतम स्तर पर, छात्र एक विचार या मूल्य को अपनाता है और उस विचार के साथ लगातार कार्य करता है।

The Cognitive Domain / संज्ञानात्मक डोमेन

- It is also known as the thinking domain.
- Initially, the six basic objectives in Bloom's taxonomy are knowledge, comprehension, application, analysis, synthesis, and evaluation. / प्रारंभ में, ब्लूम के वर्गीकरण में छह मूल उद्देश्य ज्ञान, समझ, अनुप्रयोग, विश्लेषण, संश्लेषण और मूल्यांकन हैं।

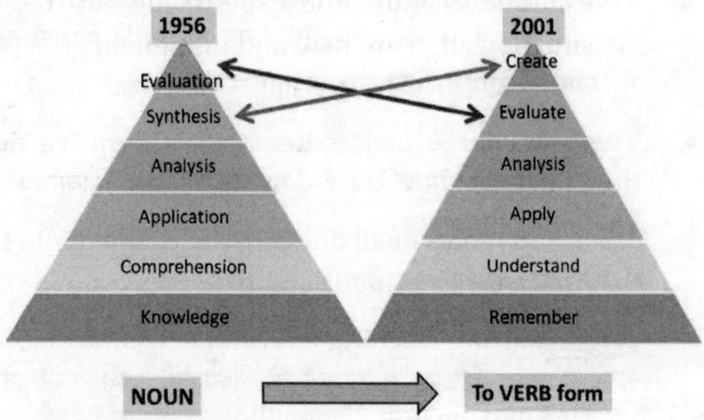

1. Knowledge / ज्ञान

- Knowledge is defined as the remembering of previously learned material. / ज्ञान को पहले से अधिगम की गई सामग्री के स्मरण के रूप में परिभाषित किया गया है।
- Knowledge represents the lowest level of learning outcomes in the cognitive domain. / ज्ञान संज्ञानात्मक क्षेत्र में अधिगम के परिणामों के निम्नतम स्तर का प्रतिनिधित्व करता है।
- To test one's **Knowledge** skill, use words and phrases such as: how many, when, where, list, define, tell, describe, identify, etc., which will draw out factual answers and test child's recall and recognition skills. / किसी के ज्ञान कौशल का परीक्षण करने के लिए, शब्दों और वाक्यांशों का उपयोग करना जैसे: कितने, कब, कहाँ, सूची, परिभाषित, बताना, वर्णन करना, पहचानना आदि, जो तथ्यात्मक उत्तर देगा और बच्चे के याद और मान्यता कौशल का परीक्षण करेगा।

2. Comprehension / समझ

- Comprehension is defined as the ability to grasp the meaning of the material. / समझ को सामग्री के अर्थ को समझने की क्षमता के रूप में परिभाषित किया गया है।
- This may be shown by translating material from one form to another word to numbers, by interpreting material explaining or summarizing, and by estimating future trends predicting consequences or effects. / यह सामग्री को एक रूप से दूसरे शब्द से संख्या में अनुवाद करके, व्याख्या करने या सारांशित करने वाली सामग्री की व्याख्या करके, और भविष्य के रुझानों के परिणामों या प्रभावों का अनुमान लगाकर दिखाया जा सकता है।

- To find out **Comprehension** skill, use words such as: describe, explain, estimate, predict, identify, and differentiate, etc., to encourage your child to translate, interpret, and extrapolate. / बोध कौशल का पता लगाने के लिए, अपने बच्चे को अनुवाद, व्याख्या और एक्सट्रपलेट करने के लिए प्रोत्साहित करने के लिए शब्दों का उपयोग करना जैसे: वर्णन, व्याख्या, अनुमान, अनुमान, पहचान और अंतर आदि।

3. Application / अनुप्रयोग

- Application refers to the ability to use learned material in new and concrete situations./ एप्लिकेशन नई और ठोस स्थितियों में अधिगम की गई सामग्री का उपयोग करने की क्षमता को संदर्भित करता है।
- This may include the application of such things as rules, methods, concepts, principles, laws, and theories. / इसमें नियमों, विधियों, अवधारणाओं, सिद्धांतों, कानूनों और सिद्धांतों के रूप में ऐसी चीजों का अनुप्रयोग शामिल हो सकता है।
- To test **Application** skills, use words such as: demonstrate, apply, illustrate, show, solve, examine, classify, and experiment, etc., to encourage your child to apply knowledge to situations that are new and unfamiliar. / अनुप्रयोग कौशल का परीक्षण करने के लिए, अपने बच्चे को उन स्थितियों के लिए ज्ञान लागू करने के लिए प्रोत्साहित करने के लिए शब्दों का उपयोग करना: प्रदर्शित करना, लागू करना, वर्णन करना, दिखाएं, हल करना, जांचें, वर्गीगत करना और प्रयोग करना आदि, जो कि नई और अपरिचित हैं।

4. Analysis / विश्लेषण

- Analysis refers to the ability to break down the material into its component parts so that its organizational structure may be understood./ विश्लेषण सामग्री को उसके घटक भागों में विभाजित करने की क्षमता को संदर्भित करता है ताकि इसकी संगठनात्मक संरचना को समझा जा सके।
- This may include the identification of parts, analysis of the relationship between parts, and recognition of the organizational principles involved./ इसमें भागों की पहचान, भागों के बीच संबंधों का विश्लेषण और शामिल संगठनात्मक सिद्धांतों की मान्यता शामिल हो सकती है।
- Learning outcomes here represent a higher intellectual level than comprehension and application because they require an understanding of both the content and the structural form of the material. / यहां अधिगम के परिणाम समझ और अनुप्रयोग की तुलना में एक उच्च बौद्धिक स्तर का प्रतिनिधित्व करते हैं क्योंकि उन्हें सामग्री और सामग्री के संरचनात्मक रूप दोनों की समझ की आवश्यकता होती है।
- For **Analysing** skills use words and phrases such as: what are the differences, analyze, explain, compare, separate, classify, arrange, etc., to encourage your child to break information down into parts. / विश्लेषण के लिए कौशल शब्दों और वाक्यांशों का उपयोग करते हैं जैसे: क्या अंतर हैं, विश्लेषण करना, व्याख्या करना, तुलना करना, अलग करना, वर्गीगत करना, व्यवस्था करना, आदि, अपने बच्चे को जानकारी को भागों में तोड़ने के लिए प्रोत्साहित करना।

5. Synthesis / संश्लेषण

- Synthesis refers to the ability to put parts together to form a new whole./ संश्लेषण से तात्पर्य है एक नया संपूर्ण बनाने के लिए भागों को एक साथ रखना।
- This may involve the production of a unique communication theme or speech, a plan of the operations research proposal, or a set of abstract relations schemes for classifying

information. / इसमें एक अद्वितीय संचार विषय या भाषण का उत्पादन, संचालन अनुसंधान प्रस्ताव की एक योजना या वर्गीगत जानकारी के लिए अमूर्त संबंध योजनाओं का एक सेट शामिल हो सकता है।

- To test **Synthesis** skills, use words and phrases such as: combine, rearrange, substitute, create, design, invent, what if, etc., to encourage your child to combine elements into a pattern that's new./ संश्लेषण कौशल का परीक्षण करने के लिए, शब्दों और वाक्यांशों का उपयोग करना जैसे: अपने बच्चे को नए स्वरूप में तत्वों को संयोजित करने के लिए प्रोत्साहित करने के लिए गठबंधन, पुनर्व्यवस्थित, स्थानापन्न, डिजाइन, आविष्कार, क्या, यदि, आदि।

6. **Evaluation / मूल्यांकन**

- Evaluation is concerned with the ability to judge the value of material for a given purpose. / मूल्यांकन किसी दिए गए उद्देश्य के लिए सामग्री के मूल्य को आंकने की क्षमता से संबंधित है।
- The judgments are to be based on definite criteria. / यह निर्णय निश्चित मानदंडों के आधार पर होने हैं।
- Learning outcomes in this area are highest in the cognitive hierarchy because they contain elements of all the other categories, plus conscious value judgments based on clearly defined criteria/ इस क्षेत्र में अधिगम परिणाम संज्ञानात्मक पदानुक्रम में सबसे अधिक होते हैं क्योंकि उनमें अन्य सभी श्रेणियों के तत्व शामिल हैं, साथ ही स्पष्ट रूप से परिभाषित मानदंडों के आधार पर सचेत मूल्य निर्णय भी हैं।
- To check **Evaluation** skills use words such as: assess, decide, measure, select, explain, conclude, compare, and summarize etc., to encourage your child to make judgements according to a set of criteria. / मूल्यांकन कौशल की जांच करने के लिए, शब्दों का उपयोग करना: आकलन, निर्णय, माप, चयन, व्याख्या, निष्कर्ष, तुलना, और संक्षेप आदि, अपने बच्चे को मानदंड के एक सेट के अनुसार निर्णय लेने के लिए प्रोत्साहित करने के लिए।

1. These objectives are considered as a hierarchy, each skill building on those below, but this is not entirely accurate./ इन उद्देश्यों को पदानुक्रम, नीचे दिए गए प्रत्येक कौशल का निर्माण के रूप में माना जाता है, लेकिन यह पूरी तरह से सही नहीं है।
2. In 2001, a group of educational researchers published the first major revision of the cognitive taxonomy. These are Remembering, Understanding, Applying, Analyzing, Evaluating, Creating / 2001 में, शैक्षिक शोधकर्ताओं के एक समूह ने संज्ञानात्मक वर्गीकरण का पहला प्रमुख संशोधन प्रकाशित किया। ये हैं, याद रखना, समझना, लागू करना, विश्लेषण करना, मूल्यांकन करना, निर्माण करना।
3. **Remembering, understanding, and applying ⇒ the lower-level objectives. /** स्मरण, समझ, और अनुप्रयोग निम्न-स्तरीय उद्देश्य।
4. **Analyzing, evaluating, and creating are considered ⇒ high-level objectives**. / विश्लेषण करना, मूल्यांकन करना, और निर्माण करना उच्च-स्तरीय उद्देश्य।
5. The six processes of remembering, understanding, applying, analyzing, evaluating, and creating acting on four kinds of knowledge—**factual, conceptual, procedural, and metacognitive./** याद रखने, समझने, लागू करने, विश्लेषण करने, मूल्यांकन करने और निर्माण करने की छह प्रक्रियाएं ज्ञान के चार प्रकार -तथ्यात्मक, वैचारिक, प्रक्रियात्मक और मेटा-संज्ञानात्मक पर कार्य करती हैं।

TEST YOURSELF

1. Which of the following arrangements reflects the correct order of revised Bloom Taxonomy of cognitive process? / निम्नलिखित में से कौन-सी व्यवस्था संज्ञानात्मक प्रक्रिया के संशोधित ब्लूम वर्गीकरण के सही क्रम को दर्शाती है?

CTET Paper 2 - 31st Dec 2021

(a) Remember, Understand, Apply, Analyse, Evaluate, Create / याद रखें, समझें, लागू करें, विश्लेषण करें, मूल्यांकन करें, बनाएं

(b) Remember, Design, Apply, Create, Evaluate, Analyse, / याद रखें, डिजाइन करें, लागू करें, बनाएं, मूल्यांकन करें, विश्लेषण करें,

(c) Remember, Understand, Analyse, Apply, Evaluate, Create / याद रखें, समझें, विश्लेषण करें, लागू करें, मूल्यांकन करें, बनाएं

(d) Remember, Create, Understand, Analyse, Evaluate, Apply / याद रखें, बनाएं, समझें, विश्लेषण करें, मूल्यांकन करें, लागू करें

2. Which cognitive domain is assessed in the question, 'Examine the similarities and differences in the teaching of Buddhism and Jainism'? / 'बौद्ध धर्म और जैन धर्म की शिक्षाओं में समानता और अंतर की जांच करें' प्रश्न में किस संज्ञानात्मक क्षेत्र का मूल्यांकन किया गया है?

CTET Paper 2 - 27th Dec 2021

(a) Remember / याद रखें

(b) Understand / समझें

(c) Analyze / विश्लेषण करें

(d) Create / बनाएँ

3. Which of the following levels of cognitive domain are responsible for divergent thinking processes? / संज्ञानात्मक क्षेत्र का निम्नलिखित में से कौन सा स्तर भिन्न सोच प्रक्रियाओं के लिए जिम्मेदार है?

CTET Paper 1 - 28th Dec 2021

(a) Knowledge, Comprehension, and Application / ज्ञान, समझ और अनुप्रयोग

(b) Analysis, Synthesis and Evaluation / विश्लेषण, संश्लेषण और मूल्यांकन

(c) Knowledge, Analysis, and Evaluation / ज्ञान, विश्लेषण और मूल्यांकन

(d) Comprehension, Analysis, and Evaluation / समझ, विश्लेषण और मूल्यांकन

4. Which cognitive process is assessed in the question. Examine the impact of Mahatma Gandhi National Rural Employment Guarantee Act in reducing poverty in India? / भारत में गरीबी कम करने में महात्मा गांधी राष्ट्रीय ग्रामीण रोजगार गारंटी अधिनियम के प्रभाव की जांच करें प्रश्न में किस संज्ञानात्मक प्रक्रिया का मूल्यांकन किया गया है?

CTET Paper 2 - 1st Jan 2022

(a) Remember / याद रखें

(b) Evaluate / मूल्यांकन करें

(c) Analyse / विश्लेषण करें

(d) Create / बनाएँ

5. Which statement is correctly stated, with reference to writing instructional objective of cognitive domain? / संज्ञानात्मक डोमेन के लेखन निर्देशात्मक उद्देश्य के संदर्भ में कौन सा कथन सही ढंग से कहा गया है?

CTET Paper 2 - 21st Dec 2021

(a) Students will be able to understand the concept of solar system / छात्र सौर मंडल की अवधारणा को समझ सकेंगे

(b) Students will feel the concept of gender / छात्र लिंग की अवधारणा को महसूस करेंगे

(c) Students will be able to know the names of five wild animals / छात्र पांच जंगली जानवरों के नाम जान सकेंगे

(d) Students will be able to explain the process of the water cycle in their own words / छात्र जल चक्र की प्रक्रिया को अपने शब्दों में समझा सकेंगे

6. Which learning domain constitutes higher order thinking? / कौन सा शिक्षण क्षेत्र उच्च स्तरीय सोच का गठन करता है?

CTET July 2013 Paper - 2

(a) remembering / याद रखना
(b) understanding / समझ
(c) application / आवेदन
(d) creating / सृजन करना

7. Which one of the following represents the domain 'evaluating' In the Bloom's revised taxonomy? / निम्नलिखित में से कौन ब्लूम की संशोधित वर्गीकरण में 'मूल्यांकन' करने वाले डोमेन का प्रतिनिधित्व करता है?

CTET Feb 2014 Paper 2

(a) Creating a graph or chart using the data / डेटा का उपयोग करके एक ग्राफ या चार्ट बनाना
(b) Judging the logical consistency of a solution / किसी समाधान की तार्किक स्थिरता का आकलन करना
(c) Evaluating the pertinence, of the data provided / प्रदान किए गए डेटा की प्रासंगिकता का मूल्यांकन करना
(d) Formulating a new way for categorizing objects / वस्तुओं को वर्गीकृत करने के लिए एक नया तरीका तैयार करना

8. A teacher begins the class by demonstrating the chemical test of starch in a given sample of food. The cognitive process associated with the underlined word in the above statement is / एक शिक्षक भोजन के दिए गए नमूने में स्टार्च के रासायनिक परीक्षण का प्रदर्शन करके कक्षा शुरू करता है। उपर्युक्त कथन में रेखांकित शब्द से जुड़ी संज्ञानात्मक प्रक्रिया है

CTET Dec 2019 Paper 2

(a) Creating / बनाना
(b) Analysing / विश्लेषण करना
(c) Applying / लगाना
(d) Understanding / समझ

9. A teacher frames a learning objective as - "Making a device using a simple electric circuit." / एक शिक्षक सीखने का उद्देश्य इस प्रकार निर्धारित करता है - "एक साधारण विद्युत सर्किट का उपयोग करके एक उपकरण बनाना।" This learning objective is matching with which cognitive process? / यह सीखने का उद्देश्य किस संज्ञानात्मक प्रक्रिया से मेल खाता है?

CTET Feb 2015 Paper 2

(a) Understanding / समझ
(b) Analysing / विश्लेषण करना
(c) Remembering / स्मरण करना
(d) Creating / सृजन करना

10. From the unit of 'Shapes' the teacher asked the students to "make/draw any picture by using shapes". The objective that can be achieved through this activity is / 'आकार' इकाई से शिक्षक ने छात्रों से "आकारों का उपयोग करके कोई भी चित्र बनाने/खींचने" के लिए कहा। इस गतिविधि के माध्यम से जो उद्देश्य प्राप्त किया जा सकता है वह है

CTET Feb 2015 Paper 1

(a) Application / आवेदन
(b) Knowledge / ज्ञान
(c) Comprehension / समझ
(d) Creating / सृजन करना

ANSWER KEY

1.	A	2.	C	3.	B	4.	B	5.	D	6.	D	7.	B
8.	C	9.	D	10.	D								

15 ASSESSMENT & EVALUATION
आकलन एवं मूल्यांकन

Test: A test is a kind of assessment to measure the knowledge, skills, and aptitude in a specified field. A test is used to analyze the performance of the students and also to know the reliability of the teaching-learning process./ **परीक्षण:** एक परीक्षण एक निर्दिष्ट क्षेत्र में ज्ञान, कौशल और योग्यता को मापने के लिए मूल्यांकन का एक प्रकार है। एक परीक्षण का उपयोग छात्रों के प्रदर्शन का विश्लेषण करने और शिक्षण-अधिगम की प्रक्रिया की विश्वसनीयता को जानने के लिए भी किया जाता है।

Measurement: Measurement is defined as the description of data in terms of numbers. To measure some object, we must follow certain operations and rules which compare the object to some defined standard or scale./ **मापन:** मापन को संख्या के संदर्भ में डेटा के विवरण के रूप में परिभाषित किया गया है। कुछ चीजों को मापने के लिए, हमें कुछ संचालन और नियमों का पालन करना चाहिए जो चीजों की कुछ निर्धारित मानक या पैमाने से तुलना करते हैं।

Assessment: Assessment is a process of collecting relevant information on student learning. It is an integral part of the teaching-learning process. Assessment is conducted in different phases of the teaching-learning process. / **आकलन:** आकलन छात्र अधिगम पर प्रासंगिक जानकारी एकत्र करने की एक प्रक्रिया है। यह शिक्षण-अधिगम प्रक्रिया का एक अभिन्न अंग है। शिक्षण-अधिगम प्रक्रिया के विभिन्न चरणों में आकलन किया जाता है।

Evaluation: Evaluation is a systematic way to assess learners' abilities, analyze performance, provide appropriate feedback to each learner and help them to progress. High-quality evaluation is required in teaching for successful learning. / **मूल्यांकन:** मूल्यांकन शिक्षार्थी की क्षमताओं का आकलन करने, प्रदर्शन का विश्लेषण करने, प्रत्येक शिक्षार्थी को उचित प्रतिक्रिया प्रदान करने और उन्हें प्रगति में मदद करने का एक व्यवस्थित तरीका है। सफल अधिगम के लिए शिक्षण में उच्च गुणवत्ता वाले मूल्यांकन की आवश्यकता है।

Test / परीक्षण

A **test** is a kind of assessment to measure the knowledge, skills, and aptitude in a specified field. A test is used to analyze the performance of the students and also to know the reliability of the teaching-learning process./ एक परीक्षण एक निर्दिष्ट क्षेत्र में ज्ञान, कौशल और योग्यता को मापने के लिए मूल्यांकन का एक प्रकार है। एक परीक्षण का उपयोग छात्रों के प्रदर्शन का विश्लेषण करने और शिक्षण-अधिगम की प्रक्रिया की विश्वसनीयता को जानने के लिए भी किया जाता है।

Some people possess certain specific abilities other than intelligence, which help them in achieving success in some specific field or activity. These certain specific abilities are known as the aptitude of an individual. / कुछ लोगों के पास बुद्धि के अलावा कुछ विशिष्ट क्षमताएं होती हैं, जो उन्हें किसी विशिष्ट क्षेत्र या गतिविधि में सफलता प्राप्त करने में मदद करती हैं। इन कुछ विशिष्ट क्षमताओं को किसी व्यक्ति की योग्यता के रूप में जाना जाता है।

Tests are devices to gather information through some specified tasks presented to individuals. We come across various types of tests in education e.g. oral, written and practical; group or individual; performance, etc. Sometimes 'examination' is also used to mean a device or a test. / परीक्षण व्यक्तियों को प्रस्तुत कुछ निर्दिष्ट कार्यों के माध्यम से जानकारी इकट्ठा करने के लिए उपकरण हैं। हम शिक्षा में विभिन्न प्रकार के परीक्षणों में आते हैं उदाहरण मौखिक, लिखित और व्यावहारिक; समूह या व्यक्ति; प्रदर्शन, आदि कभी-कभी 'परीक्षा' का उपयोग डिवाइस या परीक्षण का अर्थ करने के लिए भी किया जाता है।

1. **Standardized tests:** They are concerned with the whole field of knowledge or ability tested. These tests are made by experts to compare the achievement of individual groups. **Qualities of standardized tests** validity, reliability, and usability, objectivity. / **मानकीग्त परीक्षण:** ये ज्ञान या परीक्षण की क्षमता के पूरे क्षेत्र से संबंधित हैं। ये परीक्षण विशेषज्ञों द्वारा व्यक्तिगत समूहों की उपलब्धि की तुलना करने के लिए किए जाते हैं। मानकीग्त परीक्षणों की योग्यता वैधता, विश्वसनीयता, निष्पक्षतावाद और उपयोगिता हैं।
2. **Non-standardized tests (Teacher-made tests):** They are concerned with limited and specific fields of knowledge or ability of performance. These are for local use for some particular institutions on small scale./ **गैर-मानकीग्त परीक्षण (शिक्षक-निर्मित परीक्षण):** ये ज्ञान के सीमित और विशिष्ट क्षेत्रों या प्रदर्शन की क्षमता से संबंधित हैं। ये छोटे पैमाने पर कुछ विशेष संस्थानों के लिए स्थानीय उपयोग के लिए हैं।

Characteristics of Good Test: A good test should enable us to the achievement or ability accurately and economically. Here we take a good test - validity, reliability, objectivity and usability./ **उत्तम परीक्षण के लक्षण:** एगूड टेस्ट हमें उपलब्धि और क्षमता को सटीक और आर्थिक रूप से सक्षम बनाना चाहिए। यहाँ हम एक अच्छी परीक्षा लेते हैं - वैधता, विश्वसनीयता और उपयोगिता।

- **Validity:** A test is said to be valid if it measures what it is supposed to measure. Cronbach defines validity as "the extent to which a test measures what it to measure". / **वैधता:** एक परीक्षण को वैध कहा जाता है यदि वह मापता है कि उसे क्या मापना है। क्रोनबेक वैधता को "एक सीमा तक मापता है कि एक परीक्षण क्या मापता है"।
- **Reliability:** A test is reliable if it gives consistent results of measurement on its administration on different occasions. Pupils should score similar scores if the test is repeated. Its administration maybe after some gap of time and the condition is that pupils do not receive any further training of related test content. / **विश्वसनीयता:** एक परीक्षण विश्वसनीय है अगर यह विभिन्न अवसरों पर अपने प्रशासन पर माप के लगातार परिणाम देता है। यदि परीक्षण दोहराया जाता है, तो विद्यार्थियों को समान स्कोर करना चाहिए। इसका प्रशासन शायद समय के कुछ अंतराल के बाद होता है और स्थिति यह है कि विद्यार्थियों को संबंधित परीक्षण सामग्री का कोई और प्रशिक्षण प्राप्त नहीं होता है।
- **Usability:** Usability refers to practicability - ease, and economy in terms of energy, time, and money. Usability means a test should be: easy to construct; easy in administrating; easy in scoring; easy in interpreting; and economic in terms of money and time./ **प्रयोज्यता:** प्रयोज्यता व्यावहारिकता को संदर्भित करती है- ऊर्जा, समय और धन के संदर्भ में आसानी, और अर्थव्यवस्था। प्रयोज्यता का अर्थ है एक परीक्षण होना चाहिए: निर्माण करना आसान; व्यवस्थापन में आसान; स्कोरिंग में आसान; व्याख्या करने में आसान; और पैसे और समय के मामले में मितव्ययी।
- **Objectivity:** When a student›s score on a test is based only on the student›s answers and not on the personal biases of the scorer (or teacher), then the scoring is considered to be objective. This depends on the procedure of the scoring (and the type of item to be scored). / **निष्पक्षतावाद:**

जब किसी परीक्षा में किसी छात्र के अंक केवल छात्र के उत्तरों पर आधारित होता है, न कि गणक (या शिक्षक) के व्यक्तिगत पूर्वाग्रह पर, तो स्कोरिंग को उद्देश्य माना जाता है। यह स्कोरिंग की प्रक्रिया (और प्राप्त की जाने वाली सामग्री का प्रकार) पर निर्भर करता है।

Difference between Norm-referenced and Criterion-referenced test / मानक-संदर्भित और मानदंड-संदर्भित परीक्षण के बीच अंतर

Parameters / मापदंड	Norm-referenced Evaluation / मानक-संदर्भित	Criterion-referenced Evaluation/ मानदंड-संदर्भित परीक्षण
Time of use / उपयोग का समय	• At the end of a term, naturally school board examination. / एक कार्यकाल के अंत में, स्वाभाविक रूप से स्कूल बोर्ड परीक्षा।	• During the progress of instruction, like the conduct of the class examination. / निर्देश की प्रगति के दौरान, जैसे कक्षा परीक्षा आयोजित करना।
Similarities with other tests / अन्य परीक्षणों के साथ समानता	• It supports summative evaluation. / यह योगात्मक मूल्यांकन का समर्थन करता है। • Standardized tests are suitably used. / मानकीग्त परीक्षण उपयुक्त रूप से उपयोग किए जाते हैं।	• It supports formative and diagnostic evaluation. / यह रचनात्मक और नैदानिक मूल्यांकन का समर्थन करता है। • Teacher-made tests are usually used. / शिक्षक-निर्मित परीक्षण आमतौर पर उपयोग किए जाते हैं।
Instructional Objectives / निर्देशात्मक उद्देश्य	• No instructional objectives are fixed./ कोई निर्देशात्मक उद्देश्य निश्चित नहीं हैं। • Course objectives are given importance./ पाठ्यक्रम के उद्देश्यों को महत्व दिया जाता है।	• Specific instructional objectives are given which may be defined as a standard. / विशिष्ट निर्देशात्मक उद्देश्य दिए गए हैं जिन्हें एक मानक के रूप में परिभाषित किया जा सकता है।
Example / उदाहरण	• Raman stood first in the Mathematics test in his class. (Group comparison) / रमन ने अपनी कक्षा में गणित की परीक्षा में प्रथम स्थान प्राप्त किया। (समूह तुलना) • Amit surpasses 65% of students of his class in reading tests. / अमित ने पठन परीक्षा में अपनी कक्षा के 65% छात्रों को पीछे छोड़ दिया।	• Raman stood first in the Mathematics test in his class. (Individual comparision)/ रमन ने अपनी कक्षा में गणित की परीक्षा में प्रथम स्थान प्राप्त किया। (व्यक्तिगत तुलना) • Amit's score in a reading test is 70. / एक पठन परीक्षा में अमित ने 70 अंक प्राप्त किए।

Some Other Tests / कुछ अन्य परीक्षण

Aptitude test / अभिक्षमता परीक्षण	It is related to a particular area refers to a certain **combination of specific capacities** of an individual which may help us in predicting his future. / यह एक विशेष क्षेत्र से संबंधित है जो किसी व्यक्ति की विशिष्ट क्षमताओं के एक निश्चित संयोजन को संदर्भित करता है जो हमें उसके भविष्य की भविष्यवाणी करने में मदद कर सकता है।

Attitude test / अभिवृत्ति परीक्षण	It is a determined acquired tendency that prepares a person to behave in a certain way towards a specific object or situation./ यह एक निर्धारित अधिग्रहीत प्रवृत्ति है जो किसी व्यक्ति को किसी विशिष्ट वस्तु या स्थिति के प्रति एक निश्चित तरीके से व्यवहार करने के लिए तैयार करता है।
Achievement test / उपलब्धि परीक्षण	It is the acquirement of the desired things that indicates what an individual has learned or achieved in a particular field. / यह वांछित चीजों का अधिग्रहण है जो दर्शाता है कि किसी व्यक्ति ने किसी विशेष क्षेत्र में क्या सीखा है या हासिल किया है।

Assessment / आकलन

Assessment is a process of collecting relevant information on student learning. It is an integral part of the teaching-learning process. Assessment is conducted in different phases of the teaching-learning process. / **आकलन** छात्र अधिगम पर प्रासंगिक जानकारी एकत्र करने की एक प्रक्रिया है। यह शिक्षण-अधिगम प्रक्रिया का एक अभिन्न अंग है। शिक्षण-अधिगम प्रक्रिया के विभिन्न चरणों में आकलन किया जाता है।

- Assessment process measures personality, attitude, cognitive, social functioning and intelligence./ आकलन प्रक्रिया व्यक्तित्व, दृष्टिकोण, संज्ञानात्मक, सामाजिक कामकाज और बुद्धि को मापती है।
- Psychological assessment is the process of testing that uses a combination of tests or techniques to get an idea of persons and their behaviors, personalities, capabilities./ मनोवैज्ञानिक आकलन, परीक्षण की एक प्रक्रिया है जो व्यक्तियों और उनके व्यवहार, व्यक्तित्व, क्षमताओं का अंदाजा लगाने के लिए परीक्षणों या तकनीकों के संयोजन का उपयोग करती है।
- Some assessments are conducted before the beginning of the teaching-learning process, some are carried out during the process, and others are conducted at the end of the instructional process./ कुछ आकलन शिक्षण-अधिगम की प्रक्रिया की शुरुआत से पहले किए जाते हैं, कुछ प्रक्रिया के दौरान किए जाते हैं, और अन्य अनुदेशात्मक प्रक्रिया के अंत में आयोजित किए जाते हैं।
- In the above-mentioned phenomenon, the teacher is collecting information about the intelligence, personality, and classroom behaviour of a student by using appropriate test and check-list, hence it is the process of assessment. / दी गई प्रक्रिया में, शिक्षक उपयुक्त परीक्षण और जाँच सूची का उपयोग करके छात्र की बुद्धि, व्यक्तित्व और कक्षा के व्यवहार के बारे में जानकारी एकत्र कर रहा है, इसलिए यह आकलन की प्रक्रिया है।

There are mainly two types of assessment / मूल्यांकन मुख्य रूप से दो प्रकार के होते हैं

Type of assessment / मूल्यांकन के प्रकार	Key idea / मुख्य विचार	Example / उदाहरण
Assessment for learning / Formative assessment / अधिगम के लिए मूल्यांकन / औपचारिक मूल्यांकन	• Monitors the child's progress throughout the teaching and learning process. / शिक्षण और सीखने की प्रक्रिया के दौरान बच्चे की प्रगति की निगरानी करें। • Helps to know their learning needs and to fill the gap by selecting the appropriate strategy/ उनकी सीखने की जरूरतों को जानने और उचित रणनीति का चयन करके अंतर को भरने में मदद करता है।	If a cook tastes a food during cooking it may be akin to assessment for learning./ यदि खाना पकाने के दौरान कोई रसपान करता है तो यह सीखने के लिए आकलन के समान हो सकता है।

Assessment of learning / Summative assessment / अधिगम का मूल्यांकन / योगात्मक मूल्यांकन	• Designed to be summative, and to produce an accurate description of a student's achievement./ योगात्मक होने के लिए, और छात्र की उपलब्धि का सटीक विवरण तैयार करने के लिए। • Helps to measure, certify, and report the level of student learning and achievement level at the end of the term. / अवधि के अंत में छात्र के सीखने के स्तर को मापने, उपलब्धि के स्तर को मापने, प्रमाणित करने और प्रतिवेदन करने में मदद करता है।	If a teacher asks questions about a trip after returning, it would be called the assessment of learning / यदि कोई शिक्षक लौटने के बाद किसी यात्रा के बारे में सवाल पूछता है, तो इसे सीखने का मूल्यांकन कहा जाएगा।

Note that / ध्यान दें कि:

- Assessment for learning / अधिगम के लिए मूल्यांकन During instruction / शिक्षा के दौरान
- Assessment of learning / अधिगम का मूल्यांकन – After instruction / शिक्षा के बाद
- Assessment as learning/ अधिगम के रूप में मूल्यांकन- Self- Assessment / आत्म-मूल्यांकन

Tools of Formative Assessment / रचनात्मक मूल्यांकन के उपकरण

Formative assessment is a type of assessment which refers to monitor the child's progress throughout the learning and teaching process./ रचनात्मक मूल्यांकन एक प्रकार का मूल्यांकन है जो शिक्षण और अधिगम प्रक्रिया के दौरान बच्चे की प्रगति की निगरानी करने के लिए संदर्भित करता है।

Quizzes, group discussion, conversation, portfolio, rating scale and anecdotal records, etc are the appropriate tools for formative assessment / क्विज, समूह चर्चा, वार्तालाप, पोर्टफोलियो, रेटिंग स्केल और उपाख्यानात्मक अभिलेख, आदि रचनात्मक मूल्यांकन के लिए उपयुक्त उपकरण हैं।

Quizzes / क्विज	It is a test to measure learner's knowledge about a certain subject. It could be used as a tool of brief assessment by organising quiz on different topics. / यह एक निश्चित विषय के बारे में शिक्षार्थी के ज्ञान को मापने की एक परीक्षा है। इसका उपयोग विभिन्न विषयों पर क्विज आयोजित करके संक्षिप्त मूल्यांकन के उपकरण के रूप में किया जा सकता है।
Group discussion / समूह में चर्चा	It is an approach which facilitates meaningful learning by emphasizing upon learning through meaningful interaction in group settings. / यह एक दृष्टिकोण है जो समूह व्यवस्था में सार्थक बातचीत के माध्यम से सीखने पर जोर देकर सार्थक रूप से सीखने की सुविधा देता है।
Conversation / वार्तालाप	It refers to a talk between two or more learners. It helps learners in sharing experiences and in knowing other's perspectives regarding a specific topic./ यह दो या दो से अधिक शिक्षार्थियों के बीच बातचीत को संदर्भित करता है। यह एक विशिष्ट विषय के संबंध में अनुभवों को साझा करने और अन्य दृष्टिकोणों को जानने में शिक्षार्थियों की मदद करता है।
Portfolio / पोर्टफोलियो	It contains samples of the learner's work like project reports, assignments, etc to evaluate academic achievement and learning progress over time. / इसमें समय के साथ शैक्षिक उपलब्धि और सीखने की प्रगति का मूल्यांकन करने के लिए परियोजना रिपोर्ट, असाइनमेंट आदि जैसे शिक्षार्थी के काम के नमूने शामिल हैं।

Rating scale / रेटिंग स्केल	It refers to a performance appraisal method that rates students on a bipolar scale that usually has several points ranging from "poor" to "excellent". / यह एक प्रदर्शन मूल्यांकन पद्धति को संदर्भित करता है जो एक द्विध्रुवी पैमाने पर छात्रों को दर देता है जिसमें आमतौर पर ''कमजोर'' से लेकर ''उत्तष्ट'' तक कई बिंदु होते हैं।
Anecdotal records / उपाख्यानात्मक अभिलेख	It is an observation that is written in a form of story to provide information regarding a student's character development over the period./ यह एक अवलोकन है जिसे अवधि के दौरान छात्र के चरित्र विकास के बारे में जानकारी प्रदान करने के लिए कहानी के रूप में लिखा जाता है।
Cumulative records / संचयी रिकॉर्ड	Cumulative records present the descriptive records of important events happening in the life of children./ संचयी रिकॉर्ड बच्चों के जीवन में होने वाली महत्वपूर्ण घटनाओं का विवरणात्मक रिकॉर्ड प्रस्तुत करते हैं।

Evaluation / मूल्यांकन

Evaluation is the process of collecting information and then making a decision. It is nothing but gathering data and evidence of students' progress and achievements. Not only it is the formal examination, but also it involves analyzing, characterizing students' learning along with observing, testing and assessing. / मूल्यांकन जानकारी एकत्र करने और फिर निर्णय लेने की प्रक्रिया है। यह छात्रों की प्रगति और उपलब्धियों के डेटा और साक्ष्य एकत्र करने के अलावा और कुछ नहीं है। न केवल यह औपचारिक परीक्षा है, बल्कि इसमें छात्रों के सीखने के साथ-साथ उनका अवलोकन, परीक्षण और आकलन करने के साथ विश्लेषण करना भी शामिल है।

Evaluation is used / मूल्यांकन का उपयोग किया जाता है

- To give feedback to the extent that we can bestow quality education for a quality life. / इस विस्तार तक प्रतिक्रिया देने के लिए कि हम गुणवत्तापूर्ण जीवन के लिए गुणवत्तापूर्ण शिक्षा प्रदान कर सकते हैं।
- To check if the learning is taking place as planned. / यह जाँचने के लिए कि क्या योजना के अनुसार शिक्षण हो रहा है।
- It offers equal opportunity to each student to display their potential. / यह प्रत्येक छात्र को अपनी क्षमता प्रदर्शित करने का समान अवसर प्रदान करता है।
- To know the learning of students. / छात्रों के सीखने को जानने के लिए।

Various modern techniques / विभिन्न आधुनिक तकनीकें

Rating scale / रेटिंग स्केल	• It is used to measure the **attitude of students** in any situation, idea, or object. / इसका उपयोग किसी भी स्थिति, विचार या वस्तु में छात्रों के दृष्टिकोण को मापने के लिए किया जाता है। • It is always prepared in **odd number points** like 3 point rating scale or 5 point rating scale to get a middle measuring point./ यह मध्य बिंदु को मापने के लिए हमेशा 3 अंक रेटिंग स्केल या 5 पॉइंट रेटिंग स्केल जैसे विषम संख्या बिंदुओं में तैयार किया जाता है। • The opinions are given in **various degrees** such as good, better, best. / राय विभिन्न डिग्री जैसे अच्छे, बेहतर, सर्वोत्तम में दी जाती है

Home task / गृह कार्य	• Home task refers to the **works assigned to the students** by the teachers to **complete at home.** / गृह कार्य का आशय शिक्षकों द्वारा घर पर दिए गए कार्यों को घर पर पूर्ण करना है। • Regular evaluation of students benefits both the teacher and the students by making **teachers abreast of student's progress** and then providing them needed support and guidance for better outcomes./ छात्रों के नियमित मूल्यांकन से शिक्षक और छात्रों दोनों को लाभ होता है, जिससे शिक्षक छात्रों की प्रगति के बराबर होते हैं और फिर उन्हें बेहतर परिणामों के लिए आवश्यक समर्थन और मार्गदर्शन प्रदान करते हैं।
Checklist / जांच सूची	• The checklists is used to evaluate the record opinions or judgments and to indicate the degree or amount. / जांच सूची का उपयोग संग्रहीत राय या निर्णय का मूल्यांकन करने और डिग्री या राशि को इंगित करने के लिए किया जाता है। • It consists of **a list of items prepared by the teacher** to study the relevant problems. / इसमें संबंधित समस्याओं का अध्ययन करने के लिए शिक्षक द्वारा तैयार की गई वस्तुओं की सूची होती है। • The students just have to answer them in **yes/no** or **tick mark** the items to show the **absence or presence** of that specific item. / छात्रों को केवल हां / नहीं में जवाब देना है या उस विशिष्ट आइटम की अनुपस्थिति या उपस्थिति दिखाने के लिए आइटम को चिह्नित करना है।
Questionnaire / प्रश्नावली	• It is widely used in educational evaluation to obtain information about certain qualities and practices. /कुछ गुणों और प्रथाओं के बारे में जानकारी प्राप्त करने के लिए शैक्षिक मूल्यांकन में इसका व्यापक रूप से उपयोग किया जाता है। • It consists of a series of questions and the students ha ve to **fill in their responses.** / इसमें प्रश्नों की एक श्रृंखला होती है और छात्रों को अपनी प्रतिक्रियाओं में भरना होता है। • It is scientifically organized, generalized, and analyzed. It is considered as an important **tool of research** and **analysis./** यह वैज्ञानिक रूप से संगठित, सामान्यीग्त और विश्लेषित होती है। इसे अनुसंधान और विश्लेषण का एक महत्वपूर्ण उपकरण माना जाता है।

Continuous and Comprehensive Evaluation (CCE) / सतत् और व्यापक मूल्यांकन (CCE)

Continuous and Comprehensive Evaluation, commonly know as 'CCE' has been introduced as a school-based system of evaluation by the CBSE in 2009 with the enactment of the Right to Education Act./ सतत और व्यापक मूल्यांकन, प्राय: 'CCE' के रूप में जाना जाता है, CBSE द्वारा 2009 में शिक्षा के अधिकार अधिनियम के अध्यादेश साथ मूल्यांकन के एक विद्यालय आधारित प्रणाली के रूप में पेश किया गया है।

- CCE was introduced by the Central Board of Secondary Education (CBSE) in India to evaluate the student's development in all aspects throughout the academic year on a continuous basis./ इसे एक सतत् आधार पर पूरे अकादमिक वर्ष में सभी पहलुओं में छात्र के विकास का मूल्यांकन करने के लिए भारत में केंद्रीय माध्यमिक शिक्षा बोर्ड (CBSE) द्वारा पेश किया गया था।
- The objective of CCE is to make evaluation an integral part of learning through diagnostic and remedial teaching. / CCE का उद्देश्य नैदानिक और उपचारात्मक शिक्षण के माध्यम से मूल्यांकन को अधिगम का अभिन्न अंग बनाना है।

- CCE helps in improving student's performance by identifying his/her learning difficulties at regular time intervals right from the beginning of the academic session and employing suitable remedial measures for enhancing their learning performance./ CCE अकादमिक सत्र की शुरुआत से ही नियमित समय अंतराल पर छात्र के अधिगम की कठिनाइयों की पहचान करके और उनके अधिगम के प्रदर्शन को बढ़ाने के लिए उपयुक्त उपचारात्मक उपायों को नियोजित करके छात्र के प्रदर्शन को बेहतर बनाने में मदद करता है।

Aims of CCE / CCE के अन्य उद्देश्य

- Emphasizing continuity and regularity of assessment./ मूल्यांकन की निरंतरता और नियमितता पर जोर देना।
- Assessing both scholastic and co-scholastic aspects of a child's growth./ एक बच्चे की वृद्धि के दोनों शैक्षिक और सह-शैक्षिक पहलुओं का आकलन करना।
- Emphasize the thought process and de-emphasize memorization as CCE includes all aspects of students' development. / विचार प्रक्रिया पर जोर देना और स्मृति पर जोर नहीं देना।
- Recording the methods of learning to make the required improvements./ आवश्यक सुधार करने के लिए सीखने के तरीकों को रिकॉर्ड करना।
- Making evaluation an integral part of learning through diagnostic and remedial teaching. / नैदानिक और उपचारात्मक शिक्षण के माध्यम से मूल्यांकन को सीखने का अभिन्न अंग बनाना।
- Evaluating child comprehensively rather than focus only on cognitive or intellectual functioning./ विचार प्रक्रिया को बढ़ाना और संस्मरण पर जोर देना।
- Ensuring all-round development of students including cognitive, psychomotor, and affective domains./ स्कूल में उनकी उपस्थिति के दौरान बच्चे के हर पहलू का मूल्यांकन करना।
- Evaluate every aspect of the child during their presence at the school./ स्कूल में उनकी उपस्थिति के दौरान बच्चे के हर पहलू का मूल्यांकन करना।
- Developing a student's cognitive, psychomotor, and affective domains./ छात्र के संज्ञानात्मक, मनोप्रेरण ा और भाव-विषयक क्षेत्र को विकसित करना।
- Assessing both scholastic and co-scholastic aspects of a child's growth. / एक बच्चे की वृद्धि के शैक्षिक और सह-शैक्षिक दोनों पहलुओं का आकलन करना।
- Evaluation of the interest of the child during their presence at the school./ स्कूल में उनकी उपस्थिति के दौरान बच्चे के हित का मूल्यांकन करना
- Observing and recording the methods of learning to make improvements./ सुधार करने के लिए सीखने के तरीकों का अवलोकन और रिकॉर्डिंग करना।

CCE describes two different types of evaluations which include summative and formative assessment/ evaluation. / CCE दो अलग-अलग प्रकार के मूल्यांकनों का वर्णन करता है जिसमे योगात्मक और रचनात्मक आकलन/ मूल्यांकन शामिल हैं।

- "**Summative Evaluation**", commonly known as "**Assessment of Learning**" is a type of evaluation which / "**योगात्मक मूल्यांकन**", जिसे आमतौर पर "**अधिगम का मूल्यांकन**" के रूप में जाना जाता है, एक प्रकार का मूल्यांकन है जो:
- Measures, certifies, and reports the level of students' learning by assessing them at the end of the term. / अवधि के अंत में छात्रों का आकलन करके उनके सीखने के स्तर को मापता है, प्रमाणित करता है और रिपोर्ट करता है।

- It produces an accurate description of students' potential and achievement to promote them to the next grades. / अगले ग्रेड में छात्रों को बढ़ावा देने के लिए उनकी क्षमता और उपलब्धि का सटीक विवरण तैयार करता है।
- **"Formative evaluation",** commonly known as **"Assessment for Learning"** is a type of evaluation which/ **"रचनात्मक मूल्यांकन"**, जिसे आमतौर पर **''सीखने के लिए मूल्यांकन''** के रूप में जाना जाता है, एक प्रकार का मूल्यांकन है जो:
    - Monitor the child's progress throughout the teaching-learning process and improves students' academic achievements./शिक्षण-सीखने की प्रक्रिया में बच्चे की प्रगति की निगरानी करता है और छात्रों की शैक्षणिक उपलब्धियों में सुधार करता है।
    - Diagnoses and removes the learning difficulties of students with appropriate strategies. / उचित रणनीतियों के साथ छात्रों की सीखने की कठिनाइयों का निदान करता है और उन्हें दूर करता है।

    FORMATIVE – 40 PERCENT ; SUMMATIVE – 60 PERCENT

Triangle of Evaluation / मूल्यांकन के त्रिभुज

Evaluation Process depends on Three Pillars / मूल्यांकन प्रक्रिया तीन स्तंभों पर निर्भर करती है:

1. **Educational Objectives:** Objectives may be general or specific. General objectives include appraising the changes in student behavior, relating measurement to the goals of the instruction, etc. The specific objective includes diagnosing the weaknesses of students, testing the development of skills in students, etc./
शैक्षिक उद्देश्य: उद्देश्य सामान्य या विशिष्ट हो सकता है। सामान्य उद्देश्यों में छात्र के व्यवहार में परिवर्तन को शामिल करना, निर्देश के लक्ष्यों से मापन को संबंधित करना आदि शामिल हैं। विशिष्ट उद्देश्य में छात्रों की कमजोरियों का निदान करना, छात्रों में कौशल के विकास का परीक्षण करना आदि शामिल हैं।

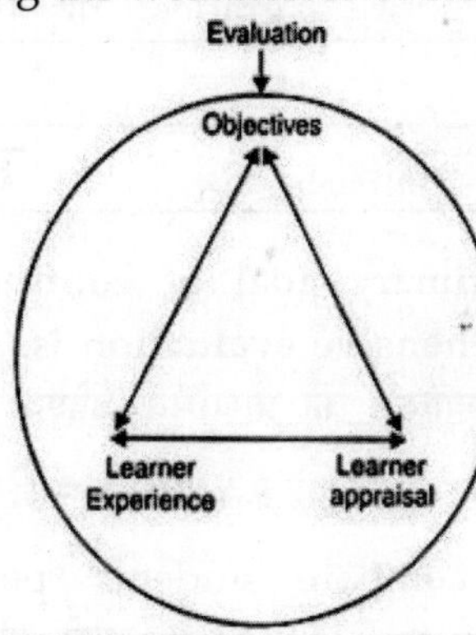

Fig. 12.1 Representation of the Role of Evaluation in the Teaching-Learning Process

2. **Learning Experiences:** These are planned and organized based on the objectives. It refers to any interaction, course, program, or other experience in which learning takes place. / **अधिगम अनुभव:** ये योजनाबद्ध और उद्देश्यों के आधार पर व्यवस्थित होते हैं। यह किसी भी परस्पर क्रिया, पाठ्यक्रम, कार्यक्रम, या अन्य अनुभव को संदर्भित करता है जिसमें शिक्षण होता है।
3. **Learner's appraisal / Tools and Techniques of Evaluation:** It is needed to discover the extent of effectiveness of the experiences at every stage in the learning process to bring out the desired changes in students. It is a continuous process occurring at periodical intervals./ **मूल्यांकन के उपकरण और तकनीक:** छात्रों में वांछित परिवर्तन लाने के लिए शिक्षण प्रक्रिया में हर स्तर पर अनुभवों की प्रभावशीलता की सीमा की खोज करना आवश्यक है। यह समय-समय पर होने वाली एक सतत प्रक्रिया है।

Assessment and Evaluation / आकलन और मूल्यांकन

Assessment / आकलन	• It is a wider and qualitative concept than evaluation./ यह मूल्यांकन की तुलना में व्यापक और गुणात्मक अवधारणा है। • It is a process-oriented approach that is used to identify the areas for improvement in the learning process./ यह एक प्रक्रिया-उन्मुख दृष्टिकोण है जिसका उपयोग अधिगम की प्रक्रिया में सुधार के लिए क्षेत्रों की पहचान करने के लिए किया जाता है। • It refers to the process of obtaining information about a **learner's learning, progress, and achievement./** यह एक शिक्षार्थी के सीखने, प्रगति और उपलब्धि के बारे में जानकारी प्राप्त करने की प्रक्रिया को संदर्भित करता है।
Evaluation / मूल्यांकन	• It is a narrow concept as it includes **testing, measurement./** यह एक संकीर्ण अवधारणा है क्योंकि इसमें परीक्षण, मापन शामिल है। • It is done to assigning grading or marks to students./ यह छात्रों को ग्रेडिंग या अंक देने के लिए किया जाता है। • It is a **product-oriented approach** that is used to provide the overall judgment about the learning of the students./ यह एक उत्पाद-उन्मुख दृष्टिकोण है जिसका उपयोग छात्रों के सीखने के बारे में समग्र निर्णय प्रदान करने के लिए किया जाता है। • It is a **quantitative** estimation of specific changes in children's marks and grades./ यह बच्चों के अंक और ग्रेड में विशिष्ट परिवर्तनों का मात्रात्मक अनुमान है।

TEST YOURSELF

1. The primary goal of continuous and comprehensive evaluation is. / सतत् एवं समग्र मूल्यांकन का प्राथमिक उद्देश्य है-

CTET PAPER 1 [15t Jan 2022]

(a) to compare students' performance with one author. / छात्रों के प्रदर्शन की एक दूसरे से तुलना करना।

(b) to assess children's understanding and modify the curriculum and pedagogy for students. / छात्रों की समझ को आँकना और पाठ्यक्रम तथा शिक्षाशास्त्र को इसके अनुसार रूपान्तरित करना।

(c) to assign ranks to students as per their performance. / छात्रों का उनके प्रदर्शन के अनुसार वर्गीकरण करना।

(d) to declare students as 'pass' or 'fail' in particular subjects. / छात्रों को किसी विषय में 'सफल' और 'विफल' घोषित करना।

2. Continuous and comprehensive evaluation entails which of these- / सतत् और व्यापक मूल्यांकन में इनमें से क्या शामिल है?

(i) planning on parameters and tools of evaluation / मूल्यांकन के मापदंडों और उपकरणों की योजना बनाना।

(ii) meticulous record keeping by the teacher / शिक्षक द्वारा सावधानीपूर्वक रिकॉर्ड, अभिलेख को तैयार करना।

(iii) periodic testing and ranking of children / बच्चों का समय-समय पर परीक्षण करना एवं उनको श्रेणीबद्ध करना।

(iv) integration with the teaching-learning process / शिक्षण को अधिगम प्रक्रिया के साथ एकीगत करना।

CTET PAPER 1 [22th Dec 2021]

(a) i, ii, iv (b) ii, iv
(c) i, ii, iii (d) ii, iii

3. A teacher closely observes children through the year when they are engaged in learning activities, compiles samples of their work and maintains an observation diary of individual children. This type of evaluation is-/ एक अध्यापिका पूरे वर्ष के दौरान अधिगम संबंधी गतिविधियों में संलग्न बच्चों का बारीकी से अवलोकन करती है, उनके कामों के नमूनों का संकलन करती है और प्रत्येक बच्चे के लिए अवलोकन डायरी भी रखती है। इस प्रकार का मूल्यांकन क्या कहलाता है?

CTET PAPER 1 [28th Dec 2021]

(a) standardized and uniform. / मानक एवं एकरूप
(b) summative and teacher-oriented. / संकलनात्मक एवं अध्यापक केन्द्रित
(c) continuous and comprehensive. / सतत् एवं समग्र
(d) norm - referenced and contextual. / मानक आधारित एवं संदर्भ युक्त

4. For the purpose of comprehensive assessment, a teacher should: / समग्र मूल्याकंन के उद्देश्य को ध्यान में रखते हुए अध्यापक को क्या करना चाहिए?

CTET PAPER 2 [21st Jan 2022]

(a) consider scores based on correct answers on a quiz. / प्रश्नोत्तरी में केवल सही उत्तरों के आधार पर प्राप्त अंकों पर विचार करना।
(b) consider only the errors made by children. / केवल बच्चों द्वारा की गई त्रुटियों पर विचार करना।
(c) consider outcome as well as process of learning for students. / विद्यार्थियों के लिए सीखने से प्राप्त उत्पाद और प्रक्रिया पर विचार करना।
(d) use standardised tests for all students. / सभी विद्यार्थियों के लिए मानकीग्त परीक्षणों का प्रयोग करना।

5. In a constructivist classroom, emphasis should be placed on: / एक संरचनावादी कक्षा में निम्न में से किस पर महत्व दिया जाना चाहिए?

CTET PAPER 1 [21th Dec 2021]

(a) Summative assessment / संकलनात्मक मूल्यांकन
(b) Formative assessment/संरचनात्मक मूल्यांकन
(c) Singular assessment/एक आयामी मूल्यांकन
(d) Standardized and uniform assessment / मानकीगत एवं एक समान मूल्यांकन

6. Which of the following method is suitable for the purpose of 'assessment for learning'? / निम्न में से कौन-सी विधि 'अधिगम के लिए आकलन' हेतु उपयुक्त है?

CTET PAPER 1 [27th Dec 2021]

(a) Exams only once a year / सिर्फ साल के अंत में परीक्षाएं
(b) Regular documentation of children's conceptual progress / बच्चों के संप्रत्यय बुद्धि का नियमित प्रलेखीकरण
(c) Standardised tests / मानकीगत परीक्षण
(d) Quiz based only on recall / केवल प्रत्यास्मरण पर आधारित प्रश्नोत्तरी

7. Formative assessment is generally used: / निर्माणात्मक आकलन का प्रयोग मुख्यत:

CTET PAPER 2 [20th Dec 2021]

(a) To provide teachers with a rational basis for preparing tests/exam papers / शिक्षकों को तार्किक आधार पर परीक्षा पत्र तैयार करने के लिए किया जाता है।
(b) To help teachers plan better and provide supportive, non-evaluative feedback to students / शिक्षकों को बेहतर योजना बनाने एवं विद्यार्थियों को सहयोगात्मक और गैर-मूल्यांकित प्रतिपुष्टि देने के लिए किया जाता है।
(c) To help students develop good test taking skills / विद्यार्थियों में परीक्षा देने के

बेहतर कौशल विकसित करने के लिए किया जाता है।

(d) To discriminate appropriately between ability levels of students / अलग अलग क्षमताओं वाले विद्यार्थियों की उपयुक्त रूप से पहचान करने के लिए किया जाता है।

8. To ensure focus on 'assessment for learning' rather then 'assessment of learning' it is important to include: / 'सीखने के आकलन' के बजाय 'सीखने के लिए आकलन' पर ध्यान केन्द्रित करना सुनिश्चित करने के लिए इसमें क्या शामिल करना महत्त्वपूर्ण है?

(i) Self - assessment / स्व-मूल्यांकन

(ii) Peer-assessment / सहकर्मी-मूल्यांकन

(iii) Quantitative feedback/गुणात्मक प्रतिक्रिया

(iv) Comparisons between students on quantitative parameters / मात्रात्मक मापदंडों के आधार पर छात्रों के बीच तुलना।

CTET PAPER 2 [15t Jan 2022]

(a) (iii), (iv) (b) (i), (ii), (iii)

(c) (ii), (iii), (iv) (d) (i), (ii), (iii), (iv)

9. Assessment for learning includes- / सीखने के लिए आकलन में क्या शामिल है?

(i) Assessment before, during and after the teaching-learning / सीखने-सिखाने से पहले, के दौरान व बाद में मूल्यांकन

(ii) Self-assessment / स्व-मूल्यांकन

(iii) Formal as well as informal procedures / औपचारिक व अनौपचारिक पद्धतियों का प्रयोग

(iv) Feedback for students and the process of teaching-learning / विद्यार्थियों व शैक्षणिक प्रक्रिया पर प्रतिक्रिया

CTET PAPER 1 [30th Dec 2021]

(a) (i), (iv) (b) (i), (ii), (iv)

(c) (i), (iii), (iv) (d) (i), (ii), (iii), (iv)

10. A student feels that she would not be able to achieve success on a test and will never be able to improve her performance- Such beliefs about ability: / एक छात्रा यह मानती है कि वह एक परीक्षा में सफल नहीं हो पायेगी और वह अपने प्रदर्शन को कभी सुधार नहीं सकती। सामर्थ्य के संदर्भ में छात्रा का यह विश्वास उसके अधिगम को किस प्रकार प्रभावित करता है?

CTET PAPER 1 [31th Dec 2021]

(a) increases the students' motivation to learn. / छात्रा के अभिप्रेरण में वृद्धि करता है।

(b) does not affect the students' motivation in any manner. / छात्रा के अभिरेप्रेण पर किसी भी प्रकार का प्रभाव नहीं डालता है।

(c) makes the student feel a sense of giving up on the task and experiencing 'learned helplessness'. / छात्रा के कार्य छोड़ने की अनुभूति का एहसास दिलाता है और उसे 'अधिगम असहायपन' की ओर धकेलता है।

(d) helps the student relax. / छात्र को कार्य तनावमुक्त होने में सहायक होता है।

11. Assertion (A): Teachers should use a wide variety of assessment tools and technique to assess children. / अभिकथन (A): शिक्षकों को बच्चों का आकलन करने के लिए विभिन्न प्रकार की आकलन तकनीक और विधियों का प्रयोग करना चाहिए।

Reason (R): No single assessment tool is capable of providing information about a child's progress and learning in different areas of development. / कारण (R): कोई भी एक मूल्यांकन तकनीक बच्चे की प्रगति और विकास के क्षेत्रों के बारे में जानकारी प्रदान करने में सक्षम नहीं है।

Choose the correct option. / सही विकल्प चुनें।

CTET PAPER 1 [4th Jan 2022]

(a) Both (A) and (R) are true and (R) is the correct explanation of (A). / (A) और (R) दोनों सही हैं और (R) सही व्याख्या करता है (A) की।

(b) Both (A) and (R) are true but (R) is not the correct explanation of (A). / (A) और (R) दोनों सही हैं, लेकिन (R) सही व्याख्या नहीं है (A) की।
(c) (A) is true but (R) is false. / (A) सही है, लेकिन (R) गलत है।
(d) Both (A) and (R) are false / (A) और (R) दोनों गलत है।

12. A collection of students' work on a variety of task throughout the meant for keeping a record of their performance is known as a- / बच्चों द्वारा पूरे वर्ष के दौरान किए गए विभिन्न कार्यों का संग्रहण, जिसका लक्ष्य उनके प्रदर्शन का रिकॉर्ड रखना है, कहलाता है?

CTET PAPER 1 [23th Dec 2021]

(a) Rubric / रूबरिक
(b) File / फाइल
(c) Data sheet / आंकड़ों का प्रपत्र
(d) Portfolio / पोर्टफोलियो

13. Which of the following tools should a teacher use to assess children's learning? / बच्चों के सीखने का आकलन करने के लिए एक शिक्षिका को किन तरीकों को इस्तेमाल करना चाहिए?
(i) Classroom interaction / कक्षा में की गई अंत: क्रिया
(ii) Projects / परियोजना
(iii) Portfolios / पोर्टफोलियो
(iv) self-assessment / आत्म-आकलन

CTET PAPER 1 [11th Jan 2022]

(a) (ii) and (iii)
(b) (ii), (iii) and (iv)
(c) (i), (ii), (iii) and (iv)
(d) (i), (ii) and (iii)

14. The focus assessment should be on- / मूल्यांकन का केंद्र क्या होना चाहिए?

CTET Paper 1 [17th Jan 2022]

(a) Reflecting what all the learners cannot do / अधिगमकर्ता क्या नहीं कर सकता, इसका चित्रण करना।
(b) Specifying the performance of the learners in comparison to the other in the class / कक्षा के दूसरे बच्चों की तुलना में अधिगमकर्ता के प्रदर्शन का स्पष्टीकरण करना।
(c) Labelling the child into a normative category / मानक वर्ग में बच्चे की लेबलिंग करना।
(d) Detailing what and how the learner has been learning / अधिगमकर्ता क्या और कैसे सीख रहा है, इसका वर्णन करना।

15. Assessment of children- / बच्चों का/के मूल्यांकन-

CTET PAPER 2 [10th Jan 2022]

(a) should be undertaken only to provide evidence for evaluating individual students. / केवल व्यक्तिगत विद्यार्थियों के मूल्यांकन के सबूत प्रदान करने के लिए किया जाना चाहिए।
(b) should serve the purpose of comparing children and levelling them accordingly. / का उद्देश्य बच्चों की तुलना करके उन्हें तदनुसार नामांकित करना होना चाहिए।
(c) should be done only at the end of the year through objective paper-pencil tests. / निष्पक्ष पेपर-पेन्सिल परीक्षा द्वारा केवल साल के अंत में किया जाना चाहिए।
(d) to identify the skills that the child possesses and the learning skills that he or she has the potential to achieve. / उन कौशलों की पहचान करने के लिए जो बच्चे में मौजूद हैं और सीखने के वह कौशल जिनकी उसमें क्षमता है।

ANSWER KEY

1.	B	2.	A	3.	C	4.	C	5.	B	6.	B	7.	B
8.	B	9.	D	10.	C	11.	A	12.	D	13.	C	14.	D
15.	D												

16 THINKING, REASONING AND PROBLEM SOLVING
चिंतन, तर्क एवं समस्या समाधान

Nature of Thinking / चिन्तन का स्वरूप

That activity or process in which we use our past experience to face new conditions and to solve a problem, that mental process is called **thinking.** / वह प्रक्रिया जिसमें हम अतीत के अनुभवों के निष्कर्षों का प्रयोग किसी नयी स्थिति का सामना करने के लिए और किसी समस्या का समाधान करने के लिए करते हैं, उस मानसिक प्रक्रिया को **'चिन्तन'** कहा जाता है।

Children should be trained in educational activities for thinking, so that they can use their acquired knowledge and can acquire more knowledge. Some children may naturally be good thinker then others; thinking-power and concept-formation can be developed by intellectual training. / शिक्षण-कार्य में बालकों को स्वयं विचार या चिन्तन करने का प्रशिक्षण भी देना चाहिए, ताकि वे अपने पूर्व आर्जित ज्ञान का प्रयोग और अधिक ज्ञानार्जन में कर सकें। कुछ बालक नैसर्गिक रूप से दूसरों से अच्छे विचारक हो सकते हैं, अन्य सभी बालकों में चिन्तन या विचार-शक्ति का विकास तथा प्रत्यय-निर्माण बुद्धिमत्तापूर्ण प्रशिक्षण द्वारा किया जा सकता है।

Thinking is a cognitive process. It includes perceptual and imagination knowledge. In other words thinking or thought is involved in every mental activity of a person. It is the activity of human mind that prepares us to face any condition.Because of the thinking power a person imagine a possible activity of livelihood or prepare mental sketch of it and tries to adjust according to the upcoming circumstances. / **चिन्तन एक ज्ञानात्मक प्रक्रिया है।** इसके अन्तर्गत प्रत्यक्षात्मक तथा प्रत्ययात्मक या कल्पनात्मक ज्ञान निहित है। दूसरे शब्दों में चिन्तन या विचार व्यक्ति की समस्त मानसिक प्रक्रियाओं में समाया रहता है। वह मानव मस्तिष्क की एक ऐसी प्रक्रिया है जो हमें पहले से ही किसी परिस्थिति का सामना करने के लिए तैयार कर देती है। व्यक्ति विचार-शक्ति के कारण ही किसी सम्भावित जीवनचर्या की क्रियाओं की कल्पना या उसका मानसिक चित्रण कर लेता है और उसी के अनुसार वह आने वाली परिस्थितियों से अनुकूलन स्थापित करने का प्रयास करता है।

Types of Thinking / चिन्तन के प्रकार

Psychologist told about the following types of thinking. / मनोवैज्ञानिकों ने चिन्तन के निम्नलिखित प्रकार बताये हैं-

1. **Perceptual Thinking:** this kind of thinking is observed/present in animals and kids. Base of this kind of thinking is perceptual knowledge. Here sensation and perceptual works. A person thinks after seeing an object or condition. In this any kind of word or name is not used. This kind of thinking is based on past experiences. For example, a child burnt by fire, afraid by watching fire again. In the same way when a child does not complete home work, then he is afraid of punishment, his fear involves thinking. This thinking is of primary stage. /

प्रत्यक्षात्मक चिन्तन: इस प्रकार का चिन्तन पशुओं और छोटे बालकों में पाया जाता है। इस प्रकार के चिन्तन का मुख्य आधार प्रत्यक्ष ज्ञान होता है। इसमें संवेदना और प्रत्यक्षीकरण कार्य करते हैं। व्यक्ति किसी वस्तु या परिस्थिति को देखकर चिन्तन करता है। इसमें किसी प्रकार के शब्द या नाम का प्रयोग नहीं किया जाता। इस प्रकार का चिन्तन पूर्व अनुभवों पर आधारित होता है। उदाहरणार्थ, एक बार आग से जला हुआ बालक पुनः जब आग देखता है तब भयभीत हो जाता है। इसी प्रकार बालक जब कक्षा में गृह कार्य नहीं करके ले आता तो उसे दण्ड मिलने का भय होता है, उसके भयभीत होने में चिन्तन आ जाता है। यह चिन्तन प्रारम्भिक कोटि का कहा गया है।

2. **Imaginative Thinking:** In this kind of thinking there is no object or condition is present obviously. There is lack of apparent. Here past experiences are used through memory and thinking is made through mental talent. For example, every day father get something for child while return to the home at evening therefore at the time of evening child waits for father and think about the object. It is imaginary thinking. / **कल्पनात्मक चिन्तन:** इस प्रकार के चिन्तन में कोई वस्तु या परिस्थिति प्रत्यक्ष रूप से उपस्थित नहीं रहती। इसमें प्रत्यक्ष का अभाव होता है। इसमें स्मृति के सहारे पूर्व अनुभवों का प्रयोग किया जाता है और मानसिक प्रतिमाओं के माध्यम से चिन्तन होता है। उदाहरणार्थ नित्य शाम को घर लौटने पर पिता बालक के लिए कोई-न-कोई खाने की वस्तु लेकर आता है इसलिए बालक शाम होते ही पिता की प्रतीक्षा और वस्तु की प्राप्ति हेतु चिन्तन करने लगता है। यह कल्पनात्मक चिन्तन है।
3. **Conceptual Thinking:** It is the best kind of thinking. Earlier established is used in conceptual thinking. First of all thoughts are tied with sense perception. Slowly they reached to the concepts and the person reaches to a conclusion by keeping the future in mind by thoroughly inspecting an object or situation on the basis of past experience. / **प्रत्ययात्मक चिन्तन:** यह चिन्तन का सर्वोच्च रूप है। प्रत्ययात्मक चिन्तन में पूर्व निर्मित का प्रयोग किया जाता है। सर्वप्रथम विचार केन्द्रिय प्रत्यक्ष (Sense Perception) से बंधे होते हैं। धीरे-धीरे ये प्रत्यक्षीकृत तथ्यों से हटकर प्रत्ययों पर पहुँच जाते हैं और व्यक्ति पूर्व अनुभवों के आधार पर किसी वस्तु या स्थिति का सूक्ष्म विश्लेषण करके, भविष्य को दृष्टि में रखते हुए प्रत्ययों की सहायता से किसी निश्चय पर पहुँचता है। प्रत्ययात्मक चिन्तन में भाषा ज्ञान आवश्यक है।
4. **Logical Thinking:** It is the most outstanding form of thinking. Dewey defined it as 'Reflective Thinking'. To understand the complicated process of thinking, it is important to study concept establishment, logic and problem solution subjects. / **तार्किक चिन्तन:** यह सर्वोत्कृष्ट चिन्तन है। **डीवी** ने इसे 'विचारात्मक चिन्तन' (Reflective Thinking) कहा है। चिंतन की जटिल प्रक्रिया को समझने के लिए प्रत्यय निर्माण, तर्क तथा समस्या समाधान के विषय में अध्ययन करना आवश्यक है।

Language and Thinking / भाषा और चिन्तन

1. Thoughts are expressed by language. / भाषा द्वारा विचारों की अभिव्यक्ति होती है।
2. Language is the means of discussion; thoughts are expressed only with the help of language. / भाषा विचार-विनिमय का साधन है, "भाषा द्वारा ही विचार दूसरों पर प्रकट किये जा सकते हैं।"
3. Language is assistance to thinking. / भाषा विचार की सहायक है।
4. Formation of concepts is based on language-development. /प्रत्ययों का निर्माण भाषा-विकास पर आधारित है।
5. Language has more importance in concept-thinking. We finally name the general concept at the last mental process of concept formation by using the word or language. / प्रत्यात्मक चिन्तन में भाषा का अधिक महत्त्व है। प्रत्यय-निर्माण की अन्तिम मानसिक क्रिया में हम शब्द या भाषा के प्रयोग द्वारा ही सामान्य प्रत्यय का नामकरण करते हैं।
6. Language is helpful in remembering. / भाषा स्मरण करने मे सहायता करती है।

7. Language is the means of conservation of thinking. Language minimizes the need of thinking. We can express extensive thoughts in fewer words. / भाषा चिन्तन की बचत का साधन है। भाषा के प्रयोग से विचार करने की कम आवश्यकता पड़ती है। विस्तृत विचारों को हम कम शब्दों में व्यक्त कर सकते हैं।
8. Thinking can be expended by language. / भाषा द्वारा ही चिन्तन में विस्तार किया जा सकता है।
9. Language helps to concentrate towards thinking. In the process of thinking internal speech is helpful in the situation of indirection. / भाषा विचारों की ओर ध्यान केन्द्रित करने में सहायता करती है। अनवधान की स्थिति में चिन्तन क्रिया में आन्तरिक सम्भाषण सहयोग देता है।

Types of Reasoning / तर्क के प्रकार

1. **Inductive Reasoning:** In this kind of reasoning a person finds a principle or general rule/law, on the basis of the elements or examples, which he had find with his personal experience. / **आगमन तर्क:** इस प्रकार के तर्क में व्यक्ति अपने विभिन्न अनुभवों द्वारा संकलित तथ्यों या दृष्टांतों के आधार पर एक सामान्य नियम या सिद्धान्त की खोज करता है।
2. **Deductive Reasoning:** Pre-defined thinking or principles are accepted in this kind of reasoning and the reality of an object or situation is proved on the basis of it. For example, every person is mortal. Ram is a person, means he is mortal./ **निगमन तर्क:** इस प्रकार के तर्क में पूर्व निश्चित विचार या सिद्धान्तों को स्वीकार कर लिया जाता है और उसी के आधार पर किसी परिस्थिति या वस्तु विशेष की सत्यता प्रमाणित की जाती है। उदाहरणार्थ, सभी व्यक्ति मरणशील (Mortal) हैं। राम एक व्यक्ति है। अत: वह मरणशील है।

Meaning of Problem-Solving / समस्या-समाधान का अर्थ

Problem-solving is an important part of reasoning. It has been cleared that the aim of reasoning./ समस्या-समाधान तर्क का एक आवश्यक अंग है। यह स्पष्ट किया जा चुका है कि तर्क का लक्ष्य किसी समस्या का समाधान करना ही होता है।

Methods of Problem Solving / समस्या-समाधान की विधियाँ

Problem solving has following methods: / समस्या-समाधान की निम्नांकित विधियाँ हैं-

1. **Solution of problem without learning and by nature/behavior:** the species of lower section use this kind of method to solve their problem. For example, snake and Honey Bee are always ready to sting for their protection. / **बिना सीखे एवं आदतजन्य व्यवहार द्वारा समस्या का हल:** निम्न कोटि के प्राणी अपनी समस्याओं के समाधान करने के लिए इसी विधि का प्रयोग करते हैं। उदाहरणार्थ सर्प और मधुमक्खी अपने जीवन रक्षार्थ सदा काटने या डंक मारने को तैयार रहते हैं।
2. **Trial and error Method:** Thorndike used a cat and confirmed that animals solve their problem by trial and error. Similarly when men try to solve a problem at that time a process of trial and error runs in the mind of men in the form of thinking which is problem related, out of which any one solution solve his problem. / **प्रयास एवं त्रुटि विधि:** इस सम्बन्ध में थार्नडाइक ने एक बिल्ली पर प्रयोग किया और इस बात की पुष्टि की है कि पशु प्रयास एवं त्रुटि द्वारा समस्या का समाधान करते हैं। इसी प्रकार मनुष्य भी जब किसी समस्या को सुलझाने का प्रयत्न करता है तो मानसिक रूप से चिन्तन में प्रयास और त्रुटि की क्रिया चलती रहती है जो कि समस्या से सम्बन्धित होती है जिनमें से कोई एक समाधान उसकी समस्या को सुलझा देता है।

3. **Insight Method:** Problem can be solved by this process. In this relation the experiment made by Kohler on chimpanzee is remarkable. / **अन्तर्दृष्टि या सूझ विधि:** इस विधि द्वारा भी समस्या का समाधान किया जाता है। इस सम्बन्ध में कोहलर द्वारा वनमानुषों पर किया गया प्रयोग उल्लेखनीय है।
4. **Scientific Method:** Today scientific method is used for problem-solving in every field. In this work is done in a well managed manner from the beginning to the end. In this first of all the problem related facts are collected by actual inspection, after that grouping of the facts made according their similarities and finally a conclusion is brought out by analyzing it. / **वैज्ञानिक विधि:** आज प्रत्येक क्षेत्र में समस्या-समाधान करने के लिए वैज्ञानिक विधि का प्रयोग किया जाता है। इसमें आरम्भ से अन्त तक व्यवस्थित ढंग से कार्य किया जाता है। इसमें सर्वप्रथम समस्या से सम्बन्धित तथ्यों को वास्तविक निरीक्षण द्वारा एकत्रित किया जाता है, इसके बाद एकत्रित तथ्यों को उनकी समानता के आधार पर वर्गीकरण करके व्यवस्थित किया जाता है और अन्त में उनका विश्लेषण करके एक निष्कर्ष पर पहुँचा जाता है।

TEST YOURSELF

1. **Critical thinking in children can be promoted by asking questions such as- / किस तरह के प्रश्न पूछकर बच्चों में समालोचनात्मक सोच को बढ़ावा दिया जा सकता है?**

CTET PAPER 1 [5th Jan 2022]

(a) In which year was the Forest Rights Act passed? / वन अधिकार अधिनियम किस वर्ष पारित किया गया था?
(b) What is the sum of three angles of a triangle? / त्रिभुज के तीनों कोणों का योग क्या होता है?
(c) Name the various layers of earth's atmosphere. / पृथ्वी के वायुमंडल की विभिन्न परतों के नाम लिखिए।
(d) Design an experiment prove that seeds need air for germination. / बीजों को अंकुरण के लिए हवा की आवश्यकता होती है, सिद्ध करने के लिए एक प्रयोग की रूपरेखा तैयार कीजिए?

2. **Which of the following questions promotes critical thinking? / निम्नलिखित में से कौन-सा प्रश्न समालोचनात्मक सोच को बढ़ावा देगा?**

CTET PAPER 1 [10th Jan 2022]

(a) Draw a diagram of solar system. / सौर प्रणाली का आरेख बनाओ।
(b) Multiply 328 by 984. / 328 को 984 से गुणा करो।
(c) In which year was the Right to Education Act passed? / शिक्षा का अधिकार अधिनियम किस वर्ष में पारित किया गया था?
(d) Analyse the various ways in which urbanisation and globalisation effect people of different socio-economic strota- / शहरीकरण और वैश्वीकरण के विभिन्न सामाजिक-आर्थिक स्तर के लोगों पर अलग-अलग प्रभाव का विश्लेषण करें।

3. **A teacher is asking students to think about their own thinking processes. Which kind of skills she is focusing to develop among students? / एक शिक्षिका विद्यार्थियों से उनकी स्वयं की चिंतन प्रतिक्रियाओं के बारे में सोचने के लिए कह रही है। वह विद्यार्थियों के बीच किस तरह के कौशल विकसित करने पर ध्यान केन्द्रित कर रही है?**

CTET Paper 1 [10th Jan 2022]

(a) Declarative / घोषणात्मक
(b) Meta-cognitive / अधि-संज्ञानात्मक
(c) Procedural / प्रतिक्रियात्मक
(d) Semantic / शब्दार्थ

4. **Which of the following questions is an example of enhancing critical thinking**

in children? / निम्न में से कौन-सा प्रश्न बच्चों में विवेचनात्मक चिंतन को बढ़ावा देने का उदाहरण है?

CTET PAPER 1 [16th Dec 2021]

(a) Find out what people living around coastal areas usually eat and why? / पता करो कि तटीय इलाके में रहने वाले लोग क्या खाते है व क्यों?
(b) Name 10 states of India. / भारत के 10 राज्यों के नाम बताओ।
(c) Write tables from 2 to 10 / 2 से 10 तक के पहाड़े लिखो।
(d) Memorize and recite the given poem. / दी गई कविता का सुस्मरण करके वाचन करो।

5. **Reena always thinks of varied solutions for any problem given in the class. This is a characteristic of- / रीना कक्षा में दी गई किसी भी समस्या को सुलझाने के लिए अलग-अलग तरकीबों से बारे में सोचती है। यह निम्न में से किसका प्रतीक है?**

CTET PAPER 1 [21th Dec 2021]

(a) Mental impairment / मानसिक क्षति
(b) Low comprehension / कम परिज्ञानताध बोधगम्यता
(c) Convergent thinking / अभिसारी सोच
(d) Divergent thinking / अपसारी सोच

6. **Critical thinking involves / निम्न में से समालोचनात्मक चिंतन में क्या शामिल है?**
(i) metacognition / परासंज्ञान
(ii) analysis / विश्लेषण
(iii) reflection / मनन

CTET PAPER 1 [22th Dec 2021]

(a) (i), (ii), (iii) (b) (i), (ii)
(c) (ii), (iii) (d) (i), (iii)

7. **How can a teacher foster creative thinking? / अध्यापक किस तरह से रचनात्मक चिंतन को पोषित कर सकते हैं?**

CTET PAPER 1 [30th Dec 2021]

(a) By keeping constant surveillance on learners. / शिक्षार्थियों पर सतत रूप से निगाह रखकर।
(b) By expecting nothing less than perfection from every learner. / प्रत्येक शिक्षार्थी से निपुणता से कम कुछ भी अपेक्षित न करना।
(c) By providing learners opportunities in different ways. / शिक्षार्थियों को समस्याओं के समाधान के लिए भिन्न-भिन्न तरीके अपनाने के अवसर देना।
(d) By selecting very difficult activities for learners and providing them rigid directions to follow. / शिक्षार्थियों के लिए बहुत ही कठिन गतिविधियों का चयन करके और उन्हें अनुसरण के लिए सख्त निर्देश देना।

8. **Creative thinking is not facilitated by which of the following: / सृजनात्मक सोच को निम्न में से किसके द्वारा बढ़ावा नहीं दिया जा सकता?**

CTET PAPER 2 [20th Dec 2021]

(a) Originality / मूलभूत विचार
(b) Tolerance of ambiguity / अस्पष्टता को स्वीकार कर
(c) Convergent thinking / अभिसारी सोच
(d) Flexibility in thinking / सोच में लचीलापन

9. **Which of the following does NOT facilitate children's thinking? / निम्नलिखित में से कौन-सा विकल्प विद्यार्थियों के चिंतन को सुसाध्य नहीं करता है?**

CTET PAPER 2 [11th Jan 2022]

(a) Giving activities based on transfer of learning / अधिगम के हस्तांतरण पर आधारित गतिविधियाँ देना।
(b) Aiming towards memorization rather than understanding / समझने के बजाय रटने की ओर लक्ष्य करना।
(c) Providing opportunities for self-regulation and being reflective / स्व-नियमन और चिंतनशील होने के अवसर देना।

(d) Relating new information to prior knowledge / नई जानकारी को पूर्व ज्ञान से जोड़ना।

10. While solving a problem, a student is referring to the similar kind of problems and drawing indications to solve the current problems. This is an example of ………… / एक समस्या को हल करते समय, एक विद्यार्थी समरूपी समस्याओं को उद्धृत कर रहा है और वर्तमान समस्या को हल करने के लिए संकेत ले रहा है। यह ……… का उदाहरण है।

CTET PAPER 2 [12th Jan 2022]

(a) analogical thinking / अनुरूपक सोच
(b) functional fixedness / कार्यात्मक स्थिरता
(c) response set / अनुक्रिया समुच्चय
(d) working-backward strategy / पस्चगामी कार्यकारी युक्ति

11. Which of the following can enhance critical thinking in middle school students? / निम्नलिखित में से कौन सी प्रक्रिया माध्यामिक विद्यालय के विद्यार्थियों में समालोचनात्मक चिंतन का संवर्धन कर सकती है?

CTET PAPER 2 [21st Jan 2022]

(a) Asking students to read the textbook on their own and avoid discussion with peers. / विद्यार्थियों को स्वयं से पाठ्यपुस्तक पढ़ने के लिए कहना और सहपाठियों से चर्चा करने से बचना।
(b) Asking students to discuss topics in groups and come up with questions. / विद्यार्थियों को किसी भी विषय पर चर्चा करने के लिए कहना और सवाल पूछना।
(c) Presentation by the teacher using lecture method. / व्याख्यान विधि का प्रयोग करते हुए अध्यापक द्वारा प्रस्तुतीकरण।
(d) Giving students homework to write the answers to recall the questions given at the end of the textbook. / विद्यार्थियों को पाठ्यपुस्तक के अंत में दिए गए प्रश्नों के उत्तर लिखने एवं प्रत्यास्मरण करने का गृहकार्य देना।

12. Should intuitive thinking be encouraged in the classroom? / क्या कक्षा में सहज ज्ञान चिंतन को प्रोत्साहित किया जाना चाहिए?

CTET PAPER 2 [21st Dec 2021]

(a) Yes, children's intuitions and guesses help them develop their cognitive reasoning. / हाँ, बच्चों का सहज ज्ञान और अनुमान, उनके ज्ञानात्मक चिंतन को विकसित करने में सहायता करते हैं।
(b) No, intuitions are mere conjectives and need to be discarded. / नहीं, सहज ज्ञान केवल कल्पना है और उसे अलग ही रखना चाहिए।
(c) Yes, but teachers should immediately tell correct answers to the students. / हाँ, परन्तु शिक्षक को तुरन्त ही बच्चों को सही उत्तर बता देने चाहिए।
(d) No, intuitive thinking is subjective and nonscientific. / नहीं, सहज ज्ञान चिंतन व्यक्तिपरक और अ-वैज्ञानिक है।

13. Critical thinking among students can be assessed by: / विद्यार्थियों में समालोचनात्मक चिंतन का आकलन किस प्रकार किया जा सकता है?

CTET PAPER 2 [30th Dec 2021]

(a) testing their recall abilities / उनकी प्रत्यास्मरण की योग्यता के परीक्षण द्वारा
(b) analysing their interpretation skills / उनके विवेचनात्मक कौशलों के विश्लेषण द्वारा
(c) measuring their speed of copying / उनकी नकल करने की गति माप कर
(d) calculating their accuracy of spellings / उनकी वर्तनी की परिशुद्धता की गणना द्वारा

14. Assertion (A): To develop critical thinking in learners, a teacher brings several newspapers mentioning the 'same news' and encourage students to discuss it in groups. / कथन (A):

अधिगमकर्ताओं में समालोचनात्मक चिंतन के विकास के लिए, एक अध्यापक कक्षा में कई समाचारपत्र लेकर आती है जिन सभी में एक विशेष खबर का उल्लेख है और अधिगमकर्ताओं को समूहों में चर्चा करने को कहती है।

Reason (R): Textbook can be the only source of knowledge in a middle grades- / तर्क (R): माध्यमिक स्तर पर पाठ्यपुस्तकें ही जानने का एकमात्र माध्यम हो सकती है।

Choose the correct option. / सही विकल्प चुनें-

CTET PAPER 2 [30th Dec 2021]

(a) Both (A) and (R) are true and (R) is the correct explanation of (A) / (A) और (R) दोनों सही है और (R) सही व्याख्या करता है (A) की।

(b) Both (A) and (R) are true and (R) is not the correct explanation of (A) / (A) और (R) दोनों सही है लेकिन (R) सही व्याख्या नहीं करता है (A) की।

(c) (A) is true but (R) is false. / (A) सही है, लेकिन (R) गलत है।

(d) Both (A) and (R) are false. / (A) और (R) दोनों गलत है।

15. Which of the following questions would assess critical thinking? / निम्न में से कौन से प्रश्न आलोचनात्मक सोच का मूल्यांकन करते हैं?

CTET PAPER 2 [31st Dec 2021]

(a) What is the formula for $(a+b)^2$? / $(a+b)^2$ का सूत्र क्या है?

(b) Write chemical formula of methane. / मीथेन का रासायनिक सूत्र लिखिए।

(c) What could be the various reasons for shortage of food? / भोजन की कमी के विभिन्न कारण क्या हो सकते हैं?

(d) What is the depositional feature of a glacier called? / हिमनद के निक्षेपण को क्या कहा जाता है?

ANSWER KEY

1.	D	2.	D	3.	B	4.	A	5.	D	6.	A	7.	C
8.	C	9.	B	10.	A	11.	B	12.	A	13.	B	14.	C
15.	C												

17 PARENTING STYLE
परवरिश शैली

- The parenting style is the most useful concept that moderates the effectiveness of the child-rearing practices. It changes the child's openness to socialization./ प्राधिकारिक शैली सबसे उपयोगी अवधारणा है, जो बच्चे के पालन-पोषण की प्रथाओं की प्रभावशीलता को नियंत्रित करती है। यह बच्चे के खुलेपन को समाजीकरण में बदल देती है।
- Parenting style alters the parents' capacity to socialize their children by changing the effectiveness of their parenting practices. / प्राधिकारिक शैली माता-पिता की उनके पालन-पोषण प्रथाओं की प्रभावशीलता को बदलकर अपने बच्चों को सामाजिक बनाने की क्षमता को बदल देती है।
- Diana Baumrind, a clinical psychologist has proposed the four primary kinds of parenting style to nurture a child effectively. These parenting styles include authoritarian, authoritative, indulgent, and neglectful. / डायना बॉम्रिंड, एक नैदानिक मनोवैज्ञानिक ने एक बच्चे को प्रभावी ढंग से पोषण करने के लिए चार प्राथमिक प्रकार की परवरिश शैली का प्रस्ताव दिया है। इन शैलियों में अधिनायकवादी, ग्पालु, भोगवादी और उपेक्षित शामिल हैं।
- Each parenting style has different effects on children's behavior and can be identified by certain characteristics, as well as degrees of responsiveness and demandingness / प्रत्येक पेरेंटिंग शैली का बच्चों के व्यवहार पर अलग-अलग प्रभाव पड़ता है और इसे कुछ विशेषताओं के साथ-साथ जवाबदेही और मांग की मात्रा से पहचाना जा सकता है।

1. Authoritarian parenting style is characterized by high control and low warmth. This parent is the disciplinarian, demanding control and respect and emphasizing obedience. Authoritarian parents are strict and insist that their children follow directions./ आधिकारिक पेरेंटिंग शैली में उच्च नियंत्रण और कम सौहार्द की विशेषता है। यह माता-पिता नियमकर्ता है, जो नियंत्रण और सम्मान की मांग करता है और आज्ञाकारिता पर जोर देता है। आधिकारिक माता-पिता सख्त होते हैं और जोर देते हैं कि उनके बच्चे निर्देशों का पालन करें।
2. Authoritative parents guide their children through open and honest discussions to teach values and reasoning. Kids who have authoritative parents tend to be self-disciplined and

can think for themselves. (High warmth and high control) / आधिकारिक माता-पिता अपने बच्चों को मूल्य और तर्क सिखाने के लिए खुली और ईमानदार चर्चा के माध्यम से मार्गदर्शन करते हैं। जिन बच्चों के आधिकारिक माता-पिता होते हैं वे आत्म-अनुशासित होते हैं और अपने लिए सोच सकते हैं। (उच्च सौहार्द और उच्च नियंत्रण)

3. Permissive parenting is categorized as high warmth with low control. This parent gives the child or adolescent a free environment where they can do as they please. / अनुज्ञापक पेरेंटिंग को कम नियंत्रण के साथ उच्च गर्मी के रूप में वर्गीगत किया गया है। यह माता-पिता बच्चे या किशोर को एक स्वतंत्र वातावरण देते हैं जहाँ वे अपनी इच्छानुसार कर सकते हैं।

4. Neglectful / Permissive parents have limited engagement with their children and rarely implement rules. They can also be seen as cold and uncaring but not always intentionally, as they are often struggling with their own issues. / उपेक्षित माता-पिता का अपने बच्चों के साथ सीमित संबंध होता है और वे शायद ही कभी नियमों को लागू करते हैं। उन्हें निरुत्साह और लापरवाह के रूप में भी देखा जा सकता है, लेकिन हमेशा जानबूझकर नहीं, क्योंकि वे अक्सर अपने स्वयं के मुद्दों से जूझ रहे होते हैं।

Note: Helicopter Parenting: A helicopter parent is a parent who pays extremely close attention to a child's education and problems, particularly at educational institute. / **हेलीकॉप्टर पालन-पोषण:** एक हेलीकॉप्टर माता-पिता होते हैं जो विशेष रूप से शैक्षणिक संस्थान में बच्चे की शिक्षा और समस्याओं पर अत्यधिक ध्यान देते हैं।

(Asked in CTET Dec. 2021)

TEST YOURSELF

1. Authoritative style of parenting/child rearing is based on: / पालन-पोषण/बच्चे के पालन-पोषण की आधिकारिक शैली निम्न पर आधारित है:

CTET Paper 2 - 20th Dec 2021

(a) Making decisions for the child / बच्चे के लिए निर्णय लेना
(b) Not listing to a child's point of view / किसी बच्चे के दृष्टिकोण को सूचीबद्ध नहीं करना
(c) Making unreasonable demands from the child / बच्चे से अनुचित मांग करना
(d) Engage the child in joint decision making wherever possible / जहां भी संभव हो बच्चे को संयुक्त निर्णय लेने में शामिल करें

2. Which of the following parenting styles is most effective for development of Children's social competence? / बच्चों की सामाजिक क्षमता के विकास के लिए निम्नलिखित में से कौन सी पालन-पोषण शैली सबसे प्रभावी है?

(a) Authoritarian / सत्तावादी
(b) Neglectful / उपेक्षापूर्ण
(c) Authoritative / आधिकारिक
(d) Indulgent / कृपालु

3. Which parenting style value self-expression and self-regulation? / कौन सी पालन-पोषण शैली आत्म-अभिव्यक्ति और आत्म-नियमन को महत्व देती है?

(a) Uninvolved / असंबद्ध
(b) Permissive / अनुमेय
(c) Authoritative / आधिकारिक
(d) Authoritarian / सत्तावादी

4. Authoritarian type of Parenting Style / अधिनायकवादी प्रकार की पालन-पोषण शैली

(a) Supports punishment as a means of control / नियंत्रण के साधन के रूप में सजा का समर्थन करता है

(b) Guides through model behaviour / मॉडल व्यवहार के माध्यम से मार्गदर्शन करता है

(c) Nurtures positive behaviour through rewards / पुरस्कार के माध्यम से सकारात्मक व्यवहार का पोषण करता है

(d) Promotes self discipline / आत्म अनुशासन को बढ़ावा देता है

5. Which parenting style is the one in which parents seem cool and controlling their interactions with their children (low warmth, high control): / वह कौन सी पालन-पोषण शैली है जिसमें माता-पिता शांत दिखते हैं और अपने बच्चों के साथ अपनी बातचीत को नियंत्रित करते हैं (कम गर्मजोशी, उच्च नियंत्रण):

(a) Authoritative parents / आधिकारिक माता-पिता

(b) Authoritarian parents / सत्तावादी माता-पिता

(c) Permissive parents / अनुज्ञाकारी माता-पिता

(d) Rejecting/Neglecting/Uninvolved parents / माता-पिता को अस्वीकार करना/उपेक्षा करना/शामिल न करना

ANSWER KEY													
1.	D	2.	C	3.	B	4.	A	5.	B				

18

INTELLIGENCE
बुद्धि

Intelligence is a common word in daily life, which is used in many meanings. During the time of studying personality differences in detail, we will see that two persons are not similar, some are more intelligent and some are dull minded, some are slow and some resolve the problems within few minutes. There are many reasons for personality differences, among which Intelligence is important. Mental ability of a child is affected by his intelligence. / दैनिक जीवन में बुद्धि एक सामान्य शब्द है जिसका प्रयोग कई अर्थों में किया जाता है। वैयक्तिक भिन्नता का विस्तृत अध्ययन करते समय हम यह देखेंगे कि कोई दो व्यक्ति बिल्कुल समान नहीं होते, कुछ तीव्र बुद्धि के होते हैं तो कुछ मंद बुद्धि के कुछ सुस्त, कुछ समस्याओं को शीघ्र हल कर लेते हैं और कुछ बहुत देर बाद, उनमें परस्पर भिन्नता के कई कारण होते हैं, जिसमें एक बुद्धि महत्त्वपूर्ण है। बालक की मानसिक योग्यता पर उसकी बुद्धि का प्रभाव पड़ता है।

Gardner's Multiple Intelligence / गार्डनर की एकाधिक बुद्धिमत्ता

Howard Gardner is a developmental psychologist who propounded the theory of multiple intelligences. This theory states that intelligence is not confined to a particular area, but rather consists of a variety of factors, rather than dominated by a single factor./**हॉवर्ड गार्डनर** एक विकासात्मक मनोवैज्ञानिक हैं जिन्होंने बहु-बुद्धि के सिद्धांत का प्रतिपादन किया। इस सिद्धांत में कहा गया है कि बुद्धि एक विशेष क्षेत्र तक ही सीमित नहीं है, बल्कि इसमें एक कारक के प्रभुत्व के बजाय कई प्रकार के कारक शामिल हैं।

Howard Gardner in his book **"Frames of Mind"**, 1938 proposed The theory of multiple intelligence. / **हॉवर्ड गार्डनर ने अपनी पुस्तक "फ्रेम्स ऑफ माइंड"**, 1938 में द थ्योरी ऑफ मल्टीपल इंटेलिजेंस का प्रस्ताव रखा।

Howard Gardner's theory of multiple intelligences /हावर्ड गार्डनर का बहु-बुद्धि का सिद्धांत-

- This theory says that people are not born with their overall intelligence./ यह सिद्धांत कहता है कि लोग अपनी समग्र बुद्धि के साथ पैदा नहीं होते हैं।
- He proposed that the traditional concept of intelligence was too narrow and limited and that IQ tests often ignored other intelligences that a person might have./ उन्होंने प्रस्तावित किया कि बुद्धि की पारंपरिक अवधारणा अत्यधिक संकीर्ण और सीमित थी और बुद्धिलब्धि परीक्षणों ने अक्सर अन्य बुद्धि की उपेक्षा की जो एक व्यक्ति के पास हो सकती है।
- This theory split the traditional thought that there is only one type of intelligence, often referred to as the "g" for general intelligence, that deals solely with cognitive abilities./ इस सिद्धांत ने पारंपरिक चिंतन को विभाजित दिया कि केवल एक प्रकार की बुद्धि है, जिसे अक्सर सामान्य बुद्धि के लिए "g" कहा जाता है जो पूरी तरह से संज्ञानात्मक क्षमताओं से संबंधित है।

- Gardner introduced 8 types of intelligence which are linguistic, spatial, bodily-kinesthetic, musical, interpersonal, interpersonal, logical and natural./गार्डनर ने 8 प्रकार की बुद्धि का परिचय दिया जो भाषाई, स्थानिक, शारीरिक-गतिशील, संगीतमय, अंतरवैयक्तिक, अंतवैयक्तिक, तार्किक और प्रागतिक हैं।

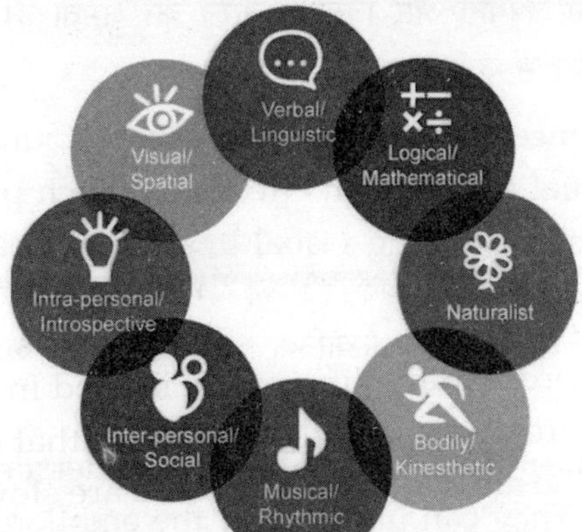

1. **Verbal-Linguistic Intelligence:** refers to the ability to use language. It is the capacity to use spoken and written words in a skilled way. Individuals with high verbal/linguistic intelligence are very good at using words and language to express themselves, articulate things, and create. / **मौखिक/भाषाई बुद्धि** का उपयोग करने की क्षमता को दर्शाता है। यह बोले गए और लिखित शब्दों का कुशल तरीके से उपयोग करने की क्षमता है। उच्च मौखिक/भाषाई बुद्धि वाले व्यक्ति स्वयं को व्यक्त करने, चीजों को स्पष्ट करने और बनाने के लिए शब्दों और भाषा का उपयोग करने में बहुत अच्छे होते हैं।

2. **Logical-mathematical intelligence** is the ability to use logical reasoning and mathematical ability. Individuals high in this intelligence have good abstract reasoning, critical thinking, and good in dealing with numbers. This type of intelligence correlates well with the traditional notion of intelligence. Scientists, engineers, physicists, and economists are people with high logical-mathematical intelligence. / **तार्किक तर्क और गणितीय क्षमता** का उपयोग करने की क्षमता है। इस बुद्धि में उच्च व्यक्तियों के पास अच्छा अमूर्त तर्क, आलोचनात्मक सोच और संख्याओं से निपटने में अच्छा होता है। इस प्रकार की बुद्धि, बुद्धि की पारंपरिक धारणा के साथ अच्छी तरह से संबंध रखती है। वैज्ञानिक, इंजीनियर, भौतिक विज्ञानी और अर्थशास्त्री उच्च तार्किक-गणितीय बुद्धि वाले लोग हैं।

3. **Musical Intelligence** is the ability to use rhythms, sounds, and patterns to create, compose and perform music. It involves sensitivity to music, and the ability to recognize and manipulate musical patterns. People with high musical intelligence are likely to be singers./**संगीतज्ञ बुद्धिः** संगीत बनाने, बनाने और प्रदर्शन करने के लिए लय, ध्वनियों और पैटर्न का उपयोग करने की क्षमता है। इसमें संगीत के प्रति संवेदनशीलता और संगीत के पैटर्न को पहचानने और हेरफेर करने की क्षमता शामिल है। उच्च संगीत बुद्धि वाले लोग गायक होने की संभावना रखते हैं।

4. **Bodily-kinesthetic intelligence** is the ability to use and control one's body movements and actions. Dancers and sports persons are usually high in such intelligence./ **शरीर-मनोगतिकी:** बुद्धि किसी के शरीर की गतिविधियों और कार्यों का उपयोग और नियंत्रण करने की क्षमता है। नर्तक और खिलाड़ी आमतौर पर ऐसी बुद्धि में उच्च होते हैं।

5. **Visual-Spatial Intelligence** is the capacity to perceive, understand and use spatial and visual information effectively. Such people are good at spatial orientation, forming visual images and patterns. / **दृश्य और स्थानिक:** स्थानिक और दृश्य जानकारी को प्रभावी ढंग से देखने, समझने और उपयोग करने की क्षमता है। ऐसे लोग स्थानिक अभिविन्यास में अच्छे होते हैं, दृश्य चित्र और पैटर्न बनाते हैं।

6. **Interpersonal Intelligence** refers to the ability to understand others and social interactions. They can understand the emotions and the perspectives of others and relate well to others. They can establish good interpersonal relationships with others. They have good and effective communication skills./ **अंतर व्यैक्तिक:** से तात्पर्य दूसरों को समझने की क्षमता और सामाजिक अंत:क्रियाओं से है। वे दूसरों की भावनाओं और दृष्टिकोणों को समझ सकते हैं और दूसरों से अच्छी तरह से संबंधित हो सकते हैं। वे दूसरों के साथ अच्छे पारस्परिक संबंध स्थापित कर सकते हैं। उनके पास अच्छा और प्रभावी संचार कौशल है।

7. **Intrapersonal Intelligence** is the ability to understand oneself and know one's thoughts, emotions, feelings, motives, and desires, and how these influence their behavior. / **अंत:वैयक्तिक बुद्धि:** स्वयं को समझने और किसी के विचारों, भावनाओं, भावनाओं, उद्देश्यों और इच्छाओं को जानने की क्षमता है और ये उनके व्यवहार को कैसे प्रभावित करते हैं।

8. **Naturalistic Intelligence** is the ability to recognize and understand the various patterns in nature. It includes sensitivity to nature with all its features including flora, fauna, and biodiversity. Gardner has added this eighth type of intelligence to his original seven bits of intelligence. / **प्रागतिक:** प्रगति में विभिन्न पैटर्न को पहचानने और समझने की क्षमता है। इसमें वनस्पतियों, जीवों और जैव विविधता सहित इसकी सभी विशेषताओं के साथ प्रगति के प्रति संवेदनशीलता शामिल है। गार्डनर ने इस आठवीं प्रकार की बुद्धि को अपनी मूल सात बुद्धि के बिट्स में जोड़ा है।

TEST YOURSELF

1. **In Howard Gardner's theory person high on ………… intelligence can recognize and are aware of the beauty of different species of flora and fauna./ हॉवर्ड गार्डनर के सिद्धांत में ……… बुद्धि वाले व्यक्ति वनस्पतियों और जीवों की विभित्र प्रजातियों की सुंदरता को पहचान सकते हैं और जान सकते हैं।**

CTET PAPER 1 [4th Jan 2022]

(a) spatial / स्थानिक
(b) naturalistic / प्रगतिवादी
(c) musical / संगीतमय
(d) inter-personal / अंतर्वैयक्तिक

2. The ability to use language fluently and flexibly to express one's thinking is a characteristic of .... intelligence in Howard Gardner's theory. / हावर्ड गार्डनर के सिद्धांत में सोच को व्यक्त करने के लिए धाराप्रवाह और लचीले ढंग से भाषा का उपयोग करने की क्षमता .... बुद्धि की विशेषता है।

CTET PAPER 1 [5th Jan 2022]

(a) linguistic / भाषाई
(b) naturalistic / प्रगतिवादी
(c) spatial / स्थानिक
(d) intrapersonal / अत:वैयक्तिक

3. Individuals who have the ability to understand the motives, feelings and behaviours of others to bond with them are high on .... intelligence in Howard Gardner's theory. / हॉवर्ड गार्डनर के अनुसार वह व्यक्ति जिनमें दूसरों की मंशाओं, भावनाओं और व्यवहारों को समझने व उनके साथ संबंध बनाने की क्षमता होती है, उनमें कौन-सी बुद्धि होती है?

CTET PAPER 1 [7th Jan 2022]

(a) naturalistic / प्रगतिवादी
(b) interpersonal / अंतर्वैक्तिक
(c) intrapersonal / अंत: वैयक्तिक
(d) spatial / स्थानिक

4. In Howard Gardner's theory, persons high on .... intelligence have finer sensibilities regarding their identity, human existence and meaning of life- / हावर्ड गार्डनर के सिद्धांत में .... बुद्धि के व्यक्तियों में अपनी पहचान, मानव अस्तित्व और जीवन के अर्थ के बारे में संवेदनशीलता होती है।

CTET PAPER 1 [8th Jan 2022]

(a) naturalistic / प्रगतिवादी
(b) linguistic / भाषाई
(c) interpersonal / अंतरवैयक्तिक
(d) intrapersonal / अंत: वैयक्तिक

5. According to Haward Gardener's theory, it is important to have a variety of teaching modes/strategies within a classroom because: / होवार्ड गार्डनर के सिद्धांत के अनुसार, एक कक्षा में तरह-तरह की अध्यापन रणनीतियों का इस्तेमाल होना जरूरी है, क्योंकि:

CTET PAPER 1 [16th Dec 2021]

(a) it helps exercise multiple intelligences / यह बहु-बौद्धिकता को निष्पादित करने में मददगार है।
(b) it helps improve general intelligence / यह सामान्य बौद्धिकता को बढ़ाने में मददगार है।
(c) it helps to create 'star' students / यह श्तारकश विद्यार्थी बनाने में मददगार है।
(d) it helps improve practical intelligence- / यह व्यवहारिक बौद्धिकता के बढ़ाने में मददगार है।

6. Which of the following is NOT correct as per Howard Gardner? / होवार्ड गार्डनर के अनुसार निम्नलिखित में से कौन-सा कथन सही नहीं है?

CTET PAPER 1 [17th Jan 2022]

(a) Intelligence is a fixed and stable trait / बुद्धिमत्ता एक स्थिर तथा स्थायी विशिष्टता है।
(b) Intelligence can be nurtured and grown / बुद्धिमत्ता को परिपोषित व विकसित किया जा सकता है।
(c) Intelligence is of several kinds rather than dominated by a general factor / बुद्धिमत्ता किसी एक सामान्य खण्ड से हावी नहीं होती अपितु कई प्रकार की होती है।
(d) Intelligence cannot be tied to a single domain / बुद्धिमत्ता को एकाकी आयाम में सहबद्ध नहीं किया जा सकता।

7. Sensitivity to the sounds, rhythms and meaning of words characterize which type of intelligence? / ध्वनि, लय और शब्दों के अर्थ के प्रति सचेतना किस बुद्धि के मूल हैं?

CTET PAPER 1 [20th Dec 2021]

(a) Interpersonal / अंतर्वैयक्तिक
(b) Intrapersonal / अंतरावैयक्तिक
(c) Linguistic / भाषिक
(d) Spatial / स्थानिक

8. According to Howard Gardner's theory of multiple intelligences, while of the following terms is applied to the ability to perceive the visual worlds accurately and to perform transformation on one's initial perceptions? / हावर्ड गार्डनर के बहुआयामी बुद्धि के सिद्धान्त के अनुसार निम्नलिखित में से किसका प्रयोग, दृष्टिगत जगत को सही तरह से अनुभव करने की योग्यता और अपने आरंभिक अनुभवों में परिवर्तन लाने की योग्यता के लिए किया गया है?

CTET PAPER 1 [29th Dec 2021]

(a) Bodily-kinesthesis intelligence / शारीरिक-गतिबोधक बुद्धि
(b) Spatial intelligence / स्थानिक बुद्धि
(c) Logical-mathematical intelligence / तार्किक-गणितीयधगणन बुद्धि
(d) Intrapersonal intelligence / अंत: वैयक्तिक बुद्धि

9. In Howard gardener's theory of Multiple Intelligence, if a person has a skill of understanding the motives feelings and behaviours of other people, she is said to have. / हावर्ड गाडर्नर के बहुबुद्धि सिद्धान्त के अनुसार यदि किसी व्यक्ति में दूसरों के अभिप्राय, भावनाएँ और व्यवहार को समझने की योग्यता है तो उसमें निम्नलिखित में से कौन-सी बुद्धि कही जाएगी?

CTET PAPER 1 [30th Dec 2021]

(a) Intrapersonal Intelligence / व्यक्तिगत बुद्धिमता
(b) Experiential Intelligence / अनुभव जन्य
(c) Social Intelligence / सामाजिक बुद्धि
(d) Interpersonal Intelligence / अन्त: वैयाक्तिक

10. According to Howard Gardner, the ability to detect and respond appropriately to the moods, temperament and Intentions of others is known as / हावर्ड गार्डनर के अनुसार किसी अन्य व्यक्ति के मनोदशा, स्वभाव और प्रवृत्ति को समझकर प्रतिक्रिया देने की योग्यता को किस नाम से जाना जाता है?

CTET PAPER 1 [31st Dec 2021]

(a) Linguistic intelligence / भाषात्मक बुद्धि
(b) Bodily-Kinesthetic intelligence / शारीरिक-गत्यात्मक बुद्धि
(c) Inter personal intelligence / अंतरवैयक्तिक बुद्धि
(d) Intra personal intelligence / अंतवैयक्तिक बुद्धि

11. An experience of intra-personal intelligence within a classroom according to Howard Gardner refers to: / हावर्ड गार्डनर के अनुसार 'अंतर्वैयक्तिक' बुद्धिमत्ता वाले व्यक्ति की क्या विशेषताएँ हैं?

CTET PAPER 2 [20th Dec 2021]

(a) Ability to handle social situations well / सामाजिक स्थितियों से भली भांति निपटने की क्षमता
(b) Ability to understand meaning and rhythms of others' speech / दूसरों की भाषा के अर्थ व लय को समझने की क्षमता
(c) Knowledge of one's own complex feelings, strengths and weaknesses / स्वयं की जटिल भावनाओं, शक्तियों व कमजोरियों का ज्ञान
(d) Appreciation of aesthetics and beauty. / सौंदर्य एवं सौन्दर्यबोध की सराहना

12. As per contemporary theories of intelligence, Intelligence is- / बुद्धिमत्ता के समकालीन सिद्धांतों के अनुसार, बुद्धि क्या है?

CTET PAPER 2 [11th Jan 2022]

(a) Mere ability to imitate other / केवल दूसरों की नकल करने की क्षमता

(b) A specific ability / एक विशिष्ट एकाकी क्षमता
(c) A set of capabilities / क्षमताओं का एक समूह
(d) A singular and generic concept / एक विलक्षण और सामान्य अवधारणा

13. As per the theory of Howard Gardner- / हॉवर्ड गार्डनर के सिद्धांत के अनुसार-

CTET PAPER 2 [21st Dec 2021]

(a) intelligence is a unitary construct. / बुद्धि एक ऐकिक संरचना है।
(b) intelligence is a generic ability that depends on accumulated knowledge and experience. / बुद्धि एक व्यापक क्षमता है जो संचित ज्ञान और अनुभव पर निर्भर है।
(c) intelligence can be categorized into three primary mental abilities. / बुद्धि को तीन प्राथमिक मानसिक क्षमताओं में वर्गित किया जा सकता है।
(d) intelligence can be divided into several independent intelligences each one of which has a unique biological basis. / बुद्धि को विविध स्वतंत्र बुद्धियों में विभाजित किया जा सकता है जिसमें प्रत्येक का एक अद्वितीय जैविक आधार है।

14. Which of the following options correctly specifies the types of intelligence given by Howard Gardner? / कौन सा विकल्प बुद्धि-प्रकार के लिए हॉवर्ड गार्डनर के अनुसार सही है-

CTET PAPER 2 [28th Dec 2021]

(a) Therapist, Biologist, Industrialist / चिकित्सक, जीवविज्ञानी, वाद्य यंत्र विशेषज्ञ
(b) Athletic, Creative, Expressive / कसरती, रचनात्मक, अभिव्यक्तशील
(c) Practical, Analytical, Creative / व्यावहारिक, विश्लेषक, रचनात्मक
(d) Intrapersonal, Naturalist, Bodily-kinaesthetic / अन्तर वैयक्तिक, प्रगतिवादी, शारिरिक रूप से क्रियाशील

15. Use of IQ tests as a measure of intelligence- / बुद्धिमता को मापने के लिए, बुद्धिलब्धि परीक्षाओं काधके प्रयोग

CTET PAPER 2 [29th Dec 2021]

(a) is valid since they can predict intelligence accurately. / वैध है, क्योंकि यह बुद्धिमता को शुद्धता से संभावित करता है।
(b) has been critiqued since many tests are culturally biased. / की आलोचना की गई है क्योंकि कई परीक्षाओं में सांस्तिक पक्षपात झलकता है।
(c) is very useful to rank and sort students in clear cut categories for their educability. / विद्यार्थियों को उनकी शिक्षणीयता के लिए स्पष्ट वर्गों और श्रेणियों में भेद करने में सहायक है।
(d) helps the teacher in predicting students' academic performance and success. / अध्यापकों को विद्यार्थियों की अकादमिक प्रदर्शन और सफलता को संभावित करने में मदद करता है।

ANSWER KEY

1.	B	2.	A	3.	B	4.	D	5.	A	6.	A	7.	C
8.	B	9.	D	10.	C	11.	C	12.	C	13.	D	14.	D
15.	B												

19

MOTIVATION
अभिप्रेरणा

Maslow's Hierarchy / मास्लो का पदानुक्रम

Maslow's hierarchy of needs is a theory in psychology, proposed by Abraham Maslow. Maslow's hierarchy of needs is often portrayed in the shape of a pyramid, with the largest and lowest levels of needs at the bottom, and the need for self-actualization at the top./ मास्लो का आवश्यकताओं का पदानुक्रम मनोविज्ञान में एक सिद्धांत है, जिसे अब्राहम मास्लो द्वारा प्रस्तावित किया गया है। मास्लो के आवश्यकताओं के पदानुक्रम को अक्सर पिरामिड के आकार में चित्रित किया जाता है, जिसमें उच्चतम और निम्नतम स्तर की आवश्यकताएँ होती है, और शीर्ष पर आत्म-प्राप्ति की आवश्यकता होती है।

- Maslow's hierarchy of needs is also called "A Theory of Humanistic". / मास्लो के आवश्यकताओं के पदानुक्रम को "मानवतावादी सिद्धांत" भी कहा जाता है।
- He described our needs in increasing order. / उन्होंने हमारी आवश्यकताओं को बढ़ते क्रम में वर्णित किया है।
- Maslow's humanistic theory of personality states that people achieve their full potential by moving from basic needs to self-actualization. / मास्लो के व्यक्तित्व के मानवतावादी सिद्धांत में कहा गया है कि लोग बुनियादी आवश्यकताओं से आत्म-बोध की ओर बढ़ते हुए अपनी पूरी क्षमता को हासिल करते हैं।
- As a leader of humanistic psychology, Abraham Maslow approached the study of personality psychology by focusing on subjective experiences and free will./ अब्राहम मास्लो ने मानवतावादी मनोविज्ञान के एक नेता के रूप में, व्यक्तिपरक अनुभवों और स्वतंत्र इच्छा पर ध्यान केंद्रित करके व्यक्तित्व मनोविज्ञान के अध्ययन का रुख किया।
- Physiological, security, social, and esteem needs are deficiency needs (also known as D-needs), meaning that these needs arise due to deprivation. Satisfying these lower-level needs is important in order to avoid unpleasant feelings or consequences. / शारीरिक, सुरक्षा, सामाजिक, और सम्मान की जरूरतें कमी की आवश्यकताएँ हैं (जिसे D-आवश्यकताएँ भी कहा जाता है), जिसका अर्थ है कि ये आवश्यकताएँ अभाव के कारण उत्पन्न होती हैं। अप्रिय भावनाओं या परिणामों से बचने के लिए इन निचले स्तर की आवश्यकताओं को पूरा करना महत्वपूर्ण है।
- Maslow termed the highest level of the pyramid as growth needs (also known as being needs or B-needs). / मास्लो ने पिरामिड के उच्चतम स्तर को विकास की आवश्यकताएँ (जिन्हें B-आवश्यकताओं के रूप में भी जाना जाता है) कहा।
- Growth needs do not stem from a lack of something, but rather from a desire to grow as a person. / वृद्धि की आवश्यकताएँ किसी चीज की कमी से नहीं, बल्कि एक व्यक्ति के रूप में विकसित होने की इच्छा से होती है।

The five needs are as follows / पाँच आवश्यकताएँ इस प्रकार हैं:

1. Physiological needs/ शारीरिक आवश्यकताएँ:
2. Security needs / सुरक्षा आवश्यकताएँ:
3. Social needs / सामाजिक आवश्यकताएँ
4. Esteem needs / सम्मान की आवश्यकताएँ
5. Self actualization needs./ आत्म-साक्षात्कार की आवश्यकताएँ

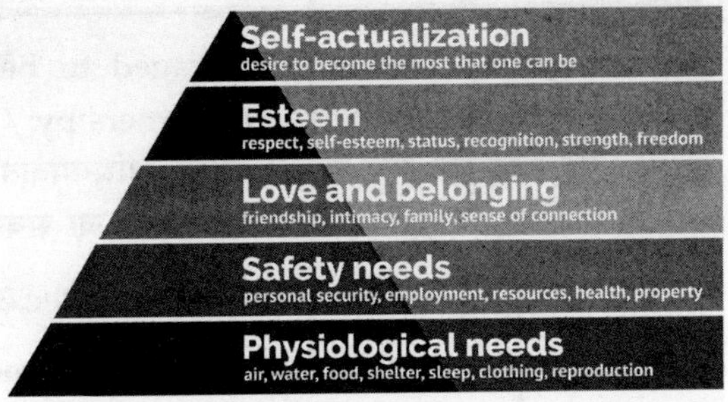

1. **Physical physiological Needs:** These needs pertain to the basic things necessary for survival that are hunger, thirst, shelter, etc. Human beings initially try to satisfy this need and once it is fulfilled, this need ceases to satisfy them. For example:- **Food, Sleep, and Water. / शारीरिक आवश्यकताएँ:** ये आवश्यकताएँ जीवित रहने के लिए आवश्यक बुनियादी चीजों से संबंधित हैं, जो भूख, प्यास, आश्रय आदि है। मनुष्य शुरू में इस आवश्यकता को पूरा करने का प्रयास करता है और एक बार इनके पूरा हो जाने के बाद, यह आवश्यकता उन्हें संतुष्ट करने के लिए समाप्त हो जाती है। उदाहरण के लिए: भोजन, नींद और पानी।

2. **Security Needs:** These needs talk about the job security or safety at the workplace that further provides a sense of psychological security to human beings. Maslow here talks about both physical and emotional safety and he opines that once the safety and security needs are ensured, they no longer motivate human beings. / **सुरक्षा आवश्यकताएँ:** ये जरूरतें कार्यस्थल पर नौकरी की सुरक्षा या रक्षा के बारे में बात करती हैं जो आगे चलकर मनुष्य को मनोवैज्ञानिक सुरक्षा की भावना प्रदान करती हैं। मास्लो यहां शारीरिक और भावनात्मक सुरक्षा दोनों के बारे में बात करते हैं और उनका मत है कि एक बार सुरक्षा और रक्षा की जरूरतें सुनिश्चित हो जाने के बाद, वे अब मनुष्यों को प्रेरित नहीं करती हैं।

3. **Social Needs:** These needs represent the relationships between and among groups of people working in the organization. These needs provide emotional security to the people and also a sense of belongingness and association. Man is a social animal and likes to be friendly with others and if these needs are not met, the employee becomes resistant and hostile. / **सामाजिक आवश्यकताएँ:** ये आवश्यकताएँ संगठन में काम करने वाले लोगों के समूहों के बीच संबंधों का प्रतिनिधित्व करती हैं। ये आवश्यकताएँ लोगों को भावनात्मक सुरक्षा प्रदान करती हैं और अपनेपन और जुड़ाव की भावना भी प्रदान करती हैं। मनुष्य एक सामाजिक प्राणी है और दूसरों के साथ मित्रता करना पसंद करता है और यदि ये आवश्यकताएँ पूरी नहीं होती हैं, तो कर्मचारी प्रतिरोधी और शत्रुतापूर्ण हो जाता है।

4. **Esteem needs:** These needs are those needs where human beings strive for power, achievement, and status. Esteem here denotes both self-esteem and esteem from others. / **सम्मान की आवश्यकताएँ:** ये आवश्यकताएँ वे आवश्यकताएँ हैं जहां इंसान सत्ता, उपलब्धि और हैसियत के लिए प्रयास करता है। यहां सम्मान दूसरों से आत्मसम्मान और सम्मान दोनों को दर्शाता है।

5. **Self-actualization need:** This need represents what we are capable of becoming, which would be our greatest achievement. / **आत्म-साक्षात्कार की आवश्यकताएँ:** यह आवश्यकताएँ दर्शाती है कि हम क्या बनने में सक्षम हैं, जो हमारी सबसे बड़ी उपलब्धि होगी।

TEST YOURSELF

1. **Children can be encouraged to become intrinsically motivated learners by: / बच्चों को आंतरिक रूप से अभिप्रेरित अधिगमकर्ता बनने के लिए किस तरह प्रोत्साहित किया जा सकता है?**

CTET PAPER 2 [20th Dec 2021]

(a) giving rewards for encouragement / हौसला बढाने के लिए इनाम देकर।

(b) punishing them to avoid making mistakes / त्रुटियाँ करने पर दण्ड देकर।

(c) learning form the mistakes made during learning process without any negative penalty / अधिगम प्रक्रिया के दौरान की गई त्रुटियों से सीखकर, बिना किसी नकारात्मक दंड के डर बिना।

(d) encouraging teacher attention to performance by special achievers within a classroom / शिक्षिका द्वारा कक्षा में खास 'उपलब्धि' वाले विद्यार्थियों पर खास ध्यान देकर।

2. **Which of following is a correctly matched pair of a source of motivation and the type of motivation? / निम्नलिखित में से कौन-सा प्रेरणा के स्रोत और प्रेरणा के प्रकार का सही मिलाप युग्म है?**

CTET PAPER 2 [15th Jan 2022]

(a) Curiosity - Intrinsic motivation / जिज्ञासा - आंतरिक प्रेरणा

(b) Appreciation from peers - Intrinsic motivation / समकक्षियों की सराहना - आंतरिक प्रेरणा

(c) Praise of teacher - Intrinsic motivation / शिक्षक की प्रशंसा - आंतरिक प्रेरणा

(d) Trophy in match - Intrinsic motivation / मैच में ट्राफी - आंतरिक प्रेरणा

3. **Which of the following statements is an example of intrinsic motivation? / निम्न में से कौन-सा कथन आंतरिक अभिप्रेरणा का उदाहरण है?**

CTET PAPER 2 [6th Jan 2022]

(a) I'll do it to get the praise. / मैं प्रशंसा पाने के लिए यह कार्य करूँगा।

(b) I'll do it to avoid the punishment. / मैं सजा से बचने के लिए यह कार्य करुंगा।

(c) I'll do it so that the others will have a good image of me. / मैं यह कार्य इसलिए करूँगा ताकि दूसरे लोगों में मेरी अच्छी छवि बन जाए।

(d) I'll do it because I enjoy it. / मैं यह कार्य करूँगा, क्योंकि मुझे इसे करने में आनंद आता है।

4. **Which of the following set of attributions for failure on a task is likely to motivate a student for future attempts? / किसी कार्य में विफलता के लिए निम्नलिखित में से कौन-से आरोपण में एक विद्यार्थी को भविष्य के प्रयासों के लिए प्रेरित करने की संभावना है?**

CTET PAPER 2 [17th Jan 2022]

(a) I am not intelligent and intelligence is fixed. / मै बुद्धिमान नहीं हूँ और बुद्धिमता स्थिर है।

(b) I didn't put enough effort this time although I am capable of doing so. / मैंने इस बार पर्याप्त प्रयास नहीं किया, हालांकि मै ऐसा करने में सक्षम हूँ।

(c) Teacher was biased towards me and I can't change her perception about me. / शिक्षक मेरे प्रति पक्षपाती था और मै अपने बारे में उसकी धारणा को नहीं बदल सकता।

(d) This particular exam falls on Tuesday and Tuesday is my unlucky day. / यह विशेष परीक्षा मंगलवार को ही पडती है और मंगलवार मेरा अशुभ दिन है।

5. **Which of the following is an example of intrinsic motivation? / आंतरिकधस्वत: स्फूर्त प्रेरणा का उदाहरण कौन सा है?**

CTET PAPER 2 [21st Jan 2022]

(a) A student is doing an experiment to get good grades / एक विद्यार्थी अच्छे ग्रेड लाने के लिए एक प्रयोग कर रही है।

(b) A student is doing experiment because he is curious about the result of experiment / एक विद्यार्थी इसलिए प्रयोग कर रही है क्योंकि उसे प्रयोग का परिणाम जानने की उत्सुकता है।

(c) A student is doing experiment because he does not like theory class / एक विद्यार्थी इसलिए प्रयोग कर रही है क्योंकि उसे - थ्योरी की कक्षा पसंद नहीं है।

(d) A student is doing experiment because he wants to impress his teacher. / एक विद्यार्थी इसलिए प्रयोग कर रही है क्योंकि वह अपने अध्यापक को प्रभावित करना चाहती है।

6. Children's intrinsic motivation to learn is increased when- / बच्चे पढ़ाई के लिए आंतरिक रूप से अभिप्रेरित होते हैं जब-

CTET PAPER 2 [22nd Dec 2021]

(a) learning is centred around rewards and punishment. / दण्ड और पुरूस्कार पर बल दिया जाता है।

(b) learning strategies focus on mere memorization and recall. / पाठन में केवल स्मृति और पुनरावृति पर जोर दिया जाता है।

(c) their learning environment fosters their sense of belonging and agency. / उनका शैक्षणिक वातावरण उनमें अपनत्व का भाव उनकी क्रियाशक्ति में तीव्रता लाता है।

(d) the teachers encourage obedience and adopt standardized methods of assessment. / शिक्षक उन्हें आज्ञा पालन के लिए उत्साहित करते हैं और उच्च स्तरीय मापदण्डों पर उनका आकलन करते हैं।

7. Which of the following kind of goal setting will intrinsically motivate students for learning? / निम्न में से किस तरह का लक्ष्य - निर्धारण विद्यार्थियों को अधिगम के लिए आंतरिक प्रेरणा देगा?

CTET Paper 2 [23rd Dec 2021]

(a) Self-directed / स्वः निर्देशित

(b) Teacher-directed / अध्यापक - निर्देशित

(c) Parent-directed / अभिभावक - निर्देशित

(d) Peer-directed / सहपाठी - निर्देशित

8. Which of the following is an example of extrinsic motivation?/ निम्न में से कौन-सा बाह्य अभिप्रेरणा का एक उदाहरण है?

CTET PAPER 1 [3rd Jan 2022]

(a) While doing research, Arman consults various sources to be sure about his learnings. / अपने अधिगम को हढ़ करने के लिए, शोध करते समय अमन विभिन्न स्रोतों की सहायता लेता है।

(b) Rayon researches from many sources for a project to get a cash prize. / नकद इनाम पाने हेतु रेयान, एक परियोजना के लिए विभित्र स्रोतों से खोज करता है।

(c) To ensure self-satisfaction, Sitara takes regular feedback from her seniors. / सितारा अपने स्व-संतोषण के लिए अपने से बड़ों से नियमित तौर पर प्रतिपुष्टि लेती है।

(d) For personal interest and to improve his capabilities, Kulmeet practices the task regularly. / अपनी व्यक्तिगत अभिरुचि एवं अपनी क्षमताओं को बढ़ाने के लिए कुलमीत क्रियाकलाप का नियमित रूप से अभ्यास करता है।

9. Which of the following is not an example of extrinsic motivation? / निम्नलिखित में से कौन-सा बाह्य अभिप्रेरणा का उदाहरण नहीं है?

CTET PAPER 1 [8th Jan 2022]

(a) Doing homework to avoid punishment / दंड से बचने के लिए गृहकार्य करना।

(b) Joining debate society to gain knowledge / ज्ञान प्राप्त करने के लिए वाद-विवाद समूह में शामिल होना।

(c) Learning chess to win a competition / प्रतियोगिता जीतने के लिए शतरंज सीखना।

(d) Participation in dance to impress peers / साथियों को प्रभावित करने के लिए नृत्य में भाग लेना।

10. Which of the following strategy by teacher is most effective in keeping students continually motivated to learn: / निम्नलिखित में से कौन-सी योजना विद्यार्थियों को सीखने के लिए निरंतर अभिप्रेरित रखने में सबसे ज़्यादा मददगार है?

CTET PAPER 1 [31th Dec 2021]

(a) inculcating incremental belief about ability among students. / विद्यार्थियों में योग्यता की संवृद्धिक धारणा विकसित करना।
(b) frequent distribution of rewards and inculcation of competition among students. / इनामों का निरंतर वितरण और छात्रों में प्रतिस्पर्द्धा को बढ़ावा देना।
(c) attributing uncontrollable factors to failure. / असफलता को अनियंत्रित कारकों पर प्रतिपादित करना।
(d) promoting performance oriented goals among students. / विद्यार्थियों में प्रदर्शन-अभिमुखी लक्ष्यों को बढ़ावा देना।

11. Which of the following is an example of intrinsic motivation? / निम्नलिखित में से कौन-सा आंतरिक प्रेरणा का उदाहरण है?

CTET PAPER 1[4th Jan 2022]

(a) learning a new language out of interest / रूचि के कारण एक नई भाषा सीखना।
(b) drawing a picture to win a cash prize / नकद इनाम जीतने के लिए चित्रकारी करना।
(c) participating in a sport to win an award / पुरस्कार जीतने के लिए किसी खेल में भाग लेना।
(d) studying to get praise of parents / माता-पिता की प्रशंसा पाने के लिए पढ़ाई करना।

12. Which of the following statement is an example of Intrinsic motivation? / निम्नलिखित में से कौन सा कथन आंतरिक प्रेरणा का उदाहरण है?

CTET PAPER 1 [6th Jan 2022]

(a) I should study because it is important to understand the concept. / मुझे पढ़ाई करनी चाहिए क्योंकि यह संप्रत्यय की समझ बनाने के लिए जरूरी है।
(b) I should study to avoid the punishment by teacher. / मुझे शिक्षक द्वरा दंड से बचने के लिए अध्ययन करना चाहिए।
(c) I should study to gain first position in the competition. / मुझे प्रतियोगिता में प्रथम स्थान प्राप्त करने के लिए अध्ययन करना चाहिए।
(d) I should study to get praise and dominance over my peers. / मुझे अपने साथियों से प्रशंसा और प्रभुत्व प्राप्त करने के लिए अध्ययन करना चाहिए।

13. Which type of motivation is associated with activities that are enjoyable or satisfying in themselves? / किस प्रकार की प्रेरणा उन गतिविधियों से जुड़ी है, जो अपनेआप में आनंदायक व संतोषजनक है?

CTET PAPER 1 [21th Dec 2021]

(a) Intrinsic motivation / आंतरिक अभिप्रेरण
(b) Trait motivation / गुण विषयक अभिप्रेरणा
(c) Extrinsic motivation / बाह्य अभिप्रेरणा
(d) State motivation / स्थिति विषयक अभिप्रेरण

14. What should a teacher tell her students to encourage them to be intrinsically motivated for tasks? / किसी अध्यापक को अपने विद्यार्थियों को किसी कार्य के लिए आंतरिक रूप से प्रेरित करने के लिए क्या कहकर प्रोत्साहित करना चाहिए?

CTET PAPER 1 [22th Dec 2021]

(a) The students who finishes first will get 5 stars. / जो विद्यार्थी सबसे पहले कार्य खत्म कर लेंगे उन्हें पांच सितारे मिलेंगे।
(b) Let me see who finishes first] who is the smartest. / मैं देखती हूं कि कौन प्रथम आताधआती है? कौन सबसे अधिक स्मार्ट है?

(c) Working on this is so interesting- Let's see what all we can learn in this activity. / इस पर काम करना कितना मजेदार है। चलो देखते हैं कि हम इस गतिविधि से क्या-क्या सीख सकते हैं।

(d) Those who do not finish quickly will not go out and play the games period. / वे विद्यार्थी जो जल्दी इस काम को पूरा नहीं करते हैं, उन्हें खेल के सत्र में खेलने नहीं जाने दूंगी।

15. During the lockdown due to COVID-19 pandemic, Rohini likes to read the story books her elder sister had without any promting from anybody. Rohini is a- / कोविड-19 महामारी में तालाबंदी के दौरान बिना किसी के बढ़ावा दिए ही, रोहिनी अपनी बड़ी बहन के पास मौजूद कहानियों की पुस्तकों को पढ़ना पसंद करती है। रोहिनी एक:

CTET PAPER 1 [23th Dec 2021]

(a) Competitive learner / प्रतियोगात्मक अधिगमकर्ता है।

(b) Intrinsically motivated learner / स्वः प्रेरित अधिगमकर्ता है।

(c) Performance-oriented learner / प्रदर्शन अभिमुखी अधिगमकर्ता है।

(d) Extrinsically motivated learner / बाह्य प्रेरित अधिगमकर्ता है।

ANSWER KEY

1.	C	2.	A	3.	D	4.	B	5.	B	6.	C	7.	A
8.	B	9.	B	10.	A	11.	A	12.	A	13.	A	14.	C
15.	B												

20 EDUCATION POLICIES & COMMISSION
शैक्षिक नीतियाँ एवं आयोग

NEP - 2020

- NEP 2020 is the third education policy in the history of independent India after the policy of 1968 and the second policy of 1986. / NEP 2020 स्वतंत्र भारत के इतिहास में 1968 की नीति और 1986 की दूसरी नीति के बाद तीसरी शिक्षा नीति है।
- NEP 2020 was drafted by the committee headed by former ISRO Chairman K. Kasturirangan. / NEP 2020 का मसौदा इसरो के पूर्व अध्यक्ष के. कस्तूरीरंगन की अध्यक्षता वाली समिति द्वारा तैयार किया गया था।
- This National Education Policy 2020 is the first education policy of the 21st century and aims to address the many growing developmental imperatives of our country. This policy replaced the 34-year-old National Policy on Education (NPE), 1986. / राष्ट्रीय शिक्षा नीति 2020, 21वीं सदी की पहली शिक्षा नीति है और इसका उद्देश्य हमारे देश की कई बढ़ती विकासात्मक अनिवार्यताओं को संबोधित करना है। इस नीति ने 34 वर्षीय राष्ट्रीय शिक्षा नीति (NPE), 1986 का स्थान लिया है।
- As per NPE 2020, learning should be holistic, integrated, enjoyable, and engaging. Therefore, the current 10+2 system is to be replaced by a four-stage 5+3+3+4 structure. / एनपीई 2020 के अनुसार, सीखना समग्र, एकीग्त, सुखद और आकर्षक होना चाहिए। इसलिए, वर्तमान 10 + 2 प्रणाली को चार-चरण 5 + 3 + 3 + 4 संरचना द्वारा प्रतिस्थापित किया जाना है।
- **Education Policy** lays particular emphasis on the development of the creative potential of each individual. It is based on the principle that education must develop not only cognitive capacities - both the 'foundational capacities 'of literacy and numeracy and 'higher-order' cognitive capacities, such as critical thinking and problem solving – but also social, ethical, and emotional capacities and dispositions. / **शिक्षा नीति** प्रत्येक व्यक्ति की सृजनात्मक क्षमता के विकास पर विशेष बल देती है। यह इस सिद्धांत पर आधारित है कि शिक्षा को न केवल संज्ञानात्मक क्षमताओं– दोनों 'साक्षरता और संख्यात्मकता और 'उच्च-क्रम' संज्ञानात्मक क्षमताओं की 'मूलभूत क्षमताएं' जैसे कि आलोचनात्मक चिन्तन और समस्या समाधान को विकसित करना चाहिए बल्कि सामाजिक, नैतिक और भावनात्मक क्षमताओं और स्वभावों को भी विकसित करना चाहिए।
- National Education Policy 2020 lays emphasis on **conceptual understanding** and **improving educational outcomes** so that children can implement the acquired knowledge and skills in real-life. / राष्ट्रीय शिक्षा नीति 2020 वैचारिक समझ और शैक्षिक परिणामों में सुधार पर जोर देती है ताकि बच्चे अर्जित ज्ञान और कौशल को वास्तविक जीवन में लागू कर सकें।

- The examinations will be more focused to test the **core competencies** of learners rather than the memorized knowledge and facts. / परीक्षार्थी याद किए गए ज्ञान और तथ्यों के बजाय शिक्षार्थियों की मुख्य दक्षताओं का परीक्षण करने के लिए अधिक केंद्रित होंगे।

Reforms of NEP 2020 include / NEP 2020 के सुधारों में निम्न शामिल हैं

- Equitable and inclusive education - Special emphasis is given to Socially and Economically Disadvantaged Groups (SDGs)./ समान और समावेशी शिक्षा - सामाजिक और आर्थिक रूप से वंचित समूहों (SDG) पर विशेष जोर दिया जाता है।
- Ensuring Universal Access at All Levels of schooling from pre-primary school to Grade 12. / पूर्व-प्राथमिक विद्यालय से कक्षा 12 तक स्कूली शिक्षा के सभी स्तरों पर सार्वभौमिक पहुँच सुनिश्चित करना।
- New Curricular and Pedagogical Structure (5+3+3+4)./ नई पाठ्यचर्या और शैक्षणिक संरचना (5+3+3+4)।
- Setting up of State School Standards Authority (SSSA)./ राज्य स्कूल मानक प्राधिकरण (SSSA) की स्थापना।

Curricular and pedagogical structure / शिक्षा की पाठ्यचर्या और शैक्षणिक संरचना

- The curricular and pedagogical structure of school education will be reconfigured to make it responsive and relevant to the developmental needs and interests of learners at different stages of their development, corresponding to the age ranges of 3-8, 8-11, 11-14, and 14-18 years, respectively. / स्कूली शिक्षा की पाठ्यचर्या और शैक्षणिक संरचना को उनके विकास के विभिन्न चरणों में शिक्षार्थियों की विकास संबंधी आवश्यकताओं और हितों के प्रति संवेदनशील और प्रासंगिक बनाने के लिए पुनर्गठित किया जाएगा, जो 3-8, 8-11, 11-14 की आयु सीमा के अनुसार है। और क्रमश: 14-18 साल।
- The curricular and pedagogical structure and the curricular framework for school education will therefore be guided by a 5+3+3+4 design, consisting of the:/ पाठकीय और शैक्षणिक संरचना और स्कूली शिक्षा के लिए पाठ्यक्रम ढाँचे को 5 + 3 + 3 + 4 डिजाइन द्वारा निर्देशित किया जाएगा, जिसमें निम्न शामिल हैं:

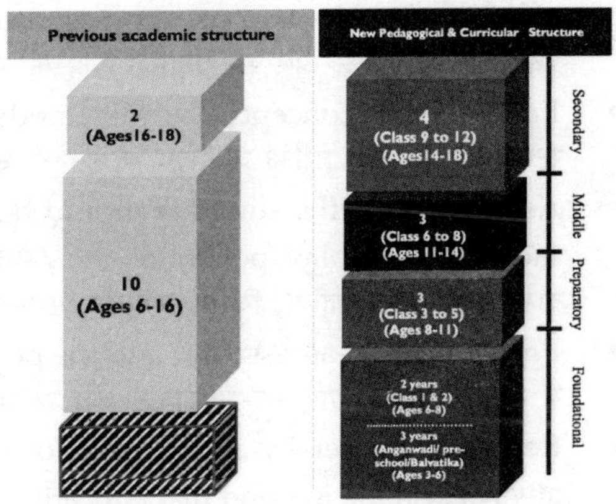

- **Foundational (3 years of preschool + Grades 1-2):** The Foundational Stage will consist of play/ activity-based learning. It will also include a focus on good behavior, courtesy, ethics, personal and public hygiene/cleanliness, teamwork, cooperation, etc. / **बुनियादी (पूर्वस्कूली के 3 साल + कक्षा 1-2):** बुनियादी चरण में खेल/गतिविधि-आधारित शिक्षा शामिल होगी। इसमें अच्छे व्यवहार, शिष्टाचार, नैतिकता, व्यक्तिगत और सार्वजनिक स्वच्छता/स्वास्थ्य, समूह कार्य, सहयोग आदि पर ध्यान देना भी शामिल होगा
- **Preparatory Grades 3- 5:** The Preparatory Stage will transition gradually from play-based learning to more formal but interactive classroom learning, with the introduction of some (light) textbooks, in order to lay a solid groundwork across subjects, including reading, writing, speaking, physical education, art, languages, science, and mathematics./ **आरंभिक स्तर 3-5):** आरंभिक स्तर धीरे-धीरे खेल-आधारित शिक्षा से अधिक औपचारिक लेकिन संवादात्मक कक्षा शिक्षण में परिवर्तित हो जाएगा, जिसमें कुछ (हल्की) पाठ्यपुस्तकें शामिल होंगी, ताकि पढ़ने सहित सभी विषयों जैसे लेखन, बोलना, शारीरिक शिक्षा, कला, भाषा, विज्ञान और गणित पर एक मूर्त आधार तैयार किया जा सके।

- **Middle Grades 6-8:** The Middle Stage will see the introduction of subject teachers for learning/ discussion of the more abstract concepts in each subject that students will be ready for at this stage, across the sciences, mathematics, arts, social sciences, and humanities. / **मध्य कक्षा 6-8:** मध्य चरण में प्रत्येक विषय में अधिक अमूर्त अवधारणाओं के सीखने/चर्चा के लिए विषय शिक्षकों की शुरूआत देखी जाएगी, जिसके लिए छात्र इस स्तर पर विज्ञान, गणित, कला, सामाजिक और मानविकी क्षेत्र में तैयार होंगे।
- **High school Grades 9-12** in two phases, i.e. 9 and 10 in the first and 11 and 12 in the second) stages respectively, with an option of exiting at Class 10 and re-entering in the next phase:- The High School (or Secondary) Stage will comprise of four years of multidisciplinary study, building on the subject-oriented pedagogical and curricular style of the Middle Stage, but with greater depth, greater critical thinking, greater attention to life aspirations, and greater flexibility and student choice./ **हाई स्कूल कक्षा 9-12** दो चरणों में, अर्थात पहले में 9 और 10 और दूसरे में 11 और 12) चरण, कक्षा 10 से बाहर निकलने और अगले चरण में फिर से प्रवेश करने के विकल्प के साथः- हाई स्कूल (या माध्यमिक) चरण में चार साल का बहु-विषयक अध्ययन शामिल होगा, मध्य चरण की विषय - उन्मुख शैक्षणिक और पाठ्यचर्या शैली पर निर्माण, लेकिन अधिक गहनता के साथ, अधिक महत्वपूर्ण सोच, जीवन की आकांक्षाओं पर अधिक ध्यान, और अधिक लचीलापन और छात्र की पसंद।

Fundamental principles of the NEP 2020 / NEP 2020 के मौलिक सिद्धांत

Full equity and inclusion as the cornerstone of all educational decisions to ensure that all students are able to thrive in the education system./यह सुनिश्चित करने के लिए कि सभी छात्र शिक्षा प्रणाली में आगे बढ़ने में सक्षम हैं, सभी शैक्षिक निर्णयों की आधारशिला के रूप में पूर्ण निष्पक्षता एवं समावेशन करना।

- It includes the overall development of the leader, it covers all three aspects as Cognitive domain, affective domain, and psychomotor domain. / इसमें नेता का समग्र विकास शामिल है, इसमें संज्ञानात्मक पक्ष, भावात्मक पक्ष और संवेदीगामक पक्ष के रूप में सभी तीन पहलू शामिल हैं
- Emphasis on conceptual understanding rather than rote learning and learning-for-exams. / रटकर सीखने और परीक्षा के लिए सीखने के बजाय वैचारिक समझ पर जोर दें।
- Assessment of the students should be done by using different methods, by different activities including role play, portfolios, etc./छात्रों का मूल्यांकन विभिन्न विधियों का उपयोग करके, विभिन्न गतिविधियों द्वारा किया जाना चाहिए, जिसमें भूमिका निभाना, पोर्टफोलियो आदि शामिल हैं।
- Promoting self-assessment and the peer assessment done by the student in the classroom. / कक्षा में छात्र द्वारा किए गए स्व-मूल्यांकन और सहयोगी मूल्यांकन को बढ़ावा देना।
- Respect for diversity and respect for the local context in all curriculum, pedagogy, and policy, always keeping in mind that education is a concurrent subject. / विविधता का सम्मान और सभी पाठ्यक्रम, शिक्षाशास्त्र और नीति में स्थानीय संदर्भ के लिए सम्मान, हमेशा ध्यान में रखते हुए कि शिक्षा एक समवर्ती विषय है।
- Establishment of the linkage of the concepts with the environment or we can say that the linkage of the school with the home./ संकल्पनाओं का पर्यावरण के साथ जुड़ाव स्थापित करना या हम कह सकते हैं कि विद्यालय का घर से जुड़ाव स्थापित करना है।
- Promoting multilingualism and the power of language in teaching and learning. /बहुभाषावाद और शिक्षण और सीखने में भाषा की शक्ति को बढ़ावा देना।
- Creativity and critical thinking encourage logical decision-making and innovation. / रचनात्मकता और आलोचनात्मक चिंतन तार्किक निर्णय लेने और नवाचार को प्रोत्साहित करते हैं।
- It emphasizes group work as well as individual work, NEP 2020 links the study to the curriculum. / यह समूह के काम के साथ-साथ व्यक्तिगत काम पर जोर देता है, एनईपी 2020 अध्ययन को पाठ्यचर्या से जोड़ता है।

Progress Card / प्रगति कार्ड

The progress card of all students for school-based assessment, which is communicated by schools to parents, will be completely redesigned by States/UTs under guidance from the proposed National Assessment Centre, NCERT, and SCERTs. / स्कूल-आधारित मूल्यांकन के लिए सभी छात्रों के प्रगति कार्ड, जिससे स्कूलों द्वारा अभिभावकों को सूचित किया जाता है, को प्रस्तावित राष्ट्रीय मूल्यांकन केंद्र, NCERT और SCERT के मार्गदर्शन में राज्यों / केंद्रशासित प्रदेशों द्वारा पूरी तरह से नया रूप दिया जाएगा।

- The progress card will be a holistic, 360-degree, multidimensional report that reflects in great detail the progress as well as the uniqueness of each learner in the cognitive, affective, and psychomotor domains. / प्रगति कार्ड एक समग्र, 360-डिग्री, बहुआयामी रिपोर्ट होगी जो संज्ञानात्मक, भावात्मक और मनोप्रेरणा क्षेत्र में प्रत्येक शिक्षार्थी की प्रगति के साथ-साथ विशिष्टता को बहुत विस्तार से दर्शाती है।
- It will include self-assessment and peer assessment, and progress of the child in project-based and inquiry-based learning, quizzes, role plays, group work, portfolios, etc., along with teacher assessment. / इसमें शिक्षक मूल्यांकन के साथ स्व-मूल्यांकन और सहकर्मी मूल्यांकन, और परियोजना-आधारित और पूछताछ-आधारित अधिगम, प्रश्नोत्तरी, भूमिका निर्वहन, समूह कार्य, पोर्टफोलियो इत्यादि में बच्चे की प्रगति शामिल होगी।
- The holistic progress card will form an important link between home and school and will be accompanied by parent-teacher meetings in order to actively involve parents in their children's holistic education and development./समग्र प्रगति कार्ड घर और स्कूल के बीच एक महत्वपूर्ण कड़ी का निर्माण करेगा और माता-पिता-शिक्षक बैठकों के साथ होगा ताकि माता-पिता अपने बच्चों की समग्र शिक्षा और विकास में सक्रिय रूप से शामिल हो सकें।
- NPE 2020 does not focus on summative assessment rather it focuses on continuous and comprehensive assessment. / NPE 2020 योगात्मक आकलन पर ध्यान केंद्रित नहीं करती है बल्कि यह सतत और व्यापक मूल्यांकन पर केंद्रित है।
- Under NEP 2020, PARAKH is a new national assessment platform. It will assess students' learning and help them to analyze their strengths, weaknesses, gaps, and potential. / NEP 2020 के तहत, PARAKH (परख) एक नया राष्ट्रीय आकलन मंच है। यह छात्रों के अधिगम का आकलन करेगा और उनकी क्षमताओं, कमजोरियों, अंतरालों और क्षमताओं का विश्लेषण करने में उनकी मदद करेग
- **PARAKH (Performance Assessment, Review and Analysis of Knowledge for Holistic Development)**
- **Flexible curricular structures**: It will enable creative combinations of disciplines for study and would offer multiple entries and exit points, thus removing currently prevalent rigid boundaries and creating new possibilities for life-long learning./ **लचीली पाठ्यचर्या संरचनाएं**: लचीली पाठ्यचर्या संरचनाएं अध्ययन के लिए विषयों के रचनात्मक संयोजन को सक्षम करेंगी और कई प्रविष्टियां और निकास बिंदु प्रदान करेंगी, इस प्रकार वर्तमान में प्रचलित कठोर सीमाओं को हटाकर जीवन भर सीखने की नई संभावनाएं पैदा करेंगी।
- The aim of equity and inclusion is now at the heart of the new NEP so the classroom should be inclusive./ समानता और समावेशन का उद्देश्य अब नए छम्न्च के केंद्र में है, इसलिए कक्षा को समावेशी होना चाहिए।
- Exposure to vocational education in school and higher education system./ स्कूल और उच्च शिक्षा प्रणाली में व्यावसायिक शिक्षा तक पहुँच।
- Focus on Formative and Diagnostic Assessment./ रचनात्मक और निदानात्मक आकलन पर ध्यान दें।
- Setting up multidisciplinary education and research universities (MERUs). / बहु-विषयक शिक्षा और अनुसंधान विश्वविद्यालयों (MERUs) की स्थापना।
- Setting up of National Research Foundation (NRF)./ राष्ट्रीय अनुसंधान संस्थान (NRF) की स्थापना।

- Multidisciplinary approach and focus on creative and divergent thinking. / बहु-विषयक दृष्टिकोण और रचनात्मक और अपसारी सोच पर ध्यान केंद्रित करना।
- A National Educational Technology Forum (NETF) has been created where the e-courses will be developed in regional languages and virtual labs will be developed. / एक राष्ट्रीय शैक्षिक प्रौद्योगिकी मंच (NETF) बनाया गया है जहां क्षेत्रीय भाषाओं में ई-पाठ्यक्रम विकसित किए जाएंगे और आभासी प्रयोगशालाएं विकसित की जाएंगी।
- Thus we can consider that holistic development, experimental learning, reduction in curriculum content, and multilingualism are the main features of the NEP 2020./ अतः, हम विचार कर सकते हैं कि समग्र विकास, अनुभवात्मक शिक्षा, पाठ्यचर्या विषयवस्तु में कटौती, और बहुभाषावाद NEP 2020 की मुख्य विशेषताएं हैं।
- FLN refers to Foundational Literacy and Numeracy which is the highest priority of National Education Policy 2020. The National Education Policy 2020 states that "Our highest priority must be to achieve universal foundational literacy and numeracy (FLN) in primary school and beyond by 2025. / FLN फाउंडेशनल लिटरेसी एंड न्यूमेरसी को संदर्भित करता है जो राष्ट्रीय शिक्षा नीति 2020 की सर्वोच्च प्राथमिकता है। राष्ट्रीय शिक्षा नीति 2020 में कहा गया है कि "हमारी सर्वोच्च प्राथमिकता 2025 तक प्राथमिक विद्यालय और उसके बाद सार्वभौमिक मूलभूत साक्षरता और संख्यात्मकता (FLN) प्राप्त करना है।
- The Education system aims to achieve Foundational Literacy and Numeracy by 2026-27, where, by Grade 3 every child can Read with Comprehension, Write, Basic Mathematical Operations, and Learn basic life skills. / शिक्षा प्रणाली का लक्ष्य 2026-27 तक आधारभूत साक्षरता और अंकज्ञान प्राप्त करना है, जहां ग्रेड 3 तक हर बच्चा पाठ बोधन कर सकता है, लिख सकता है, बुनियादी गणितीय संक्रिया कर सकता है और बुनियादी जीवन कौशल सीख सकता है।

RTE - 2009

R.T.E. 2009 (The Right of Children to Free and Compulsory Education Act 2009) / R.T.E. 2009 (निःशुल्क एवं अनिवार्य बाल शिक्षा का अधिकार अधिनियम 2009)

Objective / Aim: Providing free and compulsory education to children from 6 to 14 years of age. & Universalisation of Education. / **उद्देश्य/उद्देश्य:** 6 से 14 वर्ष की आयु के बच्चों को निःशुल्क एवं अनिवार्य शिक्षा प्रदान करना। और शिक्षा का सार्वभौमीकरण।

- **Passed from Rajaya sabha:** 20 July 2009 / **राज्य सभा से पारित:** 20 जुलाई 2009
- **Passed from LokSabha:** 04 August 2009 / **लोकसभा से पारित:** 04 अगस्त 2009
- **Signatured by President:** 26 August 2009 / **राष्ट्रपति द्वारा हस्ताक्षरित:** 26 अगस्त 2009
- **Enforcement/implemented all over India from:** 01 April 2010 (Except was:- Jammu & Kashmir) / **प्रवर्तन / पूरे भारत में लागू किया गया:** 01 अप्रैल 2010 से (सिवाय था: जम्मू और कश्मीर)
- **President :** Smt. Pratibha Devi singh Patil / **राष्ट्रपति:** श्रीमती प्रतिभा देवी सिंह पाटिल
- **PrimeMinister:** Shri Manmohan Singh / **प्रधान मंत्री:** श्री मनमोहन सिंह
- **HRD Minister:** Kapil Sibbal / **मानव संसाधन विकास मंत्री:** कपिल सिब्बल
- **Classified:** in 1 Schedule, 7 chapter, & 38 sections. / वर्गीगत किया गया: 1 अनुसूची, 7 अध्याय और 38 धारा / अनुच्छेदों में।
- India has become the 135th country to implement RTE. / भारत आरटीई लागू करने वाला 135वां देश बन गया है।

Chapter 1 / अध्याय 1

Preliminary (Section 1 & 2) / प्रारंभिक (धारा 1 और 2)

- **Section / Article 01:** The section mentions the name of the Act "Right of Children to Free and Compulsory Education Act, 2009." / **धारा/अनुच्छेद 01:** अनुभाग में अधिनियम के नाम का उल्लेख है "बच्चों का नि:शुल्क और अनिवार्य शिक्षा का अधिकार अधिनियम, 2009।"
- The Act will not be applicable to Vedic schools, Madarsas, Christian missionaries and religious educational institutions. / यह अधिनियम वैदिक स्कूलों, मदरसों, ईसाई मिशनरियों और धार्मिक शिक्षण संस्थानों पर लागू नहीं होगा।
- The implementation of the Act is also described in this Section. / इस धारा में अधिनियम के कार्यान्वयन का भी वर्णन किया गया है।
- **Section/Article 02:** Definition of Various terminology like: Appropriate Government, Children, Weaker Sections, Elementary Education, Disadvantage Child, Schools, National Commission for Child Protection, Monitoring Process, Local Bodies / **धारा/अनुच्छेद 02:** विभिन्न शब्दावली की परिभाषा जैसे: समुचित.सरकार, बच्चे, कमजोर वर्ग, प्रारंभिक शिक्षा, अलाभान्वित / वंचित बालक, विद्यालय, राष्ट्रीय बाल संरक्षण आयोग, निगरानी प्रक्रिया, स्थानीय निकाय आदि की परिभाषा।

  (a) **Appropriate Government:** Means, State govt, Central Govt, & State Governments of Union Territories with Assemblies (like Delhi, puducheri) / **समुचित सरकार:** का अर्थ है, राज्य सरकार, केंद्र सरकार, और विधानसभाओं के साथ केंद्र शासित प्रदेशों की राज्य सरकारें (जैसे दिल्ली, पुडुचेरी)

  (b) **Children:** Means Every child (Boy&girl) from 6 to 14 years of age. / **बालक:** का अर्थ है 6 से 14 वर्ष की आयु का प्रत्येक बच्चा (लड़का और लड़की।

  (c) **Weaker Sections:** Means Children whose parents annual income of is Less than Rs. 2.50 lakh or less than the income notified by the appropriate government. / **दुर्बल वर्ग:** का अर्थ ऐसे बच्चे हैं जिनके माता-पिता की वार्षिक आय रुपये से कम है। 2.50 लाख या उपयुक्त सरकार द्वारा अधि सूचित आय से कम।

  (d) **Elementary Education:** Means Education from class 1 to class 8. / **प्रारंभिक शिक्षा:** का अर्थ कक्षा 1 से कक्षा 8 तक की शिक्षा से है।

  (e) **Disadvantage Child:** Means The child who S.C,S.T. O.B.C. Belongs to class, orphans Children, children whose parents suffer from cancer, HIV, etc. / **अलाभान्वित बालक:** का अर्थ है वह बच्चा जो एस.सी. एस.टी. ओ.बी.सी. वर्ग से संबंधित, अनाथ बच्चे, वे बच्चे जिनके माता-पिता कैंसर, एचआईवी आदि से पीड़ित हैं।

  (f) **Schools:** Schools from 1 to 8 are Classified in 4 categories.- 1) Government Schools 2) Aided Schools, 3) Private Schools 4) Special Schools (KVS,NVS, National military schools) / **विद्यालय:** 1 से 8 तक के स्कूल 4 श्रेणियों में वर्गीगत हैं।- 1) सरकारी स्कूल 2) सहायता प्राप्त स्कूल, 3) निजी स्कूल 4) विशेष स्कूल (केवीएस, एनवीएस, राष्ट्रीय सैन्य स्कूल)

  (g) **National Commission for Child Protection:** National Commission constituted under Section 3 of the Commission for Protection of Child Rights Act, 2005 (State commission constituted under Section 17 of the Commission for Protection of Child Rights Act, 2005) / **राष्ट्रीय बाल संरक्षण आयोग:** राष्ट्रीय बाल अधिकार संरक्षण आयोग अधिनियम, 2005 की धारा 3 के तहत गठित (राज्य आयोग बाल अधिकार संरक्षण आयोग अधिनियम, 2005 की धारा 17 के तहत गठित)

Chapter : 2 / अध्याय: 2

Right to Free & Compulsory Education (From Section 03 to 05) / मुफ्त और अनिवार्य शिक्षा का अधिकार (धारा 03 से 05 तक)

- **Section /Article 03:** Children in the age group of 6 to 14 years will have the right to free and compulsory education. / **धारा/अनुच्छेद 03:** आर.टी.ई. 2009 (बच्चों का मुफ्त और अनिवार्य शिक्षा का अधि कार अधिनियम 2009)
- **Section 04:** Children outside the school who are unenrolled will be admitted to the appropriate class as per their age and the previous education will be completed in the same year in a "proper manner". E.g.: Children in the age group of 10 years will be admitted in Class 5. (Because in class1 admission begin with age of 6 years.) / **धारा 04:** विद्यालय से बाहर के जिन बच्चों का नामांकन नहीं हुआ है, उन्हें उनकी आयु के अनुसार उपयुक्त कक्षा में प्रवेश दिया जायेगा और पूर्व की शिक्षा उसी वर्ष "उचित तरीके से" पूर्ण कर ली जायेगी। उदाहरण: 10 वर्ष की आयु के बच्चों को कक्षा 5 में प्रवेश दिया जाएगा (क्योकि कक्षा 1 में प्रवेश 6 वर्ष की आयु से शुरू होता है।)
- **Section 05:** When the children leave school, they will have to give transfer certificate Immediately and the Principal will be the responsibility for it. / **धारा 05:** जब बच्चे विद्यालय छोड़ते हैं तो उन्हें तत्काल स्थानांतरण प्रमाण पत्र देना होगा और इसकी जिम्मेदारी प्रधानाध्यापक की होगी।

Chapter: 3 / अध्याय: 3

Duties of Appropriate Government, local Authorities and Parents (Section 6 to 11) / उपयुक्त सरकार, स्थानीय अधिकारियों और माता-पिता के कर्तव्य (धारा 6 से 11)

- **Section 06:** Within 3 years of the enactment of the Act, the appropriate Government and local authorities will set up the school within their jurisdiction. / **धारा 06:** अधिनियम के लागू होने के 3 साल के भीतर, उपयुक्त सरकार और स्थानीय प्राधिकरण अपने अधिकार क्षेत्र में स्कूल स्थापित करेंगे।
- Primary schools will be set up within 1 km and upper primary schools within 3 km. / प्राथमिक विद्यालय 1 किमी के भीतर और उच्च प्राथमिक विद्यालय 2 किमी के भीतर स्थापित किए जाएंगे।
- **Section 07:** There is a mention of expenditure of the State and Central Governments. The ratio expenditure of Central and State Governments with effect from 1st April 2018 is 60:40 respectively. / **धारा 07:** इसमें राज्य व केन्द्र सरकार के व्यय का उल्लेख है। 1 अप्रैल 2018 से केंद्र और राज्य सरकारों का अनुपात व्यय क्रमश: 60:40 है।
- The ratio of expenditure of Centre and States for North Eastern States (including Uttarakhand and Himachal Pradesh) will be 90:10 respectively. / पूर्वोत्तर राज्यों (उत्तराखंड और हिमाचल प्रदेश सहित) के लिए केंद्र और राज्यों के व्यय का अनुपात क्रमश: 90:10 होगा।
- **Section 08:** Mention of duties of the appropriate Government. / **धारा 08:** समुचित सरकार के कर्तव्यों का उल्लेख।
- **Section 09:** Mention of duties of the Local Authorities. / **धारा 09:** स्थानीय अधिकारियों के कर्तव्यों का उल्लेख।
- **Section 10:** Duties of parents, parents and guardians. / **धारा 10:** माता-पिता, माता-पिता और अभिभावकों के कर्तव्य।
- **Section 11:** There is a provision by the Government to open Anganwadi and NandanGhars for pre-primary education. / **धारा 11:** सरकार द्वारा पूर्व प्राथमिक शिक्षा के लिए आंगनबाडी और नंदनघर खोलने का प्रावधान है।

Chapter 4 / अध्याय 4

Responsibilities of Schools & Teachers (Section 12 to 28) / स्कूलों और शिक्षकों की जिम्मेदारी (धारा 12 से 28)

- **Section 12:** 25% of the total seats in schools from class I to VIII will be reserved for poor, weaker sections, inconvenienced, deprived sections and disadvantaged children. (for free education) Their fees will be reimbursed by the appropriate government. / **धारा 12:** कक्षा एक से आठवीं तक के विद्यालयों में कुल सीटों का 25% गरीब, कमजोर वर्ग, असुविधा, वंचित वर्ग और वंचित बच्चों के लिए आरक्षित रहेगा। (मुफ्त शिक्षा के लिए) उनकी फीस की प्रतिपूर्ति उपयुक्त सरकार द्वारा की जाएगी।
- **Section 13:** No admission fee, capitation fee entrance test or screening test will be charged from any child and the monitoring process will be prohibited. / **धारा 13:** किसी भी बच्चे से कोई प्रवेश शुल्क, कैपिटेशन शुल्क प्रवेश परीक्षा या स्क्रीनिंग टेस्ट नहीं लिया जाएगा और निगरानी प्रक्रिया निषिद्ध होगी।
- There will be a fine of 10 times the fee charged for charging admission fee and a fine of Rs. 25,000 will be imposed on taking the entrance test. / प्रवेश शुल्क वसूलने पर लगने वाली फीस का 10 गुना जुर्माना और 10 हजार रुपये जुर्माना होगा। प्रवेश परीक्षा देने पर 25,000 रुपये का जुर्माना लगाया जाएगा।
- **Section 14:** Children will not be denied admission even if there is no birth certificate or age proof. / **धारा 14:** जन्म प्रमाण पत्र या आयु प्रमाण न होने पर भी बच्चों को प्रवेश से वंचित नहीं किया जाएगा।
- **Section 15:** The child will not be denied admission in the school after the scheduled date of admission and admission will be given from the scheduled date to 6 months (September 30) / **धारा 15:** प्रवेश की निर्धारित तिथि के पश्चात बच्चे को विद्यालय में प्रवेश से वंचित नहीं किया जायेगा तथा निर्धारित तिथि से 6 माह (30 सितम्बर) तक प्रवेश दिया जायेगा।
- **Section 16:** No child will be stopped in the same class till completion of elementary education (up to Class VIII), The Child will not be repeated in same class / the child will not fail, i.e., the interception process will be prohibited. (This is called the No Detention Policy) / **धारा 16:** प्रारंभिक शिक्षा (कक्षा आठ तक) पूर्ण होने तक एक ही कक्षा में किसी भी बच्चे को नहीं रोका जाएगा, उसी कक्षा में बच्चे की पुनरावृत्ति नहीं होगी/बच्चा अनुत्तीर्ण नहीं होगा, अर्थात अवरोधन प्रक्रिया निषिद्ध होगी। (इसे नो डिटेंशन पॉलिसी कहा जाता है)

  Note: Section 16 was amended by the Central Government on 3rd January, 2019, according to which, now if a child is showing very weak educational achievement, the child can be failed if considered appropriate by the State or school. (Changes in no detention policy) / **नोट:** 3 जनवरी 2019 को केंद्र सरकार द्वारा धारा 16 में संशोधन किया गया था, जिसके अनुसार अब यदि कोई बच्चा बहुत कमजोर शैक्षिक उपलब्धि दिखा रहा है, तो राज्य या स्कूल द्वारा उपयुक्त समझे जाने पर बच्चे को फेल किया जा सकता है। (नो डिटेंशन पॉलिसी में बदलाव)
- As per Section 16, without completing primary education, the child cannot be separated from the school or the name of the child cannot be deducted. / धारा 16 के अनुसार प्राथमिक शिक्षा पूरी किए बिना बच्चे को स्कूल से अलग नहीं किया जा सकता है या बच्चे का नाम नहीं काटा जा सकता है।
- **Section 17:** The child will not be physically punished, mentally harassed and addressed with abusive words and the child will not be intimidated. In doing so, disciplinary action will be taken against the teacher. / **धारा 17:** बालक को शारीरिक दण्ड नहीं दिया जायेगा, मानसिक प्रताड़ित नहीं किया जायेगा तथा अपशब्दों से संबोधित नहीं किया जायेगा तथा बालक को धमकाया नहीं जायेगा। ऐसा करने पर शिक्षक के खिलाफ अनुशासनात्मक कार्रवाई की जाएगी।

- **Section 18:** No school will be run without government recognition. Doing so will attract a fine of one lakh rupees. If a person is found doing so again, a fine of Rs. 10,000 per day will be imposed. / **धारा 18:** कोई भी विद्यालय बिना सरकारी मान्यता के नहीं चलेगा। ऐसा करने पर एक लाख रुपये का जुर्माना लगेगा। यदि कोई व्यक्ति दोबारा ऐसा करता पाया जाता है तो उस पर एक हजार रुपये का जुर्माना लगाया जाएगा। प्रति दिन 10,000 लगाया जाएगा।
- **Section 19:** School's Standards and Norms. / **धारा 19:** विद्यालय स्थापित करने के मानक और मानदंड।
- **Section 20:** Power of govt. to amend schedule. / **धारा 20:** सरकार की शक्ति, अनुसूची में संशोधन करना।
- **Section 21:** There is a provision for constitution of school management committee (S.M.C.) by the school. / **धारा 21:** विद्यालय द्वारा विद्यालय प्रबंधन समिति (एस.एम.सी.) के गठन का प्रावधान है। (उच्च प्राथमिक विद्यालयों के लिए)
- **Section 22:** There is a provision for constitution of School Development & Management Committee (S.D.M.C.) by the school. (For sr.sec. school) / **धारा 22:** विद्यालय द्वारा विद्यालय विकास एवं प्रबंधन समिति (एस.डी.एम.सी.) के गठन का प्रावधान है। (सीनियर सेकेंडरी स्कूल के लिए)
- **Section 23:** Qualifications for appointment of teachers are mentioned. / **धारा 23:** शिक्षकों की नियुक्ति के लिए योग्यता का उल्लेख किया गया है।
- **Section 24:** There is a mention of the duties of teachers and there is a mention of redressal of grievances. / **धारा 24:** इसमें शिक्षकों के कर्तव्यों का उल्लेख है और शिकायतों के निवारण का उल्लेख है।
- **Section 25:** It describes the ratio of student to teacher. The student :teacher ratio in primary schools will be 30:1 respectively and in upper primary schools the student : teacher ratio will be 35 :1 respectively. / **धारा 25:** इसमें छात्र और शिक्षक के अनुपात का वर्णन किया गया है। प्राथमिक विद्यालयों में छात्र-शिक्षक अनुपात क्रमश: 30:1 और उच्च प्राथमिक विद्यालयों में छात्र-शिक्षक अनुपात क्रमश: 35:1 होगा।
- Having more than 200 students, in addition to teachers, one principal will be separateive i.e. having 200 or more students, 5 teachers and 1 headmaster. / 200 से अधिक विद्यार्थी होने पर शिक्षकों के अतिरिक्त एक प्रधानाध्यापक पृथक अर्थात् 200 या अधिक विद्यार्थी, 5 शिक्षक तथा 1 प्रधानाध्यापक होगा।
- Minimum working day for primary teachers in a annual session (year): 200 days. (800 hours/ year. This includes Assembly preparation time). / वार्षिक सत्र (वर्ष) में प्राथमिक शिक्षकों के लिए न्यूनतम कार्य दिवस: 200 दिन। (800 घंटे / वर्ष। इसमें विधानसभा की तैयारी का समय शामिल है)।
- Minimum working day for upper primary teachers in a annual session (year): 220 days (1000hours/year. This includes Assembly / preparation time). / वार्षिक सत्र (वर्ष) में उच्च प्राथमिक शिक्षकों के लिए न्यूनतम कार्य दिवस: 220 दिन (1000 घंटे / वर्ष,। इसमें विधानसभा / तैयारी का समय शामिल है)।
- In primary and upper primary schools, it is mandatory for teachers to carry out 45 hours of teaching work per week, including preparation time. / प्राथमिक और उच्च प्राथमिक विद्यालयों में शिक्षकों के लिए तैयारी के समय सहित प्रति सप्ताह 45 घंटे का शिक्षण कार्य करना अनिवार्य है।
- **Section 26:** Any school can not have more than 10% of the total sanctioned posts vacant. / **धारा 26:** किसी भी विद्यालय में कुल स्वीकृत पदों के 10% से अधिक रिक्त नहीं हो सकते।
- **Section 27:** Teachers cannot be put on duty in any work other than the 10-year census, disaster relief work and election work. / **धारा 27:** शिक्षकों को 10 साल की जनगणना, आपदा राहत कार्य और चुनाव कार्य के अलावा किसी अन्य कार्य में ड्यूटी पर नहीं लगाया जा सकता है।
- **Section 28:** There is a provision for ban on private tuition by teachers. / **धारा 28:** शिक्षकों द्वारा निजी ट्यूशन पर रोक लगाने का प्रावधान है।

Chapter 5 / अध्याय 5

Completion of elementary education and its curriculum (Section: 29 to 30) / प्रारंभिक शिक्षा का समापन और उसका पाठ्यक्रम (धारा: 29 से 30)

- **Section 29:** Syllabus for elementary education and its evaluation process will have to be prepared on written information by the government. / **धारा 29:** प्रारंभिक शिक्षा का पाठ्यक्रम एवं उसकी मूल्यांकन प्रक्रिया शासन द्वारा लिखित सूचना पर तैयार करनी होगी।
- It is mandatory to complete elementary education and its course by the prescribed time / प्रारंभिक शिक्षा एवं उसके पाठ्यक्रम को निर्धारित समय तक पूर्ण करना अनिवार्य है
- **Section 30:** Examination and completion certificate. / **धारा 30:** परीक्षा और शिक्षा पूर्णता प्रमाण पत्र।
  (1) No child shall be required to pass any Board examination till completion of elementary education. / प्रारंभिक शिक्षा पूरी होने तक किसी भी बच्चे को बोर्ड परीक्षा उत्तीर्ण करने की आवश्यकता नहीं होगी।
  (2) Every child completing his elementary education shall be awarded a certificate, in such form and in such manner, as may be prescribed. / अपनी प्रारंभिक शिक्षा पूरी करने वाले प्रत्येक बच्चे को एक प्रमाण पत्र, ऐसे रूप में और इस तरह से दिया जाएगा, जैसा कि निर्धारित किया जा सकता है।
  (3) Under Section 30, it will be mandatory for the school and teachers to keep the child's learning record. / धारा 30 के तहत, स्कूल और शिक्षकों के लिए बच्चे के सीखने का रिकॉर्ड रखना अनिवार्य होगा।

Chapter 6 / अध्याय 6

Protection of rights of children (Section 31-34) / बच्चों के अधिकारों का संरक्षण (धारा 31-34)

- **Section 31:** Mention of State and National Child Protection Commission. / **धारा 31:** राज्य एवं राष्ट्रीय बाल संरक्षण आयोग का उल्लेख।
- **Section 32:** Provision for redressal of grievances of children and appeals in Child Protection Commission. / **धारा 32:** बच्चों की शिकायतों के निवारण एवं बाल संरक्षण आयोग में अपील का प्रावधान।
- **Section 33:** Constitution of National Advisory Council consisting of 15 members and headed by the Minister of Human Resource Development. (presently head: Ramesh Pokhariyal Nishank) / **धारा 33:** राष्ट्रीय सलाहकार परिषद का गठन जिसमें 15 सदस्य हों और जिसकी अध्यक्षता मानव संसाधन विकास मंत्री करें। (वर्तमान प्रधान: रमेश पोखरियाल निशंक)
- **Section 34:** Constitution of State Advisory Council consisting of 15 members and headed by the State's Education Minister. / **धारा 34:** राज्य के शिक्षा मंत्री की अध्यक्षता में 15 सदस्यों वाली राज्य सलाहकार परिषद का गठन।

Chapter 7 / अध्याय 7

Miscellaneous (Section 35 to 38) / विविध (धारा 35 से 38)

- **Section 35:** Proper government issued guidance principles from time to time. / **धारा 35:** उचित शासन द्वारा समय-समय पर दिशा-निर्देश सिद्धांत जारी किये जाएंगे।
- **Section 36:** Provision for obtaining permission from competent authority before proceeding with the offense punishable as per Section 13 18, 19. / **धारा 36:** धारा 13, 18, 19 के अनुसार दंडनीय अपराध पर कार्यवाही करने से पूर्व सक्षम प्राधिकारी से अनुमति प्राप्त करने का प्रावधान।
- **Section 37:** No suit can be filed in the court against the decision given by the central government, state government, local authority & SMC. / **धारा 37:** केंद्र सरकार, राज्य सरकार, स्थानीय प्राधिकरण और एसएमसी द्वारा दिए गए निर्णय के खिलाफ अदालत में कोई मुकदमा दायर नहीं किया जा सकता है।

- **Section 38:** The provision of implementing RTE by making rules by the appropriate government means that the state government can implement the RTE itself with some amendments keeping in mind its interests. / **धारा 38:** उपयुक्त सरकार द्वारा नियम बनाकर आरटीई को लागू करने के प्रावधान का अर्थ है कि राज्य सरकार अपने हितों को ध्यान में रखते हुए कुछ संशोधनों के साथ ही आरटीई को लागू कर सकती है।

  Note 01): In the new Education Policy 2020, RTE 2009 has been extended to children from 6 years to 18 years of age. That is, right to free and compulsory education act is implemented till class XII. / **नोट: 01)** नई शिक्षा नीति 2020 में आरटीई 2009 को 6 वर्ष से 18 वर्ष तक के बच्चों के लिए बढ़ा दिया गया है। यानी मुफ्त और अनिवार्य शिक्षा का अधिकार अधिनियम बारहवीं कक्षा तक लागू है।

  Note 02): The 86th Constitutional Amendment 2002 made education of children of class six to 14 years a legal right for the first time. & no.11th Fundamental duty also aded by 86th Constitutional Amendment. / **नोट 02):** 86वें संविधान संशोधन 2002 ने कक्षा छह से 14 वर्ष के बच्चों की शिक्षा को पहली बार कानूनी अधिकार बनाया। और सख्या 11वां मौलिक कर्तव्य भी 86वें संविधान संशोधन द्वारा जोड़ा गया।

  Note 03): India is the 135 order to implement the Aarti while the first country is Norway. / **नोट 03):** भारत आरती को लागू करने के लिए 135 वें स्थान पर है जबकि पहला देश नॉर्वे है।

  Note 04): RTE has been combined with Constitution's Article 21 to give it the form of Fundamental Rights by amend article 21. / **नोट 04):** आरटीई को संविधान के अनुच्छेद 21 के साथ जोड़कर इसे मौलिक अधिकारों का रूप देने के लिए अनुच्छेद 21 में संशोधन किया गया है।

  Note 05): Article 45 in The Constitution Of India Provision for free and compulsory education for children The State shall endeavour to provide, within a period of ten years from the commencement of this Constitution, for free and compulsory education for all children until they complete the age of fourteen years. / **नोट 05):** भारत के संविधान में अनुच्छेद 45 बच्चों के लिए नि:शुल्क और अनिवार्य शिक्षा का प्रावधान राज्य इस संविधान के प्रारंभ से दस वर्ष की अवधि के भीतर सभी बच्चों के लिए नि:शुल्क और अनिवार्य शिक्षा प्रदान करने का प्रयास करेगा जब तक कि वे चौदह वर्ष की आयु पूरी करें।

  Note 05): R.T.E 2009 Related with / Effected The fundamental duty of Part-4,, Article 45 and Fundamental Rights Article 21a. / **नोट 06):** R-T-E 2009 संबंधित / प्रभावित भाग-4 के मौलिक कर्तव्य, अनुच्छेद 45 और मौलिक अधिकार अनुच्छेद 21a।

NCF- 2005

National Curriculum Framework commonly known as 'NCF' is driven with the vision to address issues such as equality of opportunities, assessing learning, quality experiences, educational purposes, etc. / **राष्ट्रीय पाठ्यचर्या रूपरेखा** को आमतौर पर 'NCF' के रूप में जाना जाता है, जो अवसरों की समानता, सीखने के आकलन, गुणवत्ता के अनुभव, शैक्षिक उद्देश्यों आदि जैसे मुद्दों को संबोधित करने के लिए दृष्टि से संचालित किया जाता है।

The Ministry of Education had set up a National Advisory Committee, under the chairmanship of **Yash Pal Ji** to study the issue of overburdening of school children. The committee is also known as the Yash Pal Committee. / शिक्षा मंत्रालय ने स्कूली बच्चों पर अत्यधिक बोझ के मुद्दे का अध्ययन करने के लिए यशपाल जी की अध्यक्षता में एक राष्ट्रीय सलाहकार समिति का गठन किया था। समिति को यशपाल समिति के नाम से भी जाना जाता है।

- There are four NCFs published in India by NCERT, which include NCF 1975, NCF 1988, NCF 2000, and NCF 2005. / NCERT द्वारा भारत में चार NCF प्रकाशित किए गए हैं, जिनमें NCF 1975, NCF 1988, NCF 2000 और NCF 2005 शामिल हैं

- NCF 2005 has been translated into **22 languages** and has influenced the syllabus in 17 states. / एनसीएफ 2005 को 22 भाषाओं में अनुवादित किया गया है और 17 राज्यों में पाठ्यक्रम को प्रभावित किया है।
- Drafting committee has **35 members and 21 focus groups** / एनसीएफ में 35 सदस्य और 21 फोकस समूह हैं
- **NCF-2005** is the National Curriculum Framework published in 2005, by the National Council of Education, Research, and Training (NCERT). / **NCF-2005,** राष्ट्रीय शिक्षा परिषद, अनुसं धान और प्रशिक्षण (NCERT) द्वारा 2005 में प्रकाशित राष्ट्रीय पाठ्यचर्या की रूपरेखा है।
- It emphasizes making classroom activities more flexible and related to daily life. / यह कक्षा की गतिविधियों को अधिक लचीला और दैनिक जीवन से संबंधित बनाने पर जोर देता है।
- NCF 2005 emphasizes the active participation of students through engaging in activities and exploration. / NCF 2005 गतिविधियों और अन्वेषण में संलग्न होकर छात्रों की सक्रिय भागीदारी पर बल देता है।
- It is focused on the constructivist approach to learning / यह अधिगम के रचनावादी दृष्टिकोण पर केंद्रित है।
- According to the **National Curriculum Framework 2005**, the learning is **active** and **social** in nature because a passive curriculum cannot contribute to the **social, physical, intellectual development** of the child. / राष्ट्रीय पाठ्यचर्या की रूपरेखा 2005 के अनुसार, शिक्षण सक्रिय और प्रगति में सामाजिक है क्योंकि एक निष्क्रिय पाठ्यक्रम बच्चे के सामाजिक, शारीरिक, बौद्धिक विकास में योगदान नहीं कर सकता है।

Five Guiding Principles of NCF / पाँच मार्गदर्शक सिद्धांत

- Connecting knowledge to life outside the school / विद्यालय से बाहर के जीवन से ज्ञान को जोड़ना
- Ensuring that learning shifts away from rote methods / यह सुनिश्चित करना कि अध्ययन रटने के तरीके से दूर हो रहा है
- Enriching the curriculum so that it goes beyond textbooks / पाठ्यक्रम को बालक के सर्वांगीण विकास के लिए समृद्ध करना
- Making examinations more flexible and integrating them with classroom life / परीक्षाओं को अधिक लचीला बनाना और कक्षा जीवन के साथ उन्हें एकीगत करना
- Nurturing an overriding identity informed by caring concerns within the democratic polity of the country / देश की लोकतांत्रिक राजनीति के भीतर चिंताओं को ध्यान में रखते हुए एक अतिव्यापी पहचान का पोषण करना

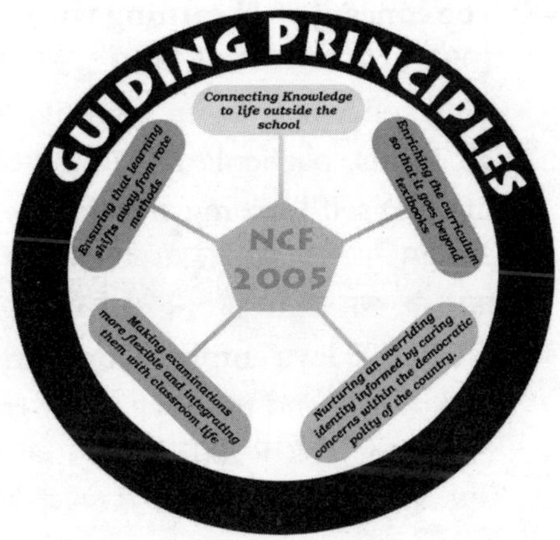

The Five Major Salient features of NCF 2005 / NCF 2005 की पांच प्रमुख विशेषताएं

1. Its main objective was to constructivist learning with the **child-centric learning process, learning without burden,** promoting multilingual education, replacing rote learning. / इसका मुख्य उद्देश्य बाल-केंद्रित अधिगम की प्रक्रिया के साथ, बिना बोझ के अधिगम, बहुभाषी शिक्षा को बढ़ावा देना, रट कर सीखने को प्रतिस्थापित करना आदि का निर्माण करना था।
2. It ensures that students do not just learn mechanically without thinking. / यह सुनिश्चित करता है कि छात्र बिना सोचे-समझे यंत्रवत सीखें।
3. A lot of examination and assessment reforms were also introduced through NCF. / NCF के माध्यम से बहुत सी परीक्षा और मूल्यांकन सुधार भी पेश किए गए।

4. Financial reforms are not the feature of NCF 2005. / वित्तीय सुधार NCF 2005 की विशेषता नहीं हैं।
5. NCF promotes universal enrollment and retention of children by formulating child-centred approach / NCF बाल-केंद्रित दृष्टिकोण तैयार करके बच्चों के सार्वभौमिक नामांकन और प्रतिधारण को बढ़ावा देता है।

NCF 2005 recommended major shifts / NCF 2005 ने निम्नलिखित में प्रमुख बदलावों की सिफारिश

- Teacher centric stable design to learner-centric flexible process / शिक्षार्थी केंद्रित लचीली प्रक्रिया के लिए शिक्षक केंद्रित स्थिर रूपरेखा बनाना
- Teacher direction and decision to learner autonomy / शिक्षक की दिशा और शिक्षार्थी स्वायत्तता का निर्णय
- Teacher guidance and monitoring to facilitator and agent of encouragement to learning / शिक्षक मार्गदर्शन और नियंत्रण और अधिगम के लिए प्रोत्साहन के लिए प्रतिनिधि
- Passive reception to achieve participation in learning / अधिगम में भागीदारी प्राप्त करने के लिए निष्क्रिय ग्रहण
- Learning in the classroom to learning in a wider social context / एक व्यापक सामाजिक संदर्भ में सीखने के लिए कक्षा में सीखना
- Knowledge given to knowledge constructed / दिए गए ज्ञान से ज्ञान का निर्माण
- Disciplinary focus to multiple and divergent exposure / विभिन्न और अपसारी प्रदर्शन के लिए अनुशासनात्मक ध्यान केंद्रित
- Exam and appraisal at times to CCE / सतत और व्यापक मूल्यांकन के लिए कभी कभी परीक्षा और मूल्यांकन

Learning Without Burden / बोझ रहित शिक्षा

- The **concept of "Learning without burden"** was taken up from the **"Yashpal-committee report, 1993"**. / **"बोझ रहित शिक्षा"** की अवधारणा **"यशपाल-समिति की रिपोर्ट, 1993"** से ली गई थी।
- This concept is taken to provide advice on how to lessen the burden on school children at all levels, particularly kids, while boosting learning quality, including the opportunity for lifelong self-learning and skill development. / आजीवन स्व-अधिगम और कौशल विकास के अवसर सहित, अधिगम गुणवत्ता को बढ़ावा देने के साथ-साथ सभी स्तरों पर स्कूली बच्चों, विशेष रूप से बच्चों पर बोझ को कम करने के बारे में सलाह देने के लिए यह अव ध ारणा ली गई है।
- NCF 2005 lays emphasis on learning without a burden in order to make learning a pleasurable experience and to move away from textbooks as a basis for testing and to relieve the stress of children. / NCF 2005, अधिगम को एक सुखद अनुभव और परीक्षण के आधार के रूप में पाठ्यपुस्तकों से दूर जाने और बच्चों के तनाव को दूर करने के लिए बिना बोझ के अ ि ध गम पर बल देता है।
- It is also recommended that children should learn in a natural environment without having any kind of performance pressure or fear of failure./ यह भी कहा गया है कि बच्चों को किसी भी प्रकार के प्रदर्शन के दबाव या असफलता के भय से मुक्त प्रागतिक वातावरण में सीखना चाहिए।

As per NCF 2005, 'over burdened school bags' is a physical inconvenience to children as NCF / एनसीएफ 2005 के अनुसार, 'अत्यधिक बोझ से दबा हुआ विद्यालय का बैग' 'एनसीएफ' के रूप में बच्चों के लिए एक शारीरिक असुविधा है:

Focuses on shifting from content-based testing to competency-based testing / सामग्री-आधारित परीक्षण से योग्यता-आधारित परीक्षण में परिवर्तन पर ध्यान केंद्रित करता है।

- Recommends major shifts in the education system to make learning joyful rather than a burden. / शिक्षा प्रणाली को बोझ के बजाय आनंदपूर्ण बनाने के लिए शिक्षा व्यवस्था में प्रमुख बदलाव की सिफारिश की।

- Emphasizes to involve children in the learning process to make them able to create their own version of knowledge. / बच्चों को ज्ञान के अपने संस्करण बनाने में सक्षम बनाने के लिए सीखने की प्रक्रिया में शामिल करने पर जोर देता है।

  Hence, **over burdened school bags'** is a physical inconvenience to children / अत्यधिक भार युक्त स्कूल बैग' बच्चों के लिए एक शारीरिक असुविधा है।

Mathemathics / गणित

- NCF 2005 emphasizes that succeeding in mathematics should be mandatory for every child. / NCF 2005 इस बात पर जोर देता है कि गणित में सफल होना हर बच्चे के लिए अनिवार्य होना चाहिए।
- The main goal of mathematics education at the primary level is the 'mathematization' of a child's thinking. / प्राथमिक स्तर पर गणित की शिक्षा का मुख्य लक्ष्य एक बच्चे की सोच का 'गणितीयकरण' है।
- Engaging every learner with a sense of success, while at the same time offering conceptual challenges to the emerging mathematician. / प्रत्येक शिक्षार्थी को सफलता की भावना के साथ संलग्न करना, जबकि एक ही समय में उभरते हुए गणितज्ञ को वैचारिक चुनौतियों की पेशकश करना।
- Changing modes of assessment to examine the abilities of students rather than procedural knowledge. / प्रक्रियात्मक ज्ञान के बजाय छात्रों की क्षमताओं की जांच करने के लिए मूल्यांकन के तरीके बदलना
- Enriching teachers with a variety of mathematical resources. / विभिन्न प्रकार के गणितीय संसाधनों के साथ शिक्षकों को समृद्ध बनाना।

Language / भाषा

- In Language, it emphasizes on implementing the three language formula with emphasis on mother tongue as the medium of instruction. / भाषा में, यह निर्देश के माध्यम के रूप में मातृभाषा पर बल देने के साथ तीन भाषा सूत्र को लागू करने पर बल देता है।
- It focuses on language as an integral part of every subject, since reading, writing, listening and speech contribute to a child's progress in all curricular areas, and therefore constitute the basis of learning. / यह हर विषय के अभिन्न अंग के रूप में भाषा पर केंद्रित है, क्योंकि पठन, लेखन, श्रवण और भाषण सभी पाठयक्रम क्षेत्रों में बच्चे की प्रगति में योगदान देते हैं, और इस प्रकार अधिगम का आ धार बनता है।

Science / विज्ञान

- The Focus Group on "Teaching of Science" emphasized on experiment-based learning in school science curriculum. / "विज्ञान के शिक्षण" पर फोकस समूह ने स्कूल विज्ञान पाठ्यक्रम में प्रयोग-आधारित शिक्षा पर जोर दिया।
- Improving school libraries, laboratories and workshops are required to promote a culture of experiment-based learning while reducing the importance of external examinations. / बाहरी परीक्षाओं के महत्व को कम करते हुए प्रयोग आधारित शिक्षा की संस्पति को बढ़ावा देने के लिए स्कूल की पुस्तकालयों, प्रयोगशालाओं और कार्यशालाओं में सुधार करना आवश्यक है।
- A need was also felt to have a computer–interfaced experiments and projects utilizing database from public domain. / सार्वजनिक पक्ष से डेटाबेस का उपयोग करने वाले एक कंप्यूटर-इंटरफेस प्रयोगों और परियोजनाओं की आवश्यकता महसूस की गई
- The teaching of Science should be recast to enable children to examine and analyze everyday experiences. / बच्चों के रोजमर्रा के अनुभवों की जाँच और विश्लेषण करने में सक्षम बनाने के लिए विज्ञान के शिक्षण की पुनरावृत्ति होनी चाहिए।

Environment Education / पर्यावरण शिक्षा

- Environment Education should become part of every subject. / पर्यावरण शिक्षा हर विषय का हिस्सा बनना चाहिए।

Social Science / सामाजिक विज्ञान

- It also recommends a paradigm shift to study Social Sciences from the perspective of marginalized groups. It recommends gender justice and sensitivity to tribal and Dalit issues and minority sensibilities. / यह वंचित समूहों के परिप्रेक्ष्य से सामाजिक विज्ञान का अध्ययन करने के लिए एक बदलाव की भी सिफारिश करता है। यह जनजातिय और दलित मुद्दों और अल्पसंख्यक संवेदनशीलता के लिए लैंगिक न्याय और संवेदनशीलता की सिफारिश करता है।

Art Education / कला शिक्षा

- The NCF 2005 has recommended Art as a subject at all stages covering all four major spheres, i.e. music, dance, visual arts, and theatre. / NCF 2005 ने सभी चार प्रमुख क्षेत्रों, अर्थात् संगीत, नृत्य, दृश्य कला और रंगमंच का आच्छादन करने वाले सभी चरणों में एक विषय के रूप में कला की सिफारिश की है।
- Art Education is not only relevant for developing creativity and appreciation of art among students but is also necessary for inculcating art-based enquiry skills in the students. / कला शिक्षा ना केवल छात्रों में रचनात्मकता और कला की प्रशंसा विकसित करने के लिए प्रासंगिक है, बल्कि छात्रों में कला-आधारित पूछताछ कौशल को विकसित करने के लिए भी आवश्यक है।
- To know the importance of India's heritage crafts, both in terms of their economic and aesthetic values. / भारत के विरासत शिल्प के महत्व को उनके आर्थिक और सौंदर्य दोनों मूल्यों के संदर्भ में जानना।
- To develop students' personalities and mental health / छात्रों के व्यक्तित्व और मानसिक स्वास्थ्य को विकसित करने के लिए।
- To spread awareness of India's vast and diverse art heritage / भारत की विशाल और विविध कला विरासत के बारे में जागरूकता फैलाना।
- To develop creative and critical thinking skills among student / छात्रों में रचनात्मक और महत्वपूर्ण सोच कौशल विकसित करना।

According to NCF Role of Teacher is / NCF के अनुसार शिक्षक की भूमिका है

- The National Curriculum Framework 2005 of India expects a teacher to be a facilitator of children's learning in a manner that helps children to construct knowledge. / भारत के राष्ट्रीय पाठ्यचर्या की रूपरेखा 2005 में एक शिक्षक से यह अपेक्षा की गई है कि वह बच्चों के सीखने में एक सहायक हो, जिससे बच्चों को ज्ञान का निर्माण करने में मदद मिले।
- A teacher also functions as a learner, counselor, manager, assessor, and innovator. / एक शिक्षक भी एक शिक्षार्थी, परामर्शदाता, प्रबंधक, मूल्यांकनकर्ता और प्रर्वतक के रूप में कार्य करता है।
- The role of the teachers is considered to view learners as active participants in their learning and not as recipients of knowledge / शिक्षकों की भूमिका को शिक्षार्थियों को उनके सीखने में सक्रिय प्रतिभागियों के रूप में देखने के लिए माना जाता है न कि ज्ञान के प्राप्तकर्ता के रूप में।
- NCF-2005 encourages **inclusive education system** because it is about making school a place where all children can participate and learn / NCF2005 समावेशी शिक्षण प्रणाली को प्रोत्साहित करता है क्योंकि यह स्कूल को एक ऐसी जगह बनाने के बारे में है जहाँ सभी बच्चे भाग ले सकते हैं और सीख सकते हैं।

Kothari Commission / कोठारी आयोग

- The Kothari Commission was appointed by the Government of India to overhaul the Indian Education sector. / कोठारी आयोग की नियुक्ति भारत सरकार द्वारा भारतीय शिक्षा क्षेत्र में सुधार के लिए की गई थी।
- It was formed on 14 July 1964. / इसका गठन 14 जुलाई 1964 को हुआ था।
- It was formed under the Chairmanship of Daulat Singh Kothari. / इसका गठन दौलत सिंह कोठारी की अध्यक्षता में किया गया था।
- He was the then chairman of the University Grants Commission (UGC). / वह विश्वविद्यालय अनुदान आयोग (UGC) के तत्कालीन अध्यक्ष थे
- It was dissolved on 29 June 1966. / इसे 29 जून 1966 को भंग कर दिया गया था।
- Kothari Commission was the sixth commission in India, post-independence, but it was the first commission mandated to comprehensively deal with India's education sector. / स्वतंत्रता के बाद, कोठारी आयोग भारत में छठा आयोग था, लेकिन यह भारत के शिक्षा क्षेत्र से व्यापक रूप से समस्याओं के समाधानों के लिए अनिवार्य पहला आयोग था।
- In a span of 21 months, the Commission had interviewed 9000 people who were working as scholars, educators and scientists. / आयोग ने 21 महीने की अवधि में 9000 लोगों का साक्षात्कार लिया था जो विद्वानों, शिक्षकों और वैज्ञानिकों के रूप में काम कर रहे थे।
- The Report was submitted by the Kothari Commission on 29th June 1966 to M.C.Chagla, the then minister of education. / कोठारी आयोग द्वारा 29 जून 1966 को तत्कालीन शिक्षा मंत्री एम.सी. छागला को रिपोर्ट प्रस्तुत की गई थी।

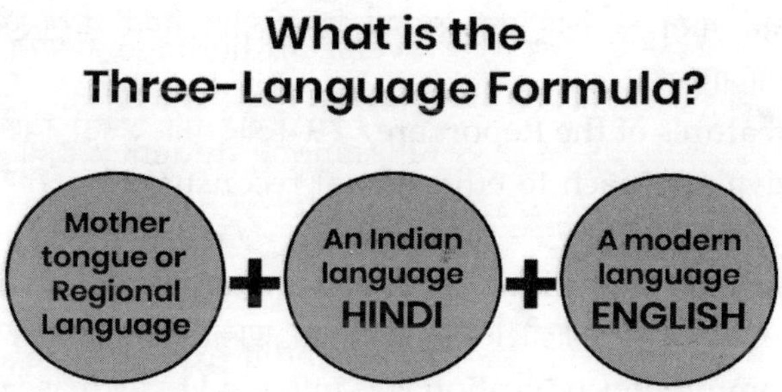

The Three-Language Formula as stated in the 1968 Policy is / भाषा के संबंध में कोठारी आयोग द्वारा अनुशंसित नीति त्रिभाषा सूत्र है:

- The formula is enunciated in the 1968 National Policy Resolution. / यह सूत्र 1968 के राष्ट्रीय नीति प्रस्ताव में प्रतिपादित किया गया है
- Which provided for the study of Hindi, English and regional language of the respective States./ जो संबंधित राज्यों की हिंदी, अंग्रेजी और क्षेत्रीय भाषा के अध्ययन के लिए प्रदान करता है।
- In the NEP 2020, it was decided to push for the three-language formula, to promote multilingualism and national unity./ NEP 2020 में, बहुभाषावाद और राष्ट्रीय एकता को बढ़ावा देने के लिए त्रि-भाषा सूत्र पर जोर देने का निर्णय लिया गया था।
- **Three-Language Formula (Kothari Commission 1968) / त्रिभाषा सूत्र (कोठारी आयोग 1968)**
  1. **First language:** It will be the mother tongue./ यह मातृभाषा होगी।

2. **Second language:** In Hindi speaking states, it will be other modern Indian languages or English./ **हिंदी भाषी:** राज्यों में यह अन्य आधुनिक भारतीय भाषाएं या अंग्रेजी होगी।
   In non-Hindi speaking states, it will be Hindi or English./ गैर-हिंदी भाषी राज्यों में, यह हिंदी या अंग्रेजी होगी।
3. **Third Language:** In Hindi speaking states, it will be English or a modern Indian language./ हिंदी भाषी राज्यों में यह अंग्रेजी या आधुनिक भारतीय भाषा होगी।

- In the non-Hindi speaking state, it will be English or a modern Indian language./गैर-हिंदी भाषी राज्य में, यह अंग्रेजी या एक आधुनिक भारतीय भाषा होगी।
- **National Education Commission (1964-1966),** popularly known as Kothari Commission, was an ad hoc commission set up by the Government of India to examine all aspects of the educational sector in India, to evolve a general pattern of education, and to advise guidelines and policies for the development of education in India./ **राष्ट्रीय शिक्षा आयोग (1964-1966),** जिसे कोठारी आयोग के नाम से जाना जाता है, भारत सरकार द्वारा भारत में शैक्षिक क्षेत्र के सभी पहलुओं की जांच करने, शिक्षा के सामान्य पैटर्न को विकसित करने और भारत में शिक्षा के विकास के लिए दिशानिर्देशों और नीतियों की सलाह देने के लिए गठित एक तदर्थ आयोग था।
- The Kothari commission's report focused on education and national development. / राष्ट्रीय अर्थव्यवस्था के विकास में तेजी लाने के लिए, विज्ञान, शिक्षा और अनुसंधान को उच्च प्राथमिकता मिलनी चाहिए।
- In 1964, the Kothari Commission had recommended a 6% allocation of GDP, a policy recommendation endorsed by the National Policy of Education, two decades later in 1986. /1964 में, कोठारी आयोग ने जीडीपी के 6% के आवंटन की सिफारिश की थी, दो दशक बाद 1986 में राष्ट्रीय शिक्षा नीति द्वारा अनुमोदित एक नीतिगत सिफारिश।
- It was set up under the Chairmanship of **Dr. D. S. Kothari to formulate a coherent education policy** for India. / यह भारत के लिए एक सुसंगत शिक्षा नीति तैयार करने के लिए डॉ. डी. एस. कोठारी की अध्यक्षता में स्थापित किया गया था।
- Two of the unique features of the Report are/ इस रिपोर्ट की अनूठी विशेषताओं में से दो निम्नलिखित हैं:
  1. Its comprehensive approach to educational reconstruction / शैक्षिक पुनर्निर्माण के लिए इसका व्यापक दृष्टिकोण;
  2. Its attempt to project a blueprint of a national system (all level) of education for India. / भारत के लिए शिक्षा की एक राष्ट्रीय प्रणाली (सभी स्तर) का खाका तैयार करने का प्रयास
- According to this Commission, education was intended to increase productivity, develop social and national unity, consolidate democracy, modernize the country, and develop social, moral, and spiritual values./ इस आयोग के अनुसार, शिक्षा का उद्देश्य उत्पादकता बढ़ाना, सामाजिक और राष्ट्रीय एकता विकसित करना, लोकतंत्र को मजबूत करना, देश का आधुनिकीकरण करना और सामाजिक, नैतिक और आध्यात्मिक मूल्यों का विकास करना था।
- The Commission identified the **three important facets** that would bring about the desired **educational resolution,** they are/ इस आयोग ने तीन महत्वपूर्ण पहलुओं की पहचान की जो वांछित शैक्षिक संकल्प को सामने लाएंगे, वे हैं:
  1. An internal transformation so as to relate it to the life needs and aspirations of the nation./ एक आंतरिक परिवर्तन ताकि राष्ट्र की जीवन की जरूरतों और आकांक्षाओं से संबंधित हो।
  2. Qualitative improvement so that the standards achieved are adequate and become internationally comparable. / गुणात्मक सुधार ताकि हासिल किए गए मानक पर्याप्त हों और अंतरराष्ट्रीय स्तर पर तुलनीय बन सकें।

3. Expansion of educational facilities broadly on the basis of manpower needs with an emphasis on equalization of education opportunities./ शिक्षा के अवसरों के बराबरी पर जोर देने के साथ व्यापक रूप से जनशक्ति के आधार पर शैक्षिक सुविधाओं का विस्तार।

- It proposed a three-year degree course and a four-year honor degree course./ इसने माध्यमिक, उच्चतर माध्यमिक और विश्वविद्यालय शिक्षा के लिए 10 + 2 + 3 पैटर्न की सिफारिश की।
- The Commission emphasized the need for alternative channels of education to remove illiteracy and provide adult education. / आयोग ने अशिक्षा को दूर करने और वयस्क शिक्षा प्रदान करने के लिए शिक्षा के वैकल्पिक चौनलों की आवश्यकता पर जोर दिया।
- The Commission recommended that India's development needs are better met by scientists than social scientists by laying more focus on Mathematics and Science rather than Social Science or Arts. / आयोग ने सिफारिश की कि भारत की विकास की जरूरतें सामाजिक विज्ञान या कला के बजाय गणित और विज्ञान पर अधिक ध्यान देकर सामाजिक वैज्ञानिकों से बेहतर हैं।
- The Commission urged that professional preparation of teachers was the key for qualitative improvement of education and recommended measures like / आयोग ने आग्रह किया कि शिक्षकों की व्यावसायिक तैयारी शिक्षा के गुणात्मक सुधार की कुंजी है और इस तरह के उपायों की सिफारिश की गई है:
  (a) Qualitative improvement in teacher education programs./ शिक्षक शिक्षा कार्यक्रमों में गुणात्मक सुधार।
  (b) Introduction of new courses for headmasters/teacher educators and educational administrators. / हेडमास्टर / शिक्षक शिक्षकों और शैक्षिक प्रशासकों के लिए नए पाठ्यक्रमों की शुरूआत।
  (c) Expansion of teacher education institutions and recommendations of the training facilities./ हेडमास्टर / शिक्षक शिक्षकों और शैक्षिक प्रशासकों के लिए नए पाठ्यक्रमों की शुरूआत।

Other Major recommendations of Kothari Commission(1964-66) / कोठारी आयोग की अन्य प्रमुख सिफारिशें (1964-66)

- **Common schools system** to ensure the equalization of educational opportunities for all children. / सभी बच्चों के लिए शैक्षिक अवसरों के समानीकरण को सुनिश्चित करने के लिए सामान्य स्कूल प्रणाली।
- **10+2+3 structure of education**. (10years of General Education + 2years of Higher Education + 3 years of degree) / **10 + 2 + 3 शिक्षा** की संरचना। (सामान्य शिक्षा के 10 वर्ष + उच्च शिक्षा के 2 वर्ष + 3 वर्ष की डिग्री)
- **Neighbourhood school** (Every school has to **admit each and every child** within its prescribed locality irrespective of their caste, religion, and community) / **पड़ोस के स्कूल** (हर स्कूल को अपने प्रत्येक स्थानीय बच्चे को उसकी जाति, धर्म और समुदाय के भेदभाव के बिना प्रवेश देना होता है)

NCF- 2022

- The Union Ministry of Education released the National Curriculum Framework for Foundational Stage (NCF-FS). / केंद्रीय शिक्षा मंत्रालय ने मूलभूत चरण (NCF-FS) के लिए राष्ट्रीय पाठ्यचर्या की रूपरेखा जारी की।
- The National Curriculum Framework (NCF) for the Foundational Stage is developed based on the vision of the National Education Policy (NEP) 2020, and to enable its implementation. / राष्ट्रीय शिक्षा नीति (NEP) 2020 की दृष्टि के आधार पर और इसके कार्यान्वयन को सक्षम करने के लिए मूलभूत चरण के लिए राष्ट्रीय पाठ्यचर्या की रूपरेखा (NCF) विकसित की गई है।

- It refers to the entirety of the organised experience of students in any institutional setting towards educational aims and objectives. / यह शैक्षिक लक्ष्यों और उद्देश्यों की दिशा में किसी भी संस्थागत सेटिंग में छात्रों के संगठित अनुभव की संपूर्णता को संदर्भित करता है।
- There are other matters that directly affect a Curriculum and its practice or are integrally related while not being within the Curriculum. These include: / ऐसे अन्य मामले हैं, जो पाठ्यचर्या और उसके अभ्यास को प्रत्यक्ष रूप से प्रभावित करते हैं या पाठ्यचर्या के अंतर्गत न होते हुए अभिन्न रूप से संबंधित हैं। इसमे शामिल है:
    - The Teachers and their capacities / शिक्षक और उनकी क्षमताएं
    - The involvement of parents and communities / माता-पिता और समुदायों की भागीदारी
    - Issues of access to institutions / संस्थानों तक पहुंच के मुद्दे
    - Resources available / उपलब्ध संसाधन
    - Administrative and support structures. / प्रशासनिक और सहायक संरचनाएं।

Objectives of this NCF / इस एनसीएफ के उद्देश्य

- To help in positively transforming the school education system of India as envisioned in NEP 2020, through corresponding positive changes in the curriculum including pedagogy. / भारत की स्कूली शिक्षा प्रणाली को सकारात्मक रूप से बदलने में मदद करने के लिए, जैसा कि NEP 2020 में शिक्षाशास्त्र सहित पाठ्यक्रम में सकारात्मक बदलाव के माध्यम से कल्पना की गई थी।
- It aims to help change practices in education and not just ideas. / इसका उद्देश्य शिक्षा में प्रथाओं को बदलने में मदद करना है, न कि केवल विचारों में।

Characteristics of this NCF To enable its Objectives / इस NCF की विशेषताएँ इसके उद्देश्यों को सक्षम करने के लिए

- While based on the latest research in early childhood care and education, this NCF aims to be understandable and relatable to, and usable by all the stakeholders: / प्रारंभिक बाल्यावस्था देखभाल और शिक्षा में नवीनतम शोध पर आधारित होने के बावजूद, इस एनसीएफ का उद्देश्य सभी हितधारकों द्वारा समझने योग्य और संबंधित और उपयोग करने योग्य होना है:
- Practitioners of education, including Teachers and other educators, school leaders, and functionaries of the education system such as project officers, cluster and block resource persons, block education officers, teacher educators, examination boards, and curriculum/ syllabus/ textbook development teams. / शिक्षकों और अन्य शिक्षकों, स्कूल नेताओं, और शिक्षा प्रणाली के पदाधिकारियों जैसे परियोजना अधिकारियों, क्लस्टर और ब्लॉक संसाधन व्यक्तियों, ब्लॉक शिक्षा अधिकारियों, शिक्षक प्रशिक्षकों, परीक्षा बोर्डों, और पाठ्यक्रम/पाठ्यक्रम/पाठ्यपुस्तक विकास टीमों सहित शिक्षा के व्यवसायी।
- To provide the interested reader a reasonable understanding of what education should look like in our new vision for schools, and why, and what role individuals could play as parents, community members, and citizens of India, who all have a large stake in Indian education. / रूचि रखने वाले पाठक को इस बात की उचित समझ प्रदान करने के लिए कि स्कूलों के लिए हमारी नई दृष्टि में शिक्षा कैसी होनी चाहिए, और क्यों, और माता-पिता, समुदाय के सदस्यों और भारत के ये सभी के रूप में व्यक्ति क्या भूमिका निभा सकते हैं, जिनकी भारतीय शिक्षा में बड़ी हिस्सेदारी है।
- To account for the reality of the current typical institution and Teacher, while being entirely in harmony with the imagination of the best-resourced institutions. / सर्वोत्तम-संपन्न संस्थानों की कल्पना के साथ पूरी तरह से सामंजस्य रखते हुए, वर्तमान विशिष्ट संस्थान और शिक्षक की वास्तविकता को ध्यान में रखना।

- To be deeply rooted in the reality of the country's context, yet aspirational. / देश के संदर्भ की वास्तविकता में गहराई तक जड़ें जमाये और उसको आकाक्षी बनाए।
- This new framework will help equip young ones with cognitive & linguistic competencies of the 21st century. / यह आयु-उपयुक्त रणनीतियों के साथ NEP 2020 में व्यक्त मूलभूत साक्षरता और संख्यात्मकता को प्राप्त करने के लक्ष्य के लिए एक स्पष्ट मार्ग भी प्रस्तुत करता है।
- It also lays a clear path for the goal of achieving foundational literacy and numeracy as articulated in NEP 2020, with age-appropriate strategies. / यह नया ढांचा युवाओं को 21वीं सदी की संज्ञानात्मक एवं भाषायी दक्षाओं के पूर्ण करेगा।

4 Stages / 4 चरण

- NEP has created a 4-stage '5+3+3+4 curricular and pedagogical structure'. / NEP ने एक 4-चरण '5+3+3+4 पाठ्यचर्या और शैक्षणिक संरचना'
- Stages: / चरण:
    - The '5' refers to the first five years of education from ages 3 to 8, called the Foundational Stage. / '5' 3 से 8 वर्ष की आयु के पहले पांच वर्षों की शिक्षा को संदर्भित करता है, जिसे आधारभूत चरण कहा जाता है।
    - Age 8-11 (Preparatory Stage) / उम्र 8-11 (प्रारंभिक चरण)
    - 11-14 (Middle Stage) and / 11-14 (मध्य चरण) और
    - 14-18 (Secondary Stage) / 14-18 (माध्यमिक चरण)
- The four stages constitute school education and have been determined by the physical (including brain), social and emotional development trajectories of children, which in turn determines what is the most effective educational approach for that stage. / चार चरण स्कूली शिक्षा का गठन करते हैं और बच्चों के शारीरिक (मस्तिष्क सहित), सामाजिक और भावनात्मक विकास पथ द्वारा निर्धारित किए जाते हैं, जो बदले में यह निर्धारित करते हैं कि उस चरण के लिए सबसे प्रभावी शैक्षिक दृष्टिकोण क्या है।

Significance / महत्व

- It is this holistic overall transformation of the curriculum that will enable to positively transform overall learning experiences for students. / यह पाठ्यक्रम का एक परिवर्तन है, जो छात्रों के लिए समग्र सीखने के अनुभवों को सकारात्मक रूप से बदलने में सक्षम होगा।
- The transformative nature of this phase of education is expected to qualitatively improve the contents and outcomes of education, thereby, impacting the lives of our children towards a better future. / शिक्षा के इस चरण की परिवर्तनकारी प्रगति से शिक्षा की सामग्री और परिणामों में गुणात्मक रूप से सुधार होने की उम्मीद है, जिससे हमारे बच्चों के जीवन को बेहतर भविष्य की ओर प्रभावित किया जा सके।
- All studies and research related to the early period of development of a child, unambiguously leads to the conclusion that high-quality care and education during this period has a lifetime of positive consequences for all individuals and thus, the nation. / एक बच्चे के विकास की प्रारंभिक अवधि से संबंधित सभी अध्ययन और अनुसंधान स्पष्ट रूप से इस निष्कर्ष की ओर ले जाते हैं कि इस अवधि के दौरान उच्च गुणवत्ता वाली देखभाल और शिक्षा का सभी व्यक्तियों और इस प्रकार राष्ट्र के लिए जीवन भर सकारात्मक परिण ाम होता है।
- It is based on cutting-edge research from across the world in multiple disciplines which includes among other things better understanding in the fields of neurosciences, brain study, and cognitive sciences. / यह कई विषयों में दुनिया भर के अत्याधुनिक शोध पर आधारित है जिसमें अन्य चीजों के अलावा तंत्रिका विज्ञान, मस्तिष्क अध्ययन और संज्ञानात्मक विज्ञान के क्षेत्र में बेहतर समझ शामिल है।

- As articulated in NEP 2020, it uses 'play,' at the core of the conceptual, operational, and transactional approaches to curriculum organization, pedagogy, time and content organization, and the overall experience of the child. / जैसा कि एनईपी 2020 में व्यक्त किया गया है, यह पाठ्यचर्या संगठन, शिक्षाशास्त्र, समय और सामग्री संगठन, और बच्चे के समग्र अनुभव के लिए वैचारिक, संचालनात्मक और व्यवहारिक दृष्टिकोण के मूल में 'प्ले' का उपयोग करता है।

Foundational Stage / मूलभूत चरण

- The Foundational Stage is driven by the deep and long-term implications of the first eight years of a child's life. / मूलभूत चरण बच्चे के जीवन के पहले आठ वर्षों के गहरे और दीर्घकालिक प्रभावों से संचालित होता है।
- **Most Critical Years:** Research from across the world in multiple relevant disciplines shows that these years are the most critical for lifelong well-being and overall development of individuals – physical, cognitive and socio-emotional. / **सबसे महत्वपूर्ण वर्ष:** कई प्रासंगिक विषयों में दुनिया भर के शोध से पता चलता है कि ये वर्ष आजीवन कल्याण और व्यक्तियों के समग्र विकास - शारीरिक, संज्ञानात्मक और सामाजिक-भावनात्मक के लिए सबसे महत्वपूर्ण हैं।
- Fastest Brain Development: Neuroscience research tells that over 85% of an individual's brain development occurs by the age of 6. / सबसे तेज मस्तिष्क विकास: तंत्रिका विज्ञान अनुसंधान बताता है कि किसी व्यक्ति के मस्तिष्क का 85% से अधिक विकास 6 वर्ष की आयु तक हो जाता है।
- **Early Childhood Care and Education (ECCE): / प्रारंभिक बाल्यावस्था देखभाल और शिक्षा (ECCE):**
  - The 'Early Childhood Care and Education' (ECCE), which refers to the care and education of children from birth to eight years, is of central importance to all societies. / 'प्रारंभिक बाल्यावस्था देखभाल और शिक्षा' (ECCE), जो जन्म से लेकर आठ वर्ष तक के बच्चों की देखभाल और शिक्षा को संदर्भित करता है, सभी समाजों के लिए केंद्रीय महत्व का है।
  - Children of ages 0-3 are mostly taken care of at home; institutional settings take over from age 3 onwards, so the Foundational Stage addresses ECCE for ages 3-8. / 0-3 आयु वर्ग के बच्चों की ज्यादातर देखभाल घर पर ही की जाती है; संस्थागत सेटिंग्स 3 साल की उम्र से शुरू होती हैं, इसलिए फाउंडेशनल स्टेज 3-8 साल की उम्र के लिए (ECCE) को संबोधित करती है।
  - This would include pre-schools, kindergartens, nursery, Aanganwadis, etc – all institutions that take care of children ages 3-6, and classes 1 and 2 across all schools. / इसमें प्री-स्कूल, किंडरगार्टन, नर्सरी, आंगनवाड़ी, आदि शामिल होंगे - सभी संस्थान जो 3-6 वर्ष की आयु के बच्चों की देखभाल करते हैं, और सभी स्कूलों में कक्षा 1 और 2 की देखभाल करते हैं।

Importance of Foundational Stage / मूलभूत चरण का महत्व

- This stage will enable addressing all domains of development – physical, socio-emotional-ethical, cognitive and language as well as literacy, aesthetic and cultural aspects – more effectively. / यह चरण विकास के सभी क्षेत्रों-भौतिक, सामाजिक-भावनात्मक-नैतिक, संज्ञानात्मक और भाषा के साथ-साथ साक्षरता, सौंदर्य और सांस्तिक पहलुओं- को अधिक प्रभावी ढंग से संबोधित करने में सक्षम होगा।
- Developing foundational literacy and numeracy is critical for all future learning and the NCF-FS enables us to leverage all five years of the Foundational Stage to achieve this. / मूलभूत साक्षरता और अंकज्ञान का विकास भविष्य की सभी शिक्षाओं के लिए महत्वपूर्ण है और एनसीएफ-एफएस हमें इसे प्राप्त करने के लिए मूलभूत चरण के सभी पांच वर्षों का लाभ उठाने में सक्षम बनाता है।

- The pedagogical approach recommended in the NCF-FS is play-based. / NCF-FS में अनुशंसित शैक्षणिक दृष्टिकोण खेल-आधारित है।
    - It includes conversations, stories, songs and rhymes, music and movement, art and craft, indoor and outdoor games, field trips, being amid nature and playing with materials and toys. / इसमें वार्तालाप, कहानियां, गीत और तुकबंदी, संगीत और आंदोलन, कला और शिल्प, इनडोर और आउटडोर खेल, क्षेत्र यात्राएं, प्रगति के बीच रहना और सामग्री और खिलौनों के साथ खेलना शामिल है।
- It emphasizes the need for teaching and learning to be situated in the context of the child. / यह बच्चे के संदर्भ में शिक्षण और सीखने की आवश्यकता पर बल देता है।
    - This includes use of the child's home language and usage of content such as local and traditional stories, rhymes, songs, materials, and games. / इसमें बच्चे की घरेलू भाषा का उपयोग और स्थानीय और पारंपरिक कहानियों, तुकबंदी, गीत, सामग्री और खेल जैसी सामग्री का उपयोग शामिल है।
- It is also about catering to different needs and levels of children, including children with special needs, for learning to be truly inclusive. / यह वास्तव में समावेशी सीखने के लिए विशेष आवश्यकता वाले बच्चों सहित बच्चों की विभिन्न आवश्यकताओं और स्तरों को पूरा करने के बारे में भी है।
- Assessment in the Foundational Stage is seen as an enabler for learning and development. / मूलभूत चरण में आकलन को सीखने और विकास के लिए सक्षम बनाने वाले के रूप में देखा जाता है।
    - It is an integral part of the everyday classroom process and largely based on systematic and careful observation of children and analysis of their work– such as craft, projects and simple worksheets. / यह रोजमर्रा की कक्षा प्रक्रिया का एक अभिन्न अंग है और बड़े पैमाने पर बच्चों के व्यवस्थित और सावधानीपूर्वक अवलोकन और उनके काम के विश्लेषण पर आधारित है – जैसे शिल्प, परियोजनाएं और सरल कार्यपत्रक।
- It focuses on building an enabling ecosystem that's necessary to make it all happen. / यह एक सक्षम पारिस्थितिकी तंत्र के निर्माण पर ध्यान केंद्रित करता है, जो इसे पूरा करने के लिए आवश्यक है।
    - This includes empowering teachers and enabling a supportive academic and administrative support system. / इसमें शिक्षकों को सशक्त बनाना और एक सहायक शैक्षणिक और प्रशासनिक सहायता प्रणाली को सक्षम करना शामिल है।
    - It also emphasizes the need to ensure adequate infrastructure and learning resources in each institution. / यह प्रत्येक संस्थान में पर्याप्त बुनियादी ढाँचे और सीखने के संसाधनों को सुनिश्चित करने की आवश्यकता पर भी बल देता है।
- The NCF-FS speaks directly to teachers. It focuses on classroom practices with real-life illustrations from a variety of contexts. It is hence relatable and provides realistic pathways for teachers and others. / NCF-FS सीधे शिक्षकों से बात करता है। यह विभिन्न संदर्भों से वास्तविक जीवन के उदाहरण ों के साथ कक्षा के अभ्यासों पर केंद्रित है। इसलिए यह संबंधित है और शिक्षकों और अन्य लोगों के लिए यथार्थवादी मार्ग प्रदान करता है।

Challenges / चुनौतियां

- There will be several challenges arising from the needs of developing innovative methods and approaches. / नवीनतम पद्धतियों और दृष्टिकोणों को विकसित करने की आवश्यकता के कारण कई चुनौतियाँ उत्पन्न होंगी।
- Problems of access, quality-related deficiencies such as a developmentally inappropriate curriculum, the lack of qualified and trained Teachers, and less-than-optimal pedagogy. So, a lot of level up is required and at a faster speed. / बच्चों की पहुँच की समस्याएँ, गुणवत्ता संबंधी कमियाँ जैसे

विकासात्मक रूप से अनुपयुक्त पाठ्यक्रम, योग्य और प्रशिक्षित शिक्षकों की कमी, और कम-से-इष्टतम शिक्षाशास्त्र इन सब के लिए बहुत अधिक मेहनत की और तेज गति का अवश्यकता है।

- Low enrolment and attendance in preschools compared to primary school. / प्राथमिक स्कूल की तुलना में पूर्वस्कूली में कम नामांकन और उपस्थिति।
- National Early Childhood Care and Education requires strong investment. / राष्ट्रीय प्रारंभिक बाल्यावस्था देखभाल और शिक्षा के लिए मजबूत निवेश की आवश्यकता है।
- The challenges of achieving Foundational Literacy and Numeracy (FLN) have become deeper and more widespread because of the learning loss due to school closure during the pandemic. / महामारी के दौरान स्कूल बंद होने के कारण सीखने की हानि के कारण मूलभूत साक्षरता और संख्यात्मकता (FLN) प्राप्त करने की चुनौतियाँ गहरी और अधिक व्यापक हो गई हैं।

Panchakosha Vikas / पंचकोश विकास

Panchakosha Vikas (Five-fold Development) - A keystone in Indian tradition / पंचकोश विकास (पांच गुना विकास) - भारतीय परंपरा में एक महत्वपूर्ण पत्थर

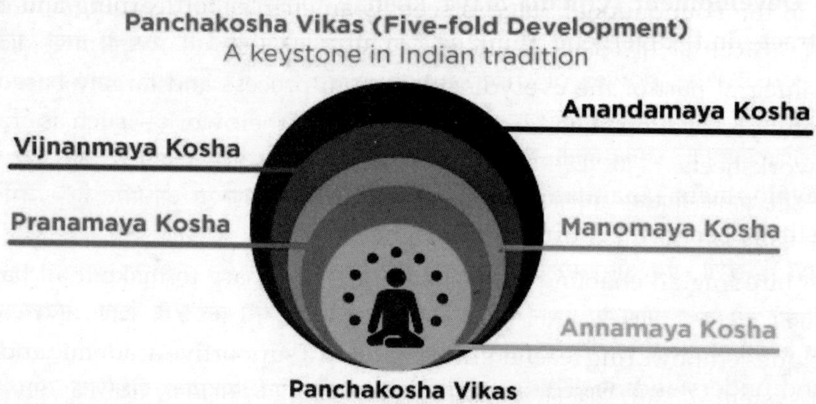

The child is a whole being with panchako-shas or five sheaths. The layers are annamaya kasha (physical layer), prana-maya kosha (life force energy layer), manomaya kosha (mind layer), vijnana-maya kosha (intellectual layer) and anandamaya kosha (inner self). Each layer exhibits certain distinct characteristics. The holistic development of a child takes into account the nurturing and nourishment of these five layers. / बच्चा पंचकोश या पांच कोशों वाला एक संपूर्ण प्राणी है। परतें हैं अन्नमय काश (भौतिक परत), प्राण-माया कोश (जीवन शक्ति ऊर्जा परत), मेमो मे एक कोश (मन की परत), विज्ञान-माया कोश (बौद्धिक परत) और आनंदमय कोश (आंतरिक स्व)। प्रत्येक परत कुछ विशिष्ट विशेषताओं को प्रदर्शित करती है। एक बच्चे के समग्र विकास में इन पांच परतों के पोषण और पोषण को ध्यान में रखा जाता है।

- The Panchakosha concept and imagination also maps into the different domains of development envisaged in ECCE. / पंचकोश अवधारणा और कल्पना भी ईसीसीई में परिकल्पित विकास के विभिन्न क्षेत्रों में मैप करती है।
- **Physical Development (annamaya kasha):** Age-specific balanced physical development, physical fitness, flexibility, strength, and endurance; development of senses; nutrition, hygiene, personal health, expansion of physical abilities; building body and habits keeping in mind one hundred years of healthy living in a human being. / **शारीरिक विकास (अन्नमय काश):** आयु-विशिष्ट संतुलित शारीरिक विकास, शारीरिक फिटनेस, लचीलापन, शक्ति और धीरज; इंद्रियों का विकास; पोषण, स्वच्छता,

व्यक्तिगत स्वास्थ्य, शारीरिक क्षमताओं का विस्तार; मनुष्य में सौ साल के स्वस्थ जीवन को ध्यान में रखते हुए शरीर और आदतों का निर्माण।

- **Development of Life Energy (prana-maya kosha):** Balance and retention of energy, positive energy and enthusiasm, smooth functioning of all major systems (digestive, respiratory, circulatory, and nervous systems) by activation of the sympathetic and parasympathetic nervous system. / **जीवन ऊर्जा का विकास (प्राण-माया कोश):** सहानुभूति और परानुकंपी तंत्रिका तंत्र के सक्रियण द्वारा ऊर्जा, सकारात्मक ऊर्जा और उत्साह का संतुलन और प्रतिधारण, सभी प्रमुख प्रणालियों (पाचन, श्वसन, संचार और तंत्रिका तंत्र) का सुचारू संचालन।
- **Emotional/Mental Development (manomaya kosha):** Concentration, peace, will and will power, courage, handling negative emotions, developing virtues (maulyavardhan), the will to attach and detach from work, people and situations, happiness, visual and performing arts, culture, and literature. / **भावनात्मक/मानसिक विकास (मनोमय कोश):** एकाग्रता, शांति, इच्छा और इच्छा शक्ति, साहस, नकारात्मक भावनाओं से निपटना, सद्गुणों का विकास करना (मौल्यवर्धन), कार्य, लोगों और स्थितियों, खुशी, दृश्य और प्रदर्शन कलाओं से जुड़ने और अलग करने की इच्छा, संस्गति और साहित्य।
- **Intellectual Development (vijnana-maya kosha):** Observation, experimentation, analytical ability, abstract and divergent thinking, synthesis, logical reasoning, linguistic skills, imagination, creativity, power of discrimination, generalization, and abstraction. / **बौद्धिक विकास (विज्ञान-माया कोश):** अवलोकन, प्रयोग, विश्लेषणात्मक क्षमता, अमूर्त और भिन्न सोच, संश्लेषण, तार्किक तर्क, भाषाई कौशल, कल्पना, रचनात्मकता, भेदभाव की शक्ति, सामान्यीकरण और अमूर्तता।
- **Spiritual Development (anandamaya kosha):** Happiness, love and compassion, spontaneity, freedom, aesthetic sense, the journey of 'turning the awareness inwards.' / **आध्यात्मिक विकास (आनंदमय कोश):** खुशी, प्रेम और करुणा, सहजता, स्वतंत्रता, सौंदर्य बोध, 'जागरूकता को भीतर की ओर मोड़ने' की यात्रा।
- Panchakosha is an ancient explication of the importance of the body-mind complex in human experience and understanding. This non-dichotomous approach to human development gives clear pathways and direction towards a more holistic education. / पंचकोश मानव अनुभव और समझ में शरीर-मन परिसर के महत्व का एक प्राचीन अन्वेषण है। मानव विकास के लिए यह गैर-द्वैतवादी दृष्टिकोण अधिक समग्र शिक्षा की दिशा में स्पष्ट मार्ग और दिशा प्रदान करता है।

TEST YOURSELF

1. Which of the following has not been advocated in the National Education Policy 2020? / राष्ट्रीय शिक्षा नीति, 2020 में निम्नलिखित में से किसकी वकालत नहीं की गई है?

(i) Emphasis on conceptual understanding / संरचनात्मक समझ पर जोर

(ii) Summative assessment / योगात्मक मूल्यांकन

(iii) Increasing curriculum content / पाठ्यक्रम में वृद्धि

(iv) Decreased use of Technology / प्रौद्योगिकी के उपयोग में कमी

CTET PAPER 1 [8th Jan 2022]

(a) (i), (ii) (b) (ii), (iv)

(c) (i), (ii), (iii) (d) (ii), (iii), (iv)

2. In the context of assessment, National Education Policy 2020 proposes- / आकलन के संदर्भ में राष्ट्रीय शिक्षा नीति 2020 क्या प्रस्तावित करती है?

CTET PAPER 1 [12th Jan 2022]

(a) Testing of higher order skills such as analysis and critical thinking. / विश्लेषण और आलोचनात्मक सोच जैसे उच्च क्रम के कौशल का परीक्षण।

(b) Recall based objective types tests. / प्रत्यास्मरण आधारित वस्तुनिष्ठ प्रकार के परीक्षण।

(c) Summative methods of assessment. / आकलन के योगात्मक तरीके

(d) Learning-for-exams. / परीक्षा के लिए सीखना।

3. National Education Policy 2020 states that learning should be- / राष्ट्रीय शिक्षा नीति 2020 के अनुसार अधिगम ………… होना चाहिए।

CTET Paper 1 - 23rd Dec 2021

(a) Content oriented / विषयवस्तु अभिमुखी

(b) Textbook centric / पाठ्यपुस्तक केन्द्रित

(c) Experiential / प्रयोगात्मक

(d) Behavioristic / व्यवहारात्मक

4. Which of the following pedagogical strategies does National Education Policy 2020 propose? / निम्न में से कौन-सी शिक्षाशास्त्रीय रणनीति राष्ट्रीय शिक्षा नीति 2020 द्वारा प्रस्तावित है?

(i) Inquiry-based learning / अन्वेषण आधारित अधिगम

(ii) Story-telling-based pedagogy / कथावाचन आधारित शिक्षाशास्त्र

(iii) Drill and practice / वेधन तथा बार-बार अभ्यास

(iv) Discussion-based classrooms / चर्चा-आधारित कक्षाएँ

CTET PAPER 1 [24th Dec 2021]

(a) (i), (ii), (iii) (b) (i), (ii), (iv)

(c) (ii), (iii), (iv) (d) (i), (iii), (iv)

5. National Education Policy 2020 proposes that education should be- / राष्ट्रीय शिक्षा नीति 2020 प्रस्तावित करती है कि शिक्षा ………… होनी चाहिए।

CTET PAPER 1 [27th Dec 2021]

(a) focused on drill and practice. / वेधन और अभ्यास पर आधारित

(b) inquiry driven; discovery oriented. / अन्वेषण प्रेरित; खोज उन्मुखी

(c) textbook and teacher centric. / पाठ्यपुस्तक और शिक्षक केंद्रित

(d) oriented towards learning for exams. / परीक्षा के लिए सीखने की ओर उन्मुख

6. National Education Policy 2020 proposes pedagogical shift from …………… to ……………/ राष्ट्रीय शिक्षा नीति 2020 किस उपागम से किस उपागम के लिए शिक्षणशास्त्रीय बदलाव की अनुशंसा करती है?

CTET PAPER 1 [28th Dec 2021]

(a) constructivism; behaviorism / संरचनावादी; व्यवहारवादी
(b) rote learning; conceptual understanding / रटने पर आधारित अधिगम; अवधारणात्मक समझ
(c) inquiry based learning; drill and practice / खोजबीन आधारित अधिगम; ड्रिल और अभ्यास
(d) assessment for learning; assessment of learning / अधिगम के लिए आकलन; अधिगम का आकलन

7. National Education Policy 2020 proposes that ………… should be encouraged to promote ………../ राष्ट्रीय शिक्षा नीति 2020 के अनुसार ……….. का प्रयोग ………….. को प्रोत्साहित करने के लिए करना चाहिए?

CTET PAPER 1 [30th Dec 2021]

(a) rote memorization; recall. / कंठस्थीकरण; प्रत्यास्मरण
(b) rote memorization; critical thinking. / कंठस्थीकरण; समालोचनात्मक चिंतन
(c) experiential learning; critical thinking. / अनुभव जनित अधिगम; समालोचनात्मक चिन्तन
(d) experiential learning; recall. / अनुभव जनित अधिगम; प्रत्यास्मरण

8. According to National Education Policy 2020; the progress card of the students communicated to the parents would be-/ राष्ट्रीय शिक्षा नीति 2020 के अनुसार विद्यार्थियों का रिपोर्ट कार्ड जो अभिभावकों को दिया जाएगा, वह-

CTET PAPER 2 [17th Jan 2022]

(a) based on norm-referenced testing / मानक संदर्भित परीक्षण पर आधारित हो।
(b) based on criteria reference testing / मापदंड संदर्भित परीक्षण पर आधारित हो।
(c) a reflection of relative performance of students in comparison to classmates / विद्यार्थी के प्रदर्शन को उनके सहपाठियों से तुलना के रूप में प्रस्तुत करें।
(d) a reflection of the progress as well as the uniqueness of the student / विद्यार्थी की प्रगति व विशिष्टता को प्रतिबिम्ब करें।

9. As per national education policy 2020, the form of assessment in schools should shift from ……………To ………/ राष्ट्रीय शिक्षा नीति 2020 के अनुसार, विद्यालयों में मूल्यांकन का अभिरूप ……….. से ……….. हो जाना चाहिए।

CTET PAPER 2 [23rd Dec 2021]

(a) summative; formative / योगात्मक; रचनात्मक
(b) formative; summative / रचनात्मक; योगात्मक
(c) learning; rote memorization / अधिगम; रट कर याद रखना
(d) flexible approaches; rigid standardized testing. / लचीले उपागम; कठोर मानकीग्त परीक्षण

10. Which of the following statement is NOT correct in the context of holistic, 360-degree, multidimensional report proposed for assessment of students in National Education Policy 2020? / राष्ट्रीय शिक्षा नीति 2020 में विद्यार्थियों के आकलन हेतु प्रस्तावित समग्र 360 -डिग्री, बहुआयामी रिपोर्ट के संदर्भ में कौन-सा कथन सही नहीं है?

CTET PAPER 2 [24th tec 2021]

(a) The report will include self and peer assessment. / रिपोर्ट में स्वयं का और सहपाठियों का आकलन सम्मिलित होगा।
(b) The report will include progress of students in the cognitive, affective and psychomotor domains. / रिपोर्ट में विद्यार्थियों की संज्ञानात्मक, भावात्मक और मनोगत्यात्मक आयामों की प्रगति शामिल होगी।
(c) The report will form an important link between home and school. / रिपोर्ट

घर और विद्यालय के मध्य एक महत्वपूर्ण संबंध बनाएगी।

(d) The report will focus on individual work only and not include group work. / रिपोर्ट केवल व्यक्तिगत कार्यों पर केन्द्रित होगी और सामूहिक कार्यों को शामिल नहीं करेगी।

11. Right to Education Act (2009) has a provision of Reservation of seats in Privates schools for admission of students from economically weaker section (EWS). In order to successfully these students a, a teacher should use pedagogy based on- / शिक्षा का अधिकार अधिनियम (2009) के अन्तर्गत निजी विद्यालयो में आर्थिक रूप से कमजोर वर्ग के विद्यार्थियों के दाखिले हेतु सीटों के आरक्षण का प्रावधान है। इन छात्रों के सफल समावेशन हेतु, एक अध्यापक को किस तरह के शिक्षा शास्त्र का इस्तेमाल करना चाहिए?

CTET PAPER 1 [21th Jan 2022]

(a) discrimination / भेदभावात्मक

(b) segregation / अलगावात्मक

(c) equity / साम्यता पर आधारित

(d) equality / समानता पर आधारित

12. Which of the following has been recommended by clause 12 of the Right to Education Act (2009) regarding education of students belonging to economically weaker sections? / आर्थिक रूप से कमजोर वर्ग के विद्यार्थियों की शिक्षा के सम्बन्ध में शिक्षा का अधिकार अधिनियम (2009) के खंड 12 द्वारा निम्नलिखित में से किसकी सिफरिश की गयी है?

CTET PAPER 1 [10th Jan 2022]

(a) Admission in government schools only / केवल सरकारी विद्यालयों में दाखिला

(b) Reservation in private schools / निजी विद्यालयों में आरक्षण

(c) Provision of vocational education only / केवल व्यावसायिक शिक्षा का प्रावधान

(d) Separate schools for them / उनके लिए अलग विद्यालय

13. Inclusion of students from economically weaker sections in private schools under the provision of Right to Education Act (2009) mainly aims at: / शिक्षा का अधिकार अधिनियम (2009) के अंतर्गत निजी स्कूलों में आर्थिक रूप से कमजोर वर्ग के विद्यार्थियों क शामिल करने का मुख्य उद्देश्य क्या है?

CTET PAPER 2 [10th Jan 2022]

(a) Burdening the teacher with extra work. / शिक्षकों पर अतिरिक्त काम का बोझ डालना।

(b) Perpetuating inequality in education. / शिक्षा में असमानता को कायम रखना।

(c) Reducing social stratification. / सामाजिक स्तरीकरण को कम करना।

(d) Strengthening stereotypes related to social classes. / सामाजिक-आर्थिक वर्गों से संबंधित रूढ़ियों को मजबूत करना।

14. NCF 2005 emphasises that / एनसीएफ 2005 इस पर जोर देता है

CTET July 2013 Paper - 1

(a) Succeeding in Mathematics should be mandatory for every child / गणित में सफल होना हर बच्चे के लिए अनिवार्य होना चाहिए

(b) Students should be tested first for their logico-mathematical ability / छात्रों को पहले उनकी तार्किक-गणितीय क्षमता का परीक्षण किया जाना चाहिए

(c) Maths curriculum shall be separate for low achievers / कम उपलब्धि हासिल करने वालों के लिए गणित का पाठ्यक्रम अलग होगा

(d) Maths shall be taught to selective students. / गणित चुनिंदा छात्रों को पढ़ाया जाएगा।

15. According to National Curriculum Framework 2005, School Mathematics

must take place in a situation, where students / राष्ट्रीय पाठ्यचर्या की रूपरेखा 2005 के अनुसार, स्कूली गणित ऐसी स्थिति में होना चाहिए, जहां छात्र

CTET Paper 2 - 21st Dec 2021

(a) realize Mathematics as a part of their life experiences / गणित को अपने जीवन के अनुभवों का एक हिस्सा समझें
(b) realize Mathematics as a past of school life / गणित को स्कूली जीवन के अतीत के रूप में समझें
(c) memorize the formula to solve important problems / महत्वपूर्ण समस्याओं को हल करने के लिए सूत्र याद रखें
(d) use convergent thinking to solve contextual mathematical problems / प्रासंगिक गणितीय समस्याओं को हल करने के लिए अभिसरण सोच का उपयोग करें

16. **According to NCF 2005, errors are important because they: / एनसीएफ 2005 के अनुसार, त्रुटियाँ महत्वपूर्ण हैं क्योंकि वे:**

CTET Feb 2015 Paper 1

(a) are an important tool in classifying students into groups of passed and failed. / छात्रों को उत्तीर्ण और अनुत्तीर्ण समूहों में वर्गीकृत करने में एक महत्वपूर्ण उपकरण है।
(b) provide a way for the teachers to scold the children. / शिक्षकों को बच्चों को डांटने का एक तरीका प्रदान करना।
(c) provide an insight into the child's thinking and help to identify solutions. / बच्चे की सोच में अंतर्दृष्टि प्रदान करें और समाधान पहचानने में मदद करें।
(d) provide space for removing some children from the class. / कुछ बच्चों को कक्षा से हटाने के लिए जगह प्रदान करें।

17. **According to National Curriculum Framework 2005, important feature/ features of mathematics curriculum is/ are: / राष्ट्रीय पाठ्यचर्या रूपरेखा 2005 के अनुसार, गणित पाठ्यक्रम की महत्वपूर्ण विशेषता/ विशेषताएं हैं/हैं:**

(A) It should be ambitious and coherent. /यह महत्वाकांक्षी और सुसंगत होना चाहिए।
(B) It should be activity - oriented / यह गतिविधि-उन्मुख होना चाहिए
(C) It should include more number of summative assessments / इसमें अधिक संख्या में योगात्मक मूल्यांकन शामिल होने चाहिए
(D) It should emphasise on procedures and knowledge of formulae over understanding. / इसमें समझ से अधिक प्रक्रियाओं और सूत्रों के ज्ञान पर जोर देना चाहिए।

Choose the correct option. / सही विकल्प चुनें।

CTET Paper 1 - 5th Jan 2022

(a) (A) and (C) / (A) और (A)
(b) Only (B) / केवल (B)
(c) (A) and (B) / (A) और (B)
(d) (C) and (D) / (C) और (D)

18. **The National Curriculum Framework (NCF), 2005 recommends that children's school education must be linked with ______. / राष्ट्रीय पाठ्यचर्या रूपरेखा (एनसीएफ), 2005 अनुशंसा करती है कि बच्चों की स्कूली शिक्षा को ______ के साथ जोड़ा जाना चाहिए।**

CTET Feb 2016 Paper 2

(a) the annual examinations / वार्षिक परीक्षाएं
(b) the outside school environment / स्कूल के बाहर का वातावरण
(c) the mainstream opinions / मुख्यधारा की राय
(d) the conditions of the school infrastructure / स्कूल के बुनियादी ढांचे की स्थिति

19. **As per National curriculum framework (2005), children – / राष्ट्रीय पाठ्यक्रम रूपरेखा (2005) के अनुसार, बच्चे-**

CTET Paper 1 - 17th Jan 2022

(a) are passive recipients of content delivered by teacher. / शिक्षक द्वारा वितरित सामग्री के निष्क्रिय प्राप्तकर्ता हैं।

(b) don't have the capacity to regulate their learning. / उनके सीखने को विनियमित करने की क्षमता नहीं है।

(c) learn best through rote memorization. / रटकर याद करने से सर्वोत्तम सीखें।

(d) play active role in construction of knowledge. / ज्ञान के निर्माण में सक्रिय भूमिका निभाएं।

20. According to NCF 2005, the pedagogic practices recommended at the upper primary stage are / एनसीएफ 2005 के अनुसार, उच्च प्राथमिक स्तर पर अनुशंसित शैक्षणिक अभ्यास हैं

(A) group discussion / समूह चर्चा

(B) designing simple investigations / सरल जांच डिजाइन करना

(C) verification of the theoretical principles / सैद्धांतिक सिद्धांतों का सत्यापन

CTET Paper 2 - 21st Jan 2022

(a) (A) and (C) / (A) और (C)

(b) (B) and (C) / (B) और (C)

(c) (A) and (B) / (A) और (B)

(d) only (C) / केवल (C)

ANSWER KEY													
1.	D	2.	A	3.	C	4.	B	5.	B	6.	B	7.	C
8.	D	9.	A	10.	D	11.	C	12.	B	13.	C	14.	A
15.	A	16.	C	17.	C	18.	B	19.	D	20.	C		

21 POPULAR ABBREVIATIONS

LWB	:	Learning Without Burden
NPE	:	National Policy On Education
NCERT	:	National Council Of Educational Research And Training
NEP	:	National Education Policy
NCF	:	National Curriculum Framework
POA	:	Programme Of Action
UEE	:	Universal Elementary Education
PRI	:	Panchayat Raj Institutions
MIL	:	Modern Indian Language
ICT	:	Information And Communication Technology
SUPW	:	Socially Useful And Productive Work
ECCE	:	Early Childhood Care And Education
MLL	:	Minimum Level Of Learning
DPEP	:	District Primary Education Programme
NGO	:	Non-Government Organisations
ET	:	Educational Technology
CRC	:	Convention On The Rights Of The Child
VET	:	Vocational Education And Training
SCERT	:	State Council Of Educational Research And Training
BRC	:	Block Resource Centre
CRC	:	Cluster Resource Centre
DIET	:	District Institute Of Education And Training
CTE	:	Colleges Of Teacher Education
IASE	:	Institutes Of Advanced Studies In Education

SSA	:	Sarva Shiksha Abhiyan
NCFSE	:	National Curriculum Framework For School Education
NFG	:	National Foucs Groups
NCT	:	National Commission On Teachers
IT	:	Information Technology
SDMC	:	School Development And Monitoring Committee

IMPORTANT ABBREVIATIONS

BALA	:	Building as a Learning Aid
ADHD	:	Attention Deficit Hyperactivily Disorder
CALP	:	Cognitive Academic Language Proficiency
BICS	:	Basic Interpersonal Communication Skill
LAD	:	Language Acquisition Device
IEP	:	Individualized Education Policy
MLL	:	Minimum Level of Learning
NEP	:	National Education Policy
PARAKH	:	Performance, Assessments, Review and Analysis of Knowledge for Holistic Development
CLT	:	Communicative Language Teaching
LSRW	:	Listening, Speaking, Reading Writing
TPR	:	Total Physical Response
RTE	:	Right to Children to free and Compulsory Education

Note: (i) BICS and CALP were introduced by Jim Cummins
(ii) TPR was given by James Asher
(iii) LAD was given by Noam Chomsky

PART - II

SUBJECT PEDAGOGY
विषय शिक्षाशास्त्र

- Hindi Pedagogy / हिन्दी शिक्षाशास्त्र
- Sanskrit Pedagogy / संस्कृत शिक्षाशास्त्र
- English Pedagogy / अंग्रेजी शिक्षाशास्त्र
- Maths Pedagogy / गणित शिक्षाशास्त्र
- EVS Pedagogy / ईवीएस शिक्षाशास्त्र
- Science Pedagogy / विज्ञान शिक्षाशास्त्र
- SST Pedagogy / सामाजिक विज्ञान शिक्षाशास्त्र

CHAPTER

1

हिन्दी शिक्षाशास्त्र

भाषाः भाषा भाव, विचार तथा अनुभवों को व्यक्त करने का सांकेतिक माध्यम है। भाषा के निर्माण में अक्षर एवं ध्वनियों से निर्मित शब्दों का विशेष महत्त्व है। व्याकरण में एक या एक से अधिक अक्षरों से बनी स्वतंत्र तथा सार्थक ध्वनि को **शब्द** कहते हैं।

हिन्दी शिक्षण के उद्देश्य

1. **ज्ञानात्मक उद्देश्यः** भाषा ज्ञान प्राप्ति का एक सशक्त साधन है। ज्ञानात्मक उद्देश्य में निम्नलिखित का समावेश किया जा सकता है:

- भाषा के तत्त्वों का ज्ञान, यथा - उच्चारण, शब्द रचना एवं भेद, वर्तनी, मुहावरें।
- विषयवस्तु का ज्ञान, यथा - लेखक के विचार, सांस्कृतिक मूल्य, घटनाएँ, चरित्र-चित्रण, व्यावहारिक तथ्य।
- रचनाओं के विभिन्न रूपों का ज्ञान, यथा - गद्य, पद्य, पत्र, वार्तालाप और सार-संक्षेप।
- साहित्य के विभिन विधाओं का ज्ञान, यथा - काव्य, कहानी, नाटक, एकांकी, निबंध, जीवनी, रेखाचित्र, संस्मरण।
- **अवबोधः** विद्यार्थी शब्दों, वाक्यांशों का गूढ़ार्थ, निहितार्थ, आदि सभी प्रकार के गहनताओं को समझता है।
- **रुचिः** अधिगमकर्ता, साहित्य की विभिन्न विद्याओं में रुचि लेता है।
- **मनोवृत्तिः** साहित्य पढ़ने के पश्चात विद्यार्थी की भावना में परिवर्तन आता है। यही अभिवृत्ति या मनोवृत्ति है।
- **ज्ञानापयोगः** अपने अर्जित भाषायी ज्ञान का उपयोग विभिन्न क्षेत्रों में एवं साहित्य विधाओं में करता है।
- **कौशलः** विद्यार्थी यथार्थों में अपनी सूझबूझ से किसी रचना को नवीन रूप प्रदान करता है अथवा नई रचना करता है।

2. **कौशलात्मक उद्देश्यः** भाषा शिक्षण के कौशलात्मक उद्देश्य में मुख्यतः दो कौशल निहित है।
   - **अभिव्यक्तिः** भावों तथा अनुभवों को व्यक्त करने के लिए भाषा एक सशक्त साधन है।
     अभिव्यक्ति के प्रकार लिखकर, बोलकर
   - **ग्रहणः** ग्रहण करने की शक्ति दो प्रकार से होती है: सुनकर ग्रहण करना और पढ़ कर ग्रहण करना।
3. **सौन्दर्यात्मक उद्देश्यः** प्रत्येक भाषा का अपना साहित्य होता है। इस उद्देश्य की प्राप्ति तभी सम्भव है जब विद्यार्थी साहित्य की रसानुभूति करने योग्य हो जाए।
4. **अभिवृत्यात्मक उद्देश्यः** इसमें निम्नलिखित बातें सम्मिलित है:
   - भाषा और साहित्य में रुचि
   - शब्द प्रवृत्तियों का विकास
5. **रसात्मक एवं समीक्षात्मक उद्देश्य**

प्राथमिक स्तर

प्राथमिक स्तर पर हिन्दी शिक्षण के उद्देश्य-

- अक्षर ज्ञान देना एवं उच्चारण की शुद्धता।
- वाचिक कुशलता विकसित करना।

- भाषा को सुनकर तथा पढ़कर समझने की कुशलता विकसित करना।
- शब्द कोश का सक्रिय प्रयोग करना।
- लिपि ज्ञान एवं लेखन के विकास पर विशेष बल।
- कविताओं के भावानुकूल वाचन तथा उनकी रसानुभूति के योग्य बनाना।
- अभिनय, अनुकरण, गायन और स्वतंत्र अध्ययन आदि विभिन्न रुचियों की ओर प्रवृत्त करना।

उच्च प्राथमिक स्तर

- साहित्य के विभिन्न अंगों का ज्ञान देना।
- वाद-विवाद व अभिनय आदि की प्रवृत्ति को जाग्रत करना।
- भाषा शुद्धता के लिए व्याकरण का प्रारम्भिक ज्ञान कराना।
- स्वाध्याय की प्रवृत्ति को विकसित करना।
- मौखिक एवं लिखित अभिव्यक्ति में पूर्ण शुद्धता।

मातृभाषा शिक्षण का महत्त्व

- अर्थग्रहण एवं अभिव्यक्ति का सरलतम साधन है।
- ज्ञानार्जन का भी सरलतम साधन है।
- बालक के व्यक्तित्व के विकास का माध्यम है।
- सामाजिक संगठन का प्रभावी आधार है।
- राष्ट्रीय एकता का आधार है।

हिन्दी भाषा शिक्षण के सिद्धांत

- **पूर्व ज्ञान की जाँच:** अध्यापन आरम्भ करने से पूर्व विद्यार्थियों के पूर्व ज्ञान का शिक्षक को पता होना चाहिए। ऐसा न होने पर अध्यापक तथा विद्यार्थियों के मध्य दूरी बनी रहती है।
- **पूर्व ज्ञान से सहसम्बन्धः** इससे छात्र में अग्र ज्ञान की उत्सुकता बनी रहती है।
- **सुनियोजित पाठ योजनाः** पाठ अध्यापन की योजना मस्तिष्क में होनी चाहिए।
- **बाल केन्द्रित अध्यापनः** पठन सामग्री विद्यार्थियों के पूर्व अनुभवों एवं उनके वातावरण और रुचि के अनुसार होनी चाहिए तथा पठन सामग्री जीवन की आगामी जटिलताओं के निवारण में उपयोगी हो। यदि पाठ कठिन है, तो उसका विभाजन इकाईयों में होना चाहिए ताकि विद्यार्थियों पर अतिरिक्त भार नही पड़े।
- **विद्यार्थियों की साझेदारीः** विद्यार्थियों को पाठ से सम्बन्धित पूर्व अनुभव के प्रश्न पूछ कर उनकी प्रतिक्रिया को ध्यान में रख कर अध्यापन कार्य करवाना चाहिए।
- **प्रयोग की व्यवस्थाः** अध्यापन कार्य में ऐसी व्यवस्था होनी चाहिए कि विद्यार्थी अध्यापक का अनुकरण करके कुछ नया प्रयोग करें। जैसे उच्चारण, लेखन, मौखिक अभिव्यक्ति जिनमें निरंतर अभ्यास की आवश्यकता होती है। इस अभ्यास से बालक भाषा पर अधिकार कर सकेगा भिन्नता।
- **वैयक्तिक भिन्नताः** कक्षा शिक्षण में अध्यापक को वैयक्तिक भिन्नता का ध्यान रखना चाहिए।
- **बहुकोणीय प्रयासः** भाषा के समुचित विकास के लिए अध्यापक को समग्र दृष्टिकोण अपनाना चाहिए। पाठ्यक्रम के अतिरिक्त सहगामी क्रियाओं का आयोजन करने की योग्यता एवं कुशलता अध्यापक में होनी चाहिए।
- **भाषाई दृष्टिकोणः** भाषा शिक्षण के शिक्षक में भाषाई अभिव्यक्ति होना परम् आवश्यक है। भाषा को सीखाने में क्रम का ध्यान रखना चाहिए। भाषा सीखने का क्रम है।
- **मनोवैज्ञानिक आधारः** अध्यापक को भाषा शिक्षण में मनोवैज्ञानिक आधारों का अनुशीलन व अनुगमन करना चाहिए।
  - **(a) ज्ञात से अज्ञात की ओरः** अध्यापन में पूर्व अनुभवों का उपयोग कर अध्यापन करना चाहिए। भाषा में शब्दों का अर्थ स्पष्ट करने तथा व्याकरण के निमयों का अर्थ स्पष्ट करने में यह सूत्र उपयोगी है।

(b) सरल से कठिन की ओर: लिखना सीखाने के लिए पहले सरलता से बनने वाले स्तर या व्यंजन सीखाने चाहिए। इसी प्रकार विचारात्मक तथा भावात्मक निबन्ध लिखवाने से पहले वर्णात्मक निबन्ध लिखने की कुशलता विद्यार्थी में होनी चाहिए।

(c) मूर्त से अमूर्त की ओर।

(d) विशेष से सामान्य की ओर: विद्यार्थी प्राथमिक कक्षाओं में पशु का अर्थ नहीं जानता, किन्तु वह गाय, भैंस व बकरी को पहचानता है। अत: इनसे पशु का अर्थ समझाना चाहिए। व्याकरण के नियम भी इस विधि से समझाये जा सकते हैं।

(e) आगमन से निगमन की ओर: उदाहरण द्वारा नियम निकालने की विधि को आगमन विधि कहते हैं। व्याकरण के नियम समझने में यह विधि अत्यंत उपयोगी है।

भाषायी कौशल

भाषाई कौशलों के विकास हेतु उपयुक्त विधि से इनका शिक्षण कराना आवश्यक है।

1. **श्रवण शिक्षण कौशल:** इस कौशल में अध्यापकों के द्वारा छात्रों के लिए शब्दों के श्रवण पर ज़ोर दिया जाता है जिससे छात्र अध्यापकों के द्वारा उच्चरित शब्दों को सुनकर सही उच्चारण व लेखन कर सकें।

2. **बोलचाल की शिक्षा:** भाषा शिक्षण की प्रथम सीढ़ी बोलचाल की शिक्षा है। प्रारम्भिक कक्षा में बालक सामाजिक एवं बौद्धिक दृष्टि से भिन्न-भिन्न परिवारों से आता है। ऐसे में उसकी पैतृक बोलियाँ भिन्न-भिन्न होती है। ऐसी में पठन से पहले मौखिक मानक हिन्दी का ज्ञान देना आवश्यक है। क्योंकि वाचन तथा लेखन आरम्भ करने से पूर्व बालक का शब्द भंडार एवं उच्चारण शुद्ध होगा तो आगामी शिक्षा में सुगमता रहेगी।

प्राथमिक कक्षाओं में बोलचाल की भाषा के उद्देश्य-

- बिना झिझके प्रवाह से बोलना
- हिन्दी के मानक रूपों का प्रयोग करने की योग्यता का विकास करना।
- घटनाओं का मौखिक वर्णन करने की योग्यता का विकास।

उच्च प्राथमिक कक्षाओं में बोलचाल की शिक्षा के उद्देश्य-

- स्वरों एवं व्यंजन-समूहों का शुद्ध उच्चारण करना।
- बलाघात, अनुतान और प्रवाह के साथ वाचन।
- विचारों और भावों को शुद्ध, स्पष्ट, रोचक और प्रभावपूर्ण तरीके से व्यक्त करने की योग्यता को प्रस्तुत करना।

माध्यमिक कक्षाओं में बोलचाल की शिक्षा के उद्देश्य-

- शुद्ध उच्चारण, बल एवं अनुतान तथा सहजता एवं प्रवाह के साथ बोलना।
- उपयुक्त भाषा का प्रयोग।

मौखिक अभिव्यक्ति के रूप

- **वार्ता:** औपचारिक व अनौपचारिक वार्ता की कुशलता।
- **वर्णन:** घटनाओं तथा तथ्यों को मौखिक रूप से बताना।
- **चित्रण:** किसी घटना या व्यक्ति का शब्दजाल के माध्यम से मूर्त रूप प्रकट करना।
- **भाषण:** श्रोता के मस्तिष्क और हृदय में भावों को आंदोलित करना।

उच्चारण की शिक्षा

सूक्ष्म उच्चारण भेद से अर्थ का अनर्थ हो जाता है। शुद्ध उच्चारण से भाषा कर्णप्रिय होती है।

- **उच्चारण शिक्षक कौशल:** इस कौशल में शुद्ध उच्चारण पर जोर दिया जाता है। वर्णों की ध्वनियों की शुद्धता से ही उच्चारण कौशल का शिक्षण हो पाता है।

  उच्चारण दो प्रकार का होता है- सस्वर उच्चारण और मौन उच्चारण।

- **सस्वर उच्चारण के लाभः** संकोच दूर होना, आत्मविश्वास जागना, शुद्ध उच्चारण सीखना, आरोह-अवरोह का ध्यान होना, मन का आह्लादित होना।
  नोटः पद्य, गीत, दोहा, सौरठा, चौपाई, श्लोक आदि के उच्चारण के लिए सस्वर उच्चारण युक्तियुक्त है।
- **मौन उच्चारण के लाभः** एकाग्रता, थकान नहीं होना लाभ है।
  हानिः संकोच नहीं मिटना, आत्मविश्वास नहीं जागना आदि नुकसान हैं।
  मौन उच्चारण प्रायः गद्य, उपन्यास, कहानी आदि के लिए उपयुक्त है।
  उपर्युक्त दोनों उच्चारणों में छोटे छात्रों के लिए सस्वर उच्चारण आवश्यक है और बड़े छात्रों के लिए मौन उच्चारण उपयुक्त है।
- **छोटे बालकों में उच्चारण सुधार के लिए कौनसा उपाय अधिक प्रभावी सिद्ध होगाः** उपचारात्मक अभ्यास प्रक्रिया, उदाहरण अभ्यास तथा सरलता से कठिनता के क्रम में अभ्यास।
- **अशुद्ध उच्चारण तथा उसके कारणों के आधार पर प्रयुक्त की जाने वाली शिक्षण विधि को कहते हैं-** उपचारात्मक शिक्षण विधि।
- **बोलकर अभिव्यक्त करने की योग्यता प्राप्त करने के अंतर्गत छात्र-** शब्दों का शुद्ध एवं स्पष्ट उच्चारण कर सकेगा।

वाचन की शिक्षा

पूर्व श्रुत सार्थक ध्वनियों के प्रतीक शब्दों को पढ़कर उनका अर्थ ग्रहण करना है।

- **वाचन के तत्त्वः** प्रतीक गुणों को पहचानना, वर्णों के प्रयोग से शब्दों का निर्माण करना, शब्दों को उचित दृष्टि सोपान एवं उचित गति से उच्चारित करना। वाक्यों को सार्थक इकाईयों में बाँटकर संदर्भ के अनुसार शब्दों का भाव ग्रहण करना। सामग्री का मन्तव्य स्थिर करना एवं तदनुसार व्यवहार करना।
- **वाचन का महत्त्वः** वाचन का महत्त्व सामान्य कामचलाऊ जानकारी प्राप्त करने से लेकर गहन अध्ययन तक है क्योंकि यह निरक्षर स्त्री-पुरुषों की ज्ञान पिपासा को तृप्त करने में उपयोगी साधन है।

विधियाँ

- **संश्लेषणात्मक विधिः** इसके अंतर्गत अक्षर या वर्ण की पहचान पर बल दिया जाता है। इसे अल्फाबेटिकल मैथड भी कहा जाता है। इसमें शिक्षण का क्रम होगा-वर्णाक्षर → शब्द → वाक्य
- **चित्र वर्ण विधिः** इसके अंतर्गत विद्यार्थी को ऐसा चित्र दिखाया जाता है जो उसके वातावरण का होता है और वह उसके अर्थ से भी परिचित होता है। चित्र के साथ उस चित्र का नाम भी लिख दिया जाता है। यह विधि पूर्ण रूप से मनोवैज्ञानिक है।
- **विश्लेषणात्मक विधिः** इसके अंतर्गत पहले शब्द सीखाए जाते हैं और फिर शब्द का विश्लेषण करके वर्ण सीखाए जाते हैं।
- **शब्द से वर्ण विधिः** इस विधि में शब्द के वर्ण पर बल नहीं दिया जाता बल्कि शब्द के वर्णों की पहचान और उनकी ध्वनि के उच्चारण पर बल दिया जाता है।
- **शब्द से पठनः** शब्द से वर्ण विधि को सुधार कर शब्द से पठन नाम दिया गया है। इस विधि के अनुसार शब्द के लिखित रूप की कल्पना भावाक्षर (आइडियोग्राफिक) के रूप में की जाती है। यहाँ वाचन के स्थान पर शब्द के अर्थ पर अधिक बल है।
- **देखों और बोलो विधिः**इस विधि में शब्द के विभिन्न वर्णों का उच्चारण न करके सम्पूर्ण शब्द का उच्चारण किया जाता है।
- **वाक्य विधिः** यह विधि शब्द विधि का विस्तार ही है। इसके अनुसार विद्यार्थियों को एक वाक्य पढ़ने को दिया जाता है, यथा-'मामा आया'। तत्पश्चात् इन शब्दों का विश्लेषण करवाया जाता है। अगले वाक्यों में कोई नया शब्द जोड़ दिया जाता है और उसका विश्लेषण किया जाता है।
  यह अक्षर-बोध की व्युत्क्रम विधि है। इसमें अक्षर-ज्ञान, शब्द ज्ञान और वाक्य कराया जाता है। सर्वप्रथम वाक्य बोला जाता है, उसके पश्चात् शब्द ज्ञान और अन्त में अक्षर का ज्ञान कराया जाता है। इस प्रणाली में शिक्षण को जो क्रम है, वह है - वाक्य → शब्द → वर्णाक्षर।

- **कहानी विधि:** यह विधि विश्लेषणात्मक विधि का विस्तार है। इस विधि में सम्पूर्ण वर्णमाला को वाक्यों से निर्मित कहानी द्वारा वाचन शिक्षण दिया जाता है। यह विधि वाक्य विधि का विकसित रूप है।
- **कविता विधि:** इसमें वर्णों को कविता के रूप में याद करा दिया जाता है।
- **सामूहिक पठन विधि:** इस विधि के द्वारा बाल-गीत और संवादों की शिक्षा दी जा सकती है। यह उच्च स्तर के बालकों के लिए अधिक उपयोगी विधि है।
- **साहचर्य विधि:** इस विधि का आविष्कार मैडम माण्टेसरी ने किया था।
- **ध्वनि-साम्य विधि:** इस विधि में यह दोष है कि यह ध्वनियों पर अधिक बदल देती है।

सस्वर वाचन

सस्वर वाचन से अध्यापक को छात्र की वाचन संबंधी अशुद्धियों का पता लग जाता है। सस्वर वाचन से थकान अधिक होती है।

सामान्य उद्देश्य

- वाचन संबंधी अशुद्धियों एवं त्रुटियाँ दूर करने का प्रयास करना।
- अर्द्ध-विराम, विराम आदि चिन्हों का उचति ध्वनि रखते हुए बालकों को यथास्थान रुकने तथा शुद्धतापूर्वक पढ़ने का अभ्यास कराना।
- बालकों की अभिव्यक्ति में स्पष्टता लाना।
- लेखकों की अनुपस्थिति में उनके विचारों से अवगत कराने हेतु।

मौन वाचन

शिक्षार्थी पठन सामग्री के प्रति मन ही मन में प्रतिक्रिया अभिव्यक्त करते हुए मानसिक तर्क-वितर्क करता है। मौन वाचन से पठन की गति तीव्र हो जाती है एवं एकाग्रता बनती है।

उद्देश्य:

- छात्र पठितांश का वाचन अपनी गति से कर सकता है।
- अवकाश के क्षणों का सदुपयोग करने हेतु वाचन का अभ्यास आवश्यक है।
- विद्यार्थियों को कम से कम समय में अधिक से अधिक विषय-वस्तु को आत्मसात कराना।
- किसी बात को स्वयं समझने हेतु।
- चिन्तन एवं तर्कशक्ति का विकास करने हेतु।

द्रुत वाचन

तीव्र गति से अध्ययन के कारण पुस्तक के मुख्य भाव ग्रहण करने में समय नहीं लगता है। पाठक अनुच्छेद को एक सार्थक इकाई मानकर पढ़ता है। यह वाचन का श्रेष्ठ कौशल है।

- मौन वाचन काठिन्य निवारण तथा पुनरावृत्ति प्रश्नों के पूछने से पूर्व कराया जाता है।
- कक्षा अध्यापन के समय केवल मौन पाठ ही कराया जाता है।
- सस्वर वाचन से उच्चारण संबन्धित त्रुटियाँ देखी जा सकती है। मौन वाचन में इनका अभाव रहता है।

लेखन शिक्षण

मौटेसरी के मतानुसार वाचन से पहले लेखन की शिक्षा दी जानी चाहिए।

फ्रोबेल एवं गाँधी के मतानुसार लिखने से पहले पढ़ना और वर्णमाला के अक्षरों को लिखने से पहले चित्रांकन सीखाना चाहिए क्योंकि वाचन मानसिक है जबकि लेखन शारीरिक व मानसिक दोनों प्रक्रिया हैं।

अक्षर रचना (लिखना) सीखाने की विधियाँ

- **सार्थ रेखाएँ खींचने की विधिः** बालक को सर्वप्रथम सार्थक रेखाएँ खींचने की शिक्षा दी जानी चाहिए ताकि वह उन रेखाओं द्वारा वर्ण बनाना सीख सके। जैसे खड़ी पाई 'अ' से 'आ' की मात्रा का निर्माण करना।
- **खंडशः लेखन विधिः** विद्यार्थी के लिए सम्पूर्ण अक्षर की रचना एक बार समझ पाना कठिन कार्य है। वर्ण को आरम्भ करने की विधि का ज्ञान बहुत आवश्यक है। लेखनी को किस ओर से किस ओर घुमाना है।
- **रेखा अनुसरण विधिः** यह विधि अत्यधिक प्राचीन और उपयोगी विधि मानी जाती है। इस विधि के अंतर्गत अध्यापक विद्यार्थी का हाथ पकड़कर रेखाओं का अनुसरण करके वर्ण को उभारने में मदद करता है।
- **अनुलेख विधि!** इसके अंतर्गत कोई भी वर्ण सुन्दर एवं मोटे रूप में लिख दिया जाता है और विद्यार्थी इस वर्ण को देखकर इसका अनुलेखन करता है।
- **स्वतंत्र लेखन विधिः** इस विधि में वर्ण को बिना देखे या नकल किये बिना उसकी मानिकस चित्रछाया के अनुसार लिखा जाता है। कुशाग्र बुद्धि बालक बहुत कम समय में इस विधि को अपना लेते हैं।
- **मौंटेसरी विधिः** इस विधि में लकड़ी, गत्ते एवं प्लास्टिक से बने वर्णों का प्रयोग किया जाता है और बालक द्वारा उस वर्ण के ऊपर उंगली फेरकर लिखने का अभ्यास किया जाता है।

भाषा की शिक्षाः मॉन्टेसरी विद्यालय के कार्यक्रम को विभाजित करने का आधार है।

मॉन्टेसरी प्रणाली में लिखना सिखाने के लिए लेखनी पकड़ने का अभ्यास, अक्षरों का ध्वन्यात्मक विश्लेषण तथा अक्षरों का स्वरूप समझना आदि प्रणालियों का प्रयोग किया जाता है।

- **पेस्टॉलोजी विधिः** इसमें पहले वर्ण लेखन में उपयोगी रेखाओं व वृत्तों आदि का वर्गीकरण किया जाता है और उनके पीछे सार्थक खीचने का अभ्यास कराया जाता है।
- **जेकाटाट विधिः** इसके अंतर्गत विद्यार्थी किसी वाक्य को लिखता है और तत्पश्चात् वही वाक्य बिना उसे देखे लिखता है। लिखने के बाद वह इस वाक्य के शब्दों को मूल वाक्य के शब्दों से मिलता है और की गई अशुद्धियों को सुधारता है। यह पद्धति भारतीय पद्धति पर आधारित है।
- **विश्लेषण विधिः** इस विधि के अनुसार लेखन कार्य शब्द से आरम्भ होता है। इसमें विद्यार्थी को एक चित्र दिखाया जाता है और उस चित्र के नीचे उसका नाम लिखा जाता है। बालक को चित्र के नाम के पहले वर्ण को खंडशः लेखन सिखाया जाता है।
- **संश्लेषण विधिः** इस विधि के अंतर्गत पहले वर्ण लिखना सिखाया जाता है। उसके बाद बनने वाले शब्द फिर उन शब्दों से बनने वाले वाक्य सिखाया जाता है।
- **परंपरागत विधिः** इस विधि में सर्वप्रथम स्वर, व्यंजन उसके पश्चात् मात्राएँ तथा शब्द उसके पश्चात् वाक्य लेखन का ज्ञान दिया जाता है।
- **समान आकृति वर्ण समूह विधिः** यह विधि पेस्टोलॉजी की रचनात्मक विधि के समकक्ष है। इसमें वर्णों को समान समूह में बाँट लिया जाता है।

शिक्षण की विधियाँ

- **निगमन विधिः** इस विधि को नियम उदाहरण विधि भी कहते हैं। नियम तथा सिद्धांत अमूर्त होते हैं छात्र स्थूल को अधिक समझते हैं तथा रुचि लेते हैं। इसीलिए प्राथमिक कक्षाओं में यह प्रयोग व्यावहारिक नहीं है। आगमन को पूरकविधि के रूप में प्रयुक्त करना चाहिए।
- **सूत्र प्रणालीः** व्याकरण के नियम सूत्र रूप से रटा दिए जाते हैं। यह प्रणाली अमनोवैज्ञानिक और परम्परागत संस्कृति-शिक्षण की ही है। इस प्रणाली से भाषा के प्रयोग का ज्ञान और अभ्यास नहीं हो पाता।
- **पाठ्यपुस्तक प्रणालीः** यह पूर्णतः अमनोवैज्ञानिक विधि है। इस प्रणाली में भी व्याकरण की पुस्तक में दी गई परिभाषाएँ और सिद्धांत रटा दिए जाते हैं।

- **आगमन-विधिः** आगमन विधि मनोवैज्ञानिक सिद्धांतों पर आधारित है। यह निगमन विधि से विपरित विधि है। इसमें पहले प्रयोग बताया जाता है व बाद में विद्यार्थी स्वयं नियमों की खोज करते हैं। इसके तीन पद है नियमीकरण, अवधान व निरीक्षण। इस विधि में सीखने को विशेष महत्व दिया जाता है। इस विधि से छात्रों विधि को उदाहरण नियम विधि भी कहते हैं। आगमन विधि के दो प्रकार है-
- **प्रयोग प्रणालीः** व्याकरण पढ़ाते समय छात्रों के सम्मुख पहले उदाहरण रखे जाते हैं। उन्हीं के द्वारा सिद्धांत का नियम निकलवाए जाते हैं। इसके निम्न पद हैं।
- **तुलना एवं विश्लेषणः** उदाहरणों की परस्पर तुलना करना, विश्लेषण करना और उनसे व्यक्त समान लक्षणों एवं विशेषताओं को समझना।
- **नियमीकरण या निष्कर्षः** लक्षणों एवं विशेषताओं के आधार पर नियम, निष्कर्ष या परिभाषा निकालना।
- **प्रयोग और अभ्यासः** निकाले गए निष्कर्ष या नियम की पुष्टि के लिए अनेक प्रयोग करना और उसका अच्छी तरह अभ्यास करना।
- **सह-सम्बन्ध विधिः** व्याकरण के नियमों को अधिक बोधगम्य बनाया जाता है। इस विधि में उनकी सार्थकता एवं उपयोगिता का अनुभव कराया जाता है। इसमें स्थूल से सूक्ष्म की ओर शिक्षण सूत्र का प्रयोग किया जाता है। इस विधि की व्यावहारिकता अधिक है।
- **आगमन-निगमन विधिः** यह सर्वाधिक प्रभावशाली विधि है। आगमन विधि द्वारा छात्र नियमों की खोज करते हैं
- **प्रत्यक्ष भाषा शिक्षण विधिः** व्याकरण-शिक्षण की उत्तम विधि मानी जाती है। इसमें नियमों को पढ़ने, समझाने की आवश्यकता नहीं होती है।
- **अनुवाद विधिः** भाषा सीखने से पूर्व व्याकरण सिखाया जाता है।
- **भाषा संसर्ग विधिः** इसमें व्याकरण की शिक्षा लम्बीय समवाय के द्वारा दी जाती है।
- **समवाय विधिः** इसमें व्याकरण की शिक्षा लम्बीय समवाय के द्वारा दी जाती है।
- **संरचनात्मक पद्धतिः** हिन्दी शिक्षण में एक अधुनातन विधि है क्योंकि इसमें सभी परंपरागत शिक्षण विधियों की कमियों को दूर किया गया यह पद्धति भाषा-शिक्षण के मनोवैज्ञानिक आधारों पर संगठित है।

  इस पद्धति में वाक्य आधार बनाकर दिया जाता है और उसकी सहायता से विशेष व्याकरण नियम, उसके गठन एवं शब्दावली का अभ्यास कराया जाता है। यह भाषा शिक्षण की नवीन मान्यता वाक्य विचार की इकाई पर आधारित है। इस पद्धति में लिपि की सहायता के बिना ही सुनने व बोलने पर जोर दिया जाता है। यह पद्धति रटने की अपेक्षा अभ्यास पर आधारित है।
- **व्यावहारिक व्याकरण शिक्षण विधिः** व्यावहारिक व्याकरण में शुष्क नियमों को कण्ठस्थ करने की आवश्यकता नहीं पड़ती। व्यावहारिक व्याकरण में प्रचुर अभ्यास (ड्रिलिंग) शिक्षण का आधार है। रोचक एवं आकर्षक विधि है।

अनुवाद शिक्षण की विधियाँ

- **पुस्तक विधिः** पहले सरल वाक्यों का अनुवाद किया जाता है। इसके बाद जटिल तथा मिश्रित वाक्यों का अनुवाद किया जाता है।
- **आगमन निगमन विधिः** इस विधि के मुख्य चार तत्व होते है- उदाहरण अवलोकन नियम तथा उपयोग। अंग्रेजी में अनुवाद सीखने के लिए पहले हिन्दी वाक्यों के उदाहरण देकर अभ्यास कराया जाता है। यह विधि अधिक उपयोगी तथा व्यावहारिक है।
- **दुभाषिय विधिः** शिक्षण के लिए शिक्षक को दुभाषियें की भूमिका निर्वाह करनी होती है। द्वितीय भाषा शिक्षण के लिए यह विधि अधिक उपयोगी है।
- **तुलना एवं अनुकरण विधिः** यह अनुवाद विधि छात्र केन्द्रित है तथा मनोवैज्ञानिक है। इस विधि में समय अधिक लगता है और सभी छात्रों के शिक्षण में प्रयुक्त नहीं किया जा सकता है।

प्रोजेक्ट पद्धति

हिन्दी शिक्षण में उपयोगिता: प्रोजेक्ट पद्धति सीखने के नियमों-तत्परता का नियम, प्रभाव के नियम तथा अभ्यास के नियम तीनों ही आधारित है। यह विधि हिन्दी शिक्षण में बालकों द्वारा कविताओं का संकलन करवाना, रिपोर्ताज लिखना एवं यात्रा संस्मरण के अध्ययन में उपयोगी है।

परिष्कारात्मक शिक्षण

अर्थ: किसी समस्या के कारणों का पता लगाकर उनको दूर करना या मिटाना।

ब्लेयर: "परिष्कारात्मक शिक्षण बालकों की दो प्रकार की कमियों-उनमें बुरी आदतों की उपस्थिति और अच्छी आदतों का अभाव-से संबंधित है।"

पर्यवेक्षित विधि (निदर्शित स्वाध्याय)

इसके प्रयोग के विविध रूप है-

- **सम्मेलन योजना:** बालकों की व्यक्तिगत कठिनाईयों का निवारण पूरे सम्मेलन में किया जाता है।
- **विशिष्ट अध्यापक योजना:** एक विशिष्ट अध्यापक बालकों के दोषों, उनकी भ्रान्ति धारणाओं एव कठिनाइयों को दूर करता है।
- **विभाजित कालांश योजना:** इस विधि में एक ही कालांश के अन्तर्गत दो अध्यापक के कार्यों का निरीक्षण करते हैं।

नोट:

- भाव बिम्ब – भाषा सीखने के मनोविज्ञान क्रम का अंतिम चरण।
- भाषा प्रयोगशाला का उपयोग – शुद्ध उच्चारण अभ्यास।
- ध्वनि – शब्द का आधार।
- लेखन में दोष – स्वरों की मात्राओं में अशुद्धि।
- मौन वाचन का उद्देश्य – विषय की ग्रहण शक्ति में वृद्धि।
- सस्वर वाचन – भाषा शिक्षण की प्रथम सीढ़ी।
- पठन में आता है – वर्ण व शब्द पठन, वाक्य पठन तथा अनुच्छेद पठन।
- शुद्ध लेखन आता है – शुद्ध पठन से।
- प्रश्नोत्तर विधि – प्रारंभिक कक्षा में कहानी पाठ के विकास में उपयोगी।
- पठन का पहला स्तर है – चित्र पठन।
- सस्वर पठन – कविता, गीत तथा एकांकी में उपयोगी है।
- फ्लैश कार्डों से सिखाये जाते हैं – वर्णन, वाक्यों की संरचना तथा वर्तनी।
- विश्लेषण (आगमन) विधि – व्याकरण शिक्षण की सर्वाधिक सरल एवं सुग्राह्य विधि।
- प्रश्नोत्तर विधि – खण्डानव्य विधि को कहा जाता है।

TEST YOURSELF

1. **सभी बच्चे उन गतिविधियों द्वारा अभिप्रेरित हो-**
(a) जिनकी योजना वयस्क द्वारा बनाई जाती है।
(b) जिनकी योजना बच्चों द्वारा बनाई जाती है।
(c) जो बच्चों के लिए अर्थपूर्ण होती है।
(d) जो अध्यापकों के लिए अर्थपूर्ण होती है।

2. **प्राथमिक स्तर पर किसी गतिविधि या किसी खेल के लिए अनुदेशन दिया जान चाहिए-**
(a) बच्चों की घर की भाषा या मातृ भाषा में
(b) द्वितीय भाषा या अंग्रेजी में
(c) विद्यालय की भाषा या राज्य की भाषा में
(d) शिक्षक की भाषा या अनुदेशन के माध्यम में

3. **निम्नलिखित कथन के संदर्भ में कौन-सा विकल्प सही नहीं है? 'कविता, गीत एवं मंत्र वे तरीके हैं जिनसे बच्चे'**
(a) शब्द एवं वाक्य संरचना रटते हैं।
(b) उच्चारण का अभ्यास करते हैं।
(c) विषयवस्तु के माध्यम से व्याकरण सीखते हैं।
(d) शब्द संपदा बढ़ाते हैं।

4. **शिक्षक बच्चों का आकलन करता है/करती है-**
(a) यह ज्ञात करने के लिए कि कक्षा में कौन भाषा का श्रेष्ठतम् उपयोग करते हैं।
(b) यह पता लगाने के लिए कि बच्चों को सीखने में कहाँ कमी आ रही है।
(c) बच्चों को उनके आगे के अधिगम के लिए सहायता प्रदान करने हेतु योजना बनाने के लिए।
(d) बच्चे की उसके सहपाठी से तुलना करने के लिए।

5. **द्विभाषी बच्चे या दो भाषा जानने वाले बच्चे किसी से बात करते समय प्राय: एक भाषा के शब्दों का प्रयोग करते हैं, कहलाता है-**
(a) संकेत-बदलना (b) संकेत-मिश्रित करना
(c) बहुभाषिकता (d) दक्षता स्तर

6. **बच्चे अपने लिखने की शुरूआती यात्रा आड़ी- तिरछी रेखाएँ बनाकर करते हैं, ये चिहन कहलाते हैं-**
(a) चित्रकारी (b) स्क्रिब्लिंग
(c) लिखना (d) स्वयं की वर्तनी

7. **निम्नलिखित में से कौन-सा एक कौशल बच्चों को उनका हस्त लेखन विकसित करने में सहायता करेगा-**
(a) अलमारी में कपड़ों को फैलाना
(b) कुछ छलका देना
(c) तीलियाँ उठाना
(d) धागे में मनके पिरोना

8. **निम्नलिखित में से कौन-सा भाषा की पुस्तक में चित्रों के बारे में सबसे महत्वपूर्ण है?**
(a) चित्र अपरिचित एवं याद किए जा सकने वाले संदर्भो में भाषा को समझने में मदद करते हैं।
(b) चित्र शिक्षार्थी द्वारा अपने आस-पास क्या देखा, सुना और महसूस किया, को मिलाने में सहायता करते हैं।
(c) बच्चों की दृश्य साक्षरता विकसित करते हैं।
(d) चित्र बनाने वाले तथ शिक्षक की कला एवं सौंदर्यबोध की सराहना करते हैं।

9. **कहानियाँ बच्चों को भाषा अधिगम का आनंद लेने तथा उनमें ________ विकसित करने के लिए प्रोत्साहित करती है।**
(a) साहित्य की सराहना बोध
(b) भाषा के रूपों को
(c) जीवन कौशल
(d) गत्यात्मक कौशल

10. **'बच्चों में भाषा जैविक रूप से उपस्थित होती है तथा वह भाषा बच्चों में ठीक उसी तरह से विकसित होती है जैसे कि अन्य जैविक कार्य'। यह कथन किसने कहा?**
(a) बी. एफ. स्किनर (b) नोम चोम्स्की
(c) लेव वायगोत्सकी (d) जीन प्याजे

11. **प्रभावी रूप से व्याकरण पढ़ाने के बारे में निम्नलिखित में से कौन-सा सही नहीं है?**
(a) वास्तविक सम्प्रेषण के रूप में प्रस्तुत करना
(b) संदर्भो के अनुसार व्याकरण के प्रासंगिक नियम बताना
(c) वास्तविक जीवन में सम्प्रेषण के समान अभ्यास करने के अवसर देना।
(d) नियमों का रटकर तथा अभ्यास करके व्याकरण सीखना।

12. **निम्नलिखित में से किस पर साक्षरता अर्जित करने में कुशलता होनी चाहिए?**

(a) ध्वनि विज्ञान संबंधी जागरूकता एवं प्रवाहता
(b) दृश्य शब्दावली एवं प्रतिमान पहचान
(c) अर्थापन करना एवं भाषा की समझ
(d) शुद्धता एवं ध्वनि विज्ञान संबंधी समझ

13. शिक्षा में भाषा अधिगम की प्रक्रिया को बढ़ावा देने के लिए तकनीकी (प्रौद्योगिकी) का प्रयोग करना ________ कहलाता है।
(a) आईटी
(b) आईटीसी
(c) सूचनात्मक प्रौद्योगिकी
(d) संप्रेषण प्रौद्योगिकी

14. विद्यार्थियों के अधिगम के आकलन के लिए उपयोग की जाने वाली स्कोरिंग मार्गदर्शिका को कहते हैं ________
(a) रूब्रिक्स
(b) जाँच सूची
(c) अनुसूची या विस्तृत सूची
(d) क्रम निर्धारण मापनी

15. व्याकरण-अनुवाद विधि अधिक बल देती है ________
(a) शुद्धता पर (b) प्रवाह पर
(c) उपयुक्तता पर (d) उच्चारण पर

16. प्राथमिक स्तर पर शिक्षार्थियों के आकलन के दौरान एक भाषा शिक्षक को मुख्य रूप से निम्नलिखित में से एक पर ध्यान देना चाहिए।
(a) औपचारिक साप्ताहिक परीक्षा और उसे प्रगति-पत्र में दर्ज करना।
(b) एक अवधि के अंत में परीक्षा लेना, जो उत्तीर्ण या अनुत्तीर्ण घोषित करने में सहायता करे।
(c) शिक्षार्थियों के निष्पादन के बारे में विविध तरीकों से जानकारी एकत्रित करना तथा उसे शिक्षार्थियों एवं उनके माता-पिता के साथ साझा करना।
(d) भाषा के अभ्यास में वृद्धि तथा विविधता लाने हेतु प्रतिदिन कक्षा कार्य एवं गृह कार्य के रूप में दत्त कार्य देना।

17. बच्चे एक या एक से अधिक भाषाओं के ज्ञान के साथ विद्यालय में आते हैं। एक से अधिक भाषाओं का ज्ञान बच्चों को सहायता करता है-
(a) अन्य भाषाओं एवं नए विषयों को आसानी से सीखने में।
(b) राष्ट्र के रीति-रिवाजों एवं अन्य संस्कृतियों को समझाने में
(c) अन्य विद्यार्थियों के साथ न जुड़ने तथा संवेदनशील होने में।
(d) अधिक अंक प्राप्त करने के लिए उन भाषाओं की लिपि सीखने में।

18. कक्षा 3 के विद्यार्थी की कॉपी को देखते समय, भाषा की शिक्षिका ने कुछ त्रुटियाँ देखीं और महसूस किया कि-
(a) बच्चे लापरवाह हैं, इसलिए वे त्रुटियाँ करते हैं।
(b) बच्चे त्रुटियाँ करते हैं, एवं दोहरा रहे हैं क्योंकि इसके लिए वे उन्हें दण्ड नहीं दे रही हैं।
(c) बच्चों की त्रुटियाँ स्वाभाविक हैं और उनके अधिगम की संकेतक हैं।
(d) एक शिक्षिका के रूप में उसे इस प्रकार की त्रुटियों पर ध्यान नहीं देना चाहिए, क्योंकि ये त्रुटियाँ अधिगम के लिए महत्व नहीं रखती हैं।

19. वायगोत्सकी के अनुसार, बच्चे साथियों के साथ सामाजिक अंतक्रिया से सीखते हैं। एक भाषा शिक्षक के रूप में-
(a) अपने पाठ की इस तरह से योजना बनाएँ कि वे कक्षा में अकेले बैठें तथा कक्षा में अंतक्रिया एवं बातचीत किए बिना कार्य करें।
(b) ऐसी पाठ योजना बनाएँ जिसमें अंतक्रिया से बचने के लिए खेल और चर्चा शामिल न की जाए।
(c) कक्षा में अनुशासन बनाए रखने के लिए प्रोत्साहन, पुरस्कार एवं दण्ड का प्रयोग करें।
(d) जोड़े एवं समूह कार्य के लिए योजना बनाएँ ताकि वे साथियों के साथ अंतक्रिया कर सकें।

20. भारतीय कक्षाएँ बहुभाषी कक्षाएँ होती हैं। बहुभाषिकता के इस संदर्भ को ध्यान में रखते हुए प्राथमिक स्तर पर बहभाषी कक्षा के बारे में निम्नलिखित में से कौन-सा। एक सर्वाधिक उपयुक्त है?
(a) शिक्षक को शिक्षार्थी की भाषा का नजरअंदाज करते हुए, विद्यालय की भाषा पर ध्यान देना चाहिए।
(b) घर की भाषा या मातृभाषा, घर पर बोलनी चाहिए न कि विद्यालय में।
(c) भारत में एकल भाषी विद्यालय होने चाहिए तथा शिक्षार्थियों को उनकी भाषा की प्राथमिकताओं के अनुसार प्रवेश देना चाहिए।

(d) शिक्षक, शिक्षार्थियों को उनकी स्वयं की भाषा में संप्रेषण करने एवं अभिव्यक्ति हेतु प्रोत्साहित करें तथा उनके विचारों को सम्मान दें।

21. भाषा शिक्षक, ऐसा कार्य दें जो जोड़े/समूह में किया जा सके, क्योंकि-

(a) जब बच्चे एक साथ कार्य करेंगे तो वे अपना कार्य शीघ्र समाप्त करने में सक्षम होंगे।

(b) इससे शिक्षक का कार्य कम होता है, क्योंकि समूह अवलोकन की तुलना में प्रत्येक बच्चे पर व्यक्तिगत ध्यान देना कठिन है।

(c) इस प्रकार के अर्थपूर्ण कार्यों से बच्चे एक दूसरे की सहायता करते हैं एवं सीखते हैं।

(d) यह उनके बीच अधिक अंक प्राप्त करने की प्रतियोगिता को बढ़ावा देता है।

22. एक अध्यापक का अपनी कक्षा में इस बात पर ध्यान जाता है कि एक बच्चे को भाषा पढ़ने एवं समझने में कठिनाई हो रही है। यह ________ का लक्षण हो सकता है।

(a) गणना में अक्षमता (b) लिखने में अक्षमता

(c) गतिक में अक्षमता (d) पढ़ने में अक्षमता

23. निम्नलिखित में से कौन सा कथन, प्राथमिक स्तर पर आकलन करने के संदर्भ में सही है?

(a) आकलन, प्रत्येक सत्र के अंत में करना चाहिए।

(b) आकलन राज्य आधारित प्रक्रिया होनी चाहिए तथा राज्य पूरे राज्य में एक साथ ही आयोजित करनी चाहिए।

(c) आकलन, विद्यालय आधारित तथा शिक्षण-अधिगम प्रक्रिया के साथ समावेशित होनी चाहिए।

(d) आकलन, वर्ष में एक बार आयोजित करना चाहिए।

24. निम्नलिखित में से आप किसे भाषा की कक्षा हेतु प्रामाणिक सामग्री के रूप में स्वीकार करते हैं?

(a) पाठ्य पुस्तक (b) कार्य पुस्तिका

(c) समाचार-पत्र (d) पूरक पुस्तिका

25. भाषा अधिगम के लिए सामग्री तैयार करने के सिद्धांतों में से एक है

(a) प्रत्येक आयुवर्ग के लिए जटिल सामग्री चुनी जानी अशा चाहिए।

(b) सामग्री औचित्यपूर्ण तरीके से स्तरानुसार होनी चाहिए

(c) किसी भी प्रकार की सामग्री चुनी जा सकती है

(d) सामग्री छोटी तथा सीमित होनी चाहिए

26. भाषा अर्जन होता है तब ________

(a) बच्चे को व्याकरण के नियम पढ़ाए जाते हैं।

(b) बच्चे को पुरस्कार या दंड दिया जाता है।

(c) बच्चे को भाषा के अवसर मिलते हैं।

(d) बच्चा बिना सचेतन ध्यान के भाषा ग्रहण करता है।

27. भाषा के उत्पादक कौशल हैं ________

(a) पठन तथा लेखन सात (b) पठन तथा श्रवण

(c) वाचन तथा लेखन (d) वाचन तथा श्रवण

28. ________पठन का सार तत्व है।

(a) अक्षर ज्ञान (b) अर्थ

(c) वर्तनी (d) प्रवाह

29. सुश्री ग्रेस अपने शिक्षार्थियों को पॉडकास्ट सुनने और कहानी को आरेख के रूप में प्रस्तुत करने के लिए कहती हैं। यह गतिविधि शिक्षार्थियों को उनकी ________के संवर्द्धन के लिए सबसे कम अवसर प्रदान करती है।

(a) कल्पनाशक्ति (b) सक्रियश्रवण

(c) समझ (d) संरचना

30. निम्नलिखित में से कौन-सा शिक्षार्थियों को 'संक्षेपण' के शिक्षण में सर्वाधिक उपयुक्त है?

(a) इस कहानी का शीर्षक क्या होगा?

(b) इस कहानी का कोई अन्य अंत सोचिए

(c) लेखक ने कुत्ते के पात्र को किस प्रकार चित्रित किया है?

(d) दी गई तस्वीर के आधार पर अनुमान लगाइए कि कहानी में क्या हो रहा है?

31. एक शिक्षार्थी अपने संज्ञानात्मक स्तर से एक सोपान ऊपर के अपठित गद्यांश की समालोचनात्मक सराहना द्वारा अपनी पठन क्षमता प्रदर्शित करती है। यह किसके अधिक निकट है?

(a) बोधगम्य निवेश

(b) बोधगम्य उत्पाद

(c) परिकल्पना का अनुवीक्षण

(d) प्राकृतिक क्रम

32. ज्ञान की अवचेतन स्वीकृति जहाँ सूचनाएँ संप्रेषण के माध्यम से मस्तिष्क में एकत्र होती हैं, उसे भाषा के किस रूप में जाना जाता है?

(a) अधिगम (b) विकास

(c) अर्जन (d) कार्य

33. **निम्नलिखित में से कौन सा एक भाषा का अंग नहीं है?**
(a) ध्वनि (b) रूप
(c) अर्थ (d) पठन

34. **कौन-सी पद्धति लिखित भाषा की अपेक्षा मौखिक भाषा पर अधिक बल देती है?**
(a) श्रव्य भाषा पद्धति
(b) व्याकरण अनुवाद पद्धति
(c) संरचनात्मक उपागम
(d) निगमन पद्धति

35. **किस पद्धति में शिक्षक को सभी पद्धतियों के बारे में जागरूक होना चाहिए?**
(a) व्याकरण अनुवाद पद्धति
(b) प्रत्यक्ष पद्धति
(c) गतिविधि आधारित अधिगम
(d) विभिन्न दर्शनग्राही/ग्रहणशील पद्धति

36. **समाचार-पत्र की मुख्य पंक्तियों पर सरसरी दृष्टि डालना किस प्रकार का पठन है?**
(a) गहन पठन
(b) बारीकी से पठन
(c) विस्तृत पठन
(d) सरसरी दृष्टि से देखना

37. **निम्नलिखित में से कौन-सी लेखन की विशेषता नहीं**
(a) मौखिक रिपोर्ट प्रस्तुत करना
(b) अच्छा संगठन
(c) स्पष्ट उद्देश्य
(d) व्याकरणिक परिशुद्धता

38. **निलिखित में से कौन-सा सिद्धांत बच्चों को अमर्त शब्दों को सीखने तथा शब्द कैसे वर्गों से संबंधित है यह पहचानने में सहायता करता है-**
(a) बच्चों को शब्दों तथा भाषा संरचना के विविध उदाहरणों को सुनने की आवश्यकता है।
(b) शब्द संपदा तथा व्याकरणिक विकास पारस्परिक रूप से होने वाली प्रक्रियाएँ हैं।
(c) बच्चे शब्दों को अर्थपूर्ण संदर्भ में अच्छी तरह सीखते हैं।
(d) निष्क्रिय संदर्भ की अपेक्षा अंत:क्रियात्मक तथा प्रतिक्रियात्मक संदर्भ भाषा अधिगम को प्रोत्साहित करते हैं।

39. **कौन-सा उपागम शिक्षार्थियों में संप्रेषणात्मक दक्षता उत्पन्न करता है?**
(a) संरचनात्मक उपागम
(b) रचनावाद उपागम
(c) संप्रेषणात्मक उपागम
(d) कौशल आधारित उपागम

40. **प्रामाणिक आकलन क्या है?**
(a) मानकीकृत परीक्षण जिसमें प्रश्न उत्तर चुनने के लिए सीमित संख्या में दिए जाते है।
(b) शिक्षार्थियों के निष्पादन के मापन का वह उपागम जो प्रत्यक्ष एवं सुसंगत तरीके से जाँच करता है कि अधिगम उद्देश्य प्राप्त हुए हैं या नहीं।
(c) प्रतिभागियों का आकलन जहाँ कार्यक्रम के प्रतिफल पर बल दिया जाता है।
(d) अनुदेशित इकाई के अन्त में मानकों की तुलना में शिक्षार्थी के अधिगम का मूल्यांकन करना है।

41. **रचनात्मक आकलन के बारे में कौन-सा कथन उपयुक्त है?**
(a) सत्र की अवधि विशेष में शिक्षार्थी के कौशल का मूल्याँकन करना।
(b) शिक्षार्थी की प्रक्रिया पर केन्द्रित है।
(c) शिक्षण संस्थानों में बहुत अधिक मान्यता दी गई है।
(d) विद्यार्थियों द्वारा की गई त्रुटियों को तुरन्त सुधारना।

42. **स्वतंत्र लेखन का मुख्य लाभ यह है कि शिक्षार्थी**
(a) यह महसूस नहीं करते कि उन्हें अधिक लिखना है- पूर्णत: सही होना चाहिए।
(b) अपनी प्रथम भाषा से लिखित भाषा की विशेषताओं को सम्मिलित कर सकते हैं।
(c) रचनात्मक बनने की स्वतंत्रता का लाभ उठाते हैं।
(d) लिखने या न लिखने की स्वतंत्रता का लाभ उठाते हैं।

43. **बच्चे किस अवस्था के दौरान तरह-तरह के अक्षरों को मिलाकर ध्वनियाँ निकालनी शुरू कर देते हैं, जैसे किबा-दा-दा-दा?**
(a) किलकारी करने की अवस्था
(b) एक शब्दीय अवस्था
(c) टेलीग्राफिक वाक् अवस्था
(d) बबलाने की अवस्था

44. किसी शिक्षार्थी की भाषा विषय क्षेत्र में किसी विशिष्ट कमजोरी को किसके द्वारा पहचाना जा सकता है?

(a) निष्पादन परीक्षण (b) निदानात्मक परीक्षण

(c) योगात्मक परीक्षण (d) लिखित परीक्षा

45. निम्नलिखित में से कौन-सा प्रथम भाषा के अर्जन में महत्वपूर्ण कारक है?

(a) शिक्षक (b) विद्यालय

(c) अवसरों की प्रकृति (d) पहचान तथा प्रोत्साहन

46. निम्नलिखित में कौन-सा क्षेत्रीय भाषा को परिभाषित करता है?

(a) क्षेत्र में भाषा की वाक् विशेषताएँ

(b) देश अथवा राज्य की भाषा

(c) क्षेत्र की भाषा लिपि के साथ

(d) क्षेत्र की लिखित भाषा तथा साहित्य

47. निम्नलिखित में कौन-सा संकेत भाषा के संबंध में सत्य है?

(a) संकेत भाषा का व्याकरण नहीं है

(b) संकेत भाषा का व्याकरण है

(c) संकेत भाषा भाव-भंगिमा का समूह है

(d) संसार भर में केवल एक ही संकेत भाषा का प्रयोग होता है

48. भाषा सीखना ________ है

(a) स्वाभाविक तथा अवचेतन

(b) सुविचारित तथा चेतन

(c) स्वाभाविक तथा सुविचारित दोनों है

(d) जन्मजात तथा अस्वैच्छिक

49. कक्षा में 'बहुभाषिकता एक रणनीति के रूप' में प्रयुक्त करने से क्या तात्पर्य है?

(a) शिक्षार्थियों की समान भाषा को अंग्रेजी माध्यम की कक्षा में पाठ्यवस्तु के अनुवाद के लिए प्रयोग करना

(b) शिक्षार्थियों की भाषा को भाषाओं के शिक्षण-अधिगम तथा विषय वस्तु के लिए प्रयोग करना

(c) कक्षाकक्ष में निर्देश की माध्यम भाषा के सिवाय शिक्षार्थियों की अपनी भाषाओं को प्रयोग नहीं करने देना

(d) बहुभाषी वक्ता करने के लिए विद्यालय में अनेक भाषाएँ सीखना

50. निम्नलिखित में से कौन-सा भारत में हिंदी भाषा के संबंध में सत्य है?

(a) यह भारत की राष्ट्रभाषा है

(b) यह शिक्षा में समान द्वितीय भाषा है

(c) यह भारत की सह राज्य भाषा है

(d) हिन्दी भारत की राजभाषा है

ANSWER KEY													
1.	C	2.	A	3.	C	4.	C	5.	A	6.	B	7.	D
8.	A	9.	A	10.	B	11.	D	12.	C	13.	B	14.	A
15.	A	16.	C	17.	A	18.	C	19.	D	20.	D	21.	C
22.	D	23.	C	24.	C	25.	B	26.	D	27.	C	28.	B
29.	A	30.	A	31.	A	32.	C	33.	D	34.	A	35.	D
36.	D	37.	A	38	A	39.	C	40.	B	41.	B	42.	C
43.	D	44.	B	45.	C	46.	A	47.	B	48.	B	49.	B
50.	C												

EXPLANATION

1. सभी बच्चे उन गतिविधियों द्वारा अभिप्रेरित होते है जो बच्चों के लिए अर्थपूर्ण होती है।

2. 'बच्चों की घर की भाषा या मातृभाषा में प्राथमिक स्तर पर किसी गतिविधि या खेल के लिए अनुदेशन दिया जाना चाहिए।

3. 'विषयवस्तु के माध्यम से व्याकरण सीखते हैं।' कथन कविता, गीत एवं मंत्र सीखने के तरीके रूप में उपयोगी नहीं है। कवता-गीत एवं मत्र के द्वारा बच्चों का शब्दभण्डार, शुद्ध उच्चारण एवं काव्यवाचन की शैली का विकास होता है।

4. "बच्चों को उनके आगे के अधिगम के लिए सहायता प्रदान करने हेतु योजना बनाने के लिए" शिक्षक बच्चों का आकलन करता है।

5. द्विभाषी बच्चे या दो भाषा जानने वाले ब़च्चे किसी से बात करते समय प्रायः एक भाषा के शब्दों का प्रयोग करते है, उनके द्वारा प्रायः एक भाषा के शब्दों का प्रयोग करना 'संकेत-बदलना कहलाता है।

6. बच्चे अपने लिखने की शुरूआती यात्रा में आड़ी-तिरक्षी रेखाएँ बनाकर करते हैं तो उस क्रिया को श्कीरम काँटे/स्क्रिब्लिंग कहते है।

7. स्कूलों में 'धागे में मनके पिरोना' गतिविधि द्वारा बच्चों को उनके हस्त लेखन कौशल विकसित करने में सहायता मिलती है।

8. निम्नलिखित में से चित्र अपरिचित एवं याद किए जा सकने वाले संदर्भो में भाषा को समझने में मदद करते हैं भाषा की पुस्तक में चित्र महत्त्वपूर्ण भूमिका निभाते हैं।

9. कहानियाँ बच्चों को भाषा अधिगम का आनन्द लेने तथा उनमें 'साहित्य की सराहना बोध' विकसित करने के लिए प्रोत्साहित करती है।

10. "बच्चों में भाषा जैविक रूप से उपस्थिति होती है तथा वह भाषा बच्चों में ठीक उसी तरह से विकसित होती है जैसे कि अन्य जैविक कार्य।" ________ नोम चोम्स्की

11. 'नियमों को रटकर तथा अभ्यास करके व्याकरण सीखना' कथन प्रभावी रूप से व्याकरण पढ़ाने के बारे में सही नहीं है जबकि अन्य विकल्प प्रश्न के संदर्भ में सही हैं।

12. निम्नलिखित में से साक्षरता अर्जित करने में अर्थापन करना एवं भाषा के समझ की कुशलता होनी चाहिए। यदि हमें भाषा की समझ होगी तो हम आसानी से अधिगम कर सकेंगे।

13. शिक्षा में भाषा अधिगम की प्रक्रिया को बढ़ावा देने के लिए तकनीकी (प्रौद्योगिकी) का प्रयोग करना 'आईटीसी' कहलाता है।

14. विद्यार्थियों के आकलन के लिए उपयोग की जाने वाली स्कोरिंग मार्गदर्शिका को 'रूब्रिक्स' कहते है।

15. व्याकरण- अनुवाद विधि अधिक बल देती है 'शुद्धता पर'। इस विधि में बोलने, लिखने-पढ़ने और शुद्धता पर अधिक बल दिया जाता है।

16. प्राथमिक स्तर पर शिक्षार्थियों के आकलन के दौरान एक भाषा शिक्षक को मुख्य रूप से शिक्षार्थियों के निष्पादन के बारे में विविध तरीकों एवं उनके माता-पिता के साथ साझा करने पर ध्यान देना चाहिए।

17. बच्चे एक या एक से अधिक भाषाओं के ज्ञान के साथ विद्यालय में आते हैं, एक से अधिक भाषाओं का ज्ञान बच्चों को अन्य भाषाओं एवं नए विषयों को आसानी से सीखने में सहायता करता है।

18. 'बच्चों की त्रुटियाँ स्वाभाविक हैं और उनके अधिगम की संकेतक है।'

19. 'जोड़े एवं समूह कार्य के लिए योजना बनाएँ ताकि वे साथियों के साथ अंतक्रिया कर सकें।'

20. "शिक्षक, शिक्षार्थियों को उनकी स्वयं की भाषा में संप्रेषण करने एवं अभिव्यक्ति हेतु प्रोत्साहित करें तथा उनके विचारों को सम्मान दें,'' क्योंकि भारतीय कक्षाएँ बहुभाषी कक्षाएँ होती है।

21. भाषा शिक्षक को जोड़े/समूह में कार्य देना चाहिए इस प्रकार के अर्थपूर्ण कार्यों से बच्चों में एक दूसरे की परस्पर सहायता करने तथा उनमें सहयोग की भावना का विकास एवं अधिगम अधिक होता है।

22. जब बच्चे को भाषा पढ़ने एवं समझने में कठिनाई हो रही है, तो 'पढ़ने में अक्षमता (डिस्लेक्सिया)' के लक्षण पाये जाते हैं।

23. आकलन विद्यालय आधारित तथा शिक्षण-अधिगम प्रक्रिया के साथ समावेशित होनी चाहिए। यह कथन

प्राथमिक स्तर पर आकलन करने के सन्दर्भ में सबसे उपयुक्त है।

24. भाषा की कक्षा हेतु प्रामाणिक सामग्री के रूप में 'समाचार-पत्र' को स्वीकार करते हैं।

25. 'सामग्री औचित्यपूर्ण तरीके से स्तरानुसार होनी चाहिए' जो भाषा अधिगम के लिए सामग्री तैयार करने के सिद्धान्तों में से एक है।

26. भाषा अर्जन तब होता है, जब– "बच्चा बिना सचेतन ध्यान के भाषा ग्रहण करता है।''

27. प्रश्नगत विकल्प में 'वाचन तथा लेखन' भाषा के उत्पादन कौशल हैं। नवीन ज्ञान और नवीन प्रतिक्रियाओं को प्राप्त करने की प्रक्रिया सृजन की प्रक्रिया है। भाषा के दो रूप है- लिखित और मौखिक। विद्यार्थी को विचारों के आदान-प्रदान में कुशल तथा प्रवीण बनना ही भाषा की श्रेष्ठता है। भाषा सीखना आदतों, ज्ञान और अभिवृत्तियों का अर्जन है।

28. पठन का सार तत्त्व अर्थ है। भाषा के दो रूप होते हैं-मौखिक और लिखित। लिखित भाषा को पढ़ने और पढ़कर उसका अर्थ समझने की क्रिया को पठन कहते हैं।

29. सुश्री ग्रेस अपने शिक्षार्थियों को पॉडकास्ट सुनने और कहानी को आरेख के रूप में प्रस्तुत करने के लिए कहती हैं।

30. उपर्युक्त विकल्प के अनुसार शिक्षार्थियों को 'संक्षेपण' के शिक्षण में सर्वाधिक उपयुक्त प्रश्न होगा- इस कहानी का शीर्षक क्या होगा?

31. एक शिक्षार्थी अपने संज्ञानात्मक स्तर से एक सोपान ऊपर के अपठित गद्यांश की समालोचनात्मक सराहना द्वारा अपनी पठन क्षमता प्रदर्शित करती है। यह बोध गम्य निवेश के अधिक निकट है।

32. ज्ञान की अवचेतन स्वीकृति जहाँ सूचनाएँ संप्रेषण के माध्यम से मस्तिष्क में एकत्र होती है उसे भाषा अर्जन के रूप में जाना जाता है। वह प्रक्रिया जिसके द्वारा मानव भाषा को ग्रहण करने एवं समझने की क्षमता अर्जित करता है तथा बातचीत करने के लिए शब्दों एवं वाक्यों का प्रयोग करता है भाषा अर्जन कहलाता है।

33. उपयुक्त विकल्पों में 'पठन' भाषा का अंग नहीं है। भाषा के चार अंग बताये जाते है। (i) ध्वनि (ii) रूप (शब्द) (iii) वाक्य (iv) अर्थ। जबकि 'पठन' भाषा कौशल है। भाषा कौशल चार होते हैं- पठन कौशल (पढ़ना), वाचन कौशल (बोलना), श्रवण कौशल (सुनना) तथा लेखन कौशल (लिखना)।

34. श्रव्य भाषा पद्धति लिखित भाषा की अपेक्षा मौखिक भाषा पर अधिक बल देती है। मौखिक भाषा की शिक्षा- मौखिक भाषा की शिक्षा का अर्थ है। बच्चों को सुनने अर्थात् सुनकर अर्थग्रहण करने और बोलने अर्थात् अपने एवं विचारों को मौखिक रूप से अभिव्यक्त करने में निपुण करना।

35. प्रत्येक शिक्षक को विभिन्न दर्शनग्राहीधग्रहणशील पद्धति के बारे में जागरुक होना चाहिए क्योंकि वह विद्यार्थियों के सर्वांगीण विकास के लिए किसी एक दर्शन पर रूढ़िवादी नहीं रहता। विभिन्न दर्शन के विचारों से विद्यार्थियों को अवगत कराना शिक्षक का प्रथम कर्त्तव्य है।

36. समाचार-पत्र की मुख्य पंक्तियों पर सरसरी दृष्टि डालना 'सरसरी दृष्टि से देखना' पठन शैली है।

37. अच्छा संगठन, स्पष्ट उद्देश्य और व्याकरणिक परिशुद्धता लेखन की विशेषता है जबकि मौखिक रिपोर्ट प्रस्तुत करना लेखन की विशेषता नहीं है।

38. बच्चों को शब्दों तथा भाषा संरचना के विविध उदाहरणों को सुनने की आवश्यकता है जिससे बच्चों को अमूर्त शब्दों को सीखने तथा शब्द जैसे वर्गों से संबंधित है यह पहचानने में सहायता करता है।

39. संप्रेषणात्मक उपागम शिक्षार्थियों में संप्रेषणात्मक दक्षता उत्पन्न करता है। 'रचनावाद' सीखने सिखाने के इसी सिद्धान्त को कहते हैं जिसमें विद्यार्थी अपने ज्ञान की रचना अथवा निर्माण वातावरण से अंत:क्रिया करते हुए अपने अनुभवों से स्वयं करता है।

40. प्रामाणिक आकलन या मूल्यांकन बौद्धिक उपलब्धियों का माप है, जो सार्थक और महत्त्वपूर्ण है। प्रामाणिक मूल्यांकन शिक्षक द्वारा या छात्र के सहयोग से छात्र की आवाज को जोड़कर तैयार किया जा सकता है। प्रामाणिक आकलन शिक्षार्थियों के निष्पादन के मापन का वह उपागम जो प्रत्यक्ष एवं सुसंगत तरीके से जाँच करता है कि अधिगम उद्देश्य प्राप्त हुए है या नहीं।

41. रचनात्मक आकलन का कार्य शिक्षण प्रक्रिया की दशा का ज्ञान कराना होता है। ये आकलन शिक्षण प्रक्रिया

के दौरान लगातार होता है। यह शिक्षार्थी की प्रक्रिया पर केन्द्रित है। इसका उद्देश्य किसी शैक्षिक कार्यक्रम योजना प्रक्रिया आदि में मूल्यांकन करके सुधार किया जाए। इसमें किसी शैक्षिक कार्यक्रम या किसी योजना की गुणवत्ता और उसकी उपयोगिता का आकलन किया जाता है। जिससे उसको और अधिक उपयोगी और प्रभावशाली बनाया जा सके।

42. स्वतंत्र लेखन का मुख्य लाभ यह है कि शिक्षार्थी रचनात्मक बनने की स्वतंत्रता का लाभ उठाते हैं।

43. बबलाने की अवस्था के दौरान बच्चे तरह-तरह के अक्षरों को मिलाकर ध्वनियाँ निकालनी शुरू कर देते है; जैसे कि बा-दा-दा-दा। यह लगभग 4-6 माह आय से प्रारम्भ हो जाता है।

44. निदानात्मक परीक्षण वह परीक्षण है जिसके द्वारा का की समस्याओं का चयन किया जाता है। इस परीक्षण का माशा बहुविकल्पीय प्रश्न होते हैं। इसके द्वारा छात्रों की समस्याओं पहचान होता है। इसलिए इसे निदानात्मक परीक्षण कहा जाता है जबकि उपचारात्मक परीक्षण द्वारा समस्याओं को दूर किया जाता है। यह औपचारिक और अनौपचारिक दोनों प्रकार से किया जा सकता है। यह छात्रों की बौद्धिक क्षमता की जाँच करने एवं व्यक्तियों की समस्याओं को दूर करने में सहायता प्रदान करता है।

45. उपर्युक्त विकल्पों में प्रथम भाषा अर्जन का महत्वपर्ण कारक अवसरों की प्रकृति है। भाषा अर्जन एक प्राकृतिक प्रक्रिया है जिसे हमआस-पास के वातावरण, के लोगों के माध्यम से ही सीख जाते हैं।

चॉम्स्की के अनुसार- "भाषा अर्जन की क्षमता बालकों में जन्मजात होती है और वह भाषा की व्यवस्था को पहचानने की शक्ति के साथ पैदा होता हैं।"

46. क्षेत्र में भाषा की वाक् विशेषताएँ क्षेत्रीय भाषा को परिभाषित करता है। क्षेत्रीय भाषा- किसी एक क्षेत्र विशेष में बोली जाने वाली भाषा को क्षेत्रीय भाषा कहते हैं। संख्यात्मक रूप में इनका रूप छोटा होता है।

47. निम्नलिखित में से संकेत भाषा के सम्बन्ध में सत्य कथन, संकेत भाषा का व्याकरण है।

48. भाषा सीखना सुविचारित तथा चेतन है। भाषा मानव जीवन की एक सामान्य व सतत् प्रक्रिया है, जिसे मानव को ईश्वर द्वारा दिया गया अमूल्य उपहार कहा जाता है।

49. कक्षा में 'बहुभाषिकता एक रणनीति के रूप' में प्रयुक्त करने से तात्पर्य है। शिक्षार्थियों की भाषा को भाषाओं के शिक्षण अधिगम तथा विषयवस्तु के लिए प्रयोग करना।

50. भारत में हिन्दी भाषा के सम्बन्ध में सत्य है- हिन्दी भारत की राजभाषा है।

CHAPTER

2

संस्कृत भाषाशिक्षणम्

संस्कृत शिक्षणम्

भाषा का स्वरूप

भाषा शब्द संस्कृत के भाष् धातु में अङ्/टाप् प्रत्यय से मिलकर बना है जिसका शाब्दिक अर्थ वाणी की अभिक्त है। भाषा वह साधन है जिसके माध्यम से हम अपनी विचारों को दूसरे के समक्ष भलीभाँती प्रकट करते है तथा दूसरे के बातों को अच्छे सुन या समझ पाते है।

संस्कृत एक प्राचीन भाषा है- भाषा व्यक्ति की अभिव्यक्ति है, चिन्तन का प्रतिफल है, उसकी उत्कण्ठा है। इसका विकास एक दिन का विकास नहीं युगों के विकास का प्रतिफल है। "वाग्वै सम्राट परं ब्रह्मा" वाणी ही संसार का सम्राट है परब्रह्मा है। भाषा वस्तुतः मनुष्य मुख से निसृत ध्वनियों का वह सार्थक ध्वनि समूह है जिसमें व्यक्ति स्वयं को अभिव्यक्त करता है और दूसरे को समझता है। बालक सर्वप्रथम मातृभाषा के सम्पर्क में आता है। उसके बाद प्रादेशिक भाषा के। इसके बाद आती है राष्ट्र भाषा जिसमें देश भर के समस्त सामाजिक, राजनैतिक और आर्थिक क्रिया-कलाप किये जाते है। राष्ट्रीय भाषा के अतिरिक्त किसी देश की एक और भाषा होती है वह है "सांस्कृति भाषा" जिसमें किसी भी देश की प्रगति का इतिहास छिपा रहता है। उसकी प्राचीन संस्कृति का भण्डार सुरक्षित रहता है। भारत देश की प्राचीन संस्कृति संस्कृत में निहित है। इसके बाद आती है अन्तर्राष्ट्रीय भाषा। यह वह भाषा है जिसके जानने से विश्व के समस्त देशों से राजनीतिक आर्थिक और सामाजिक सम्बन्धों को बनाये रखा जा सकता है।

स्वीट महोदयानुसार

"ध्वन्यात्मक शब्दैः विचारानां प्रकटीकरणमेव भाषा। काव्यदर्शकार दण्डी के अनुसार "वाचामेव प्रसादेन लोक इदमन्धन्तमः कृत्स्नं जायते भुवनत्रयम्।

भाषा के विविध रूप

विविधता भाषा का एक महत्वपूर्ण तत्व है। यह विविधता व्यक्ति के विभिन्न स्तरों पर समाज के सम्पर्कों से उत्पन्न होती है। व्यक्ति परिवार तक सीमित न रहकर अपने कार्यो के कारण दूर-दूर तक यात्रा करता हैं, और विभिन्न भाषाओं के सम्पर्क में आता है। उस पर उन सभी भाषाओं व व्यक्तियों के भाषिक प्रयोगों का असर होता है। जिसके कारण भाषा के अनेक रूप विकसित होते हैं-

1. **मातृभाषाः** बालक जन्म में ही अपनी माँ के मुख से जिस भाषा को सुनता है और सीखता है, उसकी मातृभाषा होती है।
2. **बोलीः** यह किसी भाषा की उपभाषा या उसकी भी एक अंग-उपांग होती है। भेद भाषा के स्थानीय आधार पर प्रयोग-भेद की विभिन्नता के कारण होता हैं इसमें सीमित शब्दावली, व्याकरणिक-रूप-उच्चारण, लिंग, वचन और वाक्य गठन आदि अस्थिर होते हैं।
3. **प्रादेशिक भाषाः** यह किसी प्रदेश या प्रांत के विस्तृत भू-भाग में निवास करने वाले अधिकांश लोगों की भाषा होती है। इसका अपना साहित्य एवं लिपि होती है।

4. **राज भाषाः** जिस भाषा का प्रयोग शासन एवं सरकार के काम-काज को संपादित करने के लिए किया जाता है राज भाषा होती हैं। हिंदी भाषा भारत की राज भाषा है जिसे 14 सितम्बर 1949 को संविधान सभा ने स्वीकार किया। और अनुच्छेद 343 में देव नागरी लिपी को माना है।
5. **राष्ट्रभाषाः** जिस भाषा को सम्पूर्ण राष्ट्र के लोग विचार विनिमय एवं संपर्क के माध्यम के रूप में स्वीकार करते हैं। एवं जो पूरे राष्ट्र में बोली व समझी जाती है। राष्ट्रभाषा कहलाती है।
6. **संस्कृति भाषाः** जिस भाषा में किसी देश की प्रगति का इतिहास छिपा हो उसकी प्राचीन संस्कृति का भण्डार जिसमें सुरक्षित रहता है। उसे संस्कृतिक भाषा कहते है।

भाषा की विशेषताएँ-

1. भाषा अर्जित सम्पत्ति है (वंशानुगत नहीं)-
2. भाषा सामाजिक प्रक्रिया है (वैयक्तिक उपयोग की नहीं)
3. भाषा अनुकरण से सीखी जाती है-
4. भाषा परम्परागत है (वैयक्तिक उत्पाद नहीं)
5. भाषा सतत परिवर्तनशील प्रक्रिया है- (अंतिम स्वरूप नहीं)
6. प्रत्येक भाषा की संरचना दूसरी भाषा से भिन्न होती है।
7. भाषा कठिनता से सरलता की ओर अग्रसर होती है।

भाषा सीखने का मनोविज्ञान

शिशु जन्म से अपनी आवश्यकताओं की पूर्ति में लग जाता है। इस कार्य में उसकी ज्ञानेन्द्रियाँ सहायता करती हैं। दुनिया को समझने और अपनी समझ को अभिव्यक्त करने में बच्चे का मनोविज्ञान उसकी मदद करता है।
इस प्रक्रिया में भाषा सीखने में कुछ मनोवैज्ञानिक प्रवृत्तियाँ कार्य करती हैं।
जैसे-
1. जिज्ञासा (नए शब्द जानने या सीखने प्रबल इच्छा)
2. अनुकरण
3. अभ्यास

सबसे अधिक ज्ञान अनुकरण द्वारा।
अभ्यास और पुनरावृत्ति के द्वारा ही छोटे बच्चे भाषाई कौशलों को विकसित करते हैं।

भाषा सीखने की प्रक्रिया

भाषा सीखने की प्रक्रिया में बालक के मस्तिष्क में चार प्रकार के बिम्ब बनते हैं-
(a) दृश्य बिम्ब
(b) श्रुति बिम्ब
(c) विचार बिम्ब
(d) भाव बिम्ब

भाषा शिक्षण विधयः

शिक्षा एक प्रक्रिया है, जो मानवविज्ञान में निरन्तर चलती रहती है। जब मनुष्य जीवन में नूतन अनुभवों का आत्मसात करता है। तब यह शिक्षण कहलाता है। इन नूतन अनुभवों की प्राप्ति ही प्रशिक्षण है अतः शिक्षा स्व व्यापक अर्थ में आजीवन चलने वाली प्रक्रिया है। यह ही शिक्षा का व्यापक अर्थ है।

1. **मॉण्टेसरी विधि**
   इटली की शिक्षाशास्त्री डॉ. मारिया माण्टेसरी ने इस प्रणाली को 3-6 वर्ष के बच्चों हेतु प्रयुक्त की। इसमें सर्वप्रथम बालकों की कर्मेन्द्रियों हाथ पैर बाणी आदि को प्रशिक्षित व दृढ किया जाता है। अक्षरों के कटे हुए ब्लॉक्स के माध्यम

से लेखन का ज्ञान कराया जाता है। साथ ही अक्षर ध्वनियों का भी लिग्बाफोन के माध्यम से ज्ञान दिया गया है। इस प्रकार इस पद्धति के तीन भाग है। 1. भाषा की शिक्षा 2. कर्मेन्द्रियों की शिक्षा 3. ज्ञानेन्द्रियों की शिक्षा। माण्टेसरी के अनुसार लिखना पढ़ने की अपेक्षा सरल है। अत: सर्वप्रथम लिखना सिखाया जाना चाहिए। अत: कह सकते हैं कि यह पद्धति केवल वैयक्तिकता को ही ध्यान में नहीं रखती अपितु ज्ञानेन्द्रियों तथा कर्मेन्द्रियों की शिक्षा, स्वयं शिक्षा, भाषा शिक्षण आदि की दृष्टि से महत्त्वपूर्ण है।

2. किण्डरगार्डन विधि

जर्मन के प्रसिद्ध शिक्षा शास्त्री फ्रावेल के अनुसार विद्यालय बाग शिक्षक माली तथा बच्चे पौधे (किण्डर) के समान है। 1837 के फाबेल ने जर्मनी में किण्डरगार्टन नाम का विद्यालय खोला। उन्होंने खेल द्वारा शिक्षा एवं स्वत: क्रिया द्वारा शिक्षा के सिद्धान्त पर बल दिया । इस विधि में 5 साधन प्रयोग में लाये जाते हैं। 1. उपहार 2. व्यापार 3. गीत 4. अभिनय 5. रचना। यह विधि फ्राबेल ने 4-8 वर्ष के बच्चों पर लागू की।

3. डाल्टन विधि

प्रथम प्रयोग डाल्टन नगर में कु. हेलन पार्क हर्स्ट ने किया। इस विधि में समय चक्र आदि का कोई बन्धन नहीं है बालक अपनी रुचि के अनुसार किसी भी विषय को जितनी देर पढ़ना चाहे पढ़े। बालक के उचित कार्यों में हस्तक्षेप करने का कोई अधिकार नहीं है। स्वाध्याय पर अधिक बल दिया गया है।

4. खेलविधि

खेल द्वारा शिक्षा का एक मात्र उद्देश्य बालक का सर्वागीण विकास करना हैं। विशिष्ट उद्देश्य को सम्मुख रखकर उसी के अनुरूप शिक्षा दी जाती है। इसके प्रवर्तक श्हेनरी काल्डवेल कुक है।

स्तरानुसार शिक्षण विधि का वर्गीकरण होता है।

1. प्राथमिक कथाएँ क्रियात्मक शब्दों का खेल। गत्ते के टुकड़ों पर कुछ क्रियात्मक शब्द लिखकर दूर दूर विशेषकर एक टुकड़ा उठाकर उस लिखी क्रिया के अनुरूप प्रतिक्रिया कराई जाती है। इससे संज्ञा सर्वनाम और विशेषण का ज्ञान कराया जाता है।
2. माध्यमिक कक्षाएँ वस्तुनिष्ठ प्रश्नों के आधार पर दो भागों में वाद-विवाद या प्रतियोगिता कराई जाती है। चित्र देखकर कहानी बनाने को कहा जाता है। घटना का वर्णन, स्वप्न के आधार पर लिखना, डायरी लिखना, काल्पनिक क्रियाएँ कराई जाती है।
3. उच्चकक्षाएँ उच्चस्तरीय प्रतियोगिताए, परिभाषाए का कण्ठस्थीकरण, समस्यापूर्ति खेल। जैसे कहानियों का संवाद करवाना, मौलिक कविता कहानी नाटक लिखवाना काल्पनिक भेट का विवरण लिखा है।

प्राचीन काल में संस्कृत शिक्षण गुरुकुल या आश्रमों में होता था। तब गुरू के साथ विद्यार्थी रहते हुए अध्ययन करते थे। उस समय मुद्रित पुस्तके नहीं थी तब कण्ठस्थीकरण पर बल दिया जाता था। यदाकथा आश्रम या गुरुकुल में आये हुए अतिथियों से छात्र विभिन्न विषयों पर प्रश्न एवं वाद विवाद करते थे। जिससे उनकी जिज्ञासा शान्त होती थी, धीरे-धीरे पाठन शैली में परिवर्तन हुआ तथा राष्ट्र में विदेशियों के अधिकार के कारण गुरुकुलों एवं आश्रमों का ह्रास होने लगा तथा पाठशालाओं का उदय हुआ। शिक्षण रीतियों को प्रयोग आरम्भ हुआ। जैसे पारायण विधि, सूत्ररीति, भाषणरीति, व्याकरणरीति भण्डाररीति आदि।

अंग्रेजों के शासन काल में लार्ड मैकाले के निर्देश में भारत में नवीन शिक्षापद्धति प्रारम्भ की गई। उस समय से लेकर आज तक जो शिक्षण रीति प्रचलित है वे नवीन शिक्षण रीति कहलाती है। जैसे पाठ्यपुस्तक विधि, प्रत्यक्षविधि, विश्लेषणात्मक विधि, व्याख्यारीति व्याकरणरीति - हरबर्टीयपञ्चपटी, मूल्यांकन रीति इत्यादि। इनमें भी विशिष्ट लक्ष्य स्वीकार करके शिक्षण प्रयोग किये जाते है वे नवीनतम रीति या उपागम कहलाते है। उनमें सूक्ष्मशिक्षण, आगमनोपागम समस्यासमाधान विधि, प्रयोजनात्मक कार्य समूह शिक्षण अभिक्रमितानुदेश, निदानात्मक शिक्षण, उपचारात्मक शिक्षण इत्यादि सम्मालित है।

1. प्राचीनविधि **2. नवीनविधि**

3. संस्कृत शिक्षण विधि **4. नवीनतमोपागम**

प्राचीनविधि

संस्कृत साहित्य ने मूलरूप से तीन प्रकार की शिक्षण विधि प्रचलित है। लार्ड मैकाले की शिक्षा नीति से पूर्व जो विधि प्रचलित थी। वे प्राचीन विधि कहती है। उसके पश्चात् आज तक जो विधि प्रचलित है वे नवीन विधि है। तथा इन नवीन विधि में जो नवीन या नूतन प्रयोग किये जाते हैं वे नवीन या नूतन प्रयोग दिये जाते है वे नवीनतमोपागम कहलाते है।

प्राचीनविधि के 2 भेद है-

1. पाठशाला विधिः
2. व्याकरण अनुवादविधि

पाठशाला विधिः

पाठशाला विधि के गुण शुद्ध लेखन का एवं उच्चारण का ज्ञान होता है। इससे सांस्कृतिक आध्यात्मिक मूल्यों का विकास होता है। छात्रों में अनुशासन की भावना का विकास होता है। अभ्यास एवं स्मरण शक्ति को प्रधानता दी गई है। छात्रों में मौलिक चिन्तन तर्कशक्ति निरीक्षण शक्ति का विकास। संस्कृति, साहित्य के अनुसन्धान के लिए उपयोगी। स्वाध्याय का अभ्यास होता है।

1. मौखिक शिक्षण विधिः
2. पारायण विधिः
3. वाद विवाद विधिः
4. प्रश्नोत्तर विधि
5. सूत्र विधिः
6. कथा कथन विधि
7. व्याख्या विधि
8. कक्षा नायक विधि
9. प्राचीन विधि

1. **मौखिक शिक्षण विधिः** शिक्षण पाश्चात्य शिक्षा पद्धति आरम्भ होने से पूर्व आश्रम आदि में वैदिकमन्त्रों के उच्चारण बार-बार किया जाता था। छात्रों द्वारा उच्चारण शुद्धता के लिए व्यक्तिगत रूप से यह कार्य किया जाता था।
2. **पारायण विधिः** वैदिकमन्त्रों का सस्वर पाठ करना पारायण कहलाता है। पारायण के अनेक क्रम होते थे। पाठ की कविता से सरलता के लिए इसकी संख्या निश्चित होती थी जैसे- (शब्दों का पाच बार कथन) इस प्रकार सप्तवार, अष्टवार नववारमि पारायणं करना चाहिए।
3. **वाद-विवाद विधिः** पाठशाला में कण्ठस्थीकरण के साथ अवबोध पर भी बल दिया जाता था। पाणिनि के द्वारा भी अवबोध के स्थलों पर भाषण - व्याख्या प्रदर्शन अभिव्यक्ति आदि शब्दों का प्रयोग किया है। शास्त्रार्थ एवं संवाद की इस विधि का हमें वेदों में भी प्राप्त होते यम यमी, गार्गी - मैत्रयी, नदी विश्वामित्र आदि। दार्शनिक तत्वों के शिक्षण मुख्यतः न्यायशास्त्र के अध्ययन यह विधि प्रचलित थी।
4. **प्रश्नोत्तरविधिः** वैदिककाल में 'औंकार' इस शब्द बाद पाठन आरम्भ था। शिक्षण द्वारा प्रश्नोत्तर विधि से शिक्षण किया जाता था। प्रत्येक प्रश्न का छात्र द्वारा उसकी आवृति की जाती है। इस प्रक्रिया से व्याख्यान भी सम्पन्न होता था। कभी प्रश्नों को विस्तृत उत्तर कभी संकेत रूप में दिया जाता था। जब तक जिज्ञासा शान्त नहीं होती तब तक प्रश्न माला चलती थी।
5. **सूत्रविधिः** यह विधि व्याकरण, दर्शन शिक्षण की प्राचीनतम विधि है। इस से नियमों को सूत्ररूप से कण्ठस्थीकरण किया जाता था। इसके सूत्रों की व्याख्या के लिए भाष्य विधि टीका विधि का अनुसरण किया जाता था।
6. **कथाकथन विधिः** कथा सुनाना भी एक कला है। विषय में रुचि उत्पादन के लिए विषय का स्पष्टीकरण के लिए पाठ के मध्य में पञ्चतन्त्र हितोपदेश के उदाहरण प्रस्तुत करना।
   - बालकों में कल्पना शक्ति का विकास।
   - शिक्षण सरल एवं सरल होता है।
   - बालकों ने सुनकर अर्थग्रहण की क्षमता का उत्पादन होता है।
7. **व्याख्याविधिः** छात्रों की शंका समाधान के लिए गुरू व्याख्या विधि का अनुसरण करता था। व्याख्या के छः अंग।

पदच्छेदः पदार्थोक्तिः संशयो वाक्ययोजना।
आक्षेपश्च समाधानं व्याख्यानं षड्विधं स्मृतम्

1. शब्दों के संरचना का परिचय होता था।
2. बालकों को विस्तृत ज्ञान होता था।
3. इससे बालक का मानसिक क्रिया शीलता में वृद्धि होती।
4. प्राथमिक माध्यमिक स्तर के लिए उपयुक्त नहीं।
5. छात्रों के स्वाध्याय एवं अभिव्यक्ति का महत्व नहीं।

8. **कक्षानायक विधिः** गुरू की सहायक प्रतिभाशाली शिष्य करते थे गुरू की अनुपस्थित में इस प्रकार के शिष्य शिक्षण कार्य करते थे। इस विधि से मेधावी छात्रों के ज्ञान की परिपुष्टि होती थी। आत्मविश्वास का विकास होता था।

9. **प्राचीन विधिः** प्राचीन विधि के दो भेद है। प्रथम पाठशाला विधि है। पाठशाला विधि का अपर नाम पण्डितप्रणाली अथवा परम्परागत विधि है। 17 वीं शताब्दी पर्यन्त पाठशाला में आश्रम एवं गुरुकुल में शिक्षा व्यवस्था चलती थी उसके बाद जैसे-जैसे मैकाले महोदय की शिक्षा पद्धति का विकास एव प्रचार प्रारम्भ हुआ वैसे-वैसे पाठशालाओं की उपेक्षा भी प्रारम्भ हो गई। पाठशाला रीति में छात्र का उपनयन संस्कार करके गुरू के पास जाकर वेदाध्ययन करता था। गुरुकुल में गुरू विभिन्न विधियों में शिष्यों को पढ़ाता था। जैसे प्राचीनकाल में कण्ठस्थी करण का महत्त्व था अतः पारायण विधि में बहुविध पारायण होता था, जैसे पदपाठ संहितापाठ धनपाठ आदि। इसी प्रकार गम्भीर विषय के ज्ञान के लिए वाद-विवाद रीति का आश्रय लिया जाता था। इसमें आचार्य या प्रतिभाशाली विद्यार्थी विशिष्ट विषय को लेकर शास्त्रार्थ या उस विषय पर वाद-विवाद करते थे। अन्य विद्यार्थी उस विषय को सुनकर समझते थे। जटिल विषयों के स्मरण के लिए सूत्ररीति का प्रयोग करते थे। कभी-कभी गुरू के बाहर जाने पर ज्येष्ठ एवं मेधावी छात्र कक्षाओं का संचालन करता था। अन्य विषयों पर व्याख्यानमाला का भी आयोजन किया जाता था। इस प्रकार पाठशाला में अनेक विधियाँ रीतियों का प्रयोग होता था।

व्याकरण - अनुवादविधि / भण्डारकरविधिः

यह विधि 1835 ई. में लाई मैकाले की पद्धति के बाद विकसित हुई। डॉ. रामकृष्ण गोपाल भण्डारकर ने पाश्चात्य प्रणाली पर आश्रित संस्कृत शिक्षण के लिए एक नवीन विधि विकसित की इसने व्याकरण अनुवाद विधि आश्रित दो पुस्तकों की रचना की। एक मार्गोपदेशिका द्वितीय संस्कृत मन्दिरात और प्रवेशिका आग्लभाषा माध्यम से रचित दो पुस्तकों से सरलतया संस्कृतभाषा उसके व्याकरण को अध्ययन में छात्रों के लिए उपयोगी रही।

दोषः

इस विधि ने मनोवैज्ञानिक सिद्धान्तों का अनुसरण किया।

प्रौठ एवं स्वयंपाठी एवं पत्राचार पाठ्यक्रम के लिए उपयोगी।

विषयवस्तु का सम्यक विभाजन एवं अध्ययन में कठिनाई का निराकरण। इस विधि आधारित पुसतक छात्रों की पथ प्रदर्शक होती है। कण्ठस्थ की बजाय चिन्तन एवं निरीक्षण पर बल। उच्चतर कक्षाओं के लिए ही उपयोगी।

भाषा के विविध पक्ष उच्चारण अभ्यास, मौखिक, रसानुभूति आदि की अपेक्षा। केवल व्याकरण एवं अनुवाद पर अधिक बल दिया।

नवीनविधि

नवीनविधि मैकाले पद्धति से शिक्षण में प्रयुक्त विधि ही नवीन विधि कहलाती है।

1. पाठ्यपुस्तक विधि
2. प्रत्यक्ष विधि
3. विश्लेषणात्मक विधि
4. व्याख्या विधि
5. व्याकरण विधि
6. हरबर्टीय पञ्चपदी

1. **पाठ्यपुस्तक विधिः**

भारत में पाठ्यपुस्तक विधि के समर्थक डॉ. वेस्ट महोदय थे। इनके अनुसार निर्धारित पाठ्य पुस्तक जो कि कक्षा के छात्रों के स्तर के अनुकूल होती है। उसके पाठों का मातृभाषा में अनुवाद किया जाता है। इसके पुस्तकों का मुख्योद्देश्य छात्रों का। स्वयं ही अध्ययन करके सरल संस्कृत ज्ञान प्राप्त करना है। सम्पूर्ण अध्ययन का केन्द्रबिन्दु पाठ्यपुस्तक होती है।

शिक्षण सूत्रो का अनुसरण पूर्ण रूप से किया जाता है अतः यह विधि मनोवैज्ञानिक है।

शब्द कोष की वृद्धि में सहायक होती है।

सस्वर वाचन में छात्रों को शुद्धोच्चारण के अभ्यास का अवसर।

इस विधि द्वारा शिक्षण प्रक्रिया में समरूपता नियमितता सिद्ध होती है।

अवकाश के समय छात्र पाठ को स्वयं पढ सकते है।

जिज्ञासा का विकास।

साहित्य के प्रति अनुराग का प्रादुर्भाव।

इस विधि में छात्रों का ध्यान केवल पाठ्यपुस्तक के अन्तर्गत ही सीमित हो जाता है। व्यापकता का अभाव। समीक्षात्मक शक्ति धीरे-धीरे लुप्त होती है। रटने की प्रवृति आती है।

व्याकरण के क्रमबद्ध ज्ञान का अभाव।

यह यान्त्रिक विधि है।

2. **प्रत्यक्ष विधिः**

इस विधि को सुगमपद्धति, निर्बाधविधि, मातृविधि भी कहते हैं। सर्वप्रथम अग्रेंजी भाषा में इस विधि का प्रयोग किया गया। प्रत्यय विधि का तात्पर्य है कि जिस भाषा का अध्यापन किया जा रहा है, वह उसी भाषा में हो। जैसे संस्कृत का संस्कृत माध्य में अग्रेंजी का अग्रेंजी भाषा के माध्यम में अध्यन हो।

ध्येय बिन्दुः

1. मौखिक कार्य की प्रधानता हो।
2. भाषा के बोध के लिए मातृभाषा का प्रयोग नहीं।
3. पद एवं पदर्थ के मध्य सम्बन्ध की स्थापना करना।

3. **विश्लेषणात्मक विधिः**

इस विधि में पूर्व से अंश की ओर सूत्र का अनुसरण किया जाता है। पाठ का सार प्रस्तुत किया जाता है। उसके बाद विभिन्न अंशों का शिक्षण किया जाता है। व्याकरण एवं कथा शिक्षण के लिए अधिक उपयोगी।

1. मनोवैज्ञानिक विधि।
2. क्लिष्ट अंशों पदों विषयों के स्पष्टीकरण के सहायक।
3. पढने के लिए प्रेरित करती है।
4. रुचिकर सरल सुग्राह्य।

4. **व्याख्या विधिः**

इस विधि में शिक्षक एक-एक शब्द की व्याख्या के साथ श्लोक का अर्थ करता हैं इसके साथ ही श्लोक की रचना शैली, कवि परिचय, प्रसंग संदर्भ एवं भावार्थ पर विशेष प्रभाव डालता है। किसी श्लोक में ऐतिहासिक घटना या अन्त कथा हो तो उसका भी व्याख्यान करता है।

यह विधि उच्चस्तर के लिए उपयोगी एवं अनिवार्य है । इस प्रयोग उच्च माध्यमिक कक्षाओं में अपेक्षित है। इस विधि से छात्र श्लोक को सम्यक्तया समझ जाता है।

5. **व्याकरण विधि**

मानव विचारों की अभिव्यक्ति शुद्ध परिष्कृत परिमार्जिक करने के लिए भाषा विशेष का व्याकरण अध्ययन आवश्यक है। संस्कृत भाषा के व्याकरण का अध्ययन-अध्यापन की परम्परा बहुत प्राचीन है।

वररुचि ने व्याकरण के पांच प्रयोजन माने हैं 1. रक्षा, 2. ऊह, 3. आगम, 4. लघु, 5. असन्देह। व्याकरण शिक्षण के सम्बन्ध में तीन मत प्रचलित है।

6. हरबर्ट पञ्चपदी:

सुप्रसद्धि शिक्षाशास्त्री हरबर्ट महोदय द्वारा इस सिद्धान्त की स्थापना की गई। इसविधि में पाँच सोपान है-

1. **प्रस्तावना (उन्मुखीकरणम्)** इस को छात्रा के पूर्वज्ञान से सम्बन्ध होता है। पूर्वज्ञान पर आधारित चित्र, मानचित्र, दिखाकर कुछ प्रश्न पूछे जाते है। प्रश्नों द्वारा छात्रों को मानसिक रूप से तैयार किया जाता है। पाठ की सूचना शिक्षक द्वारा कक्षा में दी जाती है।
2. **विषयोपस्थापना (प्रदर्शन)** इस सोपान के साथ नवीनपाठ का शिक्षण प्रारम्भ किया जाता है। प्रत्येक विद्या के लिए भिन्न-भिन्न शैली होती है। जैसे- गद्यपाठ में आदर्श वाचन, अनुकरण वाचन, अशुद्धि संशोधन विविविधियों से काठिन्यनिवारण, पाठप्रवर्धन इत्यादि का समावेश होता है।
3. **तुलना (अमूर्तीकरणम्)** छात्रों में जिस स्थल में कठिनता अनुभव हो उनको निवारण के लिए समान भाव एवं विषय से युक्त उदाहरण, दृश्य श्रव्यो पकरण, या सारकथन का प्रयोग किया जाता है।
4. **सामान्यीकरणम्** इस सोपान में छात्र पाठ के निष्कर्ष पर पहुँचते है। जैसे व्याकरण पाठ में उदाहरणों से नियम के प्रति, गद्यपाठ में पाठ के मुख्य सार के प्रति। नियमों एवं सिद्धान्त का स्रोत एवं साधनों का सामान्यीकरण किया जाता है।
5. **प्रयोग** पाठाध्ययन के बाद नव अर्जित ज्ञान प्रयोग के लिए शिक्षण की सफलता के लिए, अभ्यास कार्य करवाया जाता है। विद्यार्थियों में जो शंका होती है, उसको दूर किया जाता है। उसके बाद कुछ मौखिक एवं लिखित कार्य दिया जाता है। इसका मुख्य उद्देश्य छात्रों में सम्पादित ज्ञान का परिपोषण करना है।

संस्कृत शिक्षण विधय:

1. दण्डान्वयविधि:

इस विधि में अन्वय का विशेष महत्त्व है। इसमें छात्र स्वयं या शिक्षक की सहायता से सर्वप्रथम कविता के प्रधान वाक्य खोजता है। सदा अन्वार्थ के लिए कर्ता क्रिया कर्म सम्बन्धित प्रश्न करते है। इस क्रिया को दण्डान्वय कहते है। अन्वय बोध में दण्डवत् एवं खण्डवत् अन्वय होता है। "दण्डवत् खण्डवच्चौव विभेदोऽन्वय उच्यते"। मुख्य वाक्य का अन्वेषण करके आश्रित वाक्यों को प्राप्त करते हैं इस प्रकार सम्पूर्ण पद एक वाक्य के रूप में परिवर्तन होता है यही दण्डान्वय है।

इस विधि में समस्त कार्य व्याकरण से सम्बन्धित होता है अतः काव्य में रसादि का बोध नहीं होता है अतः यह विधि उच्च कक्षाओं के लिए उचित नहीं इसे सहायक विधि के रूप प्रयोग करना उचित है।

2. खण्डान्वय विधि:

इस विधि में भी दण्डान्वय की भाँति अन्वय के लिए सर्वप्रथम प्रधान वाक्य खोजा जाता है। दण्डान्वय में प्रश्न व्याकरणात्मक होते हैं खण्डान्वय विधि में प्रश्न साहित्यात्मक विषयवस्तु आधारित होते है। जिससे छात्र में रसानुभूति एवं भावाभूति होती है तथा काव्य सौन्दर्य प्राप्त होता है।

3. भाष्यविधि

इसे व्यासविधि भी कहते है। इसमें शिक्षक कथावचन के समान दृष्टान्त या उदाहरण के आधार पर स्पष्ट करता है इसमें प्रत्येक पद का भाव भाषा की दृष्टि से विचार करके शिक्षक शब्द के महत्त्व, शब्दान्तर प्रयोग में अर्थदोष, माधुर्य वाक्यविन्यास पर पड़ने वाले प्रभावों का संकेत देता है। भाव उनके दृष्टान्तों उदाहरणों की सहायता से ग्रहण कराता है। इसमें शिक्षक सक्रिया तथा छात्र निष्क्रिय रहता है।

उच्च कक्षाओं के लिए अधिक उपयोगी

4. तुलनाविधि

इस विधि में शिक्षक प्रस्तुत श्लोक के तत्समभाव श्लोक की सहायता से तुलना करता है। इसबिधि में शिक्षक को अधिक श्रम करना पड़ता है। इससे छात्र की विषयवस्तु के प्रति रुचि अधिक होती है। तथा श्लोकार्थ हृदयङ्गम करने का सामर्थ्य हो जाता है। इसके लिए शिक्षण साहित्य का सम्यक् ज्ञाता तथा भाषाविद् होना चाहिए।

इससे छात्र में तर्क निरीक्षण शक्ति विकसित होती है तथा समभाव श्लोक से कविता से तुलना करने शक्ति उत्पन्न होती है।

5. समीक्षा विधि

इस विधि में कविप्रतिपादित जीवनदर्शन के साथ छात्र को जोड़ा जाता है। इससे उसकी भाषा शैली अलंकार छन्द कल्पना विचार एवं भाषा तत्वों का विस्तृत ज्ञान दिया जाता हैं। समीक्षा से अन्यकवियों के भाषा गतविशेषता से तुलना करनी चाहिए। शिक्षक कविता की पृष्ठभूमि की चर्चा करते हुए तत्कालीन राजनैतिक, सामाजिक, आर्थिक, धार्मिक, भौगोलिक ऐतिहासिक परिस्थितियों पर प्रकाश डालता है।

यह विधि उच्चस्तरीय कक्षाओं के लिए उपयोगी है।

6. टीकाविधि

संस्कृत विद्वान द्वारा समस्त संस्कृत प्राचीन ग्रन्थों की टीका लिख चुके हैं। जैसे मल्लिनाथ कृत टीका विशेष विख्यात है। इस टीका में श्लोक का साहित्य एवं व्याकरण से सम्बद्ध व्याख्या दी गई है। तथा प्रसंगानुसार अमरकोष तुलना प्रयोग व्युत्पत्ति आदि का प्रयोग किया है।

व्याकरण शिक्षण की विधिः

व्याकरण शिक्षण को रोचक आकर्षक सुग्राह्य करने के लिए विभिन्न विधियों का प्रयोग प्राचीन काल से ही करते आ रहे हैं। प्राचीन विधि व्याकरण शिक्षण की प्राचीन विधि के अनेक रूप दिखाई देते है। वस्तुतः इस विधि में विषय वस्तु के कण्ठस्थीकरण पर बल देते है। पाणिनि ने निगमन विधि पर बल दिया। महाभाष्य में भी इसविधि का दर्शन होते है। किन्तु इसमें निगमन के लिए महत्व देकर आगमन की ओर गये। भट्टोदीक्षित ने सिद्धान्तकौमुदी में निगमन से आगमन बल दिया। 17वीं शताब्दी पर्यन्त यह विधि पाठशाला, आश्रम, गुरुकुल, मठ तथा विद्यापीठ आदि में नियमित रूप से प्रचलित थी उस समय बहुधा शिक्षण मौलिक रूप से होता था एवं स्मरण कार्य पर बल देते थे।

सूत्रविधिः या कण्ठस्थीकरण विधि यह व्याकरण की प्राचीनतम विधि है इस विधि में सामान्य से विशेष की ओर सूत्र का अनुकरण किया जाता था।

यह विधि वर्तमान परिस्थितियों में भी सफल है। मनोवैज्ञानिक भी स्वीकार करते है कि विषयपर अधिकार स्मृति से ही आता है। मनोवैज्ञानिक इस कथन को स्वीकार करते है कि विषय को समझकर स्मरण करना चाहिए तो उससे कोई हानि नहीं होती। विषयपर अधिकार तो स्मरण से ही होता है। तो विषय को स्मरण करके समझे एवं समझकर स्मरण करे। दोनों में अन्तर एक है कि एकविधि नीरस दूसरी रुचिकर इससे परिणाम पर विशेष प्रभाव नहीं पड़ता।

वादविवाद विधिः प्राचीन पद्धतियों में कण्ठस्थीकरण के साथ अवबोध पर भी बल देते थे। यास्क ने निरुक्त में अर्थबोधन के लिए शब्दों का स्पष्टीकरण किया है। पतंजलि भी ज्ञान करके कण्ठस्थीकरण को स्वीकार करते है।

व्याख्या विधिः पाणिनि के सूत्रों पर कात्यायन ने वार्तिको भी रचना की। उसने अष्टाध्यायी से परित्यक्त नियमों की पूर्ति भी की। कात्यान के बाद पतंजलि ने महाभाष्य की रचना की इन्होंने पाणिनि के सूत्रों की स्पष्ट व्याख्या की है। इसमें निम्न प्रक्रिया स्वीकार की गई।

अव्याकृतिविधिः भाषा संसर्ग विधि इस विधि में व्याकरण की शिक्षा पृथक रूप से न देकर वरना भाषा की शिक्षा के साथ नियमों के संकेत के बिना उसके शुद्ध प्रयोग को कहकर पढाकर, लिखाकर, सुनाकर अवगमन की योग्यता छात्रों में विकसित की जाती है। यह विधि इस मत का समर्थन करती है कि जैसे मातृभाषा का व्याकरण के ज्ञान के बिना विशुद्ध प्रयोग कर सकते है वैसे ही संस्कृत भाषा का भी विशुद्ध प्रयोग सीख सकते है।

इसका प्रयोग प्राथमिक स्तर पर कर सकते है। जब संस्कृत मौखिकविधि से सीखते है एवं पाठ्यपुस्तक सरल वाक्यों का प्रयोग करते है। किन्तु माध्यमिक, उच्च माध्यमिक, उच्च स्तर पर व्याकरण के क्रमबद्ध औपचारिक ज्ञान प्रदान करने की आवश्यकता है जिससे छात्रों में भाषा शुद्ध प्रयोग के प्रति आत्मविश्वास उत्पन्न होता है।

अन्वय व्यतिरेक विधि: पतंजलि ने प्रकृति प्रत्यय के स्पष्ट ज्ञान के लिए इसविधि के प्रयोग पर बल दिया है।

आगमनविधि इस विधि में "उदाहरण प्रदर्शन से नियम की ओर" शिक्षण सूत्र का प्रयोग किया जाता है। पाणिनि ने इस विधि को आधार मानकर ही सूत्रों को क्रमबद्ध रूप से प्रस्तुत किया।

निगमनविधि: पतंजलि ने व्याकरण के लिए निगमनविधि को सर्वाधिक उपयुक्त माना है इस दृष्टि से पूर्व में नियम प्रस्तुत करके उदाहरण प्रतिउदाहरण किया जाता है।

नवीनतमोपागम/आधुनिक विधि

1. **पाठ्यपुस्तक विधि:** इस विधि में व्याकरण के शिक्षण में पाठ्यपुस्तक में प्रदत्त व्याकरण सम्बन्धिज्ञान को स्मरण किया जाता हैं। धीरे-धीरे छात्र शिक्षक की सहायता से स्मृतनियम का प्रयोग विभिन्न परिस्थितियों में करता है। पाठ के अन्त में अभ्यास कार्य को करता है।
2. **सहयोगविधि/समवाय विधि:** इस विधि में व्याकरण शिक्षा पृथक् रूप से नहीं दी जाती है। अपितु गद्य-पद्य रचना एवं कथा अनुवाद आदि के अध्ययन के समय व्याकरण का प्रासंगिक रूप से पाठन होता है। शिक्षक तत् सम्बन्ध नियम की व्याख्या करता है।
3. **आगमननिगमनविधि:** व्याकरण शिक्षण की सर्वश्रेष्ठ विधि है। यह प्राचीनकाल में पाणिनि पतंजलि ने क्रमशः स्वीकार है। वर्तमान समय में आगमन विधि निगमन विधि के साथ ही प्रयोग करके व्याकरण शिक्षण सुग्राह्य किया जाता है। इसविधि के दो सोपान है। आगमन एवं निगमन आगमन में पहले उदाहरण प्रस्तुत करके नियम की ओर जाते है। तथा विविध प्रयोगे से उदाहरणों से नियम की पुष्टि की जाती है। (1) यह वैज्ञानिक विधि है। (2) शिक्षण क्रमबद्ध होता है। (3) शिक्षा सरल सरस एवं रुचिकर होता है। (4) सूत्रों को रटने की अपेक्षा समझने पर बल।

संस्कृत भाषा शिक्षण के सिद्धान्त

वर्तमान काल में मनोविज्ञान का क्षेत्र प्रतिदिन व्यापक होता जा रहा है। मनोविज्ञान के क्षेत्र में भाषा शिक्षण का भी अनुसन्धान प्रचलित है। इस अनुसन्धान से प्राप्त कुछ निकर्षों को अति उत्तम संस्कृत शिक्षण में प्रयोग कर सकते हैं। शिक्षा शास्त्रियों एवं भाषा वैज्ञानिकों ने भाषा के पठन पाठन हेतु कुछ सिद्धान्तों जैसे निरीक्षण अभ्यास अनुकरण एवं अनुसंधान आदि की रचना की है। किन्तु इसके अतिरिक्त भी कुछ साधारण सिद्धान्त संस्कृत शिक्षण हेतु है। इनके ज्ञान से निःसन्देह अध्यापक को लाभ होता है। शिक्षण में अध्यापक को बालक की रुचियों, योग्यताओं, क्षमताओं एवं आवश्यकताओं का ध्यान रखना जरूरी है। ये ही शिक्षण के सामान्य सिद्धांत कहे जाते हैं जो इस प्रकार हैं:

1. रुचि एवं अभिप्रेषण का सिद्धांत – बच्चे की शिक्षण में रुचि
2. क्रियाशीलता का सिद्धांत – बच्चे का सक्रिय रहना
3. ज्ञान को जीवन से संबंधित करने का सिद्धांत – दैनिक अनुभव
4. स्वाभाविकता का सिद्धांत – भयमुक्त, बनावटीपन नहीं
5. बोलचाल का सिद्धांत – सुनना फिर बोलना
6. व्यक्तिगत विभिन्नता का सिद्धांत – व्यक्तिगत योग्यता
7. निश्चित उद्देश्य – क्या सिखाना है
8. अभ्यास का सिद्धांत – बार-बार कई तरह से कार्य करवाना
9. चयन का सिद्धांत – योग्यतानुसार - विधि, सामग्री आदि का चयन
10. नियोजन का सिद्धांत – योजना बनाना
11. आवृत्ति का सिद्धांत – बार-बार वही कार्य वैसे ही करवाना
12. बहुमुखी प्रयास का सिद्धांत – अनेक प्रकार से शिक्षण करवाना
13. अनुकरण का सिद्धांत – अनुकरण द्वारा
14. शिक्षण सूत्रों पर आधारित हो – सरल से कठिन की ओर
15. बालकेंद्रिता का सिद्धांत – बालक का स्तर एवं रुचि को ध्यान

भाषा शिक्षण संबंधी समस्याएँ:

1. संस्कृत शिक्षक को उचित महत्त्व न देना।
3. उचित पाठ्यक्रम तथा पाठ्यपुस्तकों का अभाव
2. दोषपूर्ण शिक्षण विधियाँ
5. संस्कृत के प्रति भावात्मक संबंध का अभाव
7. उच्चारण, वर्तनी, वाचन व लेखन संबंधी त्रुटियों के निराकरण की समस्या 9. योग्य संस्कृत शिक्षकों का अभाव
4. अभिरुचि का अभाव
6. भाषा प्रयोगशालाओं का अभाव
8. उपचारात्मक शिक्षण का अभाव

स्वभाविकता का सिद्धान्त भाषा एक जन्मजात प्रवृत्ति है। यही कारण है कि बालक में भाषा सीखने की प्रवृति जन्मजात होती हैं अत: बालक मातृभाषा को सरलता से सीखता है। किसी भी भाषा को शिक्षण के लिए चार कौशलों का स्वभाविक क्रम होता है। श्रवण, भाषण, पठन एवं लेखन। भाषाशिक्षण के इस स्वभाविक प्रवृति का उपयोग संस्कृत शिक्षण में सहायक होता है। अत: संस्कृत शिक्षण में निम्न बिन्दुओं का ध्यान रखना चाहिए।

विद्यालय में संस्कृत मय बातावरण तैयार करना, सरल संस्कृत वाक्यों श्लोक सम्भाषणों का प्रयोग कक्षा एवं कक्षा से बाहर करना चाहिए।

संस्कृत सरस श्लोकों का बालगीतों का सस्वर वाचन करवाना चाहिए।

शिक्षक भी संस्कृत भाषा में वार्तालाप करें।

सूक्तियों एवं श्लोकों कठस्थीकरण पर बल देना चाहिए।

शुद्धोच्चारण का अभ्यास करना चाहिए।

रुचि का सिद्धान्त यह एक मनोवैज्ञानिक सिद्धान्त है कि जिस विषय में छात्र की रुचि अधिक होती है। उस विषय को पठन के लिए प्रेरित होता है। संस्कृत जैसी भाषा का दैनिक जीवन के प्रयोग नहीं होता और जो व्याकरणिक नियमों से आवद्ध है उसे बिना रुचि पर ध्यान दिये पढ़ाना कठिन है। अत: संस्कृत पाठों का यथा सम्भव रोचक बनाने का प्रयत्न करना चाहिए। शिक्षक के द्वारा दृश्यश्रव्योपकरण का प्रयोग कर व्याकरण जैसे नीरस विषय को सरस बनाया जा सके।

अन्त्याक्षरी, वाद-विवाद, भाषण, निबन्धलेखन, सस्वरवाचन आदि पाठ्यसहग्रामी क्रियाओं से शिक्षण को रुचिकर चाहिए।

1. प्रस्तावना पूर्व रुचि को ध्यान रखकर प्रश्न करें।
2. संस्कृत शिक्षण में क्रीडासिद्धान्त का उपयोग करना चाहिए।
3. पूर्वज्ञान से जोड़कर नूतनपाठ पठना चाहिए।
4. कथा कहानी आदि के प्रसंग से प्रेरण एवं प्रोत्साहन प्रदान करना चाहिए।

मौखिक कार्य का सिद्धान्त आज छात्र के निष्क्रिय श्रोता बनाने के स्थान पर मौखिक कार्य पर बल देती है। मौखिक कार्य द्वारा भाषा सीखना अधिक मनोवैज्ञानिक है।

ध्येयबिन्दु:

1. सर्वप्रथम श्रवणोन्द्रियों द्वारा ध्वनियों को ग्रहण करता है। भाषा का सबसे पहले सम्बन्ध कान और जिह्वा से होता है। शैशवावस्था में बालक सर्वप्रथम भाषा का श्रवण करता है। तत्पश्चात् अनुकरण करके भाषण करने का प्रयास करता। अत: संस्कृत भाषा शिक्षक में भी सर्वप्रथम मौखिक कार्य करवाना चाहिए। तदन्तर लिखित कार्य
2. मौखिक कार्य द्वारा बालक का सक्रिय रखा जा सकता है।
3. मौखिक रूप से ग्रहण किया गया ज्ञान अधिक चिरस्थायी होता है।
4. लिखित कार्य का आधार ही मौखिक अभिव्यक्ति है।
5. संस्कृत शब्दावली तथा व्याकरण के विभिन्न रूप मौखिक कार्य से रोचक ढंग से सीखे जा सकते है।

अनुपात का नियम अनुपात के नियम का अर्थ है भाषा शिक्षण के समस्त उद्देश्यों का उचित मात्रा और अनुपात के आधार पर समस्त पक्षों तथा प्रत्येक अंग पर उचित और अभिष्ट बल दिया जाय। प्रत्येक भाषा में यह अनुपात और बल अलग-अलग होता है। संस्कृत शिक्षण के उद्देश्य निम्न है-

(a) ग्रहण 1. बोले हुए को समझना, 2. लिखित रूप को समझना।

(b) अभिव्यक्ति 1. बोलना, 2. लिखना।

(c) कलात्मक कविता का रसास्वादन

वैयक्तिक भिन्नता या स्वतन्त्रता का सिद्धान्त यह मनोवैज्ञानिक सत्य है कि प्रत्येक बालक अपनी योग्यता, रुचि तथा अभिवृत्ति शारीरिक क्षमता एवं संवेगात्मक स्तर पर हर दूसरे बालक से भिन्न होता है। यद्यपि अध्यापक पूरी कक्षा को एक साथ ही पढ़ता है। फिर भी प्रत्येक बालक की ग्रहण क्षमता भिन्न-भिन्न होती है।

भाषा पर अधिकार हेतु स्वतन्त्र वातावरण बहुत आवश्यक है। क्योंकि स्वतन्त्रत वातावरण में ही बालक जिज्ञासु होता है।

समवाय का सिद्धान्त इस सिद्धान्त के अनुसार शिक्षक विषयवस्तु को कक्षा के स्तरानुसार विविध सिद्धान्तों का सकारात्मक पक्ष का प्रयोग करता है। श्लोक पाठ के समय उससे सम्बन्धित ग्रन्थ का नाम, सन्दर्भ, प्रसंग का भी वर्णन करना चाहिए। इसके साथ ही भौगोलिक परिस्थिति ऐतिहासिक पृष्ठभूमि एवं व्याकरण का ज्ञान भी साथा में ही देना चाहिए। पाठ्य सहगामी क्रिया दृश्य श्रव्य उपकरणों का प्रयोग भी किया जाना चाहिए।

चयन का सिद्धान्त संस्कृत शिक्षक को निर्धारित पाठ्यक्रम से पाठों का चयन पर्व, उत्सव मुख्यदिवस, ऋतु आदि के आधार पर करना चाहिए। जैसे स्वतन्त्रतादिवस, गणतन्त्र दिवस, देश भक्त महापुरुष सम्बद्ध पाठ, राष्ट्रीय पर्व आदि अगस्त से जनवरी मास के मध्य इसी प्रकार वर्षा बसन्त आदि ऋतुओं में सम्बन्धित पाठ पढना चाहिए।

शिक्षण सूत्र

भाषा सीखने में शिक्षण सूत्रों की प्रमुख भूमिका है। शिक्षण सरल, सरस रुचिकर सुग्राह्य हो इस पर प्रसिद्ध शिक्षाशास्त्री हरबर्ट स्पेन्सर ने भी बहुत बल दिया है। शिक्षण में निम्न सूत्र प्रयुक्त होता है।

1. ज्ञात से अज्ञात की ओर
2. स्थूल से सूक्ष्य की ओर
3. सरल से कठिन की ओर
4. पूर्ण से अंश की ओर
5. विश्लेषण से संश्लेषण की ओर
6. आगमन से निगमन की ओर
7. अनिश्चित से निश्चित की ओर
8. ज्ञानेन्द्रियों से शिक्षण
9. मनोवैज्ञानिकों से तर्क की ओर
10. प्रकृति का अनुसरण करने का सिद्धान्त

1. **ज्ञात से अज्ञात की ओर** इस सूत्र का प्रयोग संस्कृत शिक्षण में किसी भी विधि से पढाते समय प्रस्तावना प्रश्नों में सम्यक् रुप से कर सकते है। गुणसन्धि के पढाने के लिये सन्धि की परिभाषा, सन्धि के भेद, दीर्घ सन्धि सम्बन्धित प्रश्नों को पूछ कर गुण सन्धि पढ़ाना चाहिए। क्योंकि छात्रों के पूर्वज्ञान का पूर्व अनुभव के आधार पर नूतन पाठ के अध्ययन में अन्तर्भाव करना चाहिए।
2. **स्थूल से सूक्ष्म की ओर** पहले स्थूल वस्तुओं को प्रस्तुत किया जाय तब बाद में उनके संस्कृत नाम और उनकी अभ्यास की व्यवस्था की जाय। पहले गेंद, पुष्प या दर्पण दिखाओं उसके बाद में ष्इदं आस्तिष इदं रक्त पुष्पम् अस्ति आदि अन्य वाक्य बनवाने चाहिए। इसी प्रकार पठति गच्छति आदि क्रियाओं को अभिनय द्वारा प्रस्तुत किया जा सकता है।
3. **सरल से कठिन की ओर** बालक का पूर्वज्ञान से सम्बद्ध विषय उसके लिए सरल तथा अज्ञात विषय कठिन होता है। प्रारम्भ में शिक्षक के द्वारा सरल पाठ पढ़ाना चाहिए। अननंतर और क्रमशः कठिन पाठ पढ़ने चाहिए। व्याकरण में भी सन्धि समास से सम्बन्धित वे नियम जो छात्रों ने मातृभाषा में पढ लिये है उन नियमों को संस्कृत में आरम्भ करना चाहिए बाद में अपठित नियम पढाने चाहिए।
4. **पूर्ण से अंश की ओर** 'पूर्वादंश प्रति' यह सूत्र संस्कृत शिक्षण में व्याकरण एवं कथा शिक्षण के लिए महत्त्वपूर्ण है व्याकरण शिक्षण में सर्वप्रथम छात्रों के सामने सूत्र प्रस्तुत करते हैं। जैसे अकः सवर्णे दीर्घः

5. **विश्लेषण से संश्लेषण की ओर** इसमें पृथक् पृथक् रूप से उदाहरण छात्रों के सामने प्रस्तुत करें। जैसे विभिन्न पदों का सन्धिविच्छेद, समासविग्रह उनमें में संश्लेषण की प्रक्रिया करनी चाहिए। शब्दों की व्युत्पत्ति कैसे हुई। इनमें मूल धातु प्रत्यय एवं उपसर्ग क्या है। इस प्रकार वाक्य रचना सन्धि समास प्रकृति प्रत्यय ज्ञान इत्यादि विषयों के स्पष्टीकरण में यह सूत्र महत्त्वपूर्ण है।
6. **आगमन से निगमन की ओर** यह व्याकरण के लिए सर्वाधिक उपयुक्त विधि है। आगमन का अभिप्राय है उदाहरणों को प्रस्तुत करना। निगमन का आशय हैं। नियम के प्रति जाना। अर्थात् सर्वप्रथम छात्रों के सामने विविध उदाहरण प्रस्तुत करना चाहिए उसके बाद उदाहरणों के समरूपता वाली विशेषता का ध्यान करा कर नियम बताना चाहिए। अभ्यास के लिए पुनः उदाहरण देने चाहिए। अतः इस शिक्षण से व्याकरण जैसे नीरस विषय का सरस बना दिया जाता है।
7. **अनिश्चित से निश्चित की ओर** प्रारम्भिक स्तर पर बालकों विभिन्न वस्तुओं का अनिश्चित एवं अस्पष्ट होता है। प्रारम्भिक स्तर में छात्रों को कण्ठस्थ करने पर बल देते है। धीरे-धीरे कण्ठस्थ विषय वस्तु का ज्ञान को सुदृढ़ करने के लिए भाषा की संरचना का ज्ञान करना चाहिए। जैसे भू धातु लट् लकार पठति पठतः पठन्ति रूप चलता है। स्था धातु का रूप स्थाति स्थातः स्थान्ति न होकर तिष्ठति तिष्ठतः तिष्ठन्ति होगा। इस प्रकार के परिवर्तन के विषय में ज्ञान कराना चाहिए।
8. **ज्ञानेन्द्रियों का प्रयोग** इन्द्रियाँ ज्ञान प्राप्ति के द्वार है। किसी भी विषय के अधिगम के लिए अधिकाधिक ज्ञानेन्द्रियों का प्रयोग करने से अधिगम स्थायी होता है। कानों से ध्वनियों का सुनना, जिह्वा से उन ध्वनियों की आवृति करना। नेत्रों से शब्द समूह का ज्ञान करना, हस्त से सुन्दर रूप में लिखने के अभ्यास करने बालक का ज्ञान सुदृढ़ होता है।
9. **मनोवैज्ञानिक क्रम से तार्किक क्रम की ओर** विशेषतः मनोवैज्ञानिक क्रम का सम्बन्ध छात्राओं की रुचि, योग्यता, अभियोग्यता, अभिवृति सर्जनात्मकता आदि से होता है। भाषा के श्रवण भाषण पठन लेखन ये चार कौशल है। इन चारों कौशलों का यह क्रम ही मनोवैज्ञानिक है। इस प्रकार मनोवैज्ञानिक क्रम के अनुसार छात्रों में विषय के प्रति रुचि का विकास होता है। तार्किक क्रम का सम्बन्ध विषयवस्तु आदि का व्यवस्थित क्रम से प्रस्तुत करना है। छात्रों के द्वारा शैनः शैनः विषय वस्तु का तार्किक रूप से क्रम निर्धारण करना चाहिए।
10. **प्रकृति का अनुसरण करने का सिद्धान्त** इस सिद्धान्त के अन्तर्गत बालक के प्रकृति, उसकी रुचि के विषयों को प्राकृतिक ढंग से पढ़ाने का प्रयास किया जाता है। बालक के विकास की विभिन्न अवस्थाएँ होती है। उनकी अपनी विशेषताएँ होती हैं उन्हीं विशेषताओं के आधार पर शिक्षा प्रदान करना भी इस सिद्धान्त के अन्तर्गत आता है। इसके अतिरिक्त बालक जिस वातावरण में रहता है उससे जोड़ने हुए ज्ञान हो प्रदान करना भी अधिक स्थायी एवं रोचक होता है।

संस्कृत भाषा कौशलस्य विकासः

बच्चा सुनकर, बोलकर, पढ़कर और लिखकर विचारों का आदान-प्रदान करता है। ये ही भाषाई कौशल कहे जाते हैं। कौशल में प्रवीणता के लिए अभ्यास की आवश्यकता होती है।

बच्चे में अनुकरण की प्रवृत्ति होने के कारण वह कौशल का अनुकरण बड़ी तीव्रता से करता है।

भाषा कौशल 4 होते है। जिनका निम्न क्रम है-

श्रवणम् - भाषणम् - पठनम् - लेखनम्

1. श्रवण कौशल

किसी भी व्यक्ति के द्वारा प्रयुक्त ध्वनियों, शब्दों एवं वाक्यों को कानों के माध्यम से ग्रहण कर उसका अर्थ ग्रहण करने की क्रिया 'श्रवण' कही जाती है।

भाषा सीखने का प्रथम चरण श्रवण है। अतः श्रवण कौशल ही अन्य कौशलों को विकसित करने का प्रथम आधार है। बालक सुनकर ही अनुकरण द्वारा भाषा अर्जित करता है, सुनकर समझता है और याद रखता है।

श्रवण कौशल के उद्देश्य

1. सुनकर अर्थ ग्रहण करना
2. सुनकर महत्त्वपूर्ण तथ्यों का चयन करना

3. धैर्यपूर्वक सुनना
4. सारांश ग्रहण कर सकना

श्रवण कौशल शिक्षण की विधियाँ

1. सस्वर वाचन
2. श्रुत सामग्री को मनोयोगपूर्वक सुनने की प्रेरणा
3. कहानी कहना व सुनना
4. बक्ता के मनोभावों को समझने की निपुणता
5. भाषण
6. प्रसंगानुकूल अर्थ व भाव समझना
7. दृश्य-श्रव्य सामग्री- टेपरिकार्डर- रेडियो, चलचित्र, दूरदर्शन, वीडियो।
8. उच्चारण को सुनकर शुद्ध उच्चारण का अनुकरण
9. प्रश्नोत्तर करना
10. श्रुत लेख
11. वाद-विवाद

2. सम्भाषण कौशल

उच्चारण संस्कृत की लिपि देवनागरी में हर एक ध्वनि के लिए एक अक्षर निश्चित है। ध्वनि उच्चारण में परिवर्तन होने से उच्चारण दोष उत्पन्न हो जाता है। उच्चारण में स्थानीय प्रभाव अधिक होता है। अतः प्राथमिक शिक्षा के स्तर पर ही बच्चे को भाषा के मानक उच्चारण के लिए सजग करने का लाभ होता है।

शुद्ध उच्चारण भाषा के ज्ञान का आवश्यक अंग है। भाषा संप्रेषण का प्रमुख माध्यम है। शुद्ध उच्चारण से संप्रेषण में बोधगम्यता आती है।

भाषा भी परिष्कृत होती है।

अशुद्ध उच्चारण के कारण

1. शिक्षक द्वारा अशुद्ध उच्चारण
2. असावधानी
3. सामाजिक प्रभाव

अशुद्ध उच्चारण दोषों के निराकरण के उपाय

1. शिक्षक द्वारा ध्वनि तत्त्व का ज्ञान कराना
2. शुद्ध बोलनेवालों की संगत
3. अध्यापक द्वारा शुद्ध उच्चारण
4. प्रेमपूर्ण व्यवहार
5. अनुकरण विधि का प्रयोग
6. प्रतियोगिताएँ आयोजित करना

3. पठन कौशल

वाचन लिखे हुए या छपे हुए शब्दों का उच्चारण करना वाचन कहलाता है परंतु यह वाचन का संकुचित अर्थ है। वास्तव में लिखित सामग्री को पढ़ते हुए अर्थ ग्रहण करने की क्रिया को वाचन कहा जाता है। वाचन में अर्थ एवं भाव सम्मिलित होता है। न्यूइस के अनुसार वाचन एक साधन है जिसके द्वारा बालक मानव जाति के द्वारा संचित सम्पूर्ण ज्ञान से परिचित होता है।

वाचन दो प्रकार का होता है (क) सस्वर वाचन (ख) मौन वाचन

(क) सस्वर वाचन ध्वनियुक्त उच्चारण करना सस्वर वाचन कहलाता है। सस्वर वाचन में पढ़ने वाले की आवाज दूसरों को सुनाई पड़ती है। यह दो प्रकार का होता है

1. **व्यक्तिगत सस्वर वाचन** एक ही व्यक्ति द्वारा आवाज करते हुए बाचन करना। यह दो प्रकार का होता है
(अ) आदर्श वाचन अध्यापक द्वारा व्यक्तिगत रूप से वाचन।
इसमें छात्रों को अपरिचित पाठ्य सामग्री का परिचय देकर शिक्षक द्वारा वाचन का मानदंड प्रस्तुत किया जाता है।
(ब) अनुकरण वाचन किसी छात्र द्वारा व्यक्तिगत रूप से अध्यापक द्वारा पढ़े गए पाठ का वाचन करना।
2. **सामूहिक या समवेत सस्वर वाचन** एक से अधिक वाचक द्वारा मिलकर वाचन करना।

मौन वाचन बिना होंठ हिलाए मन ही मन में पढ़ना।

सूक्ष्म अर्थ में मौन वाचन का अर्थ चुपचाप पढ़ते हुए अधिक से अधिक अर्थग्रहण करना है। यह स्वयं के लिए किया जाता है। इसमें नेत्र और मस्तिष्क के अतिरिक्त अन्य अंग निष्क्रिय रहते हैं।

वाचन के उद्देश्य

1. ध्वनियों व शब्द के शुद्ध उच्चारण का ज्ञान कराना
2. वाक्य के अर्थ के अनुसार उतार-चढ़ाव के साथ वाचन करने में सक्षम बनाना
3. निःसंकोच बोलने की प्रवृत्ति विकसित करना
4. पाठ्य सामग्री का अर्थ ग्रहण कर समीक्षा करने योग्य बनाना
5. विचारों की मौखिक एवं लिखित सजीव अभिव्यक्ति करने में सक्षम बनाना
6. शिक्षा की प्रक्रिया का संचालन (स्वाध्याय योग्य बनाना)
7. अच्छा वाचन सीखने से लिखित भाषा सीखने में मदद मिलती है।

वाचन की विधियाँ

1. देखो और कहो विधि (चित्र द्वारा) (पहली कक्षा की पुस्तक श्आनंद पोथीश में)
2. वर्णोच्चारण विधि
3. अक्षर बोध विधि
4. अनुकरण विधि
5. ध्वनि साम्य विधि
6. कहानी विधि
7. सामूहिक वाचन विधि

भाषा विचारों की अभिव्यक्ति का माध्यम है। मनुष्य अपने भावों का प्रकाशन भाषा द्वारा ही करता है।

अभिव्यक्ति दो प्रकार की होती है-

(क) मौखिक अभिव्यक्ति
(ख) लिखित अभिव्यक्ति

(क) मौखिक अभिव्यक्ति मानव अपने हृदय के भावों को प्रकट करने के लिए ध्वन्यात्मक संकेत-साधन (शब्द, वाक्य आदि) का प्रयोग करता है। यही मौखिक अभिव्यक्ति होती है। ये ध्वनि संकेत समाज द्वारा स्वीकृत होते हैं।

(ख) लिखित अभिव्यक्ति मौखिक बात की अपेक्षा लिखित बात अधिक स्थायी होती है। पत्र, निबंध, कहानी, उपन्यास आदि विधाओं में लिखने की कला ही पाठक को आकृष्ट करती है।

अभिव्यक्ति के उद्देश्य

1. निःसंकोच होकर अपने विचार व्यक्त करना
2. प्रश्नों का उत्तर स्पष्ट रूप से देना
3. शिष्टाचार के नियमों का पालन करना
5. लेखन में प्रवाह विकसित करना
4. सर्वमान्य भाषा (मानक भाषा) का प्रयोग करना
6. भाषा पर अच्छा अधिकार बनाना
7. विषयानुकूल भाषा-शैली का प्रयोग करना
8. मौलिक रचना करने योग्य बनाना

9. वाक्य रचना के नियमों से परिचित कराना (व्याकरण ज्ञान देना)

अभिव्यक्ति की विधियाँ

(क) मौखिक

1. चित्र वर्णन
2. वार्तालाप
3. कहानी कथन
4. कविता पाठ
5. सस्वर वाचन
6. समवेत वाचन
7. प्रश्नोत्तर
8. अंत्याक्षरी
9. वाद-विवाद

(ख) लिखित

1. पत्र लेखन
2. निबंध लेखन
3. संस्मरण लेखन
4. कहानी लेखन

4. लेखन कौशल

शब्दों में निहित अक्षरों या वर्णों को शुद्ध रूप में तथा सही क्रम में लिखा जाता है। शुद्ध वर्तनी का प्रभाव उच्चारण तथा रचनागत अन्य रूपों पर पड़ता है।

वर्तनीगत अशुद्धियों के कारण

1. अशुद्ध उच्चारण (धोका - धोखा)
2. उच्चारण की विषमता संयुक्ताक्षरों का उच्चारण
3. असावधानी
4. वर्तनीगत भूलों का सुधार न होना
5. लेखन अभ्यास का अभाव निराकरण
6. शिक्षक द्वारा लिपि का पूर्ण ज्ञान कराना
7. शुद्ध उच्चारण की शिक्षा देना
8. लिखित कार्य का संशोधन करना
9. बच्चे पर व्यक्तिगत ध्यान देना लेखन कौशल के चरण प्रथम चरण (लिखने के लिए तैयार करना)
10. वातावरण
11. व्याकरण की अनभिज्ञता लिंग, वचन आदि
12. लिपि का अधूरा ज्ञान अनुस्वार आदि
13. प्रांतीय प्रभाव प्रताप को परताप
14. मन:स्थिति सामान्य न होना
15. शीघ्रता से लिखना
16. व्याकरण का पूर्ण ज्ञान कराना
17. लिखने का अभ्यास करवाना
18. शब्द कोश का प्रयोग करना वर्णो / शब्दों के चित्र - चार्ट / श्यामपट्ट
19. अँगुलियों व कलाई का संचालन

1. **सुलेख**- सुन्दरलेख
2. **अनुलेख** प्रतिलिपि - किसी लेख का अनुकरण करना। इसमें अक्षरों की बनावट 'सुडोल रचना आकार' एवं अनुपात के आधार पर लेखन अभ्यास किया जाता है। अर्थात लिखे हुए को हुबहू लिखना।
3. **श्रुतलेख** सुनकर लिखा गया लेख श्रुत लेख। इसमें बच्चे का श्रवण अभ्यास काम आता है।

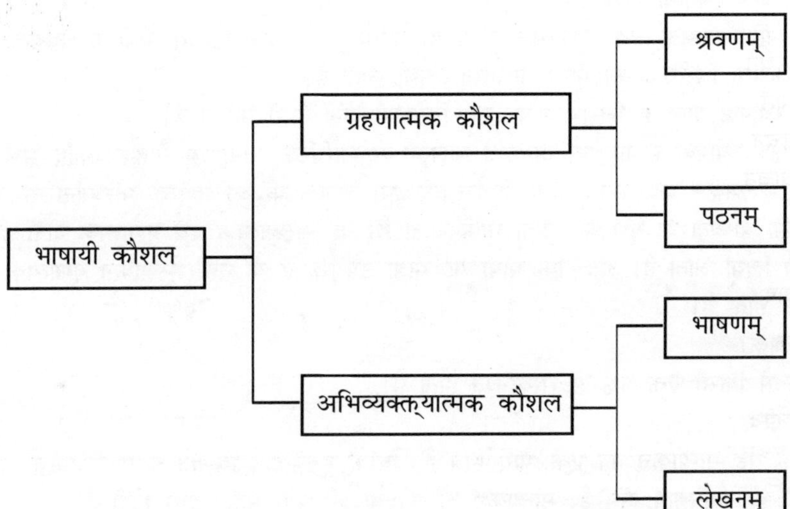

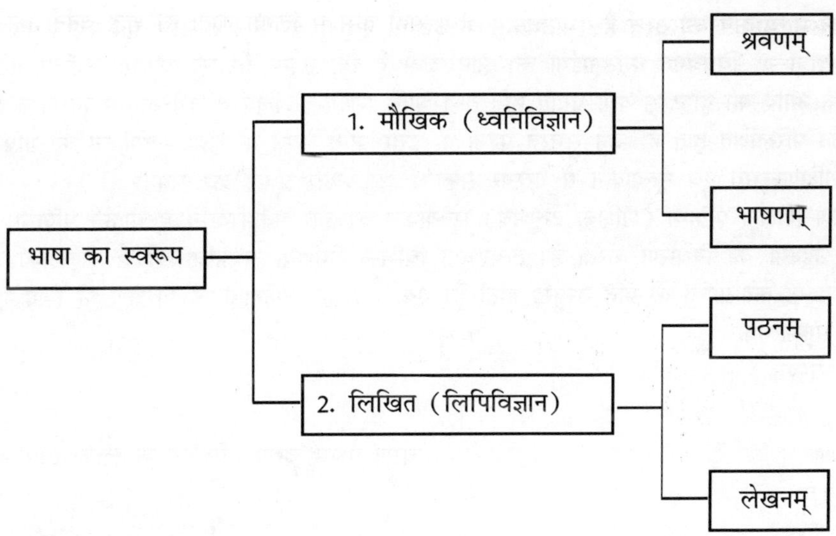

संस्कृत भाषा का मूल्यांकन

शिक्षक शिक्षण के आरम्भ से पूर्व कतिपय उद्देश्यों का निर्धारण करता हैं। उन उद्देश्यों की प्राप्ति तथा छात्रों में व्यवहारगत परिवर्तनों की उपलब्धि का परीक्षण दो प्रकार से करता है। प्रथम पाठान्तर्गत द्वितीय पठोपरान्त। प्रथमप्रक्रिया में शिक्षण में मध्य बोध, भाव बोध- विचारविश्लेषणात्मक, भावविश्लेषणात्मक - विकासात्मक- काठिन्यनिवारण सम्बद्ध प्रश्नों के सफलता के लिए बीच-बीच में पूरक प्रश्नों को पूछकर शिक्षक पाठान्तर्गत मूल्यांकन करता हुआ शिक्षण करता है।

द्वितीय प्रक्रिया में पाठोपरान्त या समाप्ति पर विविध पाठ से सम्बद्ध प्रश्नों को पूछकर शिक्षक अपने उद्देश्य प्राप्ति का पाठ की सफलता का छात्रा की उपलब्धि का परीक्षण करता हैं।

छात्रों के ज्ञानात्मक पक्ष का निष्पत्ति या उपलब्धि परीक्षणों द्वारा मापन किया जाता है। परन्तु उनके भावात्मक एवं मनो शारीरिक पक्ष का उपलब्धि परीक्षणों द्वारा मापन कठिन होता है। अतः दोनों पक्षों के मापन हेतु मूल्यांकन अधिक उपयोगी है। क्योंकि मूल्यांकन द्वारा परिणात्मक एवं गुणात्मक पक्ष दोनों की प्राप्ति होती है।

मापन एवं मूल्यांकन मापन किसी वस्तु या उपलब्धि का सख्यात्मक ज्ञान है। इसके द्वारा विभिन्न योग्यताओं तथा गुणों के परिमाण के सम्बन्ध के बताया जाता है।

मूल्यांकन द्वारा परिणामात्मक तथा गुणात्मक दोनों ही प्रकार की सूचनाएँ प्राप्त होती है। अर्थात् मूल्यांकन के अन्तर्गत किसी गुण योग्यता अथवा विशेषता का मूल्य निर्धारित किया जाता है।

1. मूल्यांकन एक व्यापक शब्द है जिसमें मापन एव निरीक्षण दोनों कार्य निहित है।
2. मूल्यांकन का क्षेत्र व्यापक है जिसके अन्तर्गत बालक के शारीरिक मानसिक नैतिक आदि सभी पक्षों को समायोजित किया जाता है। मूल्यांकन एक सतत क्रिया है जिसके द्वारा बालक के व्यावहारिक परिवर्तनों का परीक्षण होता है।
3. मापन द्वारा किसी योग्यता या गुण की मात्रा मापी जाती है। यह संख्यात्मक एवं गुणात्मक दोनों हो सकता है। मूल्यांकन द्वारा यह निर्णय लिया जाता है। अतः कि मापी गई मात्रा उपर्युक्त है या नहीं मूल्यांकन गुणात्मक होता है।
4. मापन मात्रात्मक होता है।
5. मूल्यांकन गुणात्मक।
6. मापन एक बार में किसी एक पक्ष से सम्बन्धित होता है।
7. मूल्यांकन बहुपक्षीय।
8. मापन सकीर्ण है यह मूल्यांकन का एक भाग मात्र है जबकि मूल्यांकन विस्तृत है मापन इसका एक अंग है।
9. मापन मूल्यांकन का अनिवार्य अंग है। मूल्यांकन के उद्देश्यों की पूर्ति मापन द्वारा होती है।
10. मूल्यांकन के द्वारा निदानात्मक एवं उपचारात्मक शिक्षण संभव है।

इस प्रकार शैक्षिक मूल्यांकन का अर्थ है- पाठ्यक्रम के उद्देश्यों एवं मूल्यों के प्रति छात्रों की प्रवृति एवं प्रगति का आकलन। मूल्यांकन से ही छात्रों के विषयगत कठिनाईयों का ज्ञान होता है कि उसमें कितनी योग्यता अर्जित की है। ज्ञान, कौशल, अभिरूचि अभिवृति आदि की दृष्टि से क्या प्रगति हुई। तथा भावि शिक्षा के लिए कौनसे आधार निर्धारित हो एवं उसमें कौनसे व्यवहारगत परिवर्तन परिलक्षित होते है उन समस्त प्रश्नों के उत्तर प्राप्त करने के लिए मूल्यांकन की प्रक्रिया सतत चलती है। शैक्षिक उद्देश्यों, शैक्षिणानुभव एवं मूल्यांकन में परस्पर सम्बन्ध इस प्रकार प्रकट कर सकते है।

उद्देश्यों का निर्धारण शिक्षण प्रक्रिया (शैक्षिक अनुभव) मूल्यांकन व्यवहार गतपरिवर्तन मूल्यांकन प्रक्रिया।

सर्वप्रथम शिक्षक उद्देश्यों का निर्धारण करता है। तत्पश्चात् विभिन्न विधियों से प्रविधियों से दृश्यश्रव्य उपकरणों का प्रयोग करता हुआ इन उद्देश्यों की प्राप्ति के प्रति उन्मुख होता है। एवं पाठ की सफलता के परिक्षण के लिए मूल्यांकन करता है ।

परिमाणात्मक या संख्यात्मक

ज्ञानात्मक पक्ष से सम्बद्ध

मौखिक परीक्षा

1. शलाका परीक्षा
2. शास्त्रार्थ
3. संवाद
4. प्रश्नावली
5. वाचनम्
6. भाषणम्

मूल्यांकन की प्रविधियाँ

क्रियात्मक

गुणात्मक

भावात्मक

लिखित परीक्षा

प्रायोगिक परीक्षा

1. निरीक्षण
2. निबन्धात्मक
3. वस्तुनिष्ठ

मूल्यांकन की विशेषताएँ

1. वस्तुनिष्ठता
2. वैधता
3. व्यापकता
4. स्पष्टता
5. विश्वसनीयता
6. विभेदकारिता
7. व्यावहारिकता
8. मानक

संस्कृत शिक्षण अधिगम सहायक सामग्रीः-

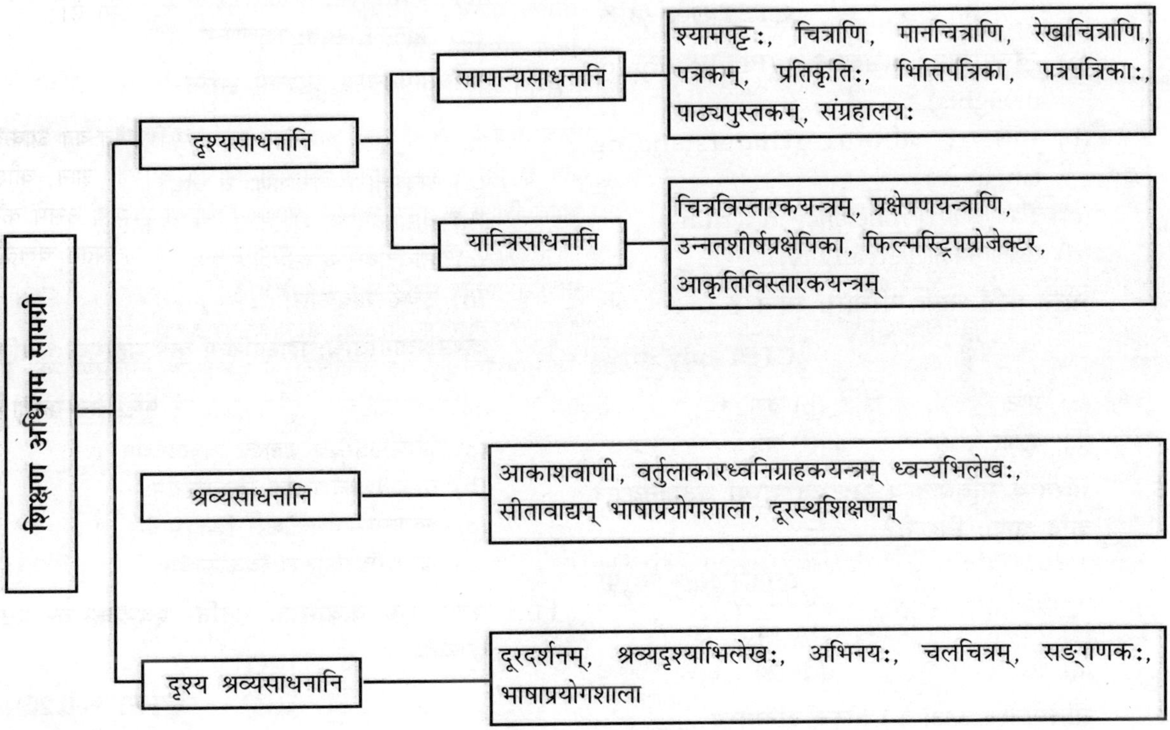

TEST YOURSELF

1. प्रत्येकभाषायाः विशिष्टध्वनयः संरचना शब्दावली च सन्ति। भाषायाः एवं विधं वैशिष्ट्यं सूचयति

CTET Sep 2016

(a) भाषा प्रजातिविशिष्टा वर्तते
(b) भाषा यादृच्छिकी वर्तते
(c) भाषा एकः कौशलविषयः वर्तते
(d) भाषा एका व्यवस्था वर्तते

2. भाषायाः प्राथमिकरूपम् अस्ति-

CTET Dec 2018

(a) लिखितभाषा (b) मौखिक भाषा
(c) सङ्केतभाषा (d) व्याकरणम्

3. निम्नलिखितेषु कि भाषाशिक्षणस्य उद्देश्यं नास्ति?

CTET Dec 2018

(a) विचाराणाम् अभिव्यक्तिः (Publication of thoughts)
(b) भाषायाः अधिगमः (Understanding language)
(c) लेखनदक्षता (Proficiency in writing)
(d) सृजनात्मकता (Creativity)

4. भारते कति भाषा परिवाराः सन्ति ?

CTET July 2019

(a) अष्टौ (b) दश
(c) चत्वारः (d) षड्

5. भारतस्य संविधानस्य अष्टम्यां सूच्यां वर्तमानकाले कति भाषाः विद्यन्ते?

CTET July 2019

(a) 22 (b) 24
(c) 16 (d) 20

6. संविधानस्य 343(2) अनुच्छेदानुसारम् ......

CTET Dec 2019

(a) हिन्दी सहायक राजकीय भाषा अस्ति
(b) आङ्ग्लभाषा राजकीय भाषा अस्ति
(c) आङ्लभाषा सहायक राजकीय भाषा अस्ति।
(d) हिन्दी राजकीय भाषा अस्ति

7. सामाजिक-विनिमयः (Social interaction) इति सिद्धान्तः केन सम्बद्धः?

CTET Jan 2021

(a) वायगोत्स्की (Vygotsky)
(b) कोलबर्ग (Kohlberg)
(c) पाणिनिः (Panini)
(d) स्किन्नर (Skinner)

8. अक्षरसमृद्ध वातावरणम् एकम् अभिन्नम् अङ्गम् अस्ति........ तथा च ....।

CTET Jan 2021

(a) साक्षरतायाः, भाषायाः शिक्षणस्य
(b) स्वस्य, समकक्षशिक्षणस्य
(c) विद्यालयस्य, कक्षाशिक्षणस्य
(d) पठनस्य, स्वतः शिक्षणस्य

9. कवितापठनस्य उद्देश्यम् अस्ति-

CTET Sep 2016

(a) अनुभूतीनां विचाराणां च बोधः
(b) धाराप्रवाहस्य शुद्धतायाः च विकासः
(c) कवितायाः कण्ठस्थीकरणम्
(d) उच्चारणविकासः

10. कथाश्रवणविधिः शिक्षार्थिनां कृते सहायक भवति-

CTET Sep 2016

(a) श्रवणमात्रस्यकौशलस्य विकासार्थम्
(b) सम्भाषणकौशलस्य विकासार्थम्
(c) श्रवणसम्भाषणकौशल विकासार्थम्
(d) पठनलेखनकौशल विकासार्थम्

11. गीता एक कथासंग्रह पठति। एवम्प्रकारकं पठनं कथ्यते

CTET Feb 2016

(a) परीक्षार्थ पठनम् इति
(b) आनन्दार्थ पठनम् इति
(c) विशदार्थ पठनम् इति
(d) सूचनाप्राप्तीच्छा इति

12. रचनात्मककक्षाया (Constructivist Classroom) कवितायाः पाठनसमये शिक्षकः

CTET Feb 2016

(a) समूहेषु चर्चा कविताम् अधिकृत्य स्वस्वमन्तव्यं प्रदातु छात्रान् निर्दिशेत्।
(b) कवितापठनं कुर्यात् छात्रान् पुनरावृत्तिं च कर्तुं निर्दिशेत्।
(c) पाठगतकठिनशब्दानाम् अर्थान् कण्ठस्थीकर्तुं निर्दिशेत्।
(d) व्याकरणगतनियमानाम् उपरि अभ्यासोपरि च ध्यानं दद्यात्।

13. अधस्तनेषु किम् उत्तरं मातृभाषाया: शिक्षणोपयोगी ज्ञानलक्ष्येषु अन्यतमं नास्ति?

CTET Dec 2018

(a) उच्चारणस्य ज्ञानार्जनम्
(b) भाषागतविभिन्नप्रकारकाणां लेखानां ज्ञानार्जनम्
(c) भाषातत्त्वानां प्रभूतज्ञानप्राप्ति:
(d) विषयवस्तुन: ज्ञानार्जनम्

14. शिक्षिका विशेषणविषये व्याख्यानं करोति। सा तदा सर्वान् छात्रान् प्रत्येकं न्यूनातिन्युनम् एकं स्वगुणं वर्णयितुं निर्दिशति। अनन्तरं च तस्य लक्षणं ददाति। अयं विधि: कथ्यते

CTET July 2019

(a) समग्रशारिरिकप्रतिक्रियाविधि:
(b) निमज्जनविधि:
(c) आगमनविधि:
(d) निगमनविधि:

15. भाषाया: कक्षायां कथाकथनस्य महत्त्वपूर्णभूमिका वर्तते, यत: ....

CTET July 2019

(a) शिक्षकस्य विश्रामार्थ सहायतां करोति।
(b) एतत् भाषाया: समग्र रूपं प्रस्तौति।
(c) एतत् नैतिकशिक्षणं ददाति।
(d) आमोदस्य प्रभूतं स्त्रोत: अस्ति।

16. भाषाधिगमार्थ किं सर्वाधिकं महत्त्वपूर्णम् ?

CTET July 2019

(a) बालसाहित्यम् (b) अभ्यास-प्रपत्रम्
(c) पाठ्यपुस्तकम् (d) अतिरिक्तपठनसामग्री

17. ससन्दर्भ व्याकरणम् (Language in context) नाम-

CTET Dec 2019

(a) पूर्व रूपाणामं ज्ञानम् अनन्तरं प्रयोगं प्रति प्रवत्ति:
(b) स्वाभाविक भाषाया: उदाहरणेषु रूपाणां परिचय:। तथा च सन्दर्भ तेषाम् अध्ययनम्।
(c) व्यवस्थितसंरचना माध्यमेन रूपाणाम् अधिगमने विद्यार्थी क्रमश: विकासं प्राप्नोति।
(d) पुन: पुन: अभ्यासबलेन व्याकरणस्य अधिगमनम्।

18. शिक्षक: एकं पाठं स्वगत्या पठति। विद्यार्थिन: समूहेषु विभज्य मुख्यबिन्दून् आधार पाठस्य पुनर्निर्माणं कुर्वन्ति। एवंविधं कार्यम् अस्ति .....

CTET Dec 2019

(a) व्याकरणश्रुतलेख: (b) कार्यस्यपुनर्लेखनम्
(c) पारस्परिक श्रुतलेख: (d) श्रुतलेख:

19. मौखिक भाषाकौशलस्य विकासार्थ निम्नलिखितेषु क: प्रयोग: सर्वाधिक: उपयोगी भविष्यति?

CTET Jan 2021

(a) शिक्षकस्य पठनानन्तरं पाठ्यपुस्तकस्य एकस्य पाठस्य सामूहिकरूपेण पठनम्।
(b) शिक्षकम् अनु सामूहिकरूपेण शब्दानां शुद्धोच्चारणस्य अभ्यास:।
(c) कवितानां पठनं एकलं सामूहिकं च।
(d) नाट्याभिनये सहभाग:।

20. का सा पद्धति: यस्यां व्याकरणनियमानामुपरि प्राधान्येन ध्यानं दीयते अनन्तरं च तदाधारितानाम् उदाहरणानाम् उपरि?

CTET Jan 2021

(a) व्याकरणानुवाद-विधि: (grammar and translatoin method)-
(b) प्रत्यक्षविधि: (direct method)
(c) आगमन-विधि: (inductive method)
(d) निगमन-विधि: (deductive method)

21. भाषाया: अधिगमस्य कृते किं न महत्त्वपूर्णम्?

CTET Jan 2021

(a) अधिगमं प्रति प्रवृत्ति: (b) अनुवाद:
(c) प्रोत्साहनम् (d) आत्मविश्वास:

22. व्याकरणस्य अधिगमेन शिक्षार्थिनां लाभः भवति......

CTET Jan 2021

(a) धाराप्रवाहे (b) शब्दज्ञाने
(c) साक्षरतायाम् (d) शुद्धतायाम्

23. भवान् शिक्षकरूपेण कथं छात्राणां पठनविषयिणीं रुचिं वर्धयितु शक्नोति?

CTET Jan 2021

(a) रुच्युत्पादकानां वयोपयोगिबालसाहित्यानाम् उपयोगेन
(b) पाठस्य मातृभाषया अनुबादं कृत्वा प्रश्नानाम् उत्तराणि अधि गन्तुं निर्दिश्य
(c) तान् पाठ्यपुस्तकमात्रं पठितुं निर्दिश्य
(d) पाठानां सारांशानां कण्ठस्थीकरण कारयित्वा

24. सुन्दरी एकस्य अभ्यासकार्यस्य नियोजनं कृतवती यस्मिन् सा प्रत्येकं पञ्चमशब्दस्य लोपं कृतवती। एतद् अभ्यासकार्यम् अस्ति-

(a) व्याकरणपरीक्षा (b) लेखनपरीक्षा
(c) रिक्तस्थानपूर्तिपरीक्षा (d) अनुमानकार्यम्

25. बहुभाषिकतायाः उपयोगः साधनरूपेण अनिवार्यतया क्रियते, येन-

(a) बहुभिः भाषाभिः बालाः अधिगमं कुर्युः।
(b) बालाः बहूनां भाषाणाम् अधिगमं कुर्यः।
(c) शिक्षिका बहूनां भाषाणाम् अधिगमं कुर्यात्।
(d) प्रत्येकबालः सौविध्ययुतः स्वीकृतः च इति अनुभवति।

26. भाषायां निरन्तर, समग्रमूल्याङ्कनार्थ कस्योपरि बलं देयम्?

(a) शुद्धोच्चारणम् (Correct pronunciation)
(b) विभिन्नसन्दर्भेषु भाषाप्रयोगसामर्थ्यम्
(c) उत्तम शब्दावली (Correct vocabulary)
(d) परियोजनाकार्यम् (project work)

27. छात्राणां भाषादक्षतायाः परीक्षणं कर्तु शिक्षिका एक प्रश्नपत्र प्रस्तौति। तस्मिन् सा प्रत्येकं पञ्चम् तत्र रिक्तस्थानं पूरयितु छात्रान् निर्दिशति। एवम्प्रकारकः परीक्षाविधिः ज्ञायते ______

(a) शब्दज्ञानपरीक्षा इति
(b) शून्यस्थानपूरणम् इति
(c) क्लोज्परीक्षा इति
(d) अवबोधपूर्वकं पठनम् इति

28. "छात्राः पाठ्य-वस्तु-सार्थक्यं ज्ञातुं समर्थाः भवेयुः" इत्यर्थं समीचीन-वाचन युक्तिः भविष्यति?

CTET Feb 2014

(a) अनुमानम् (b) सारकथनम्
(c) शब्दशः व्याख्यानम् (d) विहगावलोकनम्

29. श्रवणकौशलस्य अभ्यासार्थं छात्राः रेलयानस्य समय-सम्बद्ध-उद्घोषणां श्रुत्वा समयसारिणीं लिखन्ति। अत्र छात्राः किं कुर्वन्ति?

CTET Feb 2014

(a) श्रुतलेखनद्वारा समयसारिणीं पूरयन्ति
(b) उच्चैः उद्घोषणां पठन्ति
(c) समयसारिण्यां लिखित तथ्यानां
(d) रेलयानसमय-सम्बद्ध-चित्रं पश्यन्ति

30. यः शिक्षकः छात्रान् अधिकं बालसाहित्यं पठितुं प्रेरयति सः छात्राणाम्-

CTET July 2016

(a) सम्भाषणकौशलं वर्धयितुम् इच्छति
(b) श्रवणकौशलं वर्धयितुम् इच्छति
(c) पठनकौशलं वर्धयितुम् इच्छति
(d) लेखनकौशलं वर्धयितुम् इच्छति

31. उत्पादनकौशलम् अस्ति-

CTET July 2016

(a) सम्भाषणं लेखनं च (b) श्रवणं पठनं च
(c) पठनं लेखनं च (d) श्रवणं सम्भाषणं च

32. पठनं नाम-

CTET July 2016

(a) अक्षराणां शब्दानां च कूटज्ञानम्
(b) सम्पूर्णशब्दावल्याः अधिगमः
(c) भाषाधिगमः
(d) अर्थकरणम्

33. उत्पादकशब्दावली सन्निवेशयति-

CTET July 2016

(a) श्रवणसमये अभिज्ञातान् शब्दान्
(b) लेखनसमये प्रयुक्तान् शब्दान्
(c) सम्भाषणसमये लेखनसमये च प्रयुक्तान् शब्दान्
(d) सम्भाषणसमये प्रयुक्तान् शब्दान्

34. सम्प्रेषणदक्षता नाम -

CTET July 2016

(a) शुद्धतया भाषाया: प्रयोग कर्तु छात्राणां दक्षता
(b) धाराप्रवाहं भाषाया: प्रयोग कर्तु छात्राणां दक्षता
(c) दोषमुक्तं लेखितुं छात्राणां दक्षता
(d) अर्थ बोधयितुं भाषाया: प्रयोग: कर्तुं छात्राणां दक्षता

35. भाषादक्षताया: कृते अधोलिखितेषु कस्य महत्त्वं सर्वाधिकम्?

CTET Feb 2016

(a) न्यूनमूल्यशिक्षणसहायक सामग्रीणां प्रयोग:
(b) शुद्धोच्चारणेन सह वाचनम्
(c) सुन्दरहस्ताक्षरैः अभ्यासकार्यलेखनम्
(d) शुद्धताया: धाराप्रवाहस्य च विकास:

36. एकस्य पाठस्य पठनसमये अधोलिखितेषु किम् अत्यावश्यकम्?

CTET July 2019

(a) पाठस्य अर्थावबोध:
(b) शीघ्रतया पठनम्
(c) शुद्धोचारणेन सह पठनम्
(d) विरामचिन्हानां शुद्धतया प्रयोग:

37. छात्राणां लेखनकौशलस्य आकलनार्थ शिक्षिका प्रमुखतया ध्यानं ददाति-

(a) व्याकरणदृष्ट्या शुद्धवाक्यरचनायाम्
(b) विचाराणाम् अभिव्यक्ती
(c) आलंकारिक भाषाप्रयोगस्य उपरि
(d) शुद्धवर्तन्याम्

38. भाषादक्षतायां के द्वे तत्त्वे सन्निविष्टे ?

CTET July 2019

(a) शुद्धता धाराप्रवाह: च
(b) द्रुतपठनं क्रमवीक्षणं च
(c) योग्यम् उच्चारणं गभीरतया पठनं च
(d) लिप्यन्तरणं सुन्दरं हस्ताक्षरं च

39. प्रथम भाषा विकासः साधारणतया ज्ञायते....

CTET Dec 2019

(a) अधिग्रहणं इति (b) परिवर्धनम् इति
(c) संज्ञानम् इति (d) अधिगम: इति

40. श्रवणं पठनं चौव-

CTET Dec 2019

(a) अभिव्यक्त्यात्मककौशले (b) रुच्युत्पादककौशले
(c) चिन्तनात्मककौशले (d) ग्रहणात्मककौशले

41. लेखनस्य प्रक्रिया उपागमस्य लक्ष्यम् अस्ति-

CTET Dec 2019

(a) केवलं परिणामे
(b) उभयं प्रक्रियायां परिणामे च
(c) सुन्दरहस्ताक्षरप्रयोगे
(d) केवलं प्रक्रियायाम्

42. यथा पाठे निर्दिष्टं तथा कथाया: घटनानां क्रम योजयितुं तृतीयकक्षाया: शिक्षिका छात्रान् निर्दिशति। एष: कार्यकलाप: साहाय्यं करिष्यति-

CTET Jan 2021

(a) बालानां लेखनकौशलविकासे
(b) बालानां वार्तालापसमयस्य सीमावर्धनम् (maximizing students talking time)
(c) पठनावबोधे (reading comprehension)
(d) बोधनीयप्रविष्टौ (comprehensible input)

43. सूक्ष्ममोटरकौशलस्य (fine motor skill) विकासस्य किम् उत्कृष्टम् उदाहरणम् अस्ति?

CTET Jan 2021

(a) लेखनम् (writing)
(b) पठनम्
(c) आरोहणम् (climbing)
(d) कूर्दनम् (hopping)

44. धाराप्रवाहिता अर्थात......

(a) शुद्धतया वाक्यानाम् उच्चारणम्।
(b) सम्भाषणेन पठनेन लेखनेन च सानन्दम् अभिव्यक्ति:।
(c) दोषमुक्तं लेखनम्।
(d) व्याकरणनियमानां स्पष्टं वर्णनं प्रयोगश्च।

45. लेखनस्य प्रक्रियोपागम: (process approach) आवेष्टितानि करोति.......

A. सम्पादनम् (editing)
B. विचारविमर्शम् (brainstorming)
C. संशोधनम् (revising)
D. प्रारूपनिर्माणम् (drafting)

(a) A, D, C, B (b) B, D, C, A
(c) A, B, C, D (d) B, C, A, D

46. भाषाशिक्षणे दृश्य-श्रव्यसामग्री (Audio, Visualaids) उपयुक्तता भवति।

(a) शुद्ध उच्चारणार्थम् (b) शुद्ध लेखनार्थम्

(c) शुद्धपठनार्थम् (d) सर्वमपि

47. प्रथमकक्षायाः कृते भाषायाः पाठ्यपुस्तके प्रारम्भ कविताः कथाः च दत्ताः सन्ति, अनन्तरं च अक्षराणां लेखनम्। एवं तत् पुस्तक कां प्रणालीम् अनुसरति?

(a) अनुशासनात्मक प्रणालीम्

(b) पाठ्यचर्यारूपरेखा प्रणालीम्

(c) ऊर्ध्वगामी-प्रणालीम्

(d) अधोगामी प्रणालीम्

48. उद्गामिसाक्षरतास्तरे (emergent literacy stage) अपि लेखनवर्गे स्वीक्रियते।

(a) वाक्यानां निर्माणम् (b) चित्राङ्कनम्

(c) अक्षराणा निर्माणम् (d) शब्दानां लेखनम्

49. बालस्य भाषाधिग्रहणे अधस्तनेषु कस्य भूमिका सर्वतो महत्त्वपूर्णा?

(a) विद्यालयस्य (b) प्रसारमाध्यमस्य

(c) शिक्षकस्य (d) परिवारस्य

50. छात्राणां कृते एकाम् अध्ययनाध्यापनसामग्री (teaching learning material) चिनोतुम् अधोगतेषु किं सर्वतो महत्त्वपूर्णम्?

(a) सा सामग्री छात्रैः एव निर्मिता स्यात्।

(b) सा सामग्री सन्दर्भानुकूलं भवेत् तस्याः च संघटितरूपेण उपयोगः क्रियेत्।

(c) समीपस्थविपण्यां तस्याः सामग्रयाः उपलब्धिः भवेत्।

(d) सा सामग्री महार्घा न स्यात्।

ANSWER KEY

1	D	2	C	3	C	4	A	5	A	6	C	7	A
8	A	9	A	10	C	11	D	12	A	13	D	14	C
15	B	16	A	17	B	18	C	19	D	20	D	21	B
22	D	23	A	24	C	25	D	26	B	27	D	28	D
29	A	30	C	31	A	32	D	33	C	34	D	35	B
36	A	37	B	38	A	39	A	40	D	41	B	42	C
43	A	44	B	45	B	46	D	47	D	48	B	49	D
50	B												

CHAPTER

3

ENGLISH PEDAGOGY

Language

Language is an inseparable part of human society. Human civilization has been possible only through language. Language is basically human. It is different from animal communication. Let's look at some of the characteristics of language;

(a) **Language is Learnt:** Language is not a born activity as crying and walking. It is not an automatic process. It has to be learnt. Any learner learns the language by imitation and practice.

(b) **Language is a Acquired Behavior:** Language is acquired behavior. If a baby or man is shifted to another community or cultural group, he will acquire the language spoken by that cultural community. For example; if an Indian family is settled in United Status, the children of the family will acquire the English language with an American accent.

(c) **Language is a System:** Language is a system like a human body, just as body functions through different organs such as brain, heart, lungs. In the same way, language functions through sounds, words andstructures.

(d) **Language is Vocal:** The language is primarily observed speech. Speech is a fundamental thing is language learning, reading and writing are secondary. Through speech and modulation of speech, we get a clear picture of English inflexion.

(e) **Language is for Communication:** The main purpose of language is communication. Since it is so, a person's speech must be intelligible to others. For this, he must acquire the right pronunciation and intonation.

(f) **Language is Arbitrary:** Language is arbitrary. There is no relationship between the words of a language and its meaning.The relationship between word and meaning is arbitrary. There is no reason why a language is called as 'Language' in English, 'Bhasha' in Hindi and 'Zaban' in Urdu.

Nature of English Language

(a) **Receptive:** Receptiveness is regarded as an extraordinary nature of English language. It has maintain edits open door policy. It has adopted and accepted thousands of words from European, Asian,African, Indian, Japanese, Chinese and other languages. We can see a great impact on classical languages like Latin, Greek, Arabic, French and Sanskrit on English. English hasthe richest vocabulary due to its receptiveness .

(b) Heterogeneous: As English contains vocabulary from many languages, it has become heterogeneous in nature. In the process of adopting words from other languages, in some cases the original words as it is without change in meaning, but in some other cases, the spelling, pronunciation and meaning of original words from other languages was changed for instance; the French word, 'tour' and the Latin word, 'turris' bacome 'Tower' in English .

(c) Systematic: The system of English language functions through sounds, words and structures. The system of sound is known as phonology. The system of words is called as morphology whereas the system of structures is named as syntax. All these three systems are integrated with one another making an organic whole which is called as the English language.

(d) Unique: English is unique in its nature. English is not 100% French, not German or Arabic, not Latin or Greek. English is English. English differs from other languages in its sounds, words,structures and functioning. Though English has adopted vocabulary from other languages, it has shaped them remarkably as if these words are its own.

(e) Dynamic: English is a dynamic language. It is constantly changing. These changes are regular and systematic. If you study the history of English language, you will come to know the difference between Old English, Medieval English and Modern English. The old English words like; 'thou and thee' are now 'you and your.' In the age of technology, we have developed 'SMS English' where many short forms are used such as; 'you' is written as 'u','as soon as possible' is written as 'ASAP', and 'your' is written as 'ur'.

Language Learning and Acquisition

Language Acquisition	Language Learning
• Naturalistic process	• Formal and deliberate education
• Occurs through interaction and immersion	• Focuses on explicit grammar rules explanation
• Common in children's first language development	• Typically involves second or additional languages
• Does not necessarily involve formal instruction	• Relies on structured teaching methods
• Utilizes innate ability to acquire language	• Requires conscious effort and study

Methods of Teaching English Language

1. **Translation-cum- Grammar Method**
   - It is one of the oldest methods of teaching English in India.
   - It is also known as classical/Traditional method.
   - English is taught through mother tongue.
   - Translation of each and every word, phrases and sentence is done into mother tongue. i.e. mother tongue dominates this method.

   Merits/Advantages
   - English phraseology is easily explained, understood and assimilated.
   - It makes use of child's knowledge of his/her mother tongue.
   - It is more effective for the students of primary stage.

Demerits/ Disadvantages/ Limitations

- It stops the power of thinking as the learners first think in mother tongue and then translate their thoughts, ideas, etc. into English.
- Little or no attention is paid to speaking or listening, correct pronunciation, stress and intonation are neglected.
- It is dull and mechanical and hence boring.

2. Direct Method

- It evolved as a reaction against the translation-cum-grammar method.
- The real aim of this method is to make the learner acquire a real command over the language without the intervention of mother tongue.
- Attention is paid to speaking and listening, i.e. oral work precedes reading and writing.
- Use of mother tongue or native language is discouraged.

Merit / Advantages

- It provides the natural way of learning.
- It facilitates learning of English.
- It develops natural fluency in speaking English

Demerits/ Disadvantages/ Limitations

- Teachers with good command over English are required.
- It is laborious and time-consuming.
- As it ignores translation completely, some phrases, expressions and idioms cannot be explained.
- It is suitable to linguistic-minded students only.

3. Dr. West's New Method

- It was devised by Dr. Michael West.
- It gives priority to reading with select vocabulary.
- It favours judicious use of mother tongue.
- It lays emphasis on developing reading ability, and that too on silent reading.

Merit/ Advantages

- It helps in developing the habit of independent reading.
- It enhances/ enriches vocabulary as new words are frequently repeated.
- Judicious use of mother tongue makes the difficult task easy.

Demerits/ Disadvantages/ Limitations

- It lays no emphasis on theoretical grammar.
- It ignores the other three skills- listening, speaking and writing.

4. Substitution Table Method

- It was developed by HE Palmer.
- In this method words of one sentence are substituted by other words.
- It was devised to supplement the Direct method.
- In this method a model sentence is chosen and then its words are substituted. Criteria for choosing a model sentence
- It should be chosen from the text to be taught.

Merits/ Advantages

- It is an interesting method.
- It provides controlled language practice to the learners.
- It encourages the formation of correct speaking habits.
- It ensures correct pronunciation, intonation and fluency.

Demerits/ Disadvantages/ Limitations

- It lays more stress on written work.
- Grammatical rules are not explained systematically.
- Only trained and skilled teachers can teach effectively.

5. **Bilingual Method**
   - It is based on the concept that it is a waste of time to create a situation for a language when it could be easily taught using mother tongue.
   - In this method a statement is said twice first in target language and then in mother tongue sandwiched in between. Thus it is also called the Sandwich technique.
   - In this method, situations are created by giving the mother tongue/ native language equal importance to the target language.
   - It provides three phase structures – Presentation, Practice and Production.

Merits/ Advantages

- It does not require trained/ skilled teachers.
- It saves labour and time..
- It is quicker method to teach.

Demerits/ Disadvantages/ Limitations

- It develops the habit of translation.
- Reading and writing are ignored.
- Grammar is not taught systematically.

6. **Active Learning method (ALM)**
   - It is well-established fact that learning involves actively constructing our own meanings. The meaning making theory of learning is called constructivism.
   - It improves critical- thinking skills and interpersonal skills.
   - It helps in improving the communicative competence of the learners.
   - ALM strategies ,particularly discussion and demonstration, ensures maximum participation of students during learning.

7. **Audio Lingual Methods (Army Method)**
   - Material is presented in the form of dialogue.
   - Grammar is taught inductively.
   - Language laboratories, tapes, and visual aids are used abundantly.
   - Great importance is given to precise native- like pronunciation.

8. **Language Immersion method-**
   - Learner is allowed/made to immerse in second language L2 (English) whole day & he uses only this language to learn other subjects & other activities.

- Teacher only using English (L2)

9. **Total Physical Response**
   - Developed by James Asher.
   - This language is based on the coordination of language and physical movement. (Motor activity)
   - The objective of this method is to develop fluency.
   - TPR is only suitable for beginner level.
   - TPR lessons use a wide range of realia, poster, etc.

Approaches for teaching English

1. **Structural Approach**
   - It is also known as oral-aural approach.
   - Selected and graded structures are taught in a meaningful situation.
   - It is based on the following assumptions:
     - Structure is more important than vocabulary.
     - Sentence pattern/ structure forms the basis of a language.
     - Syntax should also be taught besides words.
     - Uses techniques of direct method but the use of translation is not fully ignored.
2. **The Communicative Approach**
   - This approach applies to spoken and written language.
   - It provides the communicating opportunities where the learners may be able to communicate their ideas through dialogue, discussion, debate, etc.
   - It allows the learners to learn through meaningful communication. It combines lexical items into meaningful and communicative expression.
   - It allows the students to respond in the target language, their native language or a mixture of the two.
3. **Situational Approach**
   - The situational approach had been developed by British linguists Harold Palmer and A.S. Hornsby between 1930and 1960.
   - The situational approach ensures that the language taught is practical.
   - The vocabulary and sentences are used in real situation so that the meaning of words are associated with situations. Example- learners know the meaning of the word Book not because they looked it up in the dictionary, but by hearing sentences like open the book , go through the book etc.
4. **The Natural Approach**
   - This approach was given by Stephen Krashen and Tracy Terrell during late 1970's.
   - It helps in learning the second language without using printed texts.
   - It gives more importance to vocabulary, creating motivating situations, communication, exposure to English input.
   - The early speech follows natural steps :- yes-no response, one word answers, short phrases, complete sentences.

5. **The Integrated Approach**
    - It abridges the gap between the structural approach and communicative approach, as structural approach lacks fluency in speaking English in real-life situations whereas the learners who are tutored through the communicative approach are fluent speakers but lack accuracy.
    - It also helps in the development of life skills such a critical- thinking skills, interpersonal-communication skills, decision-making/ problem-solving skills and self-management skills.
6. **The Eclectic Approach**
    - The teacher does not follow any single method rather uses appropriate strategies from different methods.
    - It is more flexible and can easily be adapted to suit a wide variety of teaching situations.
    - A teacher who follows this approach is less likely to get fixed in one single method and more likely to keep an eye open for new techniques and approaches to teach English.

Role of Language Skills

There are four language domains

- **Listening:** Students learn many things from listening. They learn how to respond to a question, and how to respond to a command or request. Some listening activities that can be conducted in the classroom are listening to a poem and listening to a story. This is the first and most important domain in language development.
- **Speaking:** This is the second step in language learning. Speaking is the ability to speak effectively and fluently. The speaking domain develops the ability to pronounce the sounds of language correctly.
- **Reading:** This is the third step of language learning. It develops reading comprehension. Reading skills develop sentence construction.
- **Writing** This is the final step of the language domain. Writing is also a medium of communication and it develops the ability of neat and legible handwriting, correct formation of letters, and good communicational skills through pen and paper.

Since listening and reading are used as channels for receiving information, thus these two skills are called receptive skills.
On the other hand, since speaking and writing are used as channels for sending information, these two skills are labeled as productive skills.

Teaching of Reading

Teaching of Reading: Reading is one of the important skills in language learning. Emphasizing its significance Lord Bacon remarked, "Reading make a full man, writing an exact man and conference a ready man." The education of a child is incomplete if he does not have the ability to read. "Our main purpose in developing the ability to read among our children is that we wish to put them in possession of the power of gaining pleasure and profit from the printed page."

Types of Reading:

1. **Reading Aloud:** It is also known as oral reading. Reading aloud involves looking at a text, understanding it and also saying it. The main purpose of reading aloud is not just to understand the text but also to convey the information. Such reading involves reading articles from the newspaper to a friend, reading a notice or a message to the students etc.
2. **Silent Reading:** Silent reading or reading for a meaning is the activity we normally engage in when we read books, newspapers, articles, posters, etc. It involves looking at sentences in a text and understanding the message they convey. In silent reading, the teacher should ask the students to read without making sound, whispers, murmurs, or even moving their lips.
3. **Intensive Reading:** Intensive study involves the learner to understand and examine the text in detail. Its aim is the study of sentence structure, assimilation of language and getting information. Students learn to read carefully with concentration to extract the main ideas. Attention is also paid to the logical development of ideas and style in writing. Guidance of the teacher plays as important role.
4. **Extensive Reading:** Extensive reading involves reading in quantity without bothering to check every word or structure. The main purpose is helping the students to read English fluently without the help of a teacher. Reading here becomes a technique and not an end in itself and language becomes a vehicle, a tool and a model. Students are encouraged to read widely on subjects that interest them. The Indian Education Commission (1966) has emphasized on extensive reading.
5. **Supplementary Reading:** Textbooks are written to support a specific course and relate directly to the syllabus of that course. Reference and general books supplement course textbooks by offering alternative approaches, additional information and knowledge of subjects not directly covered by the school curriculum.
6. **Library Reading:** The Library Reading program provides libraries with e-readers loaded with relevant books and librarian and staff digital reading project management training, as well as guidance around community outreach and engagement.

Methods of Teaching Writing

(i) **Kindergarten method:** This method is based on the principles of 'Kindergarten method of education'. It teaches children to learn the formation of English alphabets through play way technique. The apparatus used is a 'Kindergarten Box' which contains pieces of wood or plastic of different shapes. In this way, learning becomes very interesting. However, it suffers from two main shortcomings. Firstly, English is introduced in most of the schools of India only in Class VI and by this time the students have already grown up. Secondly, this method may have been applied while teaching the letters of mother tongue. Hence, there is nothing new for them.

(ii) **Tracing method:** In this method, the learner is required to make movements over the printed letters with a pen or a pencil held in his hand. The letters are generally printed in dotted lines or the teacher writes them in the notebook with a soft pencil.

(iii) **Free imitation method:** In this method, the students imitate the printed letters in their notebooks or copy the letters from the blackboard. He advises the use of flash cards instead.

The teacher may also write the letters in the notebook and the students imitate by writing below the line. This method helps the child to be self-dependent. However, it has some demerits also. Incorrect copying will leave an everlasting impression in the child's mind. Secondly, it increases teacher's workload.

(iv) F. G. French method: In this method, the child does not learn letters straightway but learns certain basic movements. These movements are done in a tray of sand of with chalk on a brown paper.

(v) Transcription : Transcription is simply the act of putting words on paper (or screen) through handwriting (or typing) and making those words understandable through good spelling.

Teaching of Listening and Speaking

Skill of Listening: Language learning involves development of skills such as listening, speaking, reading and writing. To facilitate understanding, it is essential to listen as well as speak. Hence, listening and speaking are complementary to each other. Therefore, practice in listening should precede practice in speaking. This is because without listening, speech has no meaning.

Language operates in a social situation i.e. in the presence of a speaker and a listener. The speaker conveys his ideas and feelings which the listener comprehends. Thus, speaking is an active process While listening is a passive one. However, we cannot fully agree that it is a passive activity as the listener decodes the message to understand it.

Skill of Speaking: "Speech is the ground work, and all the rest are built upon it. Through speech, the pupils learn to make the direct connections between the English word or phrase and the subject, action and idea it bears. He learns the habit of using words in the correct sentence patterns and phrase patterns and he can learn this in no other way."

Basic Components of speech

- **Stress:** Stress is a vital element in a correct pronunciation and great attention to it is essential.
- **Rhythm:** "Rhythm is the metrical effect produced in verse, prose, music or motion by the relations in quality, stress time or energy, between the syllables, words, notes or movements that succeed each other."

  For example,

  'Jack and Jill went up the hill'

  To fetch a pail of water.
- **Intonation:** Intonation means modulation of voice or the variation in pitch. It happens due to the tightening or slackening of our vocal chords and the sounds that are produced.
- **Fluency:** Fluency means the uttering of words and sentences with no gaps or hesitation in the middle. Good spoken English is one in which words are spoken without shuttering and stumbling over sound or sequence of sounds.
- **Juncture:** Juncture is the slight pause to indicate syllable break in the chain of speed sound. It separates near identical group of words or two near sequence of phonemes.

Language Components

Components	Features
Phoneme	• It is the **smallest or basic unit of spoken language.** • The smallest unit of sound makes a **difference in pronunciation and meaning.** The word **"pen"** has three phonemes viz. **'p,' 'e and, 'n'.**
Syntax	• These are the grammatical rules which explain how different words can be combined to make a meaningful sentence.
Semantics	• It refers to the set of rules by which we understand the meaning of words and sentences. • For example, adding **"ed"** at the end of the word refers to the **past tense.**
Morpheme	• The morpheme is the smallest unit of meaning. • Phonemes are combined to make morpheme, such as the word **"remake"**, consists of two words **"re"** and **"make".**
Pragmatics	• The societal rules related to language. Pragmatics refers to the **social rules of language.** • As language is a social tool of interaction, it has some underlying rules such as how to behave as a listener.

Language Laboratory

Language laboratory is the most result oriented supplement in schools/institutions for the knowledge and practice of standard sound and language pronunciation. The recording and feedback mechanism in language laboratory is the point of attraction among teachers and learners of English language.

Benefits of Language Laboratory

- Language lab promotes enthusiasm and motivation among learners to learn new language
- Language lab helps in making an interactive environment
- It gives opportunity to listen to authentic and standard pronunciation
- It also helps in recording and listening to one's own voice which is very helpful in improving communication

Word Formation

Word formation occurs when compounding, clipping or blending existing words to create new words

1. **Compounding Words**
   Compounding words are formed when two or more lexemes combine into a single new word.
   - note + book = notebook
   - blue + berry = blueberry
2. **Clipping Words**
   Clipping is the word formation process in which a word is reduced or shortened without changing the meaning of the word.

- advertisement – ad
- examination – exam

3. **Blending Words**

Blending is the word formation process in which parts of two or more words combine to create a new word whose meaning is often a combination of the original words.

- advertisement + entertainment = advertainment
- biographical + picture = biopic

Mental Block

- In English language learning mental block is associated with a lack of opportunities to use English as learners face several problems regarding the teaching of English in schools which creates an obstacle in the learning of English.

Motherese

- Motherese also known as child-directed speech, is the form of language development that the child learns from the mother as she typically adjusts her speech to fit the child's level.

Language Development Theory

1. Noam Chomsky

Language Acquisition in Infancy and Early Childhood

Language is an example of intellectual development. There are some theorists who believe language is learned and others who believe that language is innate. Noam Chomsky is a credible linguist and expert in language development. He started his research into language in the 1960s. He suggests that children are born with an innate ability to learn language.

The Key Principles of Chomsky's Model of Language Acquisition:

- Everyone is born with the capacity to develop and learn any language.
- Language development is instinctive.
- Every child has a "Language Acquisition Device", or LAD for short.
- The LAD is a tool that is found in the brain; it enables the child to rapidly develop the rules of language.
- The role of the LAD is to encode the major skills involved in language learning, but with a focus on the encoding of grammar.

Application of Chomsky's Model of Language Acquisition

- Children are often heard making grammatical errors such as "I sawed," and "sheeps" which they would not have learned from hearing adults communicate. This shows the child using the LAD to get to grips with the rules of language.
- Once the child has mastered this skill, they are only in need of learning new words as they can then apply the rules of grammar from the LAD to form sentences.

- Chomsky proposed that native-speaking children would become fluent by the age of ten.
- He also argued that if children learn two languages from birth, they are more likely to be fluent in both.

2. Stephen Krashen

The 5 hypotheses of Krashen's Theory of Second Language Acquisition

This is a brief description of Krashen's widely known and well-accepted theory of second language acquisition, which has had a large impact in all areas of second language research and teaching

Krashen's theory of second language acquisition consists of five main hypotheses:

- **The Acquisition-Learning Hypothesis:** This hypothesis actually fuses two fundamental theories of how individuals learn languages: Acquired system and learned system.
  - Acquired system relates to the unconscious aspect of language cquisition.
  - Learned system relates to formal instruction
- **The Monitor Hypothesis:** The monitor hypothesis seeks to elucidate how the acquired system is affected by the learned system. When second language learners monitor their speech, they are applying their understanding of learned grammar to edit, plan, and initiate their communication
- **The Natural Order Hypothesis:** This hypothesis argues that there is a natural order to the way second language learners acquire their target language.
- **The Input Hypothesis:** This hypothesis seeks to explain how second languages are acquired. In its most basic form, the input hypothesis argues that learners progress along the natural order only when they encounter second language input that is one step beyond where they are in the natural order.
- **The Affective Filter Hypothesis:** This hypothesis describes external factors that can act as a filter that impedes acquisition. These factors include motivation, self-confidence, and anxiety. For example, if a learner has very low motivation, very low self-confidence, and a high level of anxiety.

TEST YOURSELF

1. This makes the learners use language for purposes?
(a) An authentic task
(b) An exercise
(c) A memorization part of the poem
(d) Decoding of the text

2. Shruthi reads a magazine to find a specific information about the event reported. What is her reading known as?
(a) Skimming
(b) Reading for purpose
(c) Reading for pleasure
(d) Scanning

3. Words which we use in writing and speaking are ______.
(a) passive vocabulary
(b) vocabulary in use
(c) active vocabulary
(d) vocabulary for purposes

4. Which of the following is for promoting Cognitively Academic language Proficiency (CALP)?
(a) Writing one's diary at the end of the day on one's birthday.
(b) Writing an article for a newspaper on the impact of climate change on people's lives.
(c) Speaking with classmates on one's tour to an amusement park located in the nearby city.
(d) Reading a menu in a restaurant for ordering food for oneself.

5. Why do you consider the 'Process Approach' to writing as ideal for learners to learn to write a good piece of writing?
(a) Process Approach enables learners to write like an extempore speaker without any preparation.
(b) Process Approach is like a one-time product in order to test the skills of writing.
(c) Process Approach is testing the higher order language skills of learner as they write.
(d) Process Approaches enables learners to undergo various stages to develop a good piece of writing.

6. Which of the following is an output based task for language learning?
(a) Learners read a news item on a political issue.
(b) Learners work in group to gather ideas for writing a paragraph.
(c) Learners think aloud describing a process in a sequence of pictures.
(d) Learners write an article for a newspaper adopting process approach.

7. Which of the following statements regarding teaching grammar lesson is incorrect?
(a) Using texts as a source of teaching points.
(b) Using examples of incorrect student language during a speaking task.
(c) Using pictures to visualize words and structures.
(d) Using sentences that are examples of the teaching point.

8. Which of the following is NOT true of language?
(a) Every language has a script.
(b) Script is not essential for a language.
(c) Every language has a grammar.
(d) Language is primarily spoken.

9. A language learning and testing task which drops a word after every sixth word in a text is known as ______.

(a) Dictation task
(b) Cloze
(c) Grammar internalization task
(d) Fill in the blanks

10. Which of the following is an 'assessment as learning' tasks?
(a) Project work and assignments
(b) Weekly tests and monthly tests
(c) Formative/term and tests
(d) Summative tests at the end of the year

11. Which of the following ideas was proposed by the linguist Noam Chomsky?
(a) Humans have an innate capacity to acquire languages
(b) Children learn languages through imitation and reinforcement
(c) Lack of exposure in early years does not affect language development
(d) Each language is different and has its own methods of acquisition

12. Which of the following would be the least effective tool to teach spellings to grade III children who are learning English as their second language?
(a) Picture Dictionary
(b) Word Wall
(c) Flash Cards
(d) Bilingual tests

13. Which of the following is least true with respect to whole language approach?
(a) Focus on meaning making, rather than grammatical structures.
(b) Vocabulary should be taught through physical movements
(c) Encourage spontaneous conversations among the students
(d) Prior knowledge of students should be effectively used

14. Your student is just starting to use full sentences in English sometimes, but his sentences are still broken. According to input hypothesis, which of these can be a comprehensible input for this student?
(a) Talk to the student in short words/ phrases
(b) Talk to the student in broken sentences
(c) Talk to the student in short and simple sentences.
(d) Talk to the student in complex and long sentences

15. Which of the following is the least relevant reason for introducing children to poetry?
(a) To help children acquire vocabulary more easily through rhymes.
(b) To improve students ability to memorize and recall
(c) To provide students the opportunity to explore different ways of using the language.
(d) To help students express their feelings an opinions.

16. A Grade III language teacher asked his students to real a short story and discuss who do the pronouns, he, she, you and we refer to in each sentence which type of reading is this activity most aligned with?
(a) Extensive reading
(b) Scanning
(c) Intensive reading
(d) Proof reading

17. A class of grade IV students is learning English as their second language. A diagnostic test shows that most of them can read only grade II level text. Which of the following classroom routines will enable the maximum number of students to participate and catch up?
(a) Moral of day-Teacher presents a moral or a proverb on the blackboard daily.

(b) News corner-Students share about a newspaper article that they have read at home.
(c) Critical Time-Students share their thoughts verbally on a theme or topic chosen.
(d) Story writing-Students draft an imaginary story of about 500 words on their own.

18. According to National Curriculum Framework (NCF) 2005, which of the following propositions held by an English teacher will lead to an inclusive multilingual classroom?
(a) It is difficult to teach English to children who speak various dialects at home.
(b) Linguistic diversity can be a useful resource in the classroom
(c) Children should focus on the country as a whole and not worry about their own language
(d) Avoiding other languages in school is important for building English proficiency.

19. Which of the following pedagogical methods follows a 'contextualised approach' towards teaching the topic 'question words' in English Grammar?
(a) Explaining different types of question words with single-sentence examples.
(b) Telling students that words starting with 'Wh' are question words.
(c) Using a scripted or an authentic dialogue to teach how question words are used.
(d) Asking students to translate each question word from English to their home language.

20. He was already good at tennis. He also played basketball well. Then he quickly learnt badminton also. When asked to underline the adverbs in the given sentences, Class V student Preethi underlined the words "well and "quickly'. Which of the below misconceptions does Preethi likely have?
(a) Adverbs should end with '-ly'
(b) An adverb should appear after the verb.
(c) Adverbs modify only verbs
(d) Adverbs and verbs have the same function

21. Grade 5 student have written essays on 'Myself'. Which of the following next steps is closest to "Assessment as Learning"?
(a) Each student is asked to think about how he/she decided what all to include.
(b) The teacher marks the essays on a rubric and gives appropriate grades.
(c) The teacher gives constructive feedback to students along with suggestions.
(d) Each student is asked to read five other essays and pick a favorite.

22. A teacher introduced relative clause through an authentic text and went on to give a lot of example in context. She also gave them lot of exercises in which learners noticed and used the form. At last she drew the attention of learners how the form works in contexts. What is this strategy known as?
(a) Inferential method
(b) Think aloud protocol
(c) Consciousness raising
(d) Grammar translation method

23. Which one of the following is a sub-skill of reading?
(a) Transcripting
(b) Learn spelling
(c) Recall events of story
(d) Predicting

24. A teacher uses an online program in which learners can create, edit and share mind maps online. Which of the following skills can be developed for the students using this digital tool? Choose the closest option.

(a) Editing (b) Ideating
(c) Drafting (d) Comprehending

25. Social interaction is associated with ___________.

(a) Chomsky (b) Piaget
(c) Skinner (d) Vygotsky

26. A critical period in development can be identified when a particular

(a) Age is critical for the development of learning and experience.
(b) Experience has its greatest effect on learning during a particular period of development.
(c) Critical experience has its grateful effect on development during learning.
(d) Period, rather than experiences, is critical for learning and development.

27. Motherese is better known as:

(a) Babbling
(b) Learning through intimation
(c) Child-directed speech
(d) Operant conditioning

28. In the language classroom the learners read the story 'Kabuliwallah'. Later, they are given background material with illustrations of certain scenes of the story and brief descriptions. A few learners enact one or two scenes depicted in the illustrations. Other learners watch the scenes enacted. This process is:

(a) Observation
(b) Contextualization
(c) Cognitive apprenticeship
(d) Collaboration

29. Which test measures a student's achievement in relation to a specific task that the student will be required to perform later?

(a) Proficiency test
(b) Productive test
(c) Subjective test
(d) Objective test

30. To evaluate reading comprehension for a primary level student, the teacher asked the students to

(a) Retell a story in their own words or summarise the main idea.
(b) Maintaining a diary based on one of the characters.
(c) Using a set of identified vocabulary on their own.
(d) Asking the students to discuss the advantages and disadvantages of the topic.

31. While learning a new language

(a) The knowledge of mother tongue is helpful.
(b) The use of mother tongue creates interference rather that facilities.
(c) The mother tongue should not be used at all by the teacher.
(d) The mother tongue should not be used by the learner.

32. Receptive skills in language refers to

(a) Listening and speaking skills
(b) Listening and reading skills
(c) Speaking and writing skills
(d) Speaking and reading skills

33. Which of the following is NOT a visual teaching-learning materials?

(a) Magazine and newspaper
(b) Radio broadcast
(c) Reference books
(d) Picture chart

34. **Which of the following is NOT recommended as a strategy for remedial teaching?**
(a) Identifying and diagnosing individual learning weaknesses based on which remedial instructions are given.
(b) Teachers formulate remedial practical solutions to address and resolve problems.
(c) Analysing where the student goes wrong and selecting appropriate remedial actions.
(d) Applying advances learning strategy by applying newer reading and thinking methods.

35. **A teacher in the classroom introduces the topic and asks the students to quickly think of ideas and note them down before writing and article on the topic. What is the teacher doing in the classroom?**
(a) Drill (b) Assessment
(c) Brainstorming (d) Checking lists

36. **Cognitive learning theory does not focus on**
(a) Human beings are born with a build in language device.
(b) Errors as a part of the learning process.
(c) Language is learnt through the process of habit information.
(d) Language is learnt by involving reasoning and mental processes.

37. **Each language has unique sounds, structures and vocabulary. This characteristic of a language shows that**
(a) Language is arbitrary
(b) Language is a skill subject
(c) Language is a system
(d) Language is a species specific

38. **Fluency means**
(a) Writing correct spelling
(b) Summarising a story in own words
(c) Clarifying the rules of grammar
(d) Speak, read and write with flow

39. **While assessing a student, the teacher should compare the progress of a child**
(a) With the other children in the class
(b) With those who learns fast
(c) With those who are slow learners
(d) With his/ her previous level of learning

40. **The process approach of writing involves**
(A) Drafting **(B) Brain storming**
(C) Editing **(D) Revising**
(a) (A), (B), (C), (D)
(b) (B), (A), (D), (C)
(c) (C), (D), (A), (B)
(d) (A), (D), (B), (C)

41. **Which of the following ideas is in contradiction to the theory proposed by the linguist Noam Chomsky?**
(a) Humans have an innate capacity to acquire languages.
(b) Children learn languages through imitation and reinforcement.
(c) There is a critical period for language learning to happen.
(d) All the languages share certain common structures and features.

42. **Which of the following would be the MOST effective tool to teach vocabulary and spellings to grade III children who are learning English as their second language?**
(a) Podcasts
(b) Writing Templates
(c) Picture Dictionary
(d) Bilingual texts

43. **According to the approach of 'Total Physical Response', a teacher should ________.**
(a) Often conduct games and physical activities related to the topic.

(b) Facilitate discussions and dialogue among the students in English.
(c) Teach vocabulary by connecting words with appropriate actions.
(d) Help students accomplish real world tasks using their English abilities.

44. Which of the following classroom situations is NOT conducive for language acquisition in grade 3, based on Krashen's hypothesis?
(a) Students can choose the topics for writing exercises on their own.
(b) Children are not scolded for committing errors while speaking English.
(c) Peer discussion happen frequently on various general topics.
(d) Teacher using Shakespeare's play for a read aloud lesson in the class.

45. Which of the following is the LEAST relevant objective for introducing children to poetry?
(a) To improve students' ability to memorize and recall.
(b) To expose students to different forms of writing.
(c) To build intonation skills in children through an easier format.
(d) To improve comfort with words and spellings through rhyme and repetition.

46. A teacher introduced a game called 'Spot the Word' in a Standard II classroom. Students were given a page long story and they had to rapidly circle the words uttered by the teacher. Which of the following language skills can this help develop?
(a) Proof reading
(b) Scanning
(c) Inferring
(d) Intensive reading

47. A class of grade IV students is learning English as second language. A diagnostic shows that most of them can read only grade II level text. Which of the following classroom routines will enable the maximum number of students to participate and catch up?
(a) Idiom of the Day. Teacher presents an idiom related to the lesson daily.
(b) Weekend read. Students share about the novel or the book that they read.
(c) Daily Talk. Students talk about some activity of the previous day, for a minute everyday.
(d) Journal writing. Students free write for about 5 minute before starting the class.

48. Which of the following principles does National Curriculum Framework (NCF) 2005 expect a teacher to keep in mind, while teaching in a multilingual classroom?
(a) Children's English proficiency greatly improves through exposure.
(b) Linguistic diversity in a class constrains English language teaching.
(c) Children learn better through drills and rigorous practice.
(d) Language is constitutive of a child's cultural and social identity.

49. Which of the following pedagogical methods follows a 'contextualized approach' towards teaching the 'tense forms'?
(a) Explaining different types of tense forms with single.sentence examples.
(b) Encouraging students to apply the concepts of tense forms in their first language.
(c) Making students practice each rule about tense forms through a worksheet focused on the rule.

(d) Using a scripted dialogue to teach in which different tense forms are used.

50. **The red ball quickly tell onto the floor, which was already wet, and rolled away. When asked to underline the adverbs in the given sentence, Class V student Kiran underlined word 'quickly' and 'away'. Which of the below MISCONCEPTIONS does Kiran likely have?**

(a) Adverbs modify only verbs and not adjectives.

(b) Adverbs always end with 'ly'.

(c) Adverb need to appear after the verb.

(d) None. Kiran has identified the adverb correctly.

ANSWER KEY

1.	A	2.	D	3.	C	4.	B	5.	D	6.	D	7.	C
8.	A	9.	B	10.	A	11.	A	12.	D	13.	B	14.	C
15.	B	16.	C	17.	C	18.	B	19.	C	20.	C	21.	A
22.	C	23.	D	24.	B	25.	D	26.	B	27.	C	28.	A
29.	A	30.	A	31.	A	32.	B	33.	B	34.	D	35.	C
36.	C	37.	C	38.	D	39.	D	40.	B	41.	B	42.	C
43.	C	44.	D	45.	A	46.	B	47.	C	48.	D	49.	D
50.	A												

EXPLANATION

1. An authentic task is a task that native speakers of a language would do in everyday life.

2. Scanning is reading a text quickly in order to find specific information. It can be contrasted with skimming, which is reading quickly to get a general idea of meaning.

3. An active vocabulary is made up of the words readily used and clearly understood by an individual when speaking and writing.

4. Cognitively academic language proficiency (CALP) is the term used to describe a student's ability to understand the complex and often decontextualized language used in formal academic learning.

5. The process approach is a method of thinking applying to understand and plan the sequence and interactions of process in the system.

6. Language learning is an active process that begins at birth and continues throughout life. Student learn language as they use it to communicate their thought, feelings and experience, establish relationship with family members and friends and strive to make sense and order of their world.

7. To teach grammar, you need explicit as well as implicit knowledge, to be confident about using the correct terms and explaining these.

8. 'Every language has a script' is NOT true of language.

9. of, relating to or being a test of reading comprehension that involves having the person being tested supply words which have been systematically deleted from a text.

10. Project work and assignments is an 'assessment as learning' task. Assessment as learning occurs when students are their own assessors.

11. दिये गये Sentence-which of the following, ideas was proposed by the linguist noam chomsky, विक्लप (a) Humans have an innate capacity to acquire languages (मनुष्य में भाषा सीखने की जन्मजात क्षमता होती है)- दिया गया है जो appropriate answer है।

12. दिये गये Sentence-which of the following, would be the least effective tool to teach spellings to grade III children who are learning English as their second language? विक्लप (d) bilingual test. It assesses the candidate's ability to verbally translate from English to a second language and vice versa.

13. दिये गये प्रश्न के अनुसार सही विकल्प (b) Vocabulary should be taught through physical movements होगा क्योंकि- Language approach is an educational philosophy that teaches children to read by using strategies that show how language is system of parts that work together to create meaning.

14. दिये गये Sentence विकल्प (c) Talk to the student is short and simple sentences. (विद्यार्थियों से साधारण और संक्षिप्त sentence में बात करो) दिया गया है, जो उपयुक्त answer है।

15. दिये गये Sentence- विकल्प (b) To improve students ability to memorize and recall दिया गया है, जो appropriate answer है।

16. दिये गये Sentence - A Grade III language teacher asked his students to real a short story and discuss who do the pronouns, he, she, you and we refer to in each sentence which type of reading is this activity most aligned with? विकल्प (c) Intensive reading (गहन पढ़ना) दिया गया है जो उपयुक्त उत्तर है क्योकि Intensive reading involves learners reading is detail with specific learning aims and tasks. शेष विकल्पों मे अभीष्ट उत्तर नहीं है।

17. दिये गये Sentence – विकल्प (c) Critical time - Students share their thoughts verbally on a theme or topic chosen.

18. दिये गये Sentence- According to National Curriculum Framework (NCF) 2005, which of the following propositions held by an English teacher will lead to an inclusive multilingual classroom? विकल्प (b) Linguistic diversity can be a useful resource in the classroom.

19. An authentic dialogue an open and honest conversations that abide by the habermas speech conditions is which fair exchanges of thoughts lead to detecting and correcting errors amongst engaged actors.

20. An adverb is a word that modifies (describes) a verb (he sings loudly) an adjective (very talkative) another adverb (ended too quickly) or even a whole sentence.

21. दिये गये Sentence विकल्प (A)- Each student is asked to think about how he/she decided what all to include दिया गया है, जो appropriate answer है।

22. The process of developing awareness in a person or group of a situate on regarded as wrong or as just, with the aim of producing active participation in

changing it.

23. दिए गए Sentence - Which one of the following is a sub-skill of reading? विकल्प (d) Predicting sub-skill दिया गया है, जो appropriate answer piilos - Predicting sub-skill as sub-skill is associated with reading drafting summarising note making

24. दिए गए Sentence option (b) Ideating - The internet equivalent of a date, the process of getting to know someone, with a view to romance, via instant message or other computerized communication. Yet it is very real. I have heard a lot of stories about people who eventually got married to the partners they met online. On line dating is simply a way of meeting different people than you meet in your real life. दिया गया है, जो उप्युक्त answer

25. दिए गए Sentence - Social interaction is associated with विकल्प (d) Vygotsky दिया गया है, जो appropriate answer है क्योंकि- Vygotsky's theory revolves around the idea that social interact on is central to learning.

26. A critical period in development can be identified when a particular experience has its greatest effect on learning during a particular period of development.

27. Motherese is better known as infant directed speech "baby talk" refers to the spontaneous way in which mother, father and caretakers speak with infants and young children.

28. Above process is observation because gathering of information by nothing facts and an opinion formed or expressed after watching or noticing are parts of observation.

29. Proficiency test an exam which test how Proficient or skilled someone is in a particular activity field of study.

30. To evaluate reading comprehension for a primary level students, the teacher asked the students to retell a story their own words or Summarise the main idea.

31. While learning a new language the knowledge of mother tongue is helpful.

32. Listening and reading skills involve receiving information and so they are called the receptive skill. Speaking and writing are known as the productive skill.

33. Ratio broadcast is not a visual teaching learning materials because it is transmission of audio (sound).

34. Remedial education is a concept of reteaching and reimforcing previously taught basic skills to improve student outcomes in current or future coursework. It uses for practical solutions to address and resolve problem but is not applying advances learning strategy by applying newer reading and thinking methods.

35. Brainstorming is a large or small group activity that encourages students to focus an a topic and contribute to the free flow of ideas.

36. Cognitive learning theory focuses on how information is processed by the brain and how learning occurs through. In this theory error as a part of learning process, language is learnt by involving reasoning and mental process and human being are born with language device. But language is learnt through the process of habit information is focused in this theory.

37. Language is a system of symbols and rules that enable us to Communicate. The symbols used in language can include speech sound as well writing.

38. Fluency means speak, read, write with flow.

39. While assessing a student, the teacher should compare the progress of a child with his/her previous level of learning.

40. Learners are asked to come up with idea and plan what they are going to write. Brainstorning, Drafting, Revising, editing.

41. The statement, 'Children learn language through imitation and reinforcement is in contradiction to the theory proposed by linguist born with innate quality to acquire language, all language share certain common structures and features and there is a critical period for language learner to happen.

42. Ans.(c): A picture dictionary shows you the meaning, rather than telling you the meaning of a word. They are often organized by themes, instead of being an alphabetical list of words.

43. In TPR, instructors give commands to students in the target language with body movements and students respond with whole.body actions.

44. The statement, 'Teacher using Shakespeare's play for a read a loud lesson in class, is not conducive for language acquisition, based on Krashen's hypothesis as the students are not grown up enough to understand and the common areas of difficulty includes archaic words and borrowing from other languages.

45. The main objectives of introducing children to poetry are the enable the students to appreciate the poem, understand the thought, rhyme, style and helps to build intonation skills.

46. The above situation will develop the language skills of scanning. Scanning is reading a text quickly in order to find specific information, e.g. word, figure or names.

47. Daily Talk.students talk about some activity of the previous day, for a minutes everyday. This daily routine will help the students to catch up in learning english as communication is the best way to get familiar with a language.

48. National Curriculum frame work 2005 expect a teacher to keep in mind that language is constitutive of a child's cultural and social identity. It has stated that teacher should connect knowledge to life outside school.

49. Using a scripted dialogue to teach in which different tense forms are used, is a method follows for a contextualized approach towards teaching the tense form.

50. In the sentence, 'The red ball quickly fell onto the floor, which was already wet, and rolled away.' The words quickly, already and away are adverbs but kiran identified only quickly and away. She has the misconception that adverbs modify only verbs and not adjectives while the fact is that an adverb is a word used to modify a verb, adjective or another adverb.

CHAPTER

4

MATHS PEDAGOGY
गणित शिक्षाशास्त्र

Mathematics is a science that involves dealing with numbers, different kinds of calculations, measurement of shapes and structures, organization and interpretation of data and establishing relationship among variables, etc. / गणित एक विज्ञान है जिसमें संख्याओं, विभिन्न प्रकार की गणनाओं, आकृतियों और संरचनाओं का मापन, डेटा का संगठन और व्याख्या और चर के बीच संबध स्थापित करना आदि शामिल है।

Mathematics is a study of patterns, numbers, geometrical objects, data and chance. It is a diverse discipline that deals with data analysis, integration of various fields of knowledge, involves proofs, deductive and inductive reasoning and generalizations, gives explanation of natural phenomena and human behaviour. Mathematics also helps to understand the world around us by exploring the hidden patterns in a systematic and organized manner; and it has universal applicability /गणित पैटर्न, संख्याओं, ज्यामितीय वस्तुओं, डेटा और मौके का अध्ययन है। यह एक विविध अनुशासन है जो डेटा विश्लेषण, ज्ञान के विभिन्न क्षेत्रों के एकीकरण से संबंधित है, इसमें सबूत, निगमनात्मक और आगमनात्मक तर्क और सामान्यीकरण शामिल हैं, प्राकृतिक घटनाओं और मानव व्यवहार की व्याख्या देता है। गणित एक व्यवस्थित और संगठित तरीके से छिपे हुए पैटर्न की खोज करके हमारे आसपास की दुनिया को समझने में भी मदद करता है; और इसकी सार्वभौमिक प्रयोज्यता है।

Vision for School Mathematics / स्कूली गणित का दर्शन

- Children learn to enjoy mathematics rather than fear it. / बच्चे गणित से भयभीत होने की बजाए उसका आनंद उठाएँ।
- Children see mathematics as something to talk about, to communicate through, to discuss among themselves, to work together on. / बच्चे गणित को ऐसा विषय मानें जिस पर वे बात कर सकते हैं, जिससे संप्रेषण हो सकता है, आपस में जिस पर चर्चा कर सकते हैं और जिस पर साथ-साथ काम कर सकते हैं।
- Children pose and solve meaningful problems. / बच्चे सार्थक समस्याएँ उठाएँ और उन्हें हल करें।
- Children use abstractions to perceive relationships, to see structures, to reason out things, to argue the truth or falsity of statements. / बच्चे अमूर्त का प्रयोग संबधें को समझने, संरचनाओं को देख पाने और चीजों का विवेचन करने, कथनों की सत्यता या असत्यता को लेकर तर्क करने में कर पाएँ।

Aims of Teaching Mathematics / गणित पढ़ाने का उद्देश्य

- To develop the mathematical skills like speed, accuracy, brevity, estimation, etc. among the students. / विद्यार्थियों में गणितीय कौशल जैसे गति, सटीकता, संक्षिप्तता, अनुमान आदि का विकास करना।
- To develop their logical thinking, reasoning power, analytical thinking, critical thinking. / उनकी तार्किक सोच, तर्क शक्ति, विश्लेषणात्मक सोच, आलोचनात्मक सोच का विकास करना।
- To develop their power of decision-making. / उनकी निर्णय लेने की शक्ति का विकास करना।
- To develop the technique of problem solving. / समस्या समाधान की तकनीक विकसित करना।

- To recognize the adequacy or inadequacy of given data in relation to any problem on individual basis. / व्यक्तिगत आधार पर किसी समस्या के संबंध में दिए गए डेटा की पर्याप्तता या अपर्याप्तता की पहचान करना।
- To develop their scientific attitude i.e. to estimate, find and verify results. / उनका वैज्ञानिक दृष्टिकोण विकसित करना अर्थात परिणामों का अनुमान लगाना, खोजना और सत्यापित करना।
- To develop their ability to analyze, to draw inferences and to generalize from the collected data and evidences. / एकत्रित आंकड़ों और साक्ष्यों से विश्लेषण करने, निष्कर्ष निकालने और सामान्यीकरण करने की उनकी क्षमता विकसित करना।

Community Mathematics / सामुदायिक गणित

Mathematics is not confined to the classroom or school only. Its utility is very comprehensive and wide. It has an important bearing on various aspects of life beyond the school. Therefore, it is desirable at the part of the teacher to make the references regarding its use in actual life, while teaching the mathematics. The students should be explained the utilitarian and cultural values of mathematics in practical life. / गणित केवल कक्षा या स्कूल तक ही सीमित नहीं है। इसकी उपयोगिता बहुत व्यापक और व्यापक है। विद्यालय के बाहर जीवन के विभिन्न पहलुओं पर इसका महत्वपूर्ण प्रभाव पड़ता है। इसलिए शिक्षक की ओर से यह वांछनीय है कि गणित पढ़ाते समय वास्तविक जीवन में इसके उपयोग के संबंध में संदर्भ दें। विद्यार्थियों को व्यावहारिक जीवन में गणित के उपयोगितावादी और सांस्कृतिक मूल्यों की व्याख्या करनी चाहिए।

Van Hiele's Levels of Geometrical thinking / वैन हिले के ज्यामितिक विचार के स्तर

Two Dutch educators, Dina van Hiele-Geldof and Pierre van Hiele, conducted research aimed at understanding children's levels of geometric thinking to determine the kinds of instruction that can best help children while they were facing difficulties with geometry. Each Van Hiele level describes how children think about geometric concepts. / डीना वैन हिले जेल्डाफ और पियरे वैन हिले नामक दो डच शिक्षकों ने बच्चों की ज्यामितिक समझ के स्तरों पर केन्द्रित अनुसंधान संचालित किया ताकि बच्चों के लिए सर्वोत्तम प्रकार का अनुदेशन निर्धारित किया जाए जिसके परिणामस्वरूप ज्यामिति समझने में आ रही उनकी समस्याओं को दूर किया जा सके। वैन हिले का प्रत्येक स्तर बच्चों की ज्यामितिक संकल्पनाओं की सोच का वर्णन करते हैं।

Level 1: Visualization / स्तर 1: चाक्षुषीकरण

Children at this level think about shapes in terms of what they resemble. Students at this level recognize figures by their appearance but cannot specifically identify properties of shapes. For Example a child at this level may call triangle a mountain, circle a ring, square a piece of bread etc. / बच्चे इस स्तर पर आकारों को सदृश वस्तुओं के सम्बन्ध में सोच पाते हैं। छात्र आकृतियों की पहचान उनकी दिखावट से कर पाते हैं परंतु आकारों के विशेष गुणों की पहचान नहीं कर पाते। उदाहरण के लिए इस स्तर का बच्चा त्रिभुज को पर्वत, वृत्त को अँगूठी, वर्ग को ब्रेड कह सकता है।

Level 2: Analysis / स्तर 2: विश्लेषण

Children at this level think in terms of properties. They can list all of the properties of a figure but don't see any relationships between the properties. For example, students will describe all quadrilaterals as same because they have both 4 sides and 4 angles. / इस स्तर पर छात्र गुणों की परिभाषा समझ पाते हैं। वे किसी आकृति के सारे गुणों को चिन्हित कर सकते हैं किन्तु उन गुणों के बीच कोई संबंध स्थापित नहीं कर पाते। उदाहरण के लिए छात्र सभी चतुर्भुजों को समान बता सकते हैं क्योंकि उनमें चार भुजाएं व चार कोण होते हैं।

Level 3: Informal Deduction / स्तर 3: अनौपचारिक निगमन

Children at this level not only think about properties but also are able to notice relationships within and between figures and are able to formulate meaningful definitions. At this level, children are also able to make and follow informal deductive arguments such as: "All squares are rectangles, but not all rectangles are squares." / बच्चे इस स्तर पर ना सिर्फ गुणों के बारे में सोच पाते हैं बल्कि विभिन्न आकारों में सम्बन्ध भी स्थापित कर सकते हैं तथा सार्थक परिभाषा सूत्रित कर सकते हैं। इस स्तर पर छात्र अनौपचारिक निगमनात्मक तर्क कर सकते हैं व उन्हें समझ सकते हैं जैसे "सभी वर्ग आयत हैं, किन्तु सभी आयत वर्ग नहीं हैं।"

Level 4: Formal Deduction / स्तर 4: औपचारिक निगमन

This is the highest level of geometrical thinking. Students at this level think about relationships between properties of shapes and also understand relationships between axioms, definitions, theorems, corollaries, and postulates. They understand how to do a formal proof and understand why it is needed. / छात्र इस स्तर पर आकारों के गुणों के बीच संबंधों का चिंतन कर पाते हैं तथा अभिगृहितों, परिभाषाओं, प्रमेयों, होने वाले परिणामों तथा स्वयं सिद्ध प्रमाणों के बीच सम्बन्धों की समझ रख पाते हैं। वे औपचारिक प्रमाणों को कर सकने में समर्थ होते हैं तथा इनकी आवश्यकता को भी समझ पाते हैं।

Level 5: Rigour / स्तर 5: दृढ़ता

Students at this level can think in terms of abstract mathematical systems. They can understand the relationship between various systems of geometry and are able to describe the effect of adding or deleting an axiom on a given geometric system. They can also compare, analyse, and create proofs under different geometric systems. / यह ज्यामितिक चिंतन का उच्चतम स्तर है। इस स्तर पर छात्र अमूर्त गणितीय प्रणालियों के विषय में चिंतन कर पाते हैं। वे विभिन्न ज्यामितिक प्रणालियों में संबंधों को समझ पाते हैं तथा उनमें अभिगृहितों को जोड़ तथा निकाल पाने में समर्थ हो पाते हैं। वे विभिन ज्यामितिक प्रणालियों की तुलना, विश्लेषण व प्रमाण स्थापित कर पाते हैं।

Characteristics of these Levels of Thought: / चिंतन के इन स्तरों की विशेषताएँ:

- These levels are not age-dependent in the way Piaget described developmental stages. / ये स्तर पियाजे द्वारा वर्णित विकास की अवस्थाओं के समान आयु निर्भर नहीं हैं।
- The levels are sequential; children must pass through the levels in order as their understanding increases (except for gifted children). / ये स्तर क्रमबद्ध हैं बच्चों को इन स्तरों से उनकी समझ में वृद्धि होने के साथ गुजरना होता है। (प्रतिभाशाली बच्चों को छोड़कर)
- To move from one level to the next, children need to have many experiences in which they are actively involved in exploring and communicating about their observations of shapes, properties, and relationships. / एक स्तर से दुसरे स्तर तक जाने हेतु बच्चों को ऐसे कई अनुभवों से होना होता है जहाँ वे सक्रिय रूप से आकारों, गुणों तथा उनके संबधों के विषय में अन्वेषण तथा संवाद में शामिल हो सकें।
- Instruction and language at a level higher than the level of the student may inhibit learning. / छात्र के मानसिक स्तर के ऊपर प्रयोग किए गए अनुदेशन तथा भाषा का अधिगम पर विपरीत प्रभाव पड़ सकता है।

Implications of Van Hiele for instruction: / अनुदेशन हेतु वैन हिले के निहितार्थ:

- Geometry taught in the primary school should be informal. / प्राथमिक स्तर पर ज्यामिति शिक्षण अनौपचारिक रूप से होना चाहिए।
- Geometry activities should be exploratory and hands-on, in order to provide children with the opportunity / ज्यामितीय गतिविधियाँ खोजपरक व हस्त परक होनी चाहिए जिससे बच्चों को अवसर मिल सके:
  - ◆ To investigate / जाँच करने का

- To build and take apart / निर्मित करने व तोड़ने का
- To create and make drawings / आरेख बनाने का
- To make observations about shapes in the world around them. / आस पास की वस्तुओं के अवलोकन करने का

This provides the basis for more formal activities at higher levels. / यह उच्च स्तर पर होने वाली वाली औपचारिक गतिविधियों के लिए आधार प्रस्तुत करता है।

- Diagnostic assessment will help to determine the developmental level in geometry for each student. / निदानात्मक आंकलन द्वारा हर बच्चे के ज्यामितिक विकास के स्तर को निर्धारित किया जा सकता है।
- If students are at different levels in one class, the teacher must use differentiated instruction to meet the needs of all of his or her students. / यदि कक्षा में विद्यार्थी विभिन्न स्तर पर हैं, तो शिक्षक को सभी छात्रों की आवश्यकताओं को ध्यान में रखते हुए व्यक्तिगत अनुदेशन देना चाहिए।
- Teaching a geometry lesson at one Van Hiele level when students are functioning at a lower level may hinder student learning. / यदि छात्र वैन हिले के किसी स्तर पर कार्यरत हो और उसके ऊपर के स्तर का अनुदेशन दिया जाए तो इससे अधिगम में बाधा पड़ सकती है।

The National Curriculum Framework 2005 / राष्ट्रीय पाठ्यचर्या रूपरेखा-2005

The National Curriculum Framework (NCF), 2005, recommends that children's life at school must be linked to their life outside the school. This principle marks a departure from the legacy of bookish learning which continues to shape our system and causes a gap between the school, home and community. / राष्ट्रीय पाठ्यचर्या की रूपरेखा (2005) सुझाती है कि बच्चों के स्कूली जीवन को बाहर के जीवन से जोड़ा जाना चाहिए। यह सिद्धांत किताबी ज्ञान की उस विरासत के विपरीत है जिसके प्रभाववश हमारी व्यवस्था आज तक स्कूल और घर के बीच अंतराल बनाए हुए है।

The syllabi and textbooks developed on the basis of NCF signify an attempt to implement this basic idea. They also attempt to discourage rote learning and the maintenance of sharp boundaries between different subject areas. These measures will take our school system in the direction of a child-centred education. / नयी राष्ट्रीय पाठ्यचर्या पर आधारित पाठ्यक्रम और पाठ्यपुस्तकें इस बुनियादी विचार पर अमल करने का प्रयास है। इस प्रयास में हर विषय को एक मजबूत दिवार से घेर देने और जानकारी को रटा देने की प्रवित्ति का विरोध शामिल है। आशा है कि ये कदम हमें राष्ट्रीय शिक्षा नीति (1986) में वर्णित बाल-केन्द्रित व्यवस्था की दिशा में काफी दूर तक ले जाएँगे।

The NCF 2005 considers that Mathematics involves 'a certain way of thinking and reasoning'. To realize this vision teachers are advised to adopt exploratory approach, use of manipulative, connecting concepts to real life, involving students in discussions and activities etc. /NCF 2005 का मानना है कि गणित में 'एक विशिष्ट तरह का सोचना और तर्क करना शामिल है'। इस दृष्टि से शिक्षक को समन्वेशी उपागम, हस्त्चालकों का प्रयोग, संकल्पनाओं को वास्तविक जीवन से जोड़ना तथा छात्रों को चर्चा एवं गतिविधियों में शामिल करने की सलाह दी जाती है।

Goal of Mathematics Education / गणित शिक्षा के लक्ष्य:

The main goal of mathematics education in schools is the mathematisation of the child's thought processes. / गणित शिक्षा का मुख्य लक्ष्य है-बच्चे की विचार प्रक्रिया का गणितीकरण।

In the words of David Wheeler, it is "more useful to know how to mathematise than to know a lot of mathematics". / डेविड व्हीलर के शब्दों में "बहुत सारी गणित जानने के बजाय यह जानना अधिक उपयोगी है कि गणितीकरण कैसे किया जाय।"

According to NCF-2005, two major aims of mathematics education are: / NCF-2005 के अनुसार गणित शिक्षा के दो मुख्य उद्देश्य हैं:

- **Narrow Aim:** To develop 'useful' capabilities, particularly those relating to numeracy–numbers, number operations, measurements, decimals and percentages. / **संकीर्ण उद्देश्यः** स्कूली गणित के परिप्रेक्ष्य में पहला उद्देश्य विशिष्ट: संख्यात्मकता से संबंधित है द्य प्राथमिक स्कूल अंक और उन पर संक्रियाएँ, मात्राओं का मापन, भिन्न, प्रतिशत और अनुपात सिखाते हैं।
- **Higher Aim:** To develop the child's resources to think and reason mathematically, to pursue assumptions to their logical conclusion and to handle abstraction. It includes a way of doing things, and the ability and the attitude to formulate and solve problems./ **ऊँचा उद्देश्यः** बढ़ते बच्चे के आतंरिक संसाधनों का विकास करना। गणितीय उपक्रम में विचारों की स्पष्टता और तार्किक निष्कर्षों तक पहुंचनें में पूर्वानुमानों का कार्य करना मुख्य है। सोचने के कई तरीके हैं, और जिस तरह की योग्यता कोई गणित में सीखता है वह है अमूर्त विचारों के साथ काम करना। गणित समस्या समाधान के लिए सही अभिवृत्ति और सभी प्रकार की समस्याओं को व्यवस्थित रूप से हल करने की योग्यता भी देता है।

  To achieve these aims, the curriculum of mathematics should be ambitious, coherent and teaches important mathematics. / इन उद्देश्यों की प्राप्ति के लिए गणित की पाठ्यचर्या ऐसी होनी चाहिए जो महत्वाकांक्षी, सुसंगत हो और महत्वपूर्ण गणित सिखा सके।
- It should be ambitious in the sense that it seeks to achieve the higher aim rather than only the narrower aim. / महत्वाकांक्षी इस अर्थ में हो कि यह मात्र संकीर्ण उद्देश्य को प्राप्त करने के बजाय ऊँचे उद्देश्य को प्राप्त कर सके।
- It should be coherent in the sense that the variety of methods and skills available in arithmetic, algebra, geometry cohere into an ability to address problems that come from science and social studies in high school. / यह सुसंगत इस अर्थ में होना चाहिए कि विभिन्न प्रकार की विधियाँ और कौशल जो कि (अंकगणित, बीजगणित, ज्यामिति में) उपलब्ध हैं संयुक्त रूप से बच्चे को हाई स्कूल में विज्ञान और सामाजिक विज्ञान में आनेवाली समस्याओं को हल करने में सहायता दे सकें।
- It should be important in the sense that students feel the need to solve such problems, that teachers and students find it worth their time and energy addressing these problems. / यह महत्वपूर्ण इस अर्थ में होना चाहिए की विद्यार्थी ऐसी समस्याओं को हल करने की आवश्यकता महसूस करें, विद्यार्थी और शिक्षक इन समस्याओं को हल करने में अपने समय और ऊर्जा देना उचित समझें।

  An important consequence of such requirements is that school mathematics must be activity-oriented. / इन सभी आवश्यकताओं का एक महत्वपूर्ण निष्कर्ष यह है कि स्कूली गणित गतिविधियों पर केन्द्रित होना चाहिए।

Twin concerns of the Mathematics curriculum are: / गणित पाठ्यचर्या के स्थान के बारे में चिंतन इन जुड़वां सारोकारों पर आधारित है:

- What can mathematics education do to engage the mind of every student. / प्रत्येक छात्र के मस्तिष्क को व्यस्त रखने के लिए गणित शिक्षा क्या कर सकती है।
- How can it strengthen the student's resources? / उसकी आतंरिक शक्तियों को किस प्रकार मजबूत कर सकती है।

NCF 2005 demands Universalization of schooling and Mathematics Education which means: / NCF 2005 स्कूली शिक्षा और गणित शिक्षा के सार्वभौमिकरण की माँग करता है:

- Access to quality mathematics education is every child's right. / अच्छी गणित हर बच्चे का विधिक अधिकार है।

- Mathematics education should affordable and enjoyable / गणित शिक्षा सभी वहन कर सकें और साथ ही यह आनंददायक हो।
- Eight years of school mathematics should prepare children through enough challenges that will help them to face real life afterwards. / आठ वर्षों की गणित शिक्षा बच्चों को बाद में अपने जीवन में आने वाली चुनौतियों का सामना कर सकने के लिए तैयार कर सके।

According to NCF 2005, school mathematics takes place in a situation where: / NCF 2005 के अनुसार स्कूली गणित उन परिस्थितियों में होता है, जहाँ:

- Children learn to enjoy mathematics rather than fear it. / बच्चे गणित में आनंद लेना सीखें।
- Children see mathematics as something to talk about, to communicate through, to discuss among them, to work together on. / बच्चे गणित को इस रूप में देखें कि इसके बारे में वे बात करें, सम्प्रेषण करें, आपस में चर्चा करें, और उस पर मिलकर कार्य करें।
- Children pose and solve meaningful problems. / बच्चे अर्थपूर्ण गणितीय समस्याएँ प्रस्तुत तथा हल करें।
- **Children understand the basic structure of Mathematics:** Arithmetic, algebra, geometry and trigonometry, the basic content areas of school Mathematics, all offer a methodology for abstraction, structuration and generalisation./ **बच्चे गणित की मूल संरचना को समझें:** अंकगणित, बीजगणित, ज्यामिति और और त्रिकोणमिति जो कि स्कूली गणित के मुख्य क्षेत्र हैं सभी अमुर्तिकरण, संरचना-निर्माण और सामान्यीकरण की क्रियाविधि प्रदान करते हैं।
- Teachers engage every child in class with the conviction that everyone can learn mathematics. / बच्चे संबंधों को समझने में, संरचना को देखने, वस्तुओं के बारे में तर्क करने में, कथनों की सत्यता या असत्यता पर तर्क करने में, अमुर्तनों का प्रयोग करें।

Problems in Teaching and Learning of Mathematics: / गणित के शिक्षण और सीखने की समस्याएँ:

- A sense of fear and failure regarding mathematics among a majority of children. / ज्यादातर बच्चों में गणित को लेकर डर व असफलता का भाव।
- A curriculum that disappoints both a talented minority as well as the non-participating majority at the same time. By not offering conceptual depth, by not challenging them, the curriculum settles for minimal use of their motivation. Learning procedures may be easy for them, but their understanding and capacity for reasoning remain under-exercised. / एक ऐसा पाठ्यक्रम जो एक ही समय में प्रतिभाशाली अल्पसंख्यक और गैर-भागीदार बहुमत दोनों को निराश करता है। वैचारिक गहराई प्रदान न करके, उन्हें चुनौती न देकर, पाठ्यक्रम उनकी प्रेरणा के न्यूनतम उपयोग के लिए व्यवस्थित होता है। सीखने की प्रक्रियाएँ उनके लिए आसान हो सकती हैं, लेकिन उनकी समझ और तर्क करने की क्षमता का प्रयोग कम रहता है।
- Crude methods of assessment that encourage perception of mathematics as mechanical computation only. Concept learning is replaced by procedural memory. Those children who cannot do such replacement successfully experience panic, and suffer failure / मूल्यांकन के अपरिष्कृत तरीके जो गणित को केवल यांत्रिक गणना के रूप में समझने को प्रोत्साहित करते हैं। अवधारणा सीखने को प्रक्रियात्मक स्मृति द्वारा प्रतिस्थापित किया जाता है। जो बच्चे इस तरह का प्रतिस्थापन सफलतापूर्वक नहीं कर पाते वे घबराहट का अनुभव करते हैं और असफलता का सामना करते हैं
- Lack of teacher preparation and support in the teaching of mathematics. Mathematics education relies very heavily on the preparation that the teacher has, in her own understanding of mathematics, of the nature of mathematics, and in her bag of pedagogic techniques. / गणित शिक्षण में शिक्षक की तैयारी और सहयोग का अभाव। गणित की शिक्षा बहुत हद तक उस तैयारी पर निर्भर करती है जो शिक्षक की गणित की अपनी समझ, गणित की प्रकृति और शैक्षणिक तकनीकों के बैग में होती है।

Some other problems are: / अन्य व्यवस्थागत समस्याएँ:

- **Compartmentalisation:** There is very little systematic communication between primary school and high school teachers of mathematics, and none at all between high school and college teachers of mathematics. / **कोष्ठिकरण** गणित के प्राथमिक स्कूल तथा हाईस्कूल के शिक्षकों के बीच बहुत ही कम संवाद हैं तथा हाईस्कूल तथा कॉलेज के अध्यापकों के बीच तो और भी कम संवाद हैं।
- **Curricular Acceleration:** The shape of mathematics education has become taller and more spindly, rather than broad and rounded. / **पाठ्यचर्या का गतिमान होना:** गणित शिक्षा का आकार चौड़े और गोलीय होने स्थान पर ज्यादा ऊँचा और तकुआकार हो गया है।

As mentioned in NCF 'Tall shape of Mathematics' means building of one concept on other. / जैसा कि एनसीएफ में बताया गया है 'गणित का लंबा आकार' का अर्थ है एक अवधारणा का दूसरे पर निर्माण करना।

A generation ago, calculus and analytical geometry was considered part of college mathematics. But these are all part of school curriculum now because these are critically important in undergraduate sciences, technology and engineering, and hence they are introduced earlier. Such acceleration has naturally meant cutting of some topics such as solid geometry. / एक पीढ़ी पहले विद्यार्थी कॉलेज में आने पर कलन पढ़ते थे। उसके पहले की पीढ़ी में विश्लेषण ज्यामिति को कॉलेज का गणित माना जाता था। परंतु ये सभी प्रकरण आज स्कूली पाठ्यक्रम के भाग हैं। ऐसी स्थिति में स्वाभाविक रूप से कुछ प्रकरण काट-छांट दिए जाते हैं जाते हैं; आज ठोस ज्यामिति या गोलीय ज्यामिति बहुत कम है।

- **Gender:** Mathematics tends to be regarded as a 'masculine domain' and girls are assumed as incapable of 'mastering' mathematics. It has been seen that teachers tend to address boys more than girls. Mathematics textbooks also depict this gender bias. / **जेंडर:** गणित के बारे में एक धारणा है कि यह पुरुषों का क्षेत्र है। लड़कियों को गणित में 'विशेषज्ञता' के योग्य न मानकर उनका व्यवस्थित अवमूल्यन होता है जबकि वे गणित में शाब्दिक और ज्ञानात्मक कार्य बहुत अच्छे से पूरा करती हैं। यह भी देखा गया है कि शिक्षक लड़किओं से अधिक लड़कों को संबोधित करते हैं जिससे पुरुष की आदर्श अधिगमकर्ता के रूप में पुष्टि होती है।

Recommendations of NCF 2005 for School Mathematics: / NCF 2005 की स्कूली गणित के लिए सिफारिशें:

- Shifting the focus of mathematics education from achieving 'narrow' goals to 'higher' goals. / गणित शिक्षा का फोकस 'संकीर्ण' लक्ष्यों से हटाकर 'ऊँचें' लक्ष्यों की तरफ स्थानांतरित करना।
- Engaging every student with a sense of success, while at the same time offering conceptual challenges to the emerging mathematician. / प्रत्येक विद्यार्थी को सफलता के साथ जोड़ना तथा साथ ही साथ उदीयमान गणितज्ञों के सामने संकल्पनात्मक चुनौतियाँ प्रदान करना।
- Changing modes of assessment to examine students' mathematisation abilities rather than procedural knowledge./ आकलन पद्धतियों को बदलना जिससे विद्यार्थी के प्रक्रियात्मक ज्ञान के स्थान पर गणितीकरण योग्यताओं की परख हो।
- Enriching teachers with a variety of mathematical resources./ विविध गणितीय संसाधनों से शिक्षकों का संवर्द्धन करना।
- The teaching of mathematics should enhance the child's ability to think and reason, to visualise and handle abstractions, to formulate and solve problems. / गणित की शिक्षा छात्रों के चिंतन एवं तर्क क्षमता को बढाने वाली होनी चाहिए ताकि वो अमूर्तन का प्रयोग कर सकें, कल्पना कर सकें तथा समस्याओं को बना व उन्हें हल कर सकें।
- Access to quality mathematics education is the right of every child./ गुणवत्ता वाली गणित शिक्षा पर हर बच्चे का समान अधिकार होना चाहिए।

Problems of Teaching / शिक्षण की समस्या

Following four problems are deemed to be the core areas of concern: / निम्नलिखित चार समस्याओं को चिंता का मुख्य क्षेत्र माना जाता है:

1. A sense of fear and failure regarding mathematics among a majority of children. / बहुसंख्यक बच्चों में गणित को लेकर भय और असफलता की भावना।
2. A curriculum that disappoints both a talented minority as well as the non participating majority at the same time. / एक पाठ्यक्रम जो एक ही समय में एक प्रतिभाशाली अल्पसंख्यक के साथ-साथ गैर-भाग लेने वाले बहुमत दोनों को निराश करता है।
3. Crude methods of assessment that encourage perception of mathematics as mechanical computation, and / आकलन की अपरिष्कृत विधियाँ जो गणित को यांत्रिक संगणना के रूप में समझने को प्रोत्साहित करती हैं, और
4. Lack of teacher preparation and support in the teaching of mathematics. / गणित के शिक्षण में शिक्षक की तैयारी और समर्थन का अभाव।

Other Systemic Problems / अन्य प्रणालीगत समस्याएं

One major problem is that of compartmentalisation: there is very little systematic communication between primary school and high school teachers of mathematics, and none at all between high school and college teachers of mathematics. Most school teachers have never even seen, let alone interacted with or consulted, research mathematicians. Those involved in teacher education are again typically outside the realm of college or research mathematics. / विभाजन की एक बड़ी समस्या है प्राथमिक स्कूल और हाई स्कूल के गणित के शिक्षकों के बीच बहुत कम व्यवस्थित संचार है, और गणित के हाई स्कूल और कॉलेज के शिक्षकों के बीच बिल्कुल भी नहीं है। अधिकांश स्कूली शिक्षकों ने तो कभी देखा भी नहीं है, न ही उनसे बातचीत की है या उनसे परामर्श किया है, शोध गणितज्ञों ने। शिक्षक शिक्षा में शामिल लोग फिर से आमतौर पर कॉलेज या शोध गणित के दायरे से बाहर होते हैं।

Another important problem is that of curricular acceleration: a generation ago, calculus was first encountered by a student in college. Another generation earlier, analytical geometry was considered college mathematics. But these are all part of school curriculum now. Such acceleration has naturally meant pruning of some topics: there is far less solid geometry or spherical geometry now. / **एक अन्य महत्वपूर्ण समस्या पाठ्यचर्या में तेजी की है:** एक पीढ़ी पहले, कलन का सामना पहली बार कॉलेज में एक छात्र द्वारा किया गया था। एक और पीढ़ी पहले, विश्लेषणात्मक ज्यामिति को कॉलेज गणित माना जाता था। लेकिन ये सभी अब स्कूली पाठ्यक्रम का हिस्सा हैं। इस तरह के त्वरण का मतलब स्वाभाविक रूप से कुछ विषयों की छंटाई है: अब बहुत कम ठोस ज्यामिति या गोलाकार ज्यामिति है।

Gender Issue: Mathematics tends to be regarded as a 'masculine domain'. This perception is aided by the complete lack of references in textbooks to women mathematician. / **लैंगिक मुद्दे:** लड़कों का गणितीय पक्ष अधिक मजबूत माना जाता है। यह धारणा पाठ्यपुस्तकों में महिला गणितज्ञ के संदर्भों के पूर्ण अभाव के कारण समर्थित है।

Error in Mathematics / गणित में त्रुटियाँ

Errors by students in mathematics are very common. Errors often indicate how students learn or what misconceptions they have developed during their learning of concepts. They make alternative interpretations of concepts in their attempt to make meaning which results in misconceptions. /

गणित में त्रुटियाँ बहुत सामान्य हैं। त्रुटियाँ प्रायः यह दर्शाती हैं कि छात्र किस प्रकार सीखते हैं या संकल्पनाओं को सीखने के दौरान कौन-सी गलत अवधारणा विकसित करते हैं। छात्र संकल्पनाओं का अर्थ निकालने के प्रयास में उनके वैकल्पिक अर्थ बना लेते हैं जिसके परिणामस्वरुप भ्रांत धारणा बनती है।

Sometimes teacher's way of teaching can also lead to misconceptions among students. So while teaching a teacher should be very careful not to take those examples which may cause misconceptions in the mind of the students./ कभी-कभी शिक्षक के शिक्षण के तरीकों की वजह से भी छात्रों में भ्रांत धारणा विकसित होती है। इसलिए शिक्षण के दौरान शिक्षक को सावधान रहना चाहिए कि वह उन उदाहरणों को ना ले जिनसे छात्रों में भ्रांत धारणा विकसित हो सके।

Students can also commit error if: / छात्र त्रुटियाँ कर सकते हैं, यदि:

- Topic is taught without contextualisation and language support / विषय को संदर्भिकरण के बिना पढ़ाया गया हो, तथा उचित भाषा का सहयोग ना दिया गया हो।
- Their concepts are not formed properly or not clear at all. / उनकी संकल्पनाओं ठीक से निर्मित ना हुई हों, या स्पष्ट ना हों।
- There is gap in instruction level and assessment level, i.e. topics are not taught at required level of understanding. / अनुदेशन स्तर एवं आंकलन स्तर में अन्तर होना अर्थात प्रकरण को समझने योग्य अपेक्षित स्तर तक ना पढ़ाया गया हो।

  Knowledge of common math errors and misconceptions is important for maths teachers as they often provide improved opportunities for lesson planning. / गणित में होने वाली सामान्य त्रुटियों व भ्रांत धारणाओं का ज्ञान गणित शिक्षक के लिए महत्वपूर्ण है क्योंकि ये शिक्षक को प्रायः पाठ-योजना के बेहतर अवसर उपलब्ध कराती है।

Some common types of errors in mathematics are: / गणित में होने वाली कुछ सामान्य त्रुटियाँ इस प्रकार हैं:

- **Conceptual Error:** Mistakes made when you do not understand the properties or principles required to work the problem. / **संकल्पनात्मक त्रुटी:** समस्या को हल कर सकने के लिए आवश्यक गुण और सिद्धांतों को ना समझ पाने के कारण होने वाली त्रुटियाँ।
- **Procedural Error:** It just means doing something incorrectly, or in a different order than it is supposed to be in. / **प्रक्रियात्मक त्रुटी:** अर्थात किसी कार्य को गलत तरीके से करना या कल्पित क्रम से भिन्न रूप में करने के कारण होने वाली त्रुटियाँ।
- **Application Error:** Mistakes that you make when you know this concept but cannot apply it to the problem. / **प्रयोगात्मक त्रुटी:** अवधारणाओं का ज्ञान होने के बाद भी उन्हें समस्याओं को हल करने के लिए प्रयोग ना कर पाने के कारण होने वाली त्रुटियाँ।
- **Habitual Error:** These errors occur because of a particular habit for example habit of naming line segment as AB or habit of naming centre of circle always as O. / **स्वाभाविक त्रुटी:** किसी विशेष प्रकार की आदत के कारण होने वाली त्रुटियाँ जैसे किसी रेखा-खंड को हमेशा ιठ नाम देना, वृत्त के केंद्र को ο नाम देना आदि।

Manipulative: Teaching and Learning Aids in Mathematics / हस्त कौशल: गणित अध्यापन एवं अधिगम में सहायक

Manipulatives are physical objects that are used as teaching tools to engage students in the hands-on learning of mathematics. They can be used to introduce, practice, or remediate a concept. / हस्त कौशल वे भौतिक वस्तुएं हैं जिनका प्रयोग शिक्षण उपकरणों के रूप में छात्रों को गणित की हस्त परक अधिगम में संलग्न करते हैं। इनका उपयोग किसी संकल्पना सूत्रपात करने, अभ्यास करने व पुनर्मिलाप करने में किया जा सकता है।

Advantages of using manipulatives: / हस्त कौशलों के उपयोग के फायदे:

- Easy way to introduce and visualize a concept. / संकल्पना को आरम्भ करने व दृष्टिगोचर बनाने का सरल मार्ग।
- Help students learn to relate real world situations to mathematics symbolism. / छात्रों को वास्तविक जीवन की परिस्थितियों को गणितीय प्रतीकवाद से सम्बन्ध बनाना सिखाने में सहायता प्रदान करना।
- Work together cooperatively in solving problems. / आपसी सहयोग के साथ समस्याओं को हल करना।
- Discuss mathematical ideas and concepts, verbalize their mathematics thinking. / गणितीय अवधारणाओं की चर्चा करना, तथा उनके गणितीय विचारों को शब्द बहुलता देना।

Types of manipulatives: / हस्त कौशलों के प्रकार :

1. **Algebra Tiles:** Algebra tiles allow both an algebraic and geometric approach to algebraic concepts. They give students another way to solve algebraic problems other than just abstract manipulation. / **बीजगणित टाइल्स:** बीजगणित टाइल्स बीजगणितीय व ज्यामितीय दोनों दृष्टिकोणों से बीजगणित के प्रकरणों को समझने में सहायता करती है द्य ये छात्रों को बीजगणित की समस्याओं को अमूर्त संक्रियाओं के अलावा अन्य तरीकों से भी हल करना सिखाते हैं।
2. **Abacus:** It can be used to count, add, subtract, multiply and more. The abacus is often used to represent numbers with the use of place value. Each bead and each wire has the same value and used in this way it can represent numbers up to 100. / **गिनतारा:** इसे गिनती करने, जोड़, घटाना, गुना व अन्य तरीकों से प्रयोग किया जा सकता है द्य अबेकस को प्रायः संख्याओं को स्थानिक मान के साथ दर्शाने हेतु किया जाता है। इसमें हर मोती व तार के समान मूल्य होते हैं जिनसे 100 तक सख्याओं को दर्शाया जा सकता है।
3. **Geo Board:** A geo-board is a mathematical manipulative used to explore basic concepts in plane geometry such as perimeter, area and the characteristics of triangles and other polygons. It consists of a physical board with a certain number of nails half driven in, around which are wrapped rubber bands. / **जियो बोर्ड:** जियो बोर्ड एक गणितीय हस्त कौशल है जिसका प्रयोग समतल ज्यामिति के मूल संकल्पनाओं जैसे परिमाप, क्षेत्रफल तथा त्रिभुजों व अन्य बहुभुजों के विशिष्ट गुणों का अन्वेषण करने के लिए किया जाता है। इसमें एक लकड़ी का बोर्ड जिसमें निश्चित संख्या में कुछ लोहे की कीलें आधी ठुकी होती हैं, जिसके आस पास रबर बैंड को लापता जाता है।
4. **Nets of 3D Solids:** Some two-dimensional plane shapes can be folded into three-dimensional meaningful objects. Those two dimensional objects are known as Nets of 3D Solids. / **3D ठोस के तंतु:** कुछ द्वि-आयामी सम आकारों को जोड़कर त्री-आयामी वस्तुएं बनायी जा सकती हैं। इन द्वि-आयामी वस्तुओं को 3D ठोस के तंतु कहते हैं।
5. **GeoGebra Software:** GeoGebra is an interactive software, intended for teachers and students. One can use it to teach geometry, algebra, and calculus. / **जियोजेब्रा साफ्टवेयर:** यह शिक्षक व छात्र हेतु एक प्रकार का परस्पर प्रभाव डालने वाला साफ्टवेयर है द्य इसका प्रयोग ज्यामिति, बीजगणित व कलन के शिक्षण में किया जा सकता है।
6. **Dienes blocks:** Dienes blocks are concrete representations of numbers that are in exact proportion to each other, so they can represent all powers of tens, such as ones, tens, hundreds, and thousands. They help pupils to understand the place value concept. / **डायनेस ब्लॉक:** डायनेस ब्लॉक संख्याओं का ठोस प्रतिनिधित्व करते हैं जो एक-दूसरे के सटीक अनुपात में होते हैं, इसलिए वे दसियों की सभी शक्तियों, जैसे कि एक, दस, सैकड़ों और हजारों का प्रतिनिधित्व कर सकते हैं। वे विद्यार्थियों को स्थानीय मूल्य अवधारणा को समझने में मदद करते हैं।

TEST YOURSELF

1. **When asked to write 35, some students of grade II wrote as 305. As teacher, how will you address this problem / कक्षा II के छात्रों को 35 लिखने के लिए कहा गया तो कुछ ने 305 लिखा। अध्यापक के रूप में आप इसको कैसे संबोधित करेंगे?**
   (a) By telling them that it is wrong and asking them to find correct answer/यह बता कर कि यह गलत है और उन्हें सही उत्तर प्राप्त करने के लिए कहेंगे।
   (b) By writing the correct answer on the black board/श्यामपट्ट पर सही उत्तर लिख कर।
   (c) By asking them to write correct answer ten times in their notebooks/उनको अपनी कापी में दस बार सही उत्तर लिखने के लिए देकर।
   (d) By explaining the principle of exchange through concrete material/उन्हें मूर्त पदार्थ से विनिमय नियम समझा कर।

2. **Which aspect/aspects of mapping are present in the primary mathematics curriculum? / गणित के प्राथमिक पाठ्यक्रम में प्रतिचित्रण (मानचित्रण) के कौन से पहलू विद्यमान है?**
   (A) Map interpretation / मानचित्र का अर्थांकन
   (B) Unscaled drawing / बिना पैमाने वाले आलेख
   (C) Using symbols / संकेतों (प्रतीकों) का प्रयोग
   (D) Drawing as per scale / पैमाने के अनुसार आलेख खीचना
   (a) A, C, D (b) A, B, C
   (c) B, C, D (d) A, B, D

3. **Which of the following topics are not part of the primary school Mathematics curriculum as per NCF 2005? / राष्ट्रीय पाठ्यचर्या रूपरेखा 2005 के अनुसार निम्नलिखित में से कौन से विषय प्राथमिक विद्यालयों में गणित पाठ्यक्रम का भाग नहीं है।**
   (a) Integers/ पूर्णांक
   (b) Tessellations/चौपड़ (टाइलिंग)
   (c) Estimation/अनुमान लगाना
   (d) Symmetry/सममिति

4. **Beads can be used to explain which of the following concepts? / मानकों का प्रयोग निम्नलिखित में से किन अवधारणाओं को समझाने के लिए किया जा सकता है?**
   (a) Number sense, fractions, patterns / संख्या बोध, भिन्न, प्रतिरूप
   (b) Fraction, place value, volume / भिन्न, स्थानीय मान, आयतन
   (c) Number sense, patterns volume / संख्या बोध, प्रतिरूप, आयतन
   (d) Number sense, tessellations place value / संख्या बोध, चौपड (टाइलिंग), स्थानीय मान

5. **Which of the following statement is/are true? / निम्नलिखित में से कौन सा/से कथन सही हैं?**
   (a) Boys are better than girls in problem solving / समस्या समाधान में लड़के लड़कियों से अधिक योग्य है।
   (b) Children coming from rural background find mathematics difficult./ ग्रामीण पृष्ठभूमि से आने वाले बच्चों को गणित कठिन लगता है।
   (c) Teacher's beliefs impact learner's performance in mathematics/ अध्यापक के विचारों का असर गणित सीखने वालों के प्रदर्शन पर होता है।
   (a) A (b) B
   (c) C (d) A and B

6. **Which of the following is most appropriate strategy to teach data collection and interpretation to primary class students./ प्राथमिक कक्षा के विद्यार्थियों**

को आंकड़ों का संग्रहण और अर्थांकन पढ़ाने के लिए निम्नलिखित में से कौन-सी योजना उत्तम है?

(a) Providing lot of practise questions / अभ्यास के लिए ढेर सारे प्रश्न उपलब्ध कराना
(b) Asking students to conduct survey / विद्यार्थियों से सर्वेक्षण का संचालन करवाना
(c) Conducting quiz is classroom / कक्षा में क्विज (प्रश्नोत्तरी) का संचालन करना
(d) Conducting group discussion is class / कक्षा में सामूहिक परिचर्चा (विचार विमर्श) का संचालन करना

7. A student tells that the shape of a samosa in triangle. He is at which stage of geometrical thinking as per Van Hiele's level / एक विद्यार्थी कहता है कि समोसे का आकार त्रिभुज जैसा है। वह ज्यामितीय विवेचन में वैन हील के अनुसार किस स्तर पर है?

(a) Visualization/दृश्यीकरण
(b) Analysis/विश्लेषण
(c) Establishing Relationship/संबंध स्थापित करना
(d) Axiomatics/स्वयंसिद्ध

8. Which of the following may be considered a feature of a constructivist mathematics classroom? / निम्नलिखित में से किसे संरचनात्मक (रचनावादी) गणित कक्षा का लक्षण माना जा सकता है?

(a) Memorizations of mathematical definitions is accorded high value/ गणितीय परिभाषाओं को कंठस्थ करने को उच्च मान देना
(b) The teacher focuses only on the right answer / अध्यापक का केवल सही उत्तरों को केंद्रित करना
(c) Students' errors are considered an important source of information/ विद्यार्थियों द्वारा की गई त्रुटियों को ज्ञान का महत्वपूर्ण स्रोत समझना
(d) Interaction among students is discouraged / विद्यार्थियों में पारस्परिक क्रियाओं को हतोत्साहित करना

9. Which of the following is NOT true in the context of nature of mathematics? / गणित के स्वरूप के संदर्भ में निम्नलिखित में से कौन सा सही नहीं है।

(a) Mathematics involves study of patterns and relationships/गणित में प्रतिरूपों और संबंधों की पढ़ाई सम्मिलित है।
(b) Mathematics is limited to study of numbers / गणित संख्याओं की पढ़ाई तक सीमित है।
(c) Mathematics involves abstraction and visualisation/गणित में अमूर्तीकरण और मानसदर्शन (दृश्यीकरण) सम्मिलित है।
(d) Mathematics connects to the real world / गणित वास्तविक संसार से जुड़ा है।

10. Which of the following may NOT by associated with the development of special understanding among children? / निम्नलिखित में से क्या विद्यार्थियों में त्रिविम (द्विक्स्थान) समझ को विकसित करने के लिए संभवतः उपयुक्त नहीं है?

(a) Calculating the distance between different cities on the map of India. / भारत के मानचित्र में विभिन्न शहरों के बीच दूरी का परिकलन करना।
(b) Imaging what a piece of paper would look like if it is folded along given lines. /इसकी कल्पना करना कि दी हुई रेखाओं पर मोड़ने से एक कागज का टुकड़ा कैसा दिखेगा।
(c) Giving directions to reach their house from the school. /निर्देश देना कि वे विद्यालय से घर कैसे जा सकते है।
(d) Matching the top-view of a pencil with its side view. /पेंसिल के ऊपरी दृश्य का पार्श्व दृश्य से सुमेलन करना।

11. Which of the following statements is NOT correct in the context of teaching area measurement of plane figures? / समतल आकृतियों के क्षेत्रफल को मापने के संदर्भ में निम्नलिखित में से कौन सा कथन सही नहीं है?

(a) Students should be given a chance to discover the various formulae / विद्यार्थियों को अवसर दिया जाना चाहिए कि वे विभिन्न सूत्रों की खोज करें

(b) Use of formula for area-measurement should be taught before estimation of areas / क्षेत्रफल मापने वाले सूत्रों को क्षेत्रों के अनुमान से पहले पढ़ाया जाना चाहिए

(c) Grid paper can be a useful device for introducing and implementing the formal units of measurement / मापन के औपचारिक मानकों का परिचय और परिपालन के लिए ग्रिड पेपर लाभदायक साधन हो सकता है।

(d) Tessellations with regular shapes can be useful for teaching area-measurement /क्षेत्रफल मापने के लिए नियमित आकृति वाले चौपड़ बिछाना (टाइलिंग) लाभदायक हो सकते हैं।

12. Identify the open-ended question from among the following. / निम्नलिखित में से मुक्त सिरे वाले प्रश्न को पहचानिए:

(a) The volume of a cardboard box is 480 m^3. If its length and breadth area 10 m and 8m respectively, What would its height be? / एक गत्ते के डिब्बे का आयतन 480 m^3 है। यदि इसकी लंबाई और चौड़ाई क्रमशः 10 m और 8 m है, तो इसकी ऊंचाई क्या होगी?

(b) The breadth of cardboard box is four-fifths of its length and the height is three-fourths of its breadth. If the volume of the box is 480 m^3, find its length, breadth and height / एक गत्ते के डिब्बे की चौड़ाई उसकी लंबाई की $\frac{4}{5}$ है और ऊंचाई, चौड़ाई की तीन–चौथाई है। यदि डिब्बे का आयतन 480 m^3 है, तो इसकी लंबाई, चौड़ाई और ऊंचाई ज्ञात कीजिए।

(c) The area of a rectangular field is given to be 480 m^2. What can its length and breadth be? / एक आयताकार खेत का क्षेत्रफल 480 m^2 है। इसकी लंबाई और चौड़ाई क्या हो सकती है?

(d) How many rectangular plots of area 480 m^2 can be accommodated in a larger field of area 3360 m^2 / एक बड़े 3360 m^2 वाले खेत में 480 m^2 क्षेत्रफल वाले कितने आयताकार भूखंड समा सकते है?

13. Which of the following statements is NOT correct in the context of hierarchy of Mathematical concepts? / गणित की अवधारणाओं के पदानुक्रमित संदर्भ में निम्नलिखित में से कौन सा कथन सही नहीं है?

(a) Multiplication builds on the concept of addition / गुणन का गठन योग की अवधारण ा पर हुआ

(b) Division builds on the concept of subtraction / भाग का गठन व्यवकलन की अवधारणा पर हुआ है।

(c) Integers build on the concept of natural numbers / पूर्णाको का गठन प्राकृतिक संख्याओं की अवधारणा पर हुआ है।

(d) Fractions build on the concept of decimals / भिन्नों का गठन दशमलव की अवधारणा पर हुआ है।

14. Identify a desirable practice for teaching fractions at primary level/ प्राथमिक स्तर पर भिन्नों को पढ़ाने के लिए वांछनीय क्रियाकलाप को पहचानिए।

(a) Everyday conceptions of fraction should not be allowed to interfere with classroom teaching /भिन्न की प्रतिदिन की अवधारणाओं का, कक्षा की पढ़ाई में हस्तक्षेप नहीं होना चाहिए।

(b) Only halves and quarters should be introduced at primary level / प्राथमिक स्तर पर केवल आधे और चौथाई का परिचय दिया जाना चाहिए।

(c) The concept of fractions should be demonstrated in multiple situations / भिन्न की अवधारणा को विभिन्न स्थितियों में प्रदर्शित किया जाना चाहिए।

(d) Numerator and denominator should be emphasised as separate numbers

/ महत्व दिया जाना चाहिए कि अंश और हर पृथक संख्याएँ है।

15. Which of the following is NOT desirable with regard to assessment in mathematics at primary level? / प्राथमिक स्तर पर गणित के आकलन के विषय में निम्नलिखित में से क्या वांछनीय नहीं है?

(a) Emphasis should be on assessing conceptual understanding / आवधारणाओं की समझ के आकलन पर महत्व दिया जाना चाहिए।

(b) A unique test pattern should be consistently followed / एक विलक्षण परीक्षा प्रतिरूप का ही अनुकरण करना चाहिए।

(c) Assessment should be sensitive to the context of students / विद्यार्थियों के संदर्भ के प्रति आकलन को अतिसंवेदनशील होना चाहिए।

(d) It is important to challenge all children according to their mathematical taste / यह आवश्यक है कि सभी बच्चों को उनकी गणितीय रूचि के अनुसार चुनौती दी जाए।

46. Which of the following is/are important processes in geometry? / निम्नलिखित में से कौन-सी ज्यामिति की महत्वपूर्ण प्रक्रियाएँ है/हैं?

(A) Visualization / दृश्यीकरण

(B) Transposition / पक्षांतरण

(C) Transformation / रूपांतरण

Choose the correct option: / सही विकल्प का चयन कीजिए-

(a) Only (A) and (C) / केवल (A) और (C)

(b) Only (B) / केवल (B)

(c) Only (B) and (C) / केवल (B) और (C)

(d) Only (A) / केवल (A)

17. Which of the following is/are most appropriate for games in the context of teaching-learning of mathematics? / निम्नलिखित में से कौन-सा/से गणित के शिक्षण अधिगम के संदर्भ में खेलों के लिए अति उपयुक्त

(A) We cannot perform assessment of a child while engaging in mathematical games / गणितीय खेलों में व्यस्त (संलग्न) होने के दौरान हम बच्चे का आकलन नहीं कर सकते हैं।

(B) Mathematical games provide experiences of joyful learning in mathematics / गणितीय खेलए गणित में आनंदमयी अधिगम के अनुभवों को प्रदान करते हैं।

(C) Mathematical games are open-ended play / गणितीय खेल आम दिनचर्या वाले खेल होते हैं।

Choose the correct option. / सही विकल्प का चयन कीजिए।

(a) Only (A) and (C) / केवल (A) और (C)

(b) Only (B) / केवल (B)

(c) Only (A) and (B) / केवल (A) और (B)

(d) Only (A) / केवल (A)

18. According to National Curriculum Framework 2005, which of the following aims of teaching mathematics is least appropriate for primary classes? / राष्ट्रीय पाठ्यचर्या रूपरेखा 2005 के अनुसार, निम्नलिखित में से कौन सा गणित शिक्षण का उद्देश्य, प्राथमिक कक्षाओं के लिए न्यूनतम उपयुक्त है?

(a) Enhancing spatial understanding / दिकस्थान संबंधित समझ में वृद्धि करना।

(b) Nurturing interest in mathematics / गणित के प्रति रुचि को पोषित करना।

(c) Connecting real life experiences to mathematics / वास्तविक जीवन के अनुभवों को गणित से जोड़ना।

(d) Developing expertise of algebraic thinking / बीजीय चिंतन की कुशलता को विकसित करना।

19. Which of the following is NOT a characteristic of geometrical reasoning levels as given by Van Hiele? / निम्नलिखित में कौन-सा वैन हैले द्वारा दिए गए ज्यामितीय विवेचन के स्तरों की विशेषता/का लक्षण नहीं है?

(a) Experience dependent / अनुभव आश्रित
(b) Developmental / विकासात्मक
(c) Sequential / अनुक्रमिक
(d) Age dependent / आयु आश्रित

20. Which of the following concepts CANNOT be taught using Dienes blocks? / निम्नलिखित में से कौन-सी अवधारणा डीन्स ब्लॉक का उपयोग करते हुए नहीं पढ़ाई जा सकती है?

(a) Probability / प्रायिकता
(b) Place value / स्थानीय मान
(c) Addition of numbers / संख्याओं (अंकों) का योग
(d) Multiplication of one digit numbers / एक अंक वाली संख्याओं का गुणन

21. Which of the following is/are related to pre number concept formation in children? / निम्नलिखित में से कौन-सा/से बच्चों में पूर्व संख्या (प्री-नंबर) की अवधारणा के निर्माण से संबंधित है/हैं?

(A) One to one correspondence / एकैकी संगति
(B) Hierarchical inclusion / पदानुक्रमिक समावेश
(C) Measurement / माप

Choose the correct option. / सही विकल्प का चयन कीजिए:

(a) Only (A) / केवल (A)
(b) Only (A) and (C) / केवल (A) और (C)
(c) Only (A) and (B) / केवल (A) और (B)
(d) Only (B) and (C) / केवल (B) और (C)

22. The classroom-based assessment in mathematics should: / गणित में कक्षा-आधारित आकलन को :

(A) Consider and respect the unique qualities, experience and expertise of all the students / सभी विद्यार्थियों के अद्वितीय गुणों (विशिष्टताओं), अनुभवों एवं कुशलताओं का ध्यान रखना और सम्मान करना चाहिए।
(B) Be presented in focused isolated manner different from mathematics instructions / गणितीय निर्देशों से भिन्न, एकीग्रचित पृथक तरीके से प्रस्तुत करना चाहिए।
(C) Reflect on what is being revealed about thinking process of students / विद्यार्थी की चिंतनप्रकिया के बारे में जो प्रकट हो रहा है उसे प्रतिबिंबित करना चाहिए।

Choose the correct option. / सही विकल्प का चयन कीजिए।

(a) Only (A) / केवल (A)
(b) Only (B) and (C) / केवल (B) और (C)
(c) Only (A) and (B) / केवल (A) और (B)
(d) Only (A) and (C) / केवल (A) और (C)

23. Which of the following statements is/are true about the nature of mathematics? / निम्नलिखित में से कौन-सा/से कथन गणित की प्रकृति के बारे में सही है/हैं?

(A) Mathematics can be understood as science of patterns / गणित को विज्ञान के प्रतिमानों (पैटर्न) की तरह समझा जा सकता है।
(B) Mathematics explores possible relationships among abstractions / गणित, अमूर्त विचारों में संभावित संबंधों का अन्वेषण करता है।
(C) As mathematics is based on logic, there is a very limited space for creativity in mathematics. / क्योंकि गणित तर्कशास्त्र पर आधारित है इसलिए गणित में रचनात्माकता के लिए बहुत ही सीमित स्थान है।

Choose the correct option / सही विकल्प का चयन कीजिए।

(a) Only (A) and (B) / केवल (A) और (B)
(b) Only (C) / केवल (C)
(c) Only (B) and (C) / केवल (B) और (C)
(d) Only (A) / केवल (A)

24. Remedial teaching is most helpful for: / उपचारात्मक शिक्षण सबसे अधिक सहायक है।

(a) Students appearing in competitive exams / उन छात्रों के लिए जो प्रतियोगी परीक्षाओं में सम्मिलित होते हैं।

(b) Recapitulating the lesson / पाठ की पुनरावृत्ति के लिए

(c) Teaching problem solving / समस्या-समाधान के शिक्षण के लिए

(d) Addressing the difficulties students are facing in understanding mathematical concepts and improve their performance / गणितीय संकल्पनाओं को समझने में विद्यार्थी जिन कठिनाईयों का सामना करते हैं उनको संबोधित करने और विद्यार्थियों के प्रदर्शन को सुधारने के लिए

25. Which of the following statement is least appropriate in the context of spatial understanding of children? / निम्नलिखित में से कौन-सा कथन बच्चों की स्थापिक संबंधी समझ के संदर्भ में न्यूनतम उपयुक्त है?

(a) Primary school children cannot make logical transitive inferences (X>Y, Y>Z, therefore X>Z) / प्राथमिक स्कूल के बच्चे तार्किक संक्रामक निष्कर्ष नहीं निकाल सकते हैं (X>Y, Y>Z, इसलिए X>Z)

(b) Primary school children can extend the concept of shapes in a real life situation. / प्राथमिक स्कूल के बच्चे आगतियों की अवधारणा को वास्तविक जीवन की परिस्थितियों में विस्तृत कर सकते हैं।

(c) Children can understand the logic of measurement in their early school years. / बच्चे अपने शुरुआती स्कूली वर्षों में माप के तर्क को समझ सकते हैं।

(d) Children's pre-school knowledge of space is relational / बच्चों का स्थानेक संबंधी पूर्व-विद्यालयी ज्ञान संबंधात्मक है।

26. Which of the following cannot be the methods of formative assessment in mathematics? / निम्नलिखित में से कौन-सी गणित में रचनात्मक आकलन की विधि नहीं हो सकती है?

(a) Project / परियोजना

(b) Quiz / प्रश्नोत्तरी (क्विज)

(c) Journal entries / दैनिकी विवरण (जर्नल एनट्रीज)

(d) Term-end examination / सत्र-अंत परीक्षा

27. Majority of students in a class says, 360 + 55 is equal to / एक कक्षा में अधिकांश छात्र कहते हैं कि 360 + 55 होता है,

$$\begin{array}{r} 360 \\ +55 \\ \hline 3115 \\ \hline \end{array}$$

Revisiting which of the following concepts will BEST remediate the misconception? / इस भ्रांति को दूर करने के लिए कौन-सी अवधारणा को दोहराना सबसे उपयुक्त होगा?

(a) Addition with regrouping / जोड़ने के समय पुनर्समूहीकरण

(b) Forward counting / सीधी गिनती

(c) 3-digit addition / 3-अंक की संख्याओं का जोड़/योग

(d) One to one correspondence / एकैकी संगति

28. Which of the following is/are true for errors in mathematics? / गणित में त्रुटियों के लिए निम्नलिखित में से कौन-सा/से सही हैं?

(A) If a student is making a lot of errors in mathematics, this means that he lacks ability to do mathematics. / यदि गणित में एक छात्र बहुत सारी त्रुटियाँ कर रहा है, तो इसका अर्थ है कि उसमें गणित को करने की क्षमता का अभाव है।

(B) Errors provide insights about misconceptions in mathematics / त्रुटियाँ गणित की भ्रांतियों के बारे में अंतर्दृष्टि देती हैं।

(C) Teachers should provide sufficiently challenging tasks in which students

might make errors. / शिक्षण को छात्रों को ऐसे पर्याप्त रूप से चुनौतीपूर्ण कार्य देने चाहिए जिनमें उनसे त्रुटियाँ होने ही संभावना हो।

Choose the correct option: / सही विकल्प का चुनाव कीजिए-

(a) Only (A) and (B) / केवल (A) और (B)
(b) Only (A) / केवल (A)
(c) Only (B) and (C) / केवल (B) और (C)
(d) Only (A) and (C) / केवल (A) और (C)

29. Which of the following is least related with problem-solving in mathematics according to George Polya? / जार्ज पोल्या के अनुसार निम्न में से कौन-सा गणित में समस्या-समाधान से न्यूनतम संबंधित है?

(a) Understanding the problem / समस्या को समझना
(b) Making a strategy to solve the problem / समस्या को हल करने के लिए योजना/रणनीति बनाना
(c) Looking for a single obvious solution to the problem / समस्या का एकमात्र प्रत्यक्ष हल खोजना
(d) Interpreting the answer / उत्तर की व्याख्या करना

30. Primary grade mathematics teacher designs following activities to introduce the concept of "Fractions". / प्राथमिक कक्षा के गणित के अध्यापक ने 'भिन्न' की अवधारणा का परिचय देने के लिए निम्नलिखित क्रियाकलापों की योजना बनाई।

(A) Writing different types of fractions on blackboard and explaining its various attributes. / विभिन्न प्रकार की भिन्नों को श्यामपट्ट पर लिखना और उनकी विविधा विशेषताओं की व्याख्या करना

(B) Using symmetrical rectangular strips and circular cut-outs for paper folding activities / पेपर/कागज को मोड़कर क्रियाकलाप करने के लिए समरूप आयताकार पट्टियों और वृत्ताकार कट-आउट का उपयोग करना

(C) Using various pictures to depict fractions like $\frac{1}{2}, \frac{3}{4}$, etc. / विविधि चित्रों के उपयोग से भिन्नों जैसे कि $\frac{1}{2}$, $\frac{3}{4}$, को दिखाना।

Which of the following represents the most appropriate sequence for above activities to be used by the teacher? / शिक्षक द्वारा उपयोग करने के लिए निम्नलिखित में से कौन-सा ऊपर दिए गए क्रियाकलापों का सर्वाधिक उपयुक्त क्रम निरूपित करता है?

(a) B, C, A (b) A, B, C
(c) C, A, B (d) A, C, B

31. Which of the following is most appropriate example of context based mathematics teaching and learning? / निम्नलिखित में से कौन-सा संदर्भ आधारित गणित शिक्षण एवं अधिगम का सर्वाधिक उपयुक्त उदाहरण है?

(a) Students participating in mathematics quiz being conducted in class. / कक्षा में आयोजित गणित प्रश्नोत्तरी (क्विज) में विद्यार्थियों का भाग लेना।
(b) Students discussing and analysing various grocery bills which they have got from home while working in groups. / समूहों में काम करते हुए विद्यार्थियों का अपने घरों से लाए गए राशन के बिलों पर चर्चा एवं उनका विश्लेषण करना।
(c) Students are solving word problesm given in the textbook. / विद्यार्थी पाठ्य पुस्तक में दिए गए इबारती सवालों (शब्द समस्याओं) को हल कर रहे है।
(d) Students are watching a video in the class and completing a given task by following the instructions explained in the video / कक्षा में विद्यार्थी वीडियो देख रहे हैं और उस वीडियो में समझाए गए निर्देशों का अनुसरण करते हुए दिए गए कार्य को पूरा कर रहे हैं।

32. To solve 27×4, a student uses the following strategy: / 27×4 को हल करने के लिए, एक छात्रा निम्नलिखित रणनीति का उपयोग करती है।

She says aloud the answer is 108. Which of the following is most appropriate for the strategy used by the student? / वह जोर से कहती है कि उत्तर 108 है। निम्नलिखित में से कौन-सा छात्रा द्वारा उपयोग की गई रणनीति के लिए अति उपयुक्त है?

27×4 → 30×4 → 120

3×4 → -12

108

(a) The student has estimated the answer through this strategy / छात्रा ने इस रणनीति से उत्तर को आकलित (अनुमानित) किया है।

(b) The student has used compensation strategies for multiplication / छात्रा ने गणन के लिए प्रतिकारी (कॉम्पेंसेशन) रणनीतियों का उपयोग किया है।

(c) The student has arrived at the answer by hit and trial method / छात्रा तुक्के भिड़ाकर प्रयास करके उत्तर तक पहुंची।

(d) It is an inappropriate algorithm to solve a problem on multiplication / यह गुणन की समस्या को हल करने की अनुपयुक्त कलन-विधि है।

33. According to National Curriculum Framework 2005. Which of the following represents one of the recommendations to improve mathematics teaching and learning. / राष्ट्रीय पाठ्यचर्या रूपरेखा 2005 के अनुसार, निम्नलिखित में से कौन-सा गणित के शिक्षण अधिगम को सुधारने (बेहतर बनाने) के लिए दी गई सिफारिशों में से एक सिफारिश को निरूपित करता है?

(a) Changing modes of assessment to examine students mathematisation abilities rather than procedural knowledge. /आकलन पद्धतियों को बदलना जिससे विद्यार्थियों के प्रक्रियात्मक ज्ञान के स्थान पर गणितीकरण योग्यताओं की परख हो।

(b) Training teachers so that they can help students to perform better in Math Olympiads./शिक्षकों को प्रशिक्षित करना ताकि वे विद्यार्थियों को गणित ओलिम्पियाड में बेहतर प्रदर्शन करने में सहायता कर सकें।

(c) Encouraging students to practice from workbooks along with mathematics textbooks/गणित पाठ्य पुस्तक के साथ-साथ विद्यार्थियों को अभ्यास पुस्तिकाओं से अभ्यास करने के लिए प्रोत्साहित करना।

(d) Shifting focus to increase employability of youths to popularise mathematics. /गणित को लोकप्रिय करने के लिए ध्यान (फोकस) युवाओं की रोजगार पाने की योग्यता को बढ़ाने पर स्थानांतरित करना।

34. Which of the following is <u>NOT</u> an appropriate reason for fear of mathematics? / निम्नलिखित में से कौन-सा गणित के प्रति भय का उपयुक्त कारण <u>नहीं</u> है?

(a) Cumulative nature of mathematics. / गणित की संचयी प्रकृति।

(b) Symbolic language of mathematics. / गणित की प्रतीकात्मक भाषा।

(c) Methods of assessment and language used in textbook. / आकलन की पद्धतियाँ एवं पाठ्यपुस्तक में उपयोग की गई गणित की भाषा।

(d) Mathematical Inabilities of learners. / अधिगमकर्ताओं की गणितीय अक्षमताएँ।

35. A fraction can be used in which of the following ways? / भिन्न का उपयोग निम्नलिखित में से किन तरीकों से हो सकता है?

(A) To represent a part of a whole / एक पूर्ण के अंश को निरूपित करने के लिए

(B) To visualize a point on a number line / संख्या रेखा पर एक बिंदु को अभिकल्पित करने के लिए

(C) To represent a part of a collection of objects/वस्तुओं के संग्रह के एक अंश को निरूपति करने के लिए।

(D) To introduce a division problem. / विभाजन पर आधारित समस्या के परिचय के लिए।

(a) (A), (B) and (C) / (A), (B) और (C)
(b) (A) and (D) / (A) और (D)
(c) (C) and (D) / (C) और (D)
(d) (A), (B) and (D) / (A), (B) और (D)

36. Which of the following is the most appropriate example of a 'constructivist' mathematical classroom? / निम्नलिखित में से कौन-सा एक 'रचनात्मक' गणित की कक्षा का अति उपयुक्त उदाहरण है?

(a) Teacher is going to every student and helping him/her to use the algorithm to solve the problem. / शिक्षक प्रत्येक विद्यार्थी के पास जा कलनविधि के उपयोग से समस्या को हल करने में उसकी सहायता कर रहा है।
(b) Teacher is solving the question on blackboard. / शिक्षक श्यामपट्ट पर प्रश्न को हल कर रहा है।
(c) Students are engaged in exploration while finding a solution to a problem. / एक समस्या के समाधान को खोजते समय विद्यार्थी अन्वेषण में व्यस्त (संलग्न) हैं।
(d) Students are reciting tables collectively in a rhythm. / विद्यार्थी सामूहिक रूप से पहाड़ों को एक लय। में गा रहे हैं।

37. Which of the following is NOT a process in Geometry? / निम्नलिखित में से कौन-सी ज्यामिति में एक प्रक्रिया नहीं है?

(a) Measurement / मापन
(b) Representation / निरूपण
(c) Procedural fluency / प्रक्रियात्मक प्रवाह
(d) Reasoning and proof / तार्किक क्षमता और उत्पत्ति

38. Which of the following statements is NOT appropriate with regard to the nature of mathematics? / निम्नलिखित में से कौन-सा कथन गणित की प्रकृति के संदर्भ में उपयुक्त नहीं है?

(a) It is hierarchical in nature. / इसकी प्रकृति पदानुक्रमिक है।
(b) Mathematical concepts are abstract in nature. / गणितीय अवधारणाओं की प्रकृति अर्मूत होती है।
(c) It is like science which is based on observation / यह विज्ञान की तरह है जोकि अवलोकन पर आधारित है।
(d) It reveals the hidden patterns. / यह निहित प्रतिमानों को उजागर करता है।

39. Which of the statements about mathematical games is/are correct? / निम्नलिखित कथनों में से कौन-सा/से कथन गणितीय खेलों के बारे में सही हैं?

(A) Mathematical games must be like open ended play. / गणितीय खेलों को आम दिनचर्या वाले खेलों की तरह होना चाहिए।
(B) Mathematical games provide non-didactic feedback to the child. / गणितीय खेल बच्चे को अनुपदेशात्मक प्रतिपुष्टि प्रदान करते हैं।
(C) Mathematical games promote processes of anticipation and planning in child. / गणितीय खेल बच्चे में अनुमान/पूर्वज्ञान और योजना तैयार करने को बढ़ावा देते हैं।

(a) (B) and (C) / (B) और (C)
(b) (A) and (C) / (A) और (C)
(c) Only (A) / केवल (A)
(d) (A) and (B) / (A) और (B)

40. According to National Curriculum Framework 2005, mathematics curriculum in primary classes should: / राष्ट्रीय पाठ्यचर्या रूपरेखा (2005) के अनुसार प्राथमिक कक्षाओं में गणित पाठ्यचर्या ______ होनी चाहिए।

(A) Be coherent / सुसंगत
(B) Be ambitious / महत्वकांक्षी
(C) Focus on formal algorithms / महत्त्वपूर्ण मानककलनविधियों पर बल देने वाली

(a) (A) and (C) / (A) और (C)
(b) Only (A) / केवल (A)
(c) (A) and (B) / (A) और (B)
(d) Only (C) / केवल (C)

41. Which of the following is the most appropriate example of mathematical modelling? / निम्नलिखित में से कौन-सा गणितीय निदर्शन (मॉडलिंग) का अति उपयुक्त उदाहरण है?

(a) Using a cartoon story in mathematics classroom. / गणित कक्षा में कार्टून वाली कहानी का उपयोग करना।

(b) Calculating the area of rectangle by using the formula length x breadth. / लम्बाई x चौड़ाई सूत्र के उपयोग द्वारा आयत के क्षेत्रफल का परिकलन करना।

(c) constructing a mathematical model for estimation of number of trees in a dense forest. / एक घने वन में वृक्षों की संख्या का अनुमान लगाने के लिए गणितीय निदर्श (मॉडल) का निर्माण करना।

(d) Using a concrete model to comprehend a mathematical concept. / एक गणितीय अवधारणा को समझने के लिए मूर्त मॉडल का उपयोग करना।

42. Which of the following is/are NOT appropriate for enhancing the mathematics learning in primary grade students? / निम्नलिखित में से कौन-सा/से, प्राथमिक कक्षा के विद्यार्थियों में गणित अधिगम को प्रोत्साहित करने के लिए उपयुक्त नहीं है?

(A) Relate the concepts with their daily life experiences./अवधारणाओं को उनके दैनिक जीवन के अनुभवों से जोड़ना।

(B) Focus on product rather than process. /प्रक्रिया की बजाय उत्पाद पर बल देना।

(C) Using teaching aids to teach abstract concepts. / शिक्षण सामग्रियों का उपयोग करके अमूर्त अवधारणाएँ पढ़ाना।

(a) (B) and (C) /(B) और (C)

(b) Only (C) / केवल (C)

(c) Only (B) / केवल (B)

(d) (A) and (C) / (A) और (C)

43. Which of the following is more likely to enhance critical thinking among learners in mathematics?/ निम्नलिखित में से किस की गणित में विद्यार्थियों के समालोचनात्मक चिंतन को प्रोत्साहित करने की संभावना अधिक है?

(a) List four whole numbers between 131 and 136. / 131 और 136 के बीच चार पूर्ण संख्याओं की सूची बनाइए।

(b) Find the value of 23×15 / 23×15 का मान ज्ञात कीजिए।

(c) What will be the length of rectangle if its area is 24 cm and its breadth is 4 cm. / यदि एक आयत का क्षेत्रफल 24 सेमी. 2 है और चौड़ाई 4 सेमी है, तो उसकी लम्बाई कितनी होगी?

(d) What will be the length and breadth of rectangle with perimeter 24 cm? /24 सेमी. परिमाप वाले आयत की लम्बाई और चौड़ाई कितनी होगी?

44. Which of the following topics are not part of the primary school Mathematics curriculum as per NCF 2005? / राष्ट्रीय पाठ्यचर्या रूपरेखा 2005 के अनुसार निम्नलिखित में से कौन से विषय प्राथमिक विद्यालयों में गणित पाठ्यक्रम का भाग नहीं है।

(a) Integers/ पूर्णांक

(b) Tessellations/चौपड़ (टाइलिंग)

(c) Estimation/अनुमान लगाना

(d) Symmetry/सममिति

45. A primary class teacher asks students to write "five thousand and thirty six" in numerals. Majority of his students wrote the answer as as 536". Which of the following represents the most appropriate strategy to remediaty this error?/ एक प्राथमिक कक्षा के अध्यापक अपने विद्यार्थियों से "पाँच हजार छत्तीस" को अंकों में लिखने के लिए कहते हैं। अधिकांश विद्यार्थियों ने इसका उत्तर "536" लिखा। निम्नलिखित में से कौन-सी शिक्षण रणनीति इस त्रुटि को सुधारने के लिए सर्वाधिक उपयुक्त है?

(a) Giving students ten similar problems to practice. / विद्यार्थियों को इसी के समान दस और प्रश्न हल करने के लिए देना।

(b) Asking students to write numbers from 5,000 to 5,100 and checking their answer. / विद्यार्थियों को 5000 से 5100 तक की गिनती लिखने को कहना और अपने उत्तर को जाँचने के लिए कहना।

(c) Represent five thousand and thirty six on a number line with intervals of 1,000 / एक संख्या रेखा पर जिसमें 1000 के अंतराल में अंक लिखे हैं, पाँच हजार छत्तीस को निरूपित करना।

(d) Revisiting the concept of place value of three digit and four digit numbers. / तीन अंकीय और चार अंकीय संख्याओं के स्थानीय मान की अवधारणा को सुदृढ़ करना।

46. Which of the following activities is best suited for the development of spatial understanding among primary grade learners? / निम्नलिखित गतिविधियों में से कौन-सी प्राथमिक स्तर के अधिगमकर्ताओं में दिक्-स्थान संबंधित समझ के विकास के लिए अति उपयुक्त है?

(a) Representing numbers on a number line / संख्या रेखा पर संख्याओं को निरूपित करना।

(b) Drawing a map of their homes showing relative sizes and positions of rooms / उनके घरों के कक्षों के सापेक्ष आकारों और स्थितियों को दर्शाते हूए मानचित्र रोखांकित करना।

(c) Measuring the distance between two cities on a map / एक मानचित्र पर दो शहरों के बीच की दूरी को मापना।

(d) Recalling the names of geometrical figures / ज्यामितीय आछतियों के नामों को पुनःस्मरण करना।

47. As per NCERT which of the following is NOT one of the expected learning outcomes from grade III learners? / एन.सी.ई.आर.टी. के अनुसार कक्षा 3 के विद्यार्थियों के लिए कौन-से अधिगम-प्रतिफल अपेक्षित नहीं हैं?

(a) What is the place value of 4 in 543? / संख्या 543 में 4 का स्थानीय मान ज्ञात कीजिए।

(b) Identify the next shape in a given pattern of shapes. / पहचानें कि दी गई आकृतियों की श्रृंखला में अगली आकृति क्या होगी।

(c) Solve $\frac{1}{3}+\frac{1}{4}$ / $\frac{1}{3}+\frac{1}{4}$ को हल करें।

(d) Show that 2×5 is the same as 5×2 / दर्शाएँ कि 2×5 और 5×2 समान हैं।

48. A mathematics teacher asks her students "You have 7 hundreds and you have to take away 7 tens from it. Which number do you get?" One of the students says "I will get 0". Which of the following statements is most appropriate with respect to the answer given by the student? / गणित की एक शिक्षिका अपने विद्यार्थियों से पूछती है, ''आपके पास 7 सैकड़े हैं और आपको उसमें से 7 दहाइयाँ निकालनी हैं। आपको कौन-सी संख्या मिलेगी''? एक छात्र कहता है, ''मुझे 0 मिलेगा।'' निम्नलिखित में से कौन-सा कथन छात्र द्वारा दिए गए उत्तर के संबंध में अति उपयुक्त है?

(a) The teacher should have written the problem in the form of numerals for students to solve it. / शिक्षिका को समस्या को संख्यात्मक रूप में लिखना चाहिए था, ताकि छात्र उसे हल कर सकें।

(b) The teacher should give at least ten similar problems to solve till the students solve it correctly. / शिक्षिका को कम-से-कम दस और समान प्रकार की समस्याएँ हल करने के लिए देनी चाहिए, जब तक छात्र उसे सही रूप से हल न कर लें।

(c) The teacher should ask the students to explain the process of arriving at the answer and plan remedial strategy accordingly / शिक्षिका को छात्रा को उत्तर तक पहुँचने की प्रक्रिया को समझाने के लिए। कहना चाहिए और उसके अनुसार उपचारात्मक शिक्षण की योजना बनानी चाहिए।

(d) The teacher should solve the problem on black board using the correct algorithm. / शिक्षिका को सही कलन-विधि का उपयोग करते हुए। श्यामपट्ट पर समस्या को हल करना चाहिए।

49. According to National Curriculum Framework '2005' one of the main goals of mathematics education in schools is, "It is more useful to know how to mathematize than to know a lot of mathematics". Which of the following reflects the meaning of above statement? / राष्ट्रीय पाठ्यचर्या रूपरेखा 2005 के अनुसार, स्कूलों में गणित शिक्षा के मुख्य लक्ष्यों में से एक है, ''बहुत सारी गणित जानने के बजाय, यह जानना अधिक उपयोगी है कि गणितीकरण कैसे किया जाए।'' निम्नलिखित में से कौन-सा ऊपर दिए गए कथन का अर्थ प्रतिबिंबित करता है?

(a) It is more important to know how to develop mathematical thinking and ability to handle abstractions in children than to focus on how much mathematics a child knows / बच्चों को कितना गणित आता है इस पर बल दिए जाने के बजाय यह जानना ज्यादा जरूरी है कि बच्चों में गणितीय चिंतन और अमूर्त विचारों के साथ काम करने की योग्यता कैसे विकसित की जाए।

(b) Mathematics education should focus on including only those topics in mathematics curriculum which are useful in daily life. / गणित की शिक्षा को गणित के पाठ्यक्रम में केवल उन्हीं विषयों को शामिल करने पर ध्यान (बल) देना चाहिए जो दैनिक जीवन में उपयोगी हों।

(c) Mathematics is useful in daily life hence solving problems in mathematics will mathematize the child's mind / गणित दैनिक जीवन में उपयोगी है, इसलिए गणित में समस्याओं को हल करना बच्चे के मस्तिष्क / विचारों का गणितीकरण कर देगा।

(d) It is important to know how to solve various problems in mathematics hence focus should be on including maximum topics in mathematics curriculum. / यह जानना महत्वपूर्ण है कि गणित में विभिन्न समस्याओं को कैसे हल किया जाए, इसलिए गणित के पाठ्यक्रम में अधिकतम विषयों को शामिल करने पर बल दिया जाना चाहिए।

50. Mr. Govind wants to build 'pattern recognition' skill in his Grade 3 students. Which of the following activities can BEST help? / श्री गोविंद अपने कक्षा 3 के छात्रों में पैटर्न पहचानने का कौशल विकसित करना चाहते हैं। निम्नलिखित में से कौन-सी गतिविधि इसके लिए सबसे अधिक सहायक सिद्ध होगी?

(a) Asking students to make their family tree and compare it to that of their friend's family tree. / छात्रों को अपना वंशवृक्ष बना कर उसकी तुलना अपने मित्र के वंशवृक्ष से करने के लिए कहना।

(b) Asking students to observe the night sky and describe what they saw, in class the next day. / छात्रों से रात को ध्यान से आसमान देखकर उन्होंने जो देखा अगले दिन उसका वर्णन कक्षा में करने के लिए कहना।

(c) Asking students to find the national emblem of India in all their textbooks. / छात्रों को उनकी सभी पठ्यपुस्तकों में भारत के राष्ट्रीय चिन्ह को खोजने के लिए कहना।

(d) Giving building blocks and asking students to arrange them in stacks of increasing height. / छात्रों को बिल्डिंग ब्लॉक देकर बढ़ती ऊँचाई के क्रम में रखने को कहना।

ANSWER KEY

1	D	2	A	3	A	4	D	5	C	6	B	7	A
8	C	9	B	10	A	11	B	12	C	13	B	14	C
15	B	16	A	17	B	18	D	19	D	20	A	21	C
22	D	23	A	24	D	25	A	26	D	27	A	28	C
29	C	30	A	31	B	32	B	33	A	34	D	35	A
36	C	37	C	38	C	39	B	40	C	41	C	42	C
43	D	44	A	45	D	46	B	47	C	48	C	49	A
50	D												

EXPLANATION

1. छात्र 35 लिखने के स्थान पर 305 लिखते हैं वो उन्हे मूर्त पदार्थ से विनिमेय नियम समझाने का प्रयास करेगे।

क्रम विनिमेय नियम परिमेय संख्याओं के जोड़ एवं गुणा में क्रम विनिमेय नियम लागू होता है।

उदाहरण– $1 + 2 = 2 + 1, 3 \times 4 = 4 \times 3$

$2 + 3 = 3 + 2, 4 \times 5 = 5 \times 4$

2. गणितीय पाठ्यक्रम में प्रतिचित्रण के अन्तर्गत संकेतों (प्रतीकों) का प्रयोग, पैमानों के अनुसार आलेख खींचना और मानचित्र का अर्थाकन विद्यमान है।

उदाहरण–

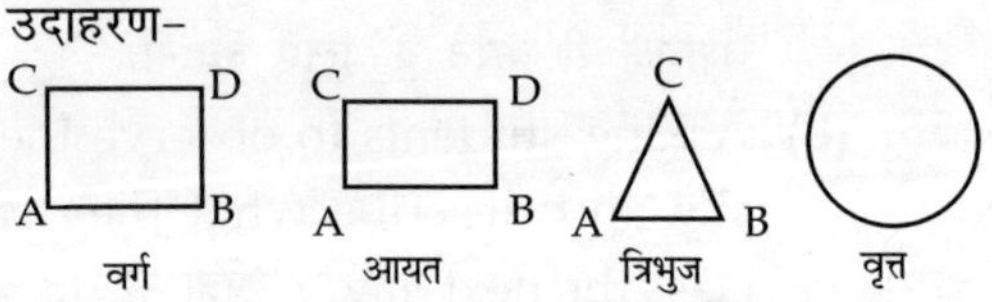

3. राष्ट्रीय पाठ्यचर्या रूपरेखा 2005 के अनुसार प्राथमिक विद्यालयों में गणित पाठ्यक्रम में पूर्णांक को सम्मिलित नहीं किया गया है।

4. मानकों के प्रयोग से संख्या बोध, चौपड़ (टाइलिग) स्थानीय मान की अवधारणाओं को समझाने के लिए किया जाता है। संख्या बोध– मानकों के प्रयोग से छात्रों में संख्या बोध होता है।

उदाहरण– 1, 2, 3, 5, 100, 200, 1000 आदि।

चौपड– संख्या बोध के उपरान्त छात्र में विभिन्न प्रकार की आकृति निर्माण करते है।

उदाहरण–

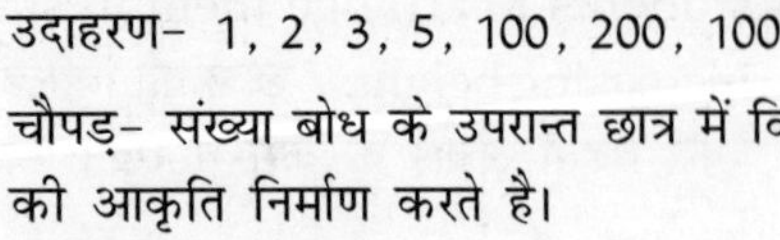

स्थानीय मान– मानकों के प्रयोग से छात्रों में स्थानीय मान का प्रयोग सीख लेते है।

5. शिक्षाथी वही सीखते है, गणित सीखने वाले शिक्षक की योग्यता एवं ज्ञान छात्रों पर प्रत्यक्ष रूप से पड़ता है। तथा वह जिस प्रकार से सीखते हैं वहीं वे प्रदर्शन करते है।

6. प्राथमिक कक्षा के विद्यार्थियों को आँकड़ों का संग्रहण पढने के लिए विद्यार्थियों से सर्वेक्षण का संचालन करवाना योजना उत्तम मानी जा सकती है।

उदाहरण– एक अलमारी में पाँच खाने है, प्रत्येक खाने में पुस्तकें एक पंक्तिबद्ध रूप से रखी हुई है।

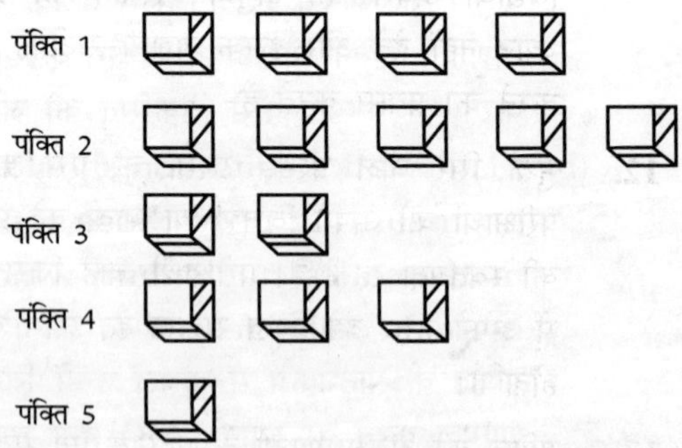

7. एक विद्यार्थी कहता है कि समोसे का आकार त्रिभुज जैसा है वह ज्यामितीय विवेचन में वैन हीले स्तर जीरो या दृष्टिकरण का बोध करता है।

8. संरचनात्मक (रचनावादी) गणित कक्षा का निम्न लक्षण–

(a) गणित और दूसरे पाठयेत्तर क्षेत्रों के बीच के सम्बन्ध को उजागर किया जाता है।

(b) गणित के अधिगम में भाषा और संवादों की भूमिका पर उचित ध्यान दिया जाता है।

(c) अध्यापक स्वीकार करता है कि दी गई अन्योन्य क्रिया को विभिन्न विद्यार्थी अलग-अलग प्रकार से समझ सकते है।

(d) विद्यार्थियों द्वारा की गयी त्रुटियों की ज्ञान का महत्वपूर्ण स्रोत समझना।

9. प्रश्नानुसार- दिये गये कथनानुसार गणित संख्याओं की पढ़ाई तक सीमित नहीं है, क्योंकि गणित एक अमूर्त या निराकार और निगमनात्मक प्रणाली है। गणित की कई स्वरूप है अंकगणित, रेखागणित, त्रिकोण मिति, सांख्यिकी, बीजगणित, कलन इत्यादि। गणित में अभ्यस्त व्यक्ति या खोज करने वाले वैज्ञानिक को गणितज्ञ कहते है।

10. त्रिविम (द्विक्स्थान) से तात्पर्य समतल आकारों के लम्बाई और चौड़ाई जैसे दो मापन होते हैं और इसीलिए इन्हें द्विविमीय आकार कहते है, जबकि ठोस आकारों के लंबाई, चौड़ाई और ऊँचाई या गहराई जैसे तीन मापन होते है इसीलिए इन आकारों को त्रिविमीय आकार कहते है। जैसे-घन, घनाभ, बेलन चूंकि भारत के मानचित्र में विभिन्न शहरों के बीच की दूरी परिकलन करना त्रिविम के अन्तर्गत नही है।

11. प्रश्नानुसार- समतल आकृतियों के क्षेत्रफल को मापने के सन्दर्भ क्षेत्रफल मापने वाले सूत्रों के क्षेत्रों के अनुमान से पहले नहीं पढ़ाया जाना चाहिए क्योंकि विद्यार्थी अक्सर ही अनुमान लगाने की प्रक्रिया पर ध्यान नहीं देते और इसके बजाय सटीक उत्तर प्राप्त करने का प्रयास करते है-

12. मुक्त सिरे वाले प्रश्न- प्रश्नों के ऐसे प्रकार जिसे परीक्षार्थी को अपने विचारों या भावों को प्रकट करने की स्वतंत्रता रहती है। परीक्षार्थी चाहे जिस भी प्रकार से अपने उत्तर को लिख सकता है, इसमें बन्धन नहीं होता है।

13. गणित की अवधारणाओं के पदानुक्रमित संदर्भ में भाग का गठन व्यवकलन की अवधारणा पर नहीं हुआ है।

जैसे, $\frac{1}{3} \div \frac{4}{3} = \frac{1}{3} \times \frac{3}{4} = \frac{1}{4}$

14. प्राथमिक स्तर पर भिन्नों को पढ़ाने के लिए वांछनीय क्रियाकलाप- भिन्न की अवधारणा को विभिन्न स्थितियों में प्रदर्शित किया जाना चाहिए।

उदाहरण-

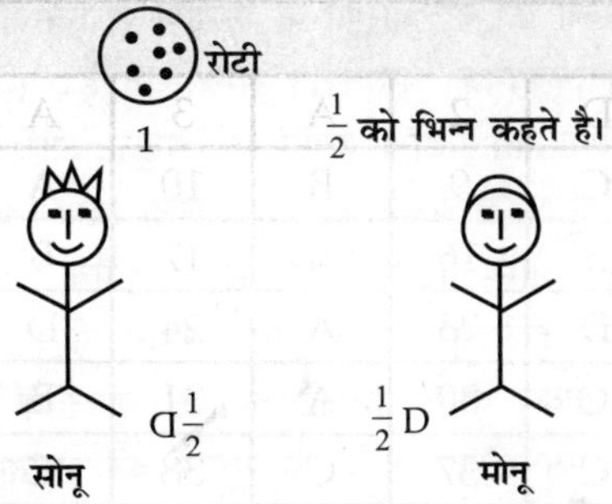

15. आकलन का मुख्य उद्देश्य शिक्षार्थी की उपलब्धि और प्रगति की जानकारी एकत्र करना और चल रही शिक्षण और सीखने की प्रक्रिया के लिए दिशा प्रदान करना है।

16. ज्यामिति की महत्वपूर्ण प्रक्रिया दृश्यीकरण और रूपांतरण है, जिसे वैने हेले ने बताया, जो स्तर जीरों में आता है। इस स्तर पर बच्चे की सोच का ध्यान व्यक्तिगत आगतियों पर होता है, जिसे बच्चा अपने समग्र स्वरूप को देखता हुआ वर्गीकृत करना सीख रहा है।

17. गणित के शिक्षण अधिगम के सन्दर्भ में खेल गणित में आनन्दमयी अधिगम के अनुभवों को प्रदान करते हैं। प्राथमिक विद्यालय में पढ़ा, जाने वाली गणित में संख्याओं के साथ खेलने और उनका आनन्द लेने जैसी चीजें होती हैं।

18. राष्ट्रीय पाठ्यचर्या रूपरेखा 2005 के अनुसार गणित शिक्षण का उद्देश्य प्राथमिक कक्षाओं के लिए बीजीय चिंतन की कुशलता को विकसित करना न्यूनतम उपयुक्त है, क्योंकि बीजीय चिंतन उच्च प्राथमिक स्तर से प्रारम्भ किया जाता है।

19. वैन हैले द्वारा दिये गये ज्यामिति के स्तरों की विशेषता आयु आश्रित नहीं है, जबकि अनुभव आश्रित, विकासात्मक और अनुक्रमिक विशेषता है।

20. डीन्स ब्लॉक का उपयोग करते हुए प्रायिकता नहीं पढ़ाई जा सकती है।
डीन्स ब्लाक के उपयोग से पढ़ाया जा सकता।

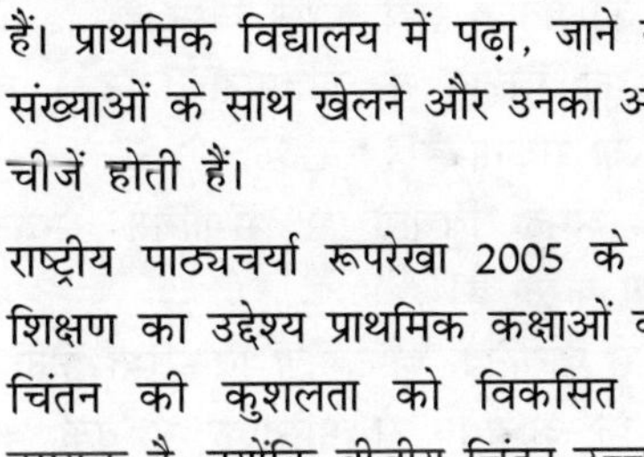

21. पूर्व संख्या की अवधारणा के निर्माण से एकैकी संगति और पदानुक्रमिक समावेशन सम्बन्धित है। पूर्व संख्या अवधारणा को पढ़ाना अंकों को पढ़ना और लिखाना सीखने से पहले बच्चे को यह जानना होगा कि गिनना कैसे है। आम तौर पर क्रम संख्या- एक, दो, तीन, चार और इसी तरह बच्चे को दोहराने के लिए बच्चे को सिखाकर गिनती गिनाई जाती है। हालांकि यह भी सच है कि संख्या नामों को सुनाने की क्षमता गिनती करने की क्षमता से अलग है। जबकि माप पूर्व संख्या की अवधारण में नहीं शामिल है।

22. गणित में कक्षा आधारित आकलन में निम्न तथ्यों पर ध्यान देता है-

- सभी विद्यार्थियों के अद्वितीय गुणों, अनुभवों एवं कुशलताओं का ध्यान रखना और सम्मान करना चाहिए।
- विद्यार्थी की चिंतन-प्रक्रिया के बारे में जो प्रकाट हो रहा है, उसे प्रतिबिम्बित करना चाहिए।
- छात्रों की गंभीर अधिगम कठिनाइयों का निदान करना।
- छात्रों की सूक्ष्म अधिगम कठिनाइयों की पहचान।

23. गणित की प्रकृति सही कथन निम्न है-
गणित को विज्ञान के प्रतिमानों (पैटर्न) की तरह समझा जा सकता है।
गणित, अमूर्त विचारों में संभावित सम्बन्धों का अन्वेषण करता है।
गणित से वैज्ञानिक दृष्टिकोण विकसित होता है।
गणित के अध्ययन से मस्तिष्क में तर्क करने की आदत स्थापित होती है।
इसमें बालक को आत्मविश्वास और आत्मनिर्भरता विकसित होती है।

24. उपचारात्मक शिक्षण में गणितीय संकल्पनाओं को समझने में विद्यार्थी जिन कठिनाईयों का सामना करते हैं, उनको सम्बोधित करने और विद्यार्थियों के प्रदर्शन को सुधारने के लिए अधिक सहायक होते हैं।

25. प्रश्न के कथनानुसार बच्चों की दिक्-स्थान सम्बन्धी समझ प्राथमिक स्कूल के बच्चे तार्किक संक्रामक निष्कर्ष नहीं निकल सकते हैं. यह कथन असत्य है, क्योंकि बच्चे तार्किक तुलना करके निष्कर्ष निकाल लेते हैं। बड़े-छोटे, तेज-धीमे, लम्बे-छोटे, रंग की तुलना, मापन, निकट-दूर आदि।

26. गणित में रचनात्मक आकलन विधि में सत्र-अंत परीक्षा नहीं होती है। सत्र अंत परीक्षा मूल्यांकन की विधि है। आकलन मूल्यांकन का छोटा भाग है। आकलन की निम्न विधि हैं-
(1) परियोजना विधि
(2) प्रश्नोत्तरी विधि
(3) दैनिकी विवरण विधि
(4) वाद-विवाद विधि
(5) उप समूह या व्यक्तिगत कार्य।

27. प्रथन के कथनानुसार- विद्यार्थी जोड़ने (योग) के समय पुनः समूहीकरण की त्रुटि कर रहा है, जो उसको सुधारने की आवश्यकता है।

28. गणित में त्रुटियों का सही कथन निम्न है-
(1) यदि गणित में एक छात्र बहुत सारी त्रुटियाँ कर रहा है, तो इसका अर्थ है कि उसमें गणित को करने की क्षमता का अभाव है।
(2) त्रुटियाँ गणित की भ्रांतियों के बारे में अन्तर्दृष्टि देती है।
(3) शिक्षण को छात्रों को ऐसे पर्याप्त रूप से चुनौतीपूर्ण कार्य देने चाहिए जिनमें उनसे त्रुटियाँ होने ही संभावना हो।
(4) एक वास्तविक मान और उस मान के अनुमान।
(5) सन्निकट के बीच का अन्तर।

29. जार्ज पोल्या ने गणित में समस्या समाधान के चार सिद्धान्त दिये हैं, जिसमें "समस्या का एकमात्र प्रत्यक्ष हल खोजना'' सिद्धान्त नहीं दिये हैं। जार्ज पोल्या के चार समस्या समाधान सिद्धान्त निम्न हैं-
(i) समस्या को समझना।
(ii) समस्या को हल करने के लिए योजना/रणनीति बनाना।
(iii) उत्तर की व्याख्या करना।
(iv) योजना को लागू करना

30. प्राथमिक कक्षा के गणित के अध्यापक ने भिन्न की अवधारणा का परिचय (क्रियाकलापों) इस क्रम निरूपित करता है।
(1) पेपर/कागज को मोड़कर क्रियाकलाप करने के लिए समरूप आयताकार पद्धतियों और वृत्ताकार कट-आउट का उपयोग करना।

31. प्रश्नानुसार- दिये गये सभी उदाहरणों में गणित शिक्षण एवं अधिगम का सर्वाधिक उपयुक्त अवधारणा समूहों में काम करते हुए विद्यार्थियों को अपने घरों से लाए

गए राशन के बिलों पर चर्चा एवं उनका विश्लेषण करना है। क्योंकि ऐसा विश्लेषण करने से छात्रों में गणित विषय में रूचि बढ़ेगी और छात्र आसानी से जोड़, घटाना, सीख लेते है। NCF 2005 के अनुसार, शिक्षण कार्य में घरेलू बात सम्मिलित करने की सलाह देता है। जिससे बालक में विषय के प्रति समझ विकसित की जा सके।

32. प्रतिकारी (कॉम्पेंसेशन) रणनीतियों का उपयोगप्रतिकारी की रणनीति से गुणन को 10 के गुणज के करीब की संख्याओं से गुणा करने की एक विधि के रूप में पढ़ाया जाता है जैसे कि 9 से गुणा करना। इस विधि में बड़ी संख्या से गुणा करना शामिल है, जो कि 10 गुणक है और फिर बाद में आवश्यकतानुसार राशि घटाना शामिल है। बाद में किसी राशि को घटाने का विचार इस पद्धति को प्रतिकारी रणनीति का नाम देता है। जैसे-

$27\times4 \rightarrow 30\times4 = 120$

$3\times4 = \underline{-12}$

$\underline{108}$

33. NCF 2005 के अनुसार गणित के शिक्षण-अधिगम को सुधारने के लिए आकलन पद्धतियों को बदलना, जिससे विद्यार्थियों के प्रक्रियात्मक ज्ञान के स्थान पर गणितीकरण योग्यताओं की परख हो।

राष्ट्रीय पाठ्यचर्या रूपरेखा 2005 बच्चे में गणितीयकरण की क्षमता विकसित करने की आवश्यकता की ओर संकेत करता है। उसमें यह निर्दिष्ट किया गया है कि गणित पढ़ने का उद्देश्य केवल परिमाणात्मक परिकलनों में समर्थ होना नहीं है अपितु बच्चे में ऐसी क्षमताएँ भी विकसित करना है। जिनसे वह विश्व से अपना संबंध पुनः परिभाषित करने में समर्थ हो। NCF 2005 इस बात पर भी बल देता है कि बच्चों में तर्कण संबंधी क्षमताएँ तथा अवकाश और अवकाशीय रुपांतरणों को समझने की क्षमताएँ विकसित हो साथ ही मानसिक चित्रण की क्षमता भी विकसित हो।

34. गणित के प्रति भय के निम्न कारण है-

(1) गणित की प्रतीकात्मक भाषा

(2) आकलन की पद्धतियों एवं पाठ्य पुस्तक में उपयोग की गई गणित की भाषा

(3) गणित की संचयी प्रगति

(4) शिक्षक की गणित की अवधारणाएँ स्पष्ट न होना

(5) शिक्षक का गणित को एक अमूर्त विषय मानना

गणित के प्रति भय का कारण नहीं।

गणित में भय का कारण अधिगम कर्ता की गणितीय अक्षमताएँ नहीं है। अधिगम अक्षमता का निदान विशेष रुप से तब किया जाता है जब बच्चे विद्यालय जाना शुरु करते है और विद्यालय में अन्य बच्चों के साथ शैक्षणिक गतिविधियों में संलग्न होते हैं।

गणितीय अक्षमता गणितीय गणना करने की अपूर्ण क्षमता के रुप में देखा जा सकता है।

गणित में अधिगम अक्षमता वाले बच्चों का आकलन करने के लिये नैदानिक परीक्षण का उपयोग किया जाता है।

35. भिन्न वह संख्या है, जो एक पूर्ण का भाग निरूपित करती है। यह पूर्ण एक अकेली वस्तु हो सकती है अथवा वस्तुओं का एक समूह भी हो सकती है। भिन्न को निरूपित करने वाले तरीके निम्न है। (A) एक पूर्ण के अंश को निरूपित करने के लिए। (B) संख्या रेखा पर एक बिन्दु को अभिकल्पित करने के लिए। (C) वस्तुओं के संग्रह के एक अंश को निरूपित करने के लिए। (D) छायांकित भाग को निरूपित करने के लिए। (E) असमान की तुलना करके।

36. रचनात्मक गणित की कक्षा में समस्या के समाधान को खोजते समय विद्यार्थी अन्वेषण में व्यस्त (संलग्न) अति उपयक्त उदाहरण है। गणित में रचनात्मक चिंतन विद्यार्थियों को भविष्य की उनकी नौकरी के लिए भी महत्वपूर्ण ढंग से तैयार करता है। भविष्य में नौकरियाँ यंत्रवत रूप से चीजों को करने पर कम से कम निर्भर होगी क्योंकि इसे कम्प्यूटर पर और समस्या समाधान के माध्यम से एवं रचनात्मक कक्षा समाधान किया जा सकता है। उदाहरण- मुक्ता एक स्कूल की अध्यापिका है। वह स्थानीय मान की अवधारणा पढ़ा रही है। इसके लिए बच्चों को मोतियों से खेलने का मौका देती है वो इनकी माला बनाते है और फिर गतिविधि से सीखने का प्रयास कर रहे है यह एक रचनात्मक कक्षा माना जाता है।

37. ज्यामिति की प्रक्रिया में प्रक्रियात्मक प्रवाह सम्मिलित नहीं है, ज्यामिति या रेखागणित की तीन विशाल शाखाओं में से एक है। इसमें बिन्दुओं, रेखाओं, तलों और ठोस चीजों के गुण स्वभाव, मापन और उनके अंतरिक्ष में सापेक्षिक स्थिति अध्ययन किया जाता है। उदाहरण-निरूपण, मापन और तार्किक क्षमता और उत्पत्ति आदि।

38. गणित की प्रकृति के सन्दर्भ में गणित विज्ञान की तरह है जोकि अवलोकन पर आधारित उपयुक्त नहीं है क्योंकि गणित के ज्ञान का उपयोग विज्ञान की विभिन्न शाखाओं जैसे- भौतिक विज्ञान, रसायन विज्ञान, जीव विज्ञान तथा अन्य विषय के अध्ययन में किया जाता है। गणित की प्रकृति में अवलोकन से विद्यार्थियों नहीं सिखाया जा सकता है। गणित की निम्न प्रकृति है।

(A) गणित की प्रकृति पदानुक्रमिक।

(B) गणितीय अवधारणाओं की प्रकृति अमूर्त से मूर्त होती है।

(C) गणित में निहित प्रतिमानों को उजागर करता है।

(D) गणित के ज्ञान का आधार हमारी ज्ञानेन्द्रियाँ है।

(E) गणित में संख्याएँ, स्थान, दिशा तथा मापन या माप तौल का ज्ञान प्राप्त किया जाता है।

39. गणितीय खेलों के सही कथन-

(A) गणितीय खेल बच्चे में अनुमान/पूर्वज्ञान और योजना तैयार करने को बढ़ावा देता है।

(B) गणितीय कौशल उत्पन्न होता है अभ्यास विकसित होता है।

(C) गणित के प्रति सकारात्मक दृष्टिकोण विकसित करने में मदद करते है।

(D) विद्यार्थी स्वतंत्र बनते है।

(E) विद्यार्थियों में सामाजिक सामंजस्य बढ़ता है। खेलों द्वारा गणित की कक्षा को मजेदारए प्रेरक और रोचक बनाया जा सकता है। गणित के खेल छात्रों को सक्रिय रूप से शामिल होने और सीखने का मौका देते है। खेलों में बच्चे खुशी और सफलता महसूस करते है और इनसे उनमें उत्साह और आत्मविश्वास पैदा होता है।

नोट: बोर्ड ने विकल्प (A) को सही माना है जबकि (B) सही है।

40. राष्ट्रीय पाठ्यचर्या रूपरेखा (2005) के अनुसार प्राथमिक कक्षाओं में गणित पाठ्यचर्या सुसंगत और महत्वकांक्षी होनी चाहिए। (A) सुसंगत- पाठ्यचर्या सुसंगत होना चाहिए ताकि टुकड़े-टुकड़े विभिन्न प्रणालियों व शिक्षा एक ऐसी क्षमता में ढल जाए जो माध्यमिक कक्षाओं में आने वाले विज्ञान एवं सामाजिक अध्ययन के क्षेत्र की समस्याओं को भी सम्बोधित कर सके। (B) महत्वाकांक्षी- इसका अर्थ है कि वह उपरोक्त उच्च लक्ष्य की प्राप्ति का प्रयास करे न कि सीमित लक्ष्य की प्राप्ति का।

41. गणितीय निदर्शन (मॉडलिंग) में एक घने वन में वृक्षों की संख्या का अनुमान लगाने के लिए गणितीय निदर्शन का निर्माण करना उपयुक्त उदाहरण है।

बिना सोचे-समझे की जाने वाली कई रोजमर्रा की गतिविधियाँ गणितीय निदर्शन का उपयोग करती है। एक छोटे, समतल सतह पर पृथ्वी के एक क्षेत्र का एक भौगोलिक मानचित्र प्रक्षेपण एक मॉडल है जिसका उपयोग कई उद्देश्यों के लिए किया जा सकता है।

42. प्राथमिक कक्षा के विद्यार्थियों में गणित अधिगम को प्रोत्साहित करने के लिए प्रक्रिया की बजाय उत्पाद पर बल देना उपयुक्त नही है। प्राथमिक स्तर के छात्र को प्रक्रिया बताने पर जोर देना चाहिए जिससे छात्र अपने को उससे जोड़ सके जिससे उनकी समझ विकसित हो सके। उदाहरण- मिट्टी → नमी → बीज बोना → अंकुरण जड़ आदि। अगर छात्र को उत्पाद की बातें बतायी जाय तो वह हतोत्साहित हो सकता है।

43. गणित में विद्यार्थियों के समालोचनात्मक चिन्तन को प्रोत्साहित करना कि 24 cm परिमाप वाले आयत की लम्बाई और चौड़ाई कितनी होने की संभावना अधिक है। क्योंकि इसमें छात्र 24 cm ज्ञात करने के लिए लम्बाई और चौड़ाई समालोचनात्मक चिन्तन कर सकता है यदि लम्बाई ज्ञात हो तो चौड़ाई से समालोचन कर चौड़ाई ज्ञात कर लेता है।

44. NCF 2005 के अनुसार पूर्णांक प्राथमिक विद्यालय के गणित पाठ्यक्रम का भाग नहीं हैं।

प्राथमिक स्तर के छात्रों में पूर्णांकों की अवधारणा को समझने की पर्याप्त संज्ञानात्मक क्षमता नहीं होती है। छात्रों को प्राथमिक चरण में संख्याओं की अवधारणा से परिचित कराया जाता है जो छात्रों में एक बुनियादी विचार का निर्माण करता है।

45. शिक्षण रणनीति इस त्रुटि को सुधारने के लिए सर्वाधिक उपयुक्त है-तीन अंकीय और चार अंकीय संख्याओं के स्थानीय मान की अवधारणा को सुदृढ़ करना। स्थानीय मान-किसी संख्या में किसी अंक का वह मान जो उसके स्थान विशेष की स्थिति के अनसार बदलता रहता है। उसे स्थानीय मान कहते हैं। उदाहरण-इकाई के अंक का स्थानीय मान = (इकाई का अंक ×1) दहाई के अंक का स्थानीय मान = (दहाई का अंक ×10) सैकड़े के अंक का स्थानीय मान = (इकाई का अंक × 100)

46. प्राथमिक स्तर के अधिगमकर्ताओं में दिक्-स्थान सम्बन्धित समझ के विकास के लिए उनके घरो के कक्षों के सापेक्ष आकारों और स्थितियों को दर्शाते हुए मानचित्र रेखांकित करना।

47. NCERT के अनुसार कक्षा 3 के विद्यार्थियों के लिए निम्न अधिगम-प्रतिफल अपेक्षित हैं।

(1) संख्या 543 में 4 का स्थानीय मान-

(2) आकृतियों की श्रृंखला में अगली आकृति

(3) 2×5 और 5×2 समान है

जबकि भिन्न का जोड़ $\frac{1}{3}+\frac{1}{4}$ कक्षा 3 के बाद पढ़ाया जाता है।

48. गणित की एक शिक्षिका अपने विद्यार्थी से पूछती है, आपके पास 7 सैकड़े हैं अर्थात् - 700

आपको उसमें से 7 दहाइयाँ निकालनी है अर्थात् = 70

प्रश्नानुसार- 700

$-\underline{70}$

$\underline{639}$ संख्या मिलेगी।

किन्त एक छात्र कहता है। 0 यानी उसे 7 सैकड़े में 7 दहाई का अर्थ समझ में नहीं आया है। इस सम्बन्ध में शिक्षिका को छात्रों को उत्तर तक पहुँचने की प्रकिया को समझाने के लिए कहना चाहिए और उसके अनुसार उपचारात्मक शिक्षण की योजना बनानी चाहिए।

49. राष्ट्रीय पाठ्यचर्या रूपरेखा 2005 के अनुसार- स्कूल में गणित की शिक्षा का मुख्य लक्ष्य बच्चे की विचार प्रक्रिया का गणितीयकरण है।

50. श्री गोविन्द कक्षा 3 के छात्रों को पैटर्न पहचानने का कौशल विकसित करना चाहते हैं। इसके लिए छात्रों को बिल्डिंग ब्लॉक देकर बढ़ती ऊँचाई के क्रम में रखने को कहना सबसे उपयुक्त उदाहरण है।

CHAPTER 5

EVS PEDAGOGY
पर्यावरण शिक्षाशास्त्र

"Environmental education enables learners to develop a structure of knowledge about the world and seek knowledge that they can use and develop throughout their lives." / "पर्यावरण शिक्षा शिक्षार्थियों को दुनिया के बारे में ज्ञान की एक संरचना विकसित करने और ज्ञान की तलाश करने में सक्षम बनाती है जिसका वे जीवन भर उपयोग और विकास कर सकते हैं।"

Meaning of Environmental Education / पर्यावरण शिक्षा का अर्थ

The Environment is derived from the French word "Environner", which means encircle or surrounding. Environmental education describes the interrelationships among organisms, the environment, and all the factors, which influence life on earth, including atmospheric conditions, food chains, the water cycle, etc. / पर्यावरण फ्रांसीसी शब्द "एनवायरनर" से लिया गया है, जिसका अर्थ है घेरना या घेरना। पर्यावरण शिक्षा जीवों, पर्यावरण और पृथ्वी पर जीवन को प्रभावित करने वाले सभी कारकों के बीच अंतर्संबंधों का वर्णन करती है, जिसमें वायुमंडलीय स्थितियां, खाद्य श्रृंखलाएं, जल चक्र आदि शामिल हैं।

Scope of Environmental Education / पर्यावरण शिक्षा का दायरा

- The study of environmental education creates awareness among the people to know about various renewable and non-renewable resources. / पर्यावरण शिक्षा का अध्ययन लोगों में विभिन्न नवीकरणीय और गैर-नवीकरणीय संसाधनों के बारे में जानने के लिए जागरूकता पैदा करता है।
- It provides knowledge about ecological systems and causes and effect relationships. / यह पारिस्थितिक तंत्र और कारण और प्रभाव संबंधों के बारे में ज्ञान प्रदान करता है।
- It provides necessary information about biodiversity richness. / यह जैव विविधता समृद्धि के बारे में आवश्यक जानकारी प्रदान करता है।
- The study enables one to understand the causes and consequences due to natural and man-made disasters and pollutions and measures to minimize the effects. / अध्ययन प्राकृतिक और मानव निर्मित आपदाओं और प्रदूषण के कारणों और परिणामों को समझने और प्रभावों को कम करने के उपायों को समझने में सक्षम बनाता है।
- The study exposes the problems of overpopulation, health, hygiene, etc. /अध्ययन अधिक जनसंख्या, स्वास्थ्य, स्वच्छता आदि की समस्याओं को उजागर करता है।
- It exposes the role of arts, science, and technology in eliminating or minimizing the evils from society. / यह समाज से बुराइयों को दूर करने या कम करने में कला, विज्ञान और प्रौद्योगिकी की भूमिका को उजागर करता है।
- It teaches the citizens the need for sustainable utilization of resources. / यह नागरिकों को संसाधनों के सतत उपयोग की आवश्यकता सिखाता है।

Objectives of Environmental Educational at School / स्कूल में पर्यावरण शिक्षा के उद्देश्य

Objectives of Environmental Education at Primary Level / प्राथमिक स्तर पर पर्यावरण शिक्षा के उद्देश्य

- To know and understand the true aspects of the environment in general. / सामान्य रूप से पर्यावरण के वास्तविक पहलुओं को जानना और समझना।
- To know and understand the interaction between mammals, between human and their environment. / स्तनधारियों, मानव और उनके पर्यावरण के बीच अंत:क्रिया को जानने और समझने के लिए।
- To build and develop skills in thinking, reasoning, enquiring, evaluating, and making decisions concerning humans and the world around them. / मनुष्यों और उनके आसपास की दुनिया के बारे में सोचने, तर्क करने, पूछताछ करने, मूल्यांकन करने और निर्णय लेने में कौशल का निर्माण और विकास करना।
- Inculcate the attitude in using the knowledge and skills towards solving problems and issues related to individuals, society, and the environment. / व्यक्तियों, समाज और पर्यावरण से संबंधित समस्याओं और मुद्दों को हल करने के लिए ज्ञान और कौशल का उपयोग करने के लिए दृष्टिकोण विकसित करें।
- To build the values and attitudes towards the need and necessity to live together in harmony. / सद्भाव से एक साथ रहने की आवश्यकता और आवश्यकता के प्रति मूल्यों और दृष्टिकोण का निर्माण करना।

Objectives of Environmental Education at Secondary Level / माध्यमिक स्तर पर पर्यावरण शिक्षा के उद्देश्य

- To emphasize the relevance of science to daily life. / दैनिक जीवन में विज्ञान की प्रासंगिकता पर जोर देना।
- To develop a scientific attitude in students. / छात्रों में वैज्ञानिक दृष्टिकोण विकसित करना।
- To create an environment conducive to greater reliance on the use of principles and practices of science. / विज्ञान के सिद्धांतों और प्रथाओं के उपयोग पर अधिक निर्भरता के लिए अनुकूल वातावरण बनाना।

  To acquaint the students with various natural phenomena. / छात्रों को विभिन्न प्राकृतिक घटनाओं से परिचित कराना।

  To develop an outlook that emphasizes the method employed in different disciplines of science. / ऐसा दृष्टिकोण विकसित करना जो विज्ञान के विभिन्न विषयों में नियोजित पद्धति पर जोर देता हो।

Environmental Awareness: / पर्यावरण के प्रति जागरूकता:

- Environmental awareness has direct bearing on the protection and conservation of the environment. As population will become aware of the environment, they will contribute more towards environment conservation. / पर्यावरण जागरूकता का सीधा असर पर्यावरण की सुरक्षा और संरक्षण पर पड़ता है। जैसे-जैसे जनसंख्या पर्यावरण के प्रति जागरूक होगी, वे पर्यावरण संरक्षण में और अधिक योगदान देंगे।
- Media and non-governmental organisation plays very important role in spreading awareness about environment. Different institutions like Zoological Survey of India, Botanical Survey of India and Wildlife Institute of India play vital role in supporting the awareness programme. / मीडिया और गैर-सरकारी संगठन पर्यावरण के बारे में जागरूकता फैलाने में बहुत महत्वपूर्ण भूमिका निभाते हैं। भारतीय प्राणी सर्वेक्षण, भारतीय वनस्पति सर्वेक्षण और भारतीय वन्यजीव संस्थान जैसे विभिन्न संस्थान जागरूकता कार्यक्रम का समर्थन करने में महत्वपूर्ण भूमिका निभाते हैं।
- Through study of EVS at very young stages, these young minds will be aware about the environment, it needs and usefulness etc. and in a way they will protect and conserve the environment. / बहुत कम उम्र में ईवीएस के अध्ययन के माध्यम से, ये युवा दिमाग पर्यावरण, इसकी जरूरतों और उपयोगिता आदि के बारे में जागरूक होंगे और एक तरह से पर्यावरण की रक्षा और संरक्षण करेंगे।

Need and Importance of Environmental Education:/पर्यावरण शिक्षा की आवश्यकता एवं महत्वः

Some of the importance of environmental education is discussed below: / पर्यावरण शिक्षा के कुछ महत्व पर नीचे चर्चा की गई है:

- Environmental education strongly promotes the need for personal initiatives and social participation to achieve sustainability. Environmental education is important for understanding the basis of our existence and those around us. Hence, this stresses on the subject. / पर्यावरण शिक्षा स्थिरता प्राप्त करने के लिए व्यक्तिगत पहल और सामाजिक भागीदारी की आवश्यकता को दृढ़ता से बढ़ावा देती है। पर्यावरण शिक्षा हमारे अस्तित्व और हमारे आस-पास के लोगों के आधार को समझने के लिए महत्वपूर्ण है। इसलिए, यह विषय पर जोर देता है।
- Environmental education, together with sound legislation, sustainable management and responsible actions by individuals and communities, is an important component of an effective policy framework for protecting and managing the environment. / पर्यावरण शिक्षा, ठोस कानून, टिकाऊ प्रबंधन और व्यक्तियों और समुदायों द्वारा जिम्मेदार कार्यों के साथ, पर्यावरण की सुरक्षा और प्रबधन के लिए एक प्रभावी नीति ढांचे का एक महत्वपूर्ण घटक है।
- Environmental education is a new focus for education. It is a way of helping individuals and societies to resolve fundamental issues relating to the current and future use of the world's resources. However, simply raising awareness of these issues is insufficient to bring about change. / पर्यावरण शिक्षा शिक्षा के लिए एक नया फोकस है। यह विश्व के संसाधनों के वर्तमान और भविष्य के उपयोग से संबंधित मूलभूत मुद्दों को हल करने में व्यक्तियों और समाजों की मदद करने का एक तरीका है। हालाँकि, इन मुद्दों के बारे में जागरूकता बढ़ाना ही बदलाव लाने के लिए पर्याप्त नहीं है।
- Environmental education must strongly promote the need for personal initiatives and social participation to achieve sustainability. / पर्यावरण शिक्षा को स्थिरता प्राप्त करने के लिए व्यक्तिगत पहल और सामाजिक भागीदारी की आवश्यकता को दृढ़ता से बढ़ावा देना चाहिए।
- It focuses on current and potential environmental situations, while taking into account the historical perspective. / यह ऐतिहासिक परिप्रेक्ष्य को ध्यान में रखते हुए वर्तमान और संभावित पर्यावरणीय स्थितियों पर ध्यान केंद्रित करता है।
- It promotes the value and necessity of local, national and international cooperation in the prevention and solution of environmental problems. / यह पर्यावरणीय समस्याओं की रोकथाम और समाधान में स्थानीय, राष्ट्रीय और अंतर्राष्ट्रीय सहयोग के मूल्य और आवश्यकता को बढ़ावा देता है।
- It relates environmental sensitivity, knowledge and problem-solving skills and values clarification to every age, but with special emphasis on environmental sensitivity to the learner's own community in early years. / यह पर्यावरणीय संवेदनशीलता, ज्ञान और समस्या-समाधान कौशल से संबंधित है और हर उम्र के लिए स्पष्टीकरण को महत्व देता है, लेकिन प्रारंभिक वर्षों में शिक्षार्थी के अपने समुदाय के लिए पर्यावरणीय संवेदनशीलता पर विशेष जोर देता है।

Significance of EVS / ईवीएस का महत्व

Modern age is environmental studies age. We see a network of scientific gadgets based on latest scientific inventions all around us. / आधुनिक युग पर्यावरण अध्ययन का युग है। हम अपने चारों ओर नवीनतम वैज्ञानिक आविष्कारों पर आधारित वैज्ञानिक उपकरणों का एक नेटवर्क देखते हैं।

1. **Intellectual value / बौद्धिक मूल्य**

The study of environmental studies provides us the opportunity of developing our mental faculties of reasoning, imagination, memory, observation, concentration, analysis, originality and of systematic thinking. Science gives us the insight which enables us to search the truth and the reality of nature around us. We are able to do useful work with the help of wisdom acquired through environmental studies. / पर्यावरण अध्ययन का अध्ययन हमें तर्क, कल्पना, स्मृति, अवलोकन, एकाग्रता, विश्लेषण, मौलिकता और व्यवस्थित सोच की हमारी मानसिक क्षमताओं को विकसित करने का अवसर प्रदान करता है। विज्ञान हमें अंतर्दृष्टि प्रदान करता है जो हमें प्रकृति की सच्चाई और वास्तविकता की खोज करने में सक्षम बनाता है। हमारे आसपास। पर्यावरण अध्ययन से अर्जित ज्ञान की सहायता से हम उपयोगी कार्य करने में सक्षम हैं।

2. **Disciplinary value / अनुशासनात्मक मूल्य**

Environmental studies develops our personality as a whole. Science makes us think seriously and helpstoobservetherealnatureoftheproblem.Ithelpsustojudgeallthegoodandbadpointstogether. / पर्यावरण अध्ययन हमारे व्यक्तित्व का समग्र विकास करता है। विज्ञान हमें गंभीरता से सोचने पर मजबूर करता है और समस्या की वास्तविक प्रकृति का निरीक्षण करने में मदद करता है। यह हमें सभी अच्छे और बुरे बिंदुओं को एक साथ आंकने में मदद करता है।

3. **Cultural value / सांस्कृतिक मूल्य**

Culture is the way of life which has been handed over to society from one generation to another in the form of accumulated customs, habits and mode of living. The mode and style of living is different from one society to another and therefore their culture is also not the same.Moral value:Some people believe that environmental studies is responsible for lack of faith in God, but in reality the situation is reverse. No doubt that environmental studies does not permit blind faith. / संस्कृति जीवन जीने का वह तरीका है, जो समाज को संचित रीति-रिवाजों, आदतों और जीवन शैली के रूप में एक पीढ़ी से दूसरी पीढ़ी को सौंपा जाता है। एक समाज से दूसरे समाज का रहन-सहन और रहन-सहन अलग-अलग होता है और इसलिए उनकी संस्कृति भी एक जैसी नहीं होती। नैतिक मूल्य: कुछ लोगों का मानना है कि ईश्वर में आस्था की कमी के लिए पर्यावरण अध्ययन जिम्मेदार है, लेकिन वास्तव में स्थिति उलट है। इसमें कोई संदेह नहीं कि पर्यावरण अध्ययन अंध विश्वास की इजाजत नहीं देता।

4. **Social Value / सामाजिक आदर्श**

Environmental studies is of great value to society. Science makes man a useful citizen. Science gives impetus to the progress of society by its new thoughts and invention. / पर्यावरण अध्ययन समाज के लिए बहुत मूल्यवान है। विज्ञान मनुष्य को उपयोगी नागरिक बनाता है। विज्ञान अपने नये विचारों और आविष्कारों से समाज की प्रगति को गति देता है।

5. **Co-curricular activities / सह पाठ्यक्रम गतिविधियां**

"Co-curricular activities" means conducted on or off school premises by clubs, associations and organizations of pupils sponsored by the board of education. "Co-curricular activities" are also known as extra curricular activities. They are activities which all school students must attend alongside. In short, we can say that according to modern education thinkers, curriculum is not only teaching learning in classroom. It also includes work in library, laboratory & workshop, participation in games sports in playground and numerous informal contacts between teacher and pupils in these places. In these formal contacts, there are many activities one of which include co-curricular activities. It is a part of curriculum of the institution. / **"सह-पाठ्यचर्या संबंधी गतिविधियाँ"** का अर्थ शिक्षा बोर्ड द्वारा प्रायोजित विद्यार्थियों के क्लबों, संघों और संगठनों द्वारा स्कूल परिसर में या उसके बाहर आयोजित किया जाना है। ष्सह-पाठ्यचर्या संबंधी गतिविधियाँष को पाठ्येतर गतिविधियों के रूप में भी जाना जाता है। ये ऐसी गतिविधियाँ हैं जिनमें सभी स्कूली छात्रों को शामिल होना चाहिए। संक्षेप में हम कह सकते हैं कि आधुनिक शिक्षा चिंतकों के अनुसार पाठ्यक्रम का अर्थ केवल कक्षा में सीखना नहीं है। इसमें पुस्तकालय, प्रयोगशाला और कार्यशाला में काम, खेल के मैदान में खेलों में भागीदारी और इन स्थानों पर शिक्षक और विद्यार्थियों के बीच कई अनौपचारिक संपर्क भी शामिल हैं। इन औपचारिक संपर्कों में, कई गतिविधियाँ होती हैं जिनमें से एक सह-पाठ्यचर्या संबंधी गतिविधियाँ भी शामिल हैं। यह संस्थान के पाठ्यक्रम का एक हिस्सा है।

Types of Co-curricular activities / सहपाठ्यचर्या संबंधी गतिविधियों के प्रकार

- **Literary activities:** e.g., reading competition. / **साहित्यिक गतिविधियाँ:** जैसे, पढ़ने की प्रतियोगिता।
- **Physical development activities:** e.g., games & sport. / **शारीरिक विकास गतिविधियाँ:** जैसे, खेल-कूद।
- **Aesthetic & Cultural development activities:** e.g., Folk dance Competition. / **सौन्दर्यात्मक एवं सांस्कृतिक विकास गतिविधियाँ:** जैसे, लोक नृत्य प्रतियोगिता।
- **Civic Development Activities:** e.g., Group discussion, public speaking./ **नागरिक विकास गतिविधियाँ:** जैसे, समूह चर्चा, सार्वजनिक भाषण।
- **Social welfare Activities:** e.g., helping the people, cleaning the society, community services. / **सामाजिक कल्याण गतिविधियाँ:** जैसे, लोगों की मदद करना, समाज की सफाई करना, सामुदायिक सेवाएँ।
- **Leisure Time activities:** e.g., Music, Theater. / **खाली समय की गतिविधियाँ:** जैसे, संगीत, रंगमंच।
- **Excursion activities:** e.g., Tour, Picnic. / **भ्रमण गतिविधियाँ:** जैसे, भ्रमण, पिकनिक।

NCF 2005 and Objectives of Environmental Studies / एनसीएफ 2005 और पर्यावरण अध्ययन के उद्देश्य

The present syllabus is designed to forge an integrated perspective for the primary stage of schooling that draws upon insights from Sciences, Social Sciences and Environmental Education. / वर्तमान पाठ्यक्रम को स्कूली शिक्षा के प्राथमिक चरण के लिए एक एकीकृत परिप्रेक्ष्य तैयार करने के लिए डिजाइन किया गया है जो विज्ञान, सामाजिक विज्ञान और पर्यावरण शिक्षा से अंतर्दृष्टि प्राप्त करता है।

The National Curriculum Framework 2005 indicates some of the objectives of teaching science and Social Sciences at the primary stage as follows: / राष्ट्रीय पाठ्यचर्या रूपरेखा 2005 प्राथमिक स्तर पर विज्ञान और सामाजिक विज्ञान पढ़ाने के कुछ उद्देश्यों को इस प्रकार इंगित करती है:

- To train children to locate and comprehend relationships between the natural, social and cultural environment. / बच्चों को प्राकृतिक, सामाजिक और सांस्कृतिक वातावरण के बीच संबंधों को खोजने और समझने के लिए प्रशिक्षित करना।
- To develop an understanding based on observation and illustration, drawn from lived experiences and physical, biological, social and cultural aspects of life, rather than abstractions. / अमूर्तता के बजाय, जीवित अनुभवों और जीवन के भौतिक, जैविक, सामाजिक और सांस्कृतिक पहलुओं से ली गई अवलोकन और चित्रण के आधार पर एक समझ विकसित करना।
- To create cognitive capacity and resourcefulness to make the child curious about social phenomena, starting with the family and moving on to wider spaces. / बच्चे को सामाजिक घटनाओं के बारे में जिज्ञासु बनाने के लिए संज्ञानात्मक क्षमता और संसाधनशीलता पैदा करना, परिवार से शुरू करके व्यापक स्थानों तक ले जाना।

- To nurture the curiosity and creativity of the child particularly in relation to the natural environment (including artifacts and people). / विशेष रूप से प्राकृतिक पर्यावरण (कलाकृतियों और लोगों सहित) के संबंध में बच्चे की जिज्ञासा और रचनात्मकता को बढ़ावा देना।
- To develop an awareness about environmental issues. / पर्यावरणीय मुद्दों के बारे में जागरूकता विकसित करना।
- To engage the child in exploratory and hands-on activities to acquire basic cognitive and psychomotor skills through observation, classification, inference, etc. / अवलोकन, वर्गीकरण, अनुमान आदि के माध्यम से बुनियादी संज्ञानात्मक और मनोप्रेरणा कौशल हासिल करने के लिए बच्चे को खोजपूर्ण और व्यावहारिक गतिविधियों में संलग्न करना।
- To emphasis design and fabrication, estimation and measurement as a prelude to the development of technological and quantitative skills at later stages. / बाद के चरणों में तकनीकी और मात्रात्मक कौशल के विकास की प्रस्तावना के रूप में डिजाइन और निर्माण, अनुमान और माप पर जोर देना।
- To be able to critically address gender concerns and issues of marginalisation and oppression with values of equality and justice, and respect for human dignity and rights. / समानता और न्याय के मूल्यों तथा मानवीय गरिमा और अधिकारों के सम्मान के साथ लैंगिक चिंताओं और हाशिये पर जाने और उत्पीड़न के मुद्दों को गंभीरता से संबोधित करने में सक्षम होना।

Themes for a Child Centered and Integrated Approach / बाल केन्द्रित और एकीकृत दृष्टिकोण के लिए विषय-वस्तु

This syllabus web has been developed within a child centered perspective of themes that provide a common interface of issues in social studies, sciences and environmental education. The syllabus is woven around six common themes given below; the predominant theme on 'Family and Friends' encompasses four sub-themes: / यह पाठ्यक्रम वेब उन विषयों के बाल-केंद्रित परिप्रेक्ष्य में विकसित किया गया है जो सामाजिक अध्ययन, विज्ञान और पर्यावरण शिक्षा में मुद्दों का एक सामान्य इंटरफेस प्रदान करते हैं। पाठ्यक्रम नीचे दिए गए छह सामान्य विषयों के आसपास बुना गया है; श्परिवार और मित्रश पर प्रमुख विषय में चार उप-विषय शामिल हैं:

1. Family and Friends: / परिवार और मित्र:
   (a) Relationships / रिश्ते
   (b) Work and Play / काम करें और खेलें
   (c) Animals; / पशु
   (d) Plants / पौधे
2. Food; / भोजन
3. Shelter / आश्रय
4. Water / जल
5. Travel / यात्रा
6. Things We Make and Do / चीजें जो हम बनाते हैं और करते हैं

Major Problems in Implementing Environmental Education in Schools / स्कूलों में पर्यावरण शिक्षा को लागू करने में प्रमुख समस्याएं

1. Rigid Specialization / कठोर विशेषज्ञता
2. The complexity of inter-disciplinary value of Environmental education / पर्यावरण शिक्षा के अंतर-अनुशासनात्मक मूल्य की जटिलता
3. The high student-teacher ratio for organizing student participation programs. / छात्र भागीदारी कार्यक्रम आयोजित करने के लिए उच्च छात्र-शिक्षक अनुपात।

4. Lack of qualified trained environmental educator. / योग्य प्रशिक्षित पर्यावरण शिक्षक का अभाव।
5. Lack of proper resources in terms of equipment, supplementary materials, and reference materials. / उपकरण, पूरक सामग्री और संदर्भ सामग्री के संदर्भ में उचित संसाधनों का अभाव।
6. The tendency to resist changes. / परिवर्तनों का विरोध करने की प्रवृत्ति।

Environmental Resource Management / पर्यावरण संसाधन प्रबंधन

- Environmental resource management is the management of the interaction and impact of human societies on the environment. / पर्यावरण संसाधन प्रबंधन पर्यावरण पर मानव समाज की अंत:क्रिया और प्रभाव का प्रबंधन है।
- Environmental resource management tries to identify the factors affected by conflicts that arise between meeting needs and protecting resources. It is thus linked to environmental protection and sustainability. / पर्यावरण संसाधन प्रबंधन जरूरतों को पूरा करने और संसाधनों की सुरक्षा के बीच उत्पन्न होने वाले संघर्षों से प्रभावित कारकों की पहचान करने का प्रयास करता है। इस प्रकार यह पर्यावरण संरक्षण और स्थिरता से जुड़ा हुआ है।

  To Improve the Environmental Standards and to Maintain Ecological Balance, the Following are Some Issues Before the Present Civilized Society. / पर्यावरण मानकों में सुधार और पारिस्थितिक संतुलन बनाए रखने के लिए, वर्तमान सभ्य समाज के सामने कुछ मुद्दे निम्नलिखित हैं।

- Rapid population explosion / तीव्र जनसंख्या विस्फोट
- Rational use of non-polluted water resources / गैर-प्रदूषित जल संसाधनों का तर्कसंगत उपयोग
- To sustain and increase agricultural growth / कृषि विकास को बनाए रखने और बढ़ाने के लिए
- To check soil erosion / मिट्टी के कटाव को रोकने के लिए
- Restoration of forest resources / वन संसाधनों की बहाली
- To check pollution / प्रदूषण की जांच करने के लिए

Some Possible Ways of Tackling the Problems and Maintaining the Environmental Standard / समस्याओं से निपटने और पर्यावरण मानक बनाए रखने के कुछ संभावित तरीके

1. Taking effective measures for population control. / जनसंख्या नियंत्रण के लिए प्रभावी उपाय करना।
2. Optimum use of natural resources. / प्राकृतिक संसाधनों का इष्टतम उपयोग।
3. Conserving and protecting biodiversity. / जैव विविधता का संरक्षण और संरक्षण।
4. Creating public awareness about the benefits and implications of the environment. / पर्यावरण के लाभों और प्रभावों के बारे में जन जागरूकता पैदा करना।
5. Giving top priority to environmental protection. / पर्यावरण संरक्षण को सर्वोच्च प्राथमिकता देना।
6. Developing eco-friendly technological processes. / पर्यावरण के अनुकूल तकनीकी प्रक्रियाओं का विकास करना।
7. Promoting sustainable agriculture which will not harm the environment. / टिकाऊ कृषि को बढ़ावा देना जिससे पर्यावरण को कोई नुकसान नहीं होगा।
8. Using bio-fertilizer or eco-friendly fertilizers. / जैव-उर्वरक या पर्यावरण के अनुकूल उर्वरकों का उपयोग करना।
9. Using the minimum amount of pesticides and insecticides. / कीटनाशकों और कीटनाशकों की न्यूनतम मात्रा का उपयोग करना।
10. Choosing suitable techniques to treat the pollutants before their discharge into the environment. / प्रदूषकों को पर्यावरण में छोड़ने से पहले उनके उपचार के लिए उपयुक्त तकनीकों का चयन करना।

TEST YOURSELF

1. **In relation to EVS, the child looks at his environment / ई.वी.एस. के संदर्भ में बच्चा अपने वातावरण को निम्न में से किस ढंग से देखता है।**
   (a) into its segregated form. / उसके पृथक रूप से
   (b) in a holistic manner. / समग्र रूप में
   (c) in its simple form. / उसके साधारण रूप में
   (d) into its theme form. / उसके थीम के रूप में

2. **Curriculum of EVS has been designed / ई.वी.एस. के पाठ्यचर्या की रूपरेखा निम्न आधार पर बनाई गयी है–**
   (a) on topics / विषयवस्तु पर
   (b) on syllabus / पाठ्यक्रम पर
   (c) on themes / थीम पर
   (d) on topics and syllabus both / विषय वस्तु एवं पाठ्यक्रम दोनों पर

3. **NCF-2005 views EVs in classes III to V as a subject which integrates the concepts and issues of / एन.सी.एफ. 2005 कक्षा III से V तक ई.वी.एस.को एक ऐसे विषय के रूप में देखता है जो निम्न प्रत्ययों एवं विचार वस्तुओं को आपस में एकीकृत करता है–**
   (a) science and social science / विज्ञान एवं सामाजिक विज्ञान
   (b) science, social science, language and mathematics / विज्ञान, सामाजिक विज्ञान, भाषाएं एवं गणित
   (c) science, social science and environmental education / विज्ञान, सामाजिक विज्ञान एवं पर्यावरण शिक्षा
   (d) science, social science and languages / विज्ञान, सामाजिक विज्ञान एवं भाषाएं

4. **Which of the following challenges may be faced by the EVS teacher in his/her EVS class? / एक ई.वी.एस. की अध्यापिका को अपनी ई.वी.एस. की कक्षा में निम्न में से किन चुनौतियों का सामना करना पड़ सकता है?**
   (A) Multicultural dimensions of his/her class / कक्षा के बहु सांस्कृतिक आयाम
   (B) Feeling of each and every student / प्रत्येक विद्यार्थी की भावनाएँ
   (C) Everyone's community, culture and way of life / प्रत्येक के समुदाय, संस्कृति एवं जीवनशैली
   (D) Class room discipline and it's management / कक्षा में अनुशासन तथा उसकी व्यवस्था
   (a) A and D only / केवल A तथा D
   (b) B and D only / केवल B तथा D
   (c) C and Donly / केवल C तथा D
   (d) A, B and C only / केवल A, B तथा C

5. **The most appropriate objective of teaching EVS at primary stage is to / प्राथमिक स्तर में EVS पढ़ाने का सबसे उपयुक्त लक्ष्य है**
   (a) Develop descriptions and definitions of the various concepts of EVS / ई.वी.एस. के विभिन्न प्रत्ययों के वर्णन एवं परिभाषाएं विकसित करना
   (b) Provide lot of space to students to explore his/her environment / अपने वातावरण का अन्वेषण करने के लिए विद्यार्थियों को पर्याप्त मौके देना
   (c) Facilitate students to learn the concepts of EVS / विद्यार्थियों को ई.वी.एस. के प्रत्ययों को सीखने के लिए सहायक होना
   (d) Encourage students to learn EVS through concrete informations shared by the teacher / शिक्षक द्वारा साझा की हुई ठोस जानकारी द्वारा विद्यार्थियों को ई.वी.एस. सीखने के लिए प्रोत्साहित करना

6. **Family and friends EVS curriculum is / EVS के पाठ्यचर्या में परिवार एवं मित्र क्या हैं?**
   (a) theme / थीम
   (b) subtheme / सबथीम
   (c) topic / विषय वस्तु
   (d) syllabus / पाठ्य क्रम

7. Meaningful EVS learning can only be made possible if / अर्थपूर्ण ई.वी.एस. की शिक्षा संभव हो सकती है यदि

(a) student's local experiences are related to school experiences. / विद्यार्थियों के स्थानीय अनुभव विद्यालय के अनुभवों से संबंधित हों।

(b) school knowledge is used in the construction of knowledge. / विद्यालय के ज्ञान का प्रयोग ज्ञान की रचना क लिए किया गया हो।

(c) student's local experiences are not given due importance / विद्यार्थियों के स्थानीय अनुभवों को उचित महत्व न दिया जाए।

(d) trained EVS teacher's experience are used. / प्रशिक्षित ई.वी.एस. के शिक्षकों के अनुभवों का प्रयोग किया गया हो।

8. In the learning of EVS, activities conducted by the teachers should be followed by _______ for authentic and meaningful learning. / ई.वी.एस. की शिक्षा में शिक्षकों द्वारा किए गए क्रिया कलापों के पश्चात प्रामाणिक एवं अर्थपूर्ण शिक्षा हेतु _______ होना चाहिए।

(a) discussion / विचार विमर्श

(b) listing of activities / क्रिया-कलापों की सूची बनाना

(c) learning the steps of activities / क्रिया-कलापों के चरण याद करना

(d) recapitulation of the activities / क्रिया-कलापों की पुनरावृत्ति करना

9. Learning through group activities is performed in EVS classes because / ई.वी.एस. कक्षाओं में सामूहिक गतिविधियों द्वारा सीखने को बढ़ावा दिया जाता है क्योंकि

(a) it provides per learning / यह सहपाठी अधिगम उपलब्ध कराती है

(b) it improves social interactions among students / यह विद्यार्थियों में सामाजिक आदान-प्रदान को सुधारती है

(c) it provides and improves peers and social learning among students / यह विद्यार्थियों में सहपाठी एवं सामाजिक अधिगम उपलब्ध कराती है व उसमें सुधार लाती है

(d) students only demand group learning / विद्यार्थी केवल सामूहिक शिक्षा की मांग करते हैं।

10. Which of the following indicates skills process in learning of EVS? / निम्नलिखित में से क्या ई.वी.एस. के अधिगम में प्रक्रिया कौशल को चिन्हित करता है?

(a) classification / वर्गीकरण

(b) description / वर्णन

(c) statement / कथन

(d) recall / स्मरण

11. The most appropriate objective of promoting parent's and community's participation in the learning of EVS by students is to / ई.वी.एस. की शिक्षा में शिक्षकों द्वारा अभिभावकों एवं समुदाय की भागीदारी को बढ़ावा देने का सबसे उपयुक्त उद्देश्य है

(a) provide an opportunity to teachers to know the student's socio-cultural background. / शिक्षक को विद्यार्थियों की सामाजिक-सांस्कृतिक पृष्ठभूमि को जानने का अवसर देना

(b) follow the recommendation of national policies. / राष्ट्र की नीतियों की प्रस्तावनों का पालन करना

(c) maintain discipline in the school. / विद्यालय में अनुशासन बनाए रखना

(d) know the students and guide them in the learning of students. / विद्यार्थियों को जानना तथा उनकी शिक्षा में उनका मार्गदर्शन करना

12. The challenges and issues in EVS class at primary level can be very well addressed by / प्राइमरी स्तर पर ई.वी.एस. कक्षाओं की चुनौतियों व विषयों / समस्याओं को भली प्रकार संबोधित निम्न द्वारा किया जा सकता है

(a) Lecture and discussion / व्याख्यान एवं विचार विमर्श

(b) Free debate / मुक्त वाद विवाद

(c) Lecture and demonstration / व्याख्यान एवं प्रदर्शन

(d) Debate followed by discussion / विचार विमर्श के उपरान्त वाद विवाद

13. Qualitative assessment of children's learning in EVS can be done by / ई.वी.एस. में बच्चों के सीखने का गुणात्मक आकलन निम्न द्वारा किया जा सकता है

(A) Record of children's ideas, observation reports / बच्चों के विचारों का अभिलेख, अवलोकन की रिपोर्ट्स

(B) Observation of process skills / प्रक्रिया कौशलों का अवलोकन

(C) Paper-Pencil tests / कागज-पेंसिल टेस्ट

(D) Achievement tests/ उपलब्धि टेस्ट

(a) A and B only / केवल A तथा B
(b) C and D only / केवल C तथा D
(c) A, B and D only / केवल A, B तथा D
(d) A, B and Conly / केवल A, B तथा C

14. Which of the following is a formative assessment tool in EVS? / निम्न में कौनसा EVS शिक्षण में रचनात्मक आकलन का उपकरण है?

(A) Portfolio / पोर्टफोलियो

(B) Anecdotal record / दृष्टांत अभिलेख

(C) Rating scale / दर-मापक पैमाना

(D) Observation and recording/ अवलोकन एवं रिकॉर्ड लिखना

(a) A, B & C (b) A, B & D
(c) A, C & D (d) A, B, C & D

15.

Y	X
"Drawing Pictures Of Animals X and thumb prints" In the above line, identify (X) and (Y) / "अंगुलियों तथा अंगूठे चित्र बनाना।" की छाप के उपयोग से पशुओं के	Unsin fingers / चित्र बनाना

(A) X is verb and Y is noun / X क्रिया है तथा Y संज्ञा है

(B) X is action verb and Y is content / X क्रियापरक क्रिया है तथा Y पाठ्यवस्तु है

(C) X is cognitive process and Y is content / X संज्ञात्मक क्रिया है तथा Y पाठ्यवस्तु है

(D) X is content and Y is verb Y / X पाठ्यवस्तु है तथा Y क्रिया है

उपर्युक्त वाकयांश में (X) तथा (Y) को पहचानें

(a) B, C and D / B, C तथा D
(b) A, B and C / A, B तथा C
(c) B, C, and D / B, C, तथा D
(d) A, C and D / A, C तथा D

16. The nature of Environmental Studies at primary level is / प्राथमिक स्तर पर पर्यावरण अध्ययन की प्रकृति है:

(a) Supplementary / अनुपूरक
(b) Single subject / एकल विषय
(c) Integrated / एकीकृत
(d) Textbook based / पाठ्यपुस्तक आधारित

17. Which of the given statements are recommendations of NCF 2005 for EVS learning? / दिए गए कथनों में से कौन-सा ईवीएस (EVS) सीखने के लिए राष्ट्रीय पाठ्यचर्या की रूपरेखाए 2005 की सिफारिशें हैं?

(A) Having sharp boundaries among school, home and the community for the learning / सीखने के लिए स्कूल, घर और समुदाय के बीच सुनिश्चित सीमाएँ होना

(B) Discourage rote learning / रटकर सीखने को हतोत्साहित करना

(C) Departure from bookish learning / किताबी शिक्षा से प्रस्थान

(D). Children's life at school must be linked to their life outside the school. / स्कूल में बच्चों के जीवन को स्कूल के बाहर उनके जीवन से जोड़ा जाना चाहिए

Choose the correct option. / सही विकल्प का चुनाव कीजिए-

(a) Only A and B / केवल A और B
(b) Only A and C / केवल A और C
(c) Only A, B and C / केवलA, B और C
(d) Only B, C and D / केवल B, C और D

18. Which of the following can be the objectives of Environmental Studies at

primary level? / प्राथमिक स्तर पर पर्यावरण अध्ययन का उद्देश्य निम्नलिखित में से कौन-सा हो सकता है?

(A) to nurture the curiosity and creativity of the child particularly in relation to the natural environment. / विशेष रूप से प्राकृतिक पर्यावरण के संबंध में बच्चे की जिज्ञासा और रचनात्मकता का पोषण करना।

(B) to develop an awareness about environmental issues./पर्यावरण के मुद्दों के बारे में जागरूकता विकसित करना।

(C) to engage the child in exploratory and hands on activities. / बच्चे को खोजपूर्ण और व्यावहारिक गतिविधियों में शामिल करना

(D) to treat children as receivers of a fixed bod of knowledge./ बच्चों को ज्ञान के एक निधि; निकाय के प्राप्तिकर्ता के रूप में देखना

Choose the correct option. / सही विकल्प का चुनाव कीजिए-

(a) Only A, C and D / केवल A, C और D
(b) Only A, B and C / केवल A, B और C
(c) Only B, C and D / केवल B, C और D
(d) Only C and D / केवल C और D

19. Which of the following statement is true in relation to the pedagogy of EVS at primary level? / प्राथमिक स्तर पर पर्यावरण अध्ययन की शिक्षाशास्त्र के संबंध में निम्नलिखित में से कौन-सा कथन सत्य है?

(a) It is a child centered / यह बाल केन्द्रित है
(b) It is bookish / यह किताबी है
(c) It involves teacher as instructor / इसमें प्रशिक्षक के रूप में शिक्षक शामिल है
(d) It focuses retrieval practices / यह पुनर्माप्ति प्रथाओं पर केन्द्रित है

20. Teaching learning process of EVS at primary level is challenging for teachers / प्राथमिक स्तर पर ईवीएस की सीखने-सिखाने की प्रक्रिया शिक्षकों के लिए चुनौतीपूर्ण है।

(a) for in calculating creativity and initiative for children. / बच्चों के लिए रचनात्मकता और पहल करने के लिए
(b) for rote learning by children. / बच्चों द्वारा रट कर सीखने के लिए
(c) for describing concepts. / अवधारणाओं का वर्णन करने के लिए।
(d) for using EVS textbooks as sole resource for learning. / ईवीएस पाठ्यपुस्तकों को सीखने के एकमात्र संसाधन के रूप में उपयोग करने के लिए

21. Which one of the following can maximally facilitate learning of EVS? / निम्नलिखित में से कौन ईवीएस सीखने की अधिकतम सुविधा प्रदान कर सकता है?

(a) Reference books / संदर्भ पुस्तकें
(b) Stories and Narratives / कहानियां और आख्यान
(c) Text book examination / पाठ्य पुस्तक परीक्षा
(d) Descriptions / विवरण

22. Which of the following is the theme of the syllabus of EVS at primary level? / निम्न में कौन प्राथमिक स्तर पर पर्यावरण अध्ययन के पाठ्यक्रम का विषय है?

(a) Family and friends / परिवार और दोस्त
(b) Means of transport / परिवहन के साधन
(c) Conservation of water / जल संरक्षण
(d) Our nature / हमारा स्वभाव

23. In EVS learning, activities are conducted to provide experience for learning by doing / इवीएस सीखने में, क्रियाकलापों को करके सीखने का अनुभव प्रदान करने के लिए आयोजित किया जाता है-

(A) To develop psychomotor skills / साइकोमोटर कौशल विकसित करने के लिए

(B) To develop manipulative skills / जोड़-तोड़ कौशल विकसित करने के लिए

(C) To give hands on experience / करके सीखने के लिए

(D) To develop remembering skill / याद रखने की क्षमता विकसित करने के लिये

Choose the correct option/ सही विकल्प का चुनाव कीजिए-

(a) A, B and C / A, B और C
(b) B, C and D / B, C और D
(c) A and C / A और C
(d) B and D / B और D

24. Meaningful learning of EVS can be given to children if / बच्चों को ईवीएस की सार्थक सीख दी जा सकती है यदि

(A) activities are conducted. / गतिविधियाँ आयोजित की जाती हैं।
(B) activities are conducted followed by discussion. / गतिविधियों के बाद चर्चा आयोजित की जाती है।
(C) activities are conducted by the teacher according to the local contexts of the child. / शिक्षक द्वारा बच्चे के स्थानिक सन्दर्भों के अनुसार गतिविधियाँ संचालित की जाती हैं।
(D) group works designed by the children are promoted by the teacher. / बच्चों द्वारा डिजाइन किये गए समूह कार्यों को शिक्षक द्वारा बढ़ावा दिया जाता है।

Choose the correct option / सही विकल्प का चुनाव कीजिए-

(a) A, B and C / A, B और C
(b) B, C and D / B, C और D
(c) A, C and D / A, C और D
(d) A, B and D/ A, B और D

25. Issues of theme "Plants" can be meaningful for the students if / 'पौधे' विषय के मुद्दे बच्चों के लिए सार्थक हो सकते हैं यदि-

(a) Theme based worksheets are given to students. / बच्चों को थीम आधारित वर्कशीट दी जाती है।
(b) Field trips are conducted around the issues. / क्षेत्रभ्रमण मुद्दों के इर्द-गिर्द आयोजित किए जाते हैं।
(c) Demonstrations are given by teachers. / शिक्षकों द्वारा प्रदर्शन दिए जाते हैं।
(d) Invited lectures followed by group work are organized. / आमंत्रित व्याख्यानों के बाद सामूहिक कार्य का आयोजन किया जाता है।

26. Besides EVS textbooks, which of the following may be highly useful resources for EVS learning? / इवीएस पाठ्यपुस्तकों के अलावाए निम्नलिखित में से कौन ईवीएस सीखने के लिए अधिकतम उपयोगी संसाधन हो सकता है?

(A) Newspaper / समाचार पत्र
(B) Surveys / सर्वेक्षण
(C) Twitter / ट्विटर
(D) Community members / समुदाय के सदस्य

(a) A, B and D / A, B और D
(b) B, C and D / B, C और D
(c) A, C and D / A, C और D
(d) A, B and D / A, B और D

27. Socio-cultural issues related to "Food" Theme can be effectively learnt / ''भोजन'' थीम से सम्बंधित सामाजिक-सांस्कृतिक मुद्दों को प्रभावी ढंग से सीखा जा सकता है-

(A) Through community members / समुदाय के सदस्यों के माध्यम से
(B) If surveys are conducted / यदि सर्वेक्षण किया जाता है।
(C) Through field trip / क्षेत्र भ्रमण के माध्यम से कि
(D) If slogans are prepared by the children / यदि नारे बच्चों द्वारा तैयार किये जाते हैं

Choose the correct option. / सही विकल्प का चुनाव कीजिए-

(a) A, B and C / A, B और C
(b) A, C and D / A, C और D
(c) B, C and D / B, C और D
(d) A, B and D/ A, B और D

28. Group works are promoted for learning of EVS. The most appropriate reasons are / ईवीएस सीखने के लिए समूह कार्यों को बढ़ावा दिया जाता है। सबसे उपयुक्त कारण हैं

(A) They promote peer learning / वे सहपाठी अधिगम को बढ़ावा देते हैं
(B) They improve social interaction among children / वे बच्चों के बीच सामाजिक संपर्क में सधार करते हैं

(C) They promote collaboration among children/बच्चों के बीच सहयोग को बढ़ावा देते हैं

(D) They are the only effective strategy for learning of EVS / वे ईवीएस सीखने के लिए एकमात्र प्रभावी रणनीति है

Choose the correct option. / सही विकल्प का चुनाव कीजिए-

(a) A, B and C / A, B और C
(b) A, B and D / A, B और D
(c) B, C and D / B, C और D2
(d) A, C and D / A, C और D

29. In assessment, self-assessment is / आकलन में स्व-आकलन है-

(a) Assessment for learning / सीखने के लिए आकलन
(b) Assessment of learning / सीखने का आकलन
(c) Assessment as learning / सीखने के रूप में आकलन
(d) Evaluation through learning / सीखने के माध्यम से मूल्याँकन

30. The information recorded in teacher's diary is used by the teacher / शिक्षक की डायरी में दर्ज जानकारी का उपयोग शिक्षक द्वारा किया जाता है।

(a) For reviewing and modify the teaching learning strategies. / शिक्षण अधिगम रणनीतियों की समीक्षा और संशोधन के लिए
(b) For developing progress report of the child's learning / बच्चे के सीखने की प्रगति रिपोर्ट विकसित करने के लिए
(c) For recording the evidence for the child's learning. / बच्चे के सीखने के लिए साक्ष्य दर्ज करने के लिए
(d) For keeping the record of school / स्कूल का रिकॉर्ड रखने के लिए

31. A new boy from a different state joins your class, which predominantly has local students. You want to use this as an opportunity to teach students about adaptation. Which of these activites is BEST suited for the purpose? / एक अलग राज्य से एक नया लड़का आपकी कक्षा में शामिल होता है, जिसमें मुख्य रूप से स्थानीय छात्र हैं। आप इस अवसर को छात्रों को अनुकूलन के बारे में सिखाने के अवसर के रूप में उपयोग करना चाहते हैं। निम्नलिखित में से कौन-सी गतिविधि इस उद्देश्य के लिए उपयुक्त है?

(a) Have the local students share with the new student the rules in their school. / स्थानीय छात्रों को नए छात्र के साथ अपने स्कूल के नियमों को साझा करने के लिए कहें।
(b) Have a discussion in the class about different changes in the new student's life and how he handled them. / कक्षा में नए छात्र के जीवन में विभिन्न परिवर्तनों और उसने उन्हें कैसे संभाला के बारे में चर्चा करें।
(c) Tell the class about how difficult it is for the new student to adjust and how they all should help him. / कक्षा को बताएं कि नए छात्र के लिए समायोजन करना कितना कठिन है और उन सभी को उसकी मदद कैसे करनी चाहिए।
(d) Have the new student tell the class about rules in his old school and how they are different from the new school rules. / नए छात्र से कहें की वह कक्षा को उसके पुराने स्कूल के नियमों के बारे में बताए कि, वे नए स्कूल के नियमों से कैसे भिन्न हैं।

32. Which of the following features of a video conferencing app can be used to BEST demonstrate how communication can be done without speaking? / निम्नलिखित में से विडियो कॉन्फरेंसिंग ऐप की कौनसी विशेषता सबसे अच्छे तरीके से प्रदर्शित कर सकती है कि बिना बोले संचार कैसे किया जा सकता है?

(a) Virtual background / वर्चुअल बैकग्राउंड
(b) Screenshare / स्क्रीन साझा करना
(c) GIF in the chat / चौट में जीआईएफ.
(d) Audio call / ऑडियो कॉल

33. Which of the following exercises MOST CLOSELY aligns with the constructivist approach?/निम्नलिखित में से कौन-सा अभ्यास संरचनावादी दृष्टिकोण से सबसे अधिक मेल खाता है?

(a) Using colour of the river to identify the presence of pollutants. / नदी के पानी के रंग से उसमें मौजूद प्रदूषकों की पहचान करना।

(b) Looking at different bird beaks and drawing them / विभिन्न पक्षियों की चोंच को देख कर उनका चित्र बनाना

(c) Using a graphic organizer to explain the differences between animals giving birth and laying eggs. / जन्म देने वाले और अंड निक्षेपण वाले पशुओं के बीच अंतर को समझाने के लिए ग्राफिक ऑर्गनाइजर प्रयोग करना।

(d) Using a flowchart to explain the process of seed dispersal / बीज स्थानान्तरण की प्रक्रिया को समझाने के लिए फ्लोचार्ट का उपयोग करना।

34. Which of the following is the BEST example of students engaging in active learning?/निम्नलिखित में से कौन-सा उदाहरण सक्रिय शिक्षण में व्यस्त छात्रों का सर्वश्रेष्ठ उदाहरण है?.

(a) Students in pairs discuss the impact of decline of traditional crafts on the livelihoods of the craftsmen. / छात्र जोड़ियों मे पारंपरिक शिल्प के पतन के शिल्पकारों की आजीविका पर पड़नेवाले प्रभाव पर चर्चा करते हैं।

(b) Students draw the structure of a honeycomb from the textbook, after the teacher introduces the topic. / शिक्षक द्वारा विषय का परिचय देने के बाद, छात्र पाठ्यपुस्तक से मधुमक्खी के छत्ते की संरचना बनाते हैं।

(c) In pairs, students list down the different colours of leaves that were mentioned in the EVS textbook. / जोड़े में, छात्र ईवीएस पाठ्यपुस्तक में वर्णित पत्तियों के विभिन्न रंगों की सूची बनाते हैं।

(d) After completion of a lesson, students write the definitions of certain terminologies. / एक पाठ के पूरा होने के बाद, छात्र कुछ पारिभाषिक शब्दों की परिभाषाएँ लिखते हैं।

35. What would be an 'authentic task' with respect to a lesson on availability of water? / पानी की उपलब्धता पर एक पाठ के संबंध में निम्नलिखित में से कौन-सा प्रमाणिक कार्य होगा?

(a) Asking students to discuss with their family and make some habit changes to consence water. / छात्रों को अपने परिवार के साथ चर्चा पानी के संरक्षण के लिए कुछ आदतें बदलने के लिए कहना।

(b) Asking students to create a miniature irrigation system that illustrates how farm could use water more efficiently. / छात्रों को एक लघु सिंचाई प्रणाली बनाने के लिए कहना जो या दर्शाए कि किसान पानी का अधिक कुशलता से उपयोग कैसे कर सकते हैं।

(c) Creating a sticker to be pasted across water sources which are not fit for drinking purpose. / पानी के जो स्त्रोत पीने के लिए उपयुक्त नहीं हैं, उन पर चिपकाने के लिए स्टिकर बनाना।

(d) Creating an indicator to test the purity of water supplied by the local municipal corporation. / स्थानीय नगर निगम द्वारा आपूर्ति किए जाने वाले पानी की शुद्धता का परीक्षण करने के लिए एक संकेतक बनाना।

36. You are teaching a chapter about the disabilities of deafness and dumbness and how to communicate without speaking. A child asks, "We all can speak, So why are we studying this in EVS?" Which of the below responses BEST explains the scope of learning this

chapter in EVS? / आप बहरेपन और गूंगेपन की अक्षमता और बिना बोले संवाद कैसे करें, इस बारे में एक अध्याय पढ़ा रहे हैं एक बच्चा पूछता है, "हम सब बोल सकते हैं। तो हम इसे ईवीएस में क्यों पढ़ रहे हैं?" निम्नलिखित में से कौन-सा उत्तर ईवीएस में इस पाठ को सीखने के प्रयोजन का सबसे अच्छा वर्णन करेगा?

(a) Some people are different from you all. They have the specific challenge where they cannot hear of speak. You will need to understand why they are considered as differently abled. / कुछ लोग आप सभी से अलग हैं। उनके पास चुनौती है जहाँ वे सुन या बोल नहीं सकते हैं। आपको यह समझने की आवश्यकता होगी कि उन्हें दिव्यांग क्यों माना जाता है।

(b) All of us have different abilities and constraints. Some people have the specific challenge where they cannot hear or speak. We need to understand how to communicate with them and be inclusive. / हम सभी की अलगअलग क्षमताएँ और बाधाएँ होती हैं। कुछ लोगों के पास चुनौती होती है जहाँ वे सुन या बोल नहीं सकते। हमें यह समझने की जरूरत है कि उनके साथ कैसे संवाद किया जाए और समावेशी कैसे बनें।

(c) Some of you may want to become doctors when you grow up. Understanding various types of problems and physical challenges is the first step towards that. / कुछ लोगों के पास चुनौती होती है जहाँ वे सुन या बोल नहीं सकते। जब आप उनके साथ बातचीत कर रहे हों तो आपको सावधान और सतर्क रहने की जरूरत है। यह अध्याय ऐसे परिदृश्यों में आपकी सहायता करेगा।

(d) Students will help in advocating for local settlements when dams impact their lives. / आप में से कुछ लोग बड़े होकर डॉक्टर बनना चाह सकते हैं। विभिन्न प्रकार की समस्याओं और शारीरिक चुनौतियों को समझना उस ओर पहला कदम है।

37. **(Uzaira and Shahmir are looking at different points on the globe-) / (उजैरा और शाहमीर ग्लोब पर विश्व के विभिन्न बिंदुओं को देख रहे हैं।)**

Shahmir: Look here is America, Africa. Hey, where is space? / शाहमीर: देखिए ये है अमेरिका, अफ्रीका। अरे! अंतरिक्ष कहाँ है?

Uzaira: The sky, stars, sun and moon, they are all in space. / उजैरा: आकाश, तारे, सूर्य और चन्द्रमा, ये सब अंतरक्षि में है।

Shahmir: Yes, I know. Sunita Williams went in a spaceship. I saw on TV that she could see the earth from there. / शाहमीर: हाँ, मुझे पता है। सुनीता विलियम्स एक अंतरिक्ष यान में गई थी। मैंने टीवी पर देखा कि वह वहाँ से धरती को देख सकती है।

Uzaira: Yes, from there the earth looked like this globe. The above text is used to introduce the concept of space to students of grade 5. / उजैरा: जी हाँ, वहाँ से धरती इस ग्लोब जैसी नजर आई। उपरोक्त पाठ का उपयोग कक्षा 5 के छात्रों को अंतरिक्ष की अवधारणा से परिचित कराने के लिए किया गया है।

Which of the below questions would help address Shahmir's question? / निम्नलिखित में से कौन-सा प्रश्न शाहमीर के प्रश्न को हल करने में मदद करेगा?

(a) If you made cut-outs of the sun, moon and stars, where would you keep them? / यदि आप सूर्य, चंद्रमा और तारों के कट-आउट बनाते हैं, तो आप उन्हें कहाँ रखेंगे?

(b) If you had to go to space like Sunita Williams, how would you go? / अगर आपको सुनीता विलियम्स की तरह अंतरिक्ष में जान पड़हे तो आप कैसवे जाएँगे?

(c) Do you believe that space is empty or do you believe that is contains something? / क्या आप मानते हैं कि अंतरिक्ष खाली है या आप मानते हैं कि इसमें कुछ है?

(d) How will yor create a 3-D model of space using cardboard and fix it relative to the globe? / आप गत्ते का उपयोग करके अंतरिक्ष का 3-डी मॉडल कैसे बनाएँगे और इसमें ग्लोब को कहाँ रखेंगे?

38. For the topic 'dams built on river', which of these is a specific, measurable and attainable learnig objective? / निम्नलिखित में से कौन-सा शैक्षिक उद्देश्य, 'नदी पर बनाये गए बाँध' विषय के लिए, विशिष्ट, मापने योग्य और प्राप्य है?

(a) Students will know how dams are built on rivers. / छात्रों को पता चलेगा कि नदियों पर बाँध कैसे बनते हैं।

(b) Students will list down the negative impacts that human settlements face when dams are built. / छात्र उन नकारात्मक प्रभावों को सूचीबद्ध करेंगे जिनका बाँधों के निर्माण के दौरान मानव बस्तियों को सामना करना पड़ता है।

(c) Students will list down the negative impacts that human settlements face when dams are built. / छात्र बाँध की नींव के लिए किए गए निर्माण कार्य का उदाहरण देंगे।

(d) Students will exemplify the construction work undertaken for the foundation of a dam. / जब बाँध उनके जीवन को प्रभावित करते हैं तब छात्र स्थानीय बस्तियों की वकालत करने से मदद करेंगे।

39. You have brought 15 chart papers to your classroom for students to use in their projects for an upcoming exhibition. You have told students that the chart papers will not be replaced once finished and they will have to use it wisely. Which of the below activities would LEAST help students engage on the idea of using resources judiciously that are in limited supply?/आप आगामी प्रदर्शनी के लिए प्रोजेक्ट बनाने हेतु अपनी कक्षा में 15 चार्ट पेपर लाए हैं, ताकि छात्र प्रोजेक्ट बनाने के लिए उसका प्रयोग कर सकें। आपने छात्रों से कहा है कि चार्ट पेपर समाप्त होने के बाद उन्हें नए चार्ट पेपर नहीं दिए जायेंगे, इसलिए, उन्हें चार्ट पेपर का प्रयोग किफायती तरीके से करना चाहिए। निम्नलिखित में से कौन-सी क्रिया छात्रों को उन संसाधनों के संरक्षण पर विचार करने में सबसे कम मदद करेगी जिनकी मात्रा सीमित है?

(a) Discussing projects that do not need chart paper and how they can still be good potions for the science exhibition. / उन परियोजनाओं पर चर्चा करना जिन्हें चार्ट पेपर की आवश्यकता नहीं है और वे अभी भी विज्ञान प्रदर्शनी के लिए अच्छे विकल्प कैसे हो सकते हैं।

(b) Conducting a poll on how many chart papers different students require and asking them to compare this with number of chart papers available. / विभिन्न छात्रों को कितने चार्ट पेपर की। आवश्यकता है, इस पर एक सर्वेक्षण आयोजिक करना और उन्हें उपलब्ध चार्ट पेपर की संख्या के साथ इसकी तुलना करने के लिए कहना।

(c) Brainstorming on ideas for reducing the use of chart paper in projects. / परियोजना में चार्ट पेपर के उपयोग को कम करने के लिए विचारों पर मंथन करने के लिए कहना।

(d) Asking students to write in a common register the quantity of chart paper they took each time, when and why. / छात्रों को एक साझा रजिस्टर में लिखने को कहें कि उन्होंने कब, क्यों और कितने चार्ट पेपर लिए।

40. Experimentation allows us to provide conclusions that area specific. Which of the following is MOST suitable for students to learn 'arriving at a specific conclusion using experimentation?/ प्रयोग से हम विशिष्ट निष्कर्ष प्राप्त कर पाते हैं। प्रयोग के उपयोग से विशिष्ट निष्कर्ष प्राप्त करने का निम्नलिखित में से कौन.सा सर्वश्रेष्ठ उदाहरण है?

(a) Finding out how different ear sizes affect hearing capability of animals. /

यह पता लगाना कि विभिन्न आकार के कान जानवरों की सुनने की क्षमता को कैसे प्रभावित करते हैं

(b) Understanding the relation between temperature of the surrounding and evaporation of water. / आसपास के तापमान और पानी के वाष्पीकरण के बीच के संबंध को समझना।

(c) Recording the number of days required for a seed to germinate into a seedling. / एक बीज के अंकुरित होने के लिए आवश्यक दिनों की संख्या को लिखना।

(d) Analysing how skin colour of different animals help them camouflage in their surroundings. / यह विश्लेषण करना कि विभिन्न जानवरों की त्वचा का रंग उन्हें अपने परिवेश में छलावरण करने में कैसे मदद करता है।

41. Which of the following is MOST relevant as 'opening', for introducing the topic of "inherited and acquired traits"? / आनुवंशिक और अर्जित लक्षण विषय आरंभ करने के लिए 'शुरुआत' के रूप में निम्नलिखित में से कौन-सा कथन सबसे अधिक प्रासंगिक होगा?

(a) Do you find any similarities between you and your parents? / क्या आप अपने और अपने माता-पिता के बीच कोई समानता पाते हैं?

(b) How are you different from any other organism / आप किसी अन्य जीव से किस प्रकार भिन्न हैं?

(c) Do you know anyone who also likes your favourite movie? / क्या आप किसी ऐसे व्यक्ति को जानते हैं जिसे भी आपकी पसंदीदा फिल्म पसंद है?

(d) Why are members of your family are not exactly similar to each other? / आपके परिवार के सदस्य एक-दूसरे के बिल्कुल समान क्यों नहीं हैं?

42. Learning Objective: Students will be able to explain the effect of weeds on crops. Which of the following assessment questions BEST for this learning objective? / शैक्षिक उद्देश्य: छात्र फसलों पर खरपतवारों के प्रभाव के बारे में बता सकेंगे। निम्नलिखित में से कौन-सा प्रश्न दिए गए शैक्षिक उद्देश्य का सबसे अच्छी तरह से परीक्षण करता है?

(a) What strategies can be taken so that crops and weeds can co-exist in a farmland? / क्या रणनीति अपनाई जा सकती है ताकि खेत में फसलें और खरपतवार सह-अस्तित्व में रह सकें?

(b) Which fertilizers can provide the greates benefit for the targeted crop while not allowing other plants to grow? / अन्य पौधों को बढ़ने नहीं देते हुए कौन-से उर्वरक लक्षित फसल के लिए सबसे अधिक लाभ प्रदान कर सकते हैं?

(c) What are the different types of farm implements that are used for removing the weeds from the farmland? / खेत से खरपतवार हटाने के लिए किस प्रकार के कृषि यंत्रों का प्रयोग किया जाता है?

(d) What could be the reason for stunted growth in plants even after applying fertilisers? / उर्वरक के उपयोग के बावजूद पौधों की वृद्धि रुकने का क्या कारण हो सकता है?

43. A teacher uses an online resource that provides animated videos on natural disasters like volcanoes, earthquakes, landslides etc. For understanding which of the below can this tool be BEST used (compared to textbooks and other sources)? / एक शिक्षक एक ऑनलाइन संसाधन का उपयोग करता है जो प्राकृतिक आपदाओं जैसे ज्वालामुखी, भूकंप, भूस्खलन आदि पर एनिमेटेड वीडियो प्रदान करता है। निम्नलिखित में से क्या समझने के लिए पाठ्यपुस्तकों और अन्य स्त्रोतों की तुलना में इस संसाधन का उपयोग सबसे बेहतर है?

(a) Effect of these events on people's lives / इन घटनाओं का लोगों के जीवन पर प्रभाव
(b) Factors leading to these phenomena / इन घटनाओं के कारण
(c) Which natural disasters occurred in the past / पूर्व में कौन-कौन सी प्राकृतिक आपदाएँ आई थी?
(d) Measures to avoid natural disasters / प्राकृतिक आपदाओं से बचने के उपाय

44. The teacher wants to teach the concept of food preservation. Which of the following food items is best suited to teach this concept? / शिक्षक खाद्य परिक्षण की अवधारणा सिखाना चाहता है। निम्नलिखित में से कौन-सी खाद्य सामग्री इस अवधारणा को समझाने के लिए सबसे उपयुक्त है?

(a) Jam / मुरब्बा (b) Curd / दही
(c) Ghee / घी (d) Papad / पापड़

45. Mr. Debojyoti is teaching the idea of interdependence of things in the environment, using examples from the community. Which of the following examples is BEST suited to teach the concept? / सुश्री देबोज्योति समुदाय से प्राप्त उदाहरणों का प्रयोग करते हुए, पर्यावरण में चीजों की अन्योन्याश्रयता का विचार सिखा रही है। निम्नलिखित में से कौन-सा उदाहरण इस धारणा को समझाने के लिए सबसे उपयुक्त है?

(a) A post office / एक डाक घर
(b) An abandoned building / एक परित्यक्त इमारत
(c) A grocery store / एक किराने की दुकान
(d) A sewage drain / एक नाली

46. The advantages of teaching EVS in blended/hybrid learning mode are: / मिश्रित लर्निंग मोड में ई.वी.एस. पढ़ाने के फायदे हैं-

(A) Students can join online class from anywhere. / विद्यार्थी कहीं से भी ऑनलाइन कक्षा में शामिल हो सकते हैं।

(B) Students get to interact with teacher and peers face to face. / विद्यार्थियों को शिक्षक एवं साथियों से आमने सामने बातचीत करने को मिलता है।

(C) Students are not required to be attentive during the classes. / विद्यार्थियों को कक्षा के दौरान चौकन्ना रहने की आवश्यकता नहीं है।

(D) Students are able to supplement their online learning with related activities at home / community. / विद्यार्थी अपने ऑनलाइन पढ़ाई से सीखी हुई बातें घर/ समुदाय में पूरक गतिविधि से पूरा कर सकते है

Choose the correct option: / सही विकल्प का चुनाव कीजिए-

(a) A, B and C / A, B और C
(b) A, C and D / A, C और D
(c) A, B and D / A, B और D
(d) A, B, C and D / A, B, C और D

47. Which of the following is a feature of synchronous online teaching of EVS through video conferencing apps? / निम्नलिखित में से कौन-सी वीडियो कॉन्फ्रेंसिंग ऐप के माध्यम से ई.वी.एस. पढ़ाने के समकालिक (सिनकोनॉस) शिक्षण की विशेषताएं हैं।

(a) Students are able to join the class any time. / विद्यार्थी किसी भी समय में कक्षा में शामिल हो सकते हैं।
(b) Teachers and students are able to converse in real time. / शिक्षक और विद्यार्थी वास्तविक समय में बातचीत करने में सक्षम हैं।
(c) Students get the content of online class anytime they join. / जब भी वे शामिल होते हैं, विद्यार्थीयों को ऑनलाइन क्लास का पाठ्यवस्तु मिल जाता है।
(d) Teacher is able to share content any time of the day which student can access anytime. / शिक्षक किसी भी समय पाठ्यसामग्री साझा करने में सक्षम होते हैं जिसकी विद्यार्थी किसी भी समय प्रयोग कर सकता है।

48. Swati, an EVS teacher of class IV shows a video of a wide variety of plants such

as grass, bamboo, rose, banana, palm tree and discusses about sizes of the plants with leaves, stem and flowers in all the plants with her students. Most appropriate objective in this activity is to draw attention of students to: / स्वाती, कक्षा चार की एक ई.वी.एस. शिक्षिका ने कई तरह के पौधे जैसे घास, बाँस, गुलाब, केला, बरगद, ताड़ के पेड़ का वीडियो दिखाती है और सभी पेड़ पौधों के आकार, पत्तों, तने और फूलों के बारे में विद्यार्थियों के साथ चर्चा करती है। इस गतिविधि में सबसे उपयुक्त उद्देश्य विद्यार्थियों का ध्यान आकर्षित करना है की तरफ।

(a) Parts of plants / पौधों के भागों
(b) Differentiate between 'plants' and 'trees'. / पौधों और पेड़ों के बीच अंतर
(c) Observe variation present within the category of plants. / पेड़-पौधे के वर्ग के भीतर मौजूद भिन्नता
(d) The importance of plants to human beings. / मानव के लिए पौधों का महत्त्व

49. While teaching theme 'Food', Rita, an EVS teacher, asks her class V students to conduct survey about different ways in which food preservation methods are followed in different neighbouring households. The most appropriate objectives of this survey will be / रीता एक ई.वी.एस. शिक्षिका, थीम 'खाद्य' पढ़ाते हुए कक्षा-5 के विद्यार्थियों को पड़ोस के घरों में विभिन्न खाद्य संरक्षण विधियों का सर्वेक्षण करने के लिए कहती है। सर्वेक्षण का सबसे अधिक उपयुक्त उद्देश्य होगा।

(A) to make students sensitive towards different people. / विभिन्न व्यक्तियों के प्रति संवेदनशील बनाना
(B) to assess students' competence conducting survey. / सर्वेक्षण करने के कौश/क्षमता का आकलन करना
(C) to provide an opportunity to collect first hand information from community. / समुदाय से प्रत्यक्ष रूप से जानकारी एकत्र करने का अवसर प्रदान करना।
(D) to provide an opportunity to interact with community. / समुदाय के साथ बातचीत करने का अवसर प्रदान करना।

Choose the correct option: / सही उत्तर चुनें-

(a) A, B and C / A, B और C
(b) A, C and D / A, C, B और D
(c) A and B / A और B
(d) A and C / A और C

50. Which of these are objectives of teaching EVS at primary stage according to the present curriculum? / वर्तमान पाठ्यचर्या के अनुसार प्राथमिक स्तर पर ई.वी.एस. के उद्देश्य कौन से हैं?

(A) To train students to locate and comprehend relationships between the natural social and cultural environments. / प्राकृतिक सामाजिक और सांस्कृतिक वातावरण के बीच संबंधों का पता लगाने और समझ विकसित करने के लिए विद्यार्थियों को प्रशिक्षित करना।
(B) To develop an awareness about environmental issues in students. / विद्यार्थियों को पर्यावरण संबंधी मुद्दों के बारे में जागरूकता विकसित करना।
(C) To develop an understanding of the earth as the habitat for humankind and other forms of life. / पृथ्वी को मानव एवं अन्य जीवंत रूपों के आवास के रूप में एक समझ विकसित करना।
(D) To understand the various pedagogy of EVS. / EVS के विभिन्न शिक्षणशास्त्र को समझना।

Choose the correct option. / सही उत्तर चुनें

(a) A only / केवल A
(b) A and B / A एवं B
(c) A, C and D / A, C एवं D
(d) B, C and D / B, C एवं D

ANSWER KEY

1	B	2	C	3	C	4	D	5	B	6	A	7	A
8	A	9	C	10	A	11	A	12	D	13	A	14	D
15	B	16	C	17	D	18	B	19	A	20	A	21	B
22	A	23	A	24	B	25	B	26	A	27	A	28	A
29	C	30	A	31	B	32	C	33	D	34	D	35	D
36	B	37	D	38	B	39	D	40	B	41	D	42	D
43	B	44	D	45	C	46	C	47	B	48	C	49	B
50	B												

EXPLANATION

1. EVS के संदर्भ में बच्चा अपने वातावरण को समग्र रूप से देखता है। NCF 2005 के अनुसार प्राथमिक स्तर पर पर्यावरण के उद्देश्य निम्न है–

(i) प्राकृतिक, सामाजिक और सांस्कृतिक वातावरण (अर्थात् इन सभी में) के मध्य सम्बन्ध स्थापित करना।

(ii) बच्चों को पर्यावरण के प्रति जिज्ञासु बनाना।

(iii) पुस्तकीय ज्ञान को बाहरी वातावरण से जोड़ने पर बल देना और पर्यावरणीय मुद्दों पर संवेदनशील बनाना।

2. EVS के पाठ्यचर्या की रूपरेखा "थीम" पर बनायी गयी है। EVS के पाठ्यचर्या की रूपरेखा NCF 2005 के सुझावों के आधार पर निम्न है–

(i) विषयवस्तु में प्राकृतिक, सामाजिक, सांस्कृतिक पक्ष को समग्र रूप से प्रस्तुत किया गया है जिससे बच्चे इन सभी में सम्बन्ध स्थापित कर सके।

(ii) विषयवस्तु के अनुसार पाठ्यक्रम प्रस्तुत किया गया है ताकि बच्चे इसे बाहरी वातावरण से जोड़ सके और पर्यावरण और उसके संरक्षण तथा सामाजिक मुद्दों के प्रति संवेदनशील बन सके।

3. राष्ट्रीय पाठ्यचर्या की रूपरेखा 2005, EVS को कक्षा III से V तक ऐसे विषय के रूप में देखती है जो विज्ञान (प्राकृतिक और भौतिक), सामाजिक विज्ञान (प्राकृतिक, भौतिक, सामाजिक सांस्कृतिक) और पर्यावरण शिक्षा की अवधारणाओं तथा मुद्दों को आपस में एकीकृत करता है।

4. एक EVS की अध्यापिका को अपनी EVS की कक्षा में निम्नलिखित चुनौतियों का सामना करना पड़ सकता है

(i) कक्षा के बहु सांस्कृतिक आयाम।

(ii) प्रत्येक विद्यार्थी की भावनाएँ।

(iii) प्रत्येक के समुदाय, संस्कृति एवं जीवनशैली। इस प्रकार सही विकल्प A, B तथा C है।

5. प्राथमिक स्तर पर ई.वी.एस पढ़ाने का सबसे उपयुक्त लक्ष्य अपने वातावरण का अन्वेषण करने के लिए विद्यार्थियों की पर्याप्त मौके देना। प्राथमिक स्तर पर EVS में बच्चों को उनके परिवेश में वास्तविक (मूर्त) स्थितियों से जोड़ने में मदद करने, उनके बारे में जागरूक करने, सहायता करने और मौजूदा पर्यावरणीय मुद्दों के प्रति उन्हें संवेदनशील बनाने की परिकल्पना की गयी है।

6. EVS के पाठ्यचर्या में परिवार एवं मित्र थीम है। EVS के पाठ्यचर्या को बालकेन्द्रित एवं एकीकृत करने के लिए अधोलिखित 6 विषयों को सम्मिलित किया गया है–

(i) परिवार और मित्र(ii) भोजन, (iii) आश्रय, (iv) पानी, (v) यात्रा, (vi) चीजे जो हम बनाते हैं और करते हैं।

7. अर्थपूर्ण EVS की शिक्षा सम्भव हो सकती है यदि विद्यार्थियों के स्थानीय अनुभव विद्यालय के अनुभवों से सम्बन्धित हो। एक अर्थपूर्ण एवं प्रभावी EVS की शिक्षा के लिए निम्नलिखित क्रियाकलाप होना चाहिए

(i) विद्यार्थी को उसके पूर्व अनुभवों से जोड़कर नये EVS के अधिगम सिखाये जाने चाहिए।

(ii) विद्यार्थी के अनुभवों को उसके दैनिक व्यवहार से जोड़ा जाना चाहिए।

(ii) विद्यार्थी को विद्यालयी शिक्षा के साथ प्रोजेक्ट विधि, भ्रमण विधि, सेमिनार, वाद-विवाद

प्रतियोगिता आदि के माध्यम से भी सिखाया जाना चाहिए।

8. EVS की शिक्षा में शिक्षकों द्वारा किए गए क्रिया-कलापों के बाद प्रामाणिक एवं अर्थपूर्ण शिक्षा के लिए विचार-विमर्श होना चाहिए क्योंकि चर्चा, समूह में सामाजिक संपर्क के माध्यम से अधिगम में मदद करती है। ज्ञान का सार्थक निर्माण तब होता है जब विचार और अनुभव दूसरों के साथ चर्चा के माध्यम से साझा किए जाते हैं।

9. EVS कक्षाओं में सामूहिक गतिविधियों द्वारा सीखने को बढ़ावा दिया जाता है क्योंकि यह विद्यार्थियों में सहपाठी एवं सामाजिक अधिगम उपलब्ध कराती है व उसमें सुधार लाती है।

10. 'वर्गीकरण' EVS के अधिगम में प्रक्रिया कौशल को चिन्हित करता है। प्रक्रिया कौशल के अन्तर्गत विद्यार्थी को दी गई। समस्या के हल तक पहुँचने के लिए स्वयं अपनी विधि का चयन करता है।

11. EVS की शिक्षा में शिक्षकों द्वारा द्वारा अभिभावकों एवं समुदाय की भागीदारी को बढ़ावा देने का सबसे उपयुक्त उद्देश्य शिक्षक को विद्यार्थियों की सामाजिक, सांस्कृतिक पृष्ठभूमि को जानने का अवसर देना है।

12. प्राइमरी स्तर पर EVS कक्षाओं की चुनौतियों व विषयों को भली प्रकार संबोधित विचार विमर्श के उपरान्त वाद-विवाद द्वारा किया जा सकता हैं। पर्यावरण अध्ययन की निम्न चुनौतियाँ
(i) कक्षा संपादन संबंधित चुनौतियाँ
(ii) पाठ्यक्रम संबंधित चुनौतियाँ
(iii) समय एवं संसाधनों के प्रदर्शन संबंधित चुनौतियाँ

13. EVS में बच्चों के सीखने का गुणात्मक आकलन किया जाता है-
(i) बच्चों के विचारों का अभिलेख, अवलोकन की रिपोर्ट।
(ii) प्रक्रिया कौशलों का अवलोकन। जबकि कागज-पेंसिल टेस्ट एवं उपलब्धि टेस्ट मात्रात्मक आकलन है। इस प्रकार सही विकल्प A और B होगा।

14. शिक्षण में रचनात्मक आकलन के उपकरण निम्न है-
(i) पोर्टफोलियो
(ii) दृष्टांत अभिलेख (एनॉकडॉटल रिकार्ड)
(iii) दर-मापक पैमाना
(iv) अवलोकन एवं रिकार्ड लिखना
रचनात्मक आकलन एक प्रकार का आकलन है, जो सीखने और शिक्षण प्रक्रिया के दौरान बच्चे की प्रगति की निगरानी करने के लिए संदर्भित करता है। रचनात्मक आकलन छात्र की प्रगति और प्रदर्शन का आकलन करने के लिए किया जाता है।

15. Ans. (b) :

Y	X
X "अंगुलियों तथा अंगूठे की छाप के उपयोग से पशुओं के-	चित्र बनाना।"
(i) X क्रिया है तथा Y संज्ञा है। (ii) X क्रियापरक क्रिया है तथा Y पाठ्यवस्तु है। (iii) X संज्ञानात्मक क्रिया है तथा Y पाठ्यवस्तु है। संज्ञानात्मक प्रक्रिया में अवधान, स्मरण, चिन्तन, अधिगम आदि मानसिक क्रियाओं को सम्मिलित करके समस्या का समाधान करते है। यह एक उच्च स्तर का उपागम होता है।	

16. प्राथमिक स्तर पर पर्यावरण अध्ययन की प्रकृति बालकेन्द्रित एवं एकीकृत है। एकीकृत पर्यावरणीय अध्ययन शिक्षण की एक ऐसी विधि है, जो विषयों के बीच के अवरोधों को तोड़ने का प्रयास करती है, ताकि विद्यार्थियों के लिए अधिगम अधिक सार्थक हो सके अर्थात् यह ज्ञान तथा पाठ्यक्रम का एक ऐसा उपागम है जो एक से अधिक विषयों से सीखने में मदद करता है।

17. EVS सीखने के लिए राष्ट्रीय पाठ्यचर्या की रूपरेखा 2005 की सिफारिशें निम्न हैं-
(1) रटकर सीखने को हतोत्साहित करना।
(2) किताबी शिक्षा से प्रस्थान
(3) स्कूल में बच्चों के जीवन को स्कूल के बाहर उनके जीवन से जोड़ा जाना चाहिए।
(4) सीखने के लिए स्कूल, घर और समुदाय के बीच सुनिश्चित सीमाएँ नहीं होना।
(5) पर्यावरणीय मुद्दों के प्रति बच्चों को संवेदनशील बनाना।

18. प्राथमिक स्तर पर पर्यावरण अध्ययन का उद्देश्य निम्नलिखित हैं-
(1) विशेष रूप से प्राकृतिक पर्यावरण के सम्बन्ध में बच्चे की जिज्ञासा और रचनात्मकता का पोषण करना।

(2) पर्यावरण के मुद्दों के बारे में जागरूकता विकसित करना।
(3) बच्चे को खोजपूर्ण और व्यावहारिक गतिविधियों में शामिल करना।
(4) बच्चों को ज्ञान के अनिश्चित निकाय के प्राप्तिकर्ता के रूप में देखना।
(5) बच्चों को सामाजिक घटनाओं के प्रति जिज्ञासु बनाना।

19. प्राथमिक स्तर पर पर्यावरण अध्ययन का शिक्षाशास्त्र बालकेन्द्रित एवं एकीकृत है।

प्राथमिक स्तर पर EVS का अध्ययन में बच्चों को ध्यान में रखकर सिखाया जाता है।

20. प्राथमिक स्तर पर EVS सीखने-सिखाने की प्रक्रिया में बच्चों के लिए रचनात्मकता और पहल करना शिक्षकों के लिए चुनौतीपूर्ण है।

21. कहानियाँ और आख्यान EVS सीखने की अधिकतम सुविधा प्रदान कर सकते है। शिक्षक द्वारा EVS सीखने के क्रियाकलापों को रोचक तरीकों, जैसे- खेल, कहानियाँ, आख्यान, प्रोजेक्ट, सेमिनार तथा विभिन्न प्रकार की प्रतियोगिताएँ जैसे- वाद-विवाद, कला, खोज, निबंध एवं क्षेत्रीय परीक्षण एवं भ्रमण आदि के माध्यम से अत्यंत सहज एवं सरल बनाकर बच्चों को सिखाया जा सकता है।

22. प्राथमिक स्तर पर 'परिवार और दोस्त' पर्यावरण अध्ययन के पाठ्यक्रम की छः मुख्य थीम में से एक है।

23. EVS सीखने में, क्रियाकलापों को करके सीखने का अनुभव निम्न क्रियाकलापों के लिए आयोजित किया जाता है-
(1) साइकोमोटर (मनोप्रेरणा) कौशल विकसित करने के लिए
(2) जोड़-तोड़ कौशल विकसित करने के लिए
(3) करके सीखने के लिए
(4) रटंत-प्रणाली को कम करने के लिए।
(5) पुस्तकीय ज्ञान को व्यावहारिक ज्ञान से जोड़ने के लिए।

24. बच्चों को EVS की सार्थक सीख दी जा सकती है, यदि-
(1) गतिविधियों के बाद चर्चा आयोजित की जाती है।
(2) शिक्षक द्वारा बच्चे के स्थानिक सन्दर्भो के अनुसार गतिविधियाँ संचालित की जाती हैं।
(3) बच्चों द्वारा डिजाइन किये गये समूह कार्यों को शिक्षक द्वारा बढ़ावा दिया जाता है।

25. 'पौधे' विषय के मुद्दे बच्चों के लिए सार्थक हो सकते हैं यदि ये मुद्दे क्षेत्रभ्रमण के आस-पास आयोजित किये जाते हैं।

26. EVS पाठ्यपुस्तकों के अलावा EVS सीखने के लिए अधिकतम उपयोगी संसाधन निम्नलिखित हैं-
(1) समाचार-पत्र (2) सर्वेक्षण
(3) समुदाय के सदस्य (3) सेमिनार आयोजन
(5) सामूहिक परिचर्चा।

27. भोजन थीम से सम्बन्धित सामाजिक-सांस्कृतिक मुद्दों को प्रभावी ढंग से सीखा जा सकता है-
(1) समुदाय के सदस्यों के माध्यम से
(2) यदि सर्वेक्षण किया जाता है
(3) क्षेत्र भ्रमण के माध्यम से
(4) भोजन थीम पर परिचर्चा के माध्यम से
(5) प्रोजेक्ट, सेमिनार आदि का आयोजन करके।

28. EVS सीखने के लिए समूह कार्यों को बढ़ावा दिया जाता है जिससे विद्यार्थियों के बीच निम्न परिवर्तन होते हैं-
(1) वे सहपाठी अधिगम को बढ़ावा देते हैं।
(2) वे बच्चों के बीच सामाजिक सम्पर्क में सुधार करते हैं।
(3) बच्चों के बीच सहयोग को बढ़ावा देते हैं।
(4) बच्चों में सहयोगी अधिगम होने से टीम-वर्क, आपसी-मेलजोल आदि जैसी प्रवृत्तियाँ बढ़ती हैं।

29. आकलन में स्व-आकलन सीखने के रूप में आकलन है। सीखने के रूप में आकलन तब शुरू होता है जब विद्यार्थी शिक्षण के उद्देश्यों तथा निष्पादन के नियमों से परिचित हो जाते हैं। तथा अपने उद्देश्यों की प्राप्ति के लिए प्रयासरत होते हैं।

30. शिक्षक की डायरी में दर्ज जानकारी का उपयोग शिक्षक द्वारा शिक्षण अधिगम रणनीतियों की समीक्षा एवं संशोधन के लिए किया जाता है।

31. एक अलग राज्य से एक नया लड़का आपकी कक्षा में शामिल होता है, जिसमें मुख्य रुप से स्थानीय छात्र है। आप इस अवसर को छात्रों को अनुकूलन के बारे में सिखाने के अवसर के रूप में उपयोग करना चाहते है, तो कक्षा में नए छात्र के जीवन में विभिन्न परिवर्तनों और उसने उन्हें कैसे संभाला के बारे में चर्चा करें,

जिससे छात्रों को अनुकूलन के बारे में सिखने का अवसर मिलेगा।

32. विडियो कॉन्फरेंसिंग ऐप की चौट में जी आई एफ विशेषता सबसे अच्छे तरीके से प्रदर्शित कर सकती है जो बिना बोले संचार कैसे किया जा सकता है। GIF का फुल फॉर्म Graphics Interchange format होता है। GIF इमेज एक चलता हुआ इमेज होता है जिसमें आपको एक छोटे से अपकमव को देखने का अनुभव होता है। इस तरह के Image का इस्तेमाल सोशल मीडिया पर बात करते समय अपने expressions को जाहिर करने के लिए किया जाता है।

33. नदी के पानी के रंग से उसमें मौजूद प्रदूषकों की पहचान करना अभ्यास संरचनावादी दृष्टिकोण से सबसे अधिक मेल खाता है। पानी का रंग अलग-अलग परिवेशों में भिन्न-भिन्न होता है। जिसमें पानी मौजूद होता है। अपेक्षाकृत कम मात्रा में पानी बेरंग दिखता है। शुद्ध पानी मामूली नीला रंग का होता है जो मोटाई (स्तर) बढ़ते-बढ़ते गहरा नीला हो जाता है। पानी का नीला रंग एक आंतरिक गुण है जो कि चयनात्मक अवशोषण और सफेद रोशनी के बिखरने के कारण होता है।

34. छात्र जोड़ियों में पारंपरिक शिल्प के पतन के शिल्पकारों की आजीविका पर पड़ने वाले प्रभाव पर चर्चा करते हैं। सक्रिय शिक्षण में व्यस्त छात्रों का सर्वश्रेष्ठ उदाहरण है। "सक्रिय शिक्षण" सीखने का एक तरीका है जिसमें छात्र सक्रिय रुप से या अनुभवात्मक रुप से सीखने की प्रक्रिया में शामिल होते हैं और जहाँ छात्र की भागीदारी के आधार पर सक्रिय सीखने के विभिन्न स्तर होते

35. पानी की उपलब्धता पर एक पाठ के सम्बन्ध में छात्रों को अपने परिवार के साथ चर्चा कर, पानी के संरक्षण के लिए कुछ आदतें बदलने के लिए कहना सबसे प्रमाणिक कार्य होगा। भविष्य में जल की कमी की समस्या को सुलझाने के लिए जल संरक्षण ही जल बचाना है। भारत और दुनिया के दूसरे देशों में जल की भारी कमी है जिसकी वजह से आम लोगों को पानी और खाना बनाने के साथ ही रोजमर्रा के कार्यों को पूरा करने के लिए जरूरी पानी के लिए लम्बी दूरी तय करनी पड़ती है जबकि दूसरी ओरए पर्याप्त जल के क्षेत्रों में अपने दैनिक जरूरतों से ज्यादा पानी बर्बाद कर रहे हैं।

36. आप बहरेपन और गूंगेपन की अक्षमता और बिना बोले संवाद कैसे करें, इस बारे में एक अध्याय पढ़ा रहे हैं। एक बच्चा पछता है हम सब बोल सकते हैं। तो हम इसे ईवीएस में क्यों पढ़ रहे हैं। हम सभी की अलग-2 क्षमताएँ और बाधाएँ होती हैं। कुछ लोगों के पास चुनौती होती है जहाँ वे सुन या बोल नहीं सकते। हमें यह समझने की जरुरत है कि उनके साथ कैसे संवाद किया जाए और समावेशी कैसे बनें।

37. उजैरा और शाहमीर ग्लोब पर विश्व के विभिन्न बिन्दुओं को देख रहे हैं।

38. छात्र उन नकारात्मक प्रभावों को सूचीबद्ध करेंगे जिनका बाँधों के निर्माण के दौरान मानव बस्तियों को सामना करना पड़ता है जिससे शैक्षिक उद्देश्य, 'नदी पर बनाये गए बाँध' विषय के लिए, विशिष्ट मापने योग्य और प्राप्य है।

39. आप आगामी प्रदर्शनी के लिए प्रोजेक्ट बनाने हेतु अपनी कक्षा में 15 चार्ट पेपर लाए हैं, ताकि छात्र प्रोजेक्ट बनाने के लिए उसका प्रयोग कर सके। आपने छात्रों से कहा है कि चार्ट पेपर समाप्त होने के बाद उन्हें नए चार्ट पेपर नहीं दिए जायेंगे, इसलिए उन्हें चार्ट पेपर का प्रयोग किफायती तरीके से करना चाहिए। उन परियोजनाओं पर चर्चा करना जिन्हे चार्ट पेपर की आवश्यकता नहीं है और वे अभी भी विज्ञान प्रदर्शनी के लिए अच्छे विकल्प कैसे हो सकते हैं ये क्रिया छात्रों को उन संसाधनो के संरक्षण पर विचार करने मे सबसे कम मदद करेगी जिनकी मात्रा सीमित है।

40. प्रयोग से हम विशिष्ट निष्कर्ष प्राप्त कर पाते हैं। प्रयोग के उपयोग से विशिष्ट निष्कर्ष प्राप्त करने का यह तरीका आसपास के तापमान और पानी के वाष्पीकरण के बीच के सम्बन्ध को समझना।

41. 'आनुवंशिक और अर्जित लक्षण' विषय आरम्भ करने के लिए 'शुरुआत' के रूप में आप अपने और अपने माता-पिता के बीच कोई समानता पाते हैं यह कथन सबसे प्रासंगिक होगा। आनुवांशिकी (जेनेटिक्स) जीवन विज्ञान की वह शाखा है जिसके अन्तर्गत अनुवांशिकता (हेरेडिटी) तथा जीवों की विभिन्नताओं (वैरिएशन) का अध्ययन किया जाता

है। आनुवांशिकता के अध्ययन में ग्रेगर जॉन मेंडेल को मूलभूत उपलब्धियों द्वारा ही हुआ होता है। इन कोशिकाओं में कुछ गुणसूत्र (क्रोमोसोम) पाये जाते हैं।

42. शैक्षिक उद्देश्य छात्र फसलों पर खरपतवारों के प्रभाव के बारे में बता सकेंगे। उर्वरक के उपयोग के बावजूद पौध ों की वृद्धि रुकने का क्या कारण हो सकता है शैक्षिक उद्देश्य का सबसे अच्छी तरह से परीक्षण करता है।

43. एक शिक्षक एक आनलाइन संसाधन का उपयोग करता है जो प्राकृतिक आपदाओं जैसे ज्वालामुखी, भूकम्प, भूस्खलन आदि पर एनिमेटेड विडियो प्रदान करता है। इन घटनाओं के कारण को समझने के लिए पाठ्यपुस्तक की और अन्य स्त्रोतों की तुलना में इस संसाधन का उपयोग सबसे बेहतर है।

44. शिक्षक खाद्य परिरक्षण की अवधारणा सिखाना चाहता है। मुरब्बा खाद्य सामग्री इस अवधारणा को समझाने के लिए सबसे उपयुक्त है। खाद्य परिरक्षण खाद्य को उपचारित करने और संभालने की एक ऐसी प्रक्रिया है जिससे उसके खराब होने (गुणवत्ता खाद्यता या पौष्टिक मूल्य में कमी) की उस प्रक्रिया को रोकता है या बहुत कम कर देता है, जो सूक्ष्म जीवाणुओं द्वारा होती है। खाद्य पदार्थो व भोजन की पौष्टिकता गुणवत्ता को यथावत बनाए रखने की प्रक्रिया को खाद्य परिरक्षण कहते है।

45. सुश्री देबोज्योति समुदाय से प्राप्त उदाहरणों का प्रयोग करते हुए, पर्यावरण में चीजों की अन्योन्याश्रयता का विचार सिखा रही है। एक किराने की दुकान इस धारणा को समझाने के लिए सबसे उपयुक्त है।

76. मिश्रित लर्निंग मोड में (EVS) ई.वी.एस. पढ़ाने के फायदे हैं-

(1) विद्यार्थी कहीं से भी कक्षा में शामिल हो सकते हैं।

(2) विद्यार्थियों को शिक्षक एवं साथियों से आमने-सामने बातचीत करने को मिलता है।

(3) विद्यार्थी अपने ऑनलाइन पढ़ाई से सीखी हुई बातें घर/समुदाय पूरक गतिविधियों से पूरा कर सकते हैं।

47. वीडियो कॉन्फ्रेसिंग रूप के माध्यम से ई.वी.एस. पढ़ाने के समकालिक (सिनकोनॉस) शिक्षण के द्वारा शिक्षक और विद्यार्थी वास्तविक समय में बातचीत करने में सक्षम होते हैं।

48. शिक्षिका द्वारा विद्यार्थियों को घास, बाँस, गुलाब, केला, बरगद, ताड़ के पेड़ आदि का वीडियो दिखाने एवं सभी पेड़-पौधों के आकार, पत्तों, तने और फूलों के बारे में चर्चा करने का उद्देश्य बच्चों को विभिन्न पौधों के आकार, रंग-रूप एवं उनमें विद्यमान विभिन्नताओं से अवगत कराना है।

49. रीता एक ई.वी.एस शिक्षिका, थीम 'खाद्य' पढ़ाते हुए कक्षा-5 के विद्यार्थियों को पड़ोस के घरों में विभिन्न खाद्य संरक्षण विधियों का सर्वेक्षण करने के लिए कहती है।

50. प्राकृतिक, सामाजिक और सांस्कृतिक वातावरण के बीच सम्बन्धों का पता लगाने और समझ विकसित करने के लिए विद्यार्थियों को प्रशिक्षित करना।

CHAPTER

6

SCIENCE PEDAGOGY
विज्ञान शिक्षाशास्त्र

Science and technology are playing an important role in our lives. They have become an integral part of our social and cultural life. Various activities are controlled and governed by science. / विज्ञान और प्रौद्योगिकी हमारे जीवन में एक महत्वपूर्ण भूमिका निभा रहे हैं। वे हमारे सामाजिक और सांस्कृतिक जीवन का एक अभित्त अंग बन गए हैं। विभित्त गतिविधियों को विज्ञान द्वारा नियंत्रित और नियंत्रित किया जाता है।

What is Science? / विज्ञान क्या है?

Science has been derived from the Latin word "Scientia" which means knowledge. It is a systematized body of knowledge that may pertain to any subject or field of life. / विज्ञान की उत्पत्ति लैटिन भाषा के शब्द "साइंटिया" से हुई है जिसका अर्थ ज्ञान होता है। यह ज्ञान का एक व्यवस्थित निकाय है जो जीवन के किसी भी विषय या क्षेत्र से संबंधित हो सकता है।

In simple words, science is the investigation and interpretation of natural phenomena which occur in our daily life. / सरल शब्दों में, विज्ञान हमारे दैनिक जीवन में घटित होने वाली प्राकृतिक घटनाओं की जांच और व्याख्या है।

Characteristics of Science / विज्ञान के गुण

1. Science is empirical. / विज्ञान अनुभवजत्य है।
2. Science grows through the processes of science. / विज्ञान की प्रक्रियाओं से विज्ञान का विकास होता है।
3. Scientific knowledge is replicable / वैज्ञानिक ज्ञान अनुकरणीय है।
4. Scientific knowledge is holistic / वैज्ञानिक ज्ञान समग्र है।
5. Scientific knowledge is tentative in nature./ वैज्ञानिक ज्ञान प्रकृति में अस्थायी है।
6. Scientific knowledge is unique. / वैज्ञानिक ज्ञान अद्वितीय है।
7. Scientific knowledge is humanistic / वैज्ञानिक ज्ञान मानवतावादी है।
8. Science has its own values of objectivity, rationality, neutrality, and humanity / विज्ञान की वस्तुनिष्ठता, तर्कसंगतता, तटस्थता और मानवता के अपने मूल्य हैं

Interdisciplinary Approach in Science / विज्ञान में अंत:त्रिषय दृष्टिकोण

- All the branches of science are interdependent. There are many areas in science which are common to all science subjects. Because of the reciprocal relationship between various subjects, the inter-disciplinary approach or correlation is being emphasized. / विज्ञान की सभी शाखाएं अत्योत्याश्रित हैं। विज्ञान में कई ऐसे क्षेत्र हैं, जो सभी विज्ञान विषयों के लिए समान हैं। विभित्त विषयों के पारस्परिक संबंध के कारण, अंतर-अनुशासनात्मक दृष्टिकोण या सहसंबंध पर बल दिया जा रहा है।

- In physical science teaching, we cannot confine ourselves with physics and chemistry alone, we are to combine and correlate physics and chemistry with other subjects, and with the learner environment to avoid rote memory and artificial learning. This is what is known as an interdisciplinary approach in science teaching. / भौतिक विज्ञान शिक्षण में, हम केवल भौतिक विज्ञान और रसायन विज्ञान तक ही सीमित नहीं रह सकते हैं, हमें भौतिक विज्ञान और रसायन विज्ञान को अन्त्य विषयों के साथ जोड़ना और सहसंबद्ध करना है, और रटने वाली स्मृति और कृत्रिम शिक्षा से बचने के लिए सीखने वाले वातावरण के साथ। इसे विज्ञान शिक्षण में एक अंत:विषय दृष्टिकोण के रूप में जाना जाता है।

The interdisciplinary approach can be discussed under 3 headings: / अंत:विषय दृष्टिकोण पर 3 शीर्षकों के तहत चर्चा की जा सकती है:

1. Correlation of science subjects with one another / विज्ञान विषयों का आपस में संबंध
2. Correlation of science with other school subjects / विज्ञान का अन्त्य स्कूली विषयों से संबंध
3. Correlation of science with life and environment / विज्ञान का जीवन और पर्यावरण से संबंध

Aims of Teaching Science / विज्ञान पढ़ाने के उद्देश्य

The whole process of teaching of science directs the students towards these objectives. These objectives are guided by the content materials of the curriculum, lessons, and topics. / विज्ञान शिक्षण की पूरी प्रक्रिया विद्यार्थियों को इन्हीं उद्देश्यों की ओर निर्देशित करती है। इन उद्देश्यों को पाठ्यक्रम, पाठों और विषयों की सामग्री सामग्री द्वारा निर्देशित किया जाता है।

Up to the secondary stage of education, we have three stages./शिक्षा के माध्यमिक स्तर तक, हमारे पास तीन चरण हैं।

1. Primary stage / प्राथमिक चरण
2. Junior High School or Lower Secondary stage of education consists of classes VI toVIII / जूनियर हाई स्कूल या शिक्षा के निचले माध्यमिक स्तर में छठी से आठवीं कक्षा शामिल है
3. The secondary stage of education consists of classes IX to XI / माध्यमिक स्तर की शिक्षा में कक्षा IX से XI तक शामिल हैं

Primary Stage of Education and the Objectives of the Teaching of Science / शिक्षा का प्राथमिक चरण और विज्ञान शिक्षण के उद्देश्य

- Development and training of the power of observation / प्रेक्षण की शक्ति का विकास और प्रशिक्षण
- Knowledge of the relationship between physical and social environment / भौतिक और सामाजिक वातावरण के बीच संबंध का ज्ञान
- Objectives with regard to character and behavior / चरित्र और व्यवहार के संबंध में उद्देश्य
- To develop the habits of personal, family, and community cleanliness / व्यक्तिगत, पारिवारिक और सामुदायिक स्वच्छता की आदतों का विकास करना
- Importance of science in life / जीवन में विज्ञान का महत्व
- Knowledge of the casual relationship / आकस्मिक संबंधों का ज्ञान
- Development of practical outlook / व्यावहारिक दृष्टिकोण का विकास

Objectives of the Teaching of Science for Junior High School Classes / जूनियर हाई स्कूल कक्षाओं के लिए विज्ञान शिक्षण के उद्देश्य

- Development of knowledge and skill for social life / सामाजिक जीवन के लिए ज्ञान और कौशल का विकास
- Development of the power of reasoning / तर्कशक्ति का विकास
- Practical use / प्रायोगिक उपयोग

- Development of the quantitative sense and the capacity to solve problems / मात्रात्मक समझ का विकास और समस्याओं को हल करने की क्षमता
- Numerical Sense / गणनाओं की समझ
- Economic efficiency and knowledge about society and the natural environment / आर्थिक दक्षता और समाज और प्राकृतिक पर्यावरण के बारे में ज्ञान

Objectives of Teaching of Science at Higher Secondary Stage of Education / शिक्षा के उच्चतर माध्यमिक स्तर पर विज्ञान शिक्षण के उद्देश्य

- Development of the psychological aptitude and interests / मनोवैज्ञानिक योग्यता और रुचियों का विकास
- To prepare and equip for higher education / उच्च शिक्षा के लिए तैयारी और सुसज्जित करना
- Economic efficiency and capacity to earn a livelihood / आर्थिक दक्षता और आजीविका कमाने की क्षमता

General Methods of Teaching Science / विज्ञान शिक्षण के सामान्य तरीके

Methods of teaching science can be classified broadly into two types / विज्ञान शिक्षण की विधियों को मोटे तौर पर दो प्रकारों में वर्गीकृत किया जा सकता है:

1. Teacher-Centered / शिक्षक केंद्रित
2. Pupil-Centered / छात्र-केंद्रित

Teacher-Centered Teaching / शिक्षक केंद्रित शिक्षण

- Teacher-Centered teaching is a teacher concerning methods of teaching. / शिक्षक-केंद्रित शिक्षण शिक्षण विधियों से संबंधित शिक्षक है।
- Here teacher's convenience is considered mainly, where the students are just passive recipients of knowledge. /यहां शिक्षक की सुविधा को मुख्य रूप से माना जाता है, जहां छात्र ज्ञान के केवल निष्क्रिय प्राप्तकर्ता होते हैं।
- The teaching environment is very much formalized and the teacher occupies a central position in the classroom. / शिक्षण का वातावरण बहुत औपचारिक है और शिक्षक कक्षा में एक केंद्रीय स्थान रखता है।

Teacher-Centered Methods of Teaching: / शिक्षक-केंद्रित शिक्षण के तरीके:

- Lecture Demonstration / व्याख्यान प्रदर्शन
- Lecture cum Demonstration / व्याख्यान सह प्रदर्शन

Pupil Centered Teaching: / छात्र केंद्रित शिक्षण:

The main concern in pupil-centered teaching is the pupil himself. / छात्र-केंद्रित शिक्षण में मुख्य चिंता स्वयं छात्र है।

- The purpose is to develop in the learner skills and abilities in independent learning and problem-solving. / उद्देश्य स्वतंत्र सीखने और समस्या-समाधान में सीखने वाले कौशल और क्षमताओं का विकास करना है।
- The classroom climate is flexible here and the teacher acts as a facilitator to the students. / यहाँ कक्षा का वातावरण लचीला है और शिक्षक छात्रों के लिए एक सूत्रधार के रूप में कार्य करता है।

Pupil Centered Methods of Teaching: / शिक्षण के छात्र केंद्रित तरीके:

- Heuristic / खोज/अनुसंधान विधि
- Assignment / कार्यभार
- Laboratory / प्रयोगशाला
- Discussion / विचार - विमर्श
- Discussion / विचार - विमर्श
- Project / परियोजना

Scientific Method / वैज्ञानिक विधि

Scientific method is a series of steps to collect information or solve problems. It is a process with the help of which scientists try to investigate, verify or construct an appropriate version of any natural phenomena./ वैज्ञानिक विधि जानकारी एकत्र करने या समस्याओं को हल करने के लिए चरणों की एक श्रृंखला है। यह एक ऐसी प्रक्रिया है जिसकी मदद से वैज्ञानिक किसी प्राकृतिक घटना की जांच, सत्यापन या उचित संस्करण का निर्माण करने का प्रयास करते हैं

They are defined as controlled, systematic investigations that are rooted in objective reality and that aim to develop general knowledge about natural phenomena. / उन्हें नियंत्रित, व्यवस्थित जांच के रूप में परिभाषित किया गया है जो वस्तुनिष्ठ वास्तविकता में निहित हैं और जिनका उद्देश्य प्राकृतिक घटनाओं के बारे में सामान्य ज्ञान विकसित करना है।

The scientific method involves reflective thinking, reasoning, and results from the achievement of certain abilities, skills, and attitudes. / वैज्ञानिक पद्धति में चिंतनशील सोच, तर्क और कुछ क्षमताओं, कौशल और दृष्टिकोण की उपलब्धि से परिणाम शामिल होते हैं।

The scientific method is based on the following steps: / वैज्ञानिक विधि निम्नलिखित चरणों पर आधारित है:

Making an observation: These observations are based on what has already happened and can be verified as right or wrong. / **अवलोकन करना:** ये अवलोकन उस पर आधारित हैं जो पहले ही घटित हो चुका है और इसे सही या गलत के रूप में सत्यापित किया जा सकता है।

Forming a hypothesis: A hypothesis is a statement that provides an educated prediction or proposed solution. / **परिकल्पना बनाना:** परिकल्पना एक कथन है जो एक शिक्षित भविष्यवाणी या प्रस्तावित समाधान प्रदान करता है।

Testing the hypothesis/conducting experiment: This is when an activity is created to confirm (or not confirm) the hypothesis. / **परिकल्पना का परीक्षण करना/प्रयोग करना:** यह तब होता है जब परिकल्पना की पुष्टि (या पुष्टि न करने) के लिए कोई गतिविधि बनाई जाती है।

Verification of Hypothesis: Once the experiment is completed, the results can be analyzed. The results should either confirm the hypothesis as true or false. / **परिकल्पना का सत्यापन:** एक बार प्रयोग पूरा हो जाने पर, परिणामों का विश्लेषण किया जा सकता है। परिणामों को या तो परिकल्पना के सत्य या असत्य होने की पुष्टि करनी चाहिए।

Drawing a conclusion: It is the last step of the problem-solving, a conclusion is drawn when all information is collected. / **निष्कर्ष निकालना:** यह समस्या-समाधान का अंतिम चरण है, सभी जानकारी एकत्र होने पर निष्कर्ष निकाला जाता है।

Science Curriculum / विज्ञान पाठ्यक्रम

- Curriculum originates from the Latin word 'currere' which means 'to run'. It is, therefore, defined as a course to be run for reaching a certain goal'. /पाठ्यचर्या की उत्पत्ति लैटिन शब्द 'क्यूरें' से हुई है जिसका अर्थ है 'दौड़ना'। इसलिए, इसे एक निश्चित लक्ष्य तक पहुँचने के लिए चलाए जाने वाले पाठ्यक्रम के रूप में परिभाषित किया गया है।
- Curriculum acts as a pivot in organizing educational effort on some manageable basis and is undoubtedly the heart of the school and all that goes with it./ पाठ्यचर्या कुछ प्रबंधनीय आधार पर शैक्षिक प्रयासों को व्यवस्थित करने में एक धुरी के रूप में कार्य करती है और निस्संदेह स्कूल और इसके साथ चलने वाली हर चीज का हृदय है।

- Curriculum is a tool in the hands of the Artist (the teacher) to mould his material (the pupil) according to his ideal (objective) in his studio (the school) - Cunningham / पाठ्यचर्या कलाकार (शिक्षक) के हाथ में एक उपकरण है जिससे वह अपने स्टूडियो (विद्यालय) में अपने आदर्श (उद्देश्य) के अनुसार अपनी सामग्री (छात्र) को ढाल सकता है" - **कनिंघम**

Defects in the Present Curriculum / वर्तमान पाठ्यक्रम में दोष

1. It is bookish and stereotyped and lays emphasis on rote memory./ यह किताबी और रूढ़िबद्ध है और रटने की स्मृति पर जोर देती है।
2. It is not in conformity with the aims and objectives of the teaching of science. / यह विज्ञान शिक्षण के उद्देश्यों और उद्देश्यों के अनुरूप नहीं है।
3. It is examination-oriented. / यह परीक्षा-उत्तमुख है।
4. The concept of general science is out of real life. / सामात्त्य विज्ञान की अवधारणा वास्तविक जीवन से बाहर है।
5. The heavy syllabus burdens the young mind with dead information. / भारी पाठ्यक्रम युवा दिमाग पर मृत सूचनाओं का बोझ डाल देता है।
6. It is not based on the capabilities and interests of the students. / यह छात्रों की क्षमताओं और रुचियों पर आधारित नहीं है।
7. It is devoid of scientific attitude and hobbies. / यह वैज्ञानिक दृष्टिकोण और शौक से रहित है।

Science Teacher / विज्ञान शिक्षक

Science is now one of the compulsory subjects in secondary schools, because of its multifarious values. Good science teaching is one of the best ways to create and develop a scientific attitude and thinking among citizens and workers. / विज्ञान अब अपने विविध मूल्यों के कारण माध्यमिक विद्यालयों में अनिवार्य विषयों में से एक है। अच्छा विज्ञान शिक्षण नागरिकों और श्रमिकों के बीच वैज्ञानिक दृष्टिकोण और सोच बनाने और विकसित करने के सर्वोत्तम तरीकों में से एक है।

The science teacher should always keep in mind that the ultimate purpose is to educate the students through the teaching of science. Because science is no doubt, full of facts, principles, and concepts, but its teaching is not just giving out information about them. / विज्ञान शिक्षक को हमेशा यह ध्यान रखना चाहिए कि अंतिम उद्देश्य छात्रों को विज्ञान के शिक्षण के माध्यम से शिक्षित करना है। क्योंकि विज्ञान निस्संदेह तथ्यों, सिद्धांतों और अवधारणाओं से भरा हुआ है, लेकिन इसकी शिक्षा केवल उनके बारे में जानकारी देना नहीं है।

Besides motivating and presenting things in an interesting way, the teacher must be able to create situations for the students where they have to think, do, and reason out. Each pupil must be involved in the learning process because of learning results from the active involvement of the learner. / चीजों को रूचिपूर्ण तरीके से प्रेरित करने और प्रस्तुत करने के अलावा, शिक्षक को छात्रों के लिए ऐसी परिस्थितियाँ बनाने में सक्षम होना चाहिए जहाँ उत्तहें सोचना, करना और तर्क करना हो। शिक्षार्थी की सक्रिय भागीदारी से सीखने के परिणामों के कारण प्रत्येक छात्र को सीखने की प्रक्रिया में शामिल होना चाहिए।

Academic and Professional Qualifications of Science Teacher: / विज्ञान शिक्षक की शैक्षणिक और व्यावसायिक योग्यताएँ:

Besides having personal qualities, a teacher should also fulfill the following broad requirements. / व्यक्तिगत गुणों के अलावा, एक शिक्षक को निम्नलिखित व्यापक आवश्यकताओं को भी पूरा करना चाहिए।

1. Academic qualifications. / शैक्षणिक योग्यता।
2. Professional Education or Training in modern methods and techniques. / आधुनिक विधियों और तकनीकों में व्यावसायिक शिक्षा या प्रशिक्षण।
3. Practical knowledge of child psychology and process for learning. / बाल मनोविज्ञान का व्यावहारिक ज्ञान और सीखने की प्रक्रिया।

Academic Qualification / शैक्षिक योग्यता

The basic academic qualifications laid down by the Education departments of different states are a least B.Sc., to teach middle and High School classes and M.Sc., for senior secondary classes. / विभिन्न राज्यों के शिक्षा विभागों द्वारा निर्धारित बुनियादी शैक्षणिक योग्यताएं कम से कम बीएससी, मध्य और हाई स्कूल कक्षाओं को पढ़ाने के लिए और एमएससी वरिष्ठ माध्यमिक कक्षाओं के लिए निर्धारित की गई हैं।

Professional Education or Training in Modern Methods and Techniques / आधुनिक तरीकों और तकनीकों में व्यावसायिक शिक्षा या प्रशिक्षण

The science teacher should be trained in. / विज्ञान शिक्षक को प्रशिक्षित किया जाना चाहिए।

- Lesson and unit planning / पाठ और इकाई योजना
- Preparation of instructional material. / शिक्षण सामग्री तैयार करना।
- Laboratory management and organization. / प्रयोगशाला प्रबंधन और संगठन।
- Care, maintenance, repair, and improvisation of science apparatus and equipment. / विज्ञान उपकरण और उपकरणों की देखभाल, रखरखाव, मरम्मत और सुधार।
- The latest method of teaching. / शिक्षण का नवीनतम तरीका।
- Maintenance and use of science libraries. / विज्ञान पुस्तकालयों का रखरखाव और उपयोग।
- Evaluation Technique / मूल्यांकन तकनीक
- Science club activities and district and state science fairs. / साइंस क्लब गतिविधियां और जिला और राज्य विज्ञान मेले।

Practical Knowledge of Child Psychology and the Process of Learning / बाल मनोविज्ञान का व्यावहारिक ज्ञान और सीखने की प्रक्रिया

1. Every science teacher should be able to deal with the students according to their needs. / प्रत्येक विज्ञान शिक्षक को विद्यार्थियों के साथ उनकी आवश्यकता के अनुसार व्यवहार करने में सक्षम होना चाहिए।
2. He should follow the psychological principles that 'No two individuals are alike'. / उसे मनोवैज्ञानिक सिद्धांतों का पालन करना चाहिए कि 'कोई भी दो व्यक्ति एक जैसे नहीं होते'।
3. He must be able to cater to individual differences in his class. / वह अपनी कक्षा में व्यक्तिगत विभिन्नता को पूरा करने में सक्षम होना चाहिए।
4. He should be able to lead the students according to their capabilities and interests. / वह छात्रों को उनकी क्षमताओं और रुचियों के अनुसार नेतृत्व करने में सक्षम होना चाहिए।
5. He should also be ready to help them whenever and wherever necessary. / विज्ञान शिक्षक को जब भी और जहां भी आवश्यक हो उनकी मदद के लिए भी तैयार रहना चाहिए।
6. Besides this, a science teacher should have great patience and the ability to switch from one aspect to another. / इसके अलावा, एक विज्ञान शिक्षक में बहुत धैर्य और एक पहलू से दूसरे पहलू को जोड़ने की क्षमता होनी चाहिए।
7. A Science teacher should frequently evaluate his teaching for improving and identifying his weak area. / एक विज्ञान शिक्षक को अपने कमजोर क्षेत्र को सुधारने और पहचानने के लिए अपने शिक्षण का बार-बार मूल्यांकन करना चाहिए।

Science Laboratory / विज्ञान प्रयोगशाला

- The laboratory is commonly regarded as the heart of science teaching. The science laboratory provides opportunities for the students to understand the concepts and different ideas of science. / प्रयोगशाला को आमतौर पर विज्ञान शिक्षण का केंद्र माना जाता है। विज्ञान प्रयोगशाला छात्रों को विज्ञान की अवधारणाओं और विभित्त्न विचारों को समझने के अवसर प्रदान करती है।
- Sood has defined, "Science laboratory is the central place where students get an opportunity to conduct experiments and search principles of science". / सूझ ने परिभाषित किया है, "विज्ञान प्रयोगशाला वह केंद्रीय स्थान है जहां छात्रों को विज्ञान के प्रयोगों और खोज सिद्धांतों का संचालन करने का अवसर मिलता है"।
- The laboratory helps in the development of objective reasoning and thinking, skills of experimentation, observation, problem-solving, and scientific attitudes among the students. / प्रयोगशाला छात्रों के बीच वस्तुनिष्ठ तर्क और सोच, प्रयोग के कौशल, अवलोकन, समस्या-समाधान और वैज्ञानिक दृष्टिकोण के विकास में मदद करती है।

Location and Types of Science Laboratories / विज्ञान प्रयोगशालाओं के प्रकार एवं स्थिति

- A science laboratory should be located preferably on the school building if possible so that there is no disturbance of the laboratory. / यदि संभव हो तो विद्यालय भवन में विज्ञान प्रयोगशाला स्थापित की जानी चाहिए ताकि प्रयोगशाला में कोई गड़बड़ी न हो।
- The open space outside the laboratory will be of much use to conduct some of the experiments outside, in sunlight. / प्रयोगशाला के बाहर खुली जगह धूप में बाहर कुछ प्रयोग करने के लिए बहुत उपयोगी होगी।
- Biology and general science laboratory should have a north-south orientation to provide adequate sunlight exposure./ जीव विज्ञान और सामात्त्य विज्ञान प्रयोगशाला में पर्याप्त धूप प्रदान करने के लिए उत्तर-दक्षिण दिशा होनी चाहिए।

There are three important plans for the science laboratory. / विज्ञान प्रयोगशाला के लिए तीन महत्वपूर्ण योजनाएं हैं।

- Lecture room - cum - laboratory plan / व्याख्यान कक्ष-सह-प्रयोगशाला योजना
- Lecture - cum - laboratory plan / व्याख्यान-सह-प्रयोगशाला योजना
- These two plans are a combined one with a lecture room and a laboratory attached side by side. Half of the whole laboratory is used as a lecture room and half as a laboratory to arrange practical classes for one or more subjects. / ये दो योजनाएँ संयुक्त रूप से एक व्याख्यान कक्ष और एक प्रयोगशाला के साथ-साथ जुड़ी हुई हैं। पूरी प्रयोगशाला का आधा भाग व्याख्यान कक्ष के रूप में और आधा प्रयोगशाला के रूप में एक या अधिक विषयों के लिए व्यावहारिक कक्षाओं की व्यवस्था के लिए उपयोग किया जाता है।
- All-purpose laboratory: The whole laboratory is used for all purposes namely for lecture and laboratory work. / सर्व-उद्देश्यीय प्रयोगशाला: पूरी प्रयोगशाला का उपयोग सभी उद्देश्यों के लिए किया जाता है, अर्थात् व्याख्यान और प्रयोगशाला कार्य के लिए।

Classification of Teaching Aids / शिक्षण सामग्री का वर्गीकरण

(i) Visual Aids / दृश्य सामग्री

These aids involve the use of the sense of sight and hence called as visual aids. / इन सामग्री में दृष्टि की भावना का उपयोग शामिल है और इसलिए इसे दृश्य सामग्री कहा जाता है।

In this type following aids are considered. / इस प्रकार में निम्नलिखित सहायकों पर विचार किया जाता है।

1. Chalkboard / चॉकबोर्ड
2. Charts / चार्ट
3. Graphs / रेखांकन
4. Diagrams / आरेख
5. Models / मॉडल
6. Flannelgraph / फलैनलग्राफ
7. Epidiascope / एपिडायस्कोप

(ii) Audio Aids / श्रव्य सामग्री

These aids involve the use of the sense of hearing and include radio, gramophone, and tape-recorde / इन सामग्री में सुनने की समझ का उपयोग शामिल है और इसमें रेडियो, ग्रामोफोन और टेप-रिकॉर्डर शामिल हैं।

- Radio / रेडियो
- Tape recorder / टेप रिकॉर्डर

(iii) Activity Aids / गतिविधि सामग्री

In this type of aids, we include all those teaching aids in which the learner is required to be engaged in some useful activity. These include / इस प्रकार की सहायता में हम उन सभी शिक्षण सहायक सामग्री को शामिल करते हैं जिनमें शिक्षार्थी को किसी उपयोगी गतिविधि में संलग्न होना आवश्यक होता है। इसमे शामिल है

- Aquarium / एक्वेरियम
- Nature study garden / प्रकृति अध्ययन उद्यान

(iv) Audio - Visual Aids / श्रव्य - दृश्य सामग्री

- According to Burton, audio-visual aids are those sensory objects or images which initiate or stimulate and reinforce learning. / बर्टन के अनुसार, दृश्य-श्रव्य साधन वे संवेदी वस्तुएं या चित्र हैं, जो सीखने को आरंभ या उत्तेजित और सुदृढ़ करते हैं।
- According to Kinder, S. James: Audio-visual aids are anything by means of which learning process may be encouraged or carried on through the sense of hearing or sense of sight. / किंडर, एस. जेम्स के अनुसार: श्रव्य-दृश्य सहायता कुछ भी है जिसके माध्यम से सीखने की प्रक्रिया को प्रोत्साहित किया जा सकता है या सुनने की भावना या दृष्टि की भावना के माध्यम से आगे बढ़ाया जा सकता है।

Principles in the use of audio-visual aids / श्रव्य-दृश्य साधनों के प्रयोग के सिद्धांत

- Principles of Preparation / तैयारी के सिद्धांत
- Principle of Selection / चयन का सिद्धांत
- Principle of Proper Presentation / उचित प्रस्तुति का सिद्धांत
- Principle of Response / प्रतिक्रिया का सिद्धांत
- Principle of Physical Control / शारीरिक नियंत्रण का सिद्धांत

Essential Qualities of Audio-Visual Aids / श्रव्य-दृश्य सामग्री के आवश्यक गुण

- Accurate / शुद्ध
- Relevance / प्रासंगिकता
- Realistic / वास्तविक
- Comprehensible / बोधगम्य
- Simple / सरल
- Cost / लागत
- Availability / उपलब्धता

- Preparation / तैयारी
- Big enough / पर्याप्त बड़ी
- Location / स्थान
- Evaluation / मूल्यांकन
- Appropriate / उपयुक्त

Achievement Test In Science / विज्ञान में उपलब्धि परीक्षण

chievement tests constitute an important tool for evaluation. It is necessary for the teacher to know ow far the students have attained in a particular subject. / उपलब्धि परीक्षण मूल्यांकन के लिए एक महत्वपूर्ण उपकरण है। शिक्षक के लिए यह जानना आवश्यक है कि छात्र किसी विशेष विषय में कितना आगे बढ़े हैं।

In the school evaluation program, various forms of achievement tests are used to measure the accomplishment of the students./ स्कूल मूल्यांकन कार्यक्रम में, छात्रों की उपलब्धि को मापने के लिए विभिन्न प्रकार के उपलब्धि परीक्षणों का उपयोग किया जाता है।

Any test that measures the attainments or accomplishments of an individual after a period of training or learning is called an achievement test". / कोई भी परीक्षण जो प्रशिक्षण या सीखने की अवधि के बाद किसी व्यक्ति की उपलब्धियों या उपलब्धियों को मापता है उसे उपलब्धि परीक्षण कहा जाता है।

Purpose of Achievement tests / उपलब्धि परीक्षण का उद्देश्य

- To measure whether students possess the pre-requisite skills needed to succeed in any unit or whether the students have achieved the objective of the planned instruction. / यह मापने के लिए कि क्या छात्रों के पास किसी भी इकाई में सफल होने के लिए आवश्यक पूर्व-अपेक्षित कौशल हैं या क्या छात्रों ने नियोजित निर्देश के उद्देश्य को प्राप्त कर लिया है।
- To monitor students' learning and to provide ongoing feedback to both students and teachers during the teaching-learning process. / छात्रों के सीखने की निगरानी करना और शिक्षण-सीखने की प्रक्रिया के दौरान छात्रों और शिक्षकों दोनों को निरंतर प्रतिक्रिया प्रदान करना।
- To identify the students' learning difficulties - whether persistent or recurring. / छात्रों की सीखने की कठिनाइयों की पहचान करना - चाहे वह लगातार हो या आवर्ती हो।
- To assign grades. / ग्रेड प्रदान करना।

Types of Achievement tests / उपलब्धि परीक्षण के प्रकार

Achievement tests as used in school are of two types: / स्कूल में उपयोग किए जाने वाले उपलब्धि परीक्षण दो प्रकार के होते हैं:

- Teacher-made achievement tests / शिक्षक निर्मित उपलब्धि परीक्षण
- Oral tests / मौखिक परीक्षण
- Written or paper and pencil tests / लिखित या कागज और पेंसिल परीक्षण
- Long answer or essay type / दीर्घ उत्तरीय या निबंध प्रकार
- Short answer type / लघु उत्तरीय प्रकार
- Objective type / वस्तुनिष्ठ प्रकार
- Standardized achievement tests / मानकीकृत उपलब्धि परीक्षण

Science NCF / विज्ञान एनसीएफ

Criteria for an Ideal Science Curriculum / एक आदर्श विज्ञान पाठ्यक्रम के लिए मानदंड

Good science education is true to the child, true to life and true to science. This simple observation leads to the following basic criteria of validity of a science curriculum: / अच्छी विज्ञान शिक्षा बच्चे के लिए सत्य है, जीवन के प्रति सत्य है और विज्ञान के प्रति सत्य है। यह सरल अवलोकन विज्ञान पाठ्यक्रम की वैधता के निम्नलिखित बुनियादी मानदंडों की ओर ले जाता है:

(a) Cognitive validity requires that the content, process, language and pedagogical practices of the curriculum are age appropriate, and within the cognitive reach of the child. / संज्ञानात्मक वैधता के लिए आवश्यक है कि पाठ्यक्रम की सामग्री, प्रक्रिया, भाषा और शैक्षणिक प्रथाएं उम्र के अनुरूप हों और बच्चे की संज्ञानात्मक पहुंच के भीतर हों।

(b) Content validity requires that the curriculum must convey significant and correct scientific content. Simplification of content, which is necessary to adapt the curriculum to the cognitive level of the learner, must not be so trivialized as to convey something basically flawed and/ or meaningless. / सामग्री वैधता के लिए आवश्यक है कि पाठ्यक्रम में महत्वपूर्ण और सही वैज्ञानिक सामग्री होनी चाहिए। सामग्री का सरलीकरण, जो पाठ्यक्रम को शिक्षार्थी के संज्ञानात्मक स्तर के अनुकूल बनाने के लिए आवश्यक है, को इतना तुच्छ नहीं बनाया जाना चाहिए कि यह कुछ मूल रूप से त्रुटिपूर्ण और/या अर्थहीन बता दे।

(c) Process validity requires that the curriculum engage the learner in acquiring the methods and processes that lead to generation and validation of scientific knowledge, and nurture the natural curiosity and creativity of the child in science. Process validity is an important criterion since it helps the student in 'learning to learn' science. / प्रक्रिया वैधता के लिए आवश्यक है कि पाठ्यक्रम शिक्षार्थी को उन तरीकों और प्रक्रियाओं को प्राप्त करने में संलग्न करे जो वैज्ञानिक ज्ञान की पीढ़ी और सत्यापन की ओर ले जाएं, और विज्ञान में बच्चे की प्राकृतिक जिज्ञासा और रचनात्मकता का पोषण करें। प्रक्रिया वैधता एक महत्वपूर्ण मानदंड है क्योंकि यह छात्र को विज्ञान सीखने में मदद करती है।

(d) Historical validity requires that science curriculum be informed by a historical perspective, enabling the learner to appreciate how the concepts of science evolve with time. It also helps the learner to view science as a social enterprise and to understand how social factors influence the development of science. / ऐतिहासिक वैधता के लिए आवश्यक है कि विज्ञान पाठ्यक्रम को ऐतिहासिक परिप्रेक्ष्य से सूचित किया जाए, जिससे शिक्षार्थी यह समझ सकें कि विज्ञान की अवधारणाएँ समय के साथ कैसे विकसित होती हैं। यह शिक्षार्थी को विज्ञान को एक सामाजिक उद्यम के रूप में देखने और यह समझने में भी मदद करता है कि सामाजिक कारक विज्ञान के विकास को कैसे प्रभावित करते हैं।

(e) Environmental validity requires that science be placed in the wider context of the learner's environment, local and global, enabling him/her to appreciate the issues at the interface of science, technology and society and preparing him / her with the requisite knowledge and skills to enter the world of work. / पर्यावरणीय वैधता के लिए आवश्यक है कि विज्ञान को शिक्षार्थी के पर्यावरण, स्थानीय और वैश्विक, के व्यापक संदर्भ में रखा जाए, जिससे वह विज्ञान, प्रौद्योगिकी और समाज के इंटरफेस पर मुद्दों की सराहना कर सके और उसे अपेक्षित ज्ञान के साथ तैयार कर सके। काम की दुनिया में प्रवेश करने का कौशल।

(f) Ethical validity requires that the curriculum promote the values of honesty, objectivity, co-operation, freedom from fear and prejudice, and develop in the learner a concern for life and preservation of environment./ नैतिक वैधता के लिए आवश्यक है कि पाठ्यक्रम ईमानदारी, निष्पक्षता,

सहयोग, भय और पूर्वाग्रह से मुक्ति के मूल्यों को बढ़ावा दे और शिक्षार्थी में जीवन और पर्यावरण के संरक्षण के प्रति चिंता विकसित करे।

Science Curriculum At Different Stages / विभिन्न चरणों में विज्ञान पाठ्यक्रम

Consistent with the criteria above, the objectives, content, pedagogy and assessment for different stages of the curriculum are summarized below. / उपरोक्त मानदंडों के अनुरूप, पाठ्यक्रम के विभिन्न चरणों के उद्देश्य, सामग्री, शिक्षाशास्त्र और मूल्यांकन को नीचे संक्षेप में प्रस्तुत किया गया है।

At the primary stage the child should be engaged in joyfully exploring the world around and harmonizing with it. The objectives at this stage are to nurture the curiosity of the child about the world (natural environment, artifacts and people), to have the child engage in exploratory and hands on activities to acquire the basic cognitive and psychomotor skills through observation, classification, inference, etc.; to emphasize design and fabrication, estimation and measurement as a prelude to development of technological and quantitative skills of later stages; and to develop the basic language skills: speaking, reading and writing not only for science but also through science. Science and social science should be integrated as 'Environmental Studies' as at present, with health as an important component. Throughout the primary stage, there should be no formal periodic tests, no awarding of grades or marks, and no detention. / प्राथमिक स्तर पर बच्चे को खुशी-खुशी अपने आस-पास की दुनिया की खोज करने और उसके साथ सामंजस्य बिठाने में व्यस्त रहना चाहिए। इस स्तर पर उद्देश्य दुनिया (प्राकृतिक पर्यावरण, कलाकृतियों और लोगों) के बारे में बच्चे की जिज्ञासा को बढ़ावा देना है, बच्चे को अवलोकन, वर्गीकरण, अनुमान के माध्यम से बुनियादी संज्ञानात्मक और मनोचिकित्सक कौशल प्राप्त करने के लिए खोजपूर्ण और व्यावहारिक गतिविधियों में संलग्न करना है। , वगैरह।; बाद के चरणों के तकनीकी और मात्रात्मक कौशल के विकास की प्रस्तावना के रूप में डिजाइन और निर्माण, अनुमान और माप पर जोर देना; और बुनियादी भाषा कौशल विकसित करना: न केवल विज्ञान के लिए बल्कि विज्ञान के माध्यम से भी बोलना, पढ़ना और लिखना। विज्ञान और सामाजिक विज्ञान को वर्तमान की तरह 'पर्यावरण अध्ययन' के रूप में एकीकृत किया जाना चाहिए, जिसमें स्वास्थ्य एक महत्वपूर्ण घटक है। पूरे प्राथमिक चरण में, कोई औपचारिक आवधिक परीक्षण नहीं होना चाहिए, कोई ग्रेड या अंक नहीं दिए जाने चाहिए, और कोई हिरासत नहीं होनी चाहिए।

At the upper primary stage the child should be engaged in learning principles of science through familiar experiences, working with hands to design simple technological units and modules (e.g. designing and making a working model of a windmill to lift weights) and continuing to learn more on environment and health through activities and surveys. Scientific concepts are to be arrived at mainly from activities and experiments. Science content at this stage is not to be regarded as a diluted version of secondary school science. Group activity, discussions with peers and teachers, surveys, organization of data and their display through exhibitions, etc. in schools and neighbourhood are to be an important component of pedagogy. There should be continuous as well as periodic assessment (unit tests, term end tests). The system of 'direct' grades should be adopted. There should be no detention. Every child who attends eight years of school should be eligible to enter Class IX. / उच्च प्राथमिक स्तर पर बच्चे को परिचित अनुभवों के माध्यम से विज्ञान के सिद्धांतों को सीखने में संलग्न किया जाना चाहिए, सरल तकनीकी इकाइयों और मॉड्यूल को डिजाइन करने के लिए हाथों से काम करना चाहिए (उदाहरण के लिए वजन उठाने के लिए पवनचक्की का एक कामकाजी मॉडल डिजाइन करना और बनाना) और अधिक सीखना जारी रखना चाहिए गतिविधियों और सर्वेक्षणों के माध्यम से पर्यावरण और स्वास्थ्य। वैज्ञानिक अवधारणाएँ मुख्यत: गतिविधियों और प्रयोगों से प्राप्त की जाती हैं। इस स्तर पर विज्ञान सामग्री को माध्यमिक विद्यालय विज्ञान का पतला संस्करण नहीं माना जाना चाहिए। समूह गतिविधि, साथियों और शिक्षकों के साथ चर्चा, सर्वेक्षण, डेटा का संगठन और स्कूलों

और आस-पड़ोस में प्रदर्शनियों के माध्यम से उनका प्रदर्शन आदि शिक्षाशास्त्र का एक महत्वपूर्ण घटक होना चाहिए। सतत एवं आवधिक मूल्यांकन (यूनिट परीक्षण, सत्रांत परीक्षण) होना चाहिए। श्प्रत्यक्षश ग्रेड की प्रणाली अपनाई जानी चाहिए। कोई हिरासत नहीं होनी चाहिए. आठ साल तक स्कूल जाने वाला प्रत्येक बच्चा नौवीं कक्षा में प्रवेश के लिए पात्र होना चाहिए।

At the secondary stage the students should be engaged in learning science as a composite discipline, in working with hands and tools to design more advanced technological modules than at the upper primary stage, and in activities and analysis on issues surrounding environment and health. / माध्यमिक स्तर पर छात्रों को एक समग्र अनुशासन के रूप में विज्ञान सीखने, उच्च प्राथमिक स्तर की तुलना में अधिक उन्नत तकनीकी मॉड्यूल डिजाइन करने के लिए हाथों और उपकरणों के साथ काम करने और पर्यावरण और स्वास्थ्य से जुड़े मुद्दों पर गतिविधियों और विश्लेषण में संलग्न होना चाहिए।

Systematic experimentation as a tool to discover/verify theoretical principles, and working on locally significant projects involving science and technology are to be important parts of the curriculum at this stage. At the higher secondary stage science should be introduced as separate disciplines with emphasis on experiments/technology and problem solving. The current two streams, academic and vocational, being pursued as per NPE 1986 may require a fresh look in the present scenario. The students may be given an option to choose the subjects of their interest freely, though it may not be feasible to offer all the different subjects in every school. The curriculum load should be rationalized to avoid the steep gradient between secondary and higher secondary syllabus. At this stage, core topics of a discipline, taking into account recent advances, should be carefully identified and treated with appropriate rigour and depth. The tendency to superficially cover a large number of topics of the discipline should be avoided. / सैद्धांतिक सिद्धांतों की खोज/सत्यापन करने के लिए एक उपकरण के रूप में व्यवस्थित प्रयोग, और विज्ञान और प्रौद्योगिकी से जुड़ी स्थानीय रूप से महत्वपूर्ण परियोजनाओं पर काम करना इस स्तर पर पाठ्यक्रम का महत्वपूर्ण हिस्सा है। उच्चतर माध्यमिक स्तर पर विज्ञान को प्रयोगों/प्रौद्योगिकी और समस्या समाधान पर जोर देने के साथ अलग विषयों के रूप में पेश किया जाना चाहिए। एनपीई 1986 के अनुसार अपनाई जा रही वर्तमान दो धाराएँ, शैक्षणिक और व्यावसायिक, को वर्तमान परिदृश्य में नए सिरे से देखने की आवश्यकता हो सकती है। छात्रों को अपनी रुचि के विषयों को स्वतंत्र रूप से चुनने का विकल्प दिया जा सकता है, हालांकि हर स्कूल में सभी अलग-अलग विषयों की पेशकश करना संभव नहीं हो सकता है। माध्यमिक और उच्चतर माध्यमिक पाठ्यक्रम के बीच तीव्र उतार-चढ़ाव से बचने के लिए पाठ्यक्रम भार को तर्कसंगत बनाया जाना चाहिए। इस स्तर पर, किसी अनुशासन के मुख्य विषयों को, हाल की प्रगति को ध्यान में रखते हुए, सावधानीपूर्वक पहचाना जाना चाहिए और उचित कठोरता और गहराई के साथ इलाज किया जाना चाहिए। अनुशासन के बड़ी संख्या में विषयों को सतही तौर पर कवर करने की प्रवृत्ति से बचना चाहिए।

TEST YOURSELF

1. According to National Curriculum Framework (NCF) – 2005 which of the following is not an objective of science teaching at the upper – primary stage? / राष्ट्रीय पाठ्ययचर्या रूपरेखा (2005) के अनुसार, निम्न में से कौन-सा उच्च प्राथमिक स्तर की विज्ञान शिक्षा का उद्देय नहीं है?

(a) Using systematic experimentation as a tool to discover / सैद्धांतिक सिद्धांतों की खोज। सत्यापन के लिए योजनाबद्ध प्रयोगों का उपकरण के तौर पर उपयोग करना।

(b) Learning concepts of science through familiar experience / सुपरिचित अनुभवों के आधार पर विज्ञान की अवधारणाओं को सीखना।

(c) Working with hands to design simple technological units and modules / सरल प्रौद्योगिकी इकाइयाँ और मॉड्यूल हाथों द्वारा तैयार करना।

(d) Doing activities and experiments to arrive at scientific concepts. / विज्ञान की अवधारणाओं को जानने के लिये क्रियाकलापों और प्रयोगों को करना।

2. Which of the following is the most accurate description of scientific laws? / निम्न में से कौन-सा कथन विज्ञान के नियमों की सटीक व्याख्या करता है?

(a) Scientific laws are descriptions of the relationships between observable phenomena / विज्ञान के नियम दर्शनीय परिघटनाओं में आपसी संबंधों की व्याख्या हैं।

(b) Scientific laws are products of strong scientific theories. / विज्ञान के नियम विज्ञान के प्रबल सिद्धांतों का निष्कर्ष हैं।

(c) Scientific laws have a higher status than scientific theories / विज्ञान के नियमों का स्तर वैज्ञानिक सिद्धांतों के स्तर से ऊँचा होता है।

(d) Scientific theories are more legitimate products of science than scientific laws / विज्ञान के नियमों की तुलना में विज्ञान के सिद्धांत, विज्ञान के अधिक तर्कसंगत निष्कर्ष हैं।

3. A teacher poses the following question to her class VII students. / एक शिक्षिका अपनी सातवीं कक्षा के छात्रों से निम्नलिखित प्रश्न पूछती है:

"Which is heavier – 1 kg of cotton or 1 Kg of iron"? / "कौन-सा अधिक भारी है - 1 kg रुई या 1 kg लोहा?"

She finds that a large number of students think that 1 kg of cotton. / वह पाती है कि कई छात्र मानते हैं कि 1 kg लोहा 1 kg रुई से अधिक भारी होता है।

Which of the following strategies would be the least useful in addressing this इस विचार को सम्बोधित करने में निम्न में से कौन-सी रणनीति सबसे कम मददगार होगी? idea?

(a) Defining the concept of density / घनत्व की संकल्पना की परिभाषा देना

(b) Demonstration of the equivalence of the two by scales / तुला द्वारा दोनों की समतुल्यता का प्रदर्शन करना

(c) Providing opportunity to handle & weigh cotton balls and iron blocks of different sizes / विभिन्न आकार के रुई के गोलों और लोहे के गुटकों को हस्त प्रयोग करने और तौलने के अवसर देना

(d) Explanation of the difference between heaviness and density / भारीपन और घनत्व के बीच के अंतर की व्याख्या करना

4. Research tells that children come to formal science learning with many prior ideas that do not match with the scientific explanations. Which of the following is NOT true in respect of these ideas? / शोध बताते हैं कि बच्चे औपचारिक विज्ञान अध्ययन में ऐसे कई पूर्व विचार लेकर आते हैं जो वैज्ञानिक

व्याख्याओं से मेल नहीं खाते। निम्नलिखित में से क्या इन विचारों के संदर्भ में सही नहीं है?

(a) They are based on everyday experiences / ये रोज़मर्रा के अनुभवों के आधार पर बनते हैं।

(b) They can be easily changed / ये आसानी से बदले जा सकते हैं।

(c) They influence children's school learning / ये बच्चों के विद्यालयी अधिगम पर प्रभाव डालते हैं।

(d) Even adults can hold these ideas / वयस्क भी ये विचार रख सकते हैं।

5. What, according to social constructivism, is the most crucial teaching strategy for helping students construct a meaningful understanding of science? / सामाजिक संरचना के अनुसार विद्यार्थियो में विज्ञान की एक अर्थपूर्ण समझ बनाने के लिये कौन-सी योजना सबसे निर्णायक शिक्षण योजना है?

(a) Frequently conducting activities for students using activity guides / विद्यार्थियों के लिये क्रियाकलाप संदर्शिका का उपयोग करके क्रियाकलापों को बारंबार आयोजित करना।

(b) Asking students to prepare models to demonstrate scientific ideas / विद्यार्थियों को वैज्ञानिक विचारों का निदर्शन करते मॉडल बनाने को कहना।

(c) Encouraging students to solve good number of numerical problems / बड़ी संख्या में संख्यात्मक प्रश्नों को हल करने के लिये विद्यार्थियों को उत्साहित करना।

(d) Helping students in talking, thinking, arguing and writing about science / विज्ञान के विषय में बोलने, सोचने, बहस करने और लिखने के लिए विद्यार्थियों की मदद करना।

6. Which of the following would be least helpful for assessing the thought processes or ideas of science learners? / विज्ञान के विद्यार्थियों के दृष्टिकोण/विचारों का मूल्यांकन करने में निम्न में से क्या सबसे कम मददगार होगा?

(a) Asking students to prepare a chart/ poster for exhibition/display / विद्यार्थियों को प्रदर्शनी के लिये चार्ट/पोस्टर बनाने के लिए कहना।

(b) Posing questions to students in a one – on – one conversation / विद्यार्थियों से एक-एक करके प्रश्न पूछना

(c) Interviewing students intensively / गहनता से विद्यार्थियों से साक्षात्कार करना

(d) Asking students to depict their thought processes through concept – maps/diagrams/ sketches / विद्यार्थियों को अपने विचारों को (मानचित्र)नक्शे/चित्रो/ रेखाचित्रों जैसी अवधारणाओं के द्वारा व्यक्त करने के लिए कहना।

7. Which of the following is best suited for testing a hypothesis in science? / विज्ञान में परिकल्पना परीक्षण के लिए निम्न में से क्या सबसे उपयुक्त है?

(a) Observation / अवलोकन

(b) Experimentation / प्रयोग करना

(d) Problem Solving / सामूहिक चर्चा

(c) Group Discussion / समस्या समाधान

8. A student says that substances such as flour and salt are 'liquid' because they take the shape of the container in which they are put, what would be your response to the student's claim? / एक विद्यार्थी कहता है कि आटे और नमक जैसे पदार्थ, द्रव पदार्थ हैं क्योंकि ये जिस भी पात्र में जाते हैं, उसी का आकार ले लेते हैं। विद्यार्थी के इस दावे पर आपका क्या प्रत्युत्तर है?

(a) A material that is 'liquid' has no fixed shape, it takes the shape of the container it is poured into. So, salt and flour are liquids / एक 'द्रव' पदार्थ का कोई निश्चित आकार नहीं होता, यह जिस भी पात्र में डाला जाता है उसी का आकार ले लेता है। इसलिये नमक तथा आटा द्रव पदार्थ हैं।

(b) They are solids because even though a whole mass of tiny grains of flour or salt does not have a definite shape, each individual grain does / ये ठोस है क्योंकि चाहे आटे या नमक के छोटे कणों की संपूर्ण मात्रा का कोई नियत आकार न हो लेकिन हर एकल कण का होता है।

(c) Flour and salt are not liquids because they do not exhibit the wetting property but they are fluids because they 'flow' / आटा तथा नमक द्रव पदार्थ नहीं हैं क्योंकि ये गीला करने का गुणधर्म नही दर्शाते लेकिन ये तरल हैं क्योंकि ये 'बहते' हैं।

(d) The definition of a 'solid' is incomplete as it does not accommodate substances such as flour and salt / ठोस की परिभाषा अधूरी है क्योंकि यह आटा और नमक जैसे पदार्थों को समायोजित नहीं करती।

9. Which of the following strategies can provide the most meaningful clarification on the concept of scattering of light? / निम्नलिखित में से कौन-सी रणनीति प्रकाश के प्रकीर्णन की अवधारणा पर सार्थक स्पष्टीकरण प्रदान कर सकती है?

(a) Chart showing a scattering of light / प्रकाश के प्रकीर्णन को दर्शाने वाला चार्ट

(b) Animated video showing scattering of light / प्रकाश के प्रकीर्णन को दर्शाने वाला एनिमेटेड चलचित्र

(c) Observing scattering of light on a colloidal solution by the learners / शिक्षार्थियों द्वारा कोलाइडल विलयन पर प्रकाश के प्रकीर्णन का अवलोकन

(d) Focus group discussion / प्रकाश के प्रकीर्णन पर फोकस समूह चर्चा

10. Which of the following is NOT a characteristic of a constructivist science classroom? / निम्नलिखित में से कौन-सा एक रचनावादी विज्ञान कक्षाओं का लक्षण नहीं है?

(a) Students discussing various ways of solving a numerical problem / छात्र एक आंकिक प्रश्न को हल करने के विभिन्न तरीकों पर चर्चा कर रहे हैं।

(b) Teacher ignoring students' erroneous responses / शिक्षिका छात्रों के त्रुटिपूर्ण उत्तरों को अनदेखा कर रही है।

(c) Teacher listening to students' conversations during a field trip / क्षेत्रीय भ्रमण के दौरान शिक्षिका बच्चों की बातचीत को ध्यानपूर्वक सुन रही है।

(d) Students planning for an investigation / बच्चे अन्वेषण की योजना बना रहे हैं।

11. A teacher puts a leaf in a test tube and puts sprit (alcohol) in it. Now he heats the test tube till all the green color comes out. Then he takes out the leaf and pour some iodine solution on it. The students write the following statements in their notebooks. / किसी शिक्षक ने एक पत्ती को परखनली में रखा और उसमें स्पिरिट (एल्कोहोल) डाला। अब उन्होंने परखनली को तब तक गर्म किया जब तक उसमें से सारा हरा रंग बाहर नहीं निकल गया। फिर उन्होंने पत्ती को बाहर निकाला और उस पर आयोडीन विलयन डाला। छात्रों ने निम्न कथन अपनी कॉपी में लिखे-

A. The leaf turns blue black in color / पत्ती का रंग नीला-काला हो गया।

B. The leaf contains starch / पत्ती में स्टार्च है।

Which of the following statements is correct. / निम्न में से कौन-सा कथन सही है?

(a) A is observation, B is inference / A प्रेक्षण है, B निष्कर्ष है।

(b) A is inference, B is observation / A निष्कर्ष है, B प्रेक्षण है।

(c) Both A and B are observation / A और B दोनों प्रेक्षण हैं।

(d) Both A and B are inference / A और B दोनों निष्कर्ष हैं।

12. Which of the following is an appropriate objective for organising a science fair in school? / निम्न में से क्या विद्यालय में विज्ञान मेला आयोजित करने का उपयुक्त उद्देश्य है?

(a) Getting a good publicity for the school in society. / समाज में विद्यालय का अच्छा प्रचार करना।
(b) Increasing the student's interests in science / विज्ञान में विद्यार्थियों की रुचि बढ़ाना।
(c) Helping the school to meet administrative requirement / प्रशासनिक आवश्यकताओं को पूरा करने में विद्यालय की सहायता करना।
(d) Developing a feeling of competition among students / विद्यार्थियों में प्रतिस्पर्धा की भावना का विकास करना।

13. **Adapting the science curriculum as per the understanding level of students ensures its / छात्रों की समझ के स्तर के अनुसार विज्ञान की पाठ्यचर्या अपनाना उसकी .... को सुनिश्चित करता है।**
(a) Content validating / विषय-वस्तु वैधता
(b) Historical validating / ऐतिहासिक वैधता
(c) Cognitive validating / संज्ञानात्मक वैधता
(d) Environmental validating / पर्यावरणीय वैधता

14. **A class VII teacher plans a task for students of classifying 25 plants. Which of the following strategies best support inquiry teaching? / कक्षा VII के शिक्षक ने विद्यार्थियों को कार्य देने के लिए 25 पौधों को वर्गीकृत करने की योजना बनाई। निम्न में से कौन-सी योजना जांच-आधारित शिक्षण को सर्वाधिक प्रोत्साहित करता है?**
(a) Teacher explains scientific classification system and demonstrate it / शिक्षक ने वैज्ञानिक वर्गीकरण प्रणाली को समझाया और दर्शाया।
(b) Teacher gives rules for classification and asks students to classify the plants / शिक्षक ने छात्रों को वर्गीकरण के नियम समझाए और उन्हें पौधों का वर्गीकरण करने को कहा।
(c) Teacher allows each student to classify in their own way and discuss them. / शिक्षक ने प्रत्येक छात्र को अपने तरीके से वर्गीकृत करने की और विचार-विमर्श करने की अनुमति दी।
(d) Teacher conducts a field trip to show plants / शिक्षक पौधे दिखाने के लिए विद्यार्थियों को एक क्षेत्रीय दौरे (क्षेत्र भ्रमण) पर ले गए।

15. **Read the following statement carefully and choose the correct option / नीचे दिए गए कथनों को पढ़िए और सही विकल्प का चयन कीजिए।**
Assertion A : School science textbooks need to include episodes from history. / विज्ञान की पाठ्यपुस्तकों में ऐतिहासिक घटनाओं का सम्मिलन होना चाहिए।
Reasoning R : Historical development of ideas in science is important for a holistic understanding of science / विज्ञान की पूर्ण समझ के विकास के लिए विज्ञान की अवधारणाओं के ऐतिहासिक विकास को समझना महत्वपूर्ण है।
(a) Both A and R are true but R is not the correct explanation of explanation of A / A और R दोनों सत्य हैं और R, A की सही व्याख्या नहीं करता है।
(b) Both A and R are true but R is the correct explanation of explanation of A / A और R दोनों सत्य हैं और R, A की सही व्याख्या करता है।
(c) A is correct and R is incorrect / A सत्य है, लेकिन R असत्य है।
(d) Both A and R are incorrect / A और R दोनों असत्य हैं।

16. **Which of the following statements is/are correct regarding assessment in science? / विज्ञान के मूल्यांकन के लिए निम्नलिखित में से कौन-से कथन सही हैं?**
A. Same type of tasks should be given to all students for objectivity and parity./ वस्तुनिष्ठता और समतुल्यता के लिए सभी विद्यार्थियों को एक ही प्रकार के कार्य देने चाहिए।

B. **Use of correct scientific vocabulary should be the only criteria of answers. /उत्तरों के मूल्यांकन में सही वैज्ञानिक शब्दावली का उपयोग एकमात्र मानदंड होना चाहिए।**

C. **Student's justification of their response should be part of assessment. / विद्यार्थियों का अपने उत्तरों के लिए दिया गया तर्क मूल्यांकन का एक आधार होना चाहिए।**

(a) Only A (b) Only B
(c) A and B (d) Only C

17. Which of the following statements describe the nature of science? / निम्नलिखित में से कौन-से कथन विज्ञान की प्रकृति का वर्णन करते हैं?

A. **Scientific knowledge is tentative / वैज्ञानिक ज्ञान अस्थायी है।**

B. **Scientific explanations are falsifiable / वैज्ञानिक व्याख्याएँ खंडन योग्य होती हैं।**

C. **it is a process of describing the world around us / यह हमारे आसपास की दुनिया की व्याख्या करने का एक प्रयास है।**

D. **It is a body of ultimate knowledge / यह ज्ञान का परम भंडार है।**

(a) A, B, C (b) B, C, D
(c) C, D, A (d) D, A, B

18. Which of the following is a micro - level intervention aimed at improving the teaching - learning of science in middle schools initiated during the late 1970s / माध्यमिक विद्यालयों में विज्ञान की शिक्षण-अधिगम प्रक्रिया को बेहतर बनाने के उद्देश्य से 1970 के पूर्वार्द्ध में निम्न में से किसे सूक्ष्मतर स्तर पर सम्मिलित किया गया?

(a) Hoshangabad Science Teaching Program [HSTP] / होशंगाबाद विज्ञान शिक्षण कार्यक्रम [HSTP]
(b) Lok Jumbish [L J] / लोक जुंबिश [L J]
(c) District Primary Education Program [DPEP] / जिला प्राथमिक शिक्षा कार्यक्रम [DPEP]
(d) Atal Tinkering Lab [ATL] / अटल टिंकरिंग लैब [ATL]

19. Teaching science through discovery : / खोज द्वारा विज्ञान शिक्षण -

(a) focuses on the products of learning / अधिगम के उत्पादों पर ध्यान देता है।
(b) focuses on the process of learning / अधिगम की प्रक्रियाओं पर ध्यान देता है।
(c) is a teacher - centered approach / शिक्षक-केंद्रित उपागम है।
(d) is a memory - based approach / स्मृति-केंद्रित उपागम है।

20. A science teacher of class VII asks the students to measure the body temperature of 10 peers and record their observations. Which of the following process skills can be assessed using this activity? / कक्षा VII के विज्ञान शिक्षक ने अपने विद्यार्थियों से एक क्रिया-कलाप करने के लिए कहा, जिसमें उन्हें अपने 10 साथियों के शरीर का तापमान मापना है और अपने प्रेक्षणों को रिकॉर्ड करना है। इस विधि से कौन-सी प्रक्रिया में निपुणता मापी जा सकती है?

(a) Experimenting / प्रयोग करना
(b) Inferring / निष्कर्ष निकालना
(c) Observing / मापना
(d) Controlling variables / संप्रेषण करना

21. Which of the following is an example of a question to assess divergent thinking in learners on the topic of Fossil fuels? / जीवाश्मी ईंधनों के विषय पर विद्यार्थियों की अपसारी सोच का आकलन करने के उदाहरण का प्रश्न निम्न में से कौन-सा है?

(a) Write five advantage of solar energy over fossil fuels / जीवाश्म ईंधनों की अपेक्षा सौर ऊर्जा के कोई पांच लाभ लिखिये।
(b) List the steps involved in formation of coal / कोयले के निर्माण में निहित चरणों की सूची बनाइये।
(c) Draw the labelled diagram of fractional distillation of petroleum /

पेट्रोलियम के प्रभाजी आसवन का एक नामांकित चित्र बनाइये।

(d) What would happen if all the petroleum reserves are finished up? / क्या होगा यदि पेट्रोलियम के सभी भण्डार समाप्त हो जाएँ?

22. Which of the following statement (s) are correct regarding scientific theories? / विज्ञान के सिद्धांतों के सन्दर्भ में निम्न में से कौन सा/से कथन सही हैं?

(A) They explain the observations based on given information / वे दी गई सूचना के आधार पर अवलोकनों की व्याख्या करते हैं।

(B) They can make predictions about results of future observations / वे भविष्य के अवलोकनों के निष्कर्षों के सन्दर्भ में पूर्वानुमान लगा सकते हैं।

(C) They are generalizations generalizations of empirical observations / वे प्रयोगाश्रित अवलोकनों के व्यापकीकरण हैं।

(D) Once proven, a theory cannot be disapproved / एक बार सिद्ध होने पर, सिद्धांत का निरनुमोदन नहीं किया जा सकता है।

(a) A, B (b) B, C
(c) C, D (d) A, D

23. A teacher gives the following task to the students of class VI / एक शिक्षिका ने कक्षा VI के विद्यार्थियों को निम्न कार्य करने के लिए दिया -

Visit a garden or local nursery and identify the plants which are 'healthy' and give reasons for identifying those plants as 'healthy'. / एक उद्यान या स्थानीय नर्सरी में जाइए और 'स्वस्थ' पौधों की पहचान करिए और उन पौधों को स्वस्थ के रूप में चिन्हित करने के लिए कुछ कारण दीजिए।

Which process skills are being promoted in this activity? / उस क्रियाकलाप में कौन से प्रक्रिया कौशलों को प्रोत्साहित किया जा रहा है?

(a) Observing, defining operationally / अवलोकन करना, परिचालन परिभाषित करना

(b) Observing, predicting / अवलोकन करना, पूर्वानुमान लगाना

(c) Communicating, measuring / सम्प्रेषण करना, मापन करना

(d) Predicting, classifying / पूर्वानुमान लगाना, वर्गीकरण करना

24. Which of the following is not an expository activity of teaching science? / विज्ञान के शिक्षण में निम्न में से कौन-सी प्रक्रिया एक व्याख्यात्मक प्रक्रिया नहीं है?

(a) A teacher shows videos on habitat of various animals / एक शिक्षिका विभिन्न पशुओं के प्राकृतिक वास के वीडियो दिखाती हैं।

(b) A teacher demonstrates an experiment to show that a current carrying coil has a magnetic field around it / एक शिक्षिका प्रयोग द्वारा दर्शाती है कि एक धाराप्रवाही कुंडली के चारों ओर एक चुम्बकीय क्षेत्र होता है।

(c) A teacher provides a concepts map to show the relationship between higher and lower order concepts / उच्च तथा निम्न श्रेणी की संकल्पनाओं के बीच संबंध-दर्शाने के लिए एक शिक्षिका संकल्पनात्मक चित्रण प्रस्तुत करती है।

(d) A teacher asks open ended questions and seeks explanations / एक शिक्षिका विवृतांत प्रश्न पूछती हैं और उनकी व्याख्या ढूंढती हैं।

25. Which of the following statement is correct? / निम्न में से कौन-सा कथन सही है?

(a) Gender equity in science implicates making girls as good as boys in science. / विज्ञान में लैंगिक समता का अर्थ है कि विज्ञान में लड़कियाँ उतनी ही अच्छी हों जितना की लड़के।

(b) Gender equity in science implicates for both girls and boys / विज्ञान में लैंगिक समता से तात्पर्य है कि लड़कियों और लड़कों दोनों के बीच से लैंगिक प्रतिबंध हटा लिये जाएं।

(c) Gender equity in science aims at making science more attractive to girls / विज्ञान में लैंगिक समता का उद्देश्य है कि लड़कियों के लिए विज्ञान को अधिक आकर्षक बनाया जाए।

(d) Gender equity in science aims at creating more single sex schools / विज्ञान में लैंगिक समता का उद्देश्य एकल लैंगिक विद्यालयों का सृजन करना है।

26. Read the following and choose correct option / निम्न कथनों को पढ़िए और सही विकल्प का चयन कीजिए-

S1 - Children's ideas about a science content are often domain specific and may be conflicting / विज्ञान की संकल्पनाओं के सन्दर्भ में बच्चों के विचार प्राय: प्रकरण विशिष्ट होते हैं और विरोधाभासी ही हो सकते हैं।

S2 - Children's alternate conceptions in science demonstrate liner reasoning from cause to effect / विज्ञान में बच्चों की वैकल्पिक संकल्पनाएँ कार्य से कारण तक एक रेखीय विवेचन दर्शाती हैं।

(a) Only S1 is correct / केवल S1 सही है।

(b) Only S2 is correct / केवल S2 सही है।

(c) Both S1 and S2 are correct / S1 और S2 दोनों सही हैं।

(d) Both S1 and S2 are incorrect / S1 और S2 दोनों सही नहीं हैं।

27. A student puts a pinch of turmeric in solutions marked A and B. She writes the following statements in her copy / किसी विद्यार्थी ने A तथा B अंकित परखनलियों के विलयनों में एक-एक चुटकी हल्दी डाली। उसने निम्न कथन अपनी कॉपी में लिखे-

S1 - Solution A turns red and there is no change in solution B / विलयन A लाल हो गया और विलयन B में कोई परिवर्तन नहीं हुआ।

S2 - Solution A is base and solution B is an acid. / विलयन A एक क्षार है और विलयन B एक अम्ल है।

S3 - Turmeric can be used to differentiate between acids, bases and salts. / अम्लों, क्षारकों तथा लवणों में विभेदन के लिये हल्दी का उपयोग किया जा सकता है।

Which of the following statements is correct? / निम्न में से कौन-से कथन सही हैं?

(a) S1 and S2 are observations; S3 is inference / S1, S2 अवलोकन हैं; S3 निष्कर्ष है।

(b) S1 is observation; S2 is inference / S1 अवलोकन है; S2 निष्कर्ष है।

(c) S1 is observation; S2, S3 are inference / S1 अवलोकन है; S2, S3 निष्कर्ष हैं।

(d) S2 is observation; S3 are inference / S2 अवलोकन है; S3 निष्कर्ष है।

28. Which of the following is an open ended question? / निम्नलिखित में से कौन-सा मुक्त अंत प्रश्न है?

(a) Why do we see only one face of moon from the earth? / हमें पृथ्वी से चंद्रमा का केवल एक ही चेहरा क्यों दिखाई देता है?

(b) Why does the shape of moon change every day? / चन्द्रमा का आकार प्रतिदिन क्यों बदलता है?

(c) What happens during a luner ellipse? / चंद्र दीर्घवृत्त के दौरान क्या होता है?

(d) What would happen if period of rotation and revolution of moon are different? / यदि चन्द्रमा के परिक्रमण और परिक्रमण की अवधि अलग-अलग हो तो क्या होगा?

29. Which of the following illustrates 'assessment for learning' in science? / निम्नलिखित में से क्या विज्ञान के सन्दर्भ में 'अधिगम के लिए आकलन' को दर्शाता है?

(a) Olympiads / ओलिम्पियाड

(b) Investigatory projects / अनुसंधानिक परियोजनाएँ

(c) Annual exams / वार्षिक परीक्षाएँ

(d) Quiz competition / क्विज़ प्रतियोगिता

30. **Read the following statements and choose the correct option. / निम्न कथनों को पढ़िए और सही विकल्प का चयन कीजिए।**

Assertion (A): Science teacher should discusses socio – scientific topics in the class / विज्ञान के शिक्षकों को कक्षा में सामाजिक-वैज्ञानिक विषयों पर परिचर्चा करनी चाहिए।

Reason (R1): Yes, as socio – scientific topics promote multiple perspectives and argumentation skills in learners / हाँ, क्योंकि सामाजिक-वैज्ञानिक विषय शिक्षार्थियों में बहुल परिप्रेक्ष्यों और तर्क वितर्क कौशल को प्रोत्साहित करता है।

Reason (R2) – No, as socio – scientific topics are usually controversial and involves multiples perspective. / नहीं, क्योंकि सामाजिक - वैज्ञानिक विषय प्रायः विवादास्पद होते हैं और उनमें बहुल परिप्रेक्ष्य निहित होते हैं।

(a) A is correct and R1 is correct explain for A / A सही है और R1, A की सही व्याख्या है।
(b) A is incorrect and R2 is correct explain for A / A गलत है और R2, A की सही व्याख्या है।
(c) A is correct but R1 is not correct explanation / A सही है लेकिन R1 इसकी सही व्याख्या नहीं है।
(d) A is incorrect and R2 is not correct explanation / A गलत है और R2 उसकी सही व्याख्या नहीं है।

31. **A class VII teacher asks the following question to her students in the class. / कक्षा VII की शिक्षिका कक्षा में अपने छात्रों से निम्नलिखित प्रश्न पूछती है।**

"What would happen if you do not get water for a week?" / "अगर आपको एक हफ्ते तक पानी नहीं मिला तो क्या होगा?"

The question is best suited to / प्रश्न सबसे उपयुक्त है

(a) sensitize the learners on judicious use of water. / शिक्षार्थियों को पानी के विवेकपूर्ण उपयोग पर संवेदनशील बनाना।
(b) promote imagination in learners. / शिक्षार्थियों में कल्पना को बढ़ावा देना।
(c) assess students' understanding on sources of water. / पानी के स्रोतों पर छात्रों की समझ का आकलन करें।
(d) check the general awareness of students. / छात्रों की सामान्य जागरूकता की जांच करें।

32. **Which of the following is NOT true about 'observing' in science? / निम्नलिखित में से कौन-सा विज्ञान में 'प्रेक्षण करने' के संदर्भ में सही नहीं है?**

(a) It involves seeing, tasting, touching, listening and smelling / यह देखना, चखना, छूना, सुनना और सूंघना सम्मिलित करता है।
(b) It focuses on telling "what it is" / वह ये बताने पर केंद्रित रहता है कि 'यह क्या है'।
(c) It gives unbiased truths about natural phenomena / यह प्राकृतिक परिघटना के संदर्भ में निष्पक्ष सच्चाईयां देता है।
(d) It helps in gathering first hand data about a phenomenon / यह किसी परिघटना के बारे में प्राथमिक आंकड़े एकत्रित करने में सहायता करता है।

33. **According to the NCF – 2005 Position Paper on Teaching of Science, which of the following is an important and trAnsferable skill that helps the children in 'learning to learn' science? / विज्ञान शिक्षण पर राष्ट्रीय पाठ्यचर्या रूपरेखा (NCF) 2005 के स्थिति पत्र के अनुसार, निम्नलिखित में से कौन सा एक महत्वपूर्ण और स्थानांन्तरणीय कौशल है जो बच्चों को 'विज्ञान अधिगम' सीखने में सहायता करता है?**

(a) Ability to learn scientific facts / वैज्ञानिक तथ्यों को सीखने की क्षमता।

(b) Ability to recall the formulae to solve problems / समस्याओं को सुलझाने के लिए सूत्रों को याद करने की क्षमता।

(c) Ability to understand the process of scientific inquiry / वैज्ञानिक जाँच पड़ताल की प्रक्रिया को समझने की क्षमता।

(d) Ability to recall the contributions of great scientists / महान वैज्ञानिकों के योगदानों को याद कर पाने की क्षमता।

34. What do we mean when we say that scientific knowledge is tentative? / जब हम यह कहते हैं कि वैज्ञानिक ज्ञान अस्थायी है तो उससे हमारा अभिप्राय क्या है?

(a) That the current scientific theories are undependable or flimsy / कि वर्तमान वैज्ञानिक सिद्दांत निर्भरता के लायक नहीं है या सारहीन है।

(b) That scientific knowledge is not reliable and durable / कि वैज्ञानिक ज्ञान विश्वसनीय और टिकाऊ नहीं है।

(c) That existing scientific knowledge is subjected to revision in the light of new evidence / कि विद्यमान (वर्तमान) वैज्ञानिक ज्ञान नए सबूतों के प्रकाश में संशोधित हो सकता है।

(d) That scientific knowledge is generally fixed and eternal / कि वैज्ञानिक ज्ञान आमतौर पर शाश्वत और अटल है।

35. While teaching the topic 'Electricity' in class VIII, the teacher commented, "Thomas Edison experimented thousands of times before be successfully found a material suitable to be used as a filament of a lightt bulb". / कक्षा VIII में 'विद्युत' विषय पढ़ाते हुए शिक्षक ने कहा, "थॉमस एडिसन ने प्रकाश बल्ब के तंतु के निर्माण के लिए हजारों बार प्रयोग किए।"

Which of the following aspects is the teacher highlighting above? / निम्न में से कौन से पहलू पर शिक्षक उपरोक्त कथन में अधिक बल दे रहा है?

(a) Subjectivity in Science / विज्ञान में आत्मपरक्ता

(b) Tentativeness of Science / विज्ञान में अंतरिमता

(c) Empirical nature of Science / विज्ञान की अनुभवसिद्ध प्रकृति

(d) Cultural embeddedness of Science / विज्ञान का संस्कृति में अंत:स्थापन

36. A teacher can inculcate the essence of the scientific enterprise among students by all of the following practices, <u>EXCEPT</u>: / एक शिक्षक छात्रों में वैज्ञानिक उद्यम के सार को निम्नलिखित कार्य-नीतियों द्वारा विकासित कर सकता है। सिवाय इसके-

(a) Students should be made conversant with multiple methods of science. / छात्रों को विभिन्न वैज्ञानिक तरीकों से परिचित कराना चाहिए।

(b) Nature of science to be made an integral part of teaching – learning. / विज्ञान की प्रकृति को शिक्षण-अधिगम का एक अभिन्न अंग बनाया जाए।

(c) Students must be required to memorize facts and reproduce when needed. / छात्रों से अपेक्षित है कि वे तथ्यों को याद रखें और आवश्यकता के समय में उन्हें प्रस्तुत करें।

(d) Historical aspects of the development of scientific concepts should be emphasized. / वैज्ञानिक अवधारणाओं के विकास के लिए ऐतिहासिक पहलुओं पर जोर दिया जाना चाहिए।

37. Which among the following is the most important consideration for organising remedial teaching? / उपचारात्मक शिक्षण आयोजित करने में निम्नलिखित में से क्या सबसे महत्वपूर्ण विचार बिंदू है?

(a) Paying attention to individual rate of progress / प्रगति की व्यक्तिगत (वैयक्तिक) दर पर ध्यान देना

(b) Inclusion of several group activities / कई सामूहिक गतिविधियों का समावेश
(c) Completion of entire syllabus / संपूर्ण पाठ्यक्रम का समापन
(d) Paying attention to the examination pattern / परीक्षा के स्वरूप पर ध्यान देना

38. Reena found that during a class test, most of the students had responded incorrectly to a concept – based question. / कक्षा परीक्षा के दौरान रीना पाती है कि अधिकांश विद्यार्थियों ने एक अवधारणा आधारित प्रश्न के लिए गलत उत्तर लिखा है।
Which of the following strategies can help in addressing this issue? / निम्नलिखित में से कौन-सी रणनीति इस समस्या को संबोधित करने में सहायता कर सकती है?
(a) Motivate students to read, understand and learn well / विद्यार्थियों को पढ़ने, समझने और अच्छी तरह से याद करने हेतु प्रेरित करें।
(b) Arrange a PTM and ask parents to encourage students to prepare well for next exams / अभिभावक शिक्षक बैठक कि व्यवस्था कर, अभिभावकों से विद्यार्थियों को अगली परीक्षा की तैयारी अच्छी तरह से करने को, प्रेरित करने के लिए कहें।
(c) Teach the concept again / अवधारणा को फिर से पढ़ाएं।
(d) Search for conceptual gaps and teach the concept accordingly / अवधारणात्मक अंतराल का पता लगा कर, उनके अनुरूप अवधारणाओं को पढ़ाएं।

39. Read the following statements and choose the correct option. / नीचे लिखे कथनों को पढ़िए और सही विकल्प का चुनाव कीजिए।
Assertion (A): Demonstration of discrepant events helps in addressing misconceptions. / भ्रांत धारणाओं को संबोधित करने में असंगत घटनाओं का प्रदर्शन सहायता करता है।
Reason (R): Discrepant events create cognitive conflict for conceptual change. / असंगत घटनाएं संकल्पनात्मक बदलाव के लिए संज्ञानात्मक द्वंद्व को उत्पन्न करती है।
(a) Both (A) and (R) are correct and (R) gives explanation for (A) / A और R दोनों सही है और R, A की सही व्याख्या करता है।
(b) (A) is correct, but (R) is not correct / A सही है परन्तु R सही नहीं है।
(c) Both (A) and (R) are correct, but (R) is not explanation for (A) / A और R दोनों सही है परन्तु R, A की सही व्याख्या नहीं करता है।
(d) Both (A) and (R) are incorrect / A और R दोनों गलत हैं।

40. A teacher and her group of students, while carrying out an activity on seed germination, planted seeds in different conditions and found that dry seeds did not grow. The teacher posed the following questions to students: / विभिन्न परिस्थितियों में बोए गए बीजों के अंकुरण पर आधारित गतिविधि के दौरान एक शिक्षिका और उनके छात्रों का एक समूह पाता है कि सूखे बीजों नें वृद्धि नहीं की। शिक्षिका छात्रों के समक्ष निम्नलिखित प्रश्न प्रस्तुत करती है–
(i) Why do you think these seeds are not growing? / आपके विचार से ये बीज वृद्धि क्यों नहीं कर पा रहे हैं?
(ii) What can be done to make them grow? / इनकी वृद्धि करने के लिए क्या किया जा सकता है?
Which of the following skills is the teacher trying to develop among the students through these questions / इन प्रश्न द्वारा शिक्षिका छात्रों में निम्न में से किस प्रक्रिया कौशल का विकास करने का प्रयास कर रही है?
(a) Observing / प्रेक्षण करना
(b) Hypothesising / परिकल्पना करना

(c) Predicting / पूर्वानुमान लगाना

(d) Question - raising / प्रश्न करना

41. Which of the following aligns the most with the inquiry - based approach to teaching and learning of science? / निम्नलिखित में से कौन सा विज्ञान शिक्षण अधिगम के प्रति जाँच-आधारित उपागम के साथ सबसे अधिक सरेखित है?

(a) Students carrying out the activities as prescribed in the text book / छात्र पाठ्य-पुस्तक के अनुरूप निर्धारित गतिविधियाँ कर रहे है।

(b) Students sitting in groups and planning an investigation together / छात्र समूहों में बैठे हैं और मिलकर एक जाँच की योजना बना रहे हैं।

(c) Teacher demonstrating various scientific principles through toys / शिक्षक खिलौनों के जरिये विभिन्न वैज्ञानिक सिद्धान्तों को समझा रहे हैं।

(d) Teacher assigning innovative activities as homework to students / शिक्षक छात्रों को नवाचारी गतिविधियाँ गृह कार्य के रूप मे दे रहे हैं।

42. Scientific attitude is related to which of the following- / वैज्ञानिक दृष्टिकोण का संबंध निम्नलिखित में से किससे है?

(a) belief in cause & effect relationship / कारण और प्रभाव के संबंध में विश्वास रखने से

(b) willingness to put in hare work / कड़ा परिश्रम करने की चाह से

(c) potential to memorise / याद कर पाने की क्षमता से

(d) willingness to spend more time in laboratory / प्रयोगशाला में अधिक समय व्यतीत करने की चाह से

43. Which of the following does NOT match with the equitable use of ICT in science pedagogy? / निम्नलिखित में से क्या विज्ञान शिक्षण में ICT के साम्यिक (न्यायसंगत) इस्तेमाल के साथ मेल नहीं खाता?

(a) Encouraging the use of free and open source software for creating digital teaching - learning environment like the Virtual Labs / आभासी प्रयोगशालाओं जैसे डिजिटल शिक्षण-अधिगम वातावरणों के सृजन के लिए निःशुल्क व मुक्त स्रोत सॉफ्टवेयर के इस्तेमाल को बढ़ावा देना।

(b) Ensuring the availability of appropriate multimedia software in English and other Indian languages / अंग्रेजी व अन्य भारतीय भाषाओं में यथोचित मल्टीमीडिया सॉफ्टवेयर की उपलब्धता को सुनिश्चित करना।

(c) Encouraging teachers to be users rather than developers of technology / तकनीकी के निर्माणकर्ता बनने की अपेक्षा प्रयोगकर्ता बनने के लिए शिक्षकों को प्रोत्साहित करना।

(d) Ensuring digital access for all sections of society / समाज के सभी वर्गों के लिए डिजिटल पहुँच को सुनिश्चित करना।

44. Which of the following best describes the meaning of process validity of a science curriculum? / निम्नलिखित में से कौन विज्ञान पाठ्यक्रम की प्रक्रिया वैधता के अर्थ का सबसे अच्छा वर्णन करता है?

(a) Students should be given the opportunity to engage with the ways in which scientific knowledge gets constructed / छात्रों को उन तरीकों में संलग्न होने का अवसर देना चाहिए जिनसे वैज्ञानिक विषयवस्तु सृजित होती है।

(b) Students must be made familiar with the role of various bodies in the process of development of science curriculum / छात्रों को विज्ञान की पाठ्यचर्या के विकास में विभिन्न संस्थाओ की भूमिका से परिचित करवाना चाहिए।

(c) The school science curriculum must pass through a specified sequence of steps in order to be valid / वैध होने के

लिए स्कूली विज्ञान की पाठ्यचर्या को निर्धारित चरण-क्रम से गुजरना चाहिए।

(d) Curriculum content must be correct and free from errors / पाठ्यचर्या की विषय वस्तु को सही और त्रुटि-मुक्त होना चाहिए।

45. Which of the following is in agreement with our contemporary understanding of assessment in science at upper primary stage? / निम्नलिखित में से कौन-सा विज्ञान में उच्च प्राथमिक स्तर पर आकलन संबंधी हमारी समकालीन समझ से सुमेलित है?

(a) Merit ordering of students should be introduced to encourage healthy competition. / स्वस्थ प्रतिस्पर्धा को बढ़ावा देने के लिए छात्रों को योग्यता के आधार पर क्रमबद्ध करना चाहिए।

(b) Annual examination should be given much more weightage than internal assessment. / आंतरिक आकलन की अपेक्षा बाह्य परीक्षण को अधिक महत्व दिया जाना चाहिए।

(c) The periodic tests should have both a written and an experimental component. / आवर्त-परीक्षणों के लिखित और प्रायोगिक दोनों संघटक होने चाहिए।

(d) Open book examination should be avoided as it encourages the heart of copying. / खुली-पुस्तक परीक्षाओं से बचना चाहिए क्योंकि ये नकल करने की प्रवृत्ति को बढ़ावा देती हैं।

46. Which of the following is NOT aligned with the recommendations of NCF – 2005 regarding science education at upper primary stage. / निम्न में से क्या NCF-2005 द्वारा उच्च प्राथमिक स्तर पर विज्ञान-शिक्षा के संदर्भ में दी गई संस्तुतियों के साथ सरेखित नहीं है?

(a) Experiments should be avoided as they are difficult to conduct at this stage / प्रयोगों से बचना चाहिए क्योंकि इस स्तर पर उन्हें करना कठिन होता है।

(b) Students should be engaged in data – collection from easily available sources / शिक्षार्थियों को आसानी से उपलब्ध स्त्रोतों से आँकड़े एकत्रित करने में संलग्न करना चाहिए।

(c) There should be an emphasis on the process skills of science / विज्ञान में प्रक्रिया कौशलों पर बल देना चाहिए।

(d) Practical knowledge about local specific technologies should be included. / स्थानीय विशिष्ट तकीनीकों के बारे में व्यावहारिक ज्ञान को शामिल करना चाहिए।

47. Which of the following is NOT in consonance with the recommendations of NEP 2020 in respect of science pedagogy? / निम्नलिखित में से कौन सा विज्ञान-शिक्षण के संदर्भ में NEP 2020 की संस्तुतियों के साथ मेल नहीं खाता है?

(a) Bilingual text books and teaching – learning material to be used / द्विभाषीय पाठ्य पुस्तकों और शिक्षण अधिगम सामग्री का प्रयोग किया जाना चाहिए।

(b) Experience of vocational crafts to be first introduced at Sr. Secondary level / व्यावसायिक हस्त कौशलों के अनुभवों को उच्च माध्यमिक स्तर से आरम्भ करना चाहिए।

(c) Curriculum to be rooted in local context. / पाठ्यचर्या को स्थानीय संदर्भो पर आधारित होना चाहिए।

(d) Scientific temper & evidence based thinking to be encouraged / वैज्ञानिक प्रवृत्ति और प्रमाण-आधारित सोच को बढ़ावा मिलना चाहिए।

48. Which of the following episodes best illustrates the tentative nature of science / निम्नलिखित प्रसंगों में से कौन सा, विज्ञान की अस्थायी (अनिश्चित) प्रकृति को उजागर करने के लिए सर्वोत्तम है?

(a) A teacher asking students to share their experiences with different kinds of materials which they come across in their daily lives / एक शिक्षक छात्रों से उन विभिन्न तरह के पदार्थों के अनुभवों को साझा करने को कहता है जिससे वे प्रतिदिन संपर्क में आते हैं।

(b) A teacher holding a classroom discussion about the limitations of various conceptualizations of structure of atom like Thompson's plum pudding model, Rutherford's atomic model / शिक्षक थॉमसन के 'प्लम पुडिंग' मॉडल और रदरफोर्ड के परमाणु मॉडल जैसी परमाणु की संरचना की विभिन्न अवधारण ााओं की सीमाओं पर कक्षा में चर्चा कर रहा है।

(c) Teacher drawing a diagram to explain the structure of atom and also highlighting its various features / एक शिक्षक परमाणु की संरचना की व्याख्या करने के लिए आरेख बना रहा है और साथ ही उसकी विभिन्न विशिष्टताओं को भी उजागर कर रहा है।

(d) Teacher asking open – ended questions to probe students alternative conceptions regarding the nature of matter / पदार्थों की प्रकृति संबंधी छात्रों की वैकल्पिक अवधारणाओं का पता लगाने के लिए शिक्षक मुक्त सिरे के प्रश्न पूछ रहा है।

49. Read the following paragraph. / नीचे दिए अनुच्छेद को पढिए-

"In 1929, Alexander Fleming was working on a culture of disease causing bacteria. Suddenly, he found the spores of a little green mould in one of his culture plates. He noticed that the presence of this mould prevented the growth of bacteria. It fact, it also killed many of these bacteria. From this mould, penicillin was prepared." / "सन् 1929 में अलेक्जेंडर फ्लैमिंग जीवाणु रोंगों से बचाव हेतु एक संवर्द्धन पर प्रयोग कर रहे थे। अचानक उन्होंने संवर्द्धन तश्तरी पर हरे रंग की फफूँद के छोटे बीजाणु देखे। उन्होंने पाया कि यह फफूँद जीवाणु की वृद्धि को रोकते हैं। यह भी पाया कि बहुत अधिक जीवाणु फफूँद द्वारा मारे गए। इस प्रकार फफूँद से 'पेनिसिलिन' बनाई गई।

Which of the following understanding(s) about development of scientific knowledge is conveyed in this paragraph? / विज्ञान की विषय वस्तु के विकास के बारे में निम्नलिखित में से कौन सी समझ इस अनुच्छेद से संप्रेषित होती है?

1. Science proceeds systematically according to pre – determined steps. / विज्ञान व्यवस्थित रूप से पूर्व निर्धारित चरणों के अनुकूल अग्रसरित होता है।

2. Science requires careful observation / विज्ञान में ध्यानपूर्वक अवलोकन की आवश्यकता होती है।

(a) Only 1
(b) Only 2
(c) 1 & 2
(d) Neither 1 nor 2

50. 1A teacher gives the example of human circulatory system to explain the concept of closed electric circuit to her students. She compares the heart to battery and flow of blood to flow of electric current. Which pedagogic device is she using? / बंद विद्युत परिपथ की संकल्पना समझाने के लिए एक शिक्षिका मानव परिसंचरण तन्त्र का उदाहरण देती है। वह मानव हृदय की तुलना बैटरी से और रक्त के प्रवाह की तुलना विद्युत धारा के प्रवाह से करती है। वह किस अनुदेशात्मक युक्ति का प्रयोग कर रही है?

(a) Argumentation / तर्क देना
(b) Analogy / तुल्यरूपता
(c) Real artifact / वास्तविक वस्तुएँ
(d) Open – ended questioning / मुक्त अंत वाले प्रश्न पूछना

ANSWER KEY

1	A	2	A	3	A	4	B	5	D	6	A	7	B
8	B	9	C	10	B	11	A	12	B	13	C	14	C
15	B	16	D	17	A	18	A	19	B	20	A	21	D
22	A	23	A	24	D	25	B	26	C	27	B	28	D
29	B	30	A	31	A	32	C	33	C	34	C	35	C
36	C	37	A	38	D	39	A	40	B	41	B	42	A
43	C	44	A	45	C	46	A	47	B	48	B	49	B
50	B												

EXPLANATION

1. राष्ट्रीय पाठ्यचर्या की रूपरेखा **2005**, भारतीय विद्यालयों के साथ-साथ शिक्षक, शिक्षा को फिर से जीवंत करने के लिए एक संपूर्ण दस्तावेज है।
   - "विज्ञान शिक्षा, शिक्षार्थी को विज्ञान के तथ्यों और सिद्धांतों और उनके अनुप्रयोगों को जानने में सक्षम बनाती है, जो संज्ञानात्मक विकास के चरण के अनुरूप होती है", यह मार्गदर्शन करती है कि विभिन्न स्तरों के लिए उद्देश्य, पाठ्यक्रम, विधियाँ, मूल्यांकन आदि विभिन्न होने चाहिए।

2. भारत एकमात्र ऐसा देश है जिसका संवैधानिक प्रावधान 'अपने नागरिकों के बीच वैज्ञानिक चिन्तन विकसित करना' एक मौलिक कर्तव्य है।

   अनुच्छेद 51A (h) यह दर्शाता है कि: "वैज्ञानिक स्वभाव, मानवतावाद और जांच और सुधार की मनोवृत्ति को विकसित करने के लिए" कौन से कदम उठाने चाहिए। यह दर्शाता है कि हमने विज्ञान के बारे में कैसे सोचा है।

3. जब बच्चे खेलते हैं और मेज जैसी वस्तुओं को ध क्का देते हैं, तो उन्हें पता चलता है कि कुछ प्रयास की आवश्यकता है। कुछ वस्तुओं के लिए, उन्हें कुछ अन्य वस्तुओं की तुलना में एक स्थान से दूसरे स्थान पर ले जाने के लिए अधिक प्रयास की आवश्यकता होती है।
   - प्रश्न पूछना यह सुनिश्चित करने के लिए महत्वपूर्ण है कि छात्र सामग्री को समझें और उन्हें गतिविधियों में शामिल रखें। यह छात्रों को जानकारी प्राप्त करने और संसाधित करने के तरीके के लिए आवश्यक है और यह स्वतंत्र और महत्वपूर्ण चिन्तन को प्रोत्साहित करता है।

4. वैज्ञानिक चिन्तन विज्ञान की मान्यताओं, वैज्ञानिक व्याख्या, उपयोग और गुणों की प्रक्रियाओं को देखने का एक तरीका है।
   - वैज्ञानिक चिन्तन वैज्ञानिक विचारों को उत्पन्न करने के लिए वैज्ञानिक जानकारी में हेरफेर करने की मानसिक प्रक्रिया को संदर्भित करती है।

5. वायगोत्स्की को सामाजिक रचनावाद के प्रस्तावक के रूप में जाना जाता है। सामाजिक रचनावाद दृष्टिकोण अधिगम में सामाजिक संपर्क और संदर्भ के महत्व के बारे में बात करते हैं। उनका मानना है कि अधिगम प्रकृति में सामाजिक है। अन्त: सम्बन्ध के माध्यम से, बच्चे अपने विचार साझा करते हैं और अपना अर्थ स्वयं बनाते हैं।

6. मूल्यांकन कुछ लक्षणों, प्रक्रियाओं और कार्यक्रमों का गुणात्मक रूप से वर्णन करने की एक प्रक्रिया होती है। "यह शिक्षा प्रणाली के उद्देश्यों के संदर्भ में किया जाता है"

7. शिक्षार्थी अपने अवलोकन के आधार पर कुछ भविष्यवाणियां या संभावित उत्तर विकसित कर सकते हैं। उनके कुछ उत्तर परीक्षण योग्य हो सकते हैं या नहीं, शिक्षक को परीक्षण योग्य अस्थायी उत्तरों की पहचान करने में उनकी मदद करनी होगी। परीक्षण योग्य प्रश्नों के इन अस्थायी या परीक्षण योग्य उत्तरों को प्राय: परिकल्पना कहा जाता है। ष्परिकल्पना अवलोकन पर आधारित एक शिक्षित अनुमान हैष्।

8. द्रव पदार्थ का एक नमूना है जो उस पात्र के आकार के अनुरूप होता है जिसमें वह समाहित होता है और गुरुत्वाकर्षण की उपस्थिति में एक परिभाषित सतह प्राप्त करता है। द्रव शब्द का प्रयोग उस सामग्री की

स्थिति या स्थिति का वर्णन करने के लिए भी किया जाता है जिसमें यह विशेषता होती है।

9. प्रकाश का प्रकीर्णन:- इस परिघटना में पदार्थ के साथ विकिरण की अन्योन्य क्रिया शामिल है। पृथ्वी के वायुमंडल में धूल के छोटे-छोटे कण मौजूद हैं। जब सूर्य का प्रकाश उन पर पड़ता है तो वह चारों दिशाओं में फैल जाता है। यही कारण है कि प्रकाश उन कोण और कोनों तक भी पहुँचता है जहाँ वह सामान्य रूप से स्रोत से सीधे नहीं पहुँच पाता है।

10. ज्ञान के निर्माण के लिए अधिगम रचनावाद की मूल धारणा है जो पारंपरिक वस्तुवादी दृष्टिकोण के विपरीत एक प्रतिमान है।
    - राष्ट्रीय पाठ्यचर्या की रूपरेखा-2005 ने इस बात पर बल दिया कि श्बच्चे को एक प्राकृतिक शिक्षार्थी के रूप में पहचानने की आवश्यकता है, और ज्ञान को बच्चे की अपनी गतिविधि के परिणाम के रूप में पहचानने की आवश्यकता है।
    - ऐसे अधिगम के माहौल पर बल दिया जाता है जहां बच्चे अपने ज्ञान का निर्माण कर सकते हैं, अपनी क्षमताओं का विकास कर सकते हैं और सक्रिय शिक्षार्थी बने रह सकते हैं।

11- A प्रेक्षण है, B निष्कर्ष है।

12. एक विज्ञान मेला एक प्रतिस्पर्धी कार्यक्रम है, जो विश्व भर के विद्यालयों द्वारा आयोजित किया जाता है। एक विज्ञान मेले का विशिष्ट अभिलक्षण यह है कि परियोजना प्रविष्टि एक परिकल्पना का परीक्षण करने के लिए वैज्ञानिक विधि का उपयोग करती है। विज्ञान मेला प्राथमिक, माध्यमिक और उच्च विद्यालयों में छात्रों को विज्ञान और/या प्रौद्योगिकी गतिविधियों में प्रतिस्पर्धा करने की अनुमति देता है।

13. संज्ञानात्मक वैधता की आवश्यकता है कि पाठ्यचर्या विषय वस्तु, प्रक्रिया, भाषा और शैक्षिक विधियों को आयु के अनुकूल और बच्चों की संज्ञानात्मक पहुंच और अवबोध के स्तर के भीतर होना चाहिए।

14. विज्ञान को खोज और जांच-आधारित विषय माना जाता है जहां छात्रों को विभिन्न चरों और अवध ारणाओं के साथ खोजने और प्रयोग करने और प्रामाणि क ज्ञान का निर्माण करने की स्वतंत्रता दी जाती है।

15. विज्ञान पाठ्यचर्या को इस तरह से निर्मित किया जाना चाहिए कि यह बच्चों के समग्र विकास पर ध्यान केंद्रित करे। विज्ञान के हर पहलू को समान रूप से पाठ्यचर्या में शामिल किया जाना चाहिए क्योंकि छात्रों को प्रत्येक पक्ष से अवधारणाओं के साथ परिचित होने से अर्थपूर्ण और प्रामाणिक ज्ञान का निर्माण करना चाहिए।

16. मूल्यांकन की वास्तविक परिभाषा छात्रों को अंक और श्रेणी देने की प्रक्रिया में निहित नहीं है। लेकिन मूल्यांकन का वास्तविक उद्देश्य छात्रों की अधिगम की कठिनाइयों और गलत अवधारणाओं की पहचान करना है ताकि शिक्षण-अधिगम रणनीतियों को उचित रूप से निर्मित किया जा सके।

17. विज्ञान प्रकृति में होने वाली परिघटनाओं का अवलोकन, पहचान, विवरण, प्रयोग, जांच और सैद्धांतिक व्याख्या है। विज्ञान को उस अध्ययन के रूप में वर्णित किया जा सकता है, जो ब्रह्मांड की प्रकृति को उसके भाग और पूर्ण के रूप में जीवित और गैर-जीवित दोनों को अनुभव करने और समझने का प्रयास करता है।

18. होशंगाबाद विज्ञान शिक्षण कार्यक्रम [HSTP] विद्यालय स्तर पर विज्ञान शिक्षण और अधिगम में सुधार करने और विद्यालय विज्ञान शिक्षण की नवीन और अन्योन्यक्रियात्मक विधि को विकसित करने की एक पहल थी।

19. विज्ञान को खोज और जांच का विषय माना जाता है जहां छात्रों को विभिन्न चरों और अवधारणाओं के साथ अन्वेषण करने और प्रयोग करने और प्रामाणिक ज्ञान का निर्माण करने की स्वतंत्रता दी जाती है।

20. एक प्रयोग साधारणतया एक परिकल्पना परीक्षण है। प्रयोग वैज्ञानिक विधि की नींव है, जो हमारे आसपास के विश्व के अन्वेषण का एक व्यवस्थित साधन है। हालांकि कुछ प्रयोग प्रयोगशालाओं में होते हैं, आप कहीं भी, किसी भी समय प्रयोग कर सकते हैं।

21. अपसारी सोच का लक्ष्य किसी विषय के बारे में कम समय में कई अलग-अलग विचार उत्पन्न करना है।
    - इसमें विषय के विभिन्न पहलुओं में अंतर्दृष्टि प्राप्त करने के लिए एक विषय को उसके विभिन्न भागों में विभजित करना शामिल है।
    - अपसारी सोच आमतौर पर एक सहज, मुक्त-प्रवाह तरीके से होती है, जैसे कि विचार यादृच्छिक, असंगठित रूप में उत्पन्न होते हैं।

22. एक वैज्ञानिक सिद्धांत को प्राकृतिक दुनिया में एक समूह की घटना की व्याख्या करने के लिए एक संरचित स्पष्टीकरण के रूप में जाना जाता है जिसमें

अक्सर एक वैज्ञानिक परिकल्पना और वैज्ञानिक नियम शामिल होते हैं।

23. सरल शब्दों में विज्ञान प्रक्रिया कौशल वे प्रक्रियाएँ हैं जिनका प्रयोग विभिन्न वैज्ञानिक विज्ञान प्रक्रिया करते समय करते हैं। कुछ सामान्य विज्ञान प्रक्रिया कौशल अवलोकन, वर्गीकरण, संचार, मापन, तर्क और पूर्वानुमान लगाना हैं।

24. विज्ञान शिक्षण में व्याख्यात्मक प्रक्रिया को एक संगठित शिक्षण पद्धति के रूप में परिभाषित किया जाता है जहां एक विशिष्ट क्रम में सूचना प्रस्तुत की जाती है।

- इस प्रकार की विधि आपको ध्यान केंद्रित करने और इसे बनाए रखने में सहायता करती है और आपको जानने के लिए सभी आवश्यक सूचनाओं को इस तरह से तैयार करती है जिससे आपको इसे याद रखने में सहायता प्राप्त होती है।

25. लैंगिक समता महिलाओं और पुरुषों के प्रति निष्पक्ष होने की प्रक्रिया है। निष्पक्षता सुनिश्चित करने के लिए, महिलाओं के ऐतिहासिक और सामाजिक नुकसान की भरपाई के लिए रणनीतियां और उपाय अक्सर उपलब्ध होने चाहिए जो महिलाओं और पुरुषों को एक कार्यक्षेत्र में समान कार्य करने से रोकते हैं।

26. स्कूल आने के दौरान बच्चे पहले से ही कई अवधारणाओं के साथ आते हैं, जो उनके मस्तिष्क में अनुभव के माध्यम से या उनके वरिष्ठ समुदाय के सदस्यों द्वारा निर्मित ज्ञान के माध्यम से ग्रहण की गई हैं। वे खाली स्लेट के साथ नहीं आते हैं, उनके मस्तिष्क में कुछ या अन्य भरा हुआ होता है जोकि एक सही अवधारणा या भ्रान्ति हो सकती है।

27. अवलोकन और निष्कर्ष दोनों पूरी तरह से अलग हैं।

- अवलोकन को अवधारणा से संबंधित विभिन्न कारकों का प्रयोग और अन्वेषण करके किसी भी ज्ञानेंद्री के माध्यम से जानकारी प्राप्त करने के लिए जाना जाता है। अवलोकन को पर्यवेक्षक द्वारा स्पष्ट रूप से देखा या सुना या महसूस किया जा सकता है और इसे रिकॉर्ड भी किया जा सकता है
- निष्कर्ष एक उपसंहार की तरह है जो अवलोकन पर आधारित है लेकिन इसे सीधे नहीं देखा जा सकता है बल्कि किसी भी इंद्रियों के माध्यम से अनुभव किया जाता है। निष्कर्ष तब निकाला जाता है जब अपेक्षित या सकारात्मक परिणाम अवलोकन से प्राप्त होता है और इसे एक सामान्यीकरण के रूप में जाना जाता है।

28. विवृतांत प्रश्न वे हैं जिनके हल तक पहुंचने के लिए एक निश्चित समाधान या निश्चित विधि नहीं है। यहां प्रश्न के कई उत्तर होते हैं और ये छात्रों की चिन्तन क्षमता को बढ़ाते हैं।

29. अधिगम के लिए आकलन, जिसे रचनात्मक आकलन के रूप में भी जाना जाता है, अधिगम की कठिनाइयों और बच्चों की गलत भ्रांतियों की पहचान करने और तदनुसार शिक्षण रणनीतियों को अनुकूलित करने और बच्चों को उपचारात्मक शिक्षण प्रदान करने के लिए डिजाइन किया गया है। यह आकलन कई उपकरणों का उपयोग करके नियमित रूप से किया जाता है।

30. सामाजिक-वैज्ञानिक मुद्दे विवादास्पद, सामाजिक रूप से प्रासंगिक, वास्तविक दुनिया की समस्याएं हैं जो विज्ञान द्वारा अवगत करवाई जाती हैं और अक्सर इसमें नैतिक घटक शामिल होते हैं। उदाहरणों में मत्स्यपालन, आनुवंशिक परीक्षण, वैश्विक तापन, और जंगली जानवरों में प्रजनन शामिल हैं।

31. एक अपसारी प्रश्न वह है जिसका कोई निश्चित उत्तर नहीं है और इसके बजाय यह किसी विषय के बारे में व्यापक रूप से चिन्तन की क्षमता का परीक्षण करता है।

32. प्रेक्षण- इसका अर्थ है कि आपकी इंद्रियों के साथ क्या हो रहा है, इस पर ध्यान देना, लेकिन इसे कुछ जानने और संग्रहीत करने की प्रक्रिया के रूप में भी परिभाषित किया जा सकता है।

विज्ञान में, प्रेक्षण महत्वपूर्ण है। वैज्ञानिक अवलोकन के माध्यम से डेटा प्राप्त करते हैं और संग्रहीत करते हैं, जो उन्हें परिकल्पनाओं और अवधारणाओं को बनाने और उनका मूल्यांकन करने की अनुमति देता है।

33. विज्ञान एक व्यवस्थित उद्यम है जो ब्रह्मांड के बारे में परीक्षण योग्य स्पष्टीकरण और पूर्वानुमानों के रूप में ज्ञान का निर्माण और आयोजन करता है।

34. वैज्ञानिक ज्ञान - यह उस ज्ञान को संदर्भित करता है जिसे वैज्ञानिक प्रक्रिया का उपयोग करके प्राप्त किया गया है और परीक्षण किया गया है। आगमन और परिकल्पना के माध्यम से प्राप्त सत्यापन योग्य ज्ञान को स्थापित करने के लिए तथ्यों के अवलोकन और

वर्गीकरण को वैज्ञानिक ज्ञान में शामिल किया जा सकता है।

35. वैज्ञानिक डेटा की जांच करने, परिकल्पना को स्थापित करने और परीक्षण करने, नए विचारों का निर्माण करने और पिछले निष्कर्षों की पुष्टि या अस्वीकार करने के लिए वैज्ञानिक पद्धति का उपयोग करते हैं। यद्यपि विभिन्न विषयों में उपयोग की जाने वाली विशेष विधियाँ भिन्न होती हैं, उन सभी में कुछ अंतर्निहित गुण होते हैं जिन्हें वैज्ञानिक प्रक्रिया के पहलुओं के रूप में संदर्भित किया जा सकता है।

36. शिक्षण कार्य-नीतियां मौलिक विचारों, शिक्षाशास्त्र और कक्षा प्रबंधन रणनीतियों का उल्लेख करती हैं जिनका उपयोग कक्षा में किया जाता है।

37. उपचारात्मक शिक्षण - यह नैदानिक परीक्षण या अन्य विधियों के माध्यम से सामान्य या विशिष्ट अधिगम की कठिनाइयों पर काबू पाने में छात्रों या व्यक्तिगत छात्रों की सहायता करने के उद्देश्य से शिक्षण या निर्देशात्मक गतिविधि को संदर्भित करता है।

38. अवधारणा-आधारित प्रश्न ऐसे प्रश्नों के प्रकार हैं जिनका उत्तर व्यापक गणना करने के बजाय केवल मुख्य अवधारणाओं के ज्ञान के आधार पर दिया जा सकता है

39. सही उत्तर (A) और (R) दोनों सही हैं परन्तु (R), (A) की सही व्याख्या नहीं है, है।

40. वैज्ञानिक कार्यों में उपयोग की जाने वाली क्षमताओं का एक समूह विज्ञान प्रक्रिया कौशल के रूप में जाना जाता है, जिन छात्रों ने विज्ञान प्रक्रिया कौशल में निपुणता हासिल की है, वे अधिगम की प्रक्रिया में अधिक लगे हुए हैं। कुछ उदाहरण पूर्वानुमान, अवलोकन, प्रयोग, परिकल्पना आदि हैं।

41. जाँच आधारित अधिगम एक अधिगम की प्रक्रिया है, जो खोज और उच्च स्तर की जाँच के माध्यम से वास्तविक विश्व के सम्बन्ध बनाने के माध्यम से छात्रों को शामिल करती है। यह अधिगम का एक उपागम है, जो छात्रों को समस्या समाधान और अनुभवी अधिगम में शामिल होने के लिए प्रोत्साहित करता है।

42. वैज्ञानिक दृष्टिकोण कई आदतों या भावनाओं और प्रवृत्तियों का एक सम्मिश्रण है, जो किसी नवीन या समस्याग्रस्त स्थिति में कुछ निश्चित तरीकों से लगातार प्रतिक्रिया करता है। इन आदतों, भावनाओं और या प्रवृत्तियों में यथार्थता, ईमानदारी की भावना, मुक्त सोच, निलंबित निर्णय, दूसरों के दृष्टिकोण को स्वीकार करने में सहजता, और सत्य कारण और प्रभाव संबंधों की तलाश करने की आदत शामिल है।

43- ICT को शिक्षण और अधिगम की प्रक्रिया के लिए महत्वपूर्ण और अभिनव उपकरणों में से एक माना जाता है। अनुरूपण सॉफ्टवेयर जैसे ICT के कई उपकरण छात्रों की रुचि और जिज्ञासा को बढ़ाते हैं और उन्हें कई और अधिक अवधारणाओं को सीखने के लिए प्रेरित करते हैं।

44. प्रक्रिया वैधता के लिए आवश्यक है कि पाठ्यचर्या शिक्षार्थी को उन विधियों और प्रक्रियाओं को प्राप्त करने में संलग्न करती है, जो वैज्ञानिक ज्ञान के निर्माण और सत्यापन का कारण बनते हैं, और विज्ञान में बच्चे की प्राकृतिक जिज्ञासा और सृजनशीलता का पोषण करते हैं।

45. आकलन की सही परिभाषा केवल उन अंकों से बचना नहीं है जो छात्र के लिए बहुत अच्छे हैं बल्कि छात्र की सीखने की कठिनाइयों की पहचान करना और छात्रों की सीखने की कठिनाइयों को दूर करने और उनमें प्रामाणिक ज्ञान का निर्माण करने के लिए उचित रूप से उपचारात्मक शिक्षण प्रदान करना है।

46- NCF-2005 की सिफारिश (संस्तुति) है कि उच्च प्राथमिक स्तर पर विज्ञान शिक्षा को छात्रों को स्कूल के बाह्य जीवन से कक्षा अधिगम को जोड़ने में मदद करने पर ध्यान केंद्रित किया जाना चाहिए। NCF छात्रों को अधिगम की गतिविधियों, विज्ञान मंचों, प्रयोगों और परियोजना कार्य, शिक्षार्थियों के विज्ञान सम्मेलनों, जिज्ञासा, अविस्मरणीयता और सृजनशीलता को बढ़ावा देने के लिए सह-पाठ्यचर्या गतिविधियों आदि में भागीदारी करने की सलाह देता है।

47- NEP 2020 अनुशंसा करती है कि विज्ञान शिक्षा छात्रों की संज्ञानात्मक क्षमताओं और रुचियों के अनुसार है। पूर्ण ध्यान सभी व्यावहारिक और गतिविधि-आधारित अधिगम के बजाय सैद्धांतिक और व्याख्यान-आधारित अधिगम पर होना चाहिए।

48. वैज्ञानिक ज्ञान की अस्थायी प्रकृति इस विचार को संदर्भित करती है कि हालांकि विश्वसनीय और स्थायी, वैज्ञानिक ज्ञान न तो स्थिर है और न ही निश्चित है। बल्कि यह नए प्रमाण या मौजूदा प्रमाणों की व्याख्या के प्रकाश में परिवर्तन के अधीन है।

49. अवलोकन एक प्राथमिक स्रोत से जानकारी का सक्रिय अर्जन है। जीवित प्राणियों में, अवलोकन इंद्रिय अंगों का उपयोग करता है। विज्ञान में, अवलोकन में वैज्ञानिक उपकरणों के उपयोग के माध्यम से आंकड़ों का ग्रहणबोध करना और उनका वर्णन करना भी शामिल हो सकता है।

50. तुल्यरूपता, रूपक, और प्रतिमान दैनिक अनुभव में आम उपकरण हैं, मौखिक और लिखित संचार जब हम अज्ञात को ज्ञात करने की कोशिश करते हैं। बहुत बार, उन्हें एक वस्तु या स्थिति की दूसरे से तुलना करने की उनकी क्षमता के कारण सामूहिक रूप से सादृश्य माना जाता है, और उस प्रक्रिया में, विवरण, संबंधपरक जानकारी, या दोनों को स्थानांतरित करते हैं।

CHAPTER

7

SOCIAL SCIENCE PEDAGOGY

सामाजिक विज्ञान शिक्षाशास्त्र

What is Social Science? / सामाजिक विज्ञान क्या है?

In general, any branch of study that deals with the social life of man and employs scientific methods for its study may be conceived as a social science. Thus, it includes a wide variety of branches of knowledge from History and Philosophy to Law and Education. / सामान्य तौर पर, अध्ययन की कोई भी शाखा जो मनुष्य के सामाजिक जीवन से संबंधित है और इसके अध्ययन के लिए वैज्ञानिक तरीकों को नियोजित करती है, को सामाजिक विज्ञान के रूप में माना जा सकता है। इस प्रकार, इसमें इतिहास और दर्शन से लेकर कानून और शिक्षा तक ज्ञान की एक विस्तृत विविधता शामिल है।

According to Charles Beard's, "Social Sciences are a body of knowledge and thought pertaining to human affairs." / चार्ल्स बियर्ड के अनुसार, "सामाजिक विज्ञान मानव मामलों से संबंधित ज्ञान और विचारों का एक समूह है।"

Nature of Social Science / सामाजिक विज्ञान की प्रकृति

- It is a unique combination of various disciplines. / यह विभिन्न विषयों का एक अनूठा संयोजन है।
- It is a study of human relationships. / यह मानवीय संबंधों का अध्ययन है।
- It is a study of man's development through ages. / यह युगों से मनुष्य के विकास का अध्ययन है।
- It aims at preparing the learner for wholesome social living. / इसका उद्देश्य शिक्षार्थी को स्वस्थ सामाजिक जीवन के लिए तैयार करना है।
- It is a realistic course of study. / यह अध्ययन का एक यथार्थवादी पाठ्यक्रम है।
- It forms an important part of the core –curriculum. / यह मूल पाठ्यचर्या का एक महत्वपूर्ण हिस्सा है।
- It includes Commitment to action. / इसमें कार्रवाई के प्रति प्रतिबद्धता शामिल है।

Scope of Social Science / सामाजिक विज्ञान का क्षेत्र

- It is as vast and wide as the world / यह विश्व जितना विशाल और चौड़ा है
- It is a functional study of natural and physical sciences and fine arts. / यह प्राकृतिक और भौतिक विज्ञान और ललित कलाओं का एक कार्यात्मक अध्ययन है।
- It is a study of current affairs. / यह सामयिकी का अध्ययन है।
- It is a study leading to international understanding. / यह एक ऐसा अध्ययन है जो अंतरराष्ट्रीय समझ की ओर ले जाता है।
- It is a practical study of various Resources. / यह विभिन्न संसाधनों का व्यावहारिक अध्ययन है।

Major aspects of Social Science / सामाजिक विज्ञान के प्रमुख पहलू

- History / इतिहास
- Civics / नागरिक शास्त्र
- Geography / भूगोल
- Sociology / समाज शास्त्र
- Economics / अर्थशास्त्र
- Anthropology / मनुष्य जाति का विज्ञान

Social Science Correlation with other Subjects / अन्य विषयों के साथ सामाजिक विज्ञान सहसंबंध

There is no school subject which is not related to Social Science in some form or another. Social science provides the natural setting for meaningfully learning the various school subjects such as languages, sciences, mathematics, fine arts, etc. / विद्यालय का कोई भी विषय ऐसा नहीं है, जो किसी न किसी रूप में सामाजिक विज्ञान से संबंधित न हो। सामाजिक विज्ञान विभिन्न स्कूली विषयों जैसे भाषा, विज्ञान, गणित, ललित कला आदि को सार्थक रूप से सीखने के लिए प्राकृतिक आधार प्रदान करता है।

1. **Relation of Social Science with History / इतिहास के साथ सामाजिक विज्ञान का संबंध:**
   History has a close relationship with social science is often taught as part of social science at school. History provides a basis and perspective to the important topics in social science such as education, population, war, trade union movements, towns and cities, customs and social moves, etc. / इतिहास का सामाजिक विज्ञान के साथ घनिष्ठ संबंध है अक्सर स्कूल में सामाजिक विज्ञान के हिस्से के रूप में पढ़ाया जाता है। इतिहास सामाजिक विज्ञान में महत्वपूर्ण विषयों जैसे शिक्षा, जनसंख्या, युद्ध, ट्रेड यूनियन आंदोलनों, कस्बों और शहरों, रीति-रिवाजों और सामाजिक चालों आदि को एक आधार और परिप्रेक्ष्य प्रदान करता है।

2. **Relation of Social Science with Geography / भूगोल के साथ सामाजिक विज्ञान का संबंध:**
   Social science includes the study of the living conditions of the people of various countries, their mode of living, their occupations, their standard of living, etc. All these are very much influenced by the geographical conditions of those countries. / सामाजिक विज्ञान में विभिन्न देशों के लोगों के रहन-सहन, उनके रहन-सहन, उनके व्यवसाय, उनके जीवन स्तर आदि का अध्ययन शामिल है। ये सभी उन देशों की भौगोलिक परिस्थितियों से बहुत अधिक प्रभावित हैं।

3. **Relation of Social Science with Economics / अर्थशास्त्र के साथ सामाजिक विज्ञान का संबंध:**
   Social science draws from Economics some of the knowledge of the basic need of human being such as food, shelter, and clothing. / सामाजिक विज्ञान अर्थशास्त्र से मनुष्य की मूलभूत आवश्यकताओं जैसे भोजन, आवास और वस्त्र के बारे में कुछ ज्ञान प्राप्त करता है।

4. **Relation of Social Science with Languages / भाषाओं के साथ सामाजिक विज्ञान का संबंध:**
   Conversely, topics in social sciences can be meaningfully presented and comprehended only with the help of appropriate language skills and by adopting literary forms of expression. / इसके विपरीत, सामाजिक विज्ञान में विषयों को उचित भाषा कौशल की सहायता से और अभिव्यक्ति के साहित्यिक रूपों को अपनाकर ही सार्थक रूप से प्रस्तुत और समझा जा सकता है।

5. **Relation of Social Science with General Science / सामान्य विज्ञान के साथ सामाजिक विज्ञान का संबंध:**
   The study of general science will have to be planned in relation to societal issues. At the same time, the historical, cultural, economic, and sociological aspects of human life have to be related

to the developments in the various sciences that have revolutionized all aspects of human life. / सामाजिक मुद्दों के संबंध में सामान्य विज्ञान के अध्ययन की योजना बनानी होगी। साथ ही, मानव जीवन के ऐतिहासिक, सांस्कृतिक, आर्थिक और सामाजिक पहलुओं को विभिन्न विज्ञानों के विकास से जोड़ा जाना चाहिए जिन्होंने मानव जीवन के सभी पहलुओं में क्रांति ला दी है।

6. **Relation of Social Science with Mathematics / गणित के साथ सामाजिक विज्ञान का संबंध:** Mathematics has to be taught by correlating it with different aspects and activities of human life to enable children to become useful members of society. / बच्चों को समाज के उपयोगी सदस्य बनने में सक्षम बनाने के लिए गणित को मानव जीवन के विभिन्न पहलुओं और गतिविधियों से जोड़कर पढ़ाया जाना चाहिए।

7. **Relation of Social Science with Biology / जीव विज्ञान के साथ सामाजिक विज्ञान का संबंध:** Biological concepts woven into social science are of great help to the understanding of the overpopulation problem. / सामाजिक विज्ञान में बुनी गई जैविक अवधारणाएँ अधिक जनसंख्या की समस्या को समझने में बहुत मदद करती हैं।

8. **Relation of Social Science with Physics / भौतिक विज्ञान के साथ सामाजिक विज्ञान का संबंध:** Physical science and social science are closely related to dealing with food, clothing shelter, weather, transport, and communication are used in science as well as in social science. Advances in science and technology have revolutionized social life all over the world. / भौतिक विज्ञान और सामाजिक विज्ञान भोजन, वस्त्र आश्रय, मौसम, परिवहन, और संचार से संबंधित हैं, विज्ञान के साथ-साथ सामाजिक विज्ञान में भी इसका उपयोग किया जाता है। विज्ञान और प्रौद्योगिकी के क्षेत्र में प्रगति ने पूरी दुनिया में सामाजिक जीवन में क्रांति ला दी है।

9. **Relation of Social Science with Fine Arts / ललित कला के साथ सामाजिक विज्ञान का संबंध:** The study of social science and that of fine arts could be made meaningful and goal oriented only if the relation between the two subjects is made evident by adopting appropriate instructional strategies. / सामाजिक विज्ञान और ललित कलाओं के अध्ययन को तभी सार्थक और लक्ष्योन्मुख बनाया जा सकता है जब उपयुक्त निर्देशात्मक रणनीतियों को अपनाकर दोनों विषयों के बीच संबंध को स्पष्ट किया जाए।

General Aims and Objectives of Teaching Social Science / सामाजिक विज्ञान पढ़ाने के सामान्य लक्ष्य और उद्देश्य

- To acquaint the child with his past and present geographical and social environment. / बच्चे को उसके अतीत और वर्तमान के भौगोलिक और सामाजिक परिवेश से परिचित कराना।
- To enable children to appreciate India's rich cultural heritage as also to recognize. / बच्चों को भारत की समृद्ध सांस्कृतिक विरासत की सराहना करने के साथ-साथ पहचानने में सक्षम बनाना।
- To build social competence. / सामाजिक क्षमता का निर्माण करना।
- To build intelligent democratic citizenship. / बुद्धिमान लोकतांत्रिक नागरिकता का निर्माण करना।
- To help the child acquire the right attitudes knowledge understanding and competence which he will need in the interaction with the social and physical environment. / बच्चे को सही दृष्टिकोण ज्ञान, समझ और क्षमता हासिल करने में मदद करना, जिसकी उसे सामाजिक और भौतिक वातावरण के साथ बातचीत में आवश्यकता होगी।
- To help the child gain insight into spiritual economic and political values as forces in human behavior and human relationships. / मानव व्यवहार और मानवीय संबंधों में ताकतों के रूप में बच्चे को आध्यात्मिक आर्थिक और राजनीतिक मूल्यों में अंतर्दृष्टि प्राप्त करने में मदद करना।

- To develop desirable qualities for the all-round development of a rich personality. / एक समृद्ध व्यक्तित्व के सर्वांगीण विकास के लिए वांछनीय गुणों का विकास करना।
- To foster an attitude towards knowledge, life, and learning relevant to the present. / वर्तमान के लिए प्रासंगिक ज्ञान, जीवन और सीखने के प्रति दृष्टिकोण को बढ़ावा देना।
- To promote understanding of all history and all human experience as a process of change and development. / परिवर्तन और विकास की प्रक्रिया के रूप में सभी इतिहास और सभी मानवीय अनुभवों की समझ को बढ़ावा देना।
- To give a sense of belonging / अपनत्व का भाव देना
- To enable the pupils to use their leisure properly. / विद्यार्थियों को अपने अवकाश का सही उपयोग करने में सक्षम बनाना।
- To help resolve our contemporary social and individual problems / हमारी समकालीन सामाजिक और व्यक्तिगत समस्याओं को हल करने में मदद करने के लिए
- To foster national feelings. / राष्ट्रीय भावनाओं को बढ़ावा देना।
- To promote international understanding. / अंतरराष्ट्रीय समझ को बढ़ावा देना।

Values of Teaching Social Science / सामाजिक विज्ञान शिक्षण के मूल्य

Social Science is valuable as a study in more ways than one. / सामाजिक विज्ञान एक से अधिक तरीकों से एक अध्ययन के रूप में मूल्यवान है।

- Disciplinary Values / अनुशासनात्मक मूल्य
- Information Values / सूचना मूल्य
- Educational Values / शैक्षिक मूल्य
- Ethical Values / नैतिक मूल्य
- Cultural Values / सांस्कृतिक मूल्य
- Political Values / राजनीतिक मूल्य
- Nationalistic Values / राष्ट्रवादी मूल्य
- Vocational Values / व्यावसायिक मूल्य

Social Responsibilities of the Social Science / सामाजिक विज्ञान के सामाजिक उत्तरदायित्व

- To create leadership development opportunities for students / छात्रों के लिए नेतृत्व विकास के अवसर पैदा करना
- To foster a commitment to social and civic responsibility / सामाजिक और नागरिक जिम्मेदारी के प्रति प्रतिबद्धता को बढ़ावा देना
- To promote learning both for students and for community members / छात्रों और समुदाय के सदस्यों दोनों के लिए सीखने को बढ़ावा देना
- To play a role in creating capacity in the community to work on complex societal problems / जटिल सामाजिक समस्याओं पर काम करने के लिए समुदाय में क्षमता पैदा करने में भूमिका निभाने के लिए
- To design a more effective way for the campus to contribute to economic and community development. / आर्थिक और सामुदायिक विकास में योगदान करने के लिए परिसर के लिए एक अधिक प्रभावी तरीका तैयार करना।

- Prepares students to be intentional learners who can adapt to new environments, integrate knowledge from different sources and continue to learn throughout their lives / छात्रों को जानबूझकर सीखने वाले के लिए तैयार करता है, जो नए वातावरण के अनुकूल हो सकते हैं, विभिन्न स्रोतों से ज्ञान को एकीकृत कर सकते हैं और जीवन भर सीखना जारी रख सकते हैं
- Open up boundaries and stimulate the exchange of ideas using some of the strategies of learning organizations / सीखने वाले संगठनों की कुछ रणनीतियों का उपयोग करके सीमाओं को खोलना और विचारों के आदान-प्रदान को प्रोत्साहित करना
- Celebrate the diversity of the school community. / स्कूल समुदाय की विविधता का जश्न मनाएं।
- Create school democracies that have real power. / ऐसे स्कूल लोकतंत्र का निर्माण करें जिनके पास वास्तविक शक्ति हो।

Problems Faced by Social Science Teachers / सामाजिक विज्ञान शिक्षकों द्वारा सामना की जाने वाली समस्याएं

- Dealing with controversial Topics / विवादास्पद विषयों से निपटना
- Making connections to students / छात्रों से संबंध बनाना
- Need to vary Instruction / निर्देश बदलने की आवश्यकता
- Staying at the lower level of Blooms Taxonomy / ब्लूम्स टैक्सोनॉमी के निचले स्तर पर बने रहना
- Too much reliance on Textbooks / पाठ्यपुस्तकों पर बहुत अधिक निर्भरता
- Lack of Interest / रुचि में कमी
- Lack of resources available / उपलब्ध संसाधनों की कमी

Major Methods of Teaching Social Science / सामाजिक विज्ञान पढ़ाने की प्रमुख विधियाँ

1. Lecture Methods / व्याख्यान विधियाँ

The lecture is the oldest and most commonly used method. Almost all the secondary school teacher uses the lecture methods while teaching. / व्याख्यान सबसे पुरानी और सबसे अधिक इस्तेमाल की जाने वाली विधि है। लगभग सभी माध्यमिक विद्यालय के शिक्षक पढ़ाते समय व्याख्यान विधियों का उपयोग करते हैं।

Merits of Lecture Methods / व्याख्यान विधियों के गुण

- Lecture method is useful to give background information on a particular topic. / किसी विशेष विषय पर पृष्ठभूमि की जानकारी देने के लिए व्याख्यान विधि उपयोगी है।
- With the help of short lecture one can give a gist of a topic or wrap up the lesson. / संक्षिप्त व्याख्यान की सहायता से कोई किसी विषय का सारांश दे सकता है या पाठ को समाप्त कर सकता है।
- Lecture method helps the teacher to deal with various topics within a short period of time. / व्याख्यान पद्धति शिक्षक को कम समय में विभिन्न विषयों से निपटने में मदद करती है।
- Lecture method helps the teacher to give lots of information on that particular topic. / व्याख्यान विधि शिक्षक को उस विशेष विषय पर बहुत सारी जानकारी देने में मदद करती है।
- In the lecture method teacher can teach to a large group of audience. / व्याख्यान पद्धति में शिक्षक दर्शकों के एक बड़े समूह को पढ़ा सकता है।

Demerits of Lecture Methods / व्याख्यान विधियों के अवगुण

- Lecture method is not suitable for the younger or primary school student. / व्याख्यान पद्धति छोटे या प्राथमिक विद्यालय के छात्र के लिए उपयुक्त नहीं है।

- Lecture method can be monotonous. / व्याख्यान पद्धति नीरस हो सकती है।
- Skill teacher is needed to use the lecture method as communication is the most important part of lecture method. / व्याख्यान पद्धति का उपयोग करने के लिए कुशल शिक्षक की आवश्यकता होती है क्योंकि संचार व्याख्यान पद्धति का सबसे महत्वपूर्ण हिस्सा है।
- For all type of learner lecture method may not be suitable. / सभी प्रकार के शिक्षार्थियों के लिए व्याख्यान विधि उपयुक्त नहीं हो सकती है।

2. Demonstration Method / प्रदर्शन विधि

The demonstration is one of the useful methods through the use of this method teacher can provide information, create interest, and also can develop the standards of work by showing how a process is done. This method is effective when followed by an activity. It is a art of depicting the skills associated with the action. / प्रदर्शन उपयोगी तरीकों में से एक है, इस विधि के उपयोग के माध्यम से शिक्षक जानकारी प्रदान कर सकता है, रुचि पैदा कर सकता है, और यह दिखाकर कि किसी प्रक्रिया को कैसे किया जाता है, काम के मानक भी विकसित कर सकता है। किसी गतिविधि का पालन करने पर यह विधि प्रभावी होती है। यह क्रिया से जुड़े कौशल को दर्शाने की कला है।

Merits of Demonstration / प्रदर्शन के गुण

- Demonstration method helps to create interest among the student. / प्रदर्शन विधि छात्रों में रुचि पैदा करने में मदद करती है।
- Demonstration method helps the teacher to present a clear concept among the student. / प्रदर्शन विधि शिक्षक को छात्रों के बीच एक स्पष्ट अवधारणा प्रस्तुत करने में मदद करती है।
- Demonstration method helps create involvement among the student. / प्रदर्शन विधि छात्रों के बीच भागीदारी पैदा करने में मदद करती है।
- To arouse attention among the student this method is fruitful and also motivates them to learn. / छात्रों में ध्यान आकर्षित करने के लिए यह विधि उपयोगी है और उन्हें सीखने के लिए प्रेरित भी करती है।
- Helps the student to express their thought which helps to increase the knowledge. / छात्रों को अपने विचार व्यक्त करने में मदद करता है जिससे ज्ञान बढ़ाने में मदद मिलती है।

Demerits / अवगुण

- There must be active and equal participant of the student, otherwise this method is useless. इसमें विद्यार्थी की सक्रिय एवं समान भागीदारी होनी चाहिए, अन्यथा यह विधि बेकार है।
- Teaching aids that will be used in demonstration method, must be attractive, otherwise, the student will lose interest. / प्रदर्शन पद्धति में उपयोग की जाने वाली शिक्षण सामग्री आकर्षक होनी चाहिए, अन्यथा छात्र की रुचि खत्म हो जाएगी।
- If the teacher fails to provide the extra knowledge, then students may find it boring. / यदि शिक्षक अतिरिक्त ज्ञान प्रदान करने में विफल रहता है, तो छात्रों को यह उबाऊ लग सकता है।
- Teacher must be skilled in using this method, otherwise objective may not be achieved / शिक्षक को इस पद्धति का उपयोग करने में कुशल होना चाहिए, अन्यथा उद्देश्य प्राप्त नहीं हो सकेगा

3. Project Method / प्रोजेक्ट विधि

Project method is considered as the best method in compression to other methods. This method is based on the principle "learning by doing". In this method teacher have to provide a situation where he pupils can learn according to their interests and attitudes. / प्रोजेक्ट विधि को अन्य विधियों की तुलना में कम्प्रेशन में सर्वोत्तम विधि माना जाता है। यह विधि "करके सीखना" के सिद्धांत पर आधारित है। इस पद्धति में शिक्षक को ऐसी स्थिति प्रदान करनी होती है जहाँ वह विद्यार्थियों को उनकी रुचि और दृष्टिकोण के अनुसार सीख सके।

Merits of Project Method / परियोजना पद्धति के गुण

- Project method helps the learner to learn according to their interest an attitude. / प्रोजेक्ट विधि शिक्षार्थी को उनकी रुचि के अनुसार दृष्टिकोण सीखने में मदद करती है।
- This method motivates the learner to learn as it is activity based learning. / यह विधि शिक्षार्थी को सीखने के लिए प्रेरित करती है क्योंकि यह गतिविधि आधारित शिक्षा है।
- The use of this method helps the learner to connect with the real life world. / इस पद्धति का उपयोग शिक्षार्थी को वास्तविक जीवन की दुनिया से जुड़ने में मदद करता है।

Demerits Project Method / अवगुण परियोजना विधि

- This method is time consuming. / यह विधि समय लेने वाली है।
- It is costly in compare to other method. / यह अन्य विधि की तुलना में महंगा है।
- This method cannot be use regularly as it is impossible to give the project all the time and subject. / इस पद्धति का नियमित रूप से उपयोग नहीं किया जा सकता क्योंकि प्रोजेक्ट को हर समय और विषय देना असंभव है।

4. **Problem-Solving Method / समस्या-समाधान विधि**

Problem solving method is quite suitable for basic education system as it teach the student how to deal with real life problem. In this method teacher has to create a situation in the school where the student can feel the problem and find out solution with their capacity and ability. This method is characterized by mental activity and critical thinking. / समस्या समाधान विधि बुनियादी शिक्षा प्रणाली के लिए काफी उपयुक्त है क्योंकि यह छात्रों को वास्तविक जीवन की समस्या से निपटने का तरीका सिखाती है। इस पद्धति में शिक्षक को विद्यालय में एक ऐसी स्थिति का निर्माण करना होता है जहाँ छात्र समस्या को महसूस कर सके और अपनी क्षमता और क्षमता से उसका समाधान ढूंढ सके। यह विधि मानसिक गतिविधि और आलोचनात्मक सोच की विशेषता है।

Merits of Problem solving method / समस्या समाधान विधि के गुण

- The use of this method helps the learner to learn the real life problem and deal with it. / इस पद्धति के उपयोग से शिक्षार्थी को वास्तविक जीवन की समस्या जानने और उससे निपटने में मदद मिलती है।
- It helps to develop the power of critical judgment. / यह आलोचनात्मक निर्णय की शक्ति विकसित करने में मदद करता है।
- It makes the pupil to participate actively. / यह विद्यार्थी को सक्रिय रूप से भाग लेने के लिए प्रेरित करता है।
- It makes the student independent. / यह विद्यार्थी को स्वतंत्र बनाता है।

Demerits of Problem solving method / समस्या समाधान विधि के दोष

- This method required more time. / इस विधि के लिए अधिक समय की आवश्यकता होती है।
- Sometime it becomes boring and monotonous. / कभी-कभी यह उबाऊ और नीरस हो जाता है।
- May not expect satisfactory result all the time. / हर समय संतोषजनक परिणाम की उम्मीद नहीं की जा सकती।
- Required too much of reference material to make understand the pupil. / विद्यार्थियों को समझाने के लिए बहुत अधिक संदर्भ सामग्री की आवश्यकता होती है।

5. **Source Method / स्रोत विधि**

Source method is a method use by the teacher to teach the student by using various sources. Sources may be written or printed record or it may be original. Original sources are like-statues, tools, weapons, customs, tradition etc. Written sources are like- newspaper, manuscript, diaries, letters, reports etc. / स्रोत विधि शिक्षक द्वारा विभिन्न स्रोतों का उपयोग करके छात्र को पढ़ाने की एक विधि है। स्रोत लिखित या मुद्रित रिकॉर्ड हो सकते हैं या यह मूल हो सकते हैं। मूल स्रोत जैसे-मूर्तियाँ, उपकरण, हथियार, रीति-रिवाज परंपरा आदि हैं। लिखित स्रोत जैसे-समाचार पत्र, पांडुलिपि, डायरी, पत्र, रिपोर्ट आदि हैं।

Merits of Source Method / स्रोत विधि के गुण

- It gives a opportunity of mental training develop the power of thinking, imagination, self expression an discussion. / यह मानसिक प्रशिक्षण, विचार-विमर्श, कल्पना, आत्म-अभिव्यक्ति की शक्ति विकसित करने का अवसर देता
- It also develops the power of reasoning and power of judgment. / इससे तर्क करने की शक्ति और निर्णय लेने की शक्ति भी विकसित होती है।

Demerits of Source Method / स्रोत विधि के दोष

- The method is long and the progress of the student is slow./ विधि लंबी है और छात्र की प्रगति धीमी है।
- It is not possible to use this method in lower class./ निचली कक्षा में इस विधि का प्रयोग संभव नहीं है।
- Trained teacher is needed to use this method. / इस पद्धति का उपयोग करने के लिए प्रशिक्षित शिक्षक की आवश्यकता होती है।

6. Supervised Study Method / पर्यवेक्षित अध्ययन पद्धति

In this method teacher supervise and direct the student till they become independent and efficient in his learning. In teaching social science this method occupies a special place./ इस पद्धति में शिक्षक विद्यार्थियों की तब तक निगरानी और निर्देशन करता है जब तक वे सीखने में स्वतंत्र और कुशल नहीं हो जाते। सामाजिक विज्ञान शिक्षण में इस पद्धति का विशेष स्थान है।

Merits of Supervised Method / पर्यवेक्षित विधि के गुण

- To meet the individual difference this method can be use. / व्यक्तिगत अंतर को पूरा करने के लिए इस पद्धति का उपयोग किया जा सकता है।
- In this method teacher become the guide, friend and philosopher. / इस पद्धति में शिक्षक मार्गदर्शक, मित्र और दार्शनिक बन जाता है।
- This method helps the student to become independent. / यह विधि विद्यार्थी को स्वतंत्र बनने में मदद करती है।

Demerits of Supervised Method / पर्यवेक्षित विधि के दोष

- It is helpful for only slow Learner. / यह केवल धीमी गति से सीखने वालों के लिए सहायक है।
- Self- reliance of the student can be destroyed. / विद्यार्थी की आत्मनिर्भरता नष्ट हो सकती है।

7. Textbook Method / पाठ्यपुस्तक विधि

Textbook is nothing but a logical and systematic arrangement of sources by the educational department. In teaching learning process textbook is the main source. This method is use in all school by the teacher. / पाठ्यपुस्तक और कुछ नहीं बल्कि शिक्षा विभाग द्वारा स्रोतों की एक तार्किक और व्यवस्थित व्यवस्था है। शिक्षण-अधिगम प्रक्रिया में पाठ्यपुस्तक ही मुख्य स्रोत है। इस विधि का प्रयोग सभी विद्यालयों में शिक्षक द्वारा किया जाता है।

Merits of Textbook Method / पाठ्यपुस्तक पद्धति के गुण

- Textbook is important for self study and develop the study skill. / स्व-अध्ययन और अध्ययन कौशल विकसित करने के लिए पाठ्यपुस्तक महत्वपूर्ण है।

- It is useful as it give logical and systematic information of a particular subject. / यह उपयोगी है क्योंकि यह किसी विशेष विषय की तार्किक और व्यवस्थित जानकारी देता है।

Demerits of Textbook Method / पाठ्यपुस्तक विधि के दोष

- Critical thinking does not develop. / आलोचनात्मक सोच विकसित नहीं होती है।
- Without the help of teacher pupil may not take all the advantage of the textbook.शिक्षक की सहायता के बिना छात्र पाठ्यपुस्तक का पूरा लाभ नहीं उठा सकते।

Resources and Equipment for Social Science Teaching / सामाजिक विज्ञान शिक्षण के लिए संसाधन और उपकरण

- Social science library / सामाजिक विज्ञान पुस्तकालय
- Social science laboratory / सामाजिक विज्ञान प्रयोगशाला
- Social science museum / सामाजिक विज्ञान संग्रहालय
- Study circles / अध्ययन मंडलियां
- Community resources / सामुदायिक संसाधन
- Social science club / सामाजिक विज्ञान क्लब
- Celebration of national festivals / राष्ट्रीय त्योहारों का उत्सव
- Model parliament / आदर्श संसद
- Organization of field trips and excursions / क्षेत्र भ्रमण और भ्रमण का आयोजन

Primary and Secondary Sources / प्राथमिक और द्वितीयक स्रोत

The sources from where we get information are called information sources and these comprise documents,humans, institutions as well as mass media like newspapers, radio, and television. We can group information sources into two broad categories as follows: / जिन स्रोतों से हमें जानकारी मिलती है उन्हें सूचना स्रोत कहा जाता है और इनमें दस्तावेज, मानव, संस्थान और साथ ही समाचार पत्र, रेडियो और टेलीविजन जैसे जनसंचार माध्यम शामिल हैं। हम सूचना स्रोतों को दो व्यापक श्रेणियों में निम्नानुसार समूहित कर सकते हैं:

- **Documentary Sources:** All recorded sources of information irrespective of their contents and forms come under documentary sources- These may be published or unpublished, in print or in electronic form. These may be books, periodicals, magazines, and others. / **दस्तावेजी स्रोत:** सूचना के सभी रिकॉर्ड किए गए स्रोत, चाहे उनकी विषयवस्तु और प्रपत्र कुछ भी हों, दस्तावेजी स्रोतों के अंतर्गत आते हैं। ये प्रकाशित या अप्रकाशित, प्रिंट या इलेक्ट्रॉनिक रूप में हो सकते हैं। ये पुस्तकें, सामयिक पत्र, पत्रिकाएं और अन्य हो सकते हैं।
- **Non-documentary Sources:** Non-documentary sources of information are those sources that are not recorded in any form. / **गैर-दस्तावेजी स्रोत:** सूचना के गैर-दस्तावेजी स्रोत वे स्रोत हैं, जो किसी भी रूप में दर्ज नहीं हैं।
- Based on the information contents and organisational level documentary sources can be grouped into: / सूचना विषयवस्तु और संगठनात्मक स्तर के आधार पर दस्तावेजी स्रोतों को समूहीकृत किया जा सकता है:
- **Primary sources** are those sources that contain original material that has been published, reported, or recorded for the first time and have not been interpreted, commented upon, summarised, translated, or evaluated by a secondary party. / **प्राथमिक स्रोत** वे स्रोत होते हैं जिनमें मूल विषयवस्तु होती है जिसे पहली बार प्रकाशित, रिपोर्ट या रिकॉर्ड किया गया है और किसी द्वितीयक पक्ष द्वारा व्याख्या, अवलोकन, सारांशित, अनुवाद या मूल्यांकन नहीं किया गया है।

- **Secondary sources** of information are mostly dependent upon primary sources of information for their existence- They usually present the contents of primary documents in condensed form or list them in a helpful way so that the existence of primary documents are known and access to them is made easy. / **द्वितीयक स्रोत** अधिकतर अपने अस्तित्व के लिए सूचना के प्राथमिक स्रोतों पर निर्भर होते हैं। वे आम तौर पर प्राथमिक दस्तावेजों की विषयवस्तु को संक्षिप्त रूप में प्रस्तुत करते हैं या उन्हें उपयोगी विधियों से सूचीबद्ध करते हैं ताकि प्राथमिक दस्तावेजों के अस्तित्व ज्ञात हो सकें और उन तक पहुंच आसान हो सके।

Social Studies NCF / सामाजिक अध्ययन NCF

The social science encompass diverse concerns of society, and include a wide range of content drawn from the disciplines of History, geography, political science, economics, sociology and anthropology. Social science perspective and knowledge are indispensable to building the knowledge base for a just and peaceful society. The content should aim at raising students awareness through critically exploring and questioning of familiar social reality. The possibilities of including new dimension and concerns, especially in view of student's own life experiences, are considerable. Selecting and organising material into a meaningful curriculum, one that will enable students to develop a critical understanding of society, is therefore a challenging task. / सामाजिक विज्ञान के अंतर्गत समाज के विविध सरोकार आते हैं। इसकी अंतर्वस्तु बहुत विविध है जिसमें इतिहास, भूगोल, राजनीति विज्ञान, अर्थशास्त्र, समाजशास्त्र और मानव विज्ञान जैसे विषयों की विषयवस्तु समाहित की जाती है। सामाजिक विज्ञान की अनुभूतियाँ और ज्ञान, एक समतामूलक और शांतिमूलक समाज की ज्ञान-आधार तैयार करने की दिशा में अपरिहार्य हैं। सामाजिक विज्ञान की विषयवस्तु का लक्ष्य जानी-पहचानी सामाजिक सच्चाई की समीक्षात्मक जाँच तथा उस पर प्रश्न करते हुए विद्यार्थियों में आलोचनात्मक जागरूकता का संवर्धन, होना चाहिए। विद्यार्थियों के अपने जीवन-संदेभों के संबंध में नए आयामों और नए पहलुओं को जगह दी जा सकती है। एक सार्थक पाठ्यचर्या के लिए सामग्री चयन और उनका निर्धारण, ऐसी पाठ्यचर्या जो विद्यार्थियों में समाज के प्रति आलोचनात्मक समझ का विकास करे, यह एक चुनौतीपूर्ण कार्य है।

Because the social science tend to be considered non-utility subjects and are given less importance than the natural sciences, it is necessary to emphasise that they provide the social, cultural, and analyse skills required to adjust to an increasingly interdependent world, and to deal with political and economic realities. / चूँकि सामाजिक विज्ञानों को अनुपयोगी विषय समझा जाता है और उनको विज्ञान से कम महत्त्व दिया जाता है, अतः इस पर जोर दिए जाने की आवश्यकता है कि वे सामाजिक, सांस्कृतिक और विश्लेषणात्मक क्षमता के विकास में मदद करें जिनकी आज की परस्पर-निर्भर होती जा रही दुनिया में आवश्यकता होती है। साथ ही जिससे राजनीतिक और आर्थिक यथार्थ से जूझने में मदद मिले।

It is also to recognize that the social science lend themselves to scientific inquiry just as much as the natural and physical sciences do, as well as to indicate ways in which the methods employed by the social sciences are distinct (but in no way inferior to those of the natural and physical sciences). / यह पहचानने की भी आवश्यकता है कि सामाजिक विज्ञानों में प्राकृतिक विज्ञानों और शारीरिक विज्ञानों की ही तरह वैज्ञानिक दृष्टि होती है। साथ ही यह बताए जाने की भी आवश्यकता है कि किस प्रकार सामाजिक विज्ञानों द्वारा अपनाई गई पद्धतियाँ विशिष्ट होती हैं लेकिन प्राकृतिक विज्ञान से किसी भी रूप में कमतर नहीं।

It is important to reinstate the significance of the social sciences by not only highlighting its increasing relevance for a job in the rapidly expanding service sector, but by pointing to its indispensability in laying the foundations for an analytical and creative mindset. / सामाजिक विज्ञान का महत्त्व न केवल तेजी से विकसित होते हुए सेवा क्षेत्र के रोषगारों में इसकी बढ़ती प्रासंगिकता के कारण है, बल्कि एक विश्लेषणात्मक और रचनात्मक मस्तिष्क की नींव तैयार करने में इसकी अनिवार्यता के कारण भी है।

It is often presumed that only natural and physical phenomena lend themselves to scientific inquiry, and that knowledge areas pertaining to the human sciences (history, geography, economics, political science etc.) cannot be, by their very nature "scientific". But it is necessary to recognise that the social sciences lend themselves to scientific inquiry just as much as the natural and physical sciences do, as well as to articulate the ways in which the methods employed by social sciences are distinct (but in no way inferior) to those of the natural and physical sciences. / प्रायः यह माना जाता है कि मात्र प्राकृतिक और भौतिक तत्वों का ही वैज्ञानिक परीक्षण संभव है तथा मानव विज्ञान से संबंधित ज्ञान क्षेत्रों (इतिहास, भूगोल, अर्थशास्त्र, राजनीति शास्त्र आदि) की प्रकृति वैज्ञानिक नहीं है। परंतु, यह पहचानना आवश्यक है कि प्राकृतिक व भौतिक विज्ञान की तरह सामाजिक विज्ञान भी वैज्ञानिक जाँच-पड़ताल हेतु उपयुक्त है। साथ ही यह भी स्पष्ट करना आवश्यक है कि सामाजिक विज्ञान द्वारा अपनाई गई पद्धतियाँ प्राकृतिक और भौतिक विज्ञान के सिद्धांतों से भिन्न हैं (किंतु किसी अर्थ में कम नहीं)।

The disciplines that make up the social sciences, namely history, geography, political science and economics, have distinct methodologies that often justify the preservation of boundaries. / सामाजिक विज्ञान का निर्माण करने वाले विषय; जैसे-इतिहास, भूगोल, राजनीति शास्त्र और अर्थशास्त्र की स्पष्ट प्रणालियाँ हैं जिनमें प्रायः सीमाओं को बनाए रखना ही उचित माना जाता है।

The boundaries of disciplines need to be opened up and a plurality of approaches may be applied to understand a given phenomenon. For an enabling curriculum, certain themes that facilitate interdisciplinary thinking are required. / इन विषय-सीमाओं को खोलने की आवश्यकता है ताकि दी गई परिघटना को समझने के लिए कई तरह के उपागमों का प्रयोग किया जा सके। एक समर्थ पाठ्यचर्या के लिए ऐसी विषय-वस्तु की आवश्यकता है जो अंतर्विषयक विचारधारा को प्रोत्साहित करे।

Planning the Curriculum / पाठ्यचर्या की योजना

For classes III to V, the subject Environment Studies will be introduced. A child may be initiated to locate and comprehend the relationships between the natural and social environment, and introduced to analogies between natural diversity and socio-cultural diversity. That is to say, social science teaching based on observation and experience can create cognitive capacity within the child. It is this aspect of social science teaching that is so frequently missing in our curriculum. / **3 से 5 तक की कक्षाओं** के लिए पर्यावरण अध्ययन को एक नए विषय के रूप में शामिल किया जाएगा। बच्चों में प्राकृतिक और सामाजिक पर्यावरण के संबंधों की पहचान करने तथा उन्हें समझने की योग्यता का विकास होना चाहिए। उन्हें प्राकृतिक विविधता और सामाजिक-सांस्कृतिक विविधता के बीच समानता की पहचान करना सिखाना चाहिए। अवलोकन और अनुभव के द्वारा सामाजिक विज्ञान शिक्षण बच्चों में ज्ञान-आधारित क्षमता का विकास कर सकता है। हमारी पाठ्यचर्या में सामाजिक विज्ञान शिक्षण के इसी पहलू का प्रायः अभाव है।

At the upper primary stage, the subject-area of Social Science drawing its content from history, geography, political science and economics will be introduced. Simultaneously, the child may be introduced to contemporary issues and problems. Contemporary issues may be looked at from multiple perspectives introducing the child to social and economic problems of society. / **उच्च प्राथमिक स्तर पर** सामाजिक विज्ञान में इतिहास, भूगोल, राजनीति शास्त्र और अर्थशास्त्र से विषय-वस्तु ली जाएगी। साथ ही बच्चों को समकालीन मुद्दों और समस्याओं से भी परिचित कराया जा सकता है। समकालीन मुद्दों को कई परिप्रेक्ष्यों से देखते हुए बच्चों को समाज की सामाजिक और आर्थिक समस्याओं से अवगत कराया जा सकता है।

TEST YOURSELF

1. **Nature of social science curriculum is / सामाजिक विज्ञान पाठ्यक्रम की प्रकृति है:**
   (a) Study of social isolation and disintegration / सामाजिक अलगाव और विघटन का अध्ययन।
   (b) Study of human relationship / मानव संबंधों का अध्ययन।
   (c) Study of human evolution scientifically / वैज्ञानिक रूप से मानव विकास का अध्ययन।
   (d) Study of social and individual benefits. / सामाजिक और व्यक्तिगत लाभों का अध्ययन।

2. **Following are the questions teacher can ask herself on strategies that can be taken to ensure that curriculum is accessible to all pupils. / निम्नलिखित प्रश्न, वे प्रश्न हैं जो अध्यापिका अपने आप से उस रणनीति को अपनाने के लिए पूछ सकती है, जिससे यह सुनिश्चित किया जा सके कि सभी विद्यार्थियों के लिए पाठ्यचर्या उपलब्ध है।**
   A. Does the range of activities reflect the interest of boys and girls? / क्या गतिविधियों के प्रकार लड़के एवं लड़कियों की रूचि को प्रतिबिंबित करते हैं?
   B. Are alternative means of giving experience of activity provided to those who cannot get engaged in an activity? / जो गतिविधि में भाग नहीं ले सकते, क्या उनकों अनुभव प्रदान करने हेतु या गतिविधि देने के लिए वैकल्पिक साधन प्रदान किए गए?
   C. Do the materials used reflect the background and experience of majority learners? / क्या प्रयोग की गई सामग्री अधिकांश शिक्षार्थियों की पृष्ठभूमि एवं अनुभव को प्रतिबिंबित करती है?
   Choose the correct option. / सही विकल्प का चयन करें
   (a) A and B is Correct and C is incorrect / A और B सही हैं परंतु C गलत है
   (b) A and C is correct and B is incorrect / A और C सही हैं परंतु B गलत है।
   (c) Band C is correct and A is incorrect / B और C यह सही हैं परंतु A गलत है
   (d) A, B and C are correct / A, B और C सभी सही है

3. **Which of the following strategies will be ineffective while teaching about the concept of 'diversity' to students at upper primary level? / इनमें से कौन सी व्यूह रचना उच्च प्राथमिक कक्षाओं के छात्रों को विविधिता की अवधारणा पढ़ाते हुए अप्रभावशाली रहेगी?**
   (a) Taking into account prior knowledge and experience of the student / छात्रों के पूर्व ज्ञान और अनुभवों को ध्यान में रखना।
   (b) Providing opportunities for collaboration and peer learning / सहयोगात्मक एवं सह-पाठी अधिगम के अवसर देना।
   (c) Reading from the textbook or popular reference material / पाठ्य-पुस्तक या प्रचलित संदर्भ पुस्तक से पढ़ना
   (d) Organizing a field visit to a local community / स्थानीय समुदाय-क्षेत्र परिभ्रमण का आयोजन करना।

4. **Which of the following aspects are explicitly stated in the Right of the Children to Free and Compulsory Education Act 2009 to formulate evaluation procedures? / निम्नलिखित में से कौन से पहलू सुस्पष्ट रूप से मूल्यांकन प्रक्रियाओं को सूत्रबद्ध करने के लिए बच्चों हेतु निशुल्क एवं अनिवार्य शिक्षा अधिनियम 2009 में उल्लिखित किया गया है?**
   A. Provide evidence - based feedback and communicates children's progress to different stakeholders

including parents and guardians / प्रमाण-आधारित प्रतिपुष्टि प्रदान करना एवं बच्चों की प्रगति के विभिन्न भागीदारों, जिसमें माता पिता और अभिभावक सम्मिलित हैं, को सूचित करना।

B. **Make the child free of fear, trauma and anxiety and helping the child to express views freely / बच्चों को भय, आघात और चिंता मुक्त बनाना तथा बच्चों को उनके विचार स्वतंत्र रूप से अभिव्यक्त करने में सहयोग करना।**

C. **Learning through activities, discovery and exploration in a child-friendly and child centered manner / बाल-मित्रवत और बाल-केन्द्रित ढंग से गतिविधियों, अन्वेषण और खोज-बीन द्वारा अधिगम।**

D. **All round development of the child / बच्चों का समग्र विकास**

Choose the correct option. / सही विकल्प का चयन करें।

(a) A, B and C (b) B and C
(c) B, C and D (d) A, C and D

5. **While discussing about various inequalities within the classroom, which of the following points would you primarily focus on? / कक्षा में विभिन्न असमानताओं के संदर्भ में चर्चा के दौरान, निम्नलिखित में से कौन से बिंदुओं पर आपका मुख्य बल होगा?**

A. **Make students understand that inequalities are social in nature / छात्रों को समझाना कि असमानताएँ प्राकृतिक रूप में सामाजिक होती हैं।**

B. **Enlist various movement that have taken place to question the inequalities / असमानताओं पर सवाल उठाने वाले विभिन्न आन्दोलनों को सूचीबद्ध करना।**

C. **Emphasis how everyone is equal in a democratic society / इस बात पर जोर देना कि लोकतांत्रिक समाज में प्रत्येक व्यक्ति समान कैसे है।**

D. **Deliver lectures to students on various inequalities / विभिन्न असमानताओं पर छात्रों को व्याख्यान देना।**

Choose the correct option. / सही विकल्प को चुनें-

(a) A and B (b) Band D
(c) D and C (d) A and D

6. **How can you use a photo essay on the Bhopal Gas tragedy for conducting a meaningful class? / आप भोपाल गैस त्रासदी पर चित्रात्मक निबंध का उद्देश्यपूर्ण कक्षा-शिक्षण के लिए किस प्रकार उपयोग कर सकते हैं?**

(a) Enabling students to learn about the tragedy by reading and discussing / छात्रों को इस त्रासदी के विषय में पढ़ा कर और चर्चा के द्वारा सीखने के लिए उत्साहित करके।

(b) Encouraging students to find more photos of the tragedy and making a collage / छात्रों से त्रासदी संबंधी और ज्यादा चित्र संग्रह करवा कर और कॉलाज बनवा कर।

(c) Making small groups and each of the group being asked to enact one photo in front of the class / छात्रों के छोटे-छोटे समूह बनाकर प्रत्येक समूह को कक्षा के समक्ष एक चित्र प्रस्तुत करने को कहना।

(d) Reading aloud the text for the students and making them underline key points / उच्च स्वर में पाठ्य वस्तु का पाठन करना, तथा मुख्य बिंदुओं को रेखांकित करना।

7. **Consider statement A and B and choose the correct option. / कथन A एवं B पर विचार करें, तथा सही विकल्प का चयन करें**

A. **Instructional interaction period with children should be of lesser duration than actual school.' / बच्चों के साथ निर्देशात्मक अंतक्रिया कालांश स्कूल के वास्तविक अवधि से कम अवधि के होने चाहिए।**

B. Teacher need to slot specific time for planning instructional activities. / गतिविधियों के नियोजन के लिए शिक्षिका को विशेष समय निकलने की जरूरत होती है।

(a) A and B both are correct. B explains A / A, B सही हैं। B, A की व्याख्या करता है।
(b) A and B both are correct. B doesn't explaine A / A, B सही हैं। B, A की व्याख्या नहीं करता।
(c) A is true. B is false / A सही है, B गलत है।
(d) Ais false. B is true / A गलत है, B सही है।

8. Which of the following social science questions provide a greater scope for developing critical thinking skills? / इनमें से कौन सा/से सामाजिक विज्ञान के प्रश्न आलोचनात्मक चिंतन कौशल के विकास की अधिक संभावना रखते हैं?

A. Describe the role of the (i) Police, (ii) Public Prosecutor and (iii) Defence Lawyer. / इनकी भूमिका बताइए- (1) पुलिस, (2) पब्लिक प्रोसिक्यूटर (3) डिफेन्स वकील

B. Will the government intervene if some religious group says that their religion allows them to practice infanticide? Give reasons for your answer. / यदि कोई धार्मिक समूह कहता है कि उनका धर्म बालहत्या की स्वीकृति देता है, तो क्या सरकार हस्तक्षेप करेगी?

C. Quarrying can become a major environmental concern. Do you agree with this statement? Give reasons. / "खदान-खोदना एक बड़ी पर्यावरणीय समस्या बन सकती है।" क्या आप इससे सहमत हैं? कारण बताएँ।

D. Describe the ideas behind Shantiniketan. / शांति निकेतन किन विचारों पर आधारित है। वर्णन करें।

E. Why did various classes and groups of Indians participate in the Civil Disobedience Movement? / सविनय अवज्ञा आन्दोलन में भारत के विभिन्न वर्गों और समूहों ने भाग क्यों लिया?

Choose the correct option. / सही विकल्प का चयन करें।

(a) A, B and C (b) B, C and D
(c) A, C and E (d) B, C and E

9. Which of the following activities in a history class has the maximum potential for promoting critical thinking skills? / इतिहास की कक्षा में, इनमें से कौन सी गतिविधियों में आलोचनात्मक कौशल बढ़ाने की सर्वाधिक संभावना

A. Interpreting sources / स्त्रोतों की व्याख्या करना
B. Listening to lectures / व्याख्यान-सुनना
C. Sequencing events / घटना-क्रम देना
D. Asking recall questions / पुनर्स्मरण प्रश्न
E. Differentiating facts from opinions / तथ्यों और मतों को अलग करना

Choose the correct option. / सही विकल्प का चयन करें।

(a) A, B and C (b) B, C and D
(c) A, C and E (d) C, D and E

10. You want to discuss the changes to the lives of the court artists with rise of colonial rule in your next history class. Which of the following areas would you emphasis the most? / आप अपनी अगली इतिहास की कक्षा में, औपनिवेशिक शासन के दौरान दरबारी चित्रकारों के जीवन में आए परिवर्तनों के विषय में चर्चा करना चाहते हैं। आप इनमें से किन विषयों या क्षेत्रों पर बल

A. Trends patronized in the different courts / विभिन्न दरबारों में अपनाई गई संरक्षण-विधियाँ

B. Influence of the British needs on the court painters / अंग्रेजों की आवश्यकताओं का दरबारी चित्रकारों पर प्रभाव

C. Inability of Indian miniature artists to paint realistic picture / भारतीय सूक्ष्म

चित्रकारों की वास्तविक चित्र बनाने में अक्षमता

D. The painting of Thomas and William Daniel / थॉमस और विलियम डेनियल के चित्र

Choose the correct options. / सही विकल्प का चयन करें।

(a) Only A and B / केवल A तथा B
(b) Only B and C / केवल B तथा C
(c) Only C and D / केवल C तथा D
(d) Only A and D / केवल A तथा D

11. According to the National Focus Group on Teaching Social Science, which of the following are considered as major challenges in social science education? / सामाजिक विज्ञान शिक्षण राष्ट्रीय फोकस समूह के अनुसार निम्नलिखित में से किसे सामाजिक विज्ञान शिक्षा के लिए मुख्य चुनौती समझा जाता है?

A. It is treated as non-utilitarian subject / इसे अनपयोगितावादी विषय के रूप में देखा जाता है।

B. It merely transmit information / यह केवल सूचनाएँ संप्रेषित करता है।

C. There is information overload / इसमें सूचनाओं की भरमार है।

D. Mathematics is unnecessarily integrated / अंकगणित अनावश्यक रूप से एकीकृत किया गया है।

E. Consist mainly of European perspective / मुख्यत: यूरोप के परिप्रेक्ष्य को प्रस्तुत करता है।

(a) A, B and C (b) B, C and D
(c) C, D and E (d) A, C and E

12. A social science teacher asks students to collect newspaper articles and magazines clipping on problems faced by urbanized cities. After this she organizes a discussion where students present their ideas on the topic based on the information collected. Which pedagogical strategy is the teacher using in the class? / सामाजिक विज्ञान की एक अध्यापिका अपनी छात्राओं को शहरों की समस्याओं के विषय में समाचार पत्रों से लेख और पत्रिकाओं से संग्रह करने के लिए कहती है। इसके उपरांत वे इस विषय पर सूचना के आधार पर छात्राओं को उनके विचार प्रस्तुत करवाती है और चर्चा करती है। अध्यापिका ने कौन सी शिक्षा-शास्त्रीय विधि का उपयोग किया है?

(a) Enquiry method / पूछताछ विधि
(b) Case study method / केस-अध्ययन
(c) Roleplay method / भूमिका निर्वाह विधि
(d) Narrative method / कथात्मक विधि

13. Which of the following is a primary source to understand Medieval Indian period? / निम्नलिखित में से कौन सा मध्ययुगीन भारतीय काल को समझने का प्राथमिक स्त्रोत है?

(a) Ashoka's inscription / अशोक का अभिलेख
(b) Kalidasa's Abhigyan Shakuntalam / कालिदास की अभिज्ञान शाकुन्तलम्
(c) Ravikriti's Prashasti / रविकीर्ति की प्रशस्ति
(d) Surdas's Sahitya Lahari / सूरदास की साहित्य लहरी

14. The first step of project method is: / परियोजना विधि का पहला चरण है:

(a) Planning / योजना
(b) Selection of the project / परियोजना का चयन
(c) Creating the situation / स्थिति बनाना
(d) Executing / निष्पादन

15. Which of the following assessment practices provides scope to students to evaluate and record their own learning? / निम्नलिखित में से कौन सी आकलन पद्धति छात्रों को अपने स्वयं के अधिगम को मूल्यांकित और दर्ज (रिकॉर्ड) करने का अवसर प्रदान करती हैं?

(a) Assessment for learning / अधिगम के लिए आकलन
(b) Assessment as learning / अधिगम की तरह आकलन

(c) Assessment of learning / अधिगम का आकलन

(d) Summative assessment / सारांशित/योगात्मक आकलन

16. Which of the following is correct about major objectives of evaluation in social science? / सामाजिक विज्ञान में मूल्यांकन के उद्देश्य के विषय में कौन सा सही है?

A. To complete the syllabus / पाठ्यक्रम पूरा करना।

B. To provide continuous feedback to students / छात्रों को सतत प्रतिपुष्टि देना।

C. To gauge students knowledge and abilities / छात्रों के ज्ञान व योग्यता का मापन करना

D. To enhance pedagogical strategies / शिक्षाशास्त्रीय व्यूह-रचना को पुष्ट करना

Choose the correct option / सही विकल्प का चयन करें।

(a) A, B and C (b) B, C and D

(c) A and C only (d) C and D only

17. Which of the following aspects are explicitly stated in the Right of the Children to Free and compulsory Education Act 2009 to formulate evolution procedures? / निम्नलिखित में से कौन से पहलू सुस्पष्ट रूप से मूल्यांकन प्रक्रियाओं को सूत्रबद्ध करने के लिए बच्चों हेतु निशुल्क एवं अनिवार्य शिक्षा अधिनियम 2009 में उल्लिखित किए गए हैं?

A. Building up child's knowledge, potentiality and talent / बच्चों के ज्ञान, अंत:शक्ति और प्रतिभा को बनाना।

B. Development of physical and mental abilities to the fullest extent / शारीरिक एवं मानसिक क्षमताओं का अधिगम सीमा तक विकास करना।

C. Make the child free of fear, trauma and anxiety and helping the child to express views freely / बच्चों को भय, आघात और चिंता मुक्त बनाना तथा बच्चों को अनेक विचार स्वतंत्र रूप से अभिव्यक्त करने में सहयोग करना।

D. Find out the extent curricular expectation and learning outcomes achieved / पता करना कि किस सीमा तक पाठ्यचर्या-संबंधी अपेक्षाएँ और अधिगम-परिणाम उपार्जित किए जा चुके हैं।

Choose the correct option / सही विकल्प का चयन करें।

(a) A, B and C (b) B and C

(c) A, C and D (d) A and D

18. Why did the hunter-gatherers travel from place to place? In what are these similar to / different from the reasons for which we travel today? / आखेटक खाद्य संग्राहक एक स्थान से दूसरे स्थान पर क्यों जाते रहते थे? वे वर्तमान में हमारे आवागमन के कारण से किस प्रकार समानता/विभिन्नता रखते हैं?

This question attempts to assess student's ability to............/ यह प्रश्न छात्रों की किस योग्यता का आकलन करता हैं।

(a) reason and contrast experiences / अनुभवों पर तर्क व तुलनात्मक समझ का

(b) imagine and extrapolate from situation / कल्पना और स्थिति से अनुमान लगाने का

(c) provide contrast answers and be creative / तुलनात्मक उत्तर देने और सृजनात्मकता का

(d) logically explain and display writing skills / तर्क सहित व्याख्या और लेखन कौशल का

19. Which of the following questions assesses the 'create' aspect of the cognitive process? / निम्नलिखित में से कौन से प्रश्न ज्ञानात्मक प्रक्रिया के सृजन पहलू का आकलन करते हैं?

A. Private healthcare facilities are costlier than the healthcare facilities available in government hospital. Do you agree with this statement? Explain. / निजी स्वास्थ्य देखभाल सुविधाएँ

सरकारी अस्पतालों में उपलब्ध स्वास्थ्य देखभाल सुविधाओं की अपेक्षा महँगी हैं। क्या आप इस कथन से सहमत हैं? समझाएँ।

B. Choose a region in India, investigate and make a presentation of the historical and geographical factors that influence diversity of that area. / भारत में एक प्रदेश का चयन करें और उसकी विविधता को प्रभावित करने वाले ऐतिहासिक एवं भौगोलिक घटकों की पड़ताल/जाँच करें और प्रस्तुतीकरण बनाएँ।

C. How is garbage collected in your area? In which all ways can you provide safety to the person? / आपके इलाके में कूड़ा कैसे एकत्रित/इकट्ठा किया जाता है? आप किन तरीकों से व्यक्ति को सुरक्षा प्रदान कर सकते हैं?

D. List four ways in which the work of the Municipal Corporation affects the life of a city-dweller. / नगर निगम के काम के चार तरीकों को सूचीबद्ध करें जिनसे नगर-निवासियों के जीवन पर असर पड़ता है।

E. You are member of fishing family and there is a need to take loan to buy boat engine. Write a requisition letter to the bank manager. / आप मछुआरों के परिवार के सदस्य हैं और नाव के इंजन को खरीदने के लिए ऋण की आवश्यकता है। बैंक प्रबंधन को अधियाचन पत्र लिखें। सही विकल्प का चयन करें।

(a) A, B, C and D (b) A, C, D and E
(c) B, C and D (d) B, C and E

20. You are planning to teach the topic diversity and equality in the class. You want to check if students have understood the concepts by giving them a case-study to discuss. As an assessment measure you are doing .... / आप कक्षा में विविधता एवं समानता पढ़ाने की योजना बना रहे हैं। आप व्यक्ति-अध्ययन के द्वारा यह जांचना चाहते हैं कि छात्र संकल्पनाओं को समझते हैं कि नहीं। आप आकलन के तौर पर करेंगे:

(a) formative assessment / रचनात्मक आकलन
(b) summative assessment / सारांशित आकलन
(c) diagnostic assessment / नैदानिक आकलन
(d) portfolio assessment / पोर्टफोलियो आकलन

21. At the secondary stage, social sciences mainly comprises of / माध्यमिक स्तर पर, सामाजिक विज्ञान में मुख्यत: शामिल तत्व है

(a) history, geography political science and economics. / इतिहास, भूगोल, राजनीति विज्ञान और अर्थशास्त्र।
(b) political science, statistics, history and civics. / गाजनीति विज्ञान, सांख्यिकी, इतिहास और, नागरिक
(c) history, civics, public administration and international relations. / इतिहास, नागरिक शाख, लोक प्रशासन और अंतर्राष्ट्रीय संबंध।
(d) ancient history, geogruphy, political science and civics / प्राचीन इतिहास, भूगोल, राजनीति विज्ञान और नागरिक

22. Which of the following statements advocates 'History as Science'? / निर्मलखित में से कौन-सा कथन 'इतिहास विज्ञान की तरह' का समर्थन करता है?

(a) The underlying facts of history have wide scope and they are so Varied that they can seldom be uniform. / इतिहास में अत्तर्निहिन तथ्य काफी बृहत है वे इतने - विविध हैं कि शायद एकरूप हो सकें।
(b) Historical data are the product of the human thoughts and action which are constantly changing. / ऐतिहासिक आँकड़े मानवीय सोच और कृत्यों की देन है। जो निरंतर बदलती रहती है।
(c) The facts of history are very complicated and seldom repeat in the real sense of the term. / इतिहास के तथ्य बहुत ही जटिल होते हैं तथा बिरले ही परिभाषित शब्द के असली मायनों में दोहराए जाते हैं।

(d) History pursues its own techniques to establish and interpret facts like other natural sciences. / बाकी प्राकृतिक विज्ञानों की तरह इतिहास तथ्यों को स्थापित करने और अर्थ लगाने के लिए अपनी तकनीकों का अनुसरण करता है।

23. In integrated classrooms the teacher may not find the following as a part of classroom/एकीकृत कक्षाओं में शिक्षक को कक्षा के भाग के मार में निम्नलिखित नहीं मिल सकता है

(a) exceptional learners / असाधारण शिक्षार्थी
(b) chalk, duster, and teaching aids / चौक, डस्टर और शिक्षण-साहायक सामग्री
(c) smart boards and equipment / स्मार्ट बोर्ड और उपकरण
(d) play station / प्ले स्टेशन

24. A social science teacher usually assists different tasks to different students. He believe / सामाजिक विज्ञान का आध्यापक आमतौर पर अलग अलग छात्रों को अलग-अलग काम देता है। वह विश्वास करता है।

(a) Students don't like the same kind of work being assigned to all. / यदि समान तरह का काम सबको दिया जाय तो यह छात्रों को पसंद नहीं आता।
(b) There exist individual differences between the students / छात्रों के बीच व्यक्तिगत भिन्नताएँ पाई जाती हैं।
(c) It promotes competition among the students. / यह छात्रों के बीच प्रतिस्पदी को प्रोत्साहित करता है।
(d) With this method the students will not be able to copy each other's work. / इस विधि द्वारा छात्र एक दूसरे के काम की नकल नहीं कर पाएंगे।

25. Which of the following classroom incidents would amount to violation of the dignity of student? / कौन-सी कक्षायी घटना छात्र की गरिमा का हनन करती है

(a) A teacher asks a child to attend his classes without shirt / छात्र को कक्षा में कमीज उतारकर रहने के लिए करना क्योंकि वह विद्यालय बिना वदी पहने आया था।
(b) A student is asking personal questions to another student. / एक छात्र दुसरे छात्र से निजी/व्यक्तिगत प्रश्न पूछता है।
(c) A teacher is encouraging girls to play cricket. / एक अध्यापक लड़कियों को क्रिकेट खेलने के लिए प्रोत्साहित करता है।
(d) A student is asked by a teacher to apologise to another student for having hit. / अध्यापक एक विद्यार्थी को दूसरे विद्यार्थी से क्षमा याचना मांगने के लिए कहता है क्योंकि उसने इसा विद्यार्थी को चोट पहुंचाई थी।

26. Which of the following is always stated in terms of desired behavioural changes? / बांछित व्यवहार परिवर्तन के संदर्भ में निम्न में से किसे हमेशा उल्लेखित किया जाता है?

(A) General Aims / सामान्य लक्ष्य
(B) General objectives / सामान्य उद्देश्य
(C) Instructional objectives / अनुदेशात्मक उद्देश्य

Choose the correct option / सही विकल्प का चयन कीजिए।

(a) Only (A) (b) Only (B)
(c) Only (C) (d) (B) and (C)

27. Discussion method is used in social science teaching and learning when / सामाजिक विज्ञान शिक्षण-अधिगम प्रक्रिया में चर्चा पद्धति का उपयोग किया जाता है जब:

(a) the lesson is interesting and students express enthusiasm towards the topic / पाठ दिलचस्प हो और विद्यार्थी विषयवस्तु के प्रति रुचि एवं उत्साह प्रदशित करते हो।
(b) students do not want to study and for keeping them interested / विद्यार्थी पालना न चाहते हों और उनकी रुचि बरकरार रखने हेतु।
(c) there is a situation where there is a scope for dillerence of opinion / ऐसी स्थिति होती है जिसमें मतभेद की गुंजाइश होती है।

(d) leamers need a change or wish to break from monotony of lecture methods / शिक्षार्थियों को बदलाव की आवश्यकता होती है या व्याख्यान विधि की एकरसता को तोड़ना चाहते हैं।

28. Which of the following factors can affect classroom rhythm? / इनमें से कौन-से कारक कक्षा की लयात्मकता को प्रभावित कर सकते है?

(A) Availability of drinking water / पीने के पानी की उपलब्धता

(B) Season of the month and the location of the school / विद्यालय विशेष के स्थान और उस माह का मौसम

(C) Availability of transport facility / आवागमन के साधनों की उपलब्धता

(D) Rehearsal of the annual day function / वार्षिक उत्सव की तैयारी

Choose the correct option: / सही विकल्प का चुनाव कीजिए।

(a) (A), (B) and (C)
(b) (A), (B) and (D)
(c) (B), (C) and (D)
(d) (A), (B), (C) and (D)

29. The following questions are generally used in a social science class. Choose those which provide greater scope to develop critical thinking? / निम्नलिखित प्रश्न सामान्यत: सामाजिक विज्ञान की कक्षा में प्रयोग किए जाते। उन प्रश्नों का चयन कीजिए जो समालोचनात्मक चिंतन के विकास के लिए बृहदत्तर क्षेत्र उपलब्ध कराते हैं?

(A) Describe the processes involved in responding to question hour in Indian Parliament / भारतीय संसद में प्रश्न सत्र/काल में प्रतिक्रिय देने में सम्मिलित प्रक्रिया का वर्णन कीजिए?

(B) Why is it important to have question hour In Indian Parliament? / भारतीय संसद में प्रश्न काल होना क्यों महत्त्वपूर्ण

(C) Describe the roles and responsibilities of the Member of Legislative Assembly (MLA). / विधानसभा के सदस्यों की भूमिका तथा उत्तरदायित्वों का वर्णन कीजिए?

(D) If you were a Member of Legislative Assembly (MLA) of a state, list two questions that you would ask in the assembly session. / यदि आप विधानसभा के सदस्य होते हो ऐसे दो प्रश्नों की सूची बनाइए जो आप सभा सत्र में पूछते?

Choose the correct option. / सही विकल्प का चुनाव कीजिए।

(a) Only A and B / केवल A तथा B
(b) Only B and C / केवल B तथा C
(c) Only B and D / केवल B तथा D
(c) Only D / केवल D

30. In upper primary social and political life classes, narratives are best used towards encouraging / उच्च प्राथमिक कक्षाओं में, सामाजिक और राजनैतिक जीवन की कक्षा में, वर्णात्मकता/आख्यान द्वारा – प्रोत्साहित होता है।

(A) introspection / आत्म निरीक्षण

(B) discussion / चर्चा करना

(C) reasoning / तर्क-शक्ति

(D) Interpretation / व्याख्या करना

Choose the correct option. / सही विकल्प का चुनाव कीजिए।

(a) (A) and (B) (b) (B) and (C)
(c) (C) and (D) (d) (A) and (D)

31. Social science club is run in collaboration with / सामाजिक विज्ञान क्लब किसके सहयोग से चलाया जाता है:

(a) social studies teacher and school management / सामाजिक अध्ययन शिक्षक और स्कूल प्रबंधन के।

(b) social studies teacher and students of the school. / सामाजिक अध्ययन शिक्षक और स्कूल के छात्रों के।

(c) state government teacher, students and stakeholders etc. / राज्य सरकार, शिक्षक, छात्र और हितकारकों इत्यादि

(d) community members, educators, parents and other stakeholders. / सामाजिक सदस्य, शिक्षक, माता-पिता और अन्य हितकारकों के।

32. Unit analysis in social studies focuses on: / सामाजिक अध्ययन में इकाई विश्लेषण केंद्रित है।

(a) creating better understanding of thematic content / थीम-आधारित संप्रत्ययों की बेहतर समझ पैदा करने के लिए।

(b) stimulating and creating interesting teaching learning process. / रोचक अधिगम-शिक्षक प्रक्रिया विकसित व प्रोत्साहित करने हेतु।

(c) breaking the entire contents into various lessons, topics etc. / सम्पूर्ण विषयवस्तु को विभिन्न पाठों, प्रकरणों में विभाजित करने के लिए।

(d) presenting units as a multidisciplinary entity. / इकाईयों को एक बहु-विषयक अस्तित्व में प्रस्तुत करने हेतु।

33. Examples of secondary sources include: / सेकेंडरी स्त्रोतों के उदाहरणों में शामिल है:

(a) letters, diaries, photographs, artefacts and interviews. / पत्र, डायरी, फोटो, कलाकृतियाँ और साक्षात्कार।

(b) oral histories, newspaper or journal article and memoirs or autobiographics. / मौखिक इतिहास, समाचार पत्र या जर्नल लेख और संस्मरण या आत्मकथाएँ।

(c) audio or video recordings of life cycats. / जीवन की घटनाओं की ऑडियो या विडियो रिकोडिंग।

(d) textbooks, dictionaries and encyclopaedia biographies and dissertations etc. / पाठ्यपुस्तके, शब्दकोश, विश्वकोश, जीवनी और शोध प्रबंध आदि।

34. Project method is based on which principle? / परियोजना पद्धति किस सिद्धांत पर आधारित है

(a) Principle of immediate reinforcement. / तत्काल सुदृढ़ीकरण का सिद्धांत।

(b) Principle of small steps. / छोटे चरणों का सिद्धांत।

(c) Principle of social experience / सामाजिक अनुभव का सिद्धांत।

(a) Principle of arlificiality. / कृत्रिमता का सिद्धांत।

35. Which of the following will help learners to be conscious of their progress in learning while in dynamic phaser / निम्नलिखित में से कौन गतिशील चरण में शिक्षार्थियों को सीखने में उनकी प्रगति के प्रति जागरूक होने में मदद करेगा?

(a) Formative Evaluation / निर्माणात्मक मूल्यांकन

(b) Summative Evaluation/ योगात्मक मूल्यांकन

(c) Placemerit Evaluation. / प्लेसमेंट मूल्यांकन

(d) Diagnostic Evaluation / नैदानिक मुल्यांकन

36. A prospective teacher writes one of the instructional objectives as 'students shall be able to appraise the advantages of ICT in teaching of social science.' In which domain shall this objective fall? / एक भावी शिक्षक निर्देशात्मक उद्देश्यों में से एक को लिखता है "छात्र सामाजिक विज्ञान के शिक्षण में आईसीटी के लाभों का मूल्यांकन करने में सक्षम होंगें।" यह उद्देश्य किस क्षेत्र में आएगा?

(a) Remember / याद रखना

(b) Synthesis / संश्लेषण

(c) Comprehension / समझ

(d) Evaluation / मूल्यांकन

37. How do you think your neighbourhood shop gets its goods? Find out and explain with some examples? This question attempts to assess students' ability to ______. / आप क्या सोचते हैं कि पास पड़ोस की दुकानें कैसे सामान प्राप्त करती है? कुछ उदाहरण से ज्ञात करें और व्याख्या करें। यह प्रश्न छात्रों की .... योग्यता का मूल्यांकन करता हैं।

(a) compare experiences / अनुभवों की तुलना करना

(b) extrapolate from situations / परिस्थितियों से पता लगाना

(c) provide contrast answers / विपरीत उत्तर पाना

(d) apply concepts to different concepts / विभिन्न संदर्भों में अवधारणा लागू करना।

38. Why do a large number of people live in the Northern Plains? / उत्तरी मैदानों में बड़ी संख्या में लोग क्यों रहते हैं?

This question attempts to assess student's ability to / यह प्रश्न छात्रों की .... योग्यता का मापन करता है।

(a) generalise / साधारणीकरण/सामान्यीकरण

(b) hypothesise / परिकल्पना निर्माण

(c) extrapolate / निष्कर्ष निकालना

(d) reason / तर्क शक्ति

39. While drawing inferences from an 'archaeological burial site' a social science teacher must provide opportunities to / एक सामाजिक विज्ञान अध्यापक को पुरातत्व कन स्थलों के विषय में अनुमान लगवाते हुए, निम्नलिखित जानकारी के अवसर अवश्य प्रदान करने चाहिए।

(a) know cultural practices of earliest known people / ज्ञात प्राचीनतम लोगों की सांस्कृतिक रीति रिवाजों को जानना।

(b) find out burial preferences of earliest known people / ज्ञात प्राचीनतम लोगों के दफनाने की तरीकों में चयन वरीयता को जानना।

(c) list various items that were buried with the dead / मृतक के साथ दफनाई गई वस्तुओं की सूची बनाना।

(d) develop an understanding about social difference and status in ancient society. / प्राचीन समाज में सामाजिक मित्रता और समय विकसित करना।

40. Which of the following skills indicates analytical abilities developed among students while teaching the topic 'Diversity and Discrimination'? / निम्नलिखित में से कौन सा कौशल 'विविधता एवं भेदभाव' विषय के शिक्षण के दौरान छात्रों में विश्लेषणात्मक क्षमताओं के विकास को सूचित करता।

(a) Being able to identify prejudice and discrimination in various scenarios / विभिन्न परिस्थितियों में पूर्वाग्रह तथा भेदभाव को पहचानने में समर्थ होना।

(b) Being able to explain how inter-dependence leads to social well being / यह समझाने में समर्थ होना कि कैसे परस्पर निर्भरता सामाजिक कल्याण को बढ़ावा देता है।

(c) Being able to list constitutional provisions that ensure equality / समानता को सुनिश्चित करने वाले संवैधानिक प्रावधानों को सूचीबद्ध करने में समर्थ होना।

(d) Being able to define prejudice and stereotyping / पूर्वाग्रह और रूढ़िवादिता की परिभाषा देने में समर्थ होना।

41. What portion of history is to be studied at the particular level depend upon: / इतिहास के किस भाग को एक विशेष स्तर पर पड़ाना है, यह निर्भर करता है।

(a) scope of history / इतिहास के अवसर पर

(b) nature of history / इतिहास के स्वभाव पर

(c) aims and objectives of history / इतिहास के लक्ष्यों एवं उद्देश्यों पर

(d) value of teaching history / इतिहास की मान्यताओं

42. According to NCF 2005, The primary objective of teaching social sciences at secondary stage in to / राष्ट्रीय पाठ्यचर्या रूपरेखा, 2005 के अनुसार माध्यमिक स्तर पर सामाजिक विज्ञान पढ़ाने का प्राथमिक उद्देश्य है-

(A) assist students to explore their interest and aptitudes in order to choose appropriate university course / वत छात्रों को उनकी रुचियों और भावों को जाँचने में सहायता देना ताकि ये विश्वविद्यालय स्तर पर सही कोर्स/व्यवसाय का चयन कर सके।

(B) develop an understanding about social and economic challenges faced by the nation / राष्ट्र के समक्ष सामाजिक-आर्थिक चुनौतियों की समझ विकसित कर सके।

(C) develop skills of observation, Identification and classification / पर्यवेक्षण, पहचानने और वर्गीकरण के कौशल बिकसित करना।

(D) develop a holistic understanding of the environment with emphasis on the Institutions of the natural and the social environment./ प्राकृतिक और सामाजिक वातावरण के परस्पर संबंध पर बल देते हुए वातावरण की समग्र समज विकसित करना।

Which of the above statements are true! / उपरोक्त में से कौन-से कथन सही है?

(a) OnlyA and B / केवल A और B
(b) Only Band C / केवल B और C
(c) Only Cand D / केवल C और D
(d) Only B and D / केवल और D

43. While initiating students into mapping skills you would begin by: / छात्रों को मानचित्रण की प्रारंभिक शिक्षा देने के लिए। आप आरंभ करेंगे

(a) introducing a map of India / भारत के मानचित्र का
(b) asking students to make a map of classroom / छात्रों को कक्षा का मानचित्र बनाने के लिए कहकर।
(c) instructing students to trace an outline of a Emap / मानचित्र की कापरेखा को अंकित करने का निर्देश
(d) engaging students with directions, scale and symbol / छात्रों को दिशाओं, स्केल (मापदण्ड) और चिहों को समझाकर।

44. While teaching the concept of water, a teacher tells a story about a girl who uses different ways to save water at her home. What strategy is the teacher using here? / जल के विषय में पड़ाते हुए, अध्यापक एक लड़की की. जो घर पर कई प्रकार से जल बचाती है, कहानी मनाता है। वह कौन-सी युक्ति का प्रयोग कर रहा है?

(a) Narrative approarch / वृत्तांत उपागम
(b) Observation approach / अवलोकनात्मक उपागम
(c) Problem-solving approach / समस्या समाधान उपागम
(d) Discussion / चर्चा

45. Which of the following descriptions (attitudes and values) suggest that students have understood the concept of diversity'? / इनमें से कौन-सा वर्णन (मल्य और भाव) दर्शाता है कि छात्रों ने विविधता का सम्प्रत्यय समझ लिया है

(a) Shows respect towards national symbols and movements / राष्ट्रीय प्रतीकों और इमारतों के प्रति आदर दशाना।
(b) Show knowledge about different clothing styles of our country / देश की विभिन्न वेषभूषा शैलियों का ज्ञान होना।
(c) Display awareness about different language spoken in our country. / देश में बोले जाने वाली विभिन्न भाषाओं के प्रति सजगता दर्शाना।
(d) Display attitudes of appreciation and respect for people of different religion, communities, Occupations and languages / विभिन्न क्षेत्रों, समुदायों, काम धंधों और भाषा वाले लोगों के प्रति आदर और प्रशंसा का भाव रखना।

46. The use of documentaries is useful in teaching of social science as / वृत्त चित्रों का प्रदर्शन सामाजिक विज्ञान अध्ययन में उपयोगी है

(a) it gives first hand account of an event / घटना का प्रथमदृष्टया की भौति ब्यौरा देता है।
(b) it reduces load of curriculum / यह पाठ्यचर्चा का बोझ कम करता है।
(c) it portrays social science as a scientific discipline / यह समाजिक विज्ञान को वेज्ञानिक विषय के तौर पर प्रस्तुत करता है।
(d) it serves entertainment purpose / मनोरंजनदायक है।

47. By providing opportunities as well as the necessary resources to enable students

to experiment, explore and Analyse for themselves, a teacher is using the following approach / अंध्यापक अवसर और उपयुक्त साधन प्रदान कर विद्यार्थियों को स्वयं प्रयोग, अन्वेषण व विश्लेषण के लिए कह कर निम्न में से किस उपागम का प्रयोग कर

(a) Texthock-centered approach / पाका-पुस्तक आचारिक उपागम

(b) Social-constructivist approach / सामाजिक रचनात्मकतावादी उपागम

(c) Teacher-centered approach / अध्यापक केन्द्रित उपागम

(d) Bchaviourist approach / व्यवहारवादी उपागम

48. Consider the following statements: / निम्नलिखित कथनों पर विचार करें –

(A) NCERT social science textbooks use several narratives, both fictional and non-fictional. / NCERT की सामाजिक विज्ञान की पाठ्य पुस्तकों में बहुत से काल्पनिक और वास्तविक वृतांतों का उपयोग किया गया है।

(B) Narratives enable learners to understand ideas and institutions and encourage Introspection / वृत्तातों में छात्रों को विचारों और संस्थाओं को समझने और उन पर चिंतन करने का बहावा मिलता है।

(a) A and B are correct, B explains A / A, B सही है, B, A की व्याख्या करता है।

(b) A and B are correct, B does not explains A / A, B दानो सत्य है, B, A की व्याख्या नहीं करता है।

(c) A is correct, B is incorrect / A सही हैण B गलत है।

(d) A is incorrect, B is correct / A गलत है, सही है।

49. The following questions are generally asked in social science classes. Choose the question which provides a greater scope for developing critical thinking? / निम्नलिखित प्रश्न सामाजिक विज्ञान की कक्षा में सामान्यत: पूछे जाते हैं। उस प्रश्न का चयन कीजिए जो समालोचनात्मक चिंतन के विकास के लिए बहत्तर क्षेत्र उपलब्ध कराता है?

(a) What is the name of the producer of the Raja Harichindra / राजा हरिशचंद्र फिल्म के निर्माता का क्या नाम है।

(b) When did the Bombay film industry make its first appearness / बम्बई फिल्म ठयोग कब पहली बार सामने आया?

(c) Describe the nature of Bombay films / बंबई की फिल्मों की प्रकृति का वर्णन कीजिए।

(d) Why were a number of Bombay films about the lives of migrants? / बम्बई की बहुत सारी फिल्में प्रवासियों के जीवन के बारे में क्यों थी?

50. Consider the given question and choose the correct option. / दिए गए प्रश्न पर विचार करें और सही विकल्प का चुनाव करें।

Are the existing legal safeguards enough to ensure social equality of women'? / 'क्या मौजूदा वैधानिक सुरक्षा प्रावधान महिलाओं की सामाजिक बराबरी को सुनिश्चित करने के लिए काफी हैं।

The above question expects you to: उपरोक्त प्रश्न आपसे अपेक्षा करता है कि:

(a) describe the legal safeguards available for women and its history. / महिलाओं के लिए उपलब्ध वैधानिक सुरक्षा प्रावधानों और उनके इतिहास की व्याख्या करें।

(b) explain what is social equality and give examples. / सामाजिक बराबरी क्या होती है यह समझाना और उसके उदाहरण देना।

(c) analyse legal safeguards and justify them. / वैधानिक सुरक्षा प्रावधानों को विश्लेषित करना और उनको सही ठहराना।

(d) examine the reach and limitations of the legal safeguards in attaining equality / समानता प्राप्त करने में कानूनी सुरक्षा उपायों की पहुच और सीमाओं की जांच करें

ANSWER KEY

1	B	2	A	3	C	4	C	5	A	6	A	7	A
8	D	9	C	10	A	11	A	12	A	13	D	14	C
15	B	16	B	17	A	18	A	19	D	20	A	21	A
22	D	23	D	24	B	25	A	26	C	27	C	28	D
29	C	30	A	31	B	32	A	33	D	34	C	35	A
36	D	37	D	38	D	39	D	40	B	41	C	42	D
43	D	44	A	45	D	46	A	47	B	48	A	49	D
50	D												

EXPLANATION

1. सामाजिक विज्ञान में ज्ञान की एक शाखा/क्षेत्र शामिल है, जो मूल रूप से मानव समाज या मानवीय संबंधों का अध्ययन करता है। सामाजिक विज्ञान मानव जीवन के सामाजिक व्यवहार का अध्ययन करता है।

2. सामाजिक विज्ञान संस्कृति, परंपरा, जीवन शैली, स्थान, पर्यावरण, शक्ति और अधिकार, शासन, अर्थव्यवस्था, नागरिक भावना आदि जैसी अवधारणाओं या मुद्दों, जिनके सामाजिक निहितार्थ हैं, का अध्ययन करता है।

3. साहित्यिक दृष्टि से विविधता का अर्थ भिन्नता है। विविधता शब्द, जब लोगों या समुदायों या सामाजिक संदर्भों से संबंधित संभाषण में उपयोग किया जाता है, तो यह दर्शाता है कि लोगों का एक समूह ऐसे व्यक्तियों से बना है जो किसी न किसी रूप में एक दूसरे से भिन्न हैं या इसका अर्थ है लोगों के बीच सामूहिक भिन्नताएं, अर्थात वे अंतर जो लोगों के एक समूह को दूसरे से अलग करते हैं। उदाहरण के लिए, संस्कृति, भाषा, लिंग, संरचना (जैसे त्वचा का रंग, बालों का प्रकार) जीवन शैली, सामाजिक और आर्थिक स्थिति, पारिवारिक संरचना, क्षमताएं, (जैसे शारीरिक, सामाजिक, रचनात्मक और बौद्धिक), मूल्यों और विश्वासों में भिन्नताएं।

4. बच्चों का नि: शुल्क और अनिवार्य शिक्षा का अधिकार अधिनियम या शिक्षा का अधिकार अधिनियम (RTE) भारत की संसद का एक अधिनियम है जो 4 अगस्त 2009 को अधिनियमित किया गया था।

- जो भारतीय संविधान के अनुच्छेद 21A के तहत भारत में 6 से 14 वर्ष की आयु के बच्चों के लिए नि: शुल्क और अनिवार्य शिक्षा के महत्व का वर्णन करता है।

5. समानता एक शक्तिशाली नैतिक और राजनीतिक आदर्श है जिसने कई शताब्दियों तक मानव समाज को प्रेरित और निर्देशित किया है। यह उन सभी मजहब और धर्मों में निहित है जो सभी मनुष्यों को ईश्वर की रचना घोषित करते हैं।

- सामाजिक असमानता, शैक्षणिक असमानता आदि जैसी विभिन्न असमानताएँ कक्षा में व्याप्त हो सकती हैं।
- सामाजिक असमानताएँ समाज द्वारा निर्मित हैं। उदाहरण के लिए, कुछ समाज उन लोगों को महत्व दे सकते हैं, जो बौद्धिक कार्य करते हैं, और जो शारीरिक कार्य करते हैं, उन्हें अलग तरह से पुरस्कृत करते हैं।

6. सामाजिक विज्ञान पढ़ाने वाले शिक्षक पर कक्षा को रुचिकर बनाने की जिम्मेदारी होती है। यह तभी संभव है जब शिक्षार्थी शिक्षण-अधिगम प्रक्रिया में सक्रिय रूप से भाग लें।

7. सही उत्तर A गलत है और B सही है।

8. आलोचनात्मक चिंतन मनुष्य को अपनी सोच प्रक्रिया को व्यापक बनाने में मदद करता है ताकि वे सृजनात्मक और अद्वितीय विचारों के साथ आ सकें।

9. इतिहास अतीत की घटनाओं का उनके सभी पहलुओं, एक सामाजिक वर्ग के जीवन में, वर्तमान घटनाओं के प्रकाश में वैज्ञानिक अध्ययन है।

10. इतिहास अतीत की घटनाओं का उनके सभी पहलुओं, एक सामाजिक वर्ग के जीवन में, वर्तमान घटनाओं के प्रकाश में वैज्ञानिक अध्ययन है।

11. सामाजिक विज्ञान में ज्ञान का एक निकाय शामिल है, जो मानव जीवन के सामाजिक और सांस्कृतिक

पहलुओं से संबंधित है। सामाजिक विज्ञान का शिक्षण कई कारणों से महत्वपूर्ण है। स्कूल स्तर पर सामाजिक विज्ञान पढ़ाने का मूल उद्देश्य छात्रों को सूचित करना और तर्कसंगत नागरिक बनाना है।

12. सामाजिक विज्ञान भौतिक विश्व का अध्ययन करने के बजाय व्यक्तियों और समाजों के साथ-साथ समाजों के विकास और संचालन के बीच संबंधों की जांच करता है।

- एक सामाजिक विज्ञान शिक्षक सामाजिक विज्ञान की विभिन्न विषयवस्तु को पढ़ाने के लिए कई विधियों और तकनीकों का उपयोग करता है। इन विधियों और तकनीकों का चुनाव छात्रों को सिखाई जाने वाली विषयवस्तु की प्रकृति पर निर्भर करता है। ये तरीके और तकनीक शिक्षक-केंद्रित, शिक्षार्थी-केंद्रित या समूह-केंद्रित हो सकते हैं।

13. उत्तर सूरदास की साहित्य लहरी है।

- प्राथमिक स्रोत छात्रों को अतीत की घटनाओं से व्यक्तिगत रूप से जोड़ने में सहायता करते हैं और मानवीय घटनाओं की एक श्रृंखला के रूप में इतिहास की गहन समझ को बढ़ावा देते हैं।
- क्योंकि प्राथमिक स्रोत इतिहास के अधूरे अंश हैं, प्रत्येक एक रहस्य का प्रतिनिधित्व करता है जिसे छात्र केवल नए साक्ष्य ढूंढकर ही खोज सकते हैं।

14. सामाजिक अध्ययन सामाजिक-सांस्कृतिक वातावरण के संबंध में मानव अध्ययन से संबंधित हैं। इसका उद्देश्य छात्रों को उनके सामाजिक-सांस्कृतिक वातावरण में समायोजन करने में सक्षम बनाना है जिसमें परिवार, समुदाय, राज्य, राष्ट्र और व्यापक रूप से पूरी मानवता शामिल है।

- एक परियोजना कार्य की एक श्रृंखला को संदर्भित करती है जिसे किसी विशेष लक्ष्य को प्राप्त करने के लिए छात्रों के एक समूह द्वारा करने की आवश्यकता होती है। सामाजिक विज्ञान में परियोजनाएँ उद्देश्यपूर्ण विषय-आधारित कार्यों में और कक्षा में या घर पर सामूहिक कार्य के लिए उपयोगी हैं।
- परियोजना विधि एक ऐसी विधि है जो एक विशिष्ट परियोजना को पूरा करने के लिए समूह में कार्य करके छात्रों की स्वैच्छिक भागीदारी पर बल देती है।

15. आकलन विशिष्ट मुद्दों पर मात्रात्मक और गुणात्मक सूचना के संग्रह की प्रक्रिया को संदर्भित करता है जिसके आधार पर अधिगम को सुगम बनाने/ बढ़ाने के लिए कदम उठाए जा सकते हैं।

16. सामाजिक अध्ययन में छात्रों के प्रदर्शन का मूल्यांकन एक आवश्यक गतिविधि है। यह यह निर्धारित करने की एक प्रक्रिया है कि छात्रों द्वारा सामाजिक अध्ययन के उद्देश्यों को किस सीमा तक प्राप्त किया गया है।

- मूल्यांकन आमतौर पर प्रमाणन और स्थानन उद्देश्यों के लिए उपयोग किया जाता है, लेकिन इसमें निर्देशात्मक उद्देश्यों के लिए उपयोग किए जाने की अधिक संभावना होती है। इसके लिए मूल्यांकन एक सतत और व्यापक प्रक्रिया होनी चाहिए।

17. बच्चों का निः शुल्क और अनिवार्य शिक्षा का अधिकार (RTE) अधिनियम 2009 भारतीय संसद द्वारा 2009 में पारित किया गया था।

- यह अधिनियम 6-14 वर्ष की आयु के सभी बच्चों को पड़ोस के स्कूल में प्रारंभिक शिक्षा पूरी करने तक निः शुल्क और अनिवार्य शिक्षा प्रदान करता है।

18. सामाजिक विज्ञान संस्कृति, परंपरा, जीवन शैली, स्थान, और पर्यावरण, शक्ति और अधिकार, शासन, अर्थव्यवस्था, नागरिक भावना आदि जैसी अवधारणाओं या मुद्दों, जिनके सामाजिक निहितार्थ हैं, का अध्ययन करता है।

19. ब्लूम वार्गिकी: यह संज्ञानात्मक (ज्ञानात्मक), भावात्मक और मनोगत्यात्मक क्षेत्र का एक पदानुक्रमित क्रम है और प्रत्येक क्षेत्र के कुछ उद्देश्य होते हैं जो शिक्षकों को पढ़ाने और छात्रों को सीखने में सहायता कर सकते हैं।

20. सामाजिक विज्ञान ज्ञान के एक व्यापक क्षेत्र का गठन करता है और मनुष्यों के साथ उनके सामाजिक व्यवहार के संबंध में व्यवहार करता है। सामाजिक विज्ञान संस्कृति, परंपरा, जीवन शैली, स्थान, पर्यावरण, शक्ति और अधिकार, शासन, अर्थव्यवस्था, नागरिक भावना आदि जैसी अवधारणाओं या मुद्दों, जिनके सामाजिक निहितार्थ हैं, का अध्ययन करता है।

- आकलन प्राथमिक साधन है जिसके द्वारा छात्र यह बता सकते हैं कि वे प्रगति कर रहे हैं या नहीं, और जिसके द्वारा शिक्षक यह बता सकते हैं कि उनका शिक्षण श्कार्यशीलश है या नहीं है।

21. सामाजिक विज्ञान, ज्ञान का एक व्यापक क्षेत्र है और अपने सामाजिक व्यवहार के संबंध में मनुष्यों के साथ सरोकार करता है।

22. इतिहास, अतीत में समाज के सभी पहलुओं के साथ समाज के जीवन ,वर्तमान विकास और भविष्य की आशाओं के संबंध में अध्ययन करता है।

23. एकीकृत शिक्षा का तात्पर्य विभिन्न स्तरों और प्रकार की योग्यताओं और/या अक्षमताओं वाले बच्चों को एक समूह में शामिल करना है।

- इस प्रकार, बच्चे जो देखने में सक्षम नहीं हो सकते हैं (एक दृश्य विकार) या जो एक अंग (एक हड्डी रोग अक्षमता) खो चुके हैं, या जो विचारों को समझने, तथ्यों को व्यवस्थित करने में सक्षम नहीं हैं, और विभिन्न प्रकार के निम्न स्तर हैं संज्ञानात्मक और मानसिक कौशल (मानसिक अक्षमता) या यहां तक कि जिन्हें अधिगम की अन्य कठिनाइयां, भावनात्मक या सामाजिक समस्याएं हैं, वे अन्य श्सामान्यश बच्चों के साथ समूह में आ सकते हैं जिनके पास ऐसी अक्षमता नहीं हो सकती है।

24. शिक्षक, शिक्षा का कार्यान्वयनकर्ता होते हैं जो युवा पौध के बढ़ने और खिलने की क्षमता को बढ़ावा देते हैं। वे छात्रों के भविष्य को आकार देने और ढालने की एक बड़ी जिम्मेदारी निभाते हैं।

25. कक्षा एक ऐसा स्थान है जहां विभिन्न गतिविधियां चल रही होती हैं, जहां अंत: क्रिया होती है, सामाजिक परिस्थितियों को बढ़ाया जाता है और निर्देशात्मक स्थितियों में मानदंड बनाए जाते हैं।

26. एक स्कूल कार्यक्रम के शैक्षिक उद्देश्यों के संबंध में ध्येय, लक्ष्य, प्रयोजन और उद्देश्य शब्दों का परस्पर उपयोग किया जाता है। लक्ष्य, ध्येय, उद्देश्य, गंतव्य और मिशन एक ही हैं, इन सभी का संबंध वांछित अंतिम परिणामों से है, लेकिन महत्त्व अलग-अलग है।

27. बच्चे व्यक्तिगत रूप से और समूहों दोनों में विभिन्न विधियों से अधिगम करते हैं NCF (2005) के अनुसार बच्चों को चीजों को बनाने और करने, अनुभव करने, प्रयोग करने, पढ़ने, परिचर्चा करने, सुनने, सोचने और भाषण, दोलन और लेखन में स्वयं को प्रतिबिंबित करने और व्यक्त करने के माध्यम से अधिगम के अवसरों की आवश्यकता होती है।

- इसलिए, उपयुक्त रणनीतियों का अनुसरण करके और बच्चों को उनके ज्ञान के निर्माण में मदद करके अधिगम के माहौल का निर्माण करना शिक्षक की जिम्मेदारी बन जाती है। ऐसी विभिन्न रणनीतियाँ हैं जिनका उपयोग सामाजिक विज्ञान के शिक्षण और अधिगम के लिए किया जा सकता है।

28. कक्षा एक ऐसा स्थान है जहाँ विभिन्न गतिविधियाँ चल रही हैं, जहाँ परस्पर क्रियाएँ होती हैं, सामाजिक स्थितियों को बढ़ाया जाता है और निर्देशात्मक स्थितियों में मानदंड बनाए जाते हैं।

- **शिक्षक को प्रायः** शिक्षण-अधिगम प्रक्रिया का प्रबंधक माना जाता है। वह शिक्षण-अधिगम संसाधनों को व्यवस्थित करने का प्रयास करती है। शिक्षण-अधिगम का मुख्य उद्देश्य एक अनुकूल कक्षा का वातावरण बनाना है ताकि छात्र अधिक उत्पादक तरीके से सीखते है और विकास करते है।

29. आलोचनात्मक चिन्तन नई या अपरिचित स्थितियों, विचारों और मतों के लिए तर्क करना और तर्कसम्मत करने की क्षमता है। यह तथ्यों, घटनाओं आदि को पहचानने या विश्लेषण करने की प्रक्रिया को संदर्भित करता है। इसके लिए उचित विश्लेषण, मूल्यांकन, अनुमान और व्याख्या की आवश्यकता होती है।

30. सामाजिक विज्ञान, संस्कृति, परंपरा, जीवन शैली, स्थानों, पर्यावरण, शक्ति और अधिकार, शासन, अर्थव्यवस्था, नागरिक भावना, आदि जैसी अवधारणाओं या मुद्दों का अध्ययन करता है जिनके सामाजिक निहितार्थ हैं।

कथन: यह एक कौशल है जिसमें कथाकार मौखिक और गैर-मौखिक संकेतों के माध्यम से श्रोताओं से संवाद करता है। इससे श्रोताओं का ध्यान भटकता है। वास्तव में, यह अपने आप में एक कला है जिसका उद्देश्य छात्रों को भाषण के माध्यम से प्रस्तुत करना है जो स्पष्ट, ज्वलंत और रोचक है।

31. सर्वांगीण विकास का अर्थ मानसिक, शारीरिक, मनोवैज्ञानिक, आध्यात्मिक और व्यावसायिक विकास है। हम केवल कक्षाकक्ष शिक्षण-अधिगम प्रक्रियाओं का पालन करके इस सर्वांगीण विकास को प्राप्त नहीं कर सकते हैं। इसलिए क्लब गतिविधियां प्रमुख बन जाती हैं।

32. सामाजिक अध्ययन एक एकल और समग्र शिक्षण क्षेत्र है जो इतिहास, भूगोल, राजनीति विज्ञान, अर्थशास्त्र आदि जैसे कई सामाजिक विज्ञानों से अपनी विषयवस्तु शामिल करता है।

33. जिन स्रोतों से हमें जानकारी प्राप्त होती है उन्हें सूचना स्रोत कहा जाता है और इनमें दस्तावेज, मानव, संस्थान और साथ ही समाचार पत्र, रेडियो और टेलीविजन जैसे जनसंचार माध्यम शामिल हैं। हम सूचना स्रोतों को दो व्यापक श्रेणियों में निम्नानुसार समूहित कर सकते हैं:

- **दस्तावेजी स्रोतः**- सूचना के सभी अभिलिखित स्रोत, चाहे उनकी सामग्री और प्रपत्र कुछ भी हों, दस्तावेजी स्रोतों के अंतर्गत आते हैं। ये प्रकाशित या अप्रकाशित, मुद्रित या इलेक्ट्रॉनिक रूप में हो सकते हैं। ये किताबें, सामयिक पत्र, पत्रिकाएं और अन्य हो सकती हैं।
- **गैर-दस्तावेजी स्रोतः**- सूचना के गैर-दस्तावेजी स्रोत, वे स्रोत हैं, जो किसी भी रूप में दर्ज नहीं हैं।

34. एक परियोजना एक गतिविधि-आधारित पद्धति है जो शिक्षार्थियों को वास्तविक जीवन के अनुभव प्रदान करती है। यह एक प्राकृतिक व्यवस्था में किया गया एक समस्याग्रस्त कार्य है। यह विधि कई अन्य विधियों जैसे कि क्षेत्र भ्रमण, गतिविधि-आधारित पद्धति, सहकारी शिक्षण, अवधारणा मानचित्रण, मानचित्र-आधारित अधिगम आदि की विशेषताओं को एकीकृत करने का अवसर प्रदान करती है।

35. मूल्यांकन एक निश्चित समयावधि में एकत्र किए गए गुणात्मक और मात्रात्मक आंकड़ों दोनों के आधार पर मूल्य निर्णय लेने की प्रक्रिया को संदर्भित करता है।

36. एक निर्देशात्मक उद्देश्य विशिष्ट शिक्षण परिणाम और इसे करने के लिए आवश्यक व्यवहार का वर्णन करता है और इसे मापने या मूल्यांकन करने के साधन निर्धारित करता है। निर्देशात्मक उद्देश्यों का एक वर्गीकरण बनाने के विचार की कल्पना बेंजामिन ब्लूम ने की थी। ब्लूम का वर्गीकरण 1956 में बेंजामिन ब्लूम द्वारा प्रतिपादित किया गया था। ब्लूम का वर्गीकरण संज्ञानात्मक कौशल का एक पदानुक्रमित क्रम है।

37. सामाजिक विज्ञान संस्कृति, परंपरा, जीवन शैली, स्थान, वातावरण, शक्ति और अधिकार, शासन, अर्थव्यवस्था, नागरिक भावना आदि जैसी अवधारणाओं या मुद्दों का अध्ययन करता है जिनके सामाजिक निहितार्थ हैं।

38. सामाजिक विज्ञान संस्कृति, परंपरा, जीवन शैली, स्थान, वातावरण, शक्ति और अधिकार, शासन, अर्थव्यवस्था, नागरिक भावना आदि जैसी अवधारणाओं या मुद्दों का अध्ययन करता है जिनके सामाजिक निहितार्थ हैं।

39. सामाजिक विज्ञान, मनुष्यों के समाज और उनके सामाजिक जीवन के साथ संबंधों का अध्ययन है। इसमें कई विषय (इतिहास, राजनीति विज्ञान, अर्थशास्त्र, मनोविज्ञान, विज्ञान, आदि) शामिल हैं, जो मानव समाज से संबंधित हैं।

40. सामाजिक विज्ञान ज्ञान के एक व्यापक क्षेत्र का निर्माण करता है और मनुष्यों के साथ उनके सामाजिक व्यवहार के संदर्भ में व्यवहार करता है।

41. इतिहास, अतीत में अपने सभी पहलुओं में, वर्तमान विकास और भविष्य की आशाओं के संबंध में समाज के जीवन का अध्ययन है। इतिहास का उद्देश्य छात्रों को लोगों की वर्तमान सामाजिक, राजनीतिक, धार्मिक और आर्थिक स्थितियों को समझने में मदद करना है।

42. राष्ट्रीय पाठ्यचर्या रूपरेखा 2005 (NCF) का कहना है कि सामाजिक विज्ञान का अध्ययन करने से शिक्षार्थियों को सामाजिक, सांस्कृतिक और विश्लेषणात्मक कौशल प्रदान होते हैं, जो एक तेजी से अन्योन्याश्रित विश्व में समायोजित होने के लिए आवश्यक हैं।

- NCF के अनुसार, सामाजिक विज्ञान विषयवस्तु का उद्देश्य परिचित सामाजिक वास्तविकताओं की आलोचनात्मक खोज और पूछताछ के माध्यम से छात्रों की जागरूकता बढ़ाना होना चाहिए।

43. एक मानचित्र समतल सतह पर पृथ्वी का निरूपण करता है। मोटर चालकों, रक्षा कर्मियों, पर्यटकों आदि द्वारा मानचित्रों का बहुत अधिक उपयोग किया जाता है।

- मानचित्र का उपयोग करने के लिए, यह आवश्यक है कि कोई मानचित्र को पढ़ना जानता हो क्योंकि मानचित्र की अपनी भाषा होती है।
- मानचित्र तब तक अर्थपूर्ण नहीं हो सकता है जब तक कि पाठक यह पता लगाने में सक्षम न हो कि मानचित्र में क्या है।

44. सामाजिक विज्ञान शिक्षण को एक संवादात्मक वातावरण में शिक्षार्थी को ज्ञान और कौशल प्राप्त करने में मदद करने के लिए पुनर्जीवित करने की आवश्यकता है।

- सामाजिक विज्ञान के शिक्षण को ऐसी विधियों को अपनाना चाहिए जो सृजनात्मकता, सौंदर्यशास्त्र और आलोचनात्मक दृष्टिकोण को बढ़ावा दें और बच्चों को समाज में हो रहे परिवर्तनों को समझने के लिए अतीत और वर्तमान के बीच संबंध बनाने में सक्षम बनाएं।

45. विविधता का अर्थ केवल भिन्नताओं को स्वीकार करने और/या सहन करने से कहीं अधिक है। यह लोगों के समूह में विभिन्न विशेषताओं की विविधताओं के अस्तित्व को दर्शाती है।

46. सामाजिक विज्ञान के शिक्षण को सृजनात्मकता, सौंदर्यशास्त्र और आलोचनात्मक दृष्टिकोण को बढ़ावा देने वाली विधियों को अपनाना चाहिए।

47. सामाजिक विज्ञान में ज्ञान का एक निकाय शामिल है, जो मानव जीवन के सामाजिक और सांस्कृतिक पहलुओं से संबंधित है। बेहतर सामाजिक एकता, एकजुटता और विकास को प्राप्त करने के लिए उनके अत्यधिक महत्व के कारण विश्व भर में शिक्षा प्रणाली के विभिन्न स्तरों (स्कूल स्तर से उच्च शिक्षा स्तर तक) में पढ़ाए जाने के लिए सामाजिक विज्ञान अलग-अलग विषयों के रूप में उभरा है।

48. सामाजिक विज्ञान पाठ्यपुस्तक प्रभावी अधिगम की सुविधा के लिए सामाजिक विज्ञान शिक्षण प्रक्रिया में उपयोग किए जाने वाले उपकरण को संदर्भित करती हैं। यह विषय वस्तु को सार्थक और तार्किक तरीके से व्यवस्थित करती हैं।

49. समालोचनात्मक चिंतन नई या अपरिचित स्थितियों, विचारों और मतों के लिए तर्क और विवेक बुद्धि को लागू करने की क्षमता है। यह तथ्यों, घटनाओं आदि को पहचानने या विश्लेषण करने की प्रक्रिया को संदर्भित करता है। इसके लिए उचित विश्लेषण, मूल्यांकन, अनुमान और स्पष्टीकरण की आवश्यकता होती है।

50. सही उत्तर बराबरी प्राप्त करने में इन वैधानिक सुरक्षा प्रावधानों की पहुँच व सीमाओं की जाँच करना है।

PART - III

CTET CDP PYQ's

- CTET CDP 21 Jan. 2024 Paper - 1
- CTET CDP 21 Jan. 2024 Paper - 2
- CTET CDP 20 Aug. 2023 Paper - 1
- CTET CDP 20 Aug. 2023 Paper - 2
- CTET CDP 30 Jan. 2023 Paper - 1

SET 1

CTET CDP (21 Jan 2024)

PAPER-1

1. **Which of the following correctly describes intrinsic motivation? / निम्नलिखित में से कौन आंतरिक अभिप्रेरणा का सही वर्णन करता है?**
   (a) Motivation that comes from personal enjoyment of the task. /अभिप्रेरणा जो कार्य के व्यक्तिगत-आनंद से आती है।
   (b) Motivation that comes from competition with others. / अभिप्रेरणा जो दूसरों के साथ प्रतिस्पर्धा से आती है।
   (c) Motivation that comes from a fear of punishment. / अभिप्रेरणा जो दंड के भय से आती है।
   (d) Motivation that comes from external rewards. / अभिप्रेरणा जो बाहरी पुरस्कारों से आती है।

2. **Assertion (A): In Lawrence Kohlberg's moral development theory children move from understanding consequences of acts to determine whether they are good or bad to understanding that rules and laws are flexible and can be changed. / अभिकथन (A): लॉरेंस कोहलबर्ग के नैतिक विकास सिद्धांत में बच्चे कार्यों को उनके परिणाम के आधार पर अच्छा या कु समझने से, इस समझ पर पहुँचते हैं कि नियम और कानून नम्य हैं और बदले जा सकते हैं।**
   Reason (R): Lawrence Kohlberg argues that moral development occurs progressively in stages. / कारण (R): लॉरेंस कोहलबर्ग का तर्क है कि नैतिक विकास क्रमिक रूप से चरणों में होता है।
   (a) Both (A) and (R) are true but (R) is not the correct explanation of (A). / (A) और (R) दोनों सत्य हैं लेकिन (R), (A) की सही व्याख्या नहीं करता है।
   (b) (A) is true but (R) is false. / (A) सत्य है लेकिन (R) गलत है।
   (c) Both (A) and (R) are false. / (A) और (R) दोनों गलत हैं।
   (d) Both (A) and (R) are true and (R) is the correct explanation of (A). / (A) और (R) दोनों सत्य हैं और (R), (A) की सही व्याख्या करता है।

3. **Inclusion of students belonging to disadvantaged groups demands: / वंचित वर्गों से संबंधित विद्यार्थियों के समावेशन के लिए:**
   (a) evidencing and encouraging identity-based stereotypes / पहचान - आधारित रुढ़ियों को प्रमाणित और प्रोत्साहित किया जाना चाहिए।
   (b) isolation in the classroom on the basis of social affiliation. / सामाजिक संबद्धता के आधार पर कक्षा में अलगाव करना चाहिए।
   (c) same-ability grouping of students in the classroom. / समान क्षमताओं के आधार पर विद्यार्थियों को समूहों में विभाजित करना चाहिए।
   (d) awareness and sensitization towards diverse traditions. / विविध परम्पराओं के प्रति जागरूकता और संवेदनशीलता को बढ़ावा देना चाहिए।

4. **Assertion (A): Learners construct their own knowledge based on what they already know. / अभिकथन** (A): **शिक्षार्थी जो पहले से जानते हैं उसके आधार पर अपने ज्ञान का निर्माण करते हैं।**
   Reason (R): Finding patterns and making linkages with previous

knowledge helps learners to process information meaningfully. / कारण (R): पैटर्न ढूँढना और पिछले ज्ञान के साथ जुड़ाव बनाने से शिक्षार्थियों को जानकारी को सार्थक रूप से संसाधित करने में मदद मिलती है।

(a) Both (A) and (R) are true but (R) is not the correct explanation of (A). / (A) और (R) दोनों सत्य हैं लेकिन (R), (A) की सही व्याख्या नहीं करता है।

(b) (A) is true but (R) is false. / (A) सत्य है लेकिन (R) गलत है।

(c) Both (A) and (R) are false. / (A) और (R) दोनों गलत हैं।

(d) Both (A) and (R) are true and (R) is the correct explanation of (A). / (A) और (R) दोनों सत्य हैं और (R), (A) की सही व्याख्या करता है।

5. Reasoning, thinking and problem-solving are explained in which aspect of development? / विकास के किस पहलू में तर्क, चिंतन और समस्या समाधान की व्याख्या की जाती है?

(a) Cognitive Development / संज्ञानात्मक विकास

(b) Moral Development / नैतिक विकास

(c) Motor Development / गतिक विकास

(d) Social Development / सामाजिक विकास

6. As per Howard Gardner's theory of multiple intelligence, which of the following set represents correct match of intelligence and associated characteristics?/ हावर्ड गार्डनर के बहुबुद्धि के सिद्धांत के अनुसार, निम्नलिखित में से कौन सा सेट बुद्धि और उसके संबंधित विशेषताओं के सही मेल का प्रतिनिधित्व करता है?

(a) Logical-Mathematical: skill of dance or athletic abilities / तार्किक गणितीय: नृत्य या क्रीड़ा-संबंधी क्षमताएँ

(b) Musical: performance or composition skills / संगीतमय : प्रदर्शन या रचना करने के कौशल

(c) Spatial: skill of appreciating the natural world / स्थानिक: प्रागतिक वातावरण की सराहना करने के कौशल

(d) Intrapersonal: skill in understanding and relating to others / अंतवैयक्तिक: दूसरों को समझने और उनके साथ संबंध स्थापित करने के कौशल

7. Language development in primary classes is facilitated: / प्राथमिक कक्षाओं में भाषा का विकास किस प्रकार संसाधित होता है?

(a) When teachers stress upon and enforce the use of formal language. / जब शिक्षक औपचारिक भाषा के प्रयोग पर जोर देते हैं और उसे लागू करते हैं।

(b) When teachers ignore and dismiss the mother tongue of the children. / जब शिक्षक बच्चों की मातृभाषा की अवहेलना और उपेक्षा करते हैं।

(c) When teachers begin from signs and symbols rather than concrete objects. / जब शिक्षक मूर्त वस्तुओं के बजाय संकेतों और प्रतिकों से शुरू करते हैं।

(d) When teachers use concrete examples to refer to abstract concepts. / जब शिक्षक अमूर्त अवधारणाओं को संदर्भित करने के लिए ठोस उदाहरणों का उपयोग करते हैं।

8. As per Jean Piaget's theory of cognitive development, which of the following ability distinguishes 'concrete' operational thinking from Pre-operational thinking? / जीन पियाजे के संज्ञानात्मक विकास के सिद्धांत के अनुसार, निम्नलिखित में से कौन-सी क्षमता मूर्त-संक्रियात्मक सोच को पूर्व-संक्रियात्मक सोच से अलग करती है?

(a) Decentering / विकेंद्रण

(b) Hypothetical reasoning / परिकल्पित तार्किकता

(c) Object permanence / वस्तु स्थायित्व

(d) Coordination of senses / इंद्रियों का समन्वय

9. Which of the following statements about inclusive education is not correct? / निम्नलिखित में से कौन-सा कथन समावेशी शिक्षा के बारे में सही नहीं है?

(a) Inclusive teaching means "adopting pedagogies that support needs of all learners". / समावेशी शिक्षण का अर्थ है "उस शिक्षाशास्त्र को अपनाना जो सभी शिक्षार्थियों की आवश्यकताओं का समर्थन करता है"।

(b) An inclusive classroom "accommodates differences in language styles and promotes collaboration". / एक समावेशी कक्षा "भाषा शैली में अंतर को समायोजित करती है और सहयोग को बढ़ावा देती है"।

(c) An inclusive classroom centres around "fixed curricula and standard assessment". / "निश्चित पाठ्यचर्या और मानक मूल्यांकन" के आसपास ही एक समावेशी कक्षा का केंद्र होता है।

(d) Inclusive teaching means "teaching in ways that do not exclude". / समावेशी शिक्षण का अर्थ है "ऐसे तरीकों से शिक्षण जो बहिष्कृत न करें"।

10. According to attribution theory of motivation which of the following is more likely to result in persistent effort and improved performance? / अभिप्रेरणा के आरोपण सिद्धांत के अनुसार निम्नलिखित में से किससे लगातार कोशिश और बेहतर प्रदर्शन की संभावना है?

(a) An external attribution for success and an internal attribution for failure / सफलता के लिए बाहरी आरोपण और असफलता के लिए आंतरिक आरोपण

(b) Internal attribution for failure as well as success / असफलता और सफलता दोनों के लिए आंतरिक आरोपण

(c) External attribution for failure as well as success / असफलता और सफलता दोनों के लिए बाहरी आरोपण

(d) An internal attribution for success and an external attribution for failure / सफलता के लिए आंतरिक आरोपण और असफलता के लिए बाहरी आरोपण

11. Which of the following statements is not correct about learning? / निम्नलिखित में से कौन सा कथन अधिगम के बारे में सही नहीं है?

(a) Learning implies reorganisation of prior conceptual schemes. / अधिगम का तात्पर्य पूर्व वैचारिक स्कीम्स के पुनर्गठन से है।

(b) Learning is facilitated by social action. / अधिगम सामाजिक क्रिया द्वारा संसाधित होती है।

(c) Learning as a product rather than a process. / अधिगम एक प्रक्रिया नहीं अपितु एक उत्पाद है।

(d) Learning depends on learner's previous knowledge / अधिगम शिक्षार्थी के पूर्व ज्ञान पर निर्भर करता है।

12. While participating in a sports competition in class, Tanuj tells his friend that he will participate in the javelin throw and his sister can participate in jump rope because she is a girl and girls cannot throw javelin. This depicts: / कक्षा में खेल प्रतियोगिता में हिस्सा लेते समय तनुज अपने दोस्त से कहता है कि वह भाला फेंकने में हिस्सा लेगा और रस्सी कूदने में उसकी बहन हिस्सा ले सकती हैं क्योंकि वह एक लड़की है और लड़कियां भाला नहीं फेंक सकती। यह को प्रदर्शित करता है।

(a) Gender equality / जेंडर समानता

(b) Gender equity / जेंडर समता

(c) Gender stereotyping / जेंडर रूढ़िवादिता

(d) Gender constancy / जेंडर संबंधता

13. In the course of development, children achieve gross motor skills before fine motor skills. This indicates that development is: / विकास के क्रम में, बच्चे सूक्ष्म पेशीय कौशल से पहले सकल पेशीय

कौशल विकसित करते हैं। यह दर्शाता है कि विकास:

(a) Cephalocaudal / शीर्षगामी
(b) Linear / रेखीय
(c) Proximodistal / समीप - दूराभिमुख
(d) Anarchic / अराजक

14. Which of the following is a typical characteristic of Dyslexia? / निम्नलिखित में से पठन वैकल्य की एक विशिष्ट विशेषता कौन-सी है?

(a) Difficulty in phonological processing / ध्वन्यात्मक प्रसंस्करण में कठिनाई
(b) Difficulty in physical coordination / शारीरिक समन्वय में कठिनाई
(c) Difficulty in spatial awareness / स्थानिक समझ में कठिनाई
(d) Difficulty in creative problem solving / रचनात्मक समस्या समाधान में कठिनाई

15. Which of the following would not be characterised as formative assessment? / निम्नलिखित में से किसे रचनात्मक मूल्यांकन नहीं माना जाएगा?

(a) An assessment given during the class to provide ongoing feedback to students and teachers. / छात्रों और शिक्षकों को अग्रगामी प्रतिपुष्टि प्रदान करने के लिए कक्षा के दौरान दिया गया मूल्यांकन।
(b) An assessment task that is helpful in comparing students as per a standard set of criteria. / एक मूल्यांकन कार्य जो मानदंड के एक मानक पैमाने के अनुसार छात्रों की तुलना करने में सहायक होता है।
(c) An assessment used to identify misconceptions in a student's learning. / एक आकलन एक छात्र के सीखने में गलत धारणाओं की पहचान करने के लिए प्रयोग किया जाता है।
(d) An assessment given at the beginning of a new concept to determine students' prior knowledge. / छात्रों के पूर्व ज्ञान को निर्धारित करने के लिए एक नई अवधारणा की शुरुआत में दिया गया आकलन।

16. Assertion (A): School curriculum should give reasonable space and value to learner's cultural Knowledge. / अभिकथन (A): विद्यालयी पाठ्यक्रम को विद्यार्थियों के सांस्कृतिक ज्ञान को उचित स्थान और मूल्य देना चाहिए।

Reason (R): Supporting students to uphold their cultural identities facilitates learning. / कारण (R): विद्यार्थियों को उनकी सांस्कृतिक पहचान को बनाए रखने के लिए समर्थन प्रदान करना, सीखने की प्रक्रिया को सुगम बनाता है।

(a) Both (A) and (R) are true but (R) is not the correct explanation of (A). / (A) और (R) दोनों सत्य हैं लेकिन (R), (A) की सही व्याख्या नहीं करता है।
(b) (A) is true but (R) is false. / (A) सत्य है लेकिन (R) गलत है।
(c) Both (A) and (R) are false. / (A) और (R) दोनों गलत हैं।
(d) Both (A) and (R) are true and (R) is the correct explanation of (A). / (A) और (R) दोनों सत्य हैं और (R), (A) की सही व्याख्या करता है।

17. Which of the following types of questions can help assess a student's ability to evaluate information critically? / निम्न में से किस प्रकार के प्रश्न एक छात्र की जानकारी का गंभीर रूप से मूल्यांकन करने की योग्यता का आकलन करने में मदद करता है?

(a) Questions that ask for the student's personal opinion / वे प्रश्न जो छात्र की व्यक्तिगत राय पूछते है
(b) Questions that ask for examples that validate the text / वे प्रश्न जो पाठ को मान्य करने वाले उदाहरणों के लिए पूछते हैं
(c) Questions that ask for a summary of a text / वे प्रश्न जो किसी पाठ का सारांश माँगते हैं

(d) Questions that ask for a simple definition of a term / वे प्रश्न जो शब्द की सरल परिभाषा के लिए पूछते हैं

18. According to Kohlberg's theory of moral development, at what stage are children self-centered and see their own benefit in doing something? / कोहलबर्ग के नैतिक विकास सिद्धांत के अनुसार किस स्तर पर बच्चे आत्मकेन्द्रित होते हैं और किसी कार्य को करने में अपन ही लाभ देखते हैं?

(a) at the second stage in the first level / पहले स्तर के दूसरे चरण में

(b) at the third stage in the second level / दूसरे स्तर के तीसरे चरण में

(c) at the fifth stage in the third level / तीसरे स्तर के पाँचवे चरण में

(d) at the first stage in the first level / पहले स्तर के पहले चरण में

19. Impairment is a ______condition, while disability is a______ condition. / बाधिता एक ______ स्थिति है, जबकि अक्षमता एक ______ स्थिति है।

(a) functional, biological / कार्यात्मक, जैविक

(b) operative, physical / क्रियात्मक, शारीरिक

(c) social, psychological / सामाजिक, मनोवैज्ञानिक

(d) biological, functional / जैविक, कार्यात्मक

20. Which of the following aptly defines relationship between cognition and emotion? / निम्नलिखित में से कौन-सा कथन संज्ञान और भावनाओं के बीच के संबंध को उपयुक्त रूप से परिभाषित करता है?

(a) Emotion and cognition are interdependent on each other. / भावनाएँ और संज्ञान आपस में एक-दूसरे पर पारस्परिक रूप से निर्भर करते हैं।

(b) Cognition influences emotions but reverse is not true. / संज्ञान भावनाओं को प्रभावित करता है लेकिन इसका विपरीत सत्य नहीं है।

(c) Emotions influence cognition but reverse is not true. / भावनाएँ संज्ञान को प्रभावित करती हैं लेकिन इसका विपरीत सत्य नहीं है।

(d) Cognition and emotion are two independent systems. / संज्ञान और भावनाएँ, दोनों स्वतंत्र प्रणालियाँ हैं।

21. Problem solving is fostered by: / निम्नलिखित में से कौन सा कारक समस्या समाधान को बढ़ावा देता है?

(a) Functional fixedness / कार्यात्मक स्थिरता

(b) Passive imitation / निष्क्रिय अनुसरण

(c) Response Set / प्रतिक्रिया सेट

(d) Divergent thinking / अपसारी चिंतन

22. Which of the following is a key principle of progressive education? / निम्नलिखित में से कौन सा प्रगतिशील शिक्षा का एक प्रमुख सिद्धांत है?

(a) Students should be passive recipients of knowledge from their teachers / छात्रों को अपने शिक्षकों से ज्ञान का निष्क्रिय प्राप्तकर्ता होना चाहिए।

(b) Learning should be based on authentic tasks / सीखना प्रामाणिक कार्यों पर आधारित होना चाहिए।

(c) Curriculum should be predetermined and universal / पाठ्यचर्या पूर्व निर्धारित और सार्वभौमिक होनी चाहिए।

(d) Standardized testing is the best way to measure student learning / छात्रों के सीखने को मापने के लिए मानकीग्त परीक्षण सबसे अच्छा तरीका है।

23. Assertion (A): Childhood is experienced differently by children across cultures. / अभिकथन (A): बच्चों द्वारा बचपन अलग-अलग संस्कृतियों में अलग-अलग तरह से अनुभव किया जाता है।

Reason (R): Children's development is universal. / कारण (R): बच्चों का विकास सार्वभौमिक हैं।

(a) Both (A) and (R) are true but (R) is not the correct explanation of (A). /

(A) और (R) दोनों सत्य हैं लेकिन (R), (A) की सही व्याख्या नहीं करता है।
(b) (A) is true but (R) is false. / (A) सत्य है लेकिन (R) गलत है।
(c) Both (A) and (R) are false. / (A) और (R) दोनों गलत हैं।
(d) Both (A) and (R) are true and (R) is the correct explanation of (A). / (A) और (R) दोनों सत्य हैं और (R), (A) की सही व्याख्या करता है।

24. Socio-constructivist views of learning advocate that- / सीखने के सामाजिक-संरचनावादी विचार इस बात की वकालत करते हैं कि:
(a) Learners actively construct knowledge / शिक्षार्थी सक्रिय रूप से ज्ञान का निर्माण करते हैं
(b) Effective learning is activated by lecturing and explaining / व्याख्यान देने और समझाने से प्रभावी शिक्षण सक्रिय होता है
(c) Effective learning takes place through the process of recall and rehearsal / प्रत्याहार और दोहराव की चिंतन प्रक्रिया से प्रभावी शिक्षण होती है
(d) Learners receive knowledge passively from others / शिक्षार्थी दूसरों से निष्क्रिय रूप से ज्ञान प्राप्त करते हैं

25. Which of the following is a characteristic of effective feedback in the classroom? / निम्नलिखित में से उपयोगी प्रतिपुष्टि की एक विशेषता कौन-सी है?
(a) It is broad and generic. / यह व्यापक और सामान्य होती है।
(b) It is only focused on the outcomes. / यह केवल परिणामों पर केंद्रित होती हैं।
(c) It is timely and specific. / यह सामयिक और विशिष्ट होती है।
(d) It is given only at the end of the task. / यह केवल कार्य के अंत में ही दी जाती है।

26. Lev Vygotsky propose that_____ is important for self-regulation in children. / लेव वायगोत्स्की प्रस्तावित करते हैं कि _______ बच्चों में स्व-नियमन के लिए महत्वपूर्ण हैं।
(a) Inner speech / निजी वाक्
(b) Adaptation / अनुकूलन
(c) Organization / संगठन
(d) Disequilibrium / असंतुलन

27. While divergent thinking ______ convergent thinking _____. / अपसारी चिंतन _______ जबकि अभिसारी चिंतन _____
(a) is fixed on one correct solution; encourages multiple answers / एक सही समाधान पर स्थिर हैं, कई उत्तरों को प्रोत्साहित करता है
(b) Promotes mathematical abilities; promotes verbal abilities / गणितीय क्षमताओं को बढ़ावा देता है; मौखिक क्षमताओं को बढ़ावा देता है
(c) Promotes verbal abilities, promotes mathematical abilities / मौखिक क्षमताओं को बढ़ावा देता है; गणितीय क्षमताओं को बढ़ावा देता है
(d) encourages multiple answers; is fixed on one correct solution / कई उत्तरों को प्रोत्साहित करता है; एक सही समाधान पर स्थिर है

28. After getting 'out' in the game due to the rope getting stuck in her leg while jumping Aru says the rope deliberately got her out. At what stage of Jean Piaget's theory of cognitive development do children reason like this? / रस्सी कूदते समय पैर में रस्सी फँसने के कारण 'आउट' होने के बाद अरू कहती है कि उसे रस्सी ने जानबूझकर 'आउट' किया है। जीन पियाजे के संज्ञानात्मक विकास सिद्धान्त की किस अवस्था में बच्चे इस तरह के तर्क देते हैं?
(a) Formal Operational stage / औपचारिक संक्रियात्मक अवस्था
(b) Pre-operation stage / पूर्व संक्रियात्मक अवस्था

(c) Sensory-motor stage / संवेदी गामक अवस्था

(d) Concrete Operational stage / मूर्त संक्रियात्मक अवस्था

29. Proximodistal principle states that in infancy: / समीपस्थ सिद्धांत कहता है कि शैशवावस्था में

(a) development proceeds from head to toe. / विकास सिर से पाँव तक होता है।

(b) development of language occurs rapidly as it is a sensitive period for development. / भाषा का विकास तेजी से होता है क्योंकि वह विकास के लिए संवेदनशील अवधि है।

(c) Physical development occurs rapidly with the development of fine motor skills. / सूक्ष्म गतिक कौशल के विकास के साथ शारीरिक विकास तेजी से होता है।

(d) the limbs continue to grow faster than the hands and feet. / अंग - हाथों और पैरों की तुलना में तेजी से बढ़ते रहते हैं।

30. Which of the following are examples of scaffolding? / निम्न में से कौन सा आलम्बन के उदाहरण हैं?

(A) Think-aloud / बोल कर सोचो

(B) Prompts and cues / संकेत और ईशारे

(C) Questions / प्रश्न

(D) Half-solved example / आधा हल किया हुआ उदाहरण

(E) Rote Rehearsal / रटकर दोहराव

(a) (A), (B), (C)

(b) (A), (B), (C), (D)

(c) (A), (B), (C), (D), (E)

(d) (A), (B)

ANSWER KEY

1.	A	2.	D	3.	D	4.	D	5.	A	6.	B	7.	D
8.	A	9.	C	10.	B	11.	C	12.	C	13.	C	14.	A
15.	B	16.	D	17.	A	18.	A	19.	D	20.	A	21.	D
22.	B	23.	B	24.	A	25.	C	26.	A	27.	D	28.	B
29.	D	30	B										

SET 2 — CTET CDP (21 Jan 2024)

PAPER-2

1. **Dyslexia is a _______ condition which impacts learner's ability to _______. / डिस्लेक्सिया एक _______ स्थिति है, जो शिक्षार्थियों की _______ क्षमता को प्रभावित करती है।**
   (a) physiological, socialize with peers / शारीरिक, साथियों के साथ सामाजीकरण
   (b) sensory, coordinate body movements / संवेदी, शारीरिक गतिविधियों के समन्वय
   (c) emotional, draw pictures / भावनात्मक, चित्र बनाने
   (d) neurological, link sounds with symbols / न्यूरोलॉजिकल, ध्वनियों को प्रतीकों से जोड़ें

2. **Assertion (A): Learning from real&life problems and concrete experiences gives the children multiple pathways for learning and retrieving information. / अभिकथन (A): वास्तविक जीवन की समस्याओं और मूर्त अनुभवों से सीखने से बच्चों को अधिगम और जानकारी प्राप्त करने के लिए कई रास्ते मिलते हैं।**
   Reason (R): Development is relatively orderly and sequential. / कारण (R): विकास अपेक्षाग्त व्यवस्थित और अनुक्रमिक है।
   (a) (A) is true but (R) is false. / (A) सही है लेकिन (R) गलत है।
   (b) Both (A) and (R) are false. / (A) और (R) दोनों गलत है।
   (c) Both (A) and (R) are true and (R) is the correct explanation of (A). / (A) और (R) दोनों सही हैं और (A) की (R) सही व्याख्या करता है।
   (d) Both (A) and (R) are true but (R) is not the correct explanation of (A). / (A) और (R) दोनों सही हैं लेकिन (A) की (R) सही व्याख्या नहीं करता है।

3. **Asking Critical questions such as "how much and in what ways are various gender represented in textbooks and media" would encourage: / पाठ्यपुस्तकों और मीडिया में विभिन्न जेंडर का प्रतिनिधित्व कितना और किस तरीके से किया जाता है जैसे महत्वपूर्ण प्रश्न पूछने से किसको प्रोत्साहन मिलेगा?**
   (a) Reinforcing gender identity / जेंडर पहचान को मजबूत करना
   (b) Discouraging gender role flexibility / जेंडर भूमिका की नम्यता के हतोत्साहित को
   (c) Questioning gender stereotypes / जेंडर रूढ़ियों पर सवाल उठाना
   (d) Strengthening gender constancy / जेंडर स्थिरता को मजबूत करना

4. **Assertion (A): In an inclusive classroom, adaptations should be made in learning goals, pedagogical strategies as well as assessment. / अभिकथन (A): एक समावेशी कक्षा में, सीखने के लक्ष्यों, शैक्षणिक रणनीतियों के साथ-साथ आकलन में अनुकूलन किया जाना चाहिए।**
   Reason (R): The philosophy of inclusion advocates elimination of all individual differences through pedagogical approaches and assessment. / कारण (R): समावेशन का दर्शन शैक्षणिक दृष्टिकोण और मूल्यांकन के माध्यम से सभी व्यक्तिगत मतभेदों को समाप्त करने की वकालत करता है।
   (a) (A) is true but (R) is false. / (A) सही है लेकिन (R) गलत है।
   (b) Both (A) and (R) are false. / (A) और (R) दोनों गलत है।

(c) Both (A) and (R) are true and (R) is the correct explanation of (A). / (A) और (R) दोनों सही हैं और (A) की (R) सही व्याख्या करता है।

(d) Both (A) and (R) are true but (R) is net the correct explanation of (A). / (A) और (R) दोनों सही हैं लेकिन (A) की (R) सही व्याख्या नहीं करता है।

5. A teacher notices that one of her students is highly distractible and has trouble paying attention during class. Which of the following strategies would is an effective strategy in helping the student stay focused? / एक शिक्षिका ने नोटिस किया कि उसका एक छात्र अत्यधिक विचलित है और उसे कक्षा के दौरान ध्यान देने में परेशानी होती है। निम्नलिखित में से कौन सी रणनीति छात्र को केंद्रित रहने में मदद करने के लिए एक प्रभावी रणनीति होगी?

(a) Giving a timer to student for self-regulation and time-management. / स्व-नियमन और समय-प्रबंधन के लिए छात्र को टाइमर देना।

(b) Calling the parents and taking strict disciplinary action against the student. / माता-पिता को बुलाकर छात्र के खिलाफ सख्त अनुशासनात्मक कार्रवाई करना।

(c) Giving the student repeated tasks to do during class. / छात्र को कक्षा के दौरान बार-बार करने के लिए कार्य देना।

(d) Strictly telling the student to increase their attention span. / छात्र को सख्ती से अपना अवधान अवधि बढ़ाने के लिए कहना।

6. Assertion (A): Teachers should constantly reflect on their own stereotypes and bias. / अभिकथन (A): शिक्षकों को निरंतर अपने स्वयं के रूढ़िवादिता और पूर्वाग्रहों पर चिंतन करना चाहिए।

Reason (R): Culturally responsive teaching means that teachers are reflective. / कारण (R): सांस्कृतिक रूप से उत्तरदायी शिक्षण का अर्थ है कि शिक्षक चिंतनशील हो।

(a) (A) is true but (R) is false. / (A) सही है लेकिन (R) गलत है।

(b) Both (A) and (R) are false. / (A) और (R) दोनों गलत है।

(c) Both (A) and (R) are true and (R) is the correct explanation of (A). / (A) और (R) दोनों सही हैं और (A) की (R) सही व्याख्या करता है।

(d) Both (A) and (R) are true but (R) is net the correct explanation of (A). / (A) और (R) दोनों सही हैं लेकिन (A) की (R) सही व्याख्या नहीं करता है।

7. Which of the following process is essential in meaning-making of the information received from environment and store it further in memory? / निम्नलिखित में से कौन सी प्रक्रिया वातावरण से प्राप्त जानकारी के अर्थ-निर्माण और इसे स्मृति में आगे संग्रहीत करने के लिए आवश्यक है?

(a) Forgetting / भूलना

(b) Retrieval / पुनर्प्राप्ति

(c) Attention / ध्यान देना

(d) Decay / क्षय होना

8. Which stage of Kohlberg's moral development do children's reasoning revolve around ethics of law? / कोहलबर्ग के नैतिक विकास की किस अवस्था में बच्चों का तर्क कानून की नैतिकता के इर्द-गिर्द घूमता है?

(a) Heteronomous morality/विषम नैतिकता

(b) Autonomous morality /स्वायत्त नैतिकता

(c) Pre-conventional morality / पूर्व - पारंपरिक नैतिकता

(d) Conventional morality/पारंपरिक नैतिकता

9. Which of the following is a core principle of constructivist learning theory? / निम्नलिखित में से कौन सा संरचनावादी अधिगम सिद्धांत का मूल सिद्धांत है?

(a) Students construct their own knowledge through active engagement with their environment. / छात्र अपने पर्यावरण के साथ सक्रिय संलग्नता के माध्यम से अपने ज्ञान का निर्माण करते हैं।
(b) Learning is primarily a passive process that involves receiving and memorizing information /अधिगम मुख्य रूप से एक निष्क्रिय प्रक्रिया है जिसमें सूचना प्राप्त करना और याद रखना शामिल है।
(c) Teachers should provide direct instruction and explicit guidance to students / शिक्षकों के छात्रों को प्रत्यक्ष निर्देश और स्पष्ट मार्गदर्शन प्रदान करना चाहिए।
(d) Learning occurs when students receive correct answers and feedback from teachers. / अधिगम तब होता है जब छात्रों को शिक्षकों से सही उत्तर और प्रतिपुष्टि मिलती है।

10. According to Vygotsky, what is the role of the teacher in facilitating cognitive development? / वायगोत्स्की के अनुसार, संज्ञानात्मक विकास को सुगम बनाने में शिक्षक की क्या भूमिका है?
(a) To allow the student to learn completely independently. / छात्र को पूरी तरह से स्वतंत्र रूप से सीखने की अनुमति देना।
(b) To give only those tasks that the student can currently do independently. / केवल उन्हीं कार्यो को देना जो विद्यार्थी वर्तमान में स्वतंत्र रूप से कर सकता है।
(c) To provide information and knowledge to the student. / छात्र को जानकारी और ज्ञान प्रदान करना।
(d) To guide and support the student's learning through scaffolding. / आलम्बन के माध्यम से छात्र के सीखने का मार्गदर्शन और समर्थन करना।

11. Which of the following does not exemplify an inclusive classroom? / निम्नलिखित में से कौन एक समावेशी कक्षा का उदाहरण नहीं है?
(a) Offering differentiated instruction / विभेदित निर्देश देना
(b) Encouraging competitive ethos / प्रतिस्पर्धी लोकाचार को प्रोत्साहित करना
(c) Incorporation of diverse perspectives / विविध दृष्टिकोणों का समावेश
(d) Following reasonable accommodation /उचित समावेशन का पालन

12. An elementary school teacher can strongly influence students' development of academic self-concept by: / एक प्रारंभिक विद्यालय का शिक्षक छात्र के शैक्षणिक आत्म-संप्रत्यय के विकास को दृढ़ता से प्रभावित कर सकता है:
(a) Rewarding autonomy and initiative in students / छात्रों में स्वायत्तता और पहल को पुरस्कृत करना
(b) Keeping very low expectations from special / विशेष छात्रों से बहुत कम उम्मीदें रखना
(c) Keeping very low expectations from all students / सभी विद्यार्थियों से बहुत कम अपेक्षाएँ रखना
(d) Punishing autonomy and initiative in students / छात्रों में स्वायत्तता और पहल को दंडित करना

13. According to Lev-Vygotsky children benefit from the experience of interacting with _______ while working _______their their zone of proximal development. /लेव- वायगोत्स्की के अनुसार बच्चे _______ के साथ अंतः क्रिया के अनुभव से लाभान्वित होते हैं और उन कार्यों को कर पाते हैं जो उनके समीपदुराभिमुख विकास के क्षेत्र के _______ हैं।
(a) the physical environment; within / भौतिक वातावरण; अंदर

(b) the physical environment; just outside / भौतिक वातावरण; बस बाहर
(c) more knowledgeable others; within / अधिक जानकार अन्य; अंदर
(d) more knowledgeable others; just outside / अधिक जानकार अन्य; बस बाहर

14. Assertion (A): There is no objectively definable moment when a child enters middle childhood or adolescence / अभिकथन (A): वह कोई उद्देश्यात्मक निश्चित क्षण नहीं होता जब कोई बच्चा मध्य बाल्यावस्था या किशोरावस्था में प्रवेश करता है।
Reason (R): Development is continuous in nature. / कारण (R): विकास, प्रकृति में निरंतर होता रहता है।
(a) (A) is true but (R) is false. / (A) सही है लेकिन (R) गलत है।
(b) Both (A) and (R) are false. / (A) और (R) दोनों गलत है।
(c) Both (A) and (R) are true and (R) is the correct explanation of (A). / (A) और (R) दोनों सही हैं और (A) की (R) सही व्याख्या करता है।
(d) Both (A) and (R) are true but (R) is net the correct explanation of (A). / (A) और (R) दोनों सही हैं लेकिन (A) की (R) सही व्याख्या नहीं करता है।

15. In a progressive classroom assessment is: / एक प्रगतिशील कक्षा में आकलन
(a) Summative / योगात्मक होता है।
(b) Normative / मानक संदर्भित होता है।
(c) Dynamic / गतिशील होता है।
(d) Objective / वस्तुनिष्ठ होता है।

16. In order to address the individual differences among learners, a teacher should: / शिक्षार्थियों के बीच व्यक्तिगत भिन्नताओं को संबोधित करने के लिए एक शिक्षक को:
(a) consider differences as obvious feature of human diversity / भिन्नताओं को मानव विविधता की प्रत्यक्ष विशेषता के रूप में मानना चाहिए
(b) implement a rigid and uniform curriculum for all learners / सभी शिक्षार्थियों के लिए एक अनम्य और समान पाठ्यक्रम लागू करना चाहिए
(c) acknowledge differences as abnormal and kind of deficit / मतभेदों को असामान्य और एक प्रकार की कमी के रूप में स्वीकार करना चाहिए
(d) be indifferent towards individual differences / व्यक्तिगत भिन्नताओं को नजर अंदाज करना चाहिए

17. Alok shows the following behaviours: Holds head in an awkward position when reading; squinting and rubbing the eye frequently; redness/swelling of eyes; confusing letters. These can be symptoms of potential: / आलोक निम्नलिखित व्यवहार दिखाता है: पढ़ते समय सिर को अजीब स्थिति में पकड़ लेता है; भेंगापन और बार-बार आँख मलना; आँखों की लाली/सूजन; भ्रमित करने वाले अक्षर। ये संभावित के लक्षण हो सकते हैं
(a) Autistic spectrum disorder / स्वलीनता विकार
(b) Communication disorder / संचार संबंधी विकार
(c) Visual problems / दृष्टि संबंधी समस्याएँ
(d) Language comprehension problems / भाषा की समझ की समस्या

18. Which of the following describes a mastery goal orientation? / निम्न में से कौन-सा एक महारत लक्ष्य अभिविन्यास का वर्णन करता है?
(a) focus on achieving a high grade for receiving external rewards. / बाहरी पुरस्कार प्राप्त करने के लिए उच्च ग्रेड प्राप्त करने पर ध्यान देना।
(b) focus on avoiding failure or punishment for fear of humiliation. / अपमान के डर से असफलता या सजा से बचने पर ध्यान देना।

(c) focus on achieving a certain level of performance for competing with others / दूसरों के साथ प्रतिस्पर्धा करने के लिए एक निश्चित स्तर के प्रदर्शन को प्राप्त करने पर ध्यान देना।

(d) focus on improving ones' skills and understanding of a task. / किसी कार्य के लिए अपनी कौशल और समझ को सुधारने पर ध्यान देना।

19. According to Jean Piaget the ability to use symbols for symbols such as letting the letter X stand for an unknown numeral develops during ______ and enables the children to learn______. / जीन पियाजे के अनुसार चिन्हों के लिए चिन्हों का प्रयोग करने की क्षमता जैसे कि अक्षर X को अज्ञात अंक के लिए मानने की क्षमता ______ के दौरान विकसित होती है और विद्यार्थियों को ______सीखने में सक्षम बनाती है।

(a) formal operational stage; algebra and calculus / औपचारिक संक्रियात्मक अवस्था; बीजगणित और गणना

(b) formal operational stage; conservation and seriation / औपचारिक संक्रियात्मक अवस्था; संरक्षण और क्रमबद्धता

(c) concrete operational stage; algebra and calculus / मूर्त संक्रियात्मक अवस्था; बीजगणित और गणना

(d) concrete operational stage; conservation and seriation / मूर्त संक्रियात्मक अवस्था; संरक्षण और क्रमबद्धता

20. Assertion (A): Students are more likely to do well and stay in school if they have emotional attachment to their school and believe that they matter. / अभिकथन (A): छात्रों के अच्छा प्रदर्शन करने और स्कूल में बने रहने की अधिक संभावना है यदि उनको अपने स्कूल से भावनात्मक लगाव है और वे मानते हैं कि उनका होना मायने रखता है।

Reason (R): Emotions play a significant role in learning. / कारण (R): भावनाएँ सीखने में महत्वपूर्ण भूमिका निभाती हैं।

(a) (A) is true but (R) is false. / (A) सही है लेकिन (R) गलत है।

(b) Both (A) and (R) are false. /(A) और (R) दोनों गलत है।

(c) Both (A) and (R) are true and (R) is the correct explanation of (A). / (A) और (R) दोनों सही हैं और (A) की (R) सही व्याख्या करता है।

(d) Both (A) and (R) are true but (R) is net the correct explanation of (A). / (A) और (R) दोनों सही हैं लेकिन (A) की (R) सही व्याख्या नहीं करता है।

21. Which of the following best describes the role of the teacher in progressive education? / निम्नलिखित में से कौन प्रगतिशील शिक्षा में शिक्षक की भूमिका का सबसे अच्छा वर्णन करता है?

(a) The teacher is responsible for ensuring strict adherence to curriculum standards. / शिक्षक पाठ्यचर्या मानकों का कड़ाई से पालन सुनिश्चित करने के लिए जिम्मेदार है।

(b) The teacher lets the children learn independently and does not interfere in their learning. /शिक्षक बच्चों को स्वतंत्र रूप से सीखने देता है और उनके सीखने में हस्तक्षेप नहीं करता है।

(c) The teacher is the primary source of knowledge and authority in the classroom / शिक्षक कक्षा में ज्ञान और प्राधिकार का प्राथमिक स्रोत है।

(d) The teacher provides diverse materials for children to experiment and provides scaffolding as and when required. / शिक्षक बच्चों को प्रयोग करने के लिए विविध सामग्री प्रदान करता है और आवश्यकता पड़ने पर आलम्बन प्रदान करता है।

22. Which of the following characterise the process of socialization? / निम्नलिखित में से कौन सा समाजीकरण की प्रक्रिया की विशेषताएँ हैं?

(A) It is a linear process. / यह एक रेखीय प्रक्रिया है।

(B) It is a complex process. / यह एक जटिल प्रक्रिया है।

(C) It is a multidimensional process. / यह एक बहुआयामी प्रक्रिया है।

(D) It takes place uniquely in different cultures. / यह विभिन्न संस्कृतियों में विशिष्ट रूप से होती है।

(a) (B), (C), (D)
(b) (A), (B), (C), (D)
(c) (A), (B)
(d) (B), (C)

23. Which of the following statements about adolescence is not correct? / किशोरावस्था के बारे में निम्नलिखित में से कौन-सा कथन सही नहीं है?

(a) Adolescence is developmental transition between childhood and adulthood entailing physical, cognitive and psychosocial changes. / किशोरावस्था बचपन और वयस्कता के बीच विकासात्मक संक्रमण है जिसमें शारीरिक, संज्ञानात्मक और मनोसामाजिक परिवर्तन होते हैं।
(b) Children across different cultures usher in and experience adolescence in a similar manner. / किशोरावस्था विभिन्न संस्तियों के बच्चे एक समान तरीके से में प्रवेश करते हैं और इसे अनुभव करते हैं।
(c) Adolescence is a social construction. / किशोरावस्था एक सामाजिक रचना है।
(d) Adolescence is generally considered to begin with puberty - the process that leads to sexual maturity and the ability to reproduce. / किशोरावस्था को आमतौर पर यौवन को शुरू करने के लिए माना जाता है यह एक ऐसी प्रक्रिया है जो यौन परिपक्वता और पुनरुत्पादन की की क्षमता की ओर ले जाती है।

24. Work in progress Portfolios are an effective tool for formative assessment because:/ रचनात्मक मूल्यांकन के लिए कार्य की प्रगति को दर्शाते पोर्टफोलियो एक प्रभावी प्रणाली है क्योंकि

(A) They involve students in the process of assessment / वे मूल्यांकन की प्रक्रिया में छात्रों को शामिल करते हैं।

(B) They offer insights about the progress of individual students / वे व्यक्तिगत छात्रों की प्रगति के बारे में अंतर्दृष्टि प्रदान करते हैं।

(C) They focus mainly in the presentation of the final product / वे मुख्य रूप से अंतिम उत्पाद की प्रस्तुति पर ध्यान केंद्रित करते हैं।

(D) They offer tangible evidence of student learning / वे छात्र अधिगम के ठोस सबूत पेश करते हैं।

(a) (A), (B), (C)
(b) (A), (B), (D)
(c) (B), (C)
(d) (A), (D

25. A middle school teacher wants to enable meaningful learning by helping students make connections between concepts and real-world applications. Which of the following activities would be an appropriate pedagogical strategy? / एक माध्यमिक स्कूल शिक्षक छात्रों को संकल्पनाओं और वास्तविक दुनिया के अनुप्रयोगों के बीच संबंध बनाने में मदद करके सार्थक सीखने को सक्षम बनाना चाहता है। निम्नलिखित में से कौन सी गतिविधि एक उपयुक्त शैक्षणिक रणनीति होगी?

(a) Let the students learn by the method of stimulus-response conditioning. / विद्यार्थियों को उद्दीपक- प्रतिक्रिया अनुबंधन की विधि द्वारा सीखने को कहें।

(b) Let the students research on a current issue in small groups and present their findings to the class. / छात्रों को छोटे समूहों में वर्तमान मुद्दे पर शोध करने दें और अपने निष्कर्ष कक्षा में प्रस्तुत करें।

(c) Let the students memorize terms and definitions. / छात्रों को नियम और परिभाषाएँ याद करने दें।

(d) Let the students complete worksheets with multiple choice questions. / विद्यार्थियों से बहुविकल्पीय प्रश्नों वाली कार्य पत्रक पूरी करने को कहें।

26. Sujata participates eagerly in the dance competition only because she is interested in winning the first prize of cash- Sujata is:/ सुजाता नृत्य प्रतियोगिता में केवल इसलिए उत्सुकता से भाग लेती है क्योंकि वह नकद का प्रथम पुरस्कार जीतने में रुचि रखती है। सुजाता

(a) Mastery-Oriented learner / महारत उन्मुख शिक्षार्थी है।

(b) Intrinsically motivated / असफलता परिहार शिक्षार्थी है।

(c) Failure-avoiding learner / आंतरिक रूप से प्रेरित है।

(d) Extrinsically motivated /बाहरी रूप से प्रेरित है।

27. Which of the following is an example of a question that requires students to analyze information? / निम्नलिखित में से कौन सा एक ऐसे प्रश्न का उदाहरण है जिसमें छात्रों को जानकारी का विश्लेषण करने की आवश्यकता होती है?

(a) How does the author use symbolism in "To Kill a Mockingbird"? / "टू किल ए मॉकिंगबर्ड" में लेखक प्रतीकवाद का उपयोग कैसे करते हैं?

(b) Who is the protagonist of "To Kill a Mockingbird"? / "टू किल ए मॉकिंगबर्ड" का नायक कौन है?

(c) What is the plot of the novel "To Kill a Mockingbird" ? / "टू किल ए मॉकिंगबर्ड" उपन्यास का कथानक क्या है?

(d) What is the theme of the novel "To Kill a Mockingbird"? / "टू किल ए मॉकिंगबर्ड" उपन्यास का विषय क्या है ?

28. Jean Piaget believed that knowledge is : / जीन पियाजे का मानना था कि ज्ञान है:

(a) co-constructed in interactions with more knowledgeable others. / अधिक जानकार अन्य लोगों के साथ बातचीत से सह-निर्मित होता है।

(b) a visible behavioural change that can be measured with reliability. / एक दृश्य व्यवहार परिवर्तन है जिसे विश्वसनीयता के साथ मापा जा सकता है।

(c) constructed by the child rather than being passed passively from the environment. /पर्यावरण से निष्क्रिय रूप से पारित होने के बजाय बच्चे द्वारा निर्मित किया जाता है।

(d) innate and given rather than acquired through interactions. / अंत: क्रियाओं के माध्यम से प्राप्त करने के बजाय जन्मजात और दिया हुआ होता है।

29. The central argument of Carol Gilligan's critique of Kohlberg's theory of moral development is around: / कोहलबर्ग के नैतिक विकास के सिद्धांत की कैरोल गिलिंगन की आलोचना का केंद्रीय तर्क है

(a) Use of experimental design in studying children. / बच्चों के अध्ययन में प्रायोगिक शोध प्रणाली का उपयोग।

(b) Educational implications of the study for school going children. / स्कूल जाने वाले बच्चों के लिए अध्ययन के शैक्षिक निहितार्थ।

(c) Ethics of care and the feminist perspective. / देखभाल की नैतिकता और नारीवादी दृष्टिकोण।

(d) Overestimation of children's moral abilities. / बच्चों की नैतिक क्षमताओं को अधिक आंकना।

30. Assertion (A): The less able a child is to do a task the more directions the teachers should give and as the child can do more and more the teacher should help less and less. / अभिकथन (A): एक बच्चा किसी कार्य को करने में जितना कम सक्षम होता है, शिक्षकों को उतने ही अधिक संकेत व इशारे देनी चाहिए और जैसे-जैसे बच्चा अधिक से अधिक कर सकता है, शिक्षक को कम से कम मदद करनी चाहिए। Reason (R): Intelligence cannot be accurately measured by calculating IQ. / कारण (R): बुद्धि को बुद्धि लब्धि की गणना करके सटीक रूप से नहीं मापा जा सकता है।

(a) (A) is true but (R) is false. / (A) सही है लेकिन (R) गलत है।
(b) Both (A) and (R) are false. /(A) और (R) दोनों गलत है।
(c) Both (A) and (R) are true and (R) is the correct explanation of (A). / (A) और (R) दोनों सही हैं और (A) की (R) सही व्याख्या करता है।
(d) Both (A) and (R) are true but (R) is not the correct explanation of (A). / (A) और (R) दोनों सही हैं लेकिन (A) की (R) सही व्याख्या नहीं करता है।

ANSWER KEY

1.	D	2.	D	3.	C	4.	A	5.	A	6.	C	7.	C
8.	D	9.	A	10.	D	11.	B	12.	A	13.	C	14.	C
15.	C	16.	A	17.	C	18.	D	19.	A	20.	C	21.	D
22.	A	23.	B	24.	B	25.	B	26.	D	27.	A	28.	C
29.	C	30	D										

SET 3

CTET CDP (20 Aug 2023)

PAPER-1

1. **Dysgraphia is a: / डिस्ग्राफिया:**
   (a) Speech disorder characterized by stuttering and errors in articulation. / एक भाषण विकार है जिसकी विशेषता हकलाना और उच्चारण में त्रुटियाँ करना है।
   (b) Locomotor disorder characterized by gross motor impairment. /एक गतियुक्त विकार है जिसकी विशेषता स्थूल पेशीय बाधिता है।
   (c) Neurological disorder characterized by trouble in forming letters and shape. / एक तंत्रिकीय विकार है जिसकी विशेषता अक्षरों और आकारों को बनाने में कठिनाई है।
   (d) Psychological disorder characterized by lack of attention and impulsive behaviour. / एक मनोवैज्ञानिक विकार है जिसकी विशेषता ध्यान का अभाव और आवेगशील व्यवहार है।

2. **The approach to educating gifted children which moves them through curriculum at an unusually rapid pace is known as: / प्रतिभावान बच्चों को शिक्षित करने का उपागम जो उन्हें असामान्य रूप से तीव्र गति से पाठ्यचर्या के माध्यम से आगे बढ़ाता है, क्या कहलाता है?**
   (a) Differentiated instruction / विभेदित निर्देशन
   (b) Enrichment / संवर्धन
   (c) Acceleration / त्वरण (गतिवर्द्धन)
   (d) Immersion / विसर्जन

3. **Teachers who are working towards inclusive classrooms:/ शिक्षक जो समावेशी कक्षाओं की दिशा में काम कर रहे हैं, उन्हें चाहिए कि वे:**
   (i) Create curriculum adaptations / पाठ्यचर्या में अनुकूलन करें
   (ii) Incorporate diverse perspectives / विविध दृष्टिकोणों को शामिल करें
   (iii) Examine their own implicit bias / अपने स्वयं के अंतर्निहित पूर्वाग्रहों की जाँच करें
   (iv) See diversity as an obstacle / विविध ता को एक बाधा के रूप में देखें
   Which of the above are correct? / उपर्युक्त में से कौन-से सही हैं?
   (a) (i), (ii), (iii), (iv) (b) (i), (ii), (iii)
   (c) (i), (iii), (iv) (d) (ii), (iii), (iv)

4. **While ______ agencies of socialisation are predominantly important in infancy, ______ agencies of socialization also become important in early childhood. / शैशवावस्था में समाजीकरण की ______ संस्थाएँ प्रमुख रूप से महत्त्वपूर्ण हैं, जबकि प्रारंभिक बाल्यावस्था में समाजीकरण की ______ संस्थाएँ भी महत्त्वपूर्ण हो जाती हैं।**
   (a) tertiary; secondary / तृतीयक; माध्यमिक
   (b) primary; secondary / प्राथमिक माध्यमिक
   (c) secondary; primary / माध्यमिक, प्राथमिक
   (d) secondary; tertiary / माध्यमिक; तृतीयक

5. **According to Lev Vygotsky: / लेव वायगोत्स्की के अनुसार:**
   (a) Social factors influence language development, but not cognitive development. / सामाजिक कारक भाषा विकास को प्रभावित करते हैं, परंतु संज्ञानात्मक विकास को नहीं

(b) Cognitive development facilitates language development. / संज्ञानात्मक विकास, भाषा विकास को सुगम बनाता है।
(c) Language development and cognitive development advance independent from each other. / भाषा विकास और संज्ञानात्मक विकास एक-दूसरे से स्वतंत्र रूप से विकसित होते हैं।
(d) Language development facilitates cognitive development. / भाषा विकास, संज्ञानात्मक विकास को सुगम बनाता है।

6. **At which level of Lawrence Kohlberg's moral reasoning, do children typically believe that people should live up to the expectations of the society and behave in "good" ways? / लॉरेंस कोह्लबर्ग के नैतिक तर्क के किस स्तर पर, बच्चे आमतौर पर मानते हैं कि लोगों को समाज की अपेक्षाओं पर खरा उतरना चाहिए और "अच्छे" तरीकों से व्यवहार करना चाहिए?**
(a) Post-operational level / उत्तर – संक्रियात्मक स्तर
(b) Pre-conventional level / पूर्व- पारंपरिक स्तर
(c) Conventional level / पारंपरिक स्तर
(d) Pre-operational level / पूर्व-संक्रियात्मक स्तर

7. **Read the following statements and choose the correct option: / निम्नलिखित कथनों को पढ़िए तथा सही विकल्प का चयन कीजिए:**
Assertion (A): Interaction with more knowledgeable others, such as teachers and peers, can provide the necessary support and guidance to help learners develop their understanding and skill. / अभिकथन (A): शिक्षकों और साथियों जैसे अधिक जानकार अन्य लोगों के साथ बातचीत, शिक्षार्थियों को उनकी समझ और कौशल विकसित करने में मदद करने के लिए आवश्यक समर्थन और मार्गदर्शन प्रदान कर सकती है।
Reason (R): Social interaction is a key component of learning and developmen- / कारण (R): सामाजिक संपर्क सीखने और विकास का एक प्रमुख घटक है।
(a) Both (A) and (R) are fals. / (A) और (R) दोनों गलत हैं।
(b) Both (A) and (R) are true and (R) is the correct explanation of (A) /(A) और (R) दोनों सही हैं तथा (R), (A) की सही व्याख्या है।
(c) Both (A) and (R) are true, but (R) is not the correct explanation of (A) / (A) और (R) दोनों सही हैं, परन्तु (R), (A) की सही व्याख्या नहीं है।
(d) (A) is true, but (R) is false. / (A) सही है, परन्तु (R) गलत है।

8. **What is the main goal of 'assessment for learning'? / 'अधिगम के लिए आकलन' का मुख्य लक्ष्य क्या है?**
(a) To identify students who can be categorized as 'slow learners' / उन विद्यार्थियों की पहचान करना जिन्हें 'धीमे सीखने वालों' के रूप में वर्गीकृत किया जा सकता है
(b) To evaluate student performance and assign grades / विद्यार्थी के प्रदर्शन का मूल्यांकन करना और ग्रेड देना
(c) To provide feedback to students that can be used to improve their learning /विद्यार्थियों को प्रतिपुष्टि प्रदान करना जिसका उपयोग उनके अधिगम में सुधार के लिए किया जा सकता है
(d) To compare student performance to a standard or benchmark / विद्यार्थी के प्रदर्शन की तुलना एक मानक या तय पैमाने से करना

9. **At which age can children engage in word play and like jokes and riddles that involve a play on words?/ किस आयु में बच्चे शब्दों के खेल में शामिल हो सकते हैं और ऐसे चुटकुलों और पहेलियों को पसंद कर सकते हैं जिनमें शब्दों का खेल शामिल हो?**

(a) Twelve years / बारह वर्ष
(b) One year / एक वर्ष
(c) Three years / तीन वर्ष
(d) Seven years / सात वर्ष

10. Carol Gilligan has critiqued Kohlberg's theory of moral development: / कैरल गिलिगन ने कोहलबर्ग के नैतिक विकास के सिद्धांत की आलोचना की है:

(a) from a social cognitive perspectivr. /सामाजिक संज्ञानात्मक दृष्टिकोण से।
(b) from a feminist perspectivr. / नारीवादी दृष्टिकोण से।
(c) for not giving adequate importance to genetic factor. /आनुवंशिक कारकों को पर्याप्त महत्त्व न देने पर।
(d) for using case study as the research method. / केस अध्ययन को अनुसंधान पद्धति के रूप में उपयोग करने के लिए।

11. One of the main characteristics of pre-operational thought according to Jean Piaget is _____ which refers to the tendency to focus on one aspect of a situation and neglect other. / जीन पियाजे के अनुसार पूर्व-संक्रियात्मक चिंतन की मुख्य विशेषताओं में से एक _____ है, जो किसी स्थिति के एक पहलू पर ध्यान केंद्रित करने और दूसरों की उपेक्षा करने की प्रवृत्ति को संदर्भित करता है।

(a) Causation / कारण परिणाम का विश्लेषण
(b) Centration / केंद्रीयन
(c) Decentration / विकेंद्रीयन
(d) Transduction / पारगमन

12. In early childhood, growth _____ and thinking is _____, while in middle childhood, growth and thinking is _____. / प्रारंभिक बाल्यावस्था में वृद्धि _____ और सोच _____ है, जबकि मध्य बाल्यावस्था में वृद्धि _____ और सोच _____ है।

(a) slows, somewhat egocentric; is steady, logical / धीमी, कुछ हद तक आत्मकेंद्रित; स्थिर है, तार्किक
(b) is steady, somewhat egocentric; slows, logical / स्थिर है, कुछ हद तक आत्मकेंद्रित; धीमी, तार्किक
(c) is steady, logical; slows, egocentric / स्थिर है, तार्किक; धीमी, आत्मकेंद्रित
(d) slows, logical; is steady, egocentric / धीमी, तार्किक, स्थिर है, आत्मकेंद्रित

13. Which of the following is a gross motor skill? / निम्नलिखित में से कौन-सा स्थूल गतिक कौशल है?

(a) Knitting / बुनाई
(b) Swimming / तैरना
(c) Cutting along the outline of a circle on a paper / एक कागज पर वृत्त को रूपरेखा के अनुसार काटना
(d) Cutting along the outline of a big rectangle on a paper / एक कागज पर एक बड़े आयत को रूपरेखा के अनुसार काटना

14. Physical growth and development follow the _____ and _____ principles of development. / भौतिक वृद्धि और विकास, विकास के _____ और _____ सिद्धांतों का पालन करते हैं

(a) integration (simple to complex); differentiation complex to simple) / धएकीकरण (सरल से जटिल); विभेदीकरण (जटिल से सरल)।
(b) cephalocaudal (top-down); proximodistal (inner to outer) / शीर्षगामी (अवरोही); समीपस्थ (आंतरिक से बाहरी)
(c) proximodistal (top-down); cephalocaudal (inner to outer) / समीपस्थ (अवरोही); शीर्षगामी (आंतरिक से बाहरी)
(a) differentiation (simple to complex); integration complex to simple) / विभेदीकरण (सरल से जटिल); एकीकरण (जटिल से सरल)

15. According to Howard Gardner, a philosopher has _____ type of intelligence and a sculptor has more

______ type of intelligence. / हावर्ड गार्डनर के अनुसार, एक दर्शनशास्त्री के पास ______ प्रकार की बुद्धि और मूर्तिकार के पास ______ प्रकार की बुद्धि की मात्रा अधिक होती है।

(a) linguistic; interpersonal / भाषिक: अंतर्वैयक्तिक
(b) spatial; intrapersonal / दिक्स्थान; अंत: व्यक्ति
(c) intrapersonal; spatial / अंत: व्यक्ति; दिक्स्थान
(d) interpersonal; linguistic / अंतर्वैयक्तिक, भाषिक

16. Experiential learning stresses on: / अनुभवात्मक अधिगम किस पर बल देता है?

(a) control of teacher on the learning of children. / बच्चों के अधिगम पर शिक्षक के नियंत्रण पर
(b) the role of reinforcement in learning. / सीखने में पुनर्बलन की भूमिका पर
(c) importance of critical reflection. / आलोचनात्मक प्रतिबिंबन के महत्त्व पर
(d) learning as a product rather than a process. / एक प्रक्रिया के बजाय अधिगम को एक उत्पाद के रूप में देखने पर

17. Which of the following is an effective method to enhance problem-solving skills in children? / बच्चों में समस्या समाधान कौशल को बढ़ाने के लिए निम्नलिखित में से कौन-सा प्रभावी तरीका है?

(a) Discouraging independent thinking and focusing on declarative knowledge / स्वतंत्र चिंतन को हतोत्साहित करना और घोषणात्मक ज्ञान पर ध्यान केंद्रित करना
(b) Encouraging them to avoid difficult problems / कठिन समस्याओं से बचने के लिए उन्हें प्रोत्साहित करना
(c) Providing them with ready-made solutions to problems / उन्हें समस्याओं का तैयार समाधान उपलब्ध कराना
(d) Giving them opportunities to brainstorm and make intuitive guesses / उन्हें बुद्धि मंथन करने और सहज अनुमान लगाने के अवसर देना

18. Read the following statements and choose the correct option: / निम्नलिखित कथनों को पढ़िए तथा सही विकल्प का चयन कीजिए:

Assertion (A): Teachers should create a meaningful environment which seeks active participation and engagement of all children. / अभिकथन (A): शिक्षकों को सार्थक वातावरण बनाना चाहिए जिसमें सभी बच्चों की सक्रिय भागीदारी और संलग्नता हो

Reason (R): All children are intrinsically motivated to learn and are capable of learning. / कारण (R): सभी बच्चे आंतरिक रूप से सीखने के लिए प्रेरित होते हैं और सीखने में सक्षम होते हैं।

(a) Both (A) and (R) are false. / (A) और (R) दोनों गलत हैं।
(b) Both (A) and (R) are true and (R) is the correct explanation of (A) / (A) और (R) दोनों सही हैं तथा (R), (A) की सही व्याख्या है।
(c) Both (A) and (R) are true, but (R) is not the correct explanation of (A) / (A) और (R) दोनों सही हैं, परन्तु (R), (A) की सही व्याख्या नहीं है।
(d) (A) is true, but (R) is fals. / सही है, परन्तु (R) गलत है।

19. Which of the following process does not contribute to the course of learning? / निम्नलिखित में से कौन-सी प्रक्रिया अधिगम के दौरान योगदान नहीं देती है?

(a) Organization / संगठन
(b) Categorization / वर्गीकरण
(c) Conceptualization / वैचारिकता
(d) Decontextualization / गैर-प्रासंगीकरण

20. Which of the following is an example of a question that requires students

to reflect on their own thinking? / निम्नलिखित में से कौन-सा एक ऐसे प्रश्न का उदाहरण है जिसमें विद्यार्थियों को अपनी सोच पर विचार करने की आवश्यकता होती है?

(a) What is the relationship between nouns and verbs in a sentence? / वाक्य में संज्ञा और क्रिया के बीच क्या संबंध है?

(b) What is the definition of a verb? / क्रिया की परिभाषा क्या है?

(c) How do you change a verb to the present tense? / आप क्रिया को वर्तमान काल में कैसे बदल सकते हैं?

(d) How has your thinking about the use of verbs changed since the beginning of the class? / कक्षा की शुरुआत से क्रियाओं के उपयोग के बारे में आपकी समझ कैसे बदली है?

21. **Which of the following is an example of an internal attribution for failure? / निम्नलिखित में से कौन-सा विफलता के लिए आंतरिक आरोपण का एक उदाहरण है?**

(a) I received a low grade because the teacher is a tough grade. / मुझे निम्न ग्रेड प्राप्त हुआ क्योंकि शिक्षक कठोर तरीके से आँकते हैं।

(b) I failed the test because I didn't study enough. / मैं परीक्षा में फेल हो गया क्योंकि मैंने पर्याप्त पढ़ाई नहीं की।

(c) I didn't get good marks because the teacher was biased. / शिक्षक के पक्षपाती होने के कारण मुझे अच्छे अंक नहीं मिले।

(d) I failed the test because my friends were distracting me. / मैं परीक्षा में फेल हो गया क्योंकि मेरे दोस्त मेरा ध्यान भटका रहे थे।

22. **Read the following statements and choose the correct option: / निम्नलिखित कथनों को पढ़िए तथा सही विकल्प का चयन कीजिए:**

Assertion (A): At a very early age] girls in most cultures across the world choose dolls as toys while boys prefer to play with car. /अभिकथन (A): बहुत कम उम्र में, दुनिया भर में अधिकांश संस्कृतियों में लड़कियाँ गुड़िया को खिलौने के रूप में चुनती हैं जबकि लड़के कारों के साथ खेलना पसंद करते हैं।

Reason (R): Children organize information about what is considered appropriate for a boy or a girl on the basis of what a particular culture expects and behave according. / कारण (R): बच्चे किसी विशेष संस्ति की अपेक्षाओं के आधार पर एक लड़के या लड़की के लिए क्या उपयुक्त माना जाता है, इसके बारे में जानकारी व्यवस्थित करते हैं और उसके अनुसार व्यवहार करते हैं।

(a) Both (A) and (R) are false. /(A) और (R) दोनों गलत हैं।

(b) Both (A) and (R) are true and (R) is the correct explanation of (A) / (A) और (R) दोनों सही हैं तथा (R), (A) की सही व्याख्या है।

(c) Both (A) and (R) are true, but (R) is not the correct explanation of (A) / (A) और (R) दोनों सही हैं, परन्तु (R), (A) की सही व्याख्या नहीं है।

(d) (A) is true, but (R) is false. /(A) सही है परन्तु (R) गलत है।

23. **As per Lev Vygotsky, _____ plays a significant role in the development of conceptual abilities among childre. / लेव वायगोत्स्की के अनुसार, _____ बच्चों के संकल्पनात्मक योग्यताओं के विकास में महत्त्वपूर्ण भूमिका निभाता है।**

(a) Tangible reward / मूर्त पुरस्कार

(b) Peer collaboration / सहकर्मी सहयोग

(c) Social isolation / सामाजिक अलगाव

(d) Standardized curriculum / मानकीकृत पाठ्यक्रम

24. According to Lev Vygotsky's theory, inner speech: / लेव वायगोत्स्की के सिद्धांत के अनुसार, आंतरिक वाक्:

(a) is a way for children to communicate with an imaginary friend. / बच्चों के लिए एक काल्पनिक दोस्त के साथ संप्रेषण करने का एक तरीका है।

(b) is a sign of cognitive immaturity. / विकासात्मक देरी का संकेत है।

(c) is a sign of developmental delay. / संज्ञानात्मक अपरिपक्वता का प्रतीक है।

(d) is a way for children to regulate their own thinking. / बच्चों के लिए अपनी सोच को नियंत्रित करने का एक तरीका है।

25. Four-year-old Aparna says that a button is alive because it helps tie her shirt togethe. According to Jean Piaget, her thinking is characterized by: / चार वर्ष की अपर्णा कहती है कि एक बटन जिंदा है क्योंकि यह उसकी शर्ट को एक साथ बाँधने में मदद करता है। जीन पियाजे के अनुसार, उसकी सोच की विशेषता है:

(a) Transductive reasoning / पारगमनात्मक तर्क

(b) Animistic thinking / जीववादी चिंतन

(c) Centration / केंद्रीयन

(d) Hypothetical-deductive thinking / परिकल्पित-निगमनात्मक चिंतन

26. Which of the following is a typical characterstic of students having autism? / निम्नलिखित में से स्वलीनता वाले विद्यार्थियों की विशिष्ट विशेषता कौन-सी है?

(a) Superior ability of differentiating fiction from fact / कल्पना को तथ्य से अलग करने की श्रेष्ठ क्षमता

(b) Advanced socio-emotional reciprocity / उन्नत सामाजिक भावनात्मक पारस्परिकता

(c) Frequent repetitive and recurring behaviour / बार-बार दोहराव और आवर्ती व्यवहार

(d) Higher level of communication skills / संवाद कौशलों का उच्च स्तर

27. Read the following statements and choose the correct option: / निम्नलिखित कथनों को पढ़िए तथा सही विकल्प का चयन कीजिए:

Assertion (A): To facilitate critical thinking among learners, teachers should expose them to diverse situations and differing perspective. / अभिकथन (A): शिक्षार्थियों के बीच समालोचनात्मक चिंतन को सुगम बनाने के लिए, शिक्षकों को उन्हें विविध परिस्थितियों और विभिन्न दृष्टिकोणों से अवगत कराना चाहिए।

Reason (R): Students learn and enrich their abilities to think critically and creatively as they engage in conversations across difference. / कारण (R): जब विद्यार्थी विविध मदभेदों के बीच बातचीत में संलग्न होते हैं तो वे समालोचनात्मक और रचनात्मक रूप से सोचने की अपनी क्षमताओं को सीखते और समृद्ध करते हैं।

(a) Both (A) and (R) are false. / (A) और (R) दोनों गलत हैं।

(b) Both (A) and (R) are true and (R) is the correct explanation of (A) /(A) और (R) दोनों सही हैं तथा (R), (A) की सही व्याख्या है।

(c) Both (A) and (R) are true, but (R) is not the correct explanation of (A) / (A) और (R) दोनों सही हैं, परन्तु (R), (A) की सही व्याख्या नहीं है।

(d) (A) is true, but (R) is false. / (A) सही है, परन्तु (R) गलत है।

28. The primary goal of learning should be: / निम्नलिखित में से अधिगम का प्राथमिक लक्ष्य कौन-सा होना चाहिए?

(a) memorization of fact. / तथ्यों को रटना

(b) becoming excellent at rote rehearsal. / यंत्रवत याद करने के पूर्वाभ्यास में उत्कृष्ट बनना

(c) competing with peer. / समकक्षियों के साथ प्रतिस्पर्धा

(d) development of critical thinking. / समालोचनात्मक चिंतन का विकास

29. Children learn more effectively if a concept proceeds from: / बच्चे सबसे प्रभावी ढंग से तब सीखते हैं यदि कोई अवधारणा:

(a) Generic to Specific. / सामान्य से विशिष्ट की ओर बढ़ती है।

(b) Abstract to Concrete / अमूर्त से मूर्त की ओर बढ़ती है।

(c) Complex to Simple. / जटिल से सरल की ओर बढ़ती है।

(d) Rational to Empirical. / तर्कसंगत से अनुभवजन्य की ओर बढ़ती है।

30. Variability in learning styles of students: / विद्यार्थियों की सीखने की शैलियों में विविधता:

(a) should be valued and seen as a reflection of human diversity. / को महत्त्व दिया जाना चाहिए और मानव विविधता के प्रतिबिंब के रूप में देखा जाना चाहिए।

(b) should be ignored and attempts should be made to bring uniformity in learning style./ की उपेक्षा की जानी चाहिए और सीखने की शैलियों में एकरूपता लाने का प्रयास किया जाना चाहिए।

(c) should not be taken into consideration during teaching-learning process. / को शिक्षण-अधिगम प्रक्रिया के दौरान ध्यान में नहीं रखा जाना चाहिए।

(d) should be seen as a barrier and hindrance to teaching-learning process. / को शिक्षण-अधिगम प्रक्रिया में बाधा और अवरोध के रूप में देखा जाना चाहिए।

ANSWER KEY													
1.	C	2.	C	3.	B	4.	B	5.	D	6.	C	7.	B
8.	C	9.	D	10.	B	11.	B	12.	B	13.	B	14.	B
15.	C	16.	C	17.	D	18.	B	19.	D	20.	D	21.	B
22.	B	23.	B	24.	D	25.	B	26.	C	27.	B	28.	D
29.	A	30	A										

SET 4

CTET CDP (20 Aug 2023)

PAPER-2

1. Which of the following questions promotes critical and creative thinking in children? / निम्नलिखित में से कौन-सा प्रश्न बच्चों के समालोचनात्मक व रचनात्मक चिंतन को बढ़ावा देता है?

(a) Which can be the best way to save water and why? / पानी के बचाव के लिए सबसे अच्छा तरीका कौन-सा हो सकता है और क्यों?

(b) Where does water come from in your city? / आपके शहर में पानी कहाँ से आता है

(c) How many states and how many capitals are there in your country? आपके देश में कुल कितने राज्य और कितनी राजधानियाँ हैं?

(d) What is the name of your country and its geographical location on the map? / आपके देश का नाम व मानचित्र पर इसकी भौगोलिक स्थिति क्या है?

2. What is the role of evidence in critical thinking? / समालोचनात्मक चिंतन में प्रमाण की क्या भूमिका होती है?

(a) Evidence should be evaluated in a logical and systematic way. / प्रमाण का तार्किक और सुनियोजित रूप से मूल्यांकन किया जाना चाहिए।

(b) Evidence should be accepted without analysis. / प्रमाण को बिना विश्लेषण के स्वीकार किया जाना चाहिए।

(c) Evidence is irrelevant to critical thinking. / समालोचनात्मक चिंतन के लिए प्रमाण अप्रासंगिक होता है।

(d) Evidence should be ignored in favour of personal opinion. / व्यक्तिगत राय के पक्ष में प्रमाण की उपेक्षा की जानी चाहिए।

3. What does inclusive education entail? / समावेशी शिक्षा में क्या शामिल है?

(a) Standard curriculum for all learners / सभी शिक्षार्थियों के लिए मानक पाठचचर्या

(b) Segregation and categorisation students on the basis of their abilities / विद्यार्थियों का उनकी योग्यताओं के आधार पर पथक्करण व वर्गीकरण करना

(c) Provisioning of only vocational education to learners with special needs / विशेष आवश्यकता वाले शिक्षार्थियों को केवल व्यावसायिक शिक्षा का प्रावधान

(d) Flexibility in the curriculum as a result of recognition of individual differences / व्यक्तिगत अंतरों की पहचान के परिणामस्वरूप पाठचचर्या में लचीलापन

4. Read the following statements and choose the correct option: / निम्नलिखित कथनों को पढ़िए तथा सही विकल्प का चयन कीजिए:

Assertion (A): Jean Piaget and Lev Vygotsky differ in their perspective on the influence of language on cognitive development in children. / अभिकथन (A): बच्चों में संज्ञानात्मक विकास पर भाषा के प्रभाव पर जीन पियाजे और लेव वायगोत्स्की के दृष्टिकोण में भिन्नता है।

Reason (R): In discovery learning, teacher provides opportunities and students derive information for themselves. / कारण (R): खोज अधिगम में, शिक्षक अवसर प्रदान करता है और विद्यार्थी स्वयं जानकारी प्राप्त करने के लिए उन्मुख होते हैं।

(a) (A) is true, but (R) is false. / (A) सही है, परन्तु (R) गलत है।

(b) Both (A) and (R) are true] but (R) is not the correct explanation of (A). / (A) और (R) दोनों सही हैं, परन्तु (R), (A) की सही व्याख्या नहीं है।
(c) Both (A) and (R) are false. / (A) और (R) दोनों गलत हैं।
(d) Both (A) and (R) are true and (R) is the correct explanation of (A). /(A) और (R) दोनों सही हैं तथा (R), (A) की सही व्याख्या है।

5. Which of the following set correctly mentions the characteristics on which students who are gifted typically differ from other students in the class? / निम्नलिखित में से कौन-सा समूह उन विशिष्टताओं का सही ढंग से उल्लेख करता है, जो प्रतिभाशाली विद्यार्थियों और कक्षा में अन्य विद्यार्थियों के बीच आमतौर पर भिन्न होते हैं?

A. Advanced depth of understanding / समझ की अग्रवर्ती गहनता
B. Fast pace of learning/ सीखने की तेज गति
C. Higher dependence on others for understanding / समझ के लिए दूसरों पर अधिक निर्भरता
D Rapid physical development / शारीरिक विकास की तेज गति

(a) A, B and C (b) B and C
(c) B, C and D (d) A and B

6. Which of the following statements is correct in the context of hearing impairment? / श्रवण बाधिता के संदर्भ में निम्नलिखित में से कौन-सा कथन सही है?

(a) Hearing impairment can affect a child's ability to communicate effectively. / श्रवण बाधिता बच्चे के प्रभावी ढंग से संवाद करने की क्षमता को प्रभावित कर सकती है।
(b) All children with hearing impairment need to use 'sign language' to communicate. / सभी श्रवण बाधिता वाले बच्चों को संवाद करने के लिए 'सांकेतिक भाषा
(c) Hearing impairment of a child can be reliably tested by making loud noises near the child. / बच्चे के पास तेज आवाजें करके बच्चे की सुनने की अक्षमता (श्रवण बाधिता) का विश्वसनीय तौर पर परीक्षण किया जा सकता है।
(d) Hearing impairment is always due to a physical problem with the ear. / श्रवण बाधिता हमेशा कान की किसी शारीरिक समस्या के कारण होती है।

7. In the context of inclusion, curriculum learning expectations are the same in ________ while in ________, they are different. / समावेशन के संदर्भ में, पाठ्चचर्या सीखने की अपेक्षाएँ में ________ समान हैं, जबकि ________ में, वे भिन्न हैं।

(a) enrichment; acceleration / संवर्धन; गतिवर्द्धन
(b) modification; accommodation / संशोधन; समायोजन
(c) acceleration; enrichment / गतिवर्द्धन; संवर्धन
(d) accommodation; modification / समायोजन; संशोधन

8. According to constructivist theorists, which of the following statements would not be correct? / संरचनावादी सिद्धांतकारों के अनुसार, निम्नलिखित में से कौन-सा कथन सही नहीं होगा?

(a) Knowledge is subjective. / ज्ञान व्यक्तिपरक है।
(b) Learners construct knowledge in their social and cultural context. / शिक्षार्थी अपने सामाजिक और सांस्कृतिक संदर्भ में ज्ञान की रचना करते हैं।
(c) Learners need to be extrinsically motivated to ensure effective learning. / प्रभावी अधिगम सुनिश्चित करने के लिए शिक्षार्थियों को बाहरी रूप से प्रेरित करने की आवश्यकता है।

(d) Knowledge is pluralistic and multiple. / ज्ञान बहुलवादी और बहुविध है।

9. Which of the following is an example of intrinsic motivation? / निम्नलिखित में से कौन-सा आंतरिक अभिप्रेरणा का उदाहरण है?

(a) Completing the project to impress the teacher / शिक्षक को प्रभावित करने के लिए परियोजना को पूरा करना

(b) Playing a musical instrument for personal enjoyment / व्यक्तिगत आनंद के लिए एक वाद्य यंत्र बजाना

(c) Studying to avoid being scolded / डाँट से बचने के लिए पढ़ाई करना

(d) Participating in a competition for the prize money / पुरस्कार राशि के लिए एक प्रतियोगिता में भाग लेना

10. Read the following statements and choose the correct option: / निम्नलिखित कथनों को पढ़िए तथा सही विकल्प का चयन कीजिए

Assertion (A): Teachers should work hard to break down students' stereotypes of particular ethnic groups. / अभिकथन (A): शिक्षकों को विद्यार्थियों में विशेष जातीय समूहों के बारे में रूढ़िवादिता को तोड़ने के लिए कड़ी मेहनत करनी चाहिए।

Reason (R): A key educational objective is to enable students to engage in critical self-reflection. / कारण (R): शिक्षा का एक प्रमुख उद्देश्य विद्यार्थियों को समालोचनात्मक आत्म-चिंतन के लिए प्रोत्साहित करना है।

(a) (A) is true, but (R) is false. /(A) सही है, परन्तु (R) गलत है।

(b) Both (A) and (R) are true, but (R) is not the correct explanation of (A). / (A) और (R) दोनों सही हैं, परन्तु (R), (A) की सही व्याख्या नहीं है।

(c) Both (A) and (R) are false. / (A) और (R) दोनों गलत हैं।

(d) Both (A) and (R) are true and (R) is the correct explanation of (A). /(A) और (R) दोनों सही हैं तथा (R), (A) की सही व्याख्या है।

11. What is the difference between mastery goals and performance goals? / महारत (निपुणता) लक्ष्य और प्रदर्शन लक्ष्य में क्या अंतर है?

(a) Mastery goals are focused on avoiding failure, while performance goals are focused on gaining approval and recognition from others. / महारत लक्ष्य विफलता से बचने पर केंद्रित होते हैं, जबकि प्रदर्शन लक्ष्य दूसरों से अनुमोदन और मान्यता प्राप्त करने पर केंद्रित होते हैं।

(b) Mastery goals are focused on improving one's own skills and understanding of a task, while performance goals are focused on achieving a high grade or receiving external rewards./ महारत लक्ष्य अपने कौशल और कार्य की समझ में सुधार करने पर केंद्रित होते हैं, जबकि प्रदर्शन लक्ष्य उच्च ग्रेड प्राप्त करने या बाहरी पुरस्कार प्राप्त करने पर केंद्रित होते हैं।

(c) Mastery goals are focused on gaining approval from others, while performance goals are focused on avoiding failure. / महारत लक्ष्य दूसरों से अनुमोदन प्राप्त करने पर केंद्रित होते हैं, जबकि प्रदर्शन लक्ष्य विफलता से बचने पर केंद्रित होते हैं।

(d) Mastery goals are focused on achieving a certain level of performance for competing with others, while performance goals are focused on improving one's own skills and understanding of a task. / महारत लक्ष्य में दूसरों के साथ प्रतिस्पर्धा करने के लिए एक निश्चित स्तर के प्रदर्शन को प्राप्त करने पर ध्यान केंद्रित किया जाता है, जबकि प्रदर्शन लक्ष्य में खुद के कौशल और कार्य की समझ में सुधार करने पर ध्यान केंद्रित किया जाता है।

12. **Sibling relationships: / भाई-बहन के रिश्ते**
(a) are different than relationships with parents and peers and play an important role in socialization throughout childhood. / माता-पिता और साथियों के साथ संबंधों से भिन्न होते हैं और बाल्यावस्था में समाजीकरण में महत्त्वपूर्ण भूमिका निभाते हैं।
(b) are similar to relationships with parents and peers and play an important role in socialization throughout childhood. / माता-पिता और साथियों के साथ संबंधों के समान हैं और बाल्यावस्था में समाजीकरण में महत्त्वपूर्ण भूमिका निभाते हैं।
(c) play an important role only during early childhood. / केवल प्रारंभिक बाल्यावस्था में ही महत्त्वपूर्ण भूमिका निभाते हैं।
(d) do not have much role in socialization. / की समाजीकरण में अधिक भूमिका नहीं है।

13. **Read the following statements and choose the correct option: / निम्नलिखित कथनों को पढ़िए तथा सही विकल्प का चयन कीजिए:**

Assertion (A): Considerable variations exist in developmental rates among children. / अभिकथन (A): बच्चों के बीच विकासात्मक दरों में काफी भिन्नताएँ मौजूद होती हैं।

Reason (R): Developmental differences are an inevitable result of complex interaction of genetic and experiential variations. / कारण (R): विकासात्मक अंतर, आनुवंशिक और अनुभवात्मक विविधताओं की जटिल अंत:क्रिया का एक अनिवार्य परिणाम हैं।
(a) (A) is true, but (R) is false. / (A) सही है, परन्तु (R) गलत है।
(b) Both (A) and (R) are true, but (R) is not the correct explanation of (A). / (A) और (R) दोनों सही हैं, परन्तु (R), (A) की सही व्याख्या नहीं है।
(c) Both (A) and (R) are false. / (A) और (R) दोनों गलत हैं।
(d) Both (A) and (R) are true and (R) is the correct explanation of (A). /(A) और (R) दोनों सही हैं तथा (R), (A) की सही व्याख्या है।

14. **Which principle of development is illustrated in the following statement? / निम्नलिखित कथन में विकास के किस सिद्धांत को दर्शाया गया है?**
"Children who are deprived of a conducive environment for learning language in their early years have some difficulty in picking language later in life." / "जो बच्चे अपने शुरुआती वर्षों में भाषा सीखने के लिए अनुकूल वातावरण से वंचित रहते हैं, उन्हें बाद के जीवन में भाषा चुनने में थोड़ी कठिनाई होती है।"
(a) Development of language is totally dependent on genetics. / भाषा का विकास पूरी तरह आनुवंशिकी पर निर्भर है।
(b) Language and cognition are complexly interrelated. / भाषा और अनुभूति जटिल रूप से परस्पर संबंधित हैं।
(c) Development is disorderly and unpredictable. / विकास अव्यवस्थित और अप्रत्याशित होता है।
(d) There is a sensitive period of language development. / भाषा के विकास का एक संवेदनशील दौर होता है।

15. **Sibling relationships: / भाई-बहन के रिश्ते:**
(a) are different than relationships with parents and peers and play an important role in socialization throughout childhood. / माता-पिता और साथियों के साथ संबंधों से भिन्न होते हैं और पूरे बचपन में समाजीकरण में महत्त्वपूर्ण भूमिका निभाते हैं।
(b) are similar to relationships with parents and peers and play an important role in socialization

throughout childhood. / माता-पिता और साथियों के साथ संबंधों के समान हैं और पूरे बचपन में समाजीकरण में महत्वपूर्ण भूमिका निभाते हैं

(c) through use of strict punishment to ensure corrective reading. / सुधारात्मक पठन सुनिश्चित करने के लिए सख त दंड के उपयोग के माध्यम से।

(d) through systemic phonological training. / प्रणालीगत ध्वन्यात्मक प्रशिक्षण के माध्यम से।

16. The underlying principle of 'understanding-based teaching' is the belief that: / 'बोध-आधारित शिक्षण' का अंतर्निहित सिद्धांत यह विश्वास है कि:

(a) learners' abilities and needs are diverse which cannot be catered to without focusing on standard instructions. / शिक्षार्थियों की क्षमताएँ और आवश्यकताएँ विविध हैं जिन्हें मानक निर्देशों पर ध्यान केंद्रित किए बिना पूरा नहीं किया जा सकता है।

(b) learners are passive recipients and the teacher has the 'right' knowledge. / शिक्षार्थी निष्क्रिय प्राप्तकर्ता हैं और शिक्षक के पास 'सही' ज्ञान है।

(c) learners can construct knowledge when provided with a facilitative environment to do so. / ऐसा करने के लिए एक सुविधाजनक वातावरण प्रदान किए जाने पर शिक्षार्थी ज्ञान का निर्माण कर सकते हैं।

(d) learners know little and teaching involves transmission of facts to students. / शिक्षार्थी कम जानते हैं और शिक्षण में विद्यार्थियों के लिए तथ्यों का प्रसारण शामिल है।

17. How can a teacher help Aman who is struggling with complex problems develop problem-solving skills? / जटिल समस्याओं से जूझ रहे अमन के समस्या-समाधान कौशल विकसित करने में एक शिक्षक किस प्रकार मदद कर सकता है?

(a) Encourage him to brainstorm and generate ideas / उसे मंथन करने और विचार उत्पन्न करने के लिए प्रोत्साहित करके

(b) Tell him to give up on the problem / उससे कहकर कि वह समस्या को सुलझाना छोड़ दे

(c) Discourage him from experimenting and taking risks / उसे प्रयोग करने और जोखिम लेने से हतोत्साहित करके

(d) Provide him with the answers / उसे उत्तर प्रदान करके

18. A conducive classroom environment for learning in middle classes centres around / माध्यमिक कक्षाओं में अधिगम के लिए एक अनुकूल कक्षा का वातावरण पर केंद्रित होता है।

(a) fear of punishment and embarrassment / सजा और शर्मिंदगी के डर

(b) co-operative learning / सहकारी अधिगम

(c) competitive ethos / प्रतिस्पर्धी लोकाचार

(d) conditioning and reinforcement / अनुबंधन और पुनर्बलन

19. Lev Vygotsky believed that development: / लेव वायगोत्स्की का मानना था कि विकास:

(a) is discontinuous in nature. / प्रगति में असंतत है।

(b) is an unfolding of genetic programing. / आनुवंशिक प्रोग्रामिंग का खुलासा है।

(c) Results directly from maturation. / सीधे परिपक्वता के परिणाम से होता है।

(d) results directly from social interaction. / सीधे सामाजिक संपर्क के परिणाम से होता है।

20. According to Piaget, the four qualitatively different stages: / पियाजे के अनुसार, गुणात्मक रूप से चार विभिन्न अवस्थाएँ:

(a) vary vastly across the various cultures in the world. / दुनिया की विभिन्न संस्गतियों में व्यापक रूप से भिन्न होती हैं।

(b) illustrate that children's minds are miniature adult minds. / उदाहरण देकर

समझाती हैं कि बच्चों का मन लघु वयस्क मन होता है।

(c) are dependent upon the genetic codes of the children. / बच्चों के जेनेटिक कोड पर निर्भर होती हैं।

(d) represent universal patterns of development of children. / बच्चों के विकास के सार्वभौमिक पैटर्नों का प्रतिनिधित्व करती हैं।

21. Which of the following is a limitation of Piaget's theory of cognitive development? / निम्नलिखित में से कौन-सी पियाजे के संज्ञानात्मक विकास के सिद्धांत की सीमा है?

(a) It overemphasizes the role of language in cognitive development. / वह संज्ञानात्मक विकास में भाषा की भूमिका पर अत्यधिक बल देता है।

(b) It does not account for individual differences in cognitive development. / वह संज्ञानात्मक विकास में व्यक्तिगत भिन्नताओं को ध्यान में नहीं रखता है।

(c) It does not account for the role of biological factors in cognitive development. / वह संज्ञानात्मक विकास में जैविक कारकों की भूमिका को ध्यान में नहीं रखता है।

(d) It does not account for the influence of culture and social factors on cognitive development. /वह संज्ञानात्मक विकास पर संस्ति और सामाजिक कारकों के प्रभाव को ध्यान में नहीं रखता है।

22. Read the following statements and choose the correct option: / निम्नलिखित कथनों को पढ़िए तथा सही विकल्प का चयन कीजिए:

Assertion (A): Every year Lata, a Class VII teacher invites a female maths professor and a male nurse to her class to discuss careers in these fields./ अभिकथन (A): प्रत्येक वर्ष लता, जो कि कक्षा VII की शिक्षिका है, उनके क्षेत्रों में कैरियर पर चर्चा करने के लिए एक महिला गणित प्रोफेसर और एक पुरुष नर्स को अपनी कक्षा में आमंत्रित करती है।

Reason (R): Gender differences are innate and not acquired through society. / कारण (R): लैंगिक (जेंडर) अंतर जन्मजात हैं और समाज के माध्यम से अधिग्रहित नहीं हैं।

(a) (A) is true, but (R) is false. / (A) सही है, परन्तु (R) गलत है।

(b) Both (A) and (R) are true, but (R) is not the correct explanation of (A). / (A) और (R) दोनों सही हैं, परन्तु (R), (A) की सही व्याख्या नहीं है।

(c) Both (A) and (R) are false. / (A) और (R) दोनों गलत हैं।

(d) Both (A) and (R) are true and (R) is the correct explanation of (A). / (A) और (R) दोनों सही हैं तथा (R), (A) की सही व्याख्या है।

23. In a progressive classroom, the students: / एक प्रगतिशील कक्षा में, विद्यार्थी:

A. do not ask many questions. / अधिक प्रश्न नहीं पूछते हैं।

B. ask questions to the teacher. / शिक्षक से प्रश्न पूछते हैं।

C. ask questions to each other./ एक-दूसरे से प्रश्न पूछते हैं।

D. ask themselves questions. / स्वयं से प्रश्न पूछते हैं।

(a) B and D / B और D

(b) B and C / B और C

(c) B, C and D / B, C और D

(d) A and B / A और B

24. Expectations associated with being male or female are referred to as and these are learned / पुहिंग या स्त्रीलिंग होने से जुड़ी अपेक्षाओं को जाता है। कहा जाता है और इन्हें सीखा

(a) gender roles; throughout childhood and into adulthood / जेंडर भूमिकाएँ; बाल्यावस्था की सभी अवस्थाओं से लेकर वयस्कता में भी

(b) gender constancy; initially during adolescence / जेंडर स्थिरता; प्रारंभ में किशोरावस्था के दौरान
(c) gender stereotypes; only during middle childhood / जेंडर रूढ़िवादिता; केवल मध्य बाल्यावस्था के दौरान
(d) gender bias; mainly during early childhood / जेंडर पूर्वाग्रह; मुख्य रूप से प्रारंभिक बाल्यावस्था के दौरान

25. Which of the following views about intelligence supports the respectful consideration of diversity among learners? / बुद्धि के संदर्भ में निम्नलिखित में से कौन-सा दृष्टिकोण शिक्षार्थियों के बीच विविधता के सम्मानपूर्ण विचार का समर्थन करता है?
(a) Intelligence is not influenced by environmental factors. / बुद्धि वातावरणीय कारकों से प्रभावित नहीं होती है।
(b) Intelligence is not influenced by genetic factors. / बुद्धि आनुवंशिक कारकों से प्रभावित नहीं होती है।
(c) IQ tests are the only measure of intelligence. / बुद्धि को मापने के लिए बुद्धि-लब्धि परीक्षण ही एकमात्र साधन हैं।
(d) Intelligence is multidimensional and can change over time. / बुद्धि बहुआयामी है और समय के साथ बदल सकती है।

26. Who among the following critiqued the concept of 'general' intelligence and proposed an alternative theory of intelligence? / निम्नलिखित में से किसने 'सामान्य' बुद्धि की अवधारणा की आलोचना की और बुद्धि का एक वैकल्पिक सिद्धांत प्रस्तावित किया?
(a) Jean Piaget / जीन पियाजे
(b) Howard Gardner / हॉवर्ड गार्डनर
(c) Lev Vygotsky / लेव वायगोत्स्की
(d) Charles Spearman / चार्ल्स स्पीयरमैन

27. Lawrence Kohlberg's theory has been critiqued by Carol Gilligan for: / लॉरिंस कोहलबर्ग के सिद्धांत की आलोचना कैरल गिलिगन द्वारा:
(a) ignoring gender differences in moral reasoning. / नैतिक तर्क में लैंगिक भिन्नताओं की उपेक्षा करने के लिए की गई है।
(b) not applying quantitative methods of analysis. / विश्लेषण के मात्रात्मक तरीकों को लागू नहीं करने के लिए की गई है।
(c) presenting a stage-theory of moral development. / नैतिक विकास का एक चरण-सिद्धांत प्रस्तुत करने के लिए की गई है।
(d) collecting data by means of real-life situations. / वास्तविक-जीवन की स्थितियों के माध्यम से तथ्यों को एकत्र करने के लिए की गई है।

28. A teacher wants to help her students develop metacognitive skills. Which of the following strategies would be most effective? / एक शिक्षिका अपने विद्यार्थियों को अधिसंज्ञानात्मक कौशल विकसित करने में मदद करना चाहती है। निम्नलिखित में से कौन-सी रणनीति सबसे प्रभावी होगी?
(a) Providing frequent grades and feedback to motivate students / विद्यार्थियों को अभिप्रेरित करने के लिए लगातार ग्रेड और प्रतिपुष्टि प्रदान करना
(b) Encouraging students to reflect on their own learning and evaluate their progress / विद्यार्थियों को प्रोत्साहित करना कि वे स्वयं अपने अधिगम पर चिंतन करें और अपनी प्रगति का मूल्यांकन करें
(c) Assigning texts to students to memorize and encouraging them to repeat information from the textbook / विद्यार्थियों को याद करने के लिए पाठ सौंपना और उन्हें पाठ्यपुस्तक से जानकारी दोहराने के लिए प्रोत्साहित करना
(d) Providing students with detailed and prescriptive instructions for all learning tasks / विद्यार्थियों को सभी सीखने के कार्यों के लिए विस्तृत और निर्देशात्मक निर्देश प्रदान करना

29. Read the following statements and choose the correct option: / निम्नलिखित कथनों को पढ़िए तथा सही विकल्प का चयन कीजिए:

Assertion (A): Teachers should ask students to identify their own examples and non-examples of the concept for strengthening the concept. / अभिकथन (A): शिक्षकों को संकल्पना को मजबूत करने के लिए विद्यार्थियों को अपने स्वयं के संकल्पना के उदाहरणों और गैर-उदाहरणों की पहचान करने के लिए कहना चाहिए।

Reason (R): Thinking of examples leads to strengthening of the concept while non-examples tend to confuse the students. / कारण (R): उदाहरणों के बारे में सोचने से संकल्पना को मजबूत किया जाता है जबकि गर-उदाहरण विद्यार्थियों को भ्रमित करते हैं।

(a) (A) is true, but (R) is false. / (A) सही है, परन्तु (R) गलत है।
(b) Both (A) and (R) are true, but (R) is not the correct explanation of (A). / (A) और (R) दोनों सही हैं, परन्तु (R), (A) की सही व्याख्या नहीं है।
(c) Both (A) and (R) are false. / (A) और (R) दोनों गलत हैं।
(d) Both (A) and (R) are true and (R) is the correct explanation of (A). / (A) और (R) दोनों सही हैं तथा (R), (A) की सही व्याख्या है।

30. General principles of learning suggest that students learn better if a teacher: / अधिगम के सामान्य सिद्धांत बताते हैं कि विद्यार्थी बेहतर रूप से सीखते हैं यदि शिक्षक:

(a) first introduces the concept in its symbolic form and then moves to its physical form. / पहले अवधारणा को उसके प्रतीकात्मक रूप में प्रस्तुत करें और फिर उसके भौतिक रूप पर आएँ।
(b) first discusses what is not known to the student and then comes to what the student already knows. / पहले उस पर चर्चा करें जिसके बारे में विद्यार्थी को नहीं पता है और फिर उस पर आएँ जो विद्यार्थी पहले से जानते हैं।
(c) first introduces the concept overall and then moves on to the intricacies of it. / पहले अवधारणा का संपूर्ण रूप से परिचय दें और फिर उसकी बारीकियों पर आएँ।
(d) first discusses the concepts in terms of logic and reason and then grants opportunity to verify the ideas. / पहले तर्क और कारण के संदर्भ में अवधारणाओं पर चर्चा करें और फिर विचारों को सत्यापित करने का अवसर दें।

ANSWER KEY

1.	A	2.	A	3.	D	4.	B	5.	D	6.	A	7.	D
8.	C	9.	B	10.	D	11.	B	12.	A	13.	D	14.	D
15.	D	16.	C	17.	A	18.	B	19.	D	20.	D	21.	D
22.	A	23.	C	24.	D	25.	D	26.	B	27.	A	28.	B
29.	A	30	C										

SET 5 CTET CDP (30 Jan 2023)

PAPER-1

1. **Although domains of development overlaps with each other in certain aspects yet which of the following domain of development specifically attempts to study the progression of 'feelings' about self and others? / यद्यपि विकास के क्षेत्रों का कुछ आयामों में परस्पर व्यापन होता है, तथापि निम्नलिखित में से विकास का कौन-सा क्षेत्र विशिष्ट रूप से स्वयं एवं दूसरों के बारे में 'भावनाओं' की प्रगति अनुक्रम का अध्ययन करता हैं?**
   (a) Moral Development/ नैतिक विकास
   (b) Language Development / भाषा विकास
   (c) Physical Development / शारीरिक विकास
   (d) Emotional Development/संवेगात्मक विकास

2. **Which of the following Principle of Development suggest that "some specific responses get combined in the later process of development of form a whole"? / विकास का कौन-सा सिद्धान्त यह निर्दिष्ट करता है कि "समग्र निर्माण हेतु कुछ विशिष्ट प्रतिक्रियाएँ विकास के बाद की प्रक्रिया से समन्वित होती हैं"?**
   (a) Principle of Continuity / निरन्तरता का सिद्धान्त
   (b) Principle of Integration / एकीकरण का सिद्धान्त
   (c) Cephalocaudal Principle / शीर्षगामी सिद्धान्त
   (d) Proximodistal Principle / अधोगामी (समीप- दूराभिमुख) सिद्धान्त

3. **Which of the following factor comes under the category of social-cultural factors having an influence on development? / निम्न में से कौन-सा घटक सामाजिक-सांस्कृतिक घटकों की श्रेणी में आता है जो विकास प्रभावित करता है?**
   (a) School climate / स्कूली माहौल
   (b) Neurological deficits / तंत्रिका - संबंधी विकार
   (c) Biological dispositions / जैविक प्रवृतियाँ
   (d) Genetic makeup / आनुवंशिक बनावट

4. **In accordance to Jean Piaget's theory of cognitive development, a teacher should give tasks requiring ______ to students in age group 7-11 years for working independently. / जीन पियाजे के संज्ञानात्मक विकास के सिद्धान्त के अनुसार, एक अध्यापिका 7- 11 वर्ष की अवस्था वाले विद्यार्थियों को स्वतंत्र रूप से कार्य करने के लिए ऐसा कार्य देती हैं जिसमें की आवश्यकता है।**
   (a) Hypothetical-deductive reasoning / परिकल्पनात्मक - निगमनात्मक तार्किकता
   (b) Reversible thinking / प्रतिवर्ती चिंतन
   (c) Passive imitation / निष्क्रिय अनुसरण
   (d) Object permanence / वस्तु स्थायित्व

5. **According to Jean Piaget's theory of cognitive development, at which stage do most children become capable of solving abstract problems in logical fashion? / जीन पियाजे के संज्ञानात्मक विकास के सिद्धांत के अनुसार, किस अवस्था में अधिकांश बच्चे अमूर्त समस्याओं को तार्किक ढंग से हल करने में सक्षम हो जाते हैं।**
   (a) Sensorimoter / संवेदी - गामक अवस्था
   (b) Preoperational / पूर्व - संक्रियात्मक अवस्था
   (c) Concrete operational/ मूर्त संक्रियात्मक अवस्था
   (d) Formal operational / औपचारिक संक्रियात्मक अवस्था

6. **Noori judges other actions based on the argument that 'we have some duties towards society and we should obey rules for that sake'. As per Lawrence Kohlberg, what stage of moral reasoning is Noori at present? / नूरी इस तर्क 'हमारे समाज के प्रति कुछ दायित्व हैं और उस दायित्व के लिए हमें नियमों का पालन करना चाहिए' के आधार पर अपनी क्रियाओं का निर्णय लेती है। लॉरेन्स कोहलबर्ग के अनुसार, नूरी इस समय नैतिक तार्किकता की किस अवस्था में है?**
   (a) Pre-conventional / पूर्व-पारंपरिक
   (b) Conventional / पारंपरिक
   (c) Post-conventional / उत्तर-परंपरागत
   (d) Formal-conventional / औपचारिक - पारंपरिक

7. **A teacher gives assignments which requires students to get into discussion with significant others in the family. As per Lev Vygotsky's theory, she believes that _______ plays a significant role in cognitive development of children. / एक अध्यापिका विद्यार्थियों को ऐसा प्रदत्त कार्य देती है, जिसमे परिवार के सदस्यों के साथ चर्चा करना महत्वपूर्ण रूप से शामिल है। लेव वायगोत्स्की के सिद्धान्त के अनुसार उस अध्यापिका का मत है कि बच्चों के संज्ञानात्मक विकास में _______ की महत्वपूर्ण भूमिका है।**
   (a) Imitation / अनुकरण
   (b) Biological maturation / जैवकीय परिपक्वता
   (c) hierarchy / पदानुक्रम
   (d) social interactions / सामाजिक अन्त: क्रियाएँ

8. **In accordance with Lev Vygotsky's ideas, a teacher should / लेव वायगोत्स्की के विचारों से सहमति रखने वाली अध्यापिका को निम्न में से क्या करना चाहिए?**
   (a) avoid giving cues or hints to students in any circumstance. / किसी भी परिस्थिति मे विद्यार्थियों को संकेत या इशारे देने से बचना चाहिए।
   (b) discourage students to verbalise their thoughts while working on a problem. / किसी समस्या पर काम करते हुए अपने विचारों के मौखिकीकरण करने पर विद्यार्थियों को हतोत्साहित करना चाहिए।
   (c) encourage discussions and debates among students. / विद्यार्थियों के बीच चर्चा और वैचारिक बहस को बढ़ावा देना चाहिए।
   (d) view learning independent to socio-cultural context of students / अधिगम को विद्यार्थियों के सामाजिक-सांस्कृतिक परिवेश से अलग देखना चाहिए।

9. **Lev Vygotsky believed that higher-order mental processes are mediated by _____ / लेव वायगोत्स्की का मत है कि उच्चतर - क्रम की मानसिक प्रक्रियाएँ _____ के द्वारा समामेलित होती हैं।**
   (a) psychological tools / मनोवैज्ञानिक उपकरण
   (b) rewards and punishments / पुरस्कार एवं दण्ड
   (c) conditioning / अनुकूलन
   (d) memorisation / कंठस्थीकरण

10. **As per Howard Gardner's theory, students who are good at understanding other's feelings, moods and intentions posse higher level of _______ kind of intelligence. / हॉवर्ड गार्डनर के सिद्धांत के अनुसार, जो विद्यार्थी दूसरों की भावनाओं, मनोदशाओं और इरादों को अच्छी तरह से समझ पाते हैं, उनमें किस प्रकार की बुद्धि का उच्च स्तर होता है?**
   (a) Interpersonal / अंतरवैयक्तिक
   (b) Spatial / स्थानिक
   (c) Musical / संगीतात्मक
   (d) Intrapersonal / अंतरा-वैयक्तिक

11. **As per Lev Vygotsky's ideas, which of the following statement charactersizes sizes the correct relation between language and thought? / लेव वायगोत्स्की के विचारों के अनुसार, निम्न में से कौन-सा कथन भाषा और संज्ञान के बीच के संबंध को सही रूप से दर्शाता है?**
   (a) Language has no role in self-regulation of thoughts. / भाषा की विचारों के स्व-नियमन में कोई भूमिका नहीं है।

(b) self-directed talk of children represents their ego-centricism/ बच्चों की स्व-निर्देशित बातें उनकी आत्म- केन्द्रीयता को दर्शाती है।

(c) Inner - speech of children represents an internal plane of verbal thinking. / बच्चों की निजी वाक उनकी मौखिक सोच के आंतरिक स्तर को दर्शाती है।

(d) Verbalisation of thoughts hinders children's problem-solving skills. / विचारों का मौखिकीकरण बच्चों के समस्या समाधान कौशलों में बाधक बनता है।

12. 'Boys are always good in science and girls are always good in music', this statement reflects ______ / 'लड़के हमेशा विज्ञान में अच्छे होते हैं और लड़कियाँ गायन में', यह कथन क्या दर्शाता है?

(a) Gender Equity / जेंडर समता
(b) Gender Parity / जेंडर अनुरूपता
(c) Gender Identity / जेंडर अस्मिता
(d) Gender Stereotype / जेंडर रूढ़िवादिता

13. Diversity in terms of socio-cultural context of students in a classroom should be ______ / एक कक्षा में विद्यार्थियों के सामाजिक-सांस्कृतिक संदर्भों के परिप्रक्ष्य में विविधता ______

(a) eliminated by dividing students based on their context/ को विद्यार्थियों को उनके संदर्भों के आधार पर समूहों में बाँटकर बहिर्वेशन करने के लिए इस्तेमाल करना चाहिए।

(b) ignored and standardized curriculum should be practiced/ को अनदेखा करना चाहिए और मानकीग्त पाठ्यचार्या का क्रियान्वयन करना चाहिए।

(c) considered as an asset and be utilized in teaching a concept / को एक गुण के रूप में लेना चाहिए और अवधारणाओं के शिक्षण में इस्तेमाल किया जान चाहिए।

(d) the criteria of labelling the students and strengthening stereotypes / को विद्यार्थियों का नामीकरण और रूढिबद्ध धारणाओं को पुख्ता करने के लिए इस्तेमाल करना चहिए।

14. In order to promote critical thinking among students, a teacher should present ______ requiring ______/ विद्यार्थियों में समालोचनात्मक चिन्तन को समुन्नत करने के लिए, अध्यापक को ______ जिनमें ______ शामिल है, प्रस्तुत करने चाहिए।

(a) open-ended questions; divergent thinking/ खुले अन्त वाले (मुक्तोत्तर) प्रश्न; अपसारी चिंतन

(b) close - ended questions; convergent thinking/ बंद अन्त वाले प्रश्न; अभिसारी चिंतन

(c) problems from real life context; convergent thinking / वास्तविक जीवन संदर्भ की चुनौतियाँ; अभिसारी चिंतन

(d) decontextualised scenarios; application of declarative knowledge / संदर्भ-रहित परिदृश्य; घेषणात्मक ज्ञान का अनुप्रयोग

15. Formative Assessment should be done ______/ रचनात्मक आकलन किस प्रकार किया जान चाहिए?

(a) using standardised group tests./ मानकीग्त परीक्षणों के समूह का उपयोग करके।

(b) by special educator and not by regular teacher. / एक विशेष शिक्षक द्वारा, न कि एक सामान्य शिक्षक द्वारा

(c) regularly in collaboration with students. / नियमित रूप से विद्यार्थियों में सहयोग के साथ।

(d) at the beginning and end of the session only./ केवल सत्र शुरुआत और अंत में ही करना चाहिए।

16. Inclusive education suggests that principles of ______ should be practiced to ensure that all students achieve their best potential. / समावेशी शिक्षा के अनुसार, सभी विद्यार्थी अपनी सर्वोत्तम क्षमताओं को प्राप्त कर सकें, यह सुनिश्चित करने के लिए किन सिद्धांतों का पालन करना चाहिए?

(a) Equity / समता

(b) Equality / समानता
(c) Prejudice / पक्षपात
(d) Segregation / पृथक्करण

17. Dyspraxia is directly related to difficulties in / गति समन्वय वैकल्य प्रत्यक्ष रूप से किन कठिनाइयों से संबंधित है?

(a) Reading of text / पाठ/विषय-वस्तु पढ़ने से
(b) Remembering of facts / तथ्यों को याद रखने से
(c) Physical coordination of body parts / शारीरिक अंगों के समन्वयन से
(d) Manipulation of numbers / अंको के प्रकलन से

18. Assertion (A):/ अभिकथन (A):

To ensure inclusion of all students multiple modes of representation of information should be practiced in classroom. / सभी विद्यार्थियों के समावेशन को सुनिश्चित करने के लिए कक्षा में ज्ञान के प्रतिनिधित्व के विविध प्रकारों का इस्तेमाल किया जाना चाहिए।

Reason (R):/ तर्क (R):

Concept of inclusion includes children with learning disabilities but does not include children with emotional difficulties./ समावेशन की अवधारणा में अधिगम अक्षमता वाले बच्चे तो शामिल हैं परंतु इसमें भावात्मक कठिनाई से जूझ रहे बच्चे शामिल नहीं हैं।

Choose the correct option:/ सही विकल्प चुनेः

(a) Both (A) and (R) are true and (R) is the correct explanation of (A) /(A) और (R) दोनों सही हैं और (R), (A) की सही व्याख्या करता है।
(b) Both (A) and (R) are true but (R) in not the correct explanation of (A)/ (A) और (R) दोनों सही हैं और (R), (A) की सही व्याख्या नहीं है।
(c) (A) is true but (R) is false / (A) सही है लेकिन (R) गलत है।
(d) Both (A) and (R) are false/ (A) और (R) दोनों गलत हैं।

19. While the condition of Autism varies considerably, yet students with Autism are often good at / यद्यपि ऑटिज्म की स्थिति यथेष्ट रूप से भिन्न-भिन्न होती है, तथापि ऑटिज्म ग्रसित विद्यार्थी प्रायः किसमें अच्छे होते हैं?

(a) Maintaining eye contact for long / लंबे समय तक आँख से सम्पर्क बनाए रखने मे
(b) Communicating with strangers / अपरिचितो के साथ सम्प्रेषण में
(c) Adjusting with frequent changes in their routine / दिनचर्या में बार-बार आने वाले परिवर्तनों के प्रति समंजन में
(d) Retaining extensive factual information / विस्तृत तथ्यात्मक जानकरी को याद रख पाने में

20. An identifying characteristic feature of creative children is that / रचनात्मक बच्चों की एक पहचान विशेषता यह है कि

(a) they conform to norms. / वे मानदंडों के अनुरूप ही कार्य करते हैं।
(b) they like to imitate others. / वे दूसरे की नकल करना पसंद करते है।
(c) they are independent in their thinking / वे स्वतंत्र रूप से सोचते हैं।
(d) they have a short attention span. / उनकी ध्यान अवधि कम होती है।

21. The correct sequence of presenting ideas to children is from ______ to ______ बच्चों के सम्मुख विचार बिन्दु प्रस्तुत करते समय सही क्रम ______ से ______ की ओर होना चाहिए।

(a) complex, simple / जटिल से सरल
(b) general, specific / सामान्य से विशिष्ट
(c) abstract, concrete / अमूर्त से मूर्त
(d) symbolic, iconic / सांकेतिक से अनुप्रतीकात्मक

22. A teacher wants to deepen the understanding and memory of knowledge constructed by the students. Which of the following strategy will not be effective for this purpose? / एक अध्यापिका विद्यार्थियों द्वारा सृजित ज्ञान की समझ और स्मृति को बल देना चाहती है। इस उद्देश्य के लिए कौन-सी युक्ति प्रभावशाली नहीं होगी?

(a) Creating a metaphor / रूपांतरण का सृजन
(b) Applying the information to new problems/ पहले की जानकारी को नए प्रश्न के लिए प्रयुक्त करना
(c) Acting out the relation between sub-concepts / उप- अवधारणाओं के मध्य सम्बद्धता को कार्यान्वित करना
(d) Mixing irrelevant information with relevant information / अप्रासंगिक जानकारी को प्रासंगिक जानकारी के साथ सुमेलित करना

23. Assertion (A):/ अभिकथन (A)

A teacher should encourage students to think about their own thinking processes and ways of learning. / एक शिक्षक को विद्यार्थियों को अपनी चिंतन प्रक्रियाओं के बारे में और अपने सीखने के तरीकों के बारे में सोचने के लिए प्रोत्साहित करना चाहिए।

Reason (R):/ करण (R):

Meta cognition helps in development of higher order cognitive skills. / अधिसंज्ञान उच्च क्रम के संज्ञानात्मक कौशलों के विकास में मदद करता है।

Choose the correct option:/ सही विकल्प चुनें:

(a) Both (A) and (R) are true and (R) is the correct explanation of (A) / (A) और (R) दोनों सही हैं और (R), (A) की सही व्याख्या करता है।
(b) Both (A) and (R) are true but (R) in not the correct explanation of (A) / (A) और (R) दोनों सही हैं और (R), (A) की सही व्याख्या नहीं है।
(c) (A) is true but (R) is false (A) lgh gS ysfdu (R) xyr gSa
(d) Both (A) and (R) are false / (A) और (R) दोनों गलत हैं।

24. Karan always considers more that more one solution to any problem and often comes up with innovative solutions. / करण हमेशा किसी भी समस्या का एक से अधिक समाधान सोचता है और अकसर नवचारी समाधानों को सुझाता है।

This exemplifies / यह किस तरह की सोंच का उदाहरण है?

(a) Divergent thinking/ अपसारी सोच
(b) Convergent thinking / अभिसरण सोच
(c) Negative thinking/ नकारात्मक सोच
(d) Irrational thinking / तर्कहीन सोच

25. For learning to be effective and meaningful, it is important to / अधिगम प्रभावशाली और अर्थपूर्ण हो, इसके लिए क्या महत्वपूर्ण है?

(a) establish connections between learning in school and life outside school. / विद्यालय में हो रहे अधिगम और विद्यालय के बाहर के जीवन के बीच सम्बद्धता स्थापित करना।
(b) deliver the content by ensuring that students don't make attempts to apply that knowledge in everyday life. / विषय - सामग्री को इस प्रकार प्रस्तुत करना जिससे कि विद्यार्थी उस ज्ञान को दैनिक जीवन में प्रयोग करने का प्रयास न कर पाएँ।
(c) teach concepts in a way that connections between different sub-concepts are not established./ अवधारण ााओं को इस तरीके से पढ़ना जिससे कि विभिन्न उप- अवधारणाओं में सम्बद्धता स्थापित न हो सकें।
(d) focus on reception of knowledge and urge for understaning should be minimised- / ज्ञान के दोहराव पर बल देना चाहिए और समझ के लिए उत्कंठा को कम-से-कम करना चाहिए।

26. Classroom climate, pedagogies and assessment methods should be choosen in ways that ensure promotion of ________ among the students. / कक्षा के परिवेश, शिक्षण - शास्त्रीय प्रविधियों और आकलन की विधियों का चयन इस प्रकार करना चाहिए कि वे विद्यार्थियों में ________ के उन्नयन को सुनिश्चित कर सकें।

(a) curiosity / जिज्ञासा
(b) disinterest / अरूचि

(c) competition / प्रतियोगिता
(d) rote memorisation / कंठस्थीकरण

27. Which of the following is not a correct approach of a teacher to deal with errors made by students? / विद्यार्थियों द्वारा की गई त्रुटियों को सुलझाने के लिए निम्नलिखित में से शिक्षक द्वारा अपनाया गया कौन- सा तरीका सही नही है?

(a) Searching for patterns in the errors. / त्रुटियों में प्रतिरूपों की खोज करना।
(b) Exploring the learning gaps causing errors. / अधिगम में कमियों के बारे में जानना जिनके कारण त्रुटियाँ होती है।
(c) Scaffolding the students to rectify errors. / विद्यार्थियों की त्रुटियों को सुधारने के लिए सहयोग करना।
(d) Telling the correct answers without discussion with students. / विद्यार्थियों के साथ चर्चा किए बिना सही उत्तर बताना।

28. A teacher should promote ______ and ______ among students. / एक अध्यापिका को अपने विद्यार्थियों में ______ और ______ को प्रोत्साहित करना चाहिए।

(a) entity view of ability, performance-oriented goals/योग्यता का सत्व मत्त, प्रर्दशन - अभिमुखी लक्ष्य
(b) incremental view of ability, mastery-oriented goals / योग्यता का वार्धिक मत्त, महारत - अभिमुखी लक्ष्य
(c) entity view of ability, failure - avoidance goals/योग्यता का सत्व मत्त, असफलता - परिहारी लक्ष्य
(d) incremental view of ability, failure-accepting goals / योग्यता का वार्धिक मत्त, असफलता - स्वीकार्य लक्ष्य

29. Which of the following is correct in context of emotion and cognition? / भावनाओं और संज्ञान के संदर्भ में निम्नलिखित में से कौन-सा सही है?

(a) High stress enhances problem-solving skills./ अत्यधिक दबाव समस्याओं को सुलझाने के कौशलों को बढ़ावा देता है।
(b) Sense of joy enhances engagement in discussion. / हर्ष और उल्लास की भावना चर्चा में भाग लेने के लिए बढ़ावा देती है।
(c) High anxiety improves processing of information/ अत्यधिक चिंता, जानकारी के प्रसंस्करण में सुधार लाती है।
(d) Sense of boredom improves critical thinking. / नरसता की भावना समालोचनात्मक चिंतन में सुधार लाती है।

30. Which of the following contributes to the development of effective problem solving skills? / निम्नलिखित में से क्या प्रभावी समस्या समाधान कौशलों के विकास में योगदान देती है?

(i) Convergent thinking / अभिसारी चिंतन
(ii) Mnemonics / स्मरणोपकारी विधियाँ
(iii) Comprehension / समझ बनाना (बोध)
(iv) Passive imitation / निष्क्रिय अनुकरण

(a) (i) and (ii) / (i) और (ii)
(b) (ii) and (iii) / (ii) और (iii)
(c) (i) and (iii) / (i) और (iii)
(d) (ii) and (iv) / (ii) और (iv)

ANSWER KEY

1.	D	2.	B	3.	A	4.	B	5.	D	6.	B	7.	D
8.	C	9.	A	10.	A	11.	C	12.	D	13.	C	14.	A
15.	C	16.	A	17.	C	18.	C	19.	D	20.	C	21.	B
22.	D	23.	A	24.	A	25.	A	26.	A	27.	D	28.	B
29.	B	30	B										

PART - IV

NUMBER BOOSTER MCQ's

NUMBER BOOSTER MCQ'S

1. **When a child 'fails', it means / जब बच्चा 'फेल' होता है, तो इसका तात्पर्य है कि**
   (a) The child has not memorized the answers properly / बच्चे ने उत्तरों को सही तरीके से याद नहीं किया है
   (b) The child should have taken private tuition / बच्चे को प्राइवेट ट्यूशन लेनी चाहिए थी
   (c) The system has failed / व्यवस्था फेल हुई है
   (d) The child is not fit for studies / बच्चा पढ़ाई के लिए योग्य नहीं है

2. **The emphasis from teaching to learning can be shifted by / शिक्षण से अधिगम पर बल देने वाला परिवर्तन हो सकता है**
   (a) Adopting child-centred pedagogy / बाल-केन्द्रित शिक्षा-पद्धति अपनाकर
   (b) Encouraging rote learning / रटने को प्रोत्साहित करके
   (c) Adopting frontal teaching / अग्र शिक्षण की तकनीक अपनाकर
   (d) Focusing on examination results / परीक्षा परिणामों पर केन्द्रित होकर

3. The most effective method to teach the concept of 'germination of seeds' is / **'बीजों के अंकुरण संकल्पना' के शिक्षण को सबसे प्रभावी पद्धति है**
   (a) To make the students plant seeds and observe stages of germination / विद्यार्थियों द्वारा पौधे के बीज बोना और उसके अंकुरण के चरणों का अवलोकन करना
   (b) To draw pictures on the black-board and give descriptions / श्यामपट्ट पर चित्र बनाना और वर्णन करना
   (c) To show pictures of seed growth / बीज की वृद्धि के चित्र दिखना
   (d) To give detailed explanations / विस्तृत व्याख्या करना

4. **Inclusive Education / समावेशी शिक्षा**
   (a) Celebrates diversity in the classroom / कक्षा में विविधता का उत्सव मनाती है
   (b) Encourages strict admission procedures / दाखिले सम्बन्धी कठोर प्रक्रियाओं को बढ़ावा देती है
   (c) Includes indoctrination of facts / तथ्यों की शिक्षा (मतारोपण) से सम्बन्धित है
   (d) Includes teachers from marginalized groups / हाशिऐ पर स्थित वर्गों से शिक्षकों को सम्मिलित करने से सम्बन्धित है

5. **Which of the following is an objective question? / निम्नलिखित में से कौन-सा एक वस्तुनिष्ठ प्रश्न है?**
   (a) Short answer question / लघुत्तरात्मक प्रश्न
   (b) Open ended question / मुक्त उत्तर वाला प्रश्न
   (c) True or False / सत्य या असत्य
   (d) Essay type question / निबंधात्मक प्रश्न

6. **Which of the following is a feature of progressive education? / निम्नलिखित में से कौन-सी प्रगतिशील शिक्षा की विशेषता है?**
   (a) Instruction based solely on prescribed test books / केवल प्रस्तावित पाठ्य-पुस्तकों पर आधारित अनुदेश
   (b) Emphasis on scoring good marks in examinations / परीक्षाओं में अच्छे अंक प्राप्त करने पर बल

(c) Frequent tests and examinations / बार-बार ली जाने वाली परीक्षाएँ

(d) Flexible time-table and sitting arrangement / समय-सारणी और बैठने की व्यवस्था में लचीलापन

7. A teacher, after preparing a question paper, checks whether the questions test specific testing objectives. He is concerned primarily about the question paper's / एक शिक्षक प्रश्न-पत्र बनाने के बाद, यह जाँच करता है कि क्या प्रश्न परीक्षण विशिष्ट उद्देश्यों की परीक्षा ले रहे हैं। वह मुख्य रूप से प्रश्न-पत्र की/के ________ के बारे में चिंतित है।

(a) Content coverage / संपूर्ण विषय-वस्तु को शामिल करने

(b) Typology of questions / प्रश्नों के प्रकार

(c) Reliability / विश्वसनीयता

(d) Validity / वैधता

8. Critical pedagogy firmly believes that / विवेचनात्मक शिक्षाशास्त्र का यह दृढ़ विश्वास है कि

(a) The learners need not reason independently / शिक्षार्थियों को स्वतंत्र रूप से तर्कणा नहीं करनी चाहिए

(b) What children learn out of school is irrelevant / बच्चे स्कूल से बाहर क्या सीखते है, यह अप्रासंगिक है

(c) The experiences and perceptions of learners are important / शिक्षार्थियों के अुनभव और अनुभूति महत्वपूर्ण होते हैं

(d) The teacher should always lead the classroom instruction / एक शिक्षक को हमेशा कक्षा-कक्षा के अनुदेशन का नेतृत्व करना चाहिए

9. School-based assessment is primarily based on the principle that / विद्यालय - आधारित आंकलन मुख्य रूप से किस सिद्धांत पर आधारित होता है?

(a) teachers know their learners' capabilities better than external examiners / बाह्य परीक्षकों की अपेक्षा शिक्षक अपने शिक्षार्थियों की क्षमताओं को बेहतर जानते हैं

(b) Students should at any costs get high grades / किसी भी कीमत पर विद्यार्थियों को अच्छे ग्रेड मिलने चाहिए

(c) Schools are more efficient than external bodies of examination / विद्यालय, बाह्य परीक्षा निकायों की अपेक्षा ज्यादा सक्षम हैं

(d) Assessment should be very economical / आकलन बहुत किफायती (मितव्ययी) होना चाहिए

10. Learners show individual differences. So a teacher should / शिक्षार्थी वैयक्तिक भिन्नता प्रदर्शित करते हैं। अतः शिक्षक को

(a) Provide a variety of learning experiences / सीखने के विविध अनुभवों को उपलब्ध कराना चाहिए

(b) Enforce strict discipline / कठोर अनुशासन सुनिश्चित करना चाहिए

(c) Increase number of tests / परीक्षाओं की संख्या बढ़ा देनी चाहिए

(d) Insist on uniform pace of learning / अधिगम की एकसमान गति पर बल देना चाहिए

11. Which of the following is a principle of development? / निम्नलिखित में से कौन-सा विकास का सिद्धांत है?

(a) The development rate of every is not same / सभी की विकास-दर समान नहीं होती है

(b) Development is always linear / विकास हमेशा रेखीय होता है

(c) It is a discontinuous process / यह निरंतर चलने वाली प्रक्रिया होती है

(d) All processes of development are not inter-connected / विकास की सभी प्रक्रियाएँ अंतः सम्बन्धित नहीं है

12. Human development is divided into domains such as / मानव विकास के क्षेत्रों में विभाजित किया जाता है जो है

(a) Physical, cognitive, emotional and social / शारीरिक, संज्ञानात्मक, संवेगात्मक और सामाजिक

(b) Emotional, cognitive, spiritual and social-psychological / संवेगात्मक, संज्ञानात्मक, आध्यात्मिक और सामाजिक – मनोवैज्ञानिक

(c) Psychological, cognitive, emotional and physical / मनोवैज्ञानिक, संज्ञानात्मक, संवेगात्मक और शारीरिक

(d) Physical, spiritual, cognitive and social / शारीरिक, आध्यात्मिक, संज्ञानात्मक और सामाजिक

13. A teacher uses a text and some pictures of fruits and vegetables and holds a discussion with her students. The students link the details with their previous knowledge and learn the concept of nutrition. This approach is based on / एक शिक्षिका पाठ्य-वस्तु और फल-सब्जियों के कुछ चित्रों का प्रयोग करती है और अपने विद्यार्थियों से चर्चा करती है। विद्यार्थी इस जानकारी को अपने पूर्व ज्ञान से जोड़ते हैं और पोषण की संकल्पना को सीखते है। यह उपागम _______ पर आधारित है।

(a) Classical conditioning of learning / अधिगम के शास्त्रीय अनुबंधन

(b) Theory of reinforcement / पुनर्बलन के सिद्धान्त

(c) Operant conditioning of learning / अधिगम के सक्रिय अनुबंधन

(d) Construction of knowledge / ज्ञान के निर्माण

14. A child starts crying when his grandmother takes him from his mother's lap. The child cries due to / जब बच्चे की दादी उसकी माँ की गोद से लेती है, तो बच्चा रोने लगता है। बच्चा _______ के कारण रोता है।

(a) Social anxiety / सामाजिक दुश्चिता

(b) Emotional anxiety / संवेगात्मक दुश्चिता

(c) Stranger anxiety / अजनबी दुश्चिता

(d) Separation anxiety / वियोग दुश्चिता

15. In the context of education, socialization means / शिक्षा के संदर्भ में, समाजीकरण से तात्पर्य है

(a) Creating one's own social norms / अपने सामाजिक मानदंड बनाना

(b) Respecting elders in society / समाज में बड़ों का सम्मान करना

(c) Adapting and adjusting to social environment / सामाजिक वातावरण में अनुकूलन और समायोजन

(d) Always following social norms / सामाजिक मानदंडों का सदैव अनुपालन करना

16. A school gives preference to girls while preparing students for a State level solo-song competition. This reflects. / राज्य स्तर की एक एकल-गायन प्रतियोगिता के लिए विद्यार्थियों को तैयार करते समय एक विद्यालय लड़कियों को वरीयता देता है। यह दर्शाता है

(a) Global trends / वैश्विक प्रवृत्तियाँ

(b) Pragmatic approach / प्रयोजनात्मक उपागम

(c) Progressive thinking / प्रगतिशील चिंतन

(d) Gender bias / लैंगिक पूर्वाग्रह

17. Vygotsky emphasized the significance of the role played by which of the following factors in the learning of children? / वाइगोत्स्की बच्चों के सीखने में निम्नलिखित में से किस कारक की महत्त्वपूर्ण भूमिका पर बल देते हैं?

(a) Hereditary / आनुवंशिक

(b) Moral / नैतिक

(c) Physical / शारीरिक

(d) Social / सामाजिक

18. A teacher makes use of a variety of tasks to cater to the different learning styles of her learners. She is influenced by / एक शिक्षिका अपने शिक्षार्थियों की विभिन्न अधिगम-शैलियों को संतुष्ट करने के लिए वैविध्यपूर्ण कार्यों का उपयोग करती है। वह _______ से प्रभावित है।

(a) Kohlberg's multiple intelligence theory / कोहलबर्ग के बहुबुद्धि के सिद्धात

(b) Gardner's multiple intelligence theory / गार्डनर के बहुबुद्धि सिद्धांत

(c) Vygotsky's socio-cultural theory / वाइगोत्स्की के सामाजिक-सांस्कृतिक सिद्धांत

(d) Piaget's cognitive development theory / पियाजे के संज्ञानात्मक विकास के सिद्धांत

19. A teacher never gives answers to questions herself. She encourages her students to suggest answers, have group discussions and adopt collaborative learning. This approach is based on the principle of / एक शिक्षिका अपने-आप से कभी भी प्रश्नों के उत्तर नहीं देती। वह अपने विद्यार्थियों को उत्तर देने के लिए, समूह चर्चाएँ और सहयोगात्मक अधिगम अपनाने के लिए प्रोत्साहित करती है। यह उपागम ______ के सिद्धांत पर आधारित है।

(a) Proper organization of instruction material / अनुदेशात्मक सामग्री के उचित संगठन

(b) Setting a good example and being a role-model / अच्छा उदाहरण प्रस्तुत करने और भूमिका-प्रतिरूप बनाने

(c) Readiness to learn / सीखने की तत्परता

(d) Active participation / सक्रिय भागीदारिता

20. Which of the following is a teacher-related factor affecting learning? / निम्नलिखित में से कौन-सा शिक्षक से सम्बन्धित अधिगम को प्रभावित करने वाला कारक है?

(a) Proper seating arrangement / बैठने की उचित व्यवस्था

(b) Availability of teaching – learning resources / शिक्षण-अधिगम संसाधनों की उपलब्धता

(c) Nature of the content or learning experiences / विषय-वस्तु या अधिगम-अनुभवों की प्रकृति

(d) Mastery over the subject-matter / विषय-वस्तु में प्रवीणता

21. According to Kohlberg, a teacher can instill moral values in children by / कोहलबर्ग के अनुसार, शिक्षक बच्चों में नैतिक मूल्यों का विकास कर सकता है

(a) Giving importance to religious teachings / धार्मिक शिक्षा को महत्त्व देकर

(b) Laying clear rules of behaviour / व्यवहार के स्पष्ट नियम बनाकर

(c) Involving them in discussions on moral issues / नैतिक मुद्दों पर आधारित चर्चाओं में उन्हें शामिल करके

(d) Giving strict instructions on 'how to behave / 'कैसे व्यवहार किया जाना चाहिए' इस पर कठोर निर्देश देकर

22. Young learners should be encouraged to interact with peers in the classroom so that / छोटे शिक्षार्थियों को कक्षा-कक्ष में समवयस्कों के साथ अंत: क्रिया करने के लिए प्रोत्साहित करना चाहिए जिससे

(a) They can learn answers to questions from each other / वे एक-दूसरे से प्रश्नों के उत्तर सीख सकें

(b) The syllabus can be covered quickly / पाठ्यक्रम को बहुत जल्दी पूरा किया जा सकें

(c) They learn social skills in the course of study / वे पढ़ने के दौरान सामाजिक कौशल सीख सकें

(d) The teacher can control the classroom better / शिक्षक कक्षा-कक्ष को बेहतर तरीके से नियंत्रित कर सके

23. When a child with a disability first comes to school, the teacher should / जब एक निर्योग्य बच्चा पहली बार विद्यालय आता है, तो शिक्षक को क्या करना चाहिए?

(a) Refer the child to a special school according to the disability / बच्चे की निर्योग्यता के प्रस्ताव देना चाहिए

(b) Seclude him from other students / उसे अन्य विद्यार्थियों से अलग रखना चाहिए

(c) Discuss with the child's parents to evolve collaborative plans / सहकारी योजना विकसित करने के लिए बच्चे के माता-पिता के साथ चर्चा करनी चाहिए

(d) Conduct an admission test / प्रवेश-परीक्षा लेनी चाहिए

24. According to Piaget's stages of Cognitive Development, the sensori-motor stage is associated with / पियाजे के संज्ञानात्मक विकास के चरणों के अनुसार, इंद्रिया-गायक (संवेदी-प्रेरक) अवस्था किसके साथ सम्बन्धित है?

(a) Imitation, memory and mental representation / अनुकरण, स्मृति और मानसिक निरूपण

(b) Ability to solve problems in logical fashion / तार्किक रूप से समस्या-समाधान की योग्यता

(c) Ability to interpret and analyse options / विकल्पों के निर्वचन और विश्लेषण करने की योग्यता

(d) Concerns about social issues / सामाजिक मुद्दों से सरोकार

25. Human personality is the result of / मानव-व्यक्तित्व परिणाम है

(a) Upbringing and education / पालन-पोषण और शिक्षा का

(b) Interaction between heredity and environment / आनुवंशिकता और वातावरण की अंत: क्रिया का

(c) Only environment / केवल वातावरण का

(d) Only heredity / केवल आनुवंशिकता का

26. Individual attention is important in the teaching - learning process because / शिक्षण-अधिगम प्रक्रिया में व्यक्तिगत रूप से ध्यान देना महत्त्वपूर्ण है, क्योंकि

(a) Learners always learn better in groups / शिक्षार्थी हमेशा समूहों में ही बेहतर सीखते हैं

(b) Teacher training programmes prescribe it / शिक्षक प्रशिक्षण कार्यक्रमों में ऐसा ही बताया गया है।

(c) It offers better opportunities to teachers to discipline each learner / इससे प्रत्येक को अनुशासित करने के लिए शिक्षकों को बेहतर अवसर मिलते हैं

(d) Children develop at different rates and learn differently / बच्चों की विकास दर भिन्न होती है और वे भिन्न तरीकों से सीख सकते हैं

27. Which of the following is the first step in the scientific method of problem-solving? / निम्नलिखित में से कौन-सी समस्या-समाधान की वैज्ञानिक पद्धति का पहला चरण है?

(a) Verification of hypothesis / प्राक्कल्पना का परीक्षण करना

(b) Problem awareness / समस्या के प्रति-जागरूकता

(c) Collection of relevant information / प्रासंगिक जानकारी को एकत्र करना

(d) Formation of hypothesis / प्राक्कल्पना का निर्माण करना

28. Which of the following is a domain of learning? / निम्नलिखित में से कौन-सा सीखने का क्षेत्र है?

(a) Experiential / आनुभविक

(b) Affective / भावात्मक

(c) Spiritual / आध्यात्मिक

(d) Professional / व्यावसायिक

29. When a child gets bored while doing a task, it is a sign that / जब बच्चा कार्य करते हुए ऊबने लगता है, तो यह इस बात का संकेत है कि

(a) The task may have become mechanically repetitive / संभवत: कार्य यांत्रिक रूप से बार-बार हो रहा है

(b) The child is not intelligent / बच्चा बुद्धिमान नहीं है

(c) The child is not capable of learning / बच्चे में सीखने की योग्यता नहीं है

(d) The child needs to be disciplined / बच्चे को अनुशासित करने की जरूरत है

30. Errors of learners often indicate / प्राय: शिक्षार्थियों की त्रुटियाँ की ओर संकेत करती हैं।

(a) How they learn / वे कैसे सीखते हैं

(b) The need for mechanical drill / यांत्रिक अभ्यास की आवश्यकता

(c) Absence of learning / सीखने की अनुपस्थिति

(d) Socio-economic status of the learners / शिक्षार्थियों के सामाजिक-आर्थिक स्तर

31. Environmental factors that shape development include all of the following except/ निम्नलिखित में से ______ के अतिरिक्त सभी वातावरणीय कारक विकास को आकार देते है।

(a) Quality of education / शिक्षा की गुणात्मकता
(b) Physique / शारीरिक गठन
(c) Quality ofnutrition / पौष्टिकता की गुणवत्ता
(d) Culture / संस्कृति

32. Seema learns every lesson very quickly but Leena takes longer to learn them. It denotes the developmental principle of / सीमा हर पाठ को बहुत जल्दी सीख लेती है जबकि लीना उसे सीखने से ज्यादा समय लेती है। यह विकास के ______ सिद्धांत को दर्शाता है।

(a) Continuity / निरंतरता
(b) General of specific / सामान्य से विशिष्ट की ओर
(c) Individual differences / वैयक्तिक भिन्नता
(d) Inter-relationships / अंत:सम्बंध

33. Development starts from / विकास शुरू होता है

(a) Stage of infancy / शैशवास्था से
(b) Pre-childhood stage / पूर्व-बाल्यावस्था से
(c) Post-childhood stage / उत्तर-बाल्यावस्था से
(d) Pre-natal stage / प्रसव-पूर्व अवस्था से

34. Which of the following is predominantly a heredity related factor? / निम्नलिखित में से कौन-सा मुख्य रूप से आनुवंशिकता सम्बन्धी कारक है?

(a) Attitudetowards peer group / समकक्ष व्यक्तियों के समूह के प्रति अभिवृत्ति
(b) Thinking pattern / चिंतन पैटर्न
(c) Colour of the eyes / आँखों का रंग
(d) Participation in social activities / सामाजिक गतिविधयों में भागीदारिता

35. Teachers are advised to involve their learners in group activities because, besides facilitating learning, they also help in / शिक्षकों को यह सलाह दी जाती है कि वे अपने शिक्षार्थियों को सामूहिक गतिविधियों में शामिल करें क्योंकि सीखने को सगुम बनाने के अतिरिक्त, ये ______ में भी सहायता करती हैं।

(a) Value conflicts / मूल्य द्वंद्व
(b) Aggression / आक्रामकता
(c) Anxiety / दुश्चिंता
(d) Socialization / सामाजीकरण

36. A student is aggressive in his behaviour towards his peer group and does not conform to the norms of the school. This student needs help in / एक विद्यार्थी अपने समकक्ष व्यक्तियों के समूह के प्रति आक्रामक व्यवहार करता है और विद्यालय के मानदंडों को नहीं मानता। इस विद्यार्थि को ______ में सहायता की आवश्यकता है।

(a) Congnitive domain / संज्ञानात्मक क्षेत्र
(b) Psychomotor domain / मनोगात्यात्मक क्षेत्र
(c) Affective domain / भावात्मक क्षेत्र
(d) Higher order thinking skills / उच्च स्तरीय चिंतन कौशल

37. The stage of cognitive development, according to Piaget, in which a child displays 'object permanence' is / पियाज़े के अनुसार, संज्ञानात्मक विकास के किस चरण पर बच्चा 'वस्तु स्थायित्व' को प्रदर्शित करता है?

(a) Sensorimotorstage / संवेदीप्रेरक चरण
(b) Pre-operational stage / पूर्व-संक्रियात्मक चरण
(c) Concrete operational stage / मूर्त संक्रियात्मक चरण
(d) Formal operational stage / औपचारिक संक्रियात्मक चरण

38. According to Kohlberg, the thinking process involved in judgments about questions of right and wrong is called / कोहलबर्ग के अनुसार, सही और गलत के प्रश्न

के बारे में निर्णय लेने में शामिल चिंतन-प्रक्रिया को कहा जाता है।

(a) Moral realism / नैतिक यथार्थवाद
(b) Moral dilemma / नैतिक दुविधा
(c) Morality co-operation / सहयोग की नैतिकता
(d) Moral reasoning / नैतिक तर्कणा

39. A good textbook avoids / एक अच्छी पाठ्य-पुस्तक ______ से बचती है।

(a) Gender bias / लैंगिक पूर्वाग्रह
(b) Gender sensitivity / लैंगिक संवेदनशीलता
(c) Gender equality / लैंगिक समानता
(d) Social responsibility / सामाजिक उत्तरदायित्व

40. Gifted students will realize their potential when / प्रतिभाशाली विद्यार्थी अपनी क्षमताओं को तब विकसित कर पाएँगे जब

(a) They are segregated from other students / उन्हें अन्य विद्यार्थियों से अलग किया जाएगा।
(b) They attend private coaching classes / वे निजी कोचिंग कक्षाओं में पढ़ेंगे
(c) They are tested frequently / बार-बार उनकी परीक्षा होगी
(d) They learn with other students / वे अन्य विद्यार्थियों के साथ अधिगम-प्रक्रिम से जुड़ते है

41. Inclusive education refers to a school education system that / समावेशी शिक्षा उस विद्यालयी शिक्षा व्यवस्था की ओर संकेत करती है

(a) Includes children with disability / जो सभी निर्योग्य बच्चों को शामिल करती है
(b) Includes children regardless of physical, intellectual, social, linguistic of other differently abled conditions / जो उनकी शारीरिक, बौद्धिक, सामाजिक, भाषिक या अन्य विभिन्न योग्यता स्थितियों को ध्याान में रखे बगैर सभी बच्चों को शामिल करती है
(c) Encourages education of children with special needs through exclusive schools / विशेष आवश्यकता वाले बच्चों को विशिष्ट विद्यालयों के माध्यम से शिक्षा देने के प्रोत्साहित करती है
(d) Emphasizes the need to promote the education of the girl child only / केवल बालिका शिक्षा को बढ़ावा देने की आवश्यकता पर बल देती है

42. Dyslexia is associated mainly with difficulties in / 'डिस्लेक्सिया' मुख्य रूप से ______ की समस्या से सम्बन्धित है।

(a) Speaking / बोलने
(b) Speaking and hearing / बोलने से सुनने
(c) Hearing / सुनने
(d) Reading / पढ़ने

43. The major frustration that children with hearing loss face in the classroom is / श्रवण ह्रास से ग्रसित बच्चे कक्षा में किस सबसे मुख्य नैराश्य (कुण्ठा) का सामना करते हैं?

(a) The inability to read the prescribed textbook / प्रस्तावित पाठ्य-पुस्तक को पढ़ने की अक्षमता
(b) The inability to participate in sports and games / खेल-कूद में भागीदारिता निभाने में अक्षमता
(c) The inability to communicate or share information with others / दूसरों के साथ संप्रेषण करने तथा सूचनाओं को बाँटने में अक्षमता
(d) The inability to take examinations with other students / दूसरे विद्यार्थियों के साथ परीक्षा देने में अक्षमता

44. The 'doing' aspect of behaviour falls in the / व्यवहार का 'करना' पक्ष ____ में आता है।

(a) Congnitive domain of learning / सीखने के संज्ञानात्मक क्षेत्र
(b) Affective domain of learning / सीखने के भावात्मक क्षेत्र
(c) Conative domain of learning / सीखने के गतिक (कोनेटिव) क्षेत्र

(d) Psychological domain of learning / सीखने के मनोवैज्ञानिक क्षेत्र

45. A student works hard to clear an entrance test for admission into a medical college. The student is said to motivated / एक विद्यार्थी मेडिकल कॉलेज में दाखिला लेने के लिए कठिन परिश्रम करता है ताकि यह प्रवेश परीक्षा में उत्तीर्ण हो सके। यह विद्यार्थी रूप से अभिप्रेरित है।

(a) Intrinsically / आंतरिक
(b) Extrinsically / बाह्य
(c) Individually / वैयक्तिक
(d) Experientially / आनुभविक

46. A teacher engages her learners in a number of group activities such as group discussions. group projects, role plays, etc. The learning dimension it highlights is / एक शिक्षिका अपने शिक्षार्थियों को अनेक तरह की सामूहिक गतिविधियों में व्यस्त रखती है, जैसे- समूह-चर्चा, समूह-परियोजनाएँ, भूमिका निर्वाह, आदि। यह सीखने के किस आयाम को उजागर करता है?

(a) Language-guided learning / भाषा-निर्देशित अधिगम
(b) Competition-based learning / प्रतियोगिता-आधारित अधिगम
(c) Learning as a social activity / सामाजिक गतिविधि के रूप में अधिगम
(d) Learning through recreation / मनोरंजन द्वारा अधिगम

47. Creativity is usually associated with / सृजनात्मकता मुख्य रूप से ______ से सम्बन्धित है।

(a) Convergent thinking / अभिसारी चिंतन
(b) Divergent thinking / अपसारी (बहुविध) चिंतन
(c) Modelling / मॉडलिंग
(d) Imitation / अनुकरण

48. A teacher always helps her learners link the knowledge they have derived in one subject area with the knowledge from other subject areas. This helps to promote / एक शिक्षिका अपने शिक्षार्थियों की सदैव इस रूप में सहायता करती है कि वे एक विषय-क्षेत्र से प्राप्त ज्ञान को दूसरे विषय-क्षेत्रों के ज्ञान के साथ जोड़ सकें। इससे _____ को बढ़ावा मिलता है।

(a) Individual differences / वैयक्तिक भिन्नताओं
(b) Learner autonomy / शिक्षार्थी-स्वायत्तता
(c) Reinforcement / पुनर्बलन
(d) Correlation and transfer of knowledge / ज्ञान के सह-सम्बन्ध एवं अंतरण

49. 'Teachers should study the errors of their students as they often indicate the / शिक्षकों को अपने विद्यार्थियों की त्रुटियों का अध्ययन करना चाहिए क्योंकि वे प्राय: की ओर संकेत करती हैं।

(a) Extent of their knowledge / उनके ज्ञान की सीमा
(b) Remedial strategies needed / आवश्यक उपचारात्मक युक्तियों
(c) Pathways for ability grouping / योग्यताओं के अनुसार समूह बनाने हेतु दिशा-निर्देश
(d) Need for differentiated curriculum / भिन्न प्रकार की पाठ्यचर्या की आवश्यकता

50. When previous learning makes no difference at all to the learning in a new situation, it is called / जब पूर्व का अधिगम नई स्थितियों के सीखने को बिल्कुल प्रभावित नहीं करता, तो यह कहलाता है।

(a) Positive transfer of learning / अधिगम का सकरात्मक स्थानांतरण
(b) Negative transfer of learning / अधिगम का नकरात्मक स्थानांतरण
(c) Zero transfer oflearning / अधिगम का शून्य स्थानांतरण
(d) Absolute transfer of learning / अधिगम का निरपेक्ष स्थानांतरण

51. According to Piaget's cognitive theory of learning, the process by which the cognitive structure is modified is called / पियाज़े के अधिगम के संज्ञानात्मक सिद्धांत

के अनुसार वह प्रक्रिया जिसके द्वारा संज्ञानात्मक संरचना को संशोधित किया जाता है, ______ कहलाती है।

(a) Assimilation / समावेशन
(b) Schema / स्कीमा
(c) Perception / प्रत्यक्षण
(d) Accommodation / समायोजन

52. According to theories of motivation, a teacher can enhance learning by / अभिप्रेरणा के सिद्धांतों के अनुसार, एक शिक्षक ______ के द्वारा सीखने को संवर्धित कर सकता है।

(a) Not having any expectations from students / विद्यार्थियों से किसी प्रकार की अपेक्षाएँ न रखने
(b) Setting extremely high expectations from students / विद्यार्थियों से बुहत उच्च अपेक्षाएँ रखने
(c) Setting realistic expectations from students / विद्यार्थियों से वास्तविक अपेक्षाएँ रखने
(d) Setting uniform standards of expectations / अपेक्षाओं का एकरूप स्तर रखने

53. A teacher uses audio-visual aids and physical activities in her teaching because they / एक शिक्षिका अपने शिक्षण में दृश्य-श्रव्य सामग्रियों और शारीरिक गतिविधियों का प्रयोग करती है क्योंकि

(a) Provide a diversion to learners / वे शिक्षार्थियों को वैविध्य उपलब्ध कराते हैं
(b) Utilize maximum number of senses of enhance learning / इनमें अधिकतम इंद्रियों का उपयोग सीखने को संवर्द्धित करता है
(c) Provide relief to the teacher / वे शिक्षक को आराम देते हैं
(d) Facilitate effective assessment / वे प्रभावी आकलन को सुगम बनाते हैं

54. When a teacher involves a visually challenged learner in group activities with the other learners of the class, she is / जब एक शिक्षिका दृष्टिबाधित शिक्षार्थी को कक्षा के अन्य शिक्षार्थियों के साथ सामूहिक गतिविधियों में शामिल करती है, तो वह

(a) Helping all the learners to develop sympathy towards the visually challenged learner / सभी शिक्षार्थियों में दृष्टिबाधित शिक्षार्थी के प्रति सहानुभूति विकसित करने में मदद कर रही है
(b) Likely to increase the stress on the visually challenged learner / दृष्टिबाधित शिक्षार्थी पर सम्भवत: तनाव बढा रही है
(c) Creating barriers to learning for the class / कक्षा के लिए सीखने हेतु बाधाएँ उत्पन्न कर रही है
(d) Acting according to the spirit of inclusive education / समावेशी शिक्षा की भावना के अनुसार कार्य कर रही है।

55. Science and Art exhibitions, music and dance shows and bringing out school magazines, are meant to / विज्ञान एवं कला प्रदर्शतिनयाँए, संगीत एवं नृत्य प्रस्तुतियाँ तथा विद्यालय-पत्रिका निकालना ______ के लिए है।

(a) Establish a name for the school / विद्यालय का नाम रोशन करने
(b) Satisfy the parents / अभिभावकों को संतुष्ट करने
(c) Provide a creative channel for learners / शिक्षार्थियों को सृजनात्मक मार्ग उपलब्ध कराने
(d) Train students for various professions / विभिन्न व्यवसायों के लिए विद्यार्थिंयों को प्रशिक्षित करने

56. Learning disabilities are generally found / सीखने-संबंधी निर्योग्यताएँ सामान्यत:

(a) In specially those children whose paternal relatives have such problems / विशेषत उन बच्चों में पाई जाती हैं जिनके पैत्रिक अभिभावक इस प्रकार की समस्याओं से ग्रसित होते हैं
(b) In children with average to superior IQ / औसत से श्रेष्ठ बुद्धि-लब्धि वाले बच्चों में पाई जाती हैं

(c) More often in boys as compared to girls / लड़कियों की तुलना में अधिकतर लड़कों में पाई जाती है।

(d) More often in children belonging to rural areas as compared to urban areas / अधिकतर उन बच्चों में पाई जाती हैं, जो शहरी क्षेत्रों की अपेक्षा ग्रामीण क्षेत्रों से सम्बन्ध रखते हैं

57. A child cannot distinguish between 'saw' and 'was', 'nuclear' and 'unclear'. He/ She is suffering from /एक बच्चा जो, से ग्रस्त है, वह 'saw' और 'was', 'nuclear' और 'unclear' में अंतर नहीं कर सकता।

(a) Dysmorphemia / डिस्मोरफीमिया
(b) Dyslexia / डिस्लेक्सिया
(c) Word jumbling disorder / शब्द 'जंबलिंग' विकार
(d) Dyslexemia / डिस्लेक्सिमिया

58. In the Information Processing Model of thinking, the following steps are said to take place. / चिंतन के सूचना प्रक्रमण सिद्धांत में निम्नलिखित चरण आते हैं:

(1) Response execution/ प्रतिक्रिया क्रियान्वयन
(2) Response selection/ प्रतिक्रिया चयन
(3) Pre-Processing/ पूर्व-प्रक्रमण
(4) Categorisation/ श्रेणीकरण

The correct sequence of these steps is / इन चरणों का सही क्रम है

(a) 4, 3, 2, 1 (b) 3, 4, 2, 1
(c) 2, 4, 3, 1 (d) 3, 1, 4, 2

59. Gifted students are / प्रतिभाशाली विद्यार्थी

(a) Independent in their judgements / अपने निर्णयों में आत्मनिर्भर होते हैं
(b) Independent of teachers / शिक्षकों से स्वतंत्र होते हैं
(c) Introvert in nature / स्वभाव में अंतर्मुखी होते हैं
(d) Non-assertive of their needs / अपनी आवश्यकताओं को दृढ़तापूर्वक नहीं कह पाते

60. Partial reinforcement / आंशिक पुनर्बलन

(a) Is more effective than continuous reinforcement / सतत पुनर्बलन की अपेक्षा अधिक प्रभावी होता है
(b) Is less effective than continuous reinforcement / सतत पुनर्बलन की अपेक्षा कम प्रभावी होता है
(c) Cannot be applied in actual classrooms / वास्तविक कक्षा-कक्ष में अनुप्रयुक्त नहीं किया जा सकता।
(d) Works best in training animals / पशुओं को प्रशिक्षित करने में सर्वाधिक कार्य करता है

61. Orthopedically impaired children are likely to have / शारीरिक रूप से अक्षम बच्चों को सामान्यत: होता है।

(a) Dysgraphia / डिस्ग्राफिया
(b) Dysthymia / डिस्थीमिया
(c) Dyscalculia / डिस्केल्कुलिया
(d) Dyslexia / डिस्लेक्सिया

62. Adolescents may experience / किशोर ______ का अनुभव कर सकते हैं।

(a) Feeling of satiation about life / जीवन के बारे में तुष्टि के भाव
(b) Anxiety and concern about themselves / दुशचिंता और स्वयं से सरोकार
(c) Feeling of fear about sins committed in childhood / बचपन में किए गए अपराधों के प्रति डर के भाव
(d) Feeling of self-actualization / आत्मसिद्धि के भाव

63. Which one of the following is an example of a fine motor skill? / निम्नलिखित में से कौ-सा सूक्ष्म गतिक कौशल का उदाहरण है?

(a) Hopping / फुदकना
(b) Running / दौड़ना
(c) Writing / लिखना
(d) Climbing / चढ़ना

64. Vygotsky theory implies / वाइगोत्स्की के सिद्धांत का निहितार्थ है

(a) Collaborative problem solving / सहयोगात्मक समस्या समाधान
(b) Individual assignments to each student / प्रत्येक विद्यार्थी को व्यक्तिगत रूप से दत्त कार्य देना
(c) After initial explanation, do not support a child in solving difficult

questions / प्रारंभिक व्याख्या के बाद कठिन सवालों को हल करने में बच्चे की सहायता न करना

(d) Child will learn best in the company of children having IQ lesser than his /her own / बच्चे उन बच्चों की संगति में श्रेष्ठतम रूप से सीख सकते हैं जिनका बुद्धि-लब्धांक उनके बुद्धि-लब्धांक से कम होता है।

65. Smallest unit of meaning in language is / भाषा में अर्थ की सबसे छोटी इकाई ______ है।

(a) Syntax / वाक्य

(b) Morpheme / रूपिम

(c) Phoneme / स्वनिम

(d) Pragmatics / संकेतप्रयोगविज्ञान

66. A child of 16 years scores 75 in an IQ test; his mental age will be ______ years. / एक 16-वर्षीय बच्चा बुद्धि-लब्धि परीक्षण में 75 अंक प्राप्त करता है; उसकी मानसिक आयु ______ वर्ष होगी।

(a) 8 (b) 14

(c) 15 (d) 12

67. IQ scores are generally ______ correlated with academic performance. / बुद्धि-लब्धांक सामान्यत: ______ रूप से शैक्षणिक निष्पादन से संबंधित होते हैं।

(a) Perfectly / पूर्ण

(b) Highly / उच्च

(c) Moderately / मध्यम

(d) Least / कम-से-कम

68. Which one of the following optimized motivation to learn? / निम्नलिखित में से कौन-सा सीखने के लिए अधिकतम रूप से अभिप्रेरित करता है?

(a) Extrinsic factor / बाह्य कारक

(b) Motivation to avoid failure / असफलता से बचने के लिए अभिप्रेरणा

(c) Tendency to choose very easy or difficult goals / बहुत सरल या कठिन लक्ष्यों का चयन करने की प्रवृत्ति

(d) Personal satisfaction in meeting targets / लक्ष्यों को प्राप्त करने में व्यक्तिगत संतुष्टि

69. Theory of multiple intelligences implies the following except / बहुबुद्धि सिद्धांत निम्नलिखित निहितार्थ देता है सिवाय

(a) Disciplines should be presented in a numbers of ways / विषयों को विभिन्न तरीकों से प्रस्तुत किया जा सकता है

(b) Learning could be assessed through a variety of means / विविध तरीकों से सीखने का आकलन किया जा सकता है

(c) Emotional intelligence in not related to IQ / संवेगात्मक बुद्धि-लब्धि से सम्बन्धित नहीं है

(d) Intelligence is a distinct set of processing operations used by an individual to solve problems / बुद्धि प्रक्रमण सक्रियाओं का एक विशिष्ट समुच्चय है जिसका उपयोग एक व्यक्ति द्वारा समस्या समाधान के लिए किया जाता है

70. One of the identical twin brothers is adopted by a socio-economically rich family and the other by a poor family. After one year, which one of the following may be most likely observed about their IQ scores? / एकसमान जुड़वाँ भाइयों में से एक को सामाजिक- आर्थिक रूप से समृद्ध परिवार द्वारा गोद लिया जाता है और दूसरे को एक निर्धन परिवार द्वारा। एक वर्ष के बाद उनके बुद्धि-लब्धांक के बारे में निम्नलिखित में से क्या अवलोकित होने की सर्वाधिक संभावना है?

(a) The boy with rich socio-economic family will score greater than the boy with poor family / निर्धन परिवार वाले लड़के की अपेक्षा धनी सामाजिक-आर्थिक परिवार वाला लड़का अधिक अंक प्राप्त करेगा

(b) Both of them will score equally / दोनों समान रूप से अंक प्राप्त करेंगे

(c) The boy with poor family will score greater than the boy with rich socio-economic family / धनी सामाजिक-आर्थिक परिवार वाले लड़के की अपेक्षा निर्धन परिवार वाला लड़का अधिक अंक प्राप्त करेगा

(d) Socio-economic level does not affect the IQ score / सामाजिक-आर्थिक स्तर बुद्धि-लब्धांक को प्रभावित नहीं करता

71. Assessment for learning takes into account the following except / सीखने के लिए आंकलन निम्नलिखित का ध्यान रखता है सिवाय

(a) Learning styles of students / विद्यार्थियों की अधिगम-शैलियाँ

(b) Strengths of students / विद्यार्थियों की संख्या

(c) Needs of students / विद्यार्थियों की आवश्यकताएँ

(d) Mistakes of students / विद्यार्थियों की त्रुटियाँ

72. An empowering school will promote which of the following qualities the most in its teachers? / एक सशक्त विद्यालय अपने शिक्षकों में निम्नलिखित योग्यताओं में से किसे सर्वाधिक बढ़ावा देगा?

(a) Memory / स्मृति

(b) Disciplined nature / अनुशासित स्वभाव

(c) Competitive aptitude / प्रतिस्पर्धात्मक अभिवृत्ति

(d) Tendency to experiment / परीक्षण करने की प्रवृत्ति

73. Monika, a Maths teacher, asks Radhika a question. On not getting any answer from Radhika asks another question. from him Mohan. She rewords her question after realizing that Mohan is struggling to find the answer. This tendency of Monika reflects that she is / मोनिका, जो गणित की शिक्षिका है, राधिका से एक प्रश्न पूछती है। राधिका से कोई उत्तर न मिलने पर वह तुरत मोहन से दूसरा प्रश्न पूछती है। जब उसे महसूस होता है कि मोहन उत्तर बताने में संघर्ष कर रहा है तो वह अपने प्रश्न के शब्दों को बदलती है। मोनिका की यह प्रवृत्ति यह प्रदर्शित करती है कि वह

(a) Trying not to put Radhika in an embarrassing situation / राधिका को किसी उलझनपूर्ण स्थिति में नहीं डालना चाह रही

(b) Well aware of the fact that Radhika is not capable of answering questions / इस तथ्य से पूर्णतः परिचित है कि राधिका सवालों के जवाब देने के योग्य नहीं है

(c) Slightly nervous about her question /अपने सवाल के प्रति थोड़ा घबरा गई है

(d) Supporting gender stereotyping of roles by favouring Mohan / मोहन का पक्ष लेकर लिंग भूमिकाओं में रूढ़िबद्धता को बढ़ावा दे रही gS

74. The best way to avoid gender discrimination in a school may be / विद्यालय में लिंग भेदभाव से बचने का सर्वोत्तम तरीका हो सकता है

(a) Selection of more boys than girls for a music competition / संगीत प्रतियोगिता के लिए लड़कियों की अपेक्षा अधिक लड़कों का चयन करना

(b) Metacognition of their gender-based behaviours by teachers / शिक्षकों द्वारा उनके लिंग-पक्षपातपूर्ण व्यवहारों का अधिसंज्ञान

(c) Recruitment of equal number of male and female teachers / समान संख्या में पुरूष तथा महिला शिक्षकों की भर्ति

(d) Formation ofa rule to shun gender discrimination in the school and enforce it strictly / विद्यालय में लिंग-भेदभाव को दूर करने के लिए नियम बनाना और कड़ाई से उसका पालन करवाना

75. Which of the following would be the most appropriate way to encourage disadvantaged children to attend school regularly? / विद्यालय में नियमित उपस्थिति के लिए वंचित बच्चों को प्रोत्साहित करने का निम्नलिखित में से कौन-सा तरीका सर्वाधिक उपयुक्त होगा?

(a) Paying Rs. 5 per day to attract children / बच्चों को आकर्षित करने के लिए प्रति दिन रुपया 5 देना

(b) Opening residential schools / आवासीय विद्यालय खोलना

(c) Not allowing children to attend school may be made a legally punishable offence / बच्चों को विद्यालय आने की अनुमति न देने को कानून दंडनीय अपराध बनाया जाए

(d) A child collector employed by the school, must bring children from homes everyday / विद्यालय द्वारा बच्चों को एकत्रित करने वाले एक व्यक्ति को नियुक्त किया जाए जो प्रतिदिन घरों से बच्चों को लेकर आए

76. Successful inclusion requires the following except / सफल समावेशन को निम्नलिखित की आवश्यकता होती है सिवाय

(a) Capacity building / क्षमता-संवर्द्धन
(b) Sensitization / संवेदनशील बनाना
(c) Segregation / पृथक्करण
(d) Involvement of parents / अभिभावकों की भागीदारी

77. The up-scaling of performance in the scholastic areas on the basis of performance in co-scholastic areas can be justified as / सह-शैक्षणिक क्षेत्रों में निष्पादन के आधार पर शैक्षणिक क्षेत्रों में निष्पादन के स्तर को बढ़ाने का औचित्य स्थापन किस आधार पर किया जा सकता है?

(a) It ensures universal retention / यह सार्वभौमिक धारण को सुनिश्चित करता है
(b) It develops respect for manual labour / यह हाथ से किए जाने वाले श्रम के प्रति सम्मान विकसित करता है
(c) It caters to individual differences /यह वैयक्तिक भिन्नताओं को संतुष्ट करता है
(d) It followsthe policy of compensatory discrimination for the marginalized students / यह हाशियाकृत विद्यार्थियों के लिए प्रतिपूरक भेदभाव की नीति का अनुगमन करता है

78. While selecting material for the portfolio of students, _______of _______should be there. / विद्यार्थियों के पोर्टफोलियों के लिए सामग्री का चयन करते समय ______ का ______ जरूर होना चाहिए।

(a) Exclusion; students / बहिष्करण; विद्यार्थियों
(b) Inclusion; other teachers / समावेशन; अन्य शिक्षकों
(c) Inclusion; students / समावेशन; विद्यार्थियों
(d)Inclusion; parents / समावेशन; अभिभावकों

79. Of the following, the greatest advantage of interdisciplinary instruction is that / निम्नलिखित में से अंत: विषयी अनुदेशन का सर्वोत्कृष्ट लाभ यह है कि

(a) Students are less likely to develop a dislike for particular topics of different subject areas /विद्यार्थियों में विभिन्न विषय-क्षेत्रों के विशेष प्रकरणों के प्रति नापसंदगी विकसित होने की कम संभावना होती है
(b) Teachers are permitted greater flexibility in planning lessons and activities / पाठ-योजना बनाने और गतिविधियों में शिक्षकों को अधिक लचीलेपन की अनुमति हाती है
(c) Students are given opportunities to generalize and apply newly learned knowledge in multiple contexts / विद्यार्थियों को सीखे गए नए ज्ञान का बहु-संदर्भों में अनुप्रयोग करने और सामान्यीकृत करने के अवसर दिए जाते हैं
(d) Teachers are less likely to feel overwhelmed by the multiplicity of topics needed to be addressed in a traditional curriculum / प्रकरणों की विविधता, जिन्हें परंपरागत पाठ्यचर्या में संबोधित किए जाने की आवश्यकता हैं, से शिक्षंकों के अभिभूत होने की कम संभावना होती है

80. A teacher can make problem-solving fun for students by doing all the following except / शिक्षक _____ के अलावा निम्नलिखित सभी को करते हुए समस्या-समाधान को विद्यार्थियों के लिए मज़ेदार बना सकता है।

(a) Giving time for free play / मुक्त खेल के लिए समय देने

(b) Providing endless opportunities for creative thinking / सृजनात्मक चिंतन के लिए असीमित अवसर उपलब्ध कराने
(c) Expecting perfection from students while they are trying to do things by themselves / जब विद्यार्थी स्वयं से कोई कार्य करने की कोशिश कर रहे हों तो उनसे परिपूर्णता की अपेक्षा करने
(d) Providing open ended material / मुक्त अंत वाली सामग्री उपलब्ध कराने

81. Learners who demonstrate an earnest desire for increased knowledge and academic competence are said to have a / वे शिक्षार्थी जो संवृद्ध ज्ञान और शैक्षणिक दक्षता की हार्दिक इच्छा प्रदर्शित करते हैं, उनके पास होता है

(a) Mastery orientation / निपुणता उन्मुखीकरण
(b) Performance-approach orientation / प्रदर्शन-दृष्टिकोण उन्मुखीकरण
(c) Performance-avoidance orientation / प्रदर्शन-परिहार उन्मुखीकरण
(d) Work-avoidance orientation / कार्य-परिहार उन्मुखीकरण

82. In order to instil a positive environment in a primary class, a teacher should / प्राथमिक कक्षा में सकारात्मक वातावरण निर्मित करने के लिए एक शिक्षक को

(a) Wish each child in the morning / सुबह प्रत्येक बच्चे को अभिवादन करना चाहिए
(b) Not discriminate and set the same goal for every child / विभेद नहीं करना चाहिए और प्रत्येक बच्चे के लिए समान लक्ष्य सुनिश्चित करने चाहिए
(c) Allow them to make groups on their own on the basis of sociometry during group activities / समूह-गतिविधियों के दौरान समाजमिति के आधार पर उन्हें अपने समूह बनाने की अनुमति देनी चाहिए
(d) Narrate stories with positive endings /सकारात्मक अंत वाली कहानियाँ सुनानी चाहिए

83. Which would be the best first theme to start with in a nursery class? / नर्सरी कक्षा में शुरूआत करने के लिए कौन-सी विषय-वस्तु (जीमउम) सबसे अच्छी है?

(a) My neighbourhood / मेरा पड़ोस
(b) My school / मेरा विद्यालय
(c) My family / मेरा परिवार
(d) My best friend / मेरा प्रिय मित्र

84. Which of the following is true in relation to errors made by children? / बच्चों द्वारा की जाने वाली त्रुटियों के सम्बन्ध में निम्नलिखित में से कौन-सा कथन सत्य है?

(a) Errors can be corrected by children themselves, therefore a teacher should not immediately correct them / स्वयं बच्चों द्वारा त्रुटियों को सुधारा जा सकता है इसलिए शिक्षक को उन्हें तुरंत ही नहीं सुधारना चाहिए
(b) If a teacher is not able to correct all errors in the classroom it indicates that the system of teacher education has failed / यदि एक शिक्षक कक्षा-कक्ष में सभी बच्चों की त्रुटियों को सुधारने योग्य नहीं है, तो यह संकेत करता है कि शिक्षक-शिक्षा की व्यवस्था असफल है
(c) A teacher should not notice every error otherwise syllabus will not be covered / एक शिक्षक को प्रत्येक त्रुटि पर ध्यान देना चाहिए अन्यथा पाठ्यक्रम पूरा नहीं होगा
(d) Correcting every error would take too much time and be tiresome for a teacher / प्रत्येक त्रुटि को सुधारने में बहुत अधिक समय लगेगा तथा एक शिक्षक के लिए थकाने-वाला होगा

85. Which of the following characteristics is the hallmark or the problem-solving approach? / निम्नलिखित में से कौन-सी विशेषता समस्या-समाधान उपागम का विशेष चिह्न है?

(a) There is an implicit hint given in the problem statement / समस्या कथन में संकेत अंतर्निहित रूप से दिया होता है

(b) The problem is original / समस्या मौलिक होती है
(c) There is usually one approach for getting the right answer / सही उत्तर प्राप्त करने का सामान्यत: एक उपागम होता है
(d) The problem is based on only one principle / जवचपब / समस्या केवल एक सिद्धांत/प्रकरण पर आधारित होती है

86. Child-centred education was advocated by which of the following thinkers? / बाल-केंद्रित शिक्षा का समर्थन निम्नलिखित में से किस विचारक द्वारा किया गया?
(a) B.F. Skinner / बी.एफ. स्किनर
(b) John Dewey / जॉन ड्यूवी
(c) Eric Erickson / एरिक इरिकसन
(d) Charles Darwin / चार्ल्स डार्विन

87. While teaching a single parent child, a teacher should / एकल अभिभावक वाले बच्चे को पढ़ाते समय शिक्षक को
(a) Treat such a child differently / इस प्रकार के बच्चे के साथ भिन्न प्रकार से व्यवहार करना चाहिए
(b) Assign lesser home assignments to such a child / ऐसे बच्चे को कम गृहकार्य देना चाहिए
(c) Provide stable and consistent environment / स्थिर और एकरूप वातावरण उपलब्ध करना चाहिए
(d) Overlook this fact and treat such a child as per with other children / इस तथ्य को अनदेखा करना चाहिए और ऐसे बच्चे के साथ अन्य बच्चों के समान व्यवहार करना चाहिए

88. Acceleration with reference to gifted children means / प्रतिभाशाली बच्चों के संदर्भ में संवर्द्धन का अर्थ है
(a) Accelerating the transaction of scholastic activities / शैक्षणिक गतिविधियों के संपादन में संवर्द्धन करना
(b) Speeding up the transaction of co-scholastic activities /सह-शैक्षणिक गतिविधियों के संपादन की गति को बढ़ाना
(c) Promoting such students to next higher grade by skipping the present grade / ऐसे विद्यार्थियों को वर्तमान स्तर/ग्रेड को छोड़कर अगले उच्च स्तर/ग्रेड में प्रोन्नत करना
(d) Accelerating the process of assessment / आंकलन की प्रक्रिया का संवर्द्धन करना

89. Which of the following is the most appropriate activity for gifted students? / प्रतिभाशाली विद्यार्थियों के लिए निम्नलिखित में से कौन-सी ग्रतिविधि सर्वाधिक उपयुक्त है?
(a) Solve exercises given at the end of five chapters at one go / पाँच पाठों के अंत में दिए गए अभ्यासों को एक बार में हल करना
(b) Teach their class on Teachers Day / शिक्षक दिवस पर कक्षा को पढ़ाना
(c) Write a report on a school match recently held / अभी हाल ही में हुए स्कूल मैच का प्रतिवेदन लिखना
(d) Write an original play on given concepts / दी गई संकल्पनाओं के आधार पर मौलिक नाटक लिखना

90. Which one of the following could be an end stage of a child possessing bodily-kinaesthetic intelligence? / शारीरिक-गतिक बुद्धि रखने वाले बच्चे की अंतिम अवस्था निम्नलिखित में से कौन-सी हो सकती है?
(a) Orator / वाचक
(b) Political leader / राजनैतिक नेता
(c) Surgeon / शल्य चिकित्सक
(d) Poet / कवि

91. Gifted students / प्रतिभाशाली बच्चे
(a) Are generally physically weak and not good at social interaction / सामान्यत: शारीरिक रूप से कमज़ोर होते हैं और सामाजिक अंत: क्रिया में अच्छे नहीं होते
(b) Generally do not like their teachers / सामान्यत: अपने शिक्षकों को पसंद नहीं करते
(c) Realize their full potential without any help / बिना किसी की सहायता के अपने सामर्थ्य का पूर्ण विकास करते हैं

(d) Perform exceptionally well in any field important to human beings / मानव के लिए महत्त्वपूर्ण किसी भी क्षेत्र में अस्वभावत: अच्छा निष्पादन करते हैं

92. Knowledge of _______ will be most significant for a teacher dealing with a class comprising students of mixed age groups. / मिश्रित आयु-वर्ग वाले विद्यार्थियों की कक्षा से व्यवहार रखने वाले शिक्षक के लिए _______ का ज्ञान सर्वाधिक महत्त्वपूर्ण है।

(a) Cultural background / सांस्कृतिक पृष्ठभूमि

(b) Developmental stages / विकासात्मक अवस्थाओं

(c) Occupation of their parents / उनके अभिभावकों का व्यवसाय

(d) Socio-economic background / सामाजिक-आर्थिक पृष्ठभूमि

93. Classroom after the implementation of RTE Act 2009 are / शिक्षा का अधिकार अधिनियम 2009 के क्रियान्वयन के बाद कक्षा-कक्ष

(a) Age-wise more homogeneous / आयु के अनुसार अधिक समजातीय हैं

(b) Age-wise more heterogeneous / आयु के अनुसार अधिक विषमजातीय हैं

(c) Unaffected, as RTE does not affect the average age of a class in a school / अप्रभावित हैं, क्योंकि शिक्षा का अधिकार विद्यालय में कक्षा की औसत आयु को प्रभावित नहीं करता

(d) Gender-wise more homogeneous / लिंग के अनुसार अधिक समजातीय हैं

94. Systematic presentation of concepts may be related with which of the following principles of development? / संकल्पनाओं की व्यस्थित प्रस्तुति विकास के निम्नलिखित किन सिद्धांतों के साथ सम्बन्धित हो सकती है?

(a) Students develop at different rates / विद्यार्थी भिन्न दरों पर विकसित होते हैं

(b) Development is relatively orderly / विकास सापेक्ष रूप से क्रमिक होता है

(c) Development leads to growth / विकास के परिणामस्वरूप वृद्धि होती है

(d) Development proceeds from heteronomy to autonomy / विकास विषमजातीयता से स्वायत्तता की ओर अग्रसर होता है

95. Scaffolding in the contest of learning theories refers to / सीखने के सिद्धांतों के संदर्भ में 'स्कैफोल्डिंग' _______ की ओर संकेत करता है।

(a) Simulation teaching / अनुरूपित शिक्षण

(b) Recapitulation of previous learning / पूर्व अधिगम की पुनरावृत्ति

(c) Temporary support in learning by adults / सीखने में वयस्कों द्वारा अस्थायी सहयोग

(d) Ascertaining the causes of mistakes done by students / विद्यार्थियों द्वारा की गई गलतियों के कारणों का पता लगाना

96. The sentence 'Madam drives a bicycle' is / 'मैडम साइकिल चलाती है' वाक्य

(a) Correct syntactically but semantically incorrect / वाक्य-विन्यास की दृष्टि से सही है लेकिन अर्थ-विज्ञान की दृष्टि से गलत है

(b) Correct semantically but syntactically incorrect / अर्थ-विज्ञान की दृष्टि से सही है लेकिन वाक्य-विन्यास की दृष्टि से गलत है

(c) Semantically as well as syntactically correct / अर्थ-विज्ञान एवं वाक्य-विन्यास दोनों की दृष्टि से सही है

(d) Semantically as well syntactically incorrect / अर्थ-विज्ञान एवं वाक्य-विन्यास दोनों की दृष्टि से गलत है

97. Classification of students in different groups on the basis of their IQ tends to ______ their self-esteem and ______ their academic performance. / बुद्धि-लब्धांक के आधार पर विभिन्न समूहों में विद्यार्थियों का वर्गीकरण उनकी स्व-गरमा को ______ है और उनके शैक्षणिक निष्पादन को ______ है।

(a) Increase; decrease / बढ़ाता; घटाता

(b) Increase; increase / घटाता; बढ़ाता

(c) Decrease; decrease / घटाता; घटाता

(d) Decrease; has no effect on / घटाता; प्रभावित नहीं करता

98. According to Piaget during the first stage of development (birth to about 2 age), as child learns best. / पियाजे के अनुसार विका की पहली अवस्था (जन्म से लगभग 2 वर्ष आयु) के दौरान बच्चा _______ सबसे बेहतर सीखता है।

(a) By comprehending neutral words / निष्क्रिय शब्दों को समझने के द्वारा

(b) By thinking in an abstract fashion / अमूर्त तरीके से चिंतन द्वारा

(c) By applying newly acquired knowledge of language / भाषा के नए अर्जित ज्ञान के अनुप्रयोग द्वारा

(d) By using the sense / इंद्रियों के प्रयोग द्वारा

99. The news of 'a woman selling her child to obtain food' may be understood best on the basis of / 'एक महिला ने भोजन प्राप्त करने के लिए अपने बच्चे को बेच दिया।' इस खबर को _______ के आधार पर अच्छी तरह समझा जा सकता है।

(a) Psychoanalytical theory / मनोविश्लेषणात्मक सिद्धांत

(b) Theory of hierarchical needs / पदानुक्रमिक आवश्यकताओं के सिद्धांत

(c) Psychosocial theory / मनोसामाजिक सिद्धांत

(d) Theory of reinforced contingencies / पुनर्बलित आकस्मिकताओं के सिद्धांत

100. The world 'Comprehensive in the scheme of Continuous and Comprehensive Evaluation supported by the following except / सतत और व्यापक मूल्यांकन की योजना में 'व्यापक' शब्द _______ के अलावा निम्नलिखित के द्वारा समर्थित किया जाता है।

(a) Theory of multiple intelligence / बहुबुद्धि सिद्धांत

(b) Theory of information processing / सूचना प्रक्रमण सिद्धांत

(c) J.P. Guilford's theory of structure of intellect / जे.पी. गिलफोर्ड का बुद्धि-संरचना का सिद्धांत

(d) L.L. Thurstone's theory of primary mental abilities / एल.एल. थर्स्टन का प्राथमिक मानसिक योग्यताओं का सिद्धांत

ANSWER KEY

1.	C	2.	A	3.	A	4.	A	5.	C	6.	D	7.	A
8.	C	9.	A	10.	A	11.	A	12.	C	13.	D	14.	B
15.	C	16.	D	17.	D	18.	B	19.	D	20.	D	21.	C
22.	C	23.	C	24.	A	25.	B	26.	D	27.	B	28.	B
29.	A	30.	A	31.	B	32.	C	33.	D	34.	C	35.	D
36.	C	37.	A	38.	B	39.	A	40.	D	41.	B	42.	D
43.	C	44.	C	45.	A	46.	C	47.	B	48.	D	49.	B
50.	C	51.	D	52.	C	53.	B	54.	D	55.	C	56.	A
57.	B	58.	A	59.	A	60.	A	61.	A	62.	B	63.	C
64.	A	65.	B	66.	D	67.	B	68.	D	69.	D	70.	D
71.	D	72.	C	73.	D	74.	B	75.	B	76.	C	77.	C
78.	C	79.	C	80.	C	81.	B	82.	B	83.	C	84.	B
85.	A	86.	B	87.	D	88.	C	89.	D	90.	C	91.	D
92.	B	93.	A	94.	A	95.	C	96.	A	97.	C	98.	D
99.	B	100.	B										